Tratado de Direito Internacional. Direito Internacional no Tempo Antigo

Tratado de Direito Internacional. Direito Internacional no Tempo Antigo

TOMO 3A

2022 • 2ª edição, revista, atualizada e ampliada

Paulo Borba Casella

ALMEDINA

TRATADO DE DIREITO INTERNACIONAL
DIREITO INTERNACIONAL NO TEMPO ANTIGO
TOMO 3 A – 2ª EDIÇÃO, REVISTA, ATUALIZADA E AMPLIADA

AUTOR: Paulo Borba Casella

DIRETOR ALMEDINA BRASIL: Rodrigo Mentz
EDITORA JURÍDICA: Manuella Santos de Castro
EDITOR DE DESENVOLVIMENTO: Aurélio Cesar Nogueira
ASSISTENTES EDITORIAIS: Isabela Leite e Larissa Nogueira
ESTAGIÁRIA DE PRODUÇÃO: Laura Roberti

DIAGRAMAÇÃO: Almedina
DESIGN DE CAPA: Roberta Bassanetto

ISBN: 9786556277158
Dezembro, 2022

Dados Internacionais de Catalogação na Publicação (CIP)
(Câmara Brasileira do Livro, SP, Brasil)

Casella, Paulo Borba
Direito internacional no tempo antigo : tomo 3A /
Paulo Borba Casella. -- 2. ed. -- São Paulo : Almedina, 2022.

Bibliografia.
ISBN 978-65-5627-715-8

1. Direito internacional - História 2. Direito
internacional público - Interpretação e construção
I. Título.

22-127999 CDU-341

Índices para catálogo sistemático:

1. Direito internacional 341

Cibele Maria Dias - Bibliotecária - CRB-8/9427

Este livro segue as regras do novo Acordo Ortográfico da Língua Portuguesa (1990).

EDITORA: Almedina Brasil
Rua José Maria Lisboa, 860, Conj.131 e 132, Jardim Paulista | 01423-001 São Paulo | Brasil
www.almedina.com.br

A lei universal desde o amplo espaço etéreo se estende, ininterruptamente e com imensa luz

EMPÉDOCLES DE AGRIGENTO, séc. V a.C.[1]

Uma vez ingressados no domínio do autêntico, cada sinal, cada fenômeno se mostra único. Ora o fenômeno pode ser compreendido, ora este pode nos escapar. É unicamente nesse mesmo momento, no imediato, que cada tempo de presença e todos, sem exceção, se confundem no tempo integral. Os sinais presentes, e os fenômenos presentes, constituem o tempo. Tudo o que é presente, no mundo inteiro, constitui o tempo, que se sucede, de instante em instante, e, de próximo em próximo, desemboca aqui e agora.

DOGEN, monge zen do século XIII no Japão[2]

[1] EMPÉDOCLES DE AGRIGENTO (483-481 a.C. - 424-421 a.C.): αλλα το μεν παντων νομιμον δια τ'ευριμεδοντος / αιθερος ηνεκεος τεταται δια τ'απλητου αυγης (fragmento B 135 cfr. H. DIELS e W. KRANZ, **Die Fragmente der Vorsokratiker**, 1ª ed., Berlim, 1903, 2 vols; 2ª ed., Berlim, 1934-37, 3 vols.); v. tb. Carlo SANTANIELLO, *Il Demone in Empedocle* (in G. GNOLI e G. SFAMENI GASPARRO, **Potere e religione** nel mondo indo-mediterraneo tra ellenismo e tarda-antochità, Roma: ISIAO, 2009, p. 328-361, cit. p. 357): "Certo la legge universale per l'ampio etere si estende, ininterrotta, e per la luce immensa", ou na edição francesa, Jean-Paul DUMONT et al., **Les présocratiques** (ed. établie et annotée, Paris: Gallimard - Pleiade, © 1988, impr. 1989, p. 431): "Mais ce qui est légal est partout répandu / De par l'Éther lointain et l'éclat infini".

[2] DOGEN in La philosophie japonaise - Le néant, le monde et le corps (textes réunis par M. DALISSIER, S. NAGAL et Y. SUGIMURA, Paris: Vrin, 2013, "Archéologie de la pensée

Como não estudamos a história só com o único fito de conhecer o passado, mas sim com o fim de tirar úteis lições para o presente, assim no estudo do que chamamos modelos não nos devemos limitar à sua reprodução imitativa.

Domingos José Gonçalves de MAGALHÃES (1836)[3]

A noção de tempo está subentendida em quase todos os elementos fundamentais do direito.

Geraldo Eulálio do NASCIMENTO E SILVA (1977)[4]

É preciso situar-se no espaço para se situar no tempo (...) As comunidades que sobrevivem são transtemporais.

Régis DEBRAY (2009)[5]

japonaise": DOGEN, p. 85-112); v. tb. DOGEN, Trésor de l'oeil de la vraie loi (Shobogenzo) (in Oeuvres complètes de maître Dogen, Tokyo: Shunjusha, 1991).

[3] Domingos José Gonçalves de MAGALHÃES, **Ensaio sobre a história da literatura do Brasil: estudo preliminar** (orig. publ., Nitheroy: Revista Brasiliense, tomo I, nº 1, editada em Paris: Dauvin et Fontaine, 1836, reedição, Rio de Janeiro: Fundação Casa de Rui Barbosa, 1994, p. 50).

[4] Geraldo Eulálio do NASCIMENTO E SILVA, **Le facteur temps et les traités** (RCADI, 1977, t. 154, p. 215-297, cit. p. 221): "la notion de temps est sousentendue dans presque tous les éléments fondamentaux du droit".

[5] Régis DEBRAY, **Le moment fraternité** (Paris: Gallimard, 2009, p. 351 e 358) fala em "réapprendre les frontières": "Pourquoi craindre ce qui marque et démarque? Les rites de passage flanchent s'il n'y a plus de seuil à franchir, sans marches à monter ou descendre. Il faut se situer dans l'espace pour se situer dans le temps, par un contact avec des lieux vivifiants et densifiants".

ABREVIATURAS

a. C. — antes de Cristo

A.D. — anno Domini, para designar a cronologia a partir do nascimento (presumido) de Jesus Cristo, também designado como "d.C."

AFDI — *Annuaire Français de Droit International* (publicação do C.N.R.S., Paris)

AIEA — Agência Internacional de Energia Atômica (IAEA, em inglês)

AJIL — *American Journal of International Law*

ARSI — *Archivum Romanum Societatis Jesu - Arquivo romano da Companhia de Jesus*

Bol. SBDI ou *Boletim* — *Boletim da Sociedade Brasileira de Direito Internacional*

BYBL — *British Yearbook of International Law*

© — copyright = indica a data de publicação original da obra citada

ca. — *circa*, por volta de

CBN — Comunidade Britânica de Nações (*British Commonwealth of Nations*)

CDI ou ILC — Comissão de Direito Internacional da Nações Unidas - *International Law Commission*

CEDIN — Centro de estudos de direito internacional, seguido de indicação da Universidade

cf. — conforme

cfr. — confira-se

CIJ — Corte Internacional de Justiça, Haia (1946-)

CPJI — Corte Permanente de Justiça Internacional

d. C. — depois de Cristo, para designar o calendário da era cristã

DI — Direito internacional (público)

Difel — Editora Difusão Européia do Livro, São Paulo

DIP — Direito internacional privado

DTV — Deutscher Taschenbuch Verlag, Munique

Ed. cit.

Edusp — Editora da Universidade de São Paulo, São Paulo

EJIL — European Journal of International Law

Encyclopedia of International Law - The Max Planck Encyclopedia of public international law (ed. by R. WOLFRUM, Oxford: Univ. Press, 2012, 11 vols.), com indicação do tomo e das páginas - edição anterior da **Enclyclopedia** foi coordenada por R. BERNHARDT (Dordrecht, 1981-1990, 12 vols.)

FAO — *Food and Agriculture Organization* (Organização para a Agricultura e Alimentação das Nações Unidas), Roma

FCE — *Fondo de cultura economica*, Cidade do México e outras cidades

FUNAG — Fundação Alexandre de Gusmão, Brasília

Fundamentos — P. B. CASELLA, **Fundamentos do direito internacional pós-moderno** (prólogo Hugo CAMINOS, São Paulo: Quartier Latin, 2008)

GYIL — German Yearbook of International Law

i.a. — inter alia - dentre outros

ICLQ — *International and Comparative Law Quarterly*

IDI — Instituto de Direito internacional - *Institut de droit international*

IHLADI — Instituto Hispano-Luso-Americano de Direito Internacional

ISIAO — Istituto Italiano per l'Africa e l'Oriente, Roma

LCL — Loeb Classical Library (Greek and Latin series), Cambridge, Ma. / London, England: Harvard Univ. Press

Manual — H. ACCIOLY - G. E. do NASCIMENTO E SILVA - P. B. CASELLA, **Manual de direito internacional público** (com a colaboração de Arthur R. Capella GIANNATTASIO, São Paulo: Saraiva, 25ª ed., 2021)

op. cit. — opus cit. - obra citada

orig. publ. — originalmente publicado em

PU — Presses Universitaires (com indicação da universidade / cidade)

SdN — Sociedade das Nações

SFDI — Sociedade francesa para o direito internacional

OESP — jornal "O Estado de São Paulo"

ONU — Organização das Nações Unidas

PUF — Presses Universitaires de France, Paris

RCADI — *Recueil des Cours de l'Académie de Droit International de La Haye – Collected courses of the Hague Academy of International Law* (Haia) – publicados desde 1923, com indicação do ano, volume e páginas

RDILC — Revue de droit international et de législation comparée

Restatement — American Law Institute, *Restatement of the law – The foreign relations law of the United States*, St. Paul, Minn., 1987, 2 v.)

RGDIP — *Révue Générale de Droit International Public*, Paris

tb. — também

Tratado — Tratado de direito internacional (Almedina, 2022-) P. B. Casella, **Tratado de direito internacional** (São Paulo: Almedina, 2022-) com indicação do tomo e do capítulo ao qual se remete

Tratado Accioly — H. Accioly, **Tratado de direito internacional** (terceira edição, histórica, com pref. P. B. Casella, Brasília: FUNAG / São Paulo: Quartier Latin, 2009, 3 vols.)

UNTS — United Nations Treaty Series – com indicação do volume e página

Univ. — Universidade / University / Université

UP — ou Univ. Press – University Press (seguido da indicação do nome e/ou local da Universidade)

VRBEI — Vorträge, Reden und Berichte aus dem Europa-Institut – Sektion Rechtswissenschaft – Universität des Saarlandes, Saarbrücken

v. — vide – ver

v. tb. — ver também

YILC — *Yearbook of the International Law Commission*

ZEE — Zona Econômica Exclusiva

SUMÁRIO

PARA COMEÇO DE CONVERSA

Ninguém se livra da barreira do tempo.

Ryûnusuke AKUTAGAWA (1892-1927)[6]

A justiça só é uma virtude moral porque tem essa tendência para o bem da humanidade e, não é senão uma invenção artificial com esse propósito. Pode-se dizer o mesmo da obediência civil, do direito internacional, da modéstia e das boas maneiras. Seus inventores tinham em vista, sobretudo, o próprio interesse. Mas nós estendemos nossa aprovação dessas invenções até os países e as épocas mais distantes, muito além de nosso próprio interesse.

David HUME, **Tratado da natureza humana** (1739-1740)[7]

[6] Ryûnosuke AKUTAGAWA, **Rashomon e outros contos** (organização e tradução do japonês Madalena Hashimoto CORDARO e Junko OTA, © 1992, São Paulo: Hedra, 2008, "O mártir", de agosto de 1918, p. 71-88, cit. provérbio japonês, p. 78, e a seguir, p. 86): "Mas haveria necessidade de mais dados? O que é mais precioso no mundo condensa-se no interior de um instante insubstituível de emoção. Dizem que a vida verdadeiramente digna de ser vivida é aquela que lança uma onda no céu das paixões e dos desejos mundanos, que são como um mar de noite escuro, captando assim o clarão da lua ainda invisível nas espumas das ondas?"

[7] David HUME, **Tratado da natureza humana** (orig. publ. **A Treatise of Human Nature**, 1739 - livros I e II; 1740 - livro III, trad. Déborah DANOWSKI, São Paulo: Ed. UNESP / Imprensa Oficial do Estado, 2001, Livro III, parte III, seção 1, par. 9, p. 616-617).

Este Direito Internacional no Tempo Antigo pode ser ponto de partida ou de chegada para o estudo e o conhecimento dos elementos básicos do direito internacional, como produto cultural, temporal e culturalmente condicionado. Não se trata de uma história do direito internacional: o propósito, aqui, não é a história, enquanto história, mas a compreensão do direito internacional, tal como este se modifica, enquanto sistema, ao longo do tempo e do contexto cultural no qual está inserto.

Considera-se aqui, logicamente, a perspectiva do direito internacional no tempo antigo, como efeito do tempo no direito internacional, por meio do exame de algumas dentre as principais civilizações da Antiguidade. Tomo inicial do conjunto que abrangerá as principais épocas nas quais se dá o desenvolvimento do direito internacional até o presente.

Quanto este ramo do direito se pauta, hoje, pela *crise* da pós-modernidade e da revisão das suas premissas e valores fundadores, já foi muitas vezes dito. Mas, para que se compreenda o conjunto, é preciso ampliar a dimensão histórica na qual está colocado: o direito internacional no tempo antigo é a base para tal trajetória.

Crise é termo que se afastou do significado grego e latino de *escolha* ou *decisão*, para descrever o momento que as precede, e é, portanto, caracterizado sobre a dúvida quanto ao caminho a ser seguido (*dubbio sulla strada da prendere*),[8] bem como meditação em torno do próprio valor da noção de escolha e sobre os fundamentos ou a necessidade a partir dos quais essa se move. Justamente por isso, neste nosso contexto de crise da pós-modernidade, põe-se a oportunidade e, até mesmo a necessidade de indagação sobre a construção do direito internacional no tempo – e, aqui, volta-se para o tempo antigo – porque este nosso tempo passa por redefinição de sua visão geral e sistêmica.

Pode ser positivo indagar o tempo se esta indagação não se tornar fim em si mesma,[9] mas se for com este adiante em relação a determinado ramo do conhecimento. Por isso, pode e, aqui, proponho mostrar que deve ser usada a perspectiva temporal, como base para a compreensão

[8] Pode-se fazer paralelo com o exame do conteúdo e dos desdobramentos do termo 'crise', na arquitetura contemporânea, como examina Vittorio GREGOTTI, professor do Instituto Universitário de Arquitetura de Veneza, **Identità e crisi dell'architettura europea** (Torino: Einaudi, 1999, p. 8).

[9] P. B. CASELLA, *Tempo e suas correlações com a vida* (in **Introdução ao estudo do direito – ensaios didáticos**, São Paulo: Ed. dos Editores, 3ª ed. 2019, p. 233-244).

da construção do direito internacional, enquanto sistema institucional e normativo, em considerável extensão já concebido e ensaiado na Antiguidade, ainda que muitas vezes isso seja negligenciado.

Como em qualquer outra obra didática, o texto escrito somente constitui parte do trabalho. É preciso integrá-lo ao conjunto da responsabilidade e da continuidade da construção e desenvolvimento do direito internacional, na sala de aula e fora dela, na reflexão de cada um a respeito da matéria.

Existe propósito deste conjunto, voltado para o exame do direito internacional no tempo: compreender o direito internacional como fenômeno inserto no tempo histórico e no contexto cultural.[10] Pode atender a necessidade de estudo e conhecimento da disciplina, com adicional de qualidade e cuidado em respaldar as assertivas formuladas em dados do desenvolvimento histórico, no tempo antigo, como premissa para a compreensão e exame do direito internacional até o contexto pós-moderno. Também pode ser usado em cursos de pós-graduação como base de leitura e discussão e ferramenta de pesquisa em áreas correlatas ao direito e relações internacionais.

Ganha o direito internacional destaque, no contexto atual, pela crescente interdependência reinante no mundo e a necessidade de regular, mais que nunca, as bases de convivência entre os estados e os demais agentes da cena internacional. Aqui, põem-se os elementos basilares da disciplina, na perspectiva do tempo, das sociedades e das culturas, nas quais se elabora e se desenvolve. A partir destas estruturas fundamentais poderão ser abordadas outras dimensões, em estudos específicos, como antes se fez em relação à regulação jurídico-internacional dos espaços.[11]

Este Direito Internacional no Tempo Antigo se apoia sobre o conjunto da disciplina, em relação direta com as suas principais obras. Deve ser entendido como produto da história e da cultura humana – referência a David HUME (1739-1740) visa situar essa dimensão![12]

[10] P. B. CASELLA, **Tratado** (tomo XX – **Direito internacional, história e cultura**).

[11] P. B. CASELLA, **Tratado** (tomos I e II – **Direito internacional dos espaços**, São Paulo: Almedina, 2ª ed. revista e atualizada, 2022).

[12] David HUME (1739-1740), **Tratado da natureza humana** (1739, ed. cit., 2001) – o mais representativo filósofo do Iluminismo inglês é, também, ao lado de John LOCKE (1632-1704), o principal expoente do Empirismo inglês.

Dentre as referências correntes, logicamente, intervirão as que me são mais próximas: o **Tratado de direito internacional** de H. ACCIOLY, do qual se fez terceira edição, depois de transcorrido meio século desde a anterior; o **Manual de direito internacional público** de H. ACCIOLY – G. E. do NASCIMENTO E SILVA – P. B. CASELLA, do qual, em sessenta e poucos anos, já se fizeram vinte e cinco edições; de P. B. CASELLA, os **Fundamentos do direito internacional pós-moderno** (2008), e o conjunto do presente **Tratado de direito internacional**, iniciado com o **Direito internacional dos espaços** (2022).[13] Outras referências são trazidas, conforme seja pertinente, em notas, ao longo do texto, bem como apontadas em ordem alfabética, nas referências bibliográficas, e casos, principalmente emanados de tribunais internacionais, elencados no final do volume.

Na sequência do Direito internacional dos espaços, nos dois primeiros tomos do **Tratado de direito internacional**, neste **Direito internacional no tempo antigo**, como refere o próprio nome, trata-se o direito internacional na perspectiva da Antiguidade, longo e rico período cujo legado, muitas vezes, é negligenciado ou relegado a exame perfunctório, no conjunto da disciplina. É preciso resgatá-lo desse esquecimento, como se vê a seguir.[14]

[13] H. ACCIOLY, **Tratado de direito internacional** (terceira edição, histórica, com pref. P. B. CASELLA, Brasília: FUNAG / São Paulo: Quartier Latin, 2009, 3 vols.); H. ACCIOLY – G. E. do NASCIMENTO E SILVA – P. B. CASELLA, **Manual de direito internacional público** (São Paulo: Saraiva, 25ª ed., 2021); P. B. CASELLA, **Fundamentos do direito internacional pós-moderno** (São Paulo: Quartier Latin, 2008), bem como os demais tomos do **Tratado de direito internacional** (São Paulo: Almedina, 2022-) tais como o **Direito internacional dos espaços** (2ª ed. revista e atualizada, 2022, dois tomos), doravante referidos, respectivamente, ACCIOLY **Tratado**, ACCIOLY – NASCIMENTO E SILVA – CASELLA, **Manual**, CASELLA, **Fundamentos** (2008) e CASELLA, **Tratado** (tomos I e II – **Direito internacional dos espaços**, 2022- e seguintes).

[14] Cfr. cap. 1. direito internacional: modelos históricos e culturais; v. tb. **Tratado** (tomo XX – **Direito internacional, história e cultura**, introdução), o exame do Direito internacional em perspectiva histórica já se põe há alguns séculos – como, *en passant*, apontam em suas obras expoentes do direito internacional moderno e clássico – e, especificamente, autores como Dietrich Heinrich Ludwig Von OMPTEDA, **Literatur des gesamten natürlichen und positiven Völkerrechts** ("Neudruck der Ausgabe Regensburg, 1785", republicado Aalen: Scientia Verlag, 1963, cit. § 65, p. 265) mesmo quando este se mostra muito duro, em relação aos autores que apresenta: "und man wird daher von selbst schon von ihm nichts besonders in eigentlichen Völkerrecht erwarten"; e tb. Robert WARD, **An Enquiry into the**

Entendo ser o exame, ainda que breve, de elementos de direito internacional, em algumas das principais civilizações da Antiguidade, vital para a compreensão da disciplina, não somente como existiu no passado, mas tal como existe e opera hoje. O **Direito internacional no tempo antigo** tem como proposta o relevante legado da Antiguidade para nortear estudos quanto ao essencial do direito internacional, como sistema institucional e normativo. Na perspectiva histórica põe-se a chave para a compreensão do fenômeno do direito internacional pós-moderno, com suas continuidades e rupturas.

Segundo o provérbio japonês, lembrado por R. Akutagawa, "ninguém se livra da barreira do tempo" e, por esse motivo, temos de conviver com ela e tentar compreender o legado que nos foi transmitido pelos predecessores, para construir o que pode vir a ser deixado para os pósteros. E, que tenhamos a melhor compreensão possível do mundo, no tempo que nos toca.

Estuda-se, neste **Direito internacional no tempo antigo**, a matéria diante dos desafios do tempo e do contexto pós-modernos. Discussões doutrinárias são cabíveis, mas não devem, além de breves menções, ser buscadas como fins em si mesmas, neste Direito Internacional no Tempo. Todavia, devem ser consideradas como um dado para a construção do discurso do direito internacional, assim como são os desenvolvimentos da jurisprudência internacional, resoluções das principais organizações internacionais, bem como da doutrina e do Instituto de direito internacional. São estas ferramentas indispensáveis para respaldar o exame e permitir a compreensão dos conceitos.

Agradeço a Yhasmin Monteiro pelo dedicado e competente trabalho de revisão para esta segunda edição.

foundations and history of the Law of nations in Europe – from the time of the Greeks and Romans to the age of Grotius (orig. publ. London: A. Straham and W. Woodfall, 1795, 2 vols, reprint Clark: The Lawbook Exchange, 2005, Preface, p. III-LIX, cit. p. LIX) concluía o prefácio: "To endeavour after this is the duty of all mankind, and if the work fails, the glory of the attempt may perhaps alleviate the disgrace of the fall."

INTRODUÇÃO

Qualquer exploração deve assinalar-se limites, limites esses correspondentes, se assim se puder fazer, às fases reais do processo histórico.

Norbert ELIAS (1969, ed. 1999)[15]

A história tornou-se um relato sem teleologia.

J.-F. LYOTARD (1979)[16]

Por que considerar o direito internacional no tempo? E, especificamente, no tempo antigo? Enquanto sistema institucional e normativo este somente pode ser compreendido como conjunto de dados construídos pela humanidade, quando engajada em relações internacionais e na busca de quadro legal para desempenho destas. Este exame, normalmente, restringe-se aos últimos séculos e, sobretudo, aos últimos duzentos anos, quando este conjunto institucional e normativo internacional passa por mutações notáveis. Mas, o fenômeno remonta muito antes no

[15] Norbert ELIAS, **La civilisation des moeurs** (do original **Uber den Prozess der Zivilisation,** © 1969, traduit de l'allemand par Pierre KAMNITZER, © 1975, Paris: Agora, impr. 1999, p. 87): "Toute exploration doit s'assigner des limites, limites correspondant, si faire se peut, aux phases réelles du processus historique".

[16] Jean-François LYOTARD, **La condition post-moderne** (Paris: Minuit, 1979, p. 7): "L'histoire est devenue un récit sans téléologie".

tempo. É preciso alargar a perspectiva temporal para permitir a adequada compreensão do conjunto.

As mutações do direito internacional serão, simultaneamente, a expressão da construção do direito internacional no tempo e no espaço do mundo: este, de sistema inicialmente circunscrito a determinados países, em certo momento da trajetória da humanidade, passa, por força das contingências da história, a ser sistema institucional e normativo de vocação universal. A implementação prática e a efetividade de tal sistema continuam a ser tanto complexas quanto controvertidas.

A falência dos modelos totalizantes expõe a fragilidade de qualquer análise da realidade. Por isso, nosso contexto presente se pauta pela inserção na pós-modernidade: não como escolha, mas por imperativo do tempo e do meio. Se, como dizia Lyotard, a história tornou-se relato sem *teleologia*, caberia indagar, como aqui faço, se e, em que medida, igualmente, a história se faz sem *ideologia*?

Pode o direito internacional – como subsistema regulador das relações humanas no plano internacional, tendo presente que sejam ou não internacionais, constituem parte inseparável das relações humanas – ser feito sem *ideologia*? Provavelmente não. Porquanto os homens sempre projetam os seus anseios e as suas perplexidades no que fazem. A própria construção do pensamento e a exposição deste são seletivas.

A partir de quando se pode falar que exista direito internacional? A resposta dependerá de como se conceitue o objeto: por isso, aqui, considera-se em qual medida se pode falar em 'elementos' de direito internacional na Antiguidade. Os tomos seguintes passarão a considerar, depois do Direito Internacional no Tempo Antigo, também, o Direito Internacional na Idade Média, e a partir daí, para nossos tempos.[17] Será,

[17] Nos demais tomos do **Tratado de direito internacional** (São Paulo: Almedina, 2022-) dentre os quais tomo IV – **Direito internacional no tempo medieval**. V. tb. D. J. Bederman, **International Law in Antiquity** (Cambridge: Univ. Press, 2001, reprinted 2006); Wolfgang Preiser, **Macht und Norm in der Völkerrechtsgeschichte** (Baden-Baden: Nomos, 1985); __, *Fruhe völkerrechtliche Ordnungen der aussereuropäischer Welt – Ein Beitrag zur Geschichte des Völkerrechts* (Sitzungsberichte der Wissenschafltichen Gesellschaft an der Johann Wolfgang Goethe-Universität Frankfurt am Main, Wiesbaden: Franz Steiner, 1976; trad. francesa de Robert Kolb, **Esquisse d'un droit international public** des anciennes cultures extra européennes, Paris: Pedone, 2010); ___ , *History of international law, Ancient times to 1648* (in **Encyclopedia of Public International Law**, 2012, vol. IV, p. 869-896); ___ , *History of International Law, Basic questions and principles* (in **Encyclopedia**

assim, pertinente discorrer sobre tais períodos, em estudo, como este, dedicado à evolução histórica do direito internacional.

Elementos de direito internacional com certeza podem ser assinalados, desde a Antiguidade, mas a muitos parece que um sistema de direito internacional propriamente dito exigirá a emergência e a convivência política entre unidades soberanas – precisamente, os estados – como se caracteriza no direito internacional clássico.[18] A crise da pós-modernidade no direito internacional se põe a partir do momento em que se constatam outros sujeitos e agentes não-estatais no sistema institucional e normativo internacional.

Vários excelentes estudos históricos assinalam o surgimento progressivo de elementos característicos do que se pode denominar direito internacional pré-moderno, a partir do início da era moderna – a história do direito internacional parece estar na moda e ter ganhado evidência nas últimas décadas. Todavia, ainda está por se fazer a conexão entre a perspectiva temporal e a inserção em contextos culturais distintos. O que tem grande relevância para a apresentação do leque dos sujeitos e agentes do direito internacional pós-moderno, tanto mais porque este período da evolução do direito internacional se encontra, todavia, em construção.

Se a configuração de sistema propriamente dito de direito internacional – tal como o conhecemos, desde o início da era moderna –, exigiu não somente a existência reconhecida como a convivência organizada entre unidades políticas soberanas – o objeto, propriamente dito – das relações entre estados – e, como o próprio termo 'estado', igualmente, só surge no renascimento –, assim, também se deu com o estabelecimento de regras, por mais rudimentares que sejam, para a regulação de tal convivência – entre unidades políticas independentes –, muitos séculos antes da emergência de tal sistema, nos tempos antigos.

of Public International Law, 2012, vol. IV, p. 896-902); C. H. ALEXANDROWICZ, **The law of nations in global history** (ed. by D. ARMITAGE and J. PITTS, Oxford: University Press, 2017); ___ , **Afro-Asian world and the law of nations: historical aspects** (RCADI, 1968, t. 123, p. 117-214); ___, **Treaty and diplomatic relations between European and South Asian powers in the seventeenth and eighteenth centuries** (RCADI, 1960, t. 100, 203-322).

[18] Nos demais tomos do **Tratado de direito internacional** (São Paulo: Almedina, 2022-dentre os quais tomo VIII – **Direito internacional além do paradigma vestfaliano** esp. título I – além do paradigma vestfaliano – o que é, e como é o 'clássico'?).

É preciso distinguir vários quadros: do mundo antigo, como aqui se considera, a seguir, do medieval ao pré-moderno e, finalmente, do direito internacional clássico ao pós-moderno.[19] A partir deste, esboça-se o quadro presente, na Antiguidade.

Pode ser apontada a ocorrência de elementos do direito internacional nos tempos antigos. Posteriormente, esses dados se multiplicam, permeiam todas as civilizações humanas, mas, mais facilmente, podem ser apontados naquelas civilizações das quais tenhamos registros escritos.

Mesmo se reemergem para se configurarem como sistema específico, a partir do final da Idade média e do início da era moderna, não se trata de enxergar 'direito internacional' somente a partir do momento em que este alcança 'institucionalização', tal como, em perspectiva eurocêntrica, normalmente se pode situar, quer com a paz de Augsburgo, em 1555, ou com os tratados de paz da Vestfália, em 1648.[20]

O estudo do direito internacional no tempo antigo mostra que a escolha do marco fundador do sistema não será neutro: representa escolha e indicação de modelo pelo qual se alinhe a construção a seguir encetada. E, por mais que esta tenha sido hegemônica, é preciso enxergar o fenômeno jurídico internacional além da perspectiva eurocêntrica e escapar da deformação ótica que nos impõe a visão do mundo somente a partir da Europa ocidental e dos Estados Unidos. Inclusive, negligenciando o conjunto do continente americano, da África, da Ásia e da Oceania.

O surgimento do direito internacional, enquanto sistema, distingue-se da ocorrência de elementos precursores e preparatórios deste sistema, porquanto destes se podem apontar traços já na Antiguidade e na Idade média. Isso, logicamente, já ocorre desde os primeiros registros

[19] No conjunto deste **Tratado de direito internacional** (São Paulo: Almedina, 2022-).

[20] Por isso, dentre os demais tomos do **Tratado de direito internacional** (São Paulo: Almedina, 2022-) a relevância de se considerar, no tomo IV – **Direito internacional no tempo medieval**, tomo V – **Direito internacional no tempo de Francisco de Vitória**, tomo VI – **Direito internacional no tempo de Suárez, Gentili e Zouch**, tomo VII – **Direito internacional no tempo de Hugo Grócio** e tomo VIII – **Direito internacional além do paradigma vestfaliano** e seguintes. Não se pode aceitar a mitificação da instauração de sistema internacional somente a partir de 1648. V. tb. Benno Teschke, **The myth of 1648** – Class, Geopolitics and the making of modern International relations (orig. publ. 2003, London: Verso, 2009).

de história escrita, por volta de 3000 a.C., e desdobra-se, ao longo dos séculos, até o ponto em que o direito internacional dos precursores passa a ser o direito internacional enquanto sistema. Mas, essa perspectiva temporal e cultural precisa ser ampliada, sob pena de comprometer a visão da vastidão e da complexidade do mundo, que também se reflete no que foi, pode ser e é direito internacional no contexto pós-moderno.

Desde o marco inicial escolhido, no caminho para nossos tempos, configura-se o direito internacional com crescente estruturação, em sistema institucional e normativo internacional, ao qual, progressivamente, são juntadas áreas inteiras de atuação específica. Multiplica-se o número de unidades integrantes do sistema, assim como aumenta o número de questões reconhecidamente de caráter intrinsecamente internacional, no sentido de refugirem à possibilidade de regulação e solução por parte de qualquer estado separadamente considerado. Aumentam a complexidade e a fragmentação que, em menor escala, já eram componentes características do sistema.

O direito internacional, assim, há de agregar-se à história – para ser situado no tempo – e à geografia – para ser situado no espaço, ou melhor, nos espaços –[21] bem como à política e às instituições para compor conjunto normativo e de práticas aceitas como válidas e vinculantes. É o direito internacional produto da vida social e expressão desta, em sua mais extensa dimensão e no seu plano mais vasto: o direito internacional rege as relações entre sociedades, agrega-se como superestrutura às concomitantes estruturas políticas internas e se põe como o coroamento do sistema humano de regulação da convivência entre sociedades. Estas, normalmente expressas por meio das relações entre estados, mas não somente entre estes, porquanto mais e mais abrange, criando diretamente direitos e obrigações para os indivíduos, assim como para outros agentes não-estatais – nesta que configura a grande mutação em curso, no direito internacional pós-moderno – onde este passa de sistema interestatal para conjunto normativo e institucional mais amplo, com tutela legal do ser humano.

[21] Por isso, o **Tratado de direito internacional** (São Paulo: Almedina, 2022-) depois dos dois tomos dedicados ao **Direito internacional dos espaços** (2ª ed. revista e atualizada, 2022), passa ao exame do **Direito internacional no tempo**.

No plano internacional, é crescente o papel do ser humano, tanto para a ele garantir direitos (proteção internacional dos direitos fundamentais), como para lhe impor obrigações e dele cobrar responsabilidade (direito internacional penal e a responsabilidade criminal do indivíduo, regida por normas internacionais).[22] Algumas dentre essas dimensões simplesmente não existiam – ou eram muito incipientes – antes da primeira guerra mundial ou, mesmo, até o momento imediatamente posterior à segunda guerra mundial. E, como se tem multiplicado desde então!

Não seria, contudo, pertinente que se caia no extremo oposto de atribuir ao direito internacional pós-moderno tantas pretensões, no sentido de um "direito internacional providência", com risco de que este se esvazie de sua viabilidade e de sua eficácia enquanto sistema institucional e normativo internacional.[23] Esta ampliação dos âmbitos de aplicação do direito internacional pós-moderno não nos pode deixar esquecer a necessidade de retomar a determinação dos limites do que se deveria fixar ao direito internacional para conferir a este a sua verdadeira força.

Por esse motivo, mudaram tanto os manuais e a forma de se estudar e se compreender o direito internacional: se, de um lado, este se torna mais humano, mais próximo do ser vivo, social, e das realidades humanas do dia a dia, por outro lado, permanece a base interestatal sobre a qual foi construído desde o início. Aí está paradoxo do direito internacional, no contexto pós-moderno: este, de um lado, transcende o sistema interestatal tradicional, mas, por outro, depende desse mesmo arcabouço (interestatal) para se sustentar institucionalmente e operar na prática, porquanto até o momento pouco existe de sistema institucional e normativo internacional que não seja impulsionado pelos estados. Estes criam e operam o direito internacional e devem por ele ser controlados!

[22] Ver **Tratado** (tomo XX – **Direito internacional, história e cultura**, esp. cap. IV – Papel da proteção internacional dos direitos fundamentais como fator de renovação e de transformação do direito internacional).

[23] Emmanuelle Jouannet, *À quoi sert le droit international? Le droit international providence du XXIe siècle* (Revue belge de droit international, 2007/1, Bruxelles: Bruylant, p. 5-51): "Une logique juridique et politique à l'oeuvre depuis 1945 dans le droit international contemporain qui fait de lui un droit international providence. C'est un droit qui intervient partout, et qui cherche à combler les deséquilibres économiques, sociaux, écologiques et sanitaires de la planète. Mais ce faisant, il suscite des attentes et contient des promesses, qu'il ne pourra peut-être pas tenir".

Não se pode, assim, nem conceber, nem, tampouco, operar o mundo sem direito internacional, em tantas dentre todas as nossas atividades: campos inteiros, onde o direito internacional permeia a nossa vida de todos os dias, quer tenhamos consciência disso ou não, em toda e qualquer comunicação por satélites, por meio de telefones celulares ou Internet, em toda transmissão de dados, de fundos, de comunicação escrita ou verbal, todas as conexões aéreas, todas as normas reguladoras dessas atividades (embora sejam editadas internamente, como normas nacionais), todas as cartas e remessas postais, todas as transferências eletrônicas de fundos,[24] e assim por diante.

Surge, desenvolve-se e soçobra a concepção positivista do direito internacional. Mas, a sua substituição por concepção mais 'humana' e humanista, todavia, não somente não se perfez, como cabe indagar se seria viável que venha a se perfazer. Esta é a dimensão crucial.

A concepção positivista teve seu tempo de aceitação como doutrina corrente. Pretendeu ser avanço metodológico em relação às anteriores fundamentações de cunho naturalista, herdadas de outras eras. Isso parece ter prevalecido, até que se deu – especificamente, a partir da segunda guerra mundial – a percepção dos estragos e das distorções monstruosas que poderiam advir de concepções estritamente 'positivistas', destituídas de valores e de parâmetros de dignidade humana e de perquirição sobre os fins e os limites de qualquer 'sistema'.

O apogeu do positivismo marcou certos avanços técnicos e teve movimentos tais como a caracterização de possível "teoria pura do direito" – útil, no sentido de afastar do domínio jurídico específico o que não seja direito – bem como impulsionou o esforço ingente de codificação do direito internacional – no afã de sistematizar e ordenar para melhor conhecer e manejar o direito internacional. Por outro lado, o lado sombrio do positivismo jurídico se mostrou na instrumentalização do direito internacional, quando este é colocado em posição servil pelos estudos ditos de relações internacionais, submetendo-o, enquanto sistema e enquanto propósito, aos imperativos 'políticos' de relações de interesse e de força.

[24] Cfr. **Tratado** (tomo II – **Direito internacional dos espaços**, cap. XVIII – direito internacional das telecomunicações).

O enfoque positivista, levado ao paroxismo, torna o direito internacional impotente em face de ameaças como a ascensão dos regimes totalitários do século passado, do nazi-fascismo, aos totalitarismos lastreados em ditaduras de partido único e capitalismos de estado, da era da guerra fria, com algumas excrecências remanescentes, e dos recorrentes fundamentalismos, que se servem ora desta ou daquela confissão religiosa, para ameaçarem a negação de sistema de coordenação entre iguais, em favor de relações de dominação e vassalagem: tomam em vão o nome divino para usar para falcatruas e roubalheiras humanas – demasiadamente humanas.

Surgiu, desenvolveu-se e soçobrou a, assim chamada, concepção marxista do direito internacional, tal como durante certo tempo foi propugnada pela então doutrina soviética. Sumiu sem deixar traços, da mesma forma como desapareceu a URSS, mas ficaram algumas inovações conceituais interessantes, como a inserção da autodeterminação dos povos dentre os princípios ordenadores do sistema institucional e normativo internacional, ao mesmo tempo em que se procurava, contudo, manter a integridade territorial e a não-ingerência nos assuntos internos. Esses dilemas, do tempo da guerra fria – 1949-1989, que outros preferem estender para 1947-1991, o que não muda substancialmente o contexto – foram bem expressos pelas tensões contidas na Ata final de Helsinque, de 1975.[25]

Esta concepção de direito internacional em 'mundo dividido', também teve seu tempo de aceitação como doutrina corrente, entre os internacionalistas soviéticos e outros epifenômenos destes, fossem estes vinculados, digamos, por "dever de ofício", nos países satélites, quer simpatizantes, mais ou menos engajados, "burgueses de esquerda", que se compraziam na elucubração a respeito de sistema substancialmente inovador, em relação aos modelos anteriores, que eram denominados: "direito internacional da sociedade escravista", "direito internacional da sociedade feudal", "direito internacional burguês", "direito internacional moderno", que seria o direito internacional da época de transição do

[25] Ver texto em CONFERENCE ON SECURITY AND CO-OPERATION IN EUROPE – FINAL ACT – Helsinki, 1975 – https://www.osce.org> files 39501.pdf – objeto de deliberação em diversas sessões, que se estenderam de 3 de julho a 1º de agosto de 1975. V. tb. G. ARANGIO-RUIZ, **Human rights and non-intervention in the Helsinki Final Act** (RCADI, 1977, t. 157, p. 195-331).

capitalismo ao socialismo. Passou a história, e disso, o que ficou? O anseio por algo novo e mais justo, em teoria, e os crus limites do que foi efetivamente conseguido na prática.

Tão surpreendente como foi o advento da concepção marxista do direito internacional foi o seu desaparecimento sem deixar traços: mais de três décadas após o fim da União soviética, os autores desse tempo, engajados na propagação de tal modelo se leem, hoje, como registro de história antiga – relatos de vidas passadas, sem permanecer no tempo presente. Envelheceram mal e precocemente. Far-se-á o estudo como 'arqueologia' jurídica: pode ser como estudar algo que existiu, em certo tempo histórico, em certas regiões. Pode ter parecido inovador, a seu tempo, mas sumiu sem deixar traços.

O mundo pós-Guerra Fria, no qual estamos insertos desde o ano admirável de 1989, não nos trouxe, contudo, mais certezas e mais realizações. Estamos em meio a esse momento histórico de transição, de superação de dados visivelmente obsoletos do passado, mas, nem por isso, está claro o modelo que vem a seguir. Em plena pós-modernidade, com todas as incertezas, em relação ao tempo histórico e contexto cultural, no qual estamos insertos.

Os atuais fundamentalismos são de tal modo primários e condicionados por seus próprios dados estruturantes que não se podem pretender como explicações para o mundo. São 'slogans' políticos e bordões de enfrentamento, não conjuntos de ideias e de conceitos.

Que resta de tais concepções, sejam estas 'naturalistas', 'positivistas', 'marxistas' e 'pós-modernistas'? Qual foi e pode ainda ser a influência de cada uma delas? Se tais respostas, em si, fogem ao escopo deste livro, não se pode deixar de considerar que o direito internacional, em curso no presente contexto, ao se caracterizar pela crise da pós-modernidade, põe-se no sentido de percepção da falência desses modelos totalizantes do passado e afirma a necessidade de institucionalização crescente como modo de fortalecer os mecanismos pacíficos de solução de controvérsias entre estados, ao lado do reconhecimento progressivo de conteúdos positivos do direito internacional de nosso tempo, que se agregam aos estados, nem sempre de modo pacífico. A condição humana, no plano internacional, com direitos e obrigações regidos pelo direito das gentes, a condição do planeta, como a casa (*oikos*) e o mundo (*kosmos*), onde todos vivemos e que pode ser destruída, não somente por guerras e por bombas – isso, dolorosamente já aprendemos – mas, constata-se, mais e mais, ser passível de aniquilamento pela simples ação cumulativa do homem, dito 'civilizado', como subproduto venenoso da assim chamada 'civilização', que aniquila outras espécies animais e vegetais, com os corolários daí decorrentes, tais como o esforço de construção de conceitos e de tutela legal adequada de grandes avanços, em boa medida ainda somente conceituais, tais como o "patrimônio comum da humanidade", a percepção do "interesse comum da humanidade", e assim por diante.[26] Mas, depois de aceita a ideia, tem esta de ser implementada e os dilemas e os impasses das tentativas de regulação dos efeitos danosos das mudanças climáticas mostram os limites da ação eficaz dos estados e da comunidade internacional, enquanto faltam líderes de visão e compromisso com "as gerações presentes e futuras".[27]

De certo modo, os antigos romanos, ainda mais que os gregos, deixaram legados que marcam, até hoje, o direito internacional, assim como outras facetas do mundo, mais do que o fizeram as escolas 'positivista' e 'marxista' de direito internacional, embora estas, cronologicamente, estejam muito mais próximas. Para perceber isso foi preciso estarmos na pós-modernidade, desvinculados do momento em que positivismo e o confrontacionismo da guerra fria reinavam como escolas soberanas de interpretação e de condução de políticas externas: os fundadores do direito internacional 'moderno' construíram suas reflexões diretamente lastreados no direito romano.[28]

O mundo ocidental traz marcas indeléveis dos antigos gregos e romanos. Inclusive no direito internacional. Essa afirmação, mais do que evidente, é tautológica, mas, pode tornar-se interessante quando se consideram as repercussões do legado greco-romano, além do 'Ocidente', nas confluências e recorrências de interações, ao longo da história, tais

[26] Cfr. **Tratado** (tomo II – **Direito internacional dos espaços**, cap. XX – espaços internacionais: de *res nullius* a patrimônio comum da humanidade).

[27] Cfr. **Tratado** (tomo II – **Direito internacional dos espaços**, cap. XXV – direito internacional dos espaços e a emergência da proteção internacional do meio ambiente). V. tb. P. B. Casella – Raphael C. de Vasconcelos – Ely C. Xavier Júnior (org.), **O legado de Geraldo Eulálio do Nascimento e Silva para o direito ambiental** (Brasília: Funag, 2017).

[28] Cfr. **Tratado** (tomo V – Direito internacional no tempo de Francisco de Vitória, tomo VI – **Direito internacional no tempo de Suárez, Gentili e Zouch**, tomo VII – **Direito internacional no tempo de Hugo Grócio**, b/c neste tomo, esp. o cap. VI – na formação e no desenvolvimento de Roma).

como a era helenística, que produz a civilização selêucida e a arte de Gandhara[29] – encontro entre 'ocidente' e 'oriente', ou nas intensas trocas comerciais entre Roma e a Índia,[30] na Antiguidade.[31]

Não menos fascinantes – e duvidosas – as incursões ocidentais, simultaneamente mercantis e com vistas à difusão do cristianismo na Ásia, no início da era moderna. Ou passagens francamente desastrosas, chamadas de "expansão colonialista" como, em considerável medida, foi a "missão civilizadora do homem branco" na África e, em certa medida, também em vários pontos da Ásia, como já apontavam PREISER e ALEXANDROWICZ.[32]

[29] A arte greco-budista é expressão do encontro entre a cultura grega clássica e o Budismo, que se desenvolveu durante cerca de dez séculos, desde as conquistas de ALEXANDRE, o grande, no século IV a.C. até as conquistas islâmicas do século VII. Ver Mario BUSSAGLI, **L'art du Gandhara** (Paris: Le livre de poche 1996).

[30] Michele PIRAZZOLI-t'SERSTEVENS, **La Chine des Han** – Histoire et civilisation (Fribourg: Office du Livre, 1982, Quatrième partie – Les Hans postérieurs (25-220 ap. J.-C.), chap. II – La Chine et le monde extérieur aux premiers siècles de notre ère, p. 154-164, cit. p. 161): "Il semble bien qu'à partir du Ier siècle de notre ère, la plus grande partie de la soie qu'importait le monde romain ait été convoyée par la voie maritime et non par la route de terre par l'Iran parthe. / À l'autre bout de la chaîne, la prospérité des ports du Vietnam, escales et comptoirs dans ce commerce international, fut certainement importante; le pays produisait et exportait des perles, de l'ivoire, de l'écaille de tortue, de l'encens."

[31] Rosa Maria CIMINO (edited by), **Ancient Rome and India**: Commercial and cultural contacts between the Roman world and India (New Delhi: Istituto Italiano per il medio ed estremo Oriente, Roma / Italian Embassy Cultural Centre, New Delhi, 1994); Bernard DE GIVE, **Les rapports de l'Inde et de l'Occident** – des origines au règne d'Asoka (Paris: Les Indes savantes, 2005); v. tb. Christine MAILLARD, **L'Inde vue d'Europe** – Histoire d'une rencontre (1750-1950) (Paris: Albin Michel, 2008); A. VIGASIN e C. BONGARD-LEVIN, **The image of India** – The Study of Ancient Indian Civilization in the USSR (orig. publ. **Obraz Indii** – Izutchenie drevneindiscoi civilizatzii v SSSR, © 1984, transl. from the Russian by Peter GREENWOOD, Moscou: Progress Publ., 1984).

[32] Wolfgang PREISER, **Macht und Norm in der Völkerrechtsgeschichte** (Baden-Baden: Nomos, 1985); ___, *Fruhe völkerrechtliche Ordnungen der aussereuropäischer Welt – Ein Beitrag zur Geschichte des Völkerrechts* (Sitzungsberichte der Wissenschafltichen Gesellschaft an der Johann Wolfgang Goethe-Universität Frankfurt am Main, Wiesbaden: Franz Steiner, 1976; trad. francesa de Robert KOLB, **Esquisse d'un droit international public** des anciennes cultures extra européennes, Paris: Pedone, 2010); ___, *History of international law, Ancient times to 1648* (in **Encyclopedia of Public International Law**, 2012, vol. IV, p. 869-896); ___, *History of International Law, Basic questions and principles* (in **Encyclopedia of Public International Law**, 2012, vol. IV, p. 896-902); C. H. ALEXANDROWICZ, **The law of nations in global history** (ed. by D. ARMITAGE and J. PITTS, Oxford: University Press, 2017); ___, **Afro-Asian world and the law of nations: historical aspects** (RCADI, 1968, t. 123,

É preciso libertar o direito internacional, no contexto pós-moderno, do fardo do colonialismo, não somente político, como intelectual,[33] sob a forma do etnocentrismo. Se, por um lado, "com a secularização das sociedades europeias, declinou a ideia da superioridade cristã, ao menos no discurso público", isso veio a ser substituído por ideias seculares tais como a ideia de 'missão civilizadora' (*mission civilisatrice*), utilizada para justificar a colonização europeia, no século XIX e começo do século XX. Foi exemplo típico, ressaltava Y. ONUMA (2017),[34] com "combinação arquetípica do moderno direito internacional europeu, baseado em *igualitarismo formal* entre as nações, contudo qualificado por sentido de superioridade baseado no *universalismo egocêntrico e supremacia do poder militar europeu,*" que resultou em colonização mundial e hegemonia das potências europeias.

Algumas ideias preconcebidas e 'slogans' repetidos indiscriminadamente poderão ser derrubados nestas páginas. Contemplar, com novos olhos, o mundo pode ser útil para transcender condicionamentos culturais e ideias pré-concebidas.

Uma das facetas a se considerar será, justamente, por termo à afirmação, leviana e infundada, embora tantas vezes repetida, quanto a não terem conhecido nem praticado direito internacional os antigos romanos: existiu sim sistema de direito e de relações internacionais durante os vários séculos nos quais Roma foi potência mundial.[35] E, esta potência

p. 117-214); ___, **Treaty and diplomatic relations between European and South Asian powers in the seventeenth and eighteenth centuries** (RCADI, 1960, t. 100, 203-322).

[33] Como se examina no **Tratado** (tomos XIV a XVII – **Direito internacional no tempo do colonialismo**). V. tb. M. KOSKENNIEMI, **The gentle civilizer of Nations**: the rise and fall of international law 1870-1960 (Cambridge: University Press, 1st. publ., 2001, paperback ed., 2005).

[34] ONUMA Yasuaki, **International Law in a Transcivilizational World** (Cambridge: Univ. Press, 2017, cit. p. 76-77): "When the European nations began to colonize other regions of the globe, however, they were not superior to other leading regional powers such as the Ottoman Empire and the Ming dynasty. (...) It took four centuries for the European idea of ordering the world to prevail globally. During this period, the European powers steadily expanded their hegemony and influence through their rapidly increasing military and economic power, diplomatic skills, the power of religion, i.e., Christianity, and other ideational power resources."

[35] Como se examina, adiante, na parte I – direito das gentes no mundo antigo, título I – elementos precursores de direito internacional na Antiguidade, cap. VI – na formação e no desenvolvimento de Roma.

interage, durante séculos, com o império persa, além do que, mantém fluxos comerciais com a Índia antiga.

Na 'alta' Idade média, o legado romano transita pelas Ilhas britânicas, antes de reflorescer na Europa ocidental, na era carolíngia. Séculos mais tarde, a escola platônica de Cambridge será o elo entre o renascimento, que se expande, a partir da Itália, e o movimento romântico alemão. Para mostrar que a 'insularidade' britânica o é menos do que, por vezes, apressadamente se afirma – não obstante o fenomenal erro cometido pelos britânicos, com o Brexit (a saída do Reino Unido da União Europeia), mas esta é uma outra história![36]

De modo não menos fascinante, o legado grego será transposto a partir dos pensadores árabes, durante séculos, que vivem e obram em diversos centros de cultura da época, de Bagdá até a Península Ibérica, durante os séculos de ocupação[37] muçulmana desta região, e se verá, literalmente, transportado de Bizâncio para a Europa 'ocidental', antes e depois da queda do império romano do Oriente, em 1453.[38] Assim, bastem alguns exemplos para se aferir quanto a transmissão de herança cultural pode repercutir por caminhos nem sempre lineares e se atentar para a necessidade de diálogo mais do que de confrontação entre o assim chamado 'Ocidente' e o mundo muçulmano, porquanto este influenciou decisivamente a história intelectual do 'Ocidente': não somente pelas traduções árabes medievais, dentre outros, de PLATÃO e ARISTÓTELES, como pelos comentários que se fizeram das obras destes, a partir dos escritos de AL-FARABI,[39] AVERROIS, AVICENA e tantos outros filósofos.[40]

[36] Simon SCHAMA, **A History of Britain: at the edge of the world? 3000 BC – 1603 AD** (New York: Hyperion, 2000); Tony JUDT, **A Grand Illusion: an Essay on Europe** (orig. publicado em 1996, New York: New York Univ. Press, 2011); P. B. CASELLA, *Imperativo categórico da cooperação e as lições do Brexit* (in **Evolução do direito no século XXI: princípios e valores** – estudos em homenagem ao professor Arnoldo WALD, pelos seus noventa anos, no prelo, 2022).

[37] O uso do termo 'ocupação' talvez mereça reparo, cfr. analisa Vaios KOUTROULIS, em seu **Le début et la fin de l'application du droit de l'occupation** (Paris: Pedone, 2010).

[38] Cfr. Michel de TAUBE, **L'apport de Byzance au développement du droit international** (RCADI, 1939, t. 67, p. 233-340); Basile TATAKIS, **La philosophie byzantine** (in E. BRÉHIER, **Histoire de la philosophie**, Paris: PUF, 1949 – Fascicule suppl. no. 11).

[39] AL-FARABI, ou Abu Nasr Muhammad b. Muhammad b. Muhammad b. Tarkan AL-FARABI (ca. 870 d.C.-950 d.C.), **A cidade virtuosa** (trad. do árabe, introdução, notas e glossário de Catarina BELO, Lisboa: Fund. C. Gulbenkian, 2018); ___, **La philosophie de Platon** – ses

Ao lado das doutrinas que dividem a história em grandes etapas, ordenadas em relação a determinado fim, outras concepções não se apresentam como teleologias, mas sem, por isso, renunciar, necessariamente, a qualquer propósito prospectivo e classificatório. Não se limitar a enunciar grandes fases, mas propor uma periodização mais precisa, ou, antes, enfatizar confluências e intercorrências.

Mesmo com o risco de comprometer a compreensão do todo, as tentativas de periodização e caracterização de fases da evolução do direito internacional não deixam de conter elementos úteis para a compreensão do que até aqui existiu e do que pode ser, a partir daqui, alcançado. Como aqui se enceta.

Ao se principiar o tratamento do direito internacional em perspectiva histórica, logo desta, percebem-se as concomitantes perspectivas geográficas: a percepção histórica é condicionada tanto pelo tempo, como pela geografia e pela cultura.[41] Este é dilema muito presente no direito internacional, que de europeu, durante séculos e, depois, em certa medida, europeu e americano, quer transmutar-se, além dos

parties, l'ordre de ses parties, du commencement jusqu'à la fin (trad. de l'arabe et annoté par Olivier SEDEYN et Nassim LÉVY, Paris: Allia, 2013); ___, **De l'obtention du bonheur** (trad. de l'arabe et annoté par Olivier SEDEYN et Nassim LÉVY, présenté et annoté par Olivier SEDEYN, Paris: Allia, 2010, cit. p. 69): "Car chaque être est fait pour atteindre la perfection ultime qu'il est susceptible d'atteindre conformément à sa place dans l'ordre de l'être. La perfection spécifique de l'homme est appelée le *bonheur suprême*; et à chaque homme, en fonction de son rang dans l'échelle de l'humanité, appartient le bonheur suprême spécifique approprié à son genre d'homme."

[40] Christian JAMBET, **Qu'est-ce que la philosophie islamique?** (Paris: Gallimard – Folio – Essais, 2011); Pauline KOETSCHET (textes choisis et presentes par), **La philosophie arabe** (Paris: Points – essais, 2011, Introduction, p. 9-31, cit. p. 9-10) aponta esse "monde foisonnant des idées philosophiques qui virent le jour à Bagdad, Damas, Hamadan ou encore Cordoue" e enfatiza que esse conjunto é muito mais do que "uma entidade isolada inassimilável à história da filosofia ocidental" e, tampouco, a simples passagem da filosofia grega pela língua árabe, e "os filósofos árabes são assim considerados, na melhor das hipóteses, como simples vetores de transmissão, aos quais é impossível reconhecer atitute (*démarche*) filosófica própria e, na pior das hipóteses, como espelhos deformadores da filosofia grega".

[41] Por isso, o **Tratado de direito internacional** (São Paulo: Almedina, 2022-) começou com os dois tomos do **Direito internacional dos espaços** (2ª ed. revista e atualizada, 2022) e tb. o tomo **Direito internacional, história e cultura** (esp. introdução e cap. I – Direito internacional no tempo e seu papel na história).

traumas da colonização e da descolonização,[42] em sistema institucional e normativo de caráter verdadeiramente mundial. O que não é fácil, nem foi, todavia, integralmente conseguido.

Este é o sentido de aqui se dispensar o tratamento do direito internacional na perspectiva histórica,[43] visto esta acarretar concomitante perspectiva geográfica:[44] este não é uno, nem no tempo, nem no espaço, mas anseia pela unidade e pela universalidade.

O direito internacional tem de ser compreendido como construção cultural que se agrega à vida humana em sociedade, em relação ao conjunto das questões internacionalizadas – e a considerável extensão na qual esse leque de questões intrinsecamente internacionalizadas se amplia, de modo considerável a cada geração: todo o direito internacional aeronáutico praticamente não existia, até 1900 – exceto no tocante aos balões e os dirigíveis, mas sem comparação com o desenvolvimento ocorrido, desde o advento da aviação comercial, como fenômeno mundial; de modo equivalente, todo o direito internacional do espaço exterior praticamente não existia, até 1945, e se consolida de modo duradouro no lapso de trinta anos, muito embora arrefecendo seu ímpeto de inovação, desde 1975; vale, ainda, lembrar todo o direito internacional do meio ambiente para dar mais um exemplo, que é todo um campo do direito internacional que praticamente não existia como ramo da disciplina, antes da conferência de Estocolmo de 1972, e se transformou em

[42] A respeito, no **Tratado** (tomos XIV a XVII – **Direito internacional no tempo do colonialismo**).

[43] Jean-Louis HALPÉRIN, *De quelques difficultés kelséniennes pour l'historien du droit* (in **L'architecture du droit – Mélanges en l'honneur de Michel Troper** études coordonnés par D. de BÉCHILLON, P. BRUNET, V. CHAMPEIL-DESPLATS e E. MILLARD, Paris: Economica, 2006, p. 477-486, cit. p. 483): "Pour justifier l'appréhension historique du droit, la démarche de Michel TROPER nous guide vers les orientations réalistes développés par KELSEN dans la seconde partie de son oeuvre. Michel TROPER a mis en relief, tout en les critiquant, les deux dimensions statique et dynamique distinguées par KELSEN. L'historien du droit est particulièrement sensible à une approche dynamique qui s'intéresse à la manière dont le droit est créé et appliqué, au droit en mouvement".

[44] De modo semelhante à percepção apontada no **Tratado** (tomos I e II – **Direito internacional dos espaços**, 2ª ed., 2022) onde se mostrou quanto a perspectiva geográfica é condicionada e marcada pelo tempo. Interagem, assim, na gênese e no funcionamento do direito internacional tempo e espaço, de modo recorrente.

especialização de tempo integral no seio do direito internacional pós-moderno.[45]

A importância de cada um destes ramos do direito internacional, no contexto pós-moderno, sequer precisa ser enfatizada. E, não somente o processo de expansão continua, como campos inteiros devem agregar-se ao conjunto nos próximos anos, nas próximas décadas, nas próximas gerações. Mas, sem que se pretenda um "direito internacional providência"[46] – porquanto este não será capaz de resolver todos os problemas do mundo.

O direito internacional é um dos campos do direito que mais tem mudado, nos últimos tempos, e que mais deve mudar nos próximos. E, apesar disso, ainda há quem não se dê conta, ou pretenda minimizar o impacto do direito internacional em nossas vidas, a cada dia... e não perceba os motivos para o estudar e conhecer – como parece ocorrer em todos os profissionais do direito voltados somente para as facetas 'internas' do sistema, qualquer que seja a área de atuação profissional que pretendam exercer no campo jurídico. Mas, a inconsciência quanto à necessidade e à presença crescente deste não excluem a sua ocorrência, nem diminuem sua necessidade.

Logica e materialmente é impossível pretender mostrar todas as facetas do direito internacional, em todos os tempos. Seria preciso numerosa equipe de profissionais altamente qualificados, com fluência em dezenas de idiomas e acesso às fontes de todo o mundo para se aflorarem todos os continentes. E o resultado alcançaria tal extensão, que se tornaria dificilmente manejável.

Trata-se, assim, de perspectiva pessoal desse amplo fenômeno temporal e cultural. A partir do tempo antigo e dos meios culturais em que foram encetadas tentativas de ordenação das relações internacionais e

[45] Cf. se examina no **Tratado** (tomos I e II – **Direito internacional dos espaços**, capítulos específicos sobre estes temas).

[46] E. Jouannet, *À quoi sert le droit international? Le droit international providence du XXIe siècle* (Revue belge de droit international, 2007/1, Bruxelles: Bruylant, p. 5-51, cit. supra). V. tb. P. B. Casella, *International development law and the right to development in post-modern international law* (in **Droit international et nouvelles approches sur le tiers monde: entre répetition et renouveau / International law and new approaches to the third world: between repetition and renewal**, sous la direction de Mark Toufayan, Emmanuelle Tourme-Jouannet e Hélène Ruiz-Fabri, Paris: Société de législation comparée, 2013, p. 261-280).

da convivência internacional, foram destacados os marcos ordenadores deste trabalho, dentro dos limites físicos e psíquicos que comporta a carga de trabalho.

Isso não se formula como desculpa nem como tentativa de isenção de responsabilidades. Mas, como inexorável percepção dos limites aos quais todos estamos sujeitos e como reflexo de escolhas e de condicionantes que pautam a vida de cada um.

Existem excelentes obras de 'história do direito internacional', dentre as quais são algumas, aqui, muito citadas.[47] Com cada uma dessas obras se faz diálogo, ao longo destas páginas, por vezes concorrendo, por vezes contrapondo outros pontos de vista.

Este **Direito Internacional no Tempo Antigo** não pretende competir nem se contrapor a nenhuma destas 'histórias': trata-se, mais do que de mais uma "história do direito internacional", aqui, de buscar compreender e apresentar a trajetória temporal de encadeamento e de desenvolvimento do direito internacional, enquanto sistema normativo e institucional, a partir de seus primórdios antigos.

Os grandes historiadores merecem crédito não menos considerável: dos clássicos, tais como Heródoto, Tucídides, Políbio,[48]

[47] Wilhelm Grewe, **Epochen der Völkerrechtsgeschichte** (Baden-Baden: Nomos, 1984); Antonio Truyol y Serra, **Doctrines sur le fondement du droit des gens** (éd. revue, augmentée et mise à jour par R. Kolb, Paris: Pedone, 2007); ___, **Histoire du droit international public** (Paris: Economica, 1995); Arthur Nussbaum, **Historia del derecho internacional** (orig. publ. **A concise History of the Law of Nations** © 1947, trad. Francisco Javier Osset, adiciones sobre 'História de la doctrina hispanica de derecho internacional' por Luís Garcia Arias, Madri: Revista de derecho privado, s/d, prólogo de L.G.A. datado "1949"); Dominique Gaurier, **Histoire du droit international** – de l'Antiquité à la création de l'ONU (Rennes: PU de Rennes, 2014); Slim Laghmani, **Histoire du droit des gens** – du jus gentium imperial au jus publicum europaeum (Paris: Pedone, 2003).

[48] Grego de nascimento e de formação, Políbio (ca. 202 – ca. 120 a.C.), oficial do exército da Liga aquemênida, foi entregue a Roma como refém e nesta radicou-se por 16 anos. Foi o grande historiador do seu tempo, e legou-nos o relato da segunda guerra púnica entre romanos e cartagineses. Além de sua amizade com Cipião Emiliano, que lhe permitiu conhecer os homens públicos e ter acesso aos arquivos, Políbio viajou extensamente pela Itália, pela Espanha, pela Gália, além de acompanhar seu protetor em campanhas contra Cartago e Numância. Obras suas tais como a *Vida de Filopemon*, a *Guerra de Numância* e o *Tratado de tática* se perderam. De sua grande obra, **Histórias**, em 40 livros, conservam-se os cinco primeiros e importantes fragmentos dos livros seguintes, nos quais examina sobretudo o período de 220 até 146 a.C., depois de revisar épocas anteriores. Admirador incondicional de Roma, argumentou com seus conterrâneos gregos e seus chefes, para evitar a revolta das cidades

SALUSTIO,[49] SUETÔNIO, TÁCITO e TITO LÍVIO, dentre outros,[50] mas, também, SIMA QIAN, LIU ZHIJI e KAUTILYA,[51] que perpassam estas páginas, não somente como 'documentos de época', mas como registros

gregas contra Roma, mas junto a esta igualmente empenhou-se em amenizar o destino dos vencidos. A hegemonia romana, na obra de POLÍBIO se põe como o resultado de fatores concretos e morais, sobretudo em razão do que considerava ser a superioridade da constituição romana. POLÍBIO rejeita a história como variedade da eloquência, da erudição ou da poesia, e entende dever esta ser universal e pragmática, fundada sobre vasta experiência política e militar, apoiada na geografia, e esclarecida pela filosofia. Além das causas imediatas, aponta o que entendia serem as causas determinantes, tais como as religiões, as instituições, a organização militar e o poder econômico, sem deixar de admitir o papel da personalidade e das circunstâncias.

[49] Caius SALLUSTIUS Crispus (86-35 a.C.), na **Guerra de Jugurtha** pondera: "nada mais fácil do que começar uma guerra; nada mais penoso do que a levar ao fim" (in SALLUSTE, **Conjuration de Catilina** - **Guerre de Jugurtha** - **Histoires**, trad., introduction et notes par François RICHARD, Paris: GF – Flammarion, 1968, LXXXIII, p. 146);

[50] HERÓDOTO, **História** (trad. do grego, intr. e notas de Mário da Gama KURY, Brasília: Ed UnB, © 1985, 2ª ed., 1988); HÉRODOTE – THUCYDIDE, **Oeuvres complètes** (intr. Jacqueline de ROMILLY, texte présenté, traduir et annoté par André BARGUET, Paris: Gallimard – Pleiade, © 1964, impr. 1982); POLÍBIO [POLYBE], **Histoire** (texte traduit, présenté et annoté par Denis ROUSSEL, Paris: Gallimard – Pléiade, 1970); SUETÔNIO, **A vida dos doze Césares** (trad. Pietro NASSETTI, São Paulo: Martin Claret, 2006); ___, **Lives of the Caesars** (edição bilingue, with an English translation by J. C. ROLFE, Cambridge Ma.: Harvard U.P., LCL 31 SUETONIUS I 1st publ. 1913, reprinted 1998; LCL 38, SUETONIUS II, 1st publ. 1914, reprinted 2001); TÁCITO [CORNELIUS TACITUS], **Agricola** (transl. by M. HUTTON, rev. by R. M. OGILVIE) – **Germania** (transl. by M. HUTTON, rev. by E. M. WARMINGTON) – **Dialogus** (transl. by W. PETERSON, rev. by M. WINTERBOTTOM, edição bilingue, Cambridge Ma.: Harvard U.P., LCL 35, TACITUS I, 1st publ. 1914, reprinted 2006); ___, **Histories** (edição bilingue, with an English translation by Clifford H. MOORE, Cambridge Ma.: Harvard U.P., LCL 111, TACITUS II, 1st publ., 1925, reprinted 2006); ___, **Annals** (edição bilingue, with an English translation by John JACKSON, Cambridge Ma.: Harvard U.P., LCL 312, TACITUS IV, Books IV-VI & XI-XII, 1st. publ., 1937, reprinted 2006; LCL 322, TACITUS V, Books XIII-XVI, 1st publ. 1937, reprinted 1999); TITO LÍVIO, **História de Roma** (introdução, tradução e notas de Paulo Matos PEIXOTO, São Paulo: Paumape, 1989, 6 volumes).

[51] SIMA QIAN, **Vies de chinois illustres** (trad., introduction et notes de J. PIMPANEAU, Paris: Éd. You-Feng, 2009); ___, **Shi Ji** (Initiation à la langue classique chinoise à partir d'extraits de Mémoires historiques de SIMA QIAN par J. PIMPANEAU, Paris: Éd. You-Feng, 1988, 2 vols.); LIU ZHIJI, **Traité de l'historien parfait** ("chapitres intérieurs", texte présenté, trad. et annoté par Damien CHAUSSENDE, Paris: Les belles lettres, 2014); KAUTILYA, **The Arthashastra** (edited, rearranged and translated by L. N. RANGAJARAN, New Delhi: Penguin Books India, 1992).

relevantes e reflexões sobre as vicissitudes da experiência humana. Ensinava HERÓDOTO "a prosperidade humana nunca é estável".[52]

A respeito do domínio do possível, ARISTÓTELES, na **Poética**,[53] esclarece não ser o ofício do poeta narrar o que aconteceu; e sim o de representar o que poderia acontecer, quer dizer: o que é possível segundo a verossimilhança e a necessidade. Assim, tratar-se-ia, não de diferença de forma – porquanto HERÓDOTO poderia ter escrito em versos – mas, na história, trata-se de descrever o que ocorreu[54] e, na poética, de projetar o que poderia ser.

Havia certa clareza, à época de ARISTÓTELES, quanto às respectivas divisões de tarefas. Atualmente, sabe-se que a história não é somente pano de fundo do tempo, nem tampouco é neutra.[55]

Não diferiam, assim, para ARISTÓTELES, o poeta e o historiador, por escreverem verso ou prosa; diferiam, sim, em que caberia dizer a um, as coisas que sucederam, e ao outro, as que poderiam suceder. Por isso – contrariamente à concepção de PLATÃO, que pretendia banir os poetas da sua cidade ideal – entendia ARISTÓTELES ser a poesia algo mais filosófico e mais sério do que a história, pois refere, aquela, principalmente ao universal, e esta, ao particular.

Por referir-se ao universal, entenda-se atribuir ao indivíduo de determinada natureza pensamentos e ações que, por liame de necessidade e

[52] HERÓDOTO, **História** (trad. do grego, intr. e notas de Mário da Gama KURY, Brasília: Ed UnB, © 1985, 2ª. ed., 1988, I.5,20).

[53] ARISTOTLE, **Poetics** (ed. bilíngue por Stephen HALLIWELL, Cambridge Ma.: Harvard UP, LCL, edition first publ., 1995, reprinted with corrections, 1999, reprinted 2005, p. 58-63) v. tb. ARISTÓTELES, **Poética** (trad., comentários, índices analítico e onomástico de Eudoro de SOUZA, São Paulo: Abril, 1ª ed., 1973, IX "poesia e história – mito trágico e mito tradicional – particular e universal – piedade e terror – surpreendente e maravilhoso", p. 451/452 b/c comentários).

[54] CÍCERO considerava ser HERÓDOTO DE HALICARNASSO o pai da História, no sentido de a ter feito passar de exercício em prosa, a cargo dos *logographos*, aquele que escreve em prosa, para a atribuição do *historikós*, o historiador, onde o conteúdo se reveste de significado mais definido, pois *historía*, quer dizer, originalmente "busca, investigação, pesquisa", onde o historiador, do ponto de vista etimológico, é a pessoa que se informa por si mesma, acerca da verdade, que viaja e interroga, em lugar de limitar-se a transcrever dados à sua disposição e repetir genealogias, cronologias e lendas, ou compilar registros relativos à fundação de cidades.

[55] Jean LEDUC, **Les historiens et le temps**: conceptions, problématiques, écritures (Paris: Seuil, 1999).

verossimilhança, convém a tal natureza – pressupondo que tal indivíduo específico assim agiria. Ao universal, assim entendido, visa a poesia, ainda que dê nomes as suas personagens, mas visaria 'tipos' ou 'categorias'. O domínio de ação se abre para o poeta e é precisamente isso que o distingue do historiador, que deve ater-se ao acontecido; mas acrescenta que só é crível ou possível o que já aconteceu.

Portanto a imaginação tem fundamento na memória,[56] sendo a experiência histórica a sua premissa: *sed certe necessariae sunt litterae ad aeternitatem memoriae*[57] – com certeza são as letras necessárias para a conservação eterna da memória.

Diversamente de ARISTÓTELES, entendia e afirmava Theodor MOMMSEN, no quinto volume (1885) de sua monumental **História de Roma,** que a fantasia não é somente mãe de toda poesia, mas, também, de toda história.[58]

A experiência histórica impede a imaginação de vagar sem rumo no ilimitado domínio do acaso. Mas, a pura e simples repetição de um evento pode ser efeito do acaso, o que negaria a afirmação precedente.

Johannes KEPLER se inscreve na constelação histórica,[59] entre o final do renascimento e o começo da era barroca, tempo marcado pelos conflitos a respeito da reta confissão cristã, em nome da qual se matava na Europa do seu tempo. O tempo e contexto exigiram a mudança de atitude de geração de sábios, que foi buscar, na natureza, as explicações por meio de leis naturais, e não mais com base nas interpretações feitas,

[56] Uwe FLECKNER (ed. by, with a picture essay by) SARKIS, **The treasure chests of Mnemosyne**: selected texts on memory theory from PLATO to DERRIDA (Dresden: Verlag der Kunst, 1998).

[57] Indispensáveis seria, assim, a materialidade das letras, ou seja, o registro escrito, para preservar o conteúdo da memória, pela eternidade. Daí o respeito quase mítico, na China antiga, pela palavra escrita. E também o adágio romano, segundo o qual *verba volant, scripta manent* –as palavras voam, os escritos ficam. O apego à literalidade da expressão escrita –a cartularidade de que falava o direito comercial– explicaria a dificuldade em informatizar o judiciário e os procedimentos cartorários?

[58] Theodor MOMMSEN, **História de Roma** (do original **Römische Geschichte**, publicada de 1854 a 1885, excertos, trad. de Antonio OLINTO, estudo introdutivo de Jerôme CARCOPINO, Rio de Janeiro: Opera Mundi, 1973).

[59] V. **Tratado** (tomo – **Direito internacional, história e cultura**, cap. I – Direito internacional no tempo e seu papel na história, itens B – pensamento científico moderno e a caça às bruxas e C – do mundo fechado ao universo infinito).

a partir dos escritos de ARISTÓTELES, pela escolástica e pela doutrina oficial da Igreja.

Essa mutação essencial do paradigma de pesquisa causou algumas baixas – como Giordano BRUNO – e outras tantas manobras para salvar a própria pele da fogueira – como Galileu GALILEI. Foram esses pesquisadores que prepararam o advento da ciência moderna – e fizeram passar o eixo do desenvolvimento do sul para o norte da Europa, do final do renascimento para o advento da era moderna.

No seu tempo histórico e contexto cultural inscreve-se o esforço de KEPLER no sentido de determinar os fundamentos matemáticos para o universo, de modo a neutralizar as fontes de conflito de base religiosa. Viu a necessidade de estabelecer nova base física para a descrição do sistema, afastando o sistema geocêntrico, de inspiração aristotélico-escolástica, para fundamentar o heliocentrismo.[60]

A construção dos sistemas científicos, dentre os quais a astronomia do tempo, desliga-se dos argumentos de autoridade, herdados da imposição dogmática religiosa, para buscar os fundamentos a partir da observação da natureza e deduções a partir da realidade física. A criação de toda a ciência moderna, nos seus vários ramos e futuras especializações, deu-se a partir desse movimento.[61]

A construção das normas, como de qualquer sistema intelectual, faz-se dentro do contexto da história. O direito internacional se constrói no tempo e no meio em que opere. Ao mesmo tempo, cria-se e aplica-se.

Paralelo útil para a compreensão do sentido e da necessidade da história no estudo do direito internacional pode ser feito com a música. Nesse sentido, entre "música e repetição: a diferença na composição

[60] Johannes KEPLER, **Prodromus dissertationum cosmographicarum, continens mysterium cosmographicum, de admirabili proportione orbium coelestium, deque causis coelorum numeri, magnitudinis, motuumque periodicorum genuinis & propriis, demonstratum per quinque regularia corpora geometrica** (edição original 1596, Johannes KEPLER, **Was die Welt im innersten zusammenhält** "mit einer Einleitung, Erläuterungen und Glossar", herausgegeben von Fritz KRAFT, Wiesbaden: Marix Verlag, 2005).

[61] Argumentos de autoridade e a força das armas ou do braço secular da Igreja não puderam nem podem mudar as leis naturais. As ciências modernas puderam desenvolver-se comparativamente melhor e mais rápido nos países nos quais reinou a liberdade de investigação e divulgação das pesquisas, sem correr risco de responder na fogueira por opiniões não-ortodoxas, segundo a doutrina oficial da Igreja daquele tempo. Quantas outras, todavia, esperam?

contemporânea",[62] cabe observar – tanto a repetição que identifica pelas semelhanças superficiais, quanto aquela que envolve um certo grau de diferenciação podem ser vistas como repetição e garantem, para grande parte dos compositores – e, por consequência, dos ouvintes – que uma música se mantenha a mesma, ao longo da escuta, do começo ao fim.[63]

Quando a repetição não se deve ao acaso, mas às leis da verossimilhança e da necessidade – as grandes leis da história –, aí já não se trata de caso particular, mas de fato universal.[64] Para Gaston BACHELARD,[65] a filosofia da poesia deve reconhecer que o ato poético não tem passado, pelo menos passado próximo, ao longo do qual pudéssemos acompanhar sua preparação e seu advento.

Entre idealismo e conformismo, muito se pode objetar em relação ao direito internacional, no sentido de tantas vezes aceitar os imperativos do fato consumado – *le fait accompli*. Aí se dá a confusão entre coisas distintas: entre o operacionalmente viável e o ideologicamente desejado.[66] Quantas vezes hesitando entre ambos. A norma internacional deve lembrar a divisão de tarefas entre as coisas de Deus e as de César, enquanto tarefa humana, humanamente terá de ser buscada. E isso nós merecemos.

62 Silvio FERRAZ, **Música e repetição: a diferença na composição contemporânea** (São Paulo: EDUC, 1998).

63 S. FERRAZ (op. cit., 1998, p. 34).

64 Pode ser interessante a transposição da passagem da **Poética** de ARISTÓTELES em relação à arte no contexto do século XVII, o assim denominado século trágico. A respeito, v. Giulio Carlo ARGAN, **Imagem e persuasão: ensaios sobre o barroco** (org. Bruno CONTARDI, do original **Imagime e persuasione: saggi sul barroco** © 1986, trad. Maurício Santana DIAS, São Paulo: Companhia das Letras, 2004, esp. 'Europa das capitais', p. 46/185, cit. p. 68).

65 Gaston BACHELARD, **A poética do espaço** (do original **La poétique de l'espace** © Paris: PUF, 1957, trad. A. de Pádua DANESI, São Paulo: Martins, 1ª ed., 1989; 6ª tiragem, 2003, "introdução, p. 1): "o passado cultural não conta; o longo trabalho de relacionar e construir pensamentos, trabalho de semanas e meses, é ineficaz. É necessário estar presente, presente à imagem, no minuto da imagem: se há uma filosofia da poesia, ela deve nascer e renascer por ocasião de um verso dominante, na adesão total a uma imagem isolada, muito precisamente no próprio êxtase da novidade da imagem. A imagem poética é um súbito realce do psiquismo, realce mal estudado em causalidades psicológicas subalternas. Além disso, nada há de geral e de coordenado, que possa servir de base para uma filosofia da poesia. A noção de princípio, a noção de 'base' seria desastrosa neste caso. Bloquearia a atualidade essencial, a essencial novidade psíquica do poema."

66 Mircea ELIADE, *Le droit d'*énoncer *des banalités* (**Fragmentarium**, op. cit., p. 190-192): o direito de enunciar banalidades, parece modo sintomático de descrever o nosso tempo.

A construção do conhecimento humano nunca será neutra, nem isenta. Mesmo HERÓDOTO, considerado, por CÍCERO, o "pai da história",[67] foi, contudo, cognominado por PLUTARCO,[68] o "pai da mentira".[69] Este último desenvolve todo um ensaio ético, e não de crítica histórica, sobre a malignidade (κακοηθειας) do primeiro historiador.[70]

Esta é lição que merece ser meditada. Como ensinava Ibn KHALDUN.[71]

Os exemplos dos antigos serão, depois, retomados e reelaborados pelos renascentistas, e destes, passando aos 'modernos' e pós-modernos, COMMYNES, GUICCIARDINI, GIBBON, FERRERO, BURCKHARDT,[72]

[67] CICÉRON (106-43 av. J.-C.) faz esta afirmação: "*Herodotum patrem historiae*" em seu tratado **Sobre as leis** (CICERO, **De Legibus**, ed. bilingue, with an English translation by Clinton Walker KEYES, Cambridge, Ma. / London: Harvard Univ. Press, LCL 213, CICERO vol. XVI, © 1926, reprinted 2006, p. 287-519, cit. I.I.5, p. 300-301).

[68] PLUTARCO, *De Herodoti malignitate* (original grego, ΠΕΡΙ ΤΗΣ ΗΡΟΔΟΤΟΥ ΚΑΚΟΗΘΕΙΑΣ, with an English translation by Lionel PEARSON and F. H. SANDBACH, Cambridge, Ma. / London: Harvard UP, LCL 426, PLUTARCH **Moralia** vol. XI, © 1965, reprinted 2006, p. 1-129); PLUTARCO, **Da malícia de Heródoto** (ed. bilíngue, estudo, trad. e notas de Maria Aparecida de Oliveira SILVA, São Paulo: Edusp – Fapesp, 2013).

[69] V. tb.: J. A. S. EVANS, *Father of History or Father of lies? The reputation of HERODOTUS* (Classical Journal, 1968, vol. 64, p. 11-17); Rosalind THOMAS, **Herodotus in context: ethnography, science and the art of persuasion** (Cambridge: Univ. Press, 2002).

[70] O termo -κακοηθειας- usado por PLUTARCO (45-120 AD), a respeito de HERÓDOTO (ca. 480 – ca. 425 a.C.) exprime a ação de caráter vicioso, e constitui imputação grave, de delito que abrange não somente malícia, duplicidade, como a intenção deliberada de apresentar a pior interpretação possível das ações dos outros, além de insinceridade e falsificação deliberada de fatos.

[71] Ibn KHALDUN, **Discours sur l'histoire universelle** (orig. publ. **Al-Muqaddima**, traduction nouvelle, préf. et. notes V. MONTEIL, Paris: Sindbad, 3 vols., 1978).

[72] Philippe de COMMYNES, **Mémoires** (présentation, établissement du texte, traduction et notes par Jean DUFOURNET, Paris: GF Flammarion, © 2007, vol. I – Livres I-III, 2007; vol. II – Livres IV-VI, 2007; vol. III – Mémoires sur CHARLES VIII et l'Italie, 2002); Francesco GUICCIARDINI, **Storia d'Italia** (a cura di Silvana Seidl MENCHI, saggio introduttivo di Felix GILBERT, Turim: Einaudi, © 1971, ristampa 2008, 3 vols.); ___, **Ricordi** (1512-1530, ed. a cura di Vincenzo DI CAPRIO, Roma: Salerno Editrice, 1990); Edward GIBBON, **Declínio e queda do império romano** (do orig. **Decline and fall of the Roman Empire** ed. abreviada, org. e intr. Dero A. SAUNDERS, pref. Charles A. ROBINSON Jr., trad. e notas suplementares José Paulo PAES, São Paulo: Companhia das Letras, 2005); Guglielmo FERRERO, **Grandeur et décadence de Rome** (trad. de l'italien par Urbain MENGIN seis volumes): I – **La conquête** (Paris: Plon, 13ª ed., 1908); II – **Jules César**, Paris: Plon, 12ᵉ ed., 1907); III – **La fin d'une aristocratie** (Paris: Plon, 11ª ed., 1907); IV – **Antoine et Cléopatre** (Paris: Plon, 11ª ed., 1908); V – **La Republique d'Auguste** (Paris: Plon, 8ª ed., 1907); VI – **Auguste et le grand empire** (Paris: Plon, 4ª ed., 1908); Jacob BURCKHARDT, **Das Zeitalter**

Droysen, Mommsen, Spengler, Toynbee, Huizinga,[73] Braudel,

Friedrichs des Grossen ("herausgegeben von" Ernst ZIEGLER, mit einem Essay von Hans PLESCHINSKI, Munique: Beck, 2012); ___ , **O estado como forma de arte** (do original alemão, **Der Staat als Kunstwerk**, capítulo do livro **Die Kultur der Renaissance in Italien**, orig. publicado em 1860, trad. Sérgio TELLAROLI, São Paulo: Penguin Classics / Cia. das Letras – Grandes Ideias, 2012); ___, **The civilization of the Renaissance in Italy**: an essay (orig. publ., **Die Kultur der Renaissance in Italien**: ein Versuch, publicado em 1860, trad. C. S. G. MIDDLEMORE, de 1878, "introduction" by Hajo HOLBORN, New York: The Modern Library, © 1954, reimpressão sem data).

73 Johann Gustav DROYSEN, **Histoire de l'héllenisme** (originalmente publicado **Geschichte Alexanders des Grossen von Macedonien**, Berlin: G. Fincke, 1833, **Geschichte des Hellenismus** I. Theil: **Geschichte der Nachfolger Alexanders**, Hamburgo: F. A. Perthes, 1836 e **Geschichte des Hellenismus** II. Theil: **Geschichte der Bildung des hellenistischen Staatensystemes**, Hamburgo: F. A. Perthes, 1843, "version intégrale, trad. de l'allemand sous la direction de Auguste BOUCHÉ-LECLERCQ, préface, note sur la traduction et bibliographie Pascal PAYEN", Grenoble: Ed. Jerôme Millon, 2005, 2 vols.); Theodor MOMMSEN, **História de Roma** (excertos, do original **Römische Geschichte I. Bis zur Schlacht von Pydna** (1854), **II. Von der Schlacht bei Pydna bis auf Sullas Tod** (1855), **III. Von Sullas Tod bis zur Schlacht von Thapsus** (1856), **V. Die Provinzen von Caesar bis Diocletian** (1885), trad. de Antonio OLINTO, estudo introdutório de Jerôme CARCOPINO, Rio de Janeiro: Opera Mundi – Biblioteca dos prêmios Nobel de literatura (prêmio de 1902), 1973); ___ , **Digesta** (**"**recognovit Theodorus MOMMSEN, retractavit Paulus KRUEGER", Dublin / Zurich: Weidmann, 22ª ed., 1973); Oswald SPENGLER, **Der Untergang des Abendlandes**: Umrisse eine Morphologie der Weltgeschichte (edição original definitiva 1923, nova impressão Dusseldorf: Albatroz, 2007); Arnold TOYNBEE, **Um estudo da História** (do original **A Study of History** © 1972, edição revisada e condensada por A. TOYNBEE e Jane CAPLAN, trad. Isa Silveira LEAL e Miroel SILVEIRA, Brasília: Ed. UnB / São Paulo: Martins Fontes, 1987); Johan HUIZINGA, **O outono da Idade média** – estudos sobre as formas de vida e de pensamento dos séculos XIV e XV na França e nos Países Baixos (do original **Herfstij der middeleeuwen**, 1919, trad. de Francis Petra JANSSEN, ensaios de Peter BURKE e Francis von der LEM, São Paulo: Cosac & Naify, 2010, 2ª reimpr., 2011); ___, **Herbst des Mittelalters** – Studien uber Lebens- und Geistesformen des 14. und 15. Jahrhunderts in Frankreich und in den Niederländen (do original **Herfstij der middeleeuwen**, 1919, herausgegeben von Kurt KÖSTER, Der ubertraggung liegt die niederländische Ausgabe letzter Hand (1941) zugrunde / Deutsche Fassung – unter Benutzung der älteren Ubersetzung von T. WOLFF-MÖNCKBERG (1923)", Stuttgart: Alfred Kröner, 11. ed., 1975); ___, **El concepto de la historia y otros ensayos** (trad. Wenceslao ROCES, México: FCE, 1946, 5ª reimpr., 2005); ___, *Hugo Grócio y su tiempo* ("discurso pronunciado en La Haya, ante la Universidad Popular y la Asociación pro Sociedad de Naciones y Paz, el 16 de junio de 1925, en la cerimonia de inauguración de la exposición Hugo Grócio") e *Hugo Grócio en la historia del espíritu humano* ("discurso pronunciado en Gante, en la sesion extraordinaria de la Real Academia flamenca, el 23 de diciembre de 1925", in J. HUIZINGA, **El concepto de la historia y otros ensayos**, trad. W. ROCES, México: FCE, 1946, 5ª reimpr., 2005, p. 342-360 e 360-369); ___ , *La valeur politique et militaire des idées de chevalerie à la fin du Moyen Âge* (Revue d'histoire diplomatique,

Norbert ELIAS, ELIADE, KANTOROWICZ,[74] Amir BADI, SCHAMA, JUDT,

publiée par les soins de la Société d'histoire diplomatique, Paris: Plon, 35e année, 1921, p. 126-138).

[74] Fernand BRAUDEL, **O modelo italiano** (do original **Le modèle italien**, publicado em 1989, trad. Franklin de MATTOS, São Paulo: Companhia das Letras, 2007); ___ , **La méditerranée et le monde méditerranéen à l'époque de Philippe II** (originalmente publicado em 1949, Paris: Armand Colin, © 1966, 8e ed., 1987, 2 vols.); ___ , Écrits sur l'histoire (Paris: Flammarion/Champs, © 1969, impr. 1984); ___ , *Histoire et sciences sociales. La longue durée* (originalmente publicado em 1958, republicado in Écrits sur l'histoire, Paris: Flammarion/Champs, © 1969, impr. 1984, nova impr. 1989, p. 15-38); ___ , *História e ciências sociais: a longa duração* (orig. publicado em 1958, trad. Flávia NASCIMENTO, in **Nova história em perspectiva**, org. e intr. Fernando A. NOVAIS e Rogério F. da SILVA, São Paulo: Cosac & Naify, 2011, p. 86-121); ___ (dir. de), **La méditerranée**: espace et histoire (Paris: Flammarion / Champs, 1ª ed., 1977, impr. 1985); ___ e Georges DUBY (coord.), **La méditerranée**: les hommes et l'héritage (Paris: Flammarion / Champs, 1ª ed., 1977, impr. 2009); ___ , **Les ambitions de l'Histoire** (préf. de Maurice AYMARD, éd. établie et présentée par Roselyne de AYALA et Paule BRAUDEL, Paris: Éd. de Fallois, 1997); ___ , **Civilisation matérielle, économie et capitalisme XVe-XVIIIe siècle** vol. I – **Les structures du quotidien: le possible et l'impossible** (Paris: Armand Colin 1979), vol II : **Les jeux de l'échange** (Paris: Armand Colin, 1979), vol III – **Le temps du monde**, (Paris: Armand Colin, 1979), tb. na edição BRAUDEL, **Civilization and capitalism (15th-18th century) I: The structures of everyday life**: the limits of the possible (do original **Les structures du quotidien: le possible et l'impossible**, © 1979, transl. from the French © 1981, rev. by Sián REYNOLDS, New York: Harper & Row, 1981); BRAUDEL, **Civilization and capitalism (15th-18th century) II: The wheels of commerce** (do original **Les jeux de l'échange**, © 1979, translation from the French by Sián REYNOLDS, New York: Harper & Row, 1982); BRAUDEL, **Civilization and capitalism (15th-18th century) III: The perspective of the world** (do original **Le temps du monde**, © 1979, transl. from the French by Sián REYNOLDS, New York: Harper & Row, 1984); Norbert ELIAS, **La civilisation des moeurs** (do original alemão **Uber den Prozess der Zivilisation** I © 1969, trad. Pierre KAMNITZER, Paris: Calmann-Lévy, © 1973, impr. 1999); ___ , **La dynamique de l'Occident** (do original alemão **Uber den Prozess der Zivilisation II** © 1939, 1969, trad. Pierre KAMNITZER, Paris: Calmann-Lévy, © 1975, impr. 2007); ___ , **La société des individus** (do original alemão **Die Gesellschaft der Individuen** © 1987, trad. Jeanne ÉTORÉ, avant-propos de Roger CHARTIER, Paris: Fayard, © 1991, impr. 2009); ___ , **Norbert Elias par lui même** (ed. original alemã, 1990; Paris: Fayard, 1991); Mircea ELIADE, **History of religious ideas and beliefs I. from the stone age to the Eleusinian mysteries** (orig. publ. **Histoire des croyances et des idées religieuses**, Paris: Payot, © 1976, transl. W. R. TRASK, Chicago: Univ. Press, 1978); ___ , **History of religious ideas and beliefs II. From Gautama Buddha to the triumph of Christianity** (orig. publ. Paris: Payot, 1978, transl. W. R. TRASK, Chicago: Univ. Press, 1st. publ., 1982, reprint 1984); ___ , **History of religious ideas and beliefs III. From Muhammad to the age of reforms** (orig. publ. Paris: Payot, 1983, transl. A. HILTEBEITEL and D. APOSTOLOS-CAPPADONA, Chicago: Univ. Press, publ. 1985); ___ , **Aspects du mythe** (orig. publ. 1963, Paris: Gallimard – Folio, 1989); ___ , **La nostalgie des origines: méthodologie et histoire des religions** (orig.

Hobsbawm, Momigliano[75] como marcos indispensáveis para se pensar qualquer trajetória humana no tempo. Como estão presentes,

publ. **The Quest**, Chicago: Univ. Press, 1969; ed. francesa, Paris: Gallimard – Folio – Essais, © 1971, reimpr. 1991); Ernst Kantorowicz, **Les deux corps du roi** (do original **The Kings two bodies: a study in medieval political theology**, © 1957, trad. Jean-Philippe Genet e Nicole Genet, Paris: Gallimard – Quarto, 2000, **Kantorowicz oeuvres**, p. 643-1222, avec postface de Alain Boureau, "Histoires d'un historien, Kantorowicz", p. 1223-1312); ___ , **L'empereur Frédéric II** (do original **Kaiser Friedrich der Zweite**, © 1927, trad. Albert Kohn, Paris: Gallimard – Quarto, 2000, **Kantorowicz oeuvres**, p. 9-641); ___ , *La royauté médiévale sous l'impact d'une conception scientifique du droit* (Paris: Philosophie – revue trimestrielle, n. 20, automne 1988, p. 48-72).

75 Amir Mehdi Badi, **Les grecs et les barbares I. Une erreur de l'Histoire** (1963, Paris: Geuthner, 3e éd., 1990); ___ , **Les grecs et les barbares II. Deux mondes complémentaires** (1966, Paris: Geuthner, 2e éd., 1990); ___ , **Les grecs et les barbares III. Suse contre Athènes** (1968, Paris: Geuthner, 2e éd., 1990); ___ , **Les grecs et les barbares IV. Salamine et Platées** (Lausanne: Payot, 1975); ___ , **Les Grecs et les barbares V. La paix du Roi** (Paris: Paul Geuthner, 1984); ___ , **Les Grecs et les barbares VI. D'Alexandre à Mithridate** (Paris: Paul Geuthner, 1990); Simon Schama, **A History of Britain: at the edge of the world? 3000 BC – 1603 AD** (New York: Hyperion, 2000); ___ , **The embarrassment of riches**: an interpretation of Dutch culture in the Golden Age (Berkeley and Los Angeles: Univ. of California Press, 1988); Tony Judt, **Pós-guerra: uma história da Europa desde 1945** (orig. publ. **Postwar: a History of Europe since 1945**, © 2007, trad. José Roberto O'Shea, Rio de Janeiro: Objetiva, 2008); ___ , **Reappraisals** – Reflections on the forgotten twentieth century (New York: Penguin, 2008); ___ , **A Grand Illusion: an Essay on Europe** (originalmente publicado em 1996, New York: New York Univ. Press, 2011); Hobsbawm, Eric e Terence Ranger (orgs.), **A invenção das tradições** (do original The invention of tradition, trad. Celina C. Cavalcante, São Paulo: Paz e Terra, 1997, 6ª ed., 2008); Eric Hobsbawm, **Globalização, democracia e terrorismo** (do original **Globalisation, democracy and terrorism** © 2007, trad. José Viegas, São Paulo: Companhia das Letras, 2007); ___ , **Pessoas extraordinárias**: resistência, rebelião e jazz (do original **Uncommun people**, 1998, trad. Irene Hirsch e Lólio L. de Oliveira, São Paulo: Paz e Terra, 3ª ed., 2005); ___ , **Tempos interessantes**: uma vida no século XX (do original **Interesting times**: a twentieth-century life, © 2002, trad. S. Duarte, São Paulo: Companhia das Letras, 2002); ___ , **Nations et nationalisme depuis 1780** (Paris: Gallimard, 1992); ___ , **A era das revoluções 1789-1848** (do original **The age of Revolution 1789-1848**, © 1977, trad. Maria Tereza Teixeira e Marcos Penchel, São Paulo: Paz e Terra, 25ª ed., 2ª. reimpr., 2010); ___ , **A era do capital 1848-1875** (do original **The age of capital 1848-1875**, © 1977, trad. Luciano Costa Neto, São Paulo: Paz e Terra, 15ª ed., 2ª. reimpr., 2011); ___ , **A era dos impérios 1875-1914** (do original **The age of empire 1875-1914**, © 1988, trad. S. Maria Campos e Yolanda S. de Toledo, São Paulo: Paz e Terra, 13ª ed., 2ª. reimpr., 2011); Arnaldo Momigliano, **As raízes clássicas da historiografia moderna** (orig. publ. **The classical foundations of modern historiography**, 1990, trad. M. B. Borba Florenzano, Bauru: Edusc, 2004).

VARNHAGEN e OLIVEIRA LIMA,[76] ao lado de outros, mais recentes,[77] aos

[76] Francisco Adolfo de VARNHAGEN, Visconde de Porto Seguro, **História geral do Brasil** - antes da sua separação e independência de Portugal (orig. publ. 1854 et 1857; "sexta edição integral", revisão e notas de Rodolfo GARCIA São Paulo: Melhoramentos, 1959, 5 vols.); ___, **História da independência do Brasil** - até o reconhecimento pela antiga metrópole (orig. publ. 1916, "anotada pelo Barão do RIO BRANCO" et al., quarta edição, "revista e anotada pelo prof. H. VIANNA, São Paulo: Melhoramentos, s/d [1959]); Manuel de OLIVEIRA LIMA, **Formação histórica da nacionalidade brasileira** (originalmente palestras na França, em 1908, Rio de Janeiro: Expressão e Cultura, 2001); ___, **O movimento da independência: o Império brasileiro** (1821-1889) (São Paulo: Melhoramentos, 3ª edição, 1959).

[77] André BOTELHO e Lília Moritz SCHWARCZ (org.), **Um enigma chamado Brasil** - 29 intérpretes e um país (São Paulo: Companhia das Letras, 2009) colocam como epígrafe do volume a célebre frase de Antonio Carlos JOBIM: "o Brasil não é para principiantes". Dentre outros, v.: Paulo Mendes CAMPOS, **O mais estranho dos países** - crônicas e perfis (seleção e apres. Flávio PINHEIRO, posfácio Sérgio AUGUSTO, São Paulo: Companhia das Letras, 2013); José Murilo de CARVALHO e Lúcia M. B. P. das NEVES (org.), **Repensando o Brasil do oitocentos** - cidadania, política e liberdade (Rio de Janeiro: Civilização Brasileira, 2009); Carlos Guilherme MOTA (org.), **Viagem incompleta. A experiência brasileira: 1500-2000** - Formação: histórias (São Paulo: Senac Ed., 2ª ed., 2000); Lourenço Dantas MOTA, **Introdução ao Brasil** - um banquete no trópico (São Paulo: Senac Ed., 2ª ed., 1999); Manuel de OLIVEIRA LIMA (1867-1928), **Formação histórica da nacionalidade brasileira** (originalmente palestras na França, em 1908, Rio de Janeiro: Expressão e Cultura, 2001); ___, **O movimento da independência: o Império brasileiro** (1821-1889) (São Paulo: Melhoramentos, 3ª ed., 1959); Silviano SANTIAGO (coord.), **Intérpretes do Brasil** (introdução geral S. SANTIAGO, vol. I - introduções críticas Francisco IGLESIAS, Roberto VENTURA, Flora SUSSEKIND, José M. de CARVALHO, Laura de MELLO E SOUZA, com os livros **O abolicionismo** de Joaquim NABUCO, **Os sertões** de Euclides da CUNHA, **A América latina** de Manuel BONFIM, **Populações meridionais do Brasil** de OLIVEIRA VIANA e **Vida e morte do bandeirante** de ALCÂNTARA MACHADO, Rio de Janeiro: Ed. Nova Aguilar, 2002; vol. II - **Retrato do Brasil** de Paulo PRADO, **Introdução à história da sociedade patriarcal no Brasil: 1. Casa grande e senzala / 2. Sobrados e mucambos** de Gilberto FREYRE, introduções críticas de Ronaldo VAINFAS e Eduardo PORTELLA, Rio de Janeiro: Ed. Nova Aguilar, 2002; vol. III - **Introdução à história da sociedade patriarcal no Brasil: 3. Ordem e progresso** de Gilberto FREYRE, **Raízes do Brasil** de Sérgio Buarque de Holanda, **Formação do Brasil contemporâneo** de Caio PRADO Jr. e **A revolução burguesa no Brasil** de Florestan FERNANDES, introduções críticas de Maria Odila L. da S. DIAS, Fernando NOVAES e Fernando Henrique CARDOSO, Rio de Janeiro: Ed. Nova Aguilar, 2002); Milton SANTOS e María Laura SILVEIRA, **O Brasil** - território e sociedade no início do século XXI (Rio de Janeiro e São Paulo: Record, 2001); Lilia M. SCHWARCZ (dir.), **História do Brasil nação: 1808-2010** (vol. 1 - **Crise colonial e independência: 1808-1830**, coord. Alberto da COSTA E SILVA, Rio de Janeiro: Objetiva / Madri: Fund. Mapfre, 2011; vol. 2 - **A construção nacional: 1830-1889** (coord. José Murilo de CARVALHO, Rio de Janeiro: Objetiva / Madri: Fund. Mapfre, 2012; vol. 3 - **Abertura para o mundo: 1889-1930** (coord. Lília M. SCHWARCZ, Rio de Janeiro: Objetiva / Madri: Fund. Mapfre, 2012); vol. 4 - **Olhando para dentro: 1930-1964** (coord. Ângela de Castro GOMES, Rio de

quais, recorrentemente, reporta-se o presente trabalho no esforço de situar a perspectiva temporal de construção do direito internacional.

O tempo presente não pode ser entendido sem que se entenda o que veio antes. Isso não deve ser paralisante, no sentido de obstar inovações, mas na perspectiva de ensejar compreensão. Este é o sentido e o fascínio da história. E, dado que vale tanto para a história pessoal de cada um – desde o plano consciente, ao inconsciente, também expresso em nossa história corporal e 'herança genética' – como vale para as sociedades, separadamente consideradas e para o exame das redes de possíveis interações entre estas, no que se convenciona chamar de 'direito internacional' e 'relações internacionais'.

Há muito, o tempo e a reflexão sobre o tempo exercem inquietante fascínio sobre os humanos: já indagava Agostinho – *o que é o tempo? quem poderá explicar isso fácil e brevemente? quem o poderá compreender com o pensamento e falar a respeito?* –[78] e essa indagação continua a ser feita pelos contemporâneos – "porque a humanidade é confrontada pelo abismo do tempo" e, embora bem saibamos ser impossível alcançar, pelo "desejo de eternidade"...[79]

Janeiro: Objetiva / Madri: Fund. Mapfre, 2013); vol. 5 – **Modernização, ditadura e democracia** (coord. Daniel Aarão Reis, Rio de Janeiro: Objetiva / Madri: Fund. Mapfre, 2014); Flora Sussekind, **O Brasil não é longe daqui** – o narrador, a viagem (São Paulo: Companhia das Letras, 1990).

[78] Agostinho de Hipona, **Confissões** (escritas ca. 400 A.D., **Confessionum, libri tredecim**, in **Obras de san Agustin**, ed. bilingue, vol. II – **Las Confesiones** ed. crítica e anotada por Angel Custodio Vega, Madri: BAC – Biblioteca de autores cristianos, 7ª ed., 1979, livro XI, caps. XIV a XVII, cit. XI.XIV, p. 478-479): *Quid est enim tempus? Quis hoc facile breviterque explicaevrit? Quis hoc ad verbum de illo proferendum vel cogitatione comprehenderit?* V. **Tratado** (tomo IV – **Direito internacional no tempo medieval**, item 8.1 – Agostinho de Hipona (354-430 A.D.).

[79] Pierre Legendre, **La fabrique de l'homme occidental** suivi de **L'homme en meurtrier** (Paris: A. Fayard – Les mille et une nuits, © 1996 e 2000, texte intégral – inédit, impr. 2020, cit. p. 18): "L'humanité est confrontée au gouffre du temps. / Elle civilise le temps, elle le limite, en y cherchant son image; elle en fait un Miroir". Ferdinand Alquié, **Le désir d'éternité** (Paris: PUF, 1966, cit. 143): "Valeurs et lois sont éternelles: mais la réalisation des valeurs, l'application des lois s'opèrent dans le temps: il faut donc croire à l'éternité, et accueillir cependant le devenir des choses, aimer leur nouveauté, consentir à l'effort, ne plus songer à ce qui n'est plus, accepter le futur admetre notre mort, dont l'image ne doit pas nous empêcher de vivre. Rien n'est plus malaisé que d'orienter notre conscience selon cette double exigence."

Aqui, buscou-se compreender e apresentar como se constrói o direito internacional, no tempo, para que se percebam os limites do que este é e pode ser, a partir daqui. Está presente a perspectiva temporal em qualquer produto humano, como também se faz presente no direito internacional. Mas, este não é trabalho de história. O foco, aqui, é o direito internacional, e utiliza-se a perspectiva histórica para a compreensão do direito internacional enquanto sistema institucional e normativo internacional.

A seguir, passa-se à parte preliminar. Nesta, far-se-á o exame das premissas conceituais e a perspectiva histórica na qual se vai, aqui, situar o direito internacional para permitir a percepção deste, desde as origens, no tempo antigo, no presente tomo, até o atual contexto pós-moderno, no final do trabalho.

O que se deu no tempo – "a humanidade sempre criou suas formas de tempo, nelas projetando valores e atitudes, mesclando passados, presentes e futuros" –,[80] reflete-se, também, no espaço[81] e tem consequências sobre os modelos conceituais e culturais que regeram a construção e a evolução da disciplina. Pode o tempo ser a chave para a compreensão do fenômeno e dos seus desdobramentos – por isso, estuda-se e apresenta-se, aqui, o direito internacional no tempo: entender o processo formativo e evolutivo deste pode auxiliar a compreender o seu estado atual de desenvolvimento e os seus limites possíveis, enquanto sistema e conjunto institucional e normativo internacionalmente aplicado.[82]

Como ensinava Políbio: "o homem encontra no conhecimento do passado a mais instrutiva das lições".[83] Especificamente em relação

[80] João Paulo Pimenta, **O livro do tempo** – uma história social (São Paulo: Ed. 70, 2021, Introdução – uma história social do tempo, p. 9-30, cit. p. 21 e 23): "Não um único tempo, mas muitos; não uma relação perfeita entre eles, mas hierarquias e relações de poder; e não um único ritmo de transformação, mas vários e de origem natural e social. A observação dos tempos da história nos leva a mais uma síntese: eles podem, em determinados momenots, e em determinadas circunstâncias, se acelerar, todos – ou quase todos – juntos".

[81] Por isso o **Tratado** começa com os tomos I e II – **Direito internacional dos espaços**.

[82] Cfr. **Tratado** (tomo XX – **Direito internacional, história e cultura**).

[83] Polybe, **Histoire** (texte traduit, présenté et annoté par Denis Roussel, Paris: Gallimard – Pléiade, 1970, livre I, *Préface*, p. 1, et livre I, chap. I, n. 35, p. 40): "Les hommes ont en effet deux moyens de se corriger. Ou bien ils reçoivent la leçon de leurs propres revers, ou bien ils font leur profit de ceux des autres. Si l'une de ces méthodes est d'une efficacité plus sûre, l'autre est moins coûteuse".

ao direito internacional, não é menos verdade! Não se pode pretender do direito internacional a solução para todas as questões humanas. Mas, queiramos ou não, estará presente em muitas das facetas de nosso tempo e do nosso meio.

No 'título preliminar' considerar-se-ão as premissas conceituais da perspectiva histórica. Indispensável para a compreensão dos dados que virão a seguir.

TÍTULO PRELIMINAR
PREMISSAS CONCEITUAIS DA PERSPECTIVA HISTÓRICA

O homem é o único ser vivo da face da Terra que é capaz de retraçar a trajetória da espécie, envolvendo todos os tempos e todos os espaços.

Aziz Nacib AB'SÁBER,
Incursões à pré-história da América tropical (2000)[84]

Direito internacional (...) embora seja consistente com o uso dos últimos 150 anos, a expressão 'direito', aqui, dada a ausência de legislatura internacional, tribunais com jurisdição compulsória, e regime de sanções, centralmente organizadas, inspiraram concepções equivocadas, ao menos nas mentes dos teóricos do direito.

H. L. A. HART (1994)[85]

[84] Aziz Nacib AB'SÁBER, *Incursões à pré-história da América tropical* (in **Viagem incompleta: a experiência brasileira / Formação: Histórias**, org. Carlos G. MOTA, São Paulo: Ed. SENAC, 2ª ed., 2000, p. 29-43, cit. p. 31) aponta três vertentes, dentre as reflexões sobre atributos essenciais do homem: a primeira – "Franz BOAS, na década de 20, alertava para a letalidade dos contatos étnicos entre grupos de culturas primárias, diante de representantes agressivos de sociedades mais complexas"; a segunda – "a Fernand BRAUDEL ficamos devendo o postulado de que 'a história é a história de todas as histórias'; a terceira "meditação e reconhecimento ficamos devendo a Roger BASTIDE – em um de seus momentos de grande clarividência intelectual – quando teceu considerações comparativas entre os atributos das sociedades animais e as sociedades humanas".

[85] H. L. A. HART, **The concept of law** (Oxford: University Press, 1st. ed., 1961; 2nd ed., 1994, with a postscript edited by Penelope A. BULLOCH and Joseph RAZ, chapter X. International

A construção do direito internacional enquanto sistema institucional e normativo se inscreve no tempo. Temporal e espacialmente, exprime-se como modelo cultural, segundo os parâmetros reinantes entre os seus autores, no tempo (histórico) e no contexto (cultural) em que (geograficamente) estavam insertos. Esta é a tônica do exame da disciplina, neste Direito Internacional no Tempo: compreender o direito internacional através das mutações pelas quais este, como, ademais, qualquer artefato cultural, passa no tempo e pelo tempo.[86]

A reflexão histórica, como obra essencialmente humana, é apontada como elemento chave para a inserção humana no tempo e no espaço. Para tanto – considera Ab'Sáber – alguns homens privilegiados contaram com a sucessão dos escritos e, por fim, com a invenção do alfabeto: documentos básicos que forjaram a historiografia.[87]

A humanidade pode ser caracterizada pela capacidade de refletir sobre a trajetória da espécie – sem questionar quanto e, em qual extensão, tanto efetivamente se faça e com quanto empenho e quais resultados se desempenhe tal mister. Como pode, caberia penosamente acrescentar e reconhecer, ser a espécie humana igualmente caracterizada pela sua capacidade de impor destruição, sofrimento e risco de aniquilamento a si mesma, às demais espécies e ao planeta.

A seguir, aponta Ab'Sáber outro dado, crucial para a caracterização da civilização das Américas: "Pablo Martinez del Rio, nos anos 40, sentenciou que os homens que povoaram as Américas eram *alóctones*, mas

Law, p. 213-237, cit. p. 214): "International law (...) though it is consistent with the usage of the last 150 years to use the expression 'law' here, the absence of an international legislature, courts with compulsory jurisdiction, and centrally organized sanctions have inspired misgivings, at any rate in the breasts of legal theorists." A respeito, ver P. B. Casella, *Evolução institucional do direito internacional à luz do cinquentenário do conceito de direito de Hart (1961)* (in **Edição comemorativa em homenagem aos 70 anos do prof. Celso Lafer**, coord. T. S. Ferraz Jr. e L. O. Baptista, São Paulo: Revista Brasileira de Filosofia, ano 60, vol., 236, jan.-jun. 2011, p. 313-329); ___, *Conceito de sistema, contexto internacional e pós-modernidade* (in **Filosofia e teoria geral do direito** – estudos em homenagem a Tércio S. Ferraz Jr. por seu septuagésimo aniversário, org. J. M. Adeodato e E. C. B. Bittar, São Paulo: Quartier Latin, 2011, p. 999-1024).

[86] Cfr. **Tratado** (tomo – **Direito internacional, história e cultura**).

[87] Aziz N. Ab'Sáber (cap. cit., 2000, loc. cit.) ressalta, a seguir: "Mas a história da humanidade e da cultura nasceu há dezenas ou centenas de milhares de anos antes da história formal. Vale dizer, muito antes que as relações de trocas de excedentes e antes mesmo do advento do mundo urbano das cidades-estados e vastos impérios."

que as culturas por eles elaboradas foram absolutamente *autóctones*".[88] Esse é dado recorrente na história e na cultura das Américas.

Essa mesma dicotomia entre os dados *alóctones* e *autóctones*, apontada em relação aos primeiros ameríndios, há mais de dez mil anos, vê-se planarmente presente no direito internacional, nos últimos duzentos anos: este, enquanto conjunto de premissas e conceitos, é claramente *alóctone*, mas teve, igualmente, desenvolvimentos *autóctones* nas Américas. Os países das Américas se inserem no sistema europeu de direito internacional da época, e transformam esse sistema, como depois ocorrerá em escala planetária, a partir da descolonização que se segue à segunda guerra mundial.

A este influxo populacional inicial, no conjunto das Américas, agregar-se-ão sucessivas levas de imigração, provenientes de vários pontos do planeta. Esse dado de fluxo constante de pessoas poderia, assim, ser apontado como elemento caracterizador do continente americano, desde antes da ocorrência de registro escrito de história,[89] e se perpetua no caso específico da construção do direito internacional.

A esse dado sobre a origem da população, dentre os três estoques raciais básicos caracterizadores dos grupos humanos – o caucásico, o negróide e o mongolóide – permite-se transposição para a caracterização do direito internacional no continente: conceitos *alóctones* tiveram elaborações culturais, em certa medida, ao menos, *autóctones*. Essa questão se porá em relação à existência ou não de direito internacional especificamente americano, ou interamericano:[90] sintomaticamente, boa parte da doutrina de língua hispânica, como se verá, entende pela afirmativa, com nuances; enquanto muitos dentre os autores brasileiros tendem pela negativa; autores de língua inglesa e outros 'não-aborígenes' tendem a

[88] Aziz N. Ab'Sáber (cap. cit., 2000, loc. cit.).

[89] Ver: Jose van den Besselaar, **Introdução aos estudos históricos** (São Paulo: EPU-EDUSP, 4ª ed. revista e ampliada, 1974), b/c Eric R. Wolf (1923-1999), **A Europa e os povos sem história** (originalmente publicado em 1982, **Europe and the people without history**, teve nova edição, revista pelo autor, 1997, © 2005, trad. C. E. Marcondes de Moura, São Paulo: EDUSP, 2005, cit. p. 12): "a história conta muito".

[90] Como se considera, Accioly – Nascimento e Silva – Casella, **Manual** (2021, 25ª ed., item 1.3 – visão de conjunto da evolução do direito internacional, e 1.3.1 – direito internacional público: *jus publicum europaeum*?' sobre a existência ou não de um 'Direito internacional americano'.

posições ecléticas para apontar aportes em alguns aspectos específicos, sem, contudo, afirmar a existência de inteiro sistema próprio.[91]

O direito internacional é, obviamente, ramo do direito. E este é parte das assim chamadas ciências sociais. Mas, a especificidade do direito internacional diz respeito à sua origem e sua função – não se constitui nem opera do mesmo modo que os sistemas jurídicos nacionais. Por isso, exige metodologia própria. Nesse sentido, pode-se admitir que o direito compõe um todo, mas pode e deve ser considerado a partir de facetas para organizar o estudo e o conhecimento. Com consciência da finalidade (didática e metodológica) e da relatividade intrínseca dessa 'divisão'.

Distinguem-se, habitualmente, direito interno (rege relações jurídicas no interior de sistemas sociais nacionais) e direito internacional (rege relações entre sistemas nacionais, sejam os estados, organizações internacionais e demais agentes internacionais – no 'direito internacional público' ou, simplesmente, 'direito internacional' – e as relações entre particulares, com elementos transnacionais ou de estraneidade – normalmente denominado 'direito internacional privado'), ou, especificamente, financeiras internacionais (direito internacional econômico), ou comerciais transnacionais (direito do comércio internacional).

A utilidade de qualquer divisão classificatória como esta é meramente indicativa. Mas, se o direito interno, ou os vários direitos internos, são ramos do direito como todo, estes não podem pretender esgotar a totalidade do fenômeno jurídico, nem pretender transpor dados do direito interno para o direito internacional, nem, tampouco, o contrário.

Se os sistemas internos, ao menos em teoria, tendem a ser orgânicos e sistemáticos, quase fins em si mesmos, voltados para a regulação das questões sociais, internas ou nacionais, no direito internacional está a criação e atuação da norma legal, além dos limites do direito criado pelo estado para uso e efeito no plano interno, mas tem por foco a convivên-

[91] Arnulf BECKER LORCA, **Mestizo International Law** – a Global intellectual history 1842-1933 (Cambrridge: Univ. Press, 2016); ___, *Eurocentrism in the history of International Law* (in **The History of International Law**, ed. by B. FASSBENDER e A. PETERS, Oxford: Univ. Press, 2012, p. 1034-1057); em considerável medida, indagações equivalentes se colocam em relação ao continente africano. V., por exemplo, M. BEDJAOUI, (prés. du comité scientifique), **L'Afrique et le droit international: variations sur l'organisation internationale / Africa and International Law: Reflections on the international organization** – Liber amicorum Raymond RANJEVA (Paris: Pedone, 2013).

cia entre pares (relações entre estados e organizações internacionais) ou particulares (pessoais, contratuais ou outras, tais como a responsabilidade, no direito internacional privado), e ulteriores desenvolvimentos específicos, financeiros e comerciais transnacionais, pautados pela convivência entre sistemas. Consideráveis especificações adicionais terão de ser adicionadas.

Relações entre estados podem se caracterizar pela confrontação (como efatizam as concepções ditas 'realistas' e a maior parte dos trabalhos ditos de 'relações internacionais' que, se estritamente aplicados, solapam as premissas e as bases do direito internacional, enquanto sistema institucional e normativo),[92] como podem pautar-se pela busca do equilíbrio e dos princípios compartilhados (no direito internacional de cunho 'naturalista', nos séculos XVI a XVIII e no contexto pós-moderno).

Aqui, estuda-se 'direito internacional' na perspectiva temporal e, assim, trata-se de buscar a gênese e o desenvolvimento de princípios, normas e procedimentos para ordenar a convivência internacional a partir do tempo antigo, tanto entre estados e seus nacionais, como na relação dos estados com outros estados (e seus respectivos) nacionais. Não mais se pode definir o direito internacional somente como conjunto de relações interestatais. Mas, o quadro institucional e normativo que transcenda esse quadro interestatal se encontra, todavia, em formação.

O Direito internacional terá sua definição e estruturação conforme se faça a sua fundamentação teórica.[93] Em direito – e, particularmente, em direito internacional, que, na prática, é antes matéria dos homens de estado, muito mais que dos sábios e dos especialistas – os termos que não façam parte de terminologia especialmente elaborada serão empregados em seu sentido corrente, por pessoas de cultura normal, e não em sentido especial e esotérico – advertia J. F. Williams (1933).[94] Direito internacional não pode ser visto em abstrato: será o que concretamente

[92] Cfr. **Fundamentos** (2008, item XII, 'direito e relações internacionais: coexistência pacífica?', p. 877-958).

[93] Como se vê nas discussões doutrinárias, relativas ao fundamento do direito internacional. V. **Fundamentos** (2008, item VIII, 'questão e discurso do fundamento do direito internacional', p. 663-720).

[94] John Fischer Williams, **La doctrine de la reconnaissance en droit international et ses développements récents** (Rcadi, 1933, t. 44, p. 199-314, cit. p. 207).

exista e se aplique, na prática dos estados, como na regulação da vida internacional dos demais agentes não estatais.

Por isso, aqui, considera-se o direito internacional na perspectiva do tempo e como produto cultural, que se inscreve no tempo e no meio cultural, no qual se forma e se aplica. Não existe direito internacional somente em teoria, este, para adquirir efetividade,[95] tem de inscrever-se na realidade temporal, que se exprime, simultaneamente, como histórica e cultural. Esta é a tese central deste Direito Internacional no Tempo. Mesmo quando se constata que tal inserção nem sempre se faz de modo isento de confrontações e de desencontros.

A partir dos estados – que formam a base do direito internacional 'clássico' –[96] foi, primeiro, estendida a condição de sujeitos às organizações intergovernamentais, como 'colegiados' de estados, para encaminhamento de questões de interesse comum, destes e da comunidade internacional como um todo e, depois destas 'organizações internacionais', passa-se ao reconhecimento,[97] que permanece ainda restrito, da personalidade jurídica internacional a entidades não estatais e, de certo modo, ainda mais restrito, o reconhecimento da condição de sujeito de

[95] Giuseppe Barile, **Lezioni di diritto internazionale** (Padova: Cedam, 1977, esp. cap. II, 'la struttura del diritto internazionale moderno', p. 25-42, cit. p. 41-42) considera a efetividade como dado característico do sistema jurídico internacional: "L'idea dell'effetività, che plasma in vario senso molte regole del diritto internazionale, affonda la sua vera ragione nelle carenze di questo sistema. Le sue norme, che non trovano in un potere eteronomo la forza di dominare 'l'essere' per addatarlo alle esigenze del 'dover essere' tendono spesso a limitare il proprio compito ad una tutela 'debole' del già esistente."

[96] Cfr. **Tratado** (tomo VIII – **Direito internacional além do paradigma vestfaliano** e seguintes).

[97] J. F. Williams (op. cit., 1933, p. 209): "Si nous consultons les auteurs, nous constatons que le principe de la reconnaissance dans les affaires internationales a ordinairement trouvé trois champs d'application principaux: 1. la reconnaissance d'états nouveaux; 2. la reconnaissance de gouvernements nouveaux dans les états existants; 3. la reconnaissance de la belligérance. Mais le mot *'reconnaissance'* a été aussi employé dans les affaires internationales sous un rapport plus large, plus général, à savoir, en relation avec les nouvelles situations de fait telles que résultent d'une annexion de territoire. Pourtant ce dernier usage a été si peu fréquent dans le passé que, si l'on compulse les tables des matières des traités de droit international, l'on n'y trouve pas en règle de référence à cet usage, contre lequel les développements contemporains ont tendance à s'appesantir". V. tb. P. B. Casella, *Reconhecimento de estado e de governo no direito internacional contemporâneo* (in **O direito internacional no terceiro milênio** –estudos em homenagem ao prof. V. Marotta Rangel, coord. L. O. Baptista e J. R. F. da Fonseca, São Paulo: LTr, 1998, p. 287-318).

direito internacional ao homem.[98] Se o ser humano é e deve ser o princípio e o fim de toda ordem legal, ao mesmo tempo, o direito internacional clássico teve e tem seu papel. Mas, o mundo mudou e o direito tem de se adaptar à sua exigência.

O direito internacional oscila, permanentemente, entre a utopia mais descarnada e a mais crua realidade. Estes são dados recorrentes do sistema.[99] Nossa vontade, referia Nicolas Malebranche (1638-1715),[100] corrompida pelo pecado original, é a fonte de nossas paixões e de nossos enganos, enquanto a mediação e o amor da ordem imutável tornam possíveis a liberdade do espírito e o esforço da vontade. Essa busca de ordem imutável pode se inscrever em dimensão humana, mesmo se antes como anseio do que como realidade.

Como se esboça o reconhecimento da condição do ser humano como sujeito de direito internacional? Antes, somente nos sistemas nacionais de direito (Constituições dos países), mas, passa o homem a ser objeto do direito internacional por meio da proteção internacional dos direitos fundamentais.[101]

"Essa nova dimensão do direito internacional, enquanto ordem jurídica da comunidade internacional, vem se agregar às dimensões tradicionais da ordem jurídica reguladora das relações interestatais de coexistência e de cooperação".[102] Este não é mero detalhe, mas dado crucial

[98] Cfr. **Tratado** (tomo – **Direito internacional, história e cultura**, esp. cap. IV – Papel da proteção internacional dos direitos fundamentais como fator de renovação e de transformação do direito internacional, item A – O direito internacional dos direitos humanos como eixo de orientação do sistema institucional e normativo internacional).

[99] Cfr. **Fundamentos** (2008, item III, 'direito internacional pós-moderno: entre técnica, espírito e utopia', p. 297-379).

[100] Nicolas Malebranche, **A busca da verdade** (textos escolhidos, do original **De la recherche de la vérité**, originalmente publicado em 1674, sel., intr., trad. e notas de Plínio Junqueira Smith, São Paulo: Discurso Editorial, 2004).

[101] Cfr. **Tratado** (tomo – **Direito internacional, história e cultura**, cap. IV – Papel da proteção internacional dos direitos fundamentais como fator de renovação e de transformação do direito internacional, com destaque para o já ref. item A – O direito internacional dos direitos humanos como eixo de orientação do sistema institucional e normativo internacional).

[102] Juan Antonio Carrillo Salcedo, **Droit international et souveraineté des** états: **cours général de droit international public** (Rcadi, 1996, t. 257, p. 35-221, cit. p. 146): "parece inegável, apesar das dificuldades e ambiguidade das noções de *jus cogens* e de obrigações *erga omnes*, terem estas aportado relevantes limitações ao relativismo do direito internacional

que caracteriza mudança estrutural em curso no sistema institucional e normativo internacional no contexto pós-moderno.

Direitos fundamentais passam a integrar o campo do direito internacional vigente na "idade dos direitos humanos".[103] Contudo, alguns autores ainda pensam o direito internacional em vista apenas dos estados. Parece-me claro e inexorável que, hoje, não mais se pode reduzir o direito internacional somente às relações interestatais, tal como se estudaram e se compreenderam estas no passado.

Para não fugir da recorrente necessidade, pode-se definir direito internacional. como: *norma para as relações entre estados, e outros agentes da comunidade internacional, como organizações e indivíduos.* Outras definições podem ser encontradas. Cumpre justificá-la.

Dado essencial do direito internacional é a mutação, em curso, pode esta ser chamada de pós-moderna: assim se exprime o surgimento e o papel crescente do ser humano no contexto internacional.[104] O termo 'crise' afastou-se do significado grego e latino de 'escolha' ou 'decisão',[105] para descrever o momento que as precede e é, portanto, caracterizado sobre a dúvida quanto ao caminho a ser seguido.

A crise da pós-modernidade não surge no direito, mas o atinge e tem de ser por ele enfrentada,[106] como meditação em torno do próprio valor da noção de escolha e sobre os fundamentos ou a necessidade, a partir das quais essa se move.[107]

clássico, e contribuído para a afirmação progressiva de desenvolvimento do direito internacional compreendendo as normas imperativas às quais os estados não se podem furtar, a partir do momento em que estes reivindicam a qualidade de membros da comunidade internacional. (...) Eis porque acredito que a noção de normas cogentes não é inadaptada à estrutura do sistema internacional contemporâneo, apesar dos dados incontestavelmente interestatais deste, onde as normas imperativas de direito internacional são igualmente *necessárias* e *possíveis*."

[103] N. Politis, **Les nouvelles tendances du droit international** (Paris: Pedone, 1927); Theodor Meron, **International law in the age of human rights: general course on public international law** (Rcadi, 2003, t. 301, p. 9-490).

[104] Cfr. **Tratado** (tomo – **Direito internacional, história e cultura**, cap. IV – Papel da proteção internacional dos direitos fundamentais como fator de renovação e de transformação do direito internacional, cit.).

[105] V. Gregotti, **Identità e crisi dell'architetura europea** (Torino: Einaudi, 1999, p. 8).

[106] A respeito da relação entre pós-modernidade e direito internacional, v. **Fundamentos** (2008, *passim*).

[107] V. Gregotti (op. cit., 1999, loc. cit.): "Il significato di crisi è venuto così a coincidere con quello di difficoltà ma, nello stesso tempo, di sospensione del giudizio in funzione della

Quem reduz o direito a relações de força,[108] não somente nega a

presa di coscienza della complessità delle condizioni, dell'esame della situazione e delle sue contradizioni."

[108] V. **Tratado** (tomo XIII - **Direito internacional no tempo do concerto europeu**, item - Hegel e o direito internacional). A nefasta influência de G. HEGEL, nos séculos XIX e XX, sobre amplos setores do pensamento político e jurídico, faz prevalecer o poder, como princípio da política e norteador das relações internacionais, em detrimento da concepção de sistema internacional, institucional e normativo, de caráter vinculante, de fundamento moral. Aí se inscrevem os autores de linhas ditas '*realistas*', nas relações internacionais, com algumas gradações entre estes, mas defensores de políticas de força e de direcionamentos pautados somente por relações de interesse, em oposição aos considerados '*idealistas*', que enfatizariam os princípios (tais como, a igualdade jurídica dos estados), os propósitos comuns (a construção da paz e do desenvolvimento), bem como a crescente e inexorável interdependência, não somente entre estados, como para todos os seres vivos, ante a necessidade de condições, que permitam a sobreviência da vida inteligente no planeta. Georg Wilhelm Friedrich HEGEL, **Philosophie der Kunst** - Vorlesung von 1826 (herausgegeben von Annemarie GETHMANN-SIEFERT, JEONG-IM Kwon e Karsten BERR, Frankfurt: Suhrkamp, stw 1722, erste Auflage, 2005); ___, **Phänomenologie des Geistes** (orig. publ. 1807, Colonia: Anaconda, 2010); ___, **Werke** (auf den Grundlage der ***Werke***, von 1832-1845, neu edierte Ausgabe Redaktion Eva MOLDENHAUER und Karl Markus MICHEL, Frankfurt: Suhrkamp, 20 vols., (c) 1971, 1986, com reimpressões: **Fruhe Schriften**, stw 601, **Jenaer Schriften 1801-1807**, stw 602; **Nurnberger und Heidelberger Schriften 1808-1817**, **Wissenschaft der Logik - I**, stw 605, **Wissenschaft der Logik - II**, stw 606, **Grundlinien der Philosophie des Rechts**, stw 607, **Enzyklopädie der philosophischen Wissenschaften - I, II e III**, stw 608, stw 609 e stw 610, **Berliner Schriften**, stw 611, **Vorlesungen uber die Philosophie der Geschichte**, mit einer Einfuhrung von Theodor LITT, Stuttgart: philipp Reclam, (c) 1961, impr. 2002, **Vorlesungen uber die Ästhetik**, stw 613, stw 614 e stw 615, **Vorlesungen uber die Philosophie der Religion**, stw 616, stw 617 (c) 1969, 1986, **Vorlesungen uber die Geschichte der Philosophie - I, II e III**, stw); ___ , **Grundlinien der Philosophie des Rechts** (auf den Grundlage der ***Werke***, von 1832-1845, neu edierte Ausgabe Redaktion Eva MOLDENHAUER und Karl Markus MICHEL, Frankfurt: Suhrkamp, 20 vols., ©1971, stw 607, reimpr., 1986); ___, **Grundlinien der Philosophie des Rechts oder Naturrecht und Staatswissenschaft im Grundrisse** (originalmente publicado em Berlin: In der Nicolaischen Buchhandel, 1821, mit H. eigenhändigen Notizen in seinem Handexemplar und den mundlichen Zusätsen, hrsg. und eingeleitet von Helmut REICHELT, Frankfurt: Ullstein, 1972); ___, **Princípios da filosofia do direito** (trad. Orlando VITORINO, São Paulo: Martins Fontes, 1997, 4ª tiragem, 2009); ___, **Principes de la philosophie du droit** (trad. inédite, présentation, notes et bibliographie par Jean-Louis VIEILLARD-BARON, Paris: GF - Flammarion, 1999); ___, **Principes de la philosophie du droit**, trad. A. KAAN, Paris: Gallimard, 1989); ___, **Einleitung in der Geschichte der Philosophie** (hrsg. von Johann HOFFMEISTER, Hamburg: F. Meiner, 3. Aufl., 1940); ___, **La philosophie de l'Histoire** (dir. de Myriam BIENENSTOCK, trad. française par M. BIENENSTOCK et al., appareil critique de Norbert WASZEK, Paris: Librairie générale française, 2009).

qualidade de direito às normas regentes das relações entre estados, como contraria os fatos. A realidade é que os estados aplicam, entre si, normas que consideram obrigatórias e vinculantes. Estas restringem os limites ao exercício teoricamente possível das soberanias nacionais,[109] em matérias cruciais para a sobrevivência de cada uma destas unidades, assim como para a sobrevivência do conjunto dessas unidades e, mesmo, para a sobrevivência de sistema compartilhado dessas relações. Mesmo quando ocorrem 'desvios de conduta' e violações flagrantes de todos os princípios e normas do direito internacional pós-moderno – como escandalosamente exemplifica a guerra de agressão da Rússia na Ucrânia, em 2022.[110]

Direito internacional tampouco se reduz ao conjunto de postulados de *moral* internacional. Se delimitado de modo impreciso, o direito perde grande parte de sua eficácia. Por isso, após o reconhecimento dos princípios e o enunciado dos conteúdos, é preciso assegurar os correspondentes mecanismos de implementação, no direito internacional, como em outros campos do fazer humano.

Dentre as mutações conceituais em curso, no contexto pós-moderno, o reconhecimento progressivo de conteúdos materialmente vinculantes não será dos dados de menor impacto. Assim, desde a criação das

[109] Ver **Tratado** (tomo V – **Direito internacional no tempo de Francisco de Vitória**, cap. XIII – estado como sujeito de direito internacional – a contribuição de MAQUIAVEL e BODIN); tb. Jens BARTELSON, **A genealogy of sovereignty** (New York /Cambridge: Cambridge Univ. Press, 1995).

[110] A guerra de agressão da Rússia contra a Ucrânia, em curso desde 24 de fevereiro de 2022, com cenários de barbárie e de destruição, em escala que não se via na Europa, desde a segunda guerra mundial. Cf. ref. no **Tratado** (tomo II – **Direito internacional dos espaços**, item 29.3 – dimensão humana do território como expressão da relação entre espacialidade e direitos fundamentais). Cabe destacar a manifestação da CORTE INTERNACIONAL DE JUSTIÇA, em 16 de março de 2022: "A Corte considera que a Ucrânia tem direito plausível de não ficar sujeita a operações militares pela Federação Russa com o propósito de prevenir e punir um alegado genocídio no território da Ucrânia". CIJ, **Allegations of Genocide under the Convention on the Prevention and Punishment of the Crime of Genocide** (Ukraine v. Russian Federation) Order of 16 March 2022 – Request for the indication of provisional measures – Procedure(s) – Provisional Measures (ICJ Reports 2022, General List No. 182, Order 16 March 2022, cit. § 60 e 63-64): "The Court has already found that Ukraine is asserting a right that is plausible under the Genocide Convention (see paragraphs 50-60)" (...) "The Court concludes, therefore, that a link exists between the right of Ukraine that the Court has found to be plausible and the requested provisional measures."

Nações Unidas, a sociedade internacional, por meio de tratados multilaterais, cria quadro institucional e normativo para regular as relações internacionais, reconhece a existência e o caráter vinculante de normas imperativas de direito internacional geral (*jus cogens*), ao lado de normas de costume internacional (*direito consuetudinário*) que os estados aplicam em suas relações recíprocas.

Esse conjunto, composto por normas internacionais cogentes e consuetudinárias põe, concomitantemente, os dois planos de atuação, acima referidos: temos o patamar das ideias e o patamar da implementação. Se o multilateralismo representa progresso institucional em relação ao passado é, contudo, preciso que este se ponha de modo adequado: consentâneo com a realidade internacional presente e de modo que reflita o mundo de hoje, não o mundo de 1945, ou de ainda mais longe no passado.

Mecanismos institucionais de solução de controvérsias entre estados[111] marcam a fase atual. Em pouco mais de um século, passou-se da ausência quase completa de mecanismos institucionais à proliferação de tribunais internacionais aos quais os estados podem submeter controvérsias com tal diversidade que alguns chegam a temer pela "unidade da ordem jurídica internacional".[112]

Para tanto, basta avaliar quanto mudou o contexto institucional internacional,[113] desde as arbitragens públicas internacionais (ao longo

[111] L. CAFLISCH, **Cent ans de règlement pacifique des différends interétatiques** (RCADI, 2001, t. 288, p. 245-467, cit. p. 260-261): "além da proibição –muitas vezes platônica– de pegar em armas e do dever eventual de estabelecer consultas e negociações com a outra parte, ou as demais partes no litígio, nenhuma norma de direito consuetudinário pode ser identificada nesse setor, exceto a exigência fundamental de que qualquer intervenção de terceiro, bem como as modalidades desta, devem ser *acordadas* por todas as partes, seja em relação à controvérsia especificamente em questão, seja antecipadamente, em relação a futuras controvérsias ou categorias de controvérsias. Não existem instâncias permanentes de vocação universal, que, à imagem dos tribunais nacionais, teriam competência para decidir qualquer controvérsia unilateralmente levada perante estas, por uma das partes. Aqui, também, se está em presença de situação *essencialmente descentralizada*, dominada pela soberania estatal, mesmo se ocorreram, desde a primeira guerra mundial, ou mesmo desde as Conferências de paz da Haia, de 1899 e 1907, tentativas de favorecer certo grau de centralização. Tais esforços, embora fragmentários e, por vezes, passageiros, parecem essenciais."

[112] Pierre-Marie DUPUY, **L'unité de l'ordre juridique international: cours général de droit international public** (RCADI, 2002, t. 297, p. 9-490).

[113] Ver P. B. CASELLA, *Evolução institucional do direito internacional à luz do cinquentenário do conceito de direito de HART (1961)* (in **Edição comemorativa em homenagem aos 70 anos do**

dos séculos, até nossos dias), passando pelo surgimento da Corte Permanente de Arbitragem (desde 1899), da Corte Centro-Americana de Justiça (de 1908 a 1918 e a partir dos anos 1990 ao presente), da Corte Permanente de Justiça Internacional (no período entre as duas guerras mundiais, de 1920 a 1939), para se chegar à Corte Internacional de Justiça[114] (em operação desde 1946), mas sem esquecer o Tribunal Internacional para Direito do Mar (desde 1996),[115] o Tribunal Penal Internacional (desde 2002)[116] e seus precursores Nuremberg e Tóquio (após a segunda guerra mundial), ou os tribunais penais internacionais *ad hoc* para a ex-Iugoslávia e para Ruanda, criados pelo Conselho de Segurança das Nações Unidas (na década de 1990, que tendem a esgotar-se quando cumprirem as suas funções específicas),[117] bem como as jurisdições penais internacionais mistas, tais como Serra Leoa, Timor Leste, Cambodja e Líbano.[118] Sem falar nas Cortes regionais para direitos humanos,[119] tais como a Corte Europeia,[120] a Corte Interamericana[121] e as duas Cortes Africanas, ora em processo de unificação entre ambas.[122]

prof. Celso Lafer, coord. T. S. Ferraz Jr. e L. O. Baptista, São Paulo: Revista Brasileira de Filosofia, ano 60, vol., 236, jan.-jun. 2011, p. 313-329); ___, *Conceito de sistema, contexto internacional e pós-modernidade* (in **Filosofia e teoria geral do direito** – estudos em homenagem a Tércio S. Ferraz Jr. por seu septuagésimo aniversário, org. J. M. Adeodato e E. C. B. Bittar, São Paulo: Quartier Latin, 2011, p. 999-1024).

[114] Disponível em: http://www.icj-cij.org

[115] Disponível em: itlos.org

[116] Hans Peter Kaul, *International Criminal Court* (in **Encyclopedia of Public International Law**, 2012, vol. V, p. 667-688).

[117] Fausto Pocar, *International Criminal Tribunal for the former Yugoslavia (ICTY)* (in **Encyclopedia of Public International Law**, 2012, vol. V, p. 746-768); ___, *International Criminal Tribunal for Rwanda* (in **Encyclopedia of Public International Law**, 2012, vol. V, p. 732-746).

[118] Morten Bergsmo and Philippa WEBB, *International Criminal Courts and Tribunals, Complementarity and Jurisdiction* (in **Encyclopedia of Public International Law**, 2012, vol. V, p. 688-696); Claus Keess, *International Criminal Law* (in **Encyclopedia of Public International Law**, 2012, vol. V, p. 717-732); Iain Cameron, *International Criminal Jurisdiction, Protective Principle* (in **Encyclopedia of Public International Law**, 2012, vol. V, p. 712-717).

[119] Ver Accioly – Nascimento e Silva – Casella, **Manual** (2021, 25ª ed., 5.1.2 – direitos humanos nos sistemas regionais, 5.1.2.1 – direitos humanos no sistema europeu, 5.1.2.2 – direitos humanos no sistema interamericano, 5.1.2.3 – direitos humanos no sistema africano, p. 466-472).

[120] Disponível em: https://echr.coe.int

[121] Disponível em: https://www.cidh.oas.org. portugues. Ver a respeito Gerald L. Neuman, *Interamerican Court of Human Rights (IACtHR)* (in **Encyclopedia of Public International Law**, 2012, vol. V, p. 261-270).

Estes tribunais internacionais permanentes, em lugar de serem enxergados pela sua aparente diversidade, têm de ser compreendidos enquanto conjunto: exprimem tendência à institucionalização do direito internacional, no contexto pós-moderno. Representam, cada uma destas instituições e todas elas, em conjunto, considerável progresso institucional, em relação a autores que ainda no século XIX e início do XX, escreviam que o direito internacional somente parcialmente era um sistema jurídico propriamente dito, porquanto carecia este de instituições aptas a 'dizer o direito', o que acarretava, frequentemente, na necessidade de recurso à força – como se deu na crise da dívida externa venezuelana (1898-1902), da qual resultou o bombardeio de portos desse país por navios de guerra de alguns estados credores e a consolidação posterior da exclusão do uso da força para a cobrança de dívidas soberanas.[123]

Todas essas instituições internacionais são exemplos expressivos do processo, mais amplo e abrangente, de institucionalização do direito internacional, no contexto pós-moderno. Assim, cai por terra a alegação que faziam certos autores ao pretenderem negar ou restringir o reconhecimento da juridicidade do direito internacional em razão da inocorrência de tribunais internacionais organizados e permanentes.[124] Atualmente, no sentido inverso, é a proliferação de tribunais interna-

[122] Disponível em: https://www.african-court.org e https://au.int. treaties. A respeito, ver: Fatsah OUGUERGOUZ, *African Charter on Human and Peoples' Rights* (in **Encyclopedia of Public International Law**, 2012, vol. I, p. 136-147); Rachel MURRAY, *African Commission on Human and Peoples' Rights* (in **Encyclopedia of Public International Law**, 2012, vol. I, p. 147-154); Bijan TAVAKOLI, *African Court of Justice (ACJ)* (in **Encyclopedia of Public International Law**, 2012, vol. I, p. 154-157); Frans VILJOEN, *African Court on Human and Peoples' Rights (ACtHPR)* (in **Encyclopedia of Public International Law**, 2012, vol. I, p. 157-161).

[123] Com a daí decorrente formulação da doutrina DRAGO (a respeito v. ACCIOLY – NASCIMENTO E SILVA – CASELLA, **Manual**, 2021, 25ª ed.), bem como na Segunda Conferência de Paz, realizada na Haia, em 1907, da qual resultou a chamada Convenção PORTER, que condena o uso da força, para a cobrança de dívidas soberanas, cujo pagamento seja reclamado pelo governo de um estado ao de outro, em nome dos credores, nacionais do primeiro, exceto se o estado devedor repelir ou deixar sem resposta um oferecimento de arbitragem sobre o caso, ou se o aceitar, em se realizando a arbitragem, não se conformar com a sentença proferida.

[124] H. L. A. HART, **The concept of law** (Oxford: Clarendon Press, 1st. ed., 1961; 2nd. ed., with a 'postscript', edited by Penelope A. BULLOCH and Joseph RAZ, 1994, especialmente o cap. X, 'international law', p. 213-237). A respeito, ver P. B. CASELLA, Evolução institucional do direito internacional à luz do cinquentenário do conceito de direito de HART (1961) (in **Edição comemorativa em homenagem aos 70 anos do prof. Celso LAFER**, coord. T. S.

cionais que leva à preocupação com a unidade e supostos riscos de 'fragmenação' da ordem jurídica internacional.[125]

Tribunais internacionais permitem a *expansão da função judicial internacional.*[126] É erro considerar o estado como única fonte do direito internacional – atualmente, é clara a "recusa do monopólio"[127] sobre o direito.[128]

Ferraz Jr. e L. O. Baptista, São Paulo: Revista Brasileira de Filosofia, ano 60, vol., 236, jan.-jun. 2011, p. 313-329).

125 Pierre-Marie Dupuy, **L'unité de l'ordre juridique international: cours général de droit international public** (Rcadi, 2002, t. 297, p. 9-490, cit. p. 301): "Dans l'ordre juridique international, la différence avec le rythme et, peut-être, l'ampleur des changements juridiques opérés dans les ordres internes vient du fait que les états, tout en ayant eux-mêmes introduit l'impératif à la fin des années soixante du XXe siècle, opposeront sans doute encore longtemps de puissantes résistances à l'affermissement d'une hiérarchie normative substantielle; selon la conjoncture et l'analyse que leurs gouvernements se font de l'intérêt national, ils en proclament solennellement la prééminence ou en refusent au contraire les conséquences sinon la réalité ou cherchent à en déplacer le centre de gravité. Affrontements idéologiques et stratégiques dont le droit n'enregistre les fluctuations le plus souvent qu'avec retard, parfois aussi, mais c'est l'affaire de juges, précisément, avec, tout au contraire, un certain sens de l'anticipation".

126 A. A. Cançado Trindade, *Os rumos do direito internacional contemporâneo: de um 'jus inter gentes' a um novo 'jus gentium' no século XXI* (in **O direito internacional em um mundo em transformação**: ensaios 1976-2001, Rio de Janeiro: Renovar, 2002, p. 1039-1109, cit. p. 1091-1092): "Longe de ameaçarem a unidade do direito internacional, os tribunais internacionais especializados têm contribuído para afirmar a aptidão do direito internacional para dirimir controvérsias jurídicas nas mais distintas áreas da atividade humana. (...) A realização da justiça internacional, mediante a expansão da função judicial, com a operação de dos múltiplos tribunais internacionais hoje existentes, vem atender a uma das maiores aspirações da comunidade internacional, como um todo"; v. tb. A. A. Cançado Trindade, *Tribunais internacionais contemporâneos: coexistência e expansão* (Belo Horizonte: Rev. Del Rey Jurídica, 2006, p. 6-11), conclui: "Os tribunais internacionais contemporâneos, ao atenderem a uma real necessidade da comunidade internacional, têm fomentado o alentador processo histórico que testemunhamos, e para o qual contribuímos, que me permito denominar de *humanização* do direito internacional."

127 Paul Reuter, **Principes de droit international public** (Rcadi, 1961, t. 103, p. 425-656). V. tb. Ph. C. Jessup, *To form a more perfect United Nations* (Rcadi, 1970, t. 129, p. 1-24) e outras obras.

128 Advertia A.Verdross, **Règles générales du droit international de la paix** (Rcadi, 1929, t. 30, p. 271-518, p. 322): "dans le domaine du droit international, la souveraineté ne peut jamais être considérée comme une liberté illimitée. Elle ne signifie qu'une liberté rélative, c'est-à-dire une liberté dans les cadres du droit des gens. Mais une telle liberté n'est en vérité qu'une compétence fondée sur le droit des gens".

Se, no passado, a crítica se fazia ao direito internacional no sentido de não ser este, enquanto sistema, dotado de tribunais propriamente ditos adequados para assegurar o exercício da função jurisdicional no plano internacional, atualmente, refere-se a preocupação oposta, no sentido de inquietação relativa à talvez excessiva jurisdicionalização deste.[129] O que tem de ser entendido em relação às premissas básicas deste, enquanto sistema institucional e normativo internacional.

Aperfeiçoar a ordem jurídica reduz a necessidade de coação.[130] Esta pode ser potencialidade, sem necessariamente acarretar medidas coercitivas, ou sem relação direta entre o responsável pela violação e os estados que reagem à violação.[131]

Não somente em seu conteúdo, mas também a denominação é histórica e culturalmente condicionada: se o *direito internacional,* enquanto sistema, surge antes, a sua denominação mais corrente, direito *internacional* (*international law*) surge somente em 1780, com Jeremias BENTHAM, quando este o considera, enquanto sistema e o situa em oposição a *national law* ou a *municipal law*. Tanto quanto criticada, a expressão de BENTHAM tem sido adotada e se mantém o seu uso corrente.[132]

Em manuscrito de 1827, conservado no British Museum, Jeremy BENTHAM propunha a adoção, pelas nações, agindo com base em perfeita igualdade, de um código sumário visando "preservar não somente a paz (compreendida como ausência de guerras), mas, igualmente, a boa vontade recíproca e os bons ofícios recíprocos, entre os diferentes membros dessa Confederação".[133] A ideia central do direito internacional é

[129] A respeito, dentre outros, v. o conjunto das exposições reunidas no volume **La juridictionnalisation du droit international** ("Colloque de Lille", realizado pela Sociedade francesa para o direito internacional de 12 a 14 de setembro de 2002, Paris: Pedone, 2003). Como aponta Vincent COUSSIRAT-COUSTERE (vol. cit., 2003, "avant-propos", p. 3-4): "La juridictionnalisation du droit international n'est pas qu'un mot".

[130] A **Carta** das Nações Unidas enumera, arts. 41 e 42, a série de medidas a serem aplicadas no caso de ameaça ou ruptura à paz e segurança internacionais, cabendo ao Conselho de Segurança a principal responsabilidade.

[131] Jochen Abr. FROWEIN, **Reactions by not directly affected states to breaches of public international law** (RCADI, 1994, t. 248, p. 345-438).

[132] Ver a respeito ACCIOLY – NASCIMENTO E SILVA – CASELLA, **Manual** (2021, 25ª ed., Definição e denominação, p. 25-37).

[133] LIANG Yuen-Li, **Le développement et la codification du droit international** (RCADI, 1948, t. 73, p. 407-532, chap. II – *Aperçu historique du développement du droit international par*

por limites ao exercício discricionário da soberania pelos estados –o que pode levar a resultados desastrosos.

Para denotar a revisão do conceito e do conteúdo, no contexto atual, pode ser acrescentada a qualificação, '*pós-moderno*'. O que pode contribuir para esclarecer alguns dados, como para suscitar outras controvérsias.[134] A pós-modernidade não se põe como acréscimo, mas como perquirição dos rumos e do sentido da construção institucional, e das possibilidades de aperfeiçoamento desta, a partir das bases, historicamente consolidadas, e da medida em que possam progressos ser acrescentados.

Curiosa a recorrência da expressão *direito de gentes* (*droit des gens, law of nations* ou *Völkerrecht*), que parecia ter ficado obsoleta, desde que fora utilizada por Richard ZOUCH (1650),[135] embora se mantivesse em algum uso,[136] ora novamente presente, como tendência mais corrente no contexto pós-moderno, na linha do que se descreve como a 'humanização do direito internacional'.[137]

Ao ser referido e muito bem dito, o direito internacional, como um direito entre povos – *jus inter gentes* – Francisco de VITÓRIA deixou marca indelével na evolução posterior deste ramo jurídico. Na lição sobre o poder civil, em **De potestate civili,** enfatizava VITÓRIA:

voie de conférences et des efforts en vue de la codification, p. 421-458, cit. p. 452): "BENTHAM n'a fait que peu d'efforts pour asseoir ses plans de code international sur le droit des gens existant; il a cherché, au contraire, à créer un code qui ne serait qu'une application de son principe d'utilité générale: autrement dit, il a cherché à remplacer l'ancien droit naturel des philosophes, qu'il rejetait, par un droit naturel nouveau".

[134] Embora dispensável, quando se trate do direito internacional, o termo *público* pode ser acrescentado ao direito internacional (público), para o distinguir do *direito internacional privado* (ou *conflict of laws*). É, ademais, o que aqui se assinala, mas não se retoma. A respeito da questão da configuração da pós-modernidade e do impacto desta sobre o direito internacional, cfr. CASELLA, **Fundamentos** (2008).

[135] Ver **Tratado** (tomo VI – **Direito internacional no tempo de Suárez, Gentili e Zouch**, cap. XVII – Richard ZOUCH (1590-1660).

[136] Por exemplo, Antoine FAVRE, **Principes du droit des gens** (Paris: Librairie de droit et de jurisprudence / Friburgo, Suiça: Presses universitaires de Fribourg, 1974).

[137] Antonio Augusto Cançado TRINDADE, Évolution du droit international au droit des gens: l'accès des individus à la justice internationale. Le regard d'un juge (Paris: Pedone, 2008), bem como seu anteriormente publicado **A humanização do direito internacional** (Belo Horizonte: Del Rey, 2006).

> o direito das gentes não tem somente força de pacto ou de convenção entre os homens, mas possui, igualmente, força de lei. O mundo inteiro, na verdade, que, de certo modo, constitui uma república, tem o poder de levar leis justas e ordenadas para o bem de todos, tais como são as do direito das gentes. Consequentemente, quando se trata de questões graves, nenhum estado pode se considerar desvinculado do direito das gentes, pois este é colocado pela autoridade do mundo inteiro.[138]

Ao considerar as 'épocas do direito internacional', vê-se como a própria denominação da disciplina segue o modelo político e cultural dominante do tempo em que se formula.[139]

Não cabe falar em *direito público internacional*, pelo primado que assim se confere ao direito público (interno) sobre o internacional. Isso reduziria o direito internacional a ramo do direito público (interno) de cada estado, o que o priva de seu caráter propriamente internacional. Isso quer dizer, aproximar, como se faz na corrente positivista, o direito das gentes como emanado do direito interno para relações internacionais (*ausseres Staatsrecht*) 'direito público externo'.

Por mais extenso e admirável que seja o legado de Clóvis BEVILÁQUA, entre nós, em vários campos do direito,[140] este, ao intitular seu livro **Direito público internacional**[141] evidencia essa escolha, que não é

138 Ver, **Tratado** (tomo V – **Direito internacional no tempo de Francisco de Vitória**, cap. XIV – Francisco de VITÓRIA). Deste serão justamente referidas as considerações expendidas sobre a gênese e a natureza do sistema. Cfr. a edição dos assim chamados, **Political writings** de VITÓRIA (ed. by Anthony PAGDEN e Jeremy LAWRANCE, "Cambridge texts in the history of political thought", Cambridge: UP, © 1991, 1st. publ., 1991) ou F. de VITÓRIA, **Leçons sur le pouvoir politique** (intr., trad. et notes par M. BARBIER, Paris: Vrin, 1980), ou ainda, F. de VITÓRIA, **Obras: relectiones teológicas** (ed. crítica, versão espanhola, intr. geral Pe. Teófilo URDANOZ, Madri: BAC, 1960); v. tb. A. GOMEZ ROBLEDO, **Le *jus cogens* international: sa génèse, sa nature, ses fonctions** (RCADI, 1981, t. 172, p. 9-217).

139 Wilhelm G. GREWE, **Epochen der Völkerrechtsgeschichte** (Baden-Baden: Nomos, 1984, cit. p. 27): "Nichts zwingt uns den Begriff des Völkerrechts auf diese spezifisch moderne Gestaltngsform völkerechtliche Ordnung zu verengen."

140 Nesse sentido, veja-se a coletânea de estudos, coordenada por Cássio SCHUBSKY, **Clóvis Beviláqua: um senhor brasileiro** (São Paulo: Lettera – col. Grandes juristas, 2010).

141 Clovis BEVILÁQUA, **Direito público internacional: a synthese dos princípios e a contribuição do Brasil** (1ª ed., 1910, 2ª ed., Rio: Freitas Bastos, 1939); não utiliza a mesma formulação C. BEVILAQUA, em seus **Princípios elementares de direito internacional privado** (Rio de Janeiro: Freitas Bastos, 3ª ed., 1938).

simples detalhe terminológico.[142] Não se pode deixar de formular o reparo conceitual a tal modelo teórico, dada a impossibilidade de se construir sistema internacional com a simples superposição, mais que soma de sistemas internos, colocados lado a lado.

No direito internacional se inscreve um conjunto de princípios, normas e instituições característicos para a ordenação de sistema internacional. Afirma CANÇADO TRINDADE que:[143]

> o direito internacional, ao longo dos anos, tem se transformado sob o impacto dos ideais, e o reconhecimento de que não depende da vontade dos estados: se fosse produto exclusivo de tal vontade, não poderia obrigá-los e se os obriga, não é mero produto de sua vontade.[144]

Direito internacional tornou-se a expressão de uso corrente.[145] Consignada a mutação em curso, no contexto pós-moderno, mantém-se o

[142] O termo *público* antes de *internacional*, coloca a ênfase no **direito estatal** (*público*), **voltado para assuntos externos** (*internacional*). Não se trata, assim, de direito internacional, mas de direito público, e como tal, emanação da vontade do estado, e por este (se pretenderia ser) internamente regulado, embora voltado a assuntos da área externa. Não pode ser aceitável como equivalente do direito internacional (público). Isso se evidencia, por exemplo, ao se declarar sermos país "dualista moderado", o que não será fácil explicar nem tampouco justificar. Concepção intelectualmente datada e conceitualmente difícil de sustentar, tanto mais em face da consistente jurisprudência histórica do Supremo Tribunal Federal, herdada do século XIX, consistentemente aplicada e mantida, até muito recentemente, quando parece ter se introduzido essa 'hesitação'. Resta ver se, após a Emenda constitucional 45/2004, mantém-se a tendência, em relação aos julgamentos a ser feitos pelo Superior Tribunal de Justiça. Cfr. P. B. CASELLA, *Constituição e direito internacional* (in **Direito da integração**, org. P. B. CASELLA e V.L.V. LIQUIDATO, São Paulo: Quartier Latin, 2006, p. 31-55).

[143] Antonio Augusto CANÇADO TRINDADE, Os rumos do direito internacional contemporâneo: de um *jus inter gentes* a um novo *jus gentium* no século XXI (in **O direito internacional em um mundo em transformação (ensaios, 1976-2001)**, Rio de Janeiro: Renovar, 2002, cap. 24, p. 1039-1109); no mesmo sentido, o conjunto dos ensaios do volume A. A. C. TRINDADE, **A humanização do direito internacional** (Belo Horizonte: Del Rey, 2006).

[144] A. A. CANÇADO TRINDADE (op. cit., 2002, p. 1087): "Com a gradual evolução da simples justaposição de estados soberanos do passado, à formação de uma comunidade internacional, intensificada no último meio século, os estados passam a reagir a violações graves do direito internacional ainda que não diretamente afetados por elas; surgem obrigações, emanadas do direito internacional, que os vinculam, independentemente de sua vontade individual".

[145] As terminologias podem variar, mas formulações criativas como "direito transnacional", nunca foram adiante dos escritos de seu autor, Ph. C. JESSUP, **Transnational law** (New

termo habitual. Tantas quantas sejam as críticas que tal denominação tenha recebido, mostrou-se ser a mais corrente e amplamente adotada.

Para compreender qualquer ramo do direito, é indispensável ter noção do seu desenvolvimento histórico.[146] Isto é especialmente necessário no direito internacional. E, aqui, põe-se como a dimensão norteadora deste Direito Internacional no Tempo, como exame do impacto do tempo (histórico) e do contexto (cultural) sobre o direito internacional. Não se trata, como foi dito, de estudo da 'história' do direito internacional, como 'história', e como fim em si mesmo, mas, justamente, examinam-se as origens deste, no passado, para ter foco no presente e no futuro, como se referiu.

Nesse sentido,[147] "os conceitos mesmos, de internacionalidade e de direito internacional, já parecem estar um tanto ultrapassados (*désuets*)".[148] Tudo dependerá de como se interpretem e se apliquem tais conceitos. Até mesmo porque outros não foram encontrados.

A grande indagação é a forma de regular a convivência dos estados e demais atores não estatais, na ordem internacional,[149] e saber se essa convivência vai ser regida pelo direito ou pela força. Desafios e o contexto

Haven: Yale University Press, 1956); v. tb. ___, **A half century of efforts to substitute law for war** (RCADI, 1960, t. 99, p. 1-20).

[146] V. tb. **Fundamentos** (2008, esp. itens II – precisões terminológicas e valorativas, p. 181--296 e VI – direito, história e cultura, p. p. 491-614).

[147] Slim LAGHMANI, **Histoire du droit des gens: du *jus gentium* impérial au *jus publicum europaeum*** (Paris: Pedone, 2003, 'introduction', p. 1-6, cit. p. 1): "Une histoire du droit des gens? Pourquoi faire? Ne vaut-il pas mieux s'occuper du présent, de ce qui se passe sous nos yeux? Et ce qui se passe sous nos yeux c'est un formidable bouleversement de la société internationale et de son droit".

[148] S. LAGHMANI (op. cit., 2003, 'introduction', p. 1-6, loc. cit.): "C'est de mondialisation qu'il s'agit aujourd'hui, c'est d'empire que l'on parle, sans qu'il n'y ait adéquation totale des deux phénomènes ni un lien nécessaire entre eux . (...) Sans succomber à la mode, on peut, 'en gros' considérer que les concepts d'internationalité et de droit international sont atteints, peut être irrémédiablement, respectivement par la mondialisation et par le comportement impérial des États-Unis".

[149] Fausto de QUADROS e André Gonçalves PEREIRA, **Manual de direito internacional público** (Coimbra: Almedina, 3ª ed., revista e aumentada, 1995, parte V, 'a evolução atual do direito internacional. o futuro do direito internacional', p. 657 ss., cit. item 3, 'a prospectiva: rumo a um direito mundial?', p. 668): "Para alguns autores o direito internacional poderia evoluir, mais tarde ou mais cedo, para uma ordem jurídica uniforme, comum a toda a comunidade internacional, e uma das suas expressões poderia ser a de um direito federal à escala do globo. À actual fragmentação do direito internacional por espaços regionais substituir-

específico, do direito internacional pós-moderno,[150] somente acirram as percepções de fragmentação e de complexidade.

Esse dado da necessidade de coordenação, de institucionalização, de normatização jurídica e de instauração de procedimentos permanece presente e recorrente. Esses dados são postos à prova em matérias como a regulação do uso da força ou dos princípios e procedimentos para a solução de controvérsias e se põe como desafio, não somente nas relações entre estados, mas como necessidades para o conjunto da comunidade internacional.

A análise das relações entre estados não é perfeita na apresentação dos estados sucessivos das relações políticas, sejam em tempos normais ou de crise, com intermediárias situações marginais de tensão ou distensão, ou normalização de relações. Para Paul de La Pradelle (1974) nem tudo está no comportamento ou funcionamento de sistema que seria isolado de qualquer diretriz e de qualquer princípio organizacional.[151]

Relações internacionais não podem ser vistas como sistema fechado e como fim em si mesmas, mas sim na descrição da realidade humana, de interação entre pessoas e comunidades, além e ao lado das fronteiras políticas existentes entre estas: sempre foram e continuarão a ser relações da comunidade humana, onde o homem aparece, na condição de indivíduo ou de integrante de determinado grupo, como o sujeito constante dessas condutas. Essas relações não podem ser consideradas sem direito que lhes diga respeito e as mantenha em determinada direção.[152]

-se-ia, desse modo, a sua *mundialização* ou *globalização*. / "Em nosso entender, não é previsível que tal evolução ocorra nos tempos mais próximos. E por várias razões."

150 Ver Casella, **Fundamentos** (2008); A. A. C. Trindade, Évolution **du droit international au droit des gens**: l'accès des individus à la justice internationale – le regard d'un juge (Paris: Pedone, 2008); ___, **A humanização do direito internacional** (Belo Horizonte: Del Rey, 2006) e ___, **O direito internacional em um mundo em transformação (ensaios, 1976-2001)** (Rio de Janeiro: Renovar, 2002).

151 Paul de La Pradelle, *Progrès ou déclin du droit international?* (in **La communauté internationale: mélanges offerts à Charles Rousseau**, Paris: Pedone, 1974, p. 139-152).

152 P. de La Pradelle (art. cit., 1974, p. 139): "Les gouvernants au pouvoir, dans la politique qu'ils suivent dans leurs rapports respectifs, utilisent des instruments, inventent et mettent en oeuvre des institutions dont la réalité ne permet pas d'isoler le phénomène étatique du concept de l'état de droit".

Há quem diga "pode ser que não tenhamos feito grande progresso no desenvolvimento do direito internacional, nos últimos 300 anos"[153], mas o desenvolvimento de concepções jurídicas, tal como a ascensão e a queda de ideologias políticas, e a emergência de novos períodos na história da arte ou da música, não podem ser temporalmente determinadas com grande precisão.[154]

O direito internacional precisa ser compreendido em seus fundamentos[155] e em seus desdobramentos no espaço,[156] como ora se faz em seus desdobramentos no tempo. Assim, o *Instituto de direito internacional*, em várias ocasiões, enfatizou a necessidade do estudo e do ensino do direito internacional:[157] isso existe e ocorre em várias praças e formatos.[158]

[153] J. David McClean, ***De conflitctu legum*: perspectives on private international law at the turn of the century: general course on private international law** (Rcadi, 2000, t. 282, p. 41-228); v. tb. J. D. McClean, **A common inheritance? an examination of the private international law tradition of the Commonwealth** (Rcadi, 1996, t. 260, p. 9-98); J. D. McClean, **The contribution of the Hague conference to the development of private international law in the common law countries** (Rcadi, 1992, t. 233, p. 267-304).

[154] D. McClean (op. cit., 2000, chap. I, 'a historical perspective', p. 51-67, cit. p. 51-52, mais adiante p. 63-64): "We can at least describe and seek to understand the questions raised by our subject, and the process by which they are answered; and we can trace, partly by using an historical perspective, the forces which shaped the process and the content of jurisdictional and choice of law rules. Lawyers should not be afraid of simplicity. (...) When I spoke earlier about the legal map of the world, I said that even with the growing power of regional organizations such as the European Union, each individual country retains its own body of law, its own system of courts, its own legal personnel. The rules of the conflict of laws are essentially directions to the legal personnel of a particular country. That simple observation may prove a more helpful starting-point than any amount of speculation as to the correct seat of a legal relation."

[155] Nesse sentido, **Fundamentos** (2008).

[156] Nesse sentido, se remete ao **Tratado** (tomos I e II – **Direito internacional dos espaços**, 2ª ed., 2022).

[157] Na sessão de Oxford, em agosto de 1913, recomendava o *Instituto* "o estabelecimento, na Haia, de centro de altos estudos de direito internacional e de ciências conexas, para facilitar o exame aprofundado e imparcial das questões ligadas às relações jurídicas internacionais" – v. I.D.I., sessão de Oxford, em 1913, recomendação de Établissement **d'un centre de hautes** études **et de sciences complexes:** "L'Institut de droi international recommande l'établissement à La Haye d'un centre de hautes études de droit international et de sciences connexes, pour faciliter l'examen approfondi et impartial des questions se rattachant aux rapports juridiques internationaux".

[158] A Academia de direito internacional, na Haia, e os cursos de direito internacional público e privado, nestaz ministrados, desde 1923, representa imensa a contribuição desta, para a

A necessidade do estudo e do ensino do direito internacional[159] foi muitas vezes afirmada.[160]

O ensino e o estudo do direito internacional são cruciais para o aperfeiçoamento da conscientização da sua necessidade no contexto pós-moderno.[161] O assunto foi desenvolvido pelo *Instituto*,[162] assinalando a importância primordial do direito internacional para a manutenção da paz e da segurança internacionais, bem como para o desenvolvimento do comércio e das relações entre indivíduos no plano internacional.

consolidação do direito internacional, como disciplina jurídica autônoma, e seu progressivo desdobramento em novos campos, que desde o início do século XX ao conjunto se agregaram. Relevante, também, e não somente como fenômeno regional, o curso de direito internacional, ministrado, no Rio de Janeiro, sob os auspícios do Comitê jurídico interamericano da Organização dos Estados Americanos, anualmente, desde 1974. O conjunto destes cursos se encontra publicado pela OEA, em Washington, com distribuição em todo o continente e também nas bibliotecas das principais faculdades e institutos de pesquisa em direito internacional, pelo mundo.

159 Pelo *Instituto*, como voto, em 14 de setembro de 1973, na sessão do centenário **Session du Centenaire, Rome 1973 / Vœu concernant l'enseignement universitaire du droit international** (Roma, 1973), no qual a manifestação tem de ser compreendida como mais do que simples aspiração, mas reflete a convicção do papel crescente que o direito internacional tem a desempenhar, no mundo atual, e assinala ser o direito internacional elemento essencial para a solução das eufemisticamente denominadas "dificuldades", que podem surgir entre estados, constatando, com pesar, que, em numerosas universidades, o direito internacional não constitui matéria de ensino obrigatório, ou deixou de ser, e ao mesmo tempo, lembrando que a Organização das Nações Unidas e a UNESCO reconheceram, em muitas ocasiões, a importância do conhecimento do direito internacional.

160 Estipula o artigo 1º, dos **Estatutos** do *Instituto de direito internacional*: "Visando permanecer fiel à sua missão de favorecer o progresso do direito internacional, concorrendo, sobretudo, por meio de "publicações, do ensino público, e por todos os outros meios, ao triunfo dos princípios de justiça e de humanidade, que devem reger as relações entre os povos".

161 Foi, no âmbito do *Instituto*, decidido criar grupo de trabalho, encarregado de reunir informações sobre o estado atual do ensino do direito internacional, nas diferentes regiões do mundo, e de apresentar recomendações, com base nessa documentação. Do mesmo modo, enfatizava o *Instituto de direito internacional*, a necessidade de atrair, desde já, a atenção das universidades, bem como de outras instituições de ensino, bem como governos e organizações internacionais, a respeito da importância que tem de assegurar, na mais ampla medida possível, o ensino universitário do direito internacional.

162 Em Resolução adotada, em 12 de setembro de 1979, com relatoria de Jaroslav ZOUREK, tendo Pierre LALIVE, como relator-assistente, na sessão de Atenas (1979), na qual, foi relembrado o voto adotado em Roma (1973): **Session d'Athènes – 1979 / Enseignement du droit international** (Troisième groupe de travail Commission) / (Le texte français fait foi. Le texte anglais est une traduction de la présente Résolution.)

Desde tempos antigos, a "troca de mercadorias inevitavelmente levou à troca de ideias".[163] E esta mais e mais se faz presente, em decorrência da internacionalização constante das relações sociais, bem como da influência crescente do papel dos fatores internacionais nos domínios os mais diversificados da vida dos indivíduos, dos povos e dos estados.

As exigências da sociedade internacional pedem a formação de novas gerações, mais abertas e conscientes das realidades e dos problemas da vida internacional, sendo desejável que, em todos os países, o ensino em geral – fundamental, médio, universitário ou pós-graduado – esteja, sempre, adaptado às necessidades de melhor compreensão da sociedade internacional, constatando-se que, em muitos países, o ensino do direito internacional permanece, essencialmente, se não exclusivamente nacional, em suas preocupações e os seus métodos, e que o ensino do direito internacional, seja este público como privado, responde, muitas vezes, de modo insuficiente, dos pontos de vista quantitativo e qualitativo, para atender às necessidades de nossa época, em ótica suficientemente internacional. É crucial compreender que o ensino do direito internacional não pode permanecer essencialmente, se não exclusivamente nacional, em suas preocupações e os seus métodos. Esta é contradição conceitual que deve ser evitada.

A necessidade de estudo e de ensino do direito internacional foi adequadamente ressaltada em numerosas *Resoluções* da Assembleia geral das Nações Unidas, dentre as quais, especialmente: as **Resoluções** 137 (II), de 17 de novembro de 1947, e 176 (II), de 21 de novembro de 1947, por meio das quais a AGNU formulou convite a todos os estados-membros no sentido de encorajar o ensino do direito internacional; para tal finalidade levando em consideração as obrigações em matéria de difusão do direito humanitário, estipuladas nas **Convenções** de Genebra, de 1949, e em seus **Protocolos adicionais**, de 1977, bem como na Resolução adotada nessa matéria, em 7 de junho de 1977, pela Conferência diplomática para a reafirmação e o desenvolvimento do direito internacional humanitário, aplicável nos conflitos armados e, finalmente, tendo em vista ser o direito internacional privado, em nossos dias, instrumento

163 Romila THAPAR, **A History of India** – vol. one (orig. publ. 1966, London: Penguin, 1990, chap. 6 – The rise of the mercantile community, p. 109-135, cit. p. 118): "exchange of merchandise led inevitably to an exchange of ideas".

essencial para a segurança e o desenvolvimento do comércio e das relações entre indivíduos no plano internacional.

Os dados que o *Instituto* apontou como essenciais podem ser validamente levados em conta para qualquer programa institucional de ensino e estudo do direito internacional. Finalmente, cabe assinalar, ainda, a contribuição decisiva dada, desde a sua criação, em 1923, e a cada ano, até nossos dias, pela *Academia de direito internacional* da Haia.[164]

O ensino do direito internacional se faz cada vez mais necessário para a formação dos profissionais do direito, em geral, das relações internacionais e dos futuros funcionários governamentais, na medida em que o direito internacional afeta, mais e mais, o conteúdo do direito nacional e que o conhecimento do direito internacional é necessário para desempenhar ampla gama de responsabilidades profissionais, no contexto nacional, e das responsabilidades que incumbem aos indivíduos, em sociedade internacional caracterizada por crescente coesão, de tal modo ser cabível reafirmar, nas condições predominantes no mundo atual, que o ensino do direito será incompleto se não englobar os elementos fundamentais do direito internacional, tanto público, quanto privado.[165]

A comunidade internacional evoluiu para sistema mais complexo, no qual os atores não estatais assumem importância crescente, onde o direito internacional e os direitos nacionais se veem mais e mais interligados. Isso, por sua vez, exige o cuidado de adaptar o ensino do direito internacional à evolução do sistema internacional, bem como ao papel e aos interesses dos diversos atores não estatais, aí compreendidos os indivíduos.

[164] Visite o site icj-cij.org. A Academia da Haia manteve e mantém seus cursos e suas publicações, sem interrupção, desde 1923, ressalvados o hiato de 1940 até 1946, em razão da segunda guerra mundial e a suspensão dos cursos presenciais – em razão da pandemia, no verão de 2020 e 2021. Apontava-se como sendo deplorável que as atividades desta se vejam ameaçadas por problemas de financiamento, e decidira-se criar comissão permanente do *Instituto*, encarregada de acompanhar o desenvolvimento do ensino do direito internacional e de visão mais consentânea com as exigências da realidade internacionalizada.

[165] Por meio de resolução, adotada em 1997, com relatoria de R. MacDonald, foi o assunto retomado pelo *Instituto*, na sessão de Estrasburgo (1997) na qual se reafirmou o conteúdo da Resolução, adotada na sessão de Atenas (1979), sobre o tema. Ver Idi, **Session de Strasbourg – 1997 / L'enseignement du droit international privé et public** (Dixième Commission, Rapporteur: M. Ronald Macdonald) (Le texte anglais fait foi, le texte français est une traduction.)

As sucessivas manifestações do *Instituto* marcam claramente a posição do colegiado representativo do direito internacional contra a barbárie e a favor do ensino e do estudo do direito internacional, no contexto pós-moderno, em nome da construção de sociedade internacional mais justa e mais harmônica. Entre a *eunomia* (boa norma) e a *anomia* (a falta de norma), a escolha tem de ser formulada de forma clara.

A convicção de que o direito internacional pós-moderno possa ser ferramenta para regular a convivência e as relações entre os estados e demais sujeitos e agentes de direito internacional se traduzirá na adoção e na aplicação dos institutos e dos procedimentos de direito internacional: não adianta declarar o alinhamento por princípios, se estes não se traduzirem em ações e em medidas concretas. Nesse sentido, a evolução da posição do Brasil em relação ao direito e às organizações internacionais, já havia mostrado algumas flutuações pouco positivas que, recentemente, somente se agravaram e se aprofundaram.

Em suma, mudou consideravelmente o direito internacional ao longo dos últimos cem anos. Muitos ainda parecem não se dar conta de quão substancialmente diverso é, hoje, o direito internacional. Para tanto, não é preciso remontar a passado longínquo, mas basta voltar a atenção, em relação ao que ocorria no passado histórico relativamente recente, como a primeira conferência de paz da Haia, em 1899, quando se instala, na Haia, a Corte Permanente de Arbitragem, ou posteriormente à primeira guerra mundial, quando se constitui a Corte Permanente De Justiça Internacional.

Caberá, sempre, enfatizar o papel e a necessidade do ensino e do estudo do direito internacional, como ferramenta para a construção de mundo mais justo e mais harmonioso.

O presente título preliminar se divide em dois capítulos e ambos, conjuntamente, se destinam a situar as premissas conceituais da perspectiva histórica do direito internacional: o direito internacional tem de ser entendido, segundo 'modelos históricos e culturais' (capítulo 1), que se ponham para enquadrar o conjunto do exame a ser depois desenvolvido, bem como situado no tempo histórico, mediante exame do 'tempo e discurso no direito internacional' (capítulo 2). Esta matéria pode ser compreendida conforme se expõe em dois itens: a controvérsia entre Hugo Grócio e Serafim de Freitas (2.1) e o exame da consolidação conceitual e institucional do direito internacional (2.2).

O direito internacional surge na Antiguidade e se desenvolve como produto cultural, porquanto este emana dos homens e da cultura desses homens em diferentes e sucessivas fases, desde o tempo em que se instauram os conceitos de sistema e se aprimora, progressivamente, no plano internacional e nos planos internos, institucional e normativo.

A seguir pode-se passar ao capítulo 1, e considerar, inicialmente, as premissas conceituais: o direito internacional é condicionado por modelos históricos e culturais. Estes sempre estarão subjacentes: assim, melhor e mais honesto apontá-los e trabalhar de forma consciente com os dados básicos, que, ademais, serão úteis para a posterior explicitação dos meios e modos de construção do sistema institucional e normativo internacional, em seus ulteriores desenvolvimentos, neste conjunto do direito internacional, no tempo.

CAPÍTULO 1
DIREITO INTERNACIONAL: MODELOS HISTÓRICOS E CULTURAIS

Os fatos da história, na verdade, estão abertos para a interpretação de cada um; e cada um pode deles tirar as suas conclusões, segundo a inclinação de sua mente, suas buscas profissionais, ou qualquer outro propósito específico faça inclinar. Nesse sentido, a história se faz valiosa, sendo mais do que uma seca série de eventos, reunidos com cuidado e clareza, para a filosofia trabalhar sobre eles.

R. WARD (1795)[166]

O que faz o interesse da história é o modo como os homens reagem aos conflitos, nos quais estão engajados, e às provações pelas quais tem de passar.

Jacques DROZ (1972)[167]

[166] Robert WARD, **An Enquiry into the foundations and history of the Law of nations in Europe** – from the time of the Greeks and Romans to the age of Grotius (orig. publ. London: A. Straham and W. Woodfall, 1795, 2 vols, reprint Clark: The Lawbook Exchange, 2005, Preface, p. III-LIX, cit. p. XVIII e a seguir LIX) concluía o prefácio: "To endeavour after this is the duty of all mankind, and if the work fails, the glory of the attempt may perhaps alleviate the disgrace of the fall."

[167] Jacques DROZ, **Histoire diplomatique de 1648 à 1919** (Paris: Dalloz, 3ª ed., 1972, cit. p. 1): "ce qui fait l'intérêt de l'histoire, c'est la façon dont les hommes réagissent aux conflits où ils sont engagés et aux épreuves qu'ils ont à subir". Sintoma de mudança de modelos

O estudo terá assim, uma necessária premissa histórica. Somente uma correta visão das relações entre passado e presente pode servir para bem interpretar o fenômeno moderno do direito internacional."

Giuseppe BARILE (1977)[168]

O anseio humano na busca do que possa durar se alia à evidência, tanto pessoal quanto histórica, da transitoriedade de toda obra humana. A percepção da transitoriedade limita as pretensões à duração no tempo, para toda construção, da mão e da mente humana, e vale, também, especificamente para o direito internacional, no contexto pós-moderno. Daí a busca das bases sobre as quais construir o direito internacional.

Diversidades culturais trarão as suas marcas sobre a determinação da durabilidade dos modelos culturais. Estes têm seu peso, e o direito internacional pós-moderno também é produto do tempo (histórico) e do contexto (cultural) no qual se inscreve, e como tal se interpreta e se aplica.

Frequentemente se faz a crítica quanto a ser, ou ao menos ter sido, o moderno sistema de direito internacional – originalmente – construído e operado, preponderantemente, por estados europeus e entre estes aplicado. Sim, a matriz histórica e cultural é esta; mas desta se parte, na primeira metade do século XIX – após a descolonização da maior parte do continente americano e, sobretudo, na segunda metade do século XX – após a grande vaga mundial de descolonização, para a indagação da possibilidade e da extensão viável da construção de um direito internacional, enquanto sistema institucional e normativo, que se possa revestir de dimensão efetivamente universal. Se, todavia, não existe tal 'universalidade', uma vez que esta nem se pode construir, nem se deve

culturais e de modas intelectuais, antigos manuais de 'história diplomática' passam a ser intitulados, em edições mais recentes, como 'relações internacionais' – mas com o mesmo conteúdo, embora com dados atualizados.

168 Giuseppe BARILE, **Lezioni di diritto internazionale** (Padova: Cedam, 1977, "introduzione", p. 9-13, cit. p. 13): "Questo studio avrà pertanto una necessaria premessa storica. Soltanto una correta visione dei rapporti fra passato e presente può servire a bene interpretare il fenomeno moderno del diritto internazionale." Advertia, antes, BARILE: "non tutto ciò che deve essere descritto per ragioni di completezza è diritto internazionale, questo risultato costituirà la conferma della bontà dell'indagine non costretta in categorie che possono condurre ad una delimitazione arbitraria della realtà."

descartar como anseio válido, para o conjunto da humanidade, não deixa de ser esta a vocação do direito internacional, tal como herdado de outras eras, e ainda mais em nossos tempos pós-modernos.

A percepção do direito internacional como produto de determinado tempo e determinado meio cultural não é nova – "e isso, se puder ser provado, tem de ser provado pela história",[169] mas como advertia R. Ward (1795), "aqueles que relataram todas estas coisas" – e são exemplos por ele lembrados, que Carlos Magno renovou o império do Ocidente; que a Liga Hanseática foi poderosa associação comercial; que a rainha da Escócia foi executada por Elizabeth, contrariamente à justiça; ou que prisioneiros de guerra costumavam pagar grandes quantias por sua liberdade, para quem os tinha capturado – "talvez não fossem levados a considerar qual relação tinham tais fatos com o Direito das gentes (*Law of Nations*), na época em que ocorreram" – ou seja: a real natureza do título imperial, assim adquirido por Carlos Magno; a questão da soberania da Liga Hanseática; os efeitos, como precedente, do ponto de vista jurídico, do caso da rainha Maria da Escócia; nem tampouco as normas, públicas e privadas, pelas quais era regido o costume do resgate.[170]

Esta mesma percepção do direito internacional como produto de determinado tempo e determinado meio cultural também se põe em outros,[171] e está registrada desde os primeiros que abordaram o direito

[169] "All this was to be proved from history, if proved at all" advertia R. Ward, **An Enquiry into the foundations and history of the Law of nations in Europe** (1795, Preface, p. III-LIX, cit. p. XIV-XVI): "That what is commonly called the Law of Nations, falls very short of *universality*; and that, therefore, the Law is not the Law of *all* nations, but only of particular classes of them; and thus there may be a *different* Law of Nations for *different* parts of the globe. Not only this, but even, in the same part of the globe, there may have been very different sorts of Law of Nations, according as revolutions have taken place and these I resolved to set forth in detail, as a supplement and proof of the theoretical reasoning which I have mentioned".

[170] R. Ward, **An Enquiry into the foundations and history of the Law of nations in Europe** – from the time of the Greeks and Romans to the age of Grotius (1795, Preface, cit. p. XX-XXII): "History may be compared to a vast and diversified country, which gives very different sorts of pleasure to different travelers, or to the same traveler if he visits it at different times."

[171] Ernest Nys, **Les origines du droit international** (Bruxelles: Castaigne, 1894); T. A. Walker, **A History of the Law of Nations** vol. I – From the earliest times to the Peace of Westphalia, 1648 (Cambridge: Univ. Press, 1899); A. Wegner, **Geschichte des Völkerrechts** (Stuttgart: Kohlhammer, 1936).

internacional, em perspectiva histórica, em cursos na Academia de direito internacional da Haia.[172]

A perspectiva histórica para compreensão do direito internacional pós-moderno, pode ser útil não somente quanto à sua gênese e desenvolvimento histórico, mas igualmente para a compreensão de seu papel e de sua atuação possível. Também no presente e no futuro – cabe, mais uma vez, enfatizar!

O assim chamado 'corte metodológico' deve ser desde logo explicitado: nem tudo o que adiante se examina, neste direito internacional no tempo, constitui direito internacional, em sentido estrito – isso não significa que se desconheça até onde se estendem os domínios da disciplina, mas a tese central deste livro é a premissa da necessidade da compreensão do direito internacional como fenômeno humano, e este fenômeno é histórica e culturalmente condicionado – e será, aqui, examinado, na sua relação com o tempo. Não passível de compreensão adequada, se desvinculado de tais premissas. Por isso se faz o exame de dados básicos da história, sobretudo da assim chamada história 'política', e dados das assim chamadas 'relações internacionais'. Aliás, as 'relações internacionais', antes conhecidas e praticadas sob o nome de 'história diplomática', passam por reformulação, ditada pela moda.[173]

Desse conjunto de dados da história, sobretudo 'política' e 'diplomática', ou, se se preferir assim chamar, das 'relações internacionais' se vai, justamente, a partir deles *deduzir*, se assim se puder dizer, o direito internacional, como conteúdos que se formam, e princípios que se consolidam, a partir do meio temporal e cultural humano, no qual se fizeram necessários, e a partir do qual podem ser conhecidos e manejados. A interação é estreita, e estritamente necessária.

A história, como foi dito, é meio fundamental, para a compreensão do direito internacional. A percepção da utilidade da história, já era

[172] O. NIPPOLD, **Le développement historique du droit international depuis le Congrès de Vienne** (RCADI, 1924, t. 2, p. 1-24); Serge A. KORFF, **Introduction à l'histoire du droit international** (RCADI, 1923, t. 1, p. 1-24).

[173] Exemplo dessa mutação, ditada pelo modismo, reflete-se na obra de J.-B. DUROSELLE, antes sob o nome de **Histoire diplomatique de 1919 à nos jours** (Paris: Dalloz, 7ª ed., 1978), o mesmo conteúdo passa a ser publicado como Jean-Baptiste DUROSELLE e André KASPI (colab. de), **Histoire des relations internationales: de 1919 a 1945** (Paris: Armand Colin / Dalloz, 12ª ed., 2001).

assinalada por Políbio, quando o notável historiador ponderava que "o homem encontra no conhecimento do passado a mais instrutiva das lições"[174] e, logo adiante, afirmava: "os homens têm dois meios para se corrigirem. Ou recebem a lição de suas próprias adversidades, ou tiram vantagem daquelas sofridas por outros. Se um dos métodos é de eficácia mais segura, o outro é menos oneroso".[175]

O direito internacional pode remontar ao início da história escrita, muito antes do mundo grego antigo, como do *jus gentium* (direito das gentes) dos antigos romanos,[176] mas, ao menos conceitualmente, não se confunde o Direito das gentes com o *jus gentium* romano, nem quanto ao conteúdo nem quanto aos modos de atuação. Existe evolução conceitual e institucional, que traz consideráveis mudanças.

Existem 'elementos precursores' de direito internacional, que serão justamente apontados, em relação ao período designado como a Antiguidade. E estes preparam a via, para a formação e o desenvolvimento institucional e normativo do direito internacional nas eras subsequentes.

Não se pode, tampouco, pretender manter o direito internacional pós-moderno somente alinhado em relação ao que a respeito deste escreveram e como o conceberam os autores insertos em distintas tradições. Aí cabe a indagação: o que é *natural* no direito? Ao mesmo tempo em que se mostram claramente os limites de sistema, que se pretenda lastrear somente no consenso e na expressão da vontade dos estados, porquanto esta visão reducionista, solapa as bases principiológicas e axiológicas do sistema, e o reduz à expressão da força e da vontade das potências dominantes, em determinado tempo e região do planeta. Assim, se vê a mutação estrutural em curso, entre o direito internacional clássico e o pós-moderno.

Será este direito internacional, sempre e inexoravelmente, uma construção cultural? Será somente o fruto do *consenso*, entre os sujeitos, diriam os positivistas? Não, essa base se mostrou excessivamente estreita.

[174] Políbio (ca. 202 – ca. 120 a. C.) (v. Polybe, **Histoire**, texte traduit, présenté et annoté par Denis Roussel, Paris: Gallimard – Pléiade, 1970, livro I, "prefácio", cit. p. 1).

[175] Políbio, **História** (ed. cit., 1970, l. I, cap. I, n. 35, p. 40).

[176] V., adiante, parte I, título I – elementos precursores de direito internacional na Antiguidade, caps. III a VII. V. tb. P. B. Casella, *Negociação e conflito no direito internacional: cinco mil anos de registro da história* (in Revista da Faculdade de Direito da USP, São Paulo, 2019, vol. 114, p. 185-230).

Ao mesmo tempo, dada a fragmentação do mundo pós-moderno, parece ser difícil determinar quais valores compartilhados podem servir para fundamentar o sistema institucional e normativo internacional.

> O que constitui o Direito das gentes? E como este é alcançado? Foi diversamente respondido, na medida em que foi diversamente apresentado. No conjunto, contudo, o grande ponto de diferença, a respeito de sua estrutura, parece girar em torno disto: se o Direito das gentes é somente direito natural (*whether the Law of Nations is merely the Law of nature*), no que diz respeito ao homem e nada mais; ou se é composto por certas instituições positivas, fundadas no consentimento (*composed of certain positive institutions founded upon consent*).
> Os juristas e filósofos da Antiguidade; os exegetas (*the Oracles*) do Digesto; e, em tempos modernos, HOBBES, PUFENDORF, BURLAMAQUI e outros sustentam a primeira opinião; SUÁREZ, GRÓCIO, HUBER, BYNKERSHOEK e, em geral, os autores mais recentes, sustentam a última.[177]

A condição de seres humanos, no estado de natureza,[178] é reportada à concepção de T. HOBBES, em seu **Leviatã**.[179] E a lei da natureza admitiria duas divisões: a primeira, aplicável aos homens enquanto indivíduos; a segunda, no que diz respeito a eles, reunidos em nações. "A última

[177] V. **Tratado** (tomo VI – **Direito internacional no tempo de Suárez, Gentili e Zouch**, cap. XV – Francisco SUAREZ (1548-1617); tomo VII – **Direito internacional no tempo de Hugo Grócio**, cap. XVIII – Hugo GRÓCIO (1583-1646); tomo IX – **Direito internacional no tempo de Samuel Pufendorf**, cap. XX – Samuel PUFENDORF (1632-1694); tomo X – **Direito internacional no tempo de C. van Bynkershoek e Christian Wolff**, cap. XXI – Cornelius van Bynkershoek (1673-1743) e cap. XXIII – Jean-Jacques BURLAMAQUI (1694-1748); R. WARD, **An Enquiry into the foundations and history of the Law of nations in Europe** (1795, vol. I, chap. I – What the Law of Nations is, cit. p. 4-5).

[178] "As it is called, in a State of Nature" – R. WARD, **An Enquiry into the foundations and history of the Law of nations in Europe** (1795, vol. I, chap. I – What the Law of Nations is, cit. p. 4-5): "The manner in which the first set of writers account for their sentiments, is by erecting that famous Theory, by which man, in his origin is considered in a state of the most savage independence; and in habitant of woods like the beasts of the Earth; like them the possessors of a solitary den, and like them, attending to no calls but those of appetite."

[179] Thomas HOBBES, **Leviathan** (1651, ed. by Richard TUCK, Cambridge: Univ. Press – col. Cambridge Texts in the History of Political Thought, 1991; ed. brasileira, **Leviatã**, trad. de João Paulo MONTEIRO et Maria Beatriz Nizza da SILVA, São Paulo: Abril cult., 1974); v. tb. **Tratado** (tomo – **Direito internacional, história e cultura**, cap. I – Direito internacional no tempo e seu papel na história, item A – O Leviatã e suas transformações).

é o que se chama direito das gentes, que não é assim mais do que direito natural".[180]

Mas, ponderava WARD:

> quem põe seu olhar nas inumeráveis formas e particularidades, pelas quais os estados do mundo se consideram vinculados a observar, em certas situações; as mudanças nessas formas; a observância, parcial ou geral, das mesmas; e as variedades de conduta, que evidentemente decorrem de *acordo positivo*; dificilmente podem ser levados à firme convicção de que somente o direito natural apareça em nossa regulação. O direito natural, ademais, é considerado imutável, imprescritível, e existente em todos os tempos.[181]

"A diferença entre o Direito das gentes agora, em relação ao que foi, imediatamente deve derrubar essa posição" e apontava WARD como exemplo dessa evolução que se considerava lícito, no Direito das gentes antigo, que cativos – prisioneiros de guerra – fossem reduzidos à escravidão; bem como o suposto direito de os condenar à morte. Contudo, "a nação que, nestes tempos, se aventurasse em tais atos de barbárie, não somente suscitaria a execração, como também possivelmente a guerra perpétua de seus vizinhos".[182]

Na tradição escolástica, o assim chamado *jus gentium* medieval, em Santo TOMÁS DE AQUINO, teria elementos de um *jus europaeum*, enquanto ideal norteador da então chamada *res publica christiana*, se concebia a partir das deduções imediatas que podem ser extraídas do direito natural fundamental:[183] aí se inscreveria ao menos o conceito de um direito

[180] R. WARD, **An Enquiry into the foundations and history of the Law of nations in Europe** – from the time of the Greeks and Romans to the age of Grotius (1795, vol. I, chap. I – What the Law of Nations is, cit. p. 7-8): "Such is the train of reasoning adopted by those who contend that these two Laws are exactly the same with one another."

[181] R. WARD, **An Enquiry into the foundations and history of the Law of nations in Europe** – from the time of the Greeks and Romans to the age of Grotius (1795, vol. I, chap. I – What the Law of Nations is, cit. p. 9-10).

[182] R. WARD, **An Enquiry into the foundations and history of the Law of nations in Europe** – from the time of the Greeks and Romans to the age of Grotius (1795, vol. I, chap. I – What the Law of Nations is, cit. p. 9-10): "This conduct however is justified according to the law of nature, by all Jurisprudential writers."

[183] Ver **Tratado** (tomo IV – **Direito internacional no tempo medieval**, cap. X – Tomás de Aquino e Dante Alighieri, esp. 10.1 – Tomás de Aquino', bem como cap. XII – *jus gentium, jus comune, jus europaeum*: entre a teoria e a prática).

das gentes, enquanto direito natural secundário ou derivado. Este poderia ser descoberto pela razão, mediante aplicação dos princípios fundamentais do direito dito natural, aos dados sociais.[184]

Apesar de algumas flutuações de um autor para outro, existe notável consistência conceitual na análise do fenômeno direito internacional no tempo. O direito das gentes como "resultado dos progressos da civilização e do nascimento de uma consciência jurídica dos povos em matéria internacional" é visto no século XVI.

O direito natural – afirma Bynkershoek, "não estabelece nem distinção de pessoas, nem de propriedade, nem de governo civil; é o Direito das gentes que inventou essas divisões, e torna todos aqueles que possam se encontrar no território de um estado sujeitos à jurisdição daquele estado. Razão e costume são as únicas bases do Direito das gentes".[185]

Da mesma opinião, em toda a sua extensão, parece ter sido autor de grande perspicácia e compreensão, embora seus escritos pouco sejam citados, Francisco Suárez.[186]

Tinha clara compreensão Francisco Suarez (1548-1617), quando afirmava o conteúdo jurídic do direito internacional: *Leges autem ad ius*

[184] R. A. Armstrong, **Primary and secondary precepts in thomistic natural law teaching** (Haia: Martinus Nijhoff, 1966); E. Gilson, **Le thomisne: introduction à la philosophie de Saint Thomas d'Aquin** (Paris: J. Vrin, 6e. éd. révue, 3e tirage, 1979); E. Gilson e Philoteus Boehner, **História da filosofia cristã: desde as origens até Nicolau de Cusa** (trad. e nota intr. de Raimundo Vier, Petrópolis: Vozes, 4ª ed., 1988); R. P. Raphaël Sineux, O.P., **Initiation à la théologie de Saint Thomas d'Aquin** (Paris: Téqui, 1952, reimpr., 1975); **St. Thomas Aquinas On Politics and Ethics** translated and edited by Paul E. Sigmund (New York/London: W.W. Norton, © 1988); Paul Sigmund, **Natural law in political thought** (ed. orig. 1971; reprinted, Washington: Univ. Press of America, 1981).

[185] Cornelius van Bynkershoek, **De foro legatorum tam in causa civili quam criminali liber singularis** (orig. publ. em Leiden, 1721; "a monograph on the jurisdiction over Ambassadors in both civil and criminal cases", "a photographic reproduction of the text of 1744", with an English translation by Gordon J. Laing, introduction by Jan de Louter, datada de 1922, com menção "imprimatur" 1929, The Classics of International Law, vol. XXI, ed. by James B. Scott, Oxford: at the Clarendon Press/London: Geoffrey Cumberlege, 1946; cap. 24); **Tratado** (tomo X – **Direito internacional no tempo de C. van Bynkershoek e Christian Wolff**, capítulo XXI – Cornelius van Bynkershoek (1673-1743)).

[186] R. Ward, **An Enquiry into the foundations and history of the Law of nations in Europe** – from the time of the Greeks and Romans to the age of Grotius (1795, vol. I, chap. I – What the Law of Nations is, cit. p. 16). V. tb. P. B. Casella, *400 anos do* De Legibus *de Francisco Suarez (1548-1617)* (São Paulo: Revista da Faculdade de Direito da USP, 2011-2012, vol. 106-107, p. 25-33).

gentium pertinentes verae leges sunt – as leis concernentes ao direito das gentes são verdadeiras leis.[187] O direito das gentes seria característico do gênero humano: *Gentium est, quo gentes humanae utuntur.*[188]

A concepção do direito internacional em SUAREZ separa muito claramente o direito internacional não somente de 'Deus' como do 'direito canônico' e da 'teologia' – a base, laica e racional, para fundar o direito internacional, está bem apresentada e presente, na obra de SUAREZ, muito antes da afirmação de teorias, segundo as quais teria sido preciso esperar pelos autores protestantes do direito internacional moderno, notadamente GRÓCIO, para chegar à 'laicização' do direito internacional. O que não corresponde à verdade: apesar de seus méritos e do peso da presença incontornável de GRÓCIO, no conjunto do direito internacional moderno,[189] ele invoca Deus – e as **Escrituras** – muito mais frequentemente do que faz SUAREZ! Esse discurso sobre a 'laicização' do direito internacional pelos autores protestantes é repetido sem levar em conta nem a verdade histórica, nem a leitura atenta dos autores citados.

> O direito natural difere de outros direitos, pelo fato de que os outros fazem ser mal o que é proibido, e necessário e honesto, o que é prescrito; enquanto o direito natural sempre pressupõe, no ato como no objeto, a honestidade que prescreve, ou a turpitude que proíbe; e assim, usualmente dizemos, que uma coisa é proibida, por esse direito, por ser má, ou prescrita, por ser boa.[190]

[187] Francisco SUAREZ, **De Legibus ac Deo legislatore / Tratado de las leyes e de Dios legislador** (en diez libros – facsimilar de la *editio princeps*, Coimbra, 1612, con versión española de J. R. EGUILOR Muñozguren (S.J.), intr. general Luis VELA Sanchez (S.J.), Madrid: Instituto de Estudios Políticos, 1967-1968, Lib. II, caput XX, n. 3).

[188] F. SUAREZ, **De Legibus** (ed. J. R. EGUILOR M., 1967-1968, Lib. II, caput XVII, n. 4).

[189] V. **Tratado** (tomo VII – **Direito internacional no tempo de Hugo Grócio**); R. AGO – H. SCHIEDERMAIR – W. RIPHAGEN – A. TRUYOL Y SERRA, *Commémoration du quatrième centennaire de la naissance de Grotius / Commemoration of the fourth centenary of the birth of Grotius* (RCADI, 1983, t. 182, p. 371-469), é um bom exemplo, dentre a imensa bibliografia disponível sobre GRÓCIO, sua obra e a importância da sua contribuição para o direito internacional.

[190] F. SUAREZ, **De Legibus** (ed. cit., Lib. II, c. VII, s. 1): "Imo in hoc differt lex naturalis ab aliis legibus, quod aliae faciunt esse malum quod prohibens; et necessarium vel honestum quod praecipiunt; haec vero supponit in actu seu objectu, honestatem quam praecipiat, vel turpitudinem quam prohibeat. et ideo dici folet per hanc legem prohiberi aliquid quia malum, vel praecipi quia bonum."

> Tampouco se deve acreditar que o direito das gentes prescreve ou proíbe coisas, por serem estas intrinsecamente boas ou intrinsecamente más; pois tais coisas são pertinentes ao direito natural; e, nesse sentido, assim, o direito das gentes não está compreendido no direito natural.[191]

Foram os juristas quem, "com base em preceitos de direito natural, de alguns costumes, de normas de direito positivo nacional, e das necessidades da prática, começaram a desenvolver o direito internacional."[192]

No início da era moderna, a fragmentação da concepção universalista, herdada da escolástica, mostra a ruptura do anterior sistema.[193] A magistral contribuição do historiador holandês Johan HUIZINGA foi caracterizar essa fase como o 'outono da idade média', e a mudança de modelo, político e institucional.[194] O fim dessa era ensejará a passagem para o renascimento e o advento da era moderna.[194]

[191] F. SUAREZ, **De Legibus** (ed. cit., Lib. II, c. XVII): "Concludendum igitur censeo, Jus gentium, non praecipere aliquid tanquam ex se necessarium ad honestatem, nec prohibere aliquid quod per se et intrinsece malum est, vel absolute, vel tali supposito statu et conditione rerum; sed haec omnia pertinere ad Jus naturale, ac subinde in hoc sensu, Jus gentium, non comprehendi sub jure naturali."

[192] Sebastian Cox URREJOLA, **América Latina: sujeto de derecho internacional** (Santiago: Edtrl. Jurídica de Chile, 1970, cit. p. 10): "El derecho internacional se propagó de Europa a los otros continentes, *por la fuerza, por la imitación o por la convicción*."

[193] V. **Tratado** (tomo V – **Direito internacional no tempo de Francisco de Vitória**, título I – multipolarização da Europa na era moderna e advento do direito internacional como sistema); Philippe NEMO, **Histoire des idées politiques dans l'Antiquité et au Moyen Âge** (orig. publ. 1998, Paris: PUF, 2007).

[194] Johan HUIZINGA, não somente por sua obra prima, **Outono da idade média** (primeira edição holandesa, em 1919, conta numerosas traduções, das quais a primeira para o alemão, já em 1923, para o inglês, em 1924, para o sueco, em 1927, para o espanhol, em 1930, para o francês, em 1932, para o húngaro, em 1937, para o italiano, em 1940, para o finlandês, em 1951, para o japonês, em 1958, para o polonês, em 1961, e para o português, em 1962), mas tb. J. HUIZINGA, *Hugo Grócio y su tiempo* ("discurso pronunciado en La Haya, ante la Universidad Popular y la Asociación pro Sociedad de Naciones y Paz, el 16 de junio de 1925, en la cerimonia de inauguración de la exposición Hugo Grócio", publicado in **El concepto de la historia y otros ensayos**, trad. Wenceslao ROCES, México: FCE, 1946, 5ª reimpr., 2005, p. 343-360), ___, *Hugo Grócio en la historia del espiritu humano* ("discurso pronunciado en Gante, en la Sesion extraordinaria de la Real Academia Flamenca, el 23 de diciembre de 1925", in **El concepto de la historia y otros ensayos**, 5ª reimpr., 2005, p. 360-369); ___, *La influencia de Alemania en la cultura holandesa* ("conferencia pronunciada en Erlangen en la Asamblea de filólogos alemanes, y publicada en el Archiv fur Kulturgeschichte, t. XVI, 1926", in **El concepto de la historia y otros ensayos**, 5ª reimpr., 2005, p. 371-406).

Cumpre advertir, não se pode nem se deve sofrer de *ucronia*, a "doença que consiste em reconstruir o passado pela imaginação, e que é familiar a certos economistas, convertidos à história",[196] na linha do ensinamento de Fernand BRAUDEL.[197] É preciso compreender as ideias e os sistemas institucionais e normativos, no tempo e no contexto cultural nos quais surgem e se desenvolvem.

A contribuição inovadora de Francisco de VITÓRIA (1480-1546) com seu *jus inter gentes* – ou seja, direito entre povos – faz surgir, com suas características específicas, o que viria a ser chamado o moderno direito das gentes: que verdadeiramente constitui a razão natural entre todos os povos (*gentes*), é chamado direito das gentes – *quod vero naturalis ratio inter omnes gentes constituit, vocatur jus gentium*. Quanto se inova a matéria, ou sobretudo o enfoque dispensado a esta, se verá pelos desenvolvimentos ulteriores da disciplina,[198] a partir da mutação terminológica e conceitual por ele operada, a partir da matriz antiga do direito romano.

Francisco de VITÓRIA teve o mérito de fixar de modo rigoroso a noção moderna de direito das gentes, expondo-o como o direito que rege as relações entre comunidades políticas (*jus inter gentes*). A inovação de VITÓRIA[199] foi o sentido no qual utiliza o termo *gentes*, no lugar de

[195] A respeito, v. **Tratado** (tomo V – **Direito internacional no tempo de Francisco de Vitória**, parte II, título I – multipolarização da Europa na era moderna e advento do direito internacional como sistema).

[196] V. **Tratado** (tomo I – **Direito internacional dos espaços**, cap. I – evolução do conceito e do tratamento do território no direito internacional).

[197] Fernand BRAUDEL, **O modelo italiano** (do original **Le modèle italien**, publicado em 1989, trad. Franklin de MATTOS, São Paulo: Companhia das Letras, 2007, p. 94).

[198] Ver **Tratado** (tomo V – **Direito internacional no tempo de Francisco de Vitória**, cap. XIV – Francisco de VITÓRIA (1480-1546)).

[199] Cfr. **Fundamentos** (2008, item II – precisões terminológicas e valorativas, p. 181-296 e VI – direito, história e cultura, p. p. 491-614); v. tb. A. GOMEZ ROBLEDO, **Fundadores del derecho internacional: VITORIA, GENTILI, SUAREZ, GRÓCIO** (Cidade do México: Univ. Nacional Autónoma de México – Instituto de Investigaciones Jurídicas, Série H – Estudios de derecho internacional publico, n. 14, 1989); J. BARTHÉLEMY, *François de Vitoria* (in **Les fondateurs du droit international: leurs oeuvres, leurs doctrines**, "avec une introduction de" A. PILLET, Paris: V. Giard & E. Brière, 1904, p. 1-36, cit., p. 7): "On peut dire, par conséquent que c'est chez VITORIA que l'on trouve pour la première fois le terme de *jus inter gentes*. Le terme est remarquable: ce qui l'est encore plus, c'est l'idée à laquelle il correspond, c'est la notion que présente VITORIA de ce *jus inter gentes*, du lien juridique qu'il établit entre nations, ou plutôt de la société juridique internationale dont il est l'expression."; Jeremy

homines, como na redação original romana – dessa forma, enfatizando a dimensão social, o alcance das coletividades humanas e de povos, como das relações entre estes! Apresenta VITÓRIA a dimensão específica dos 'colegiados' humanos – povos e estados –, aos quais aplicar-se-iam as normas. Inova pela aplicação, mais do que pelas normas, porquanto procurava inscrever-se na tradição aristotélico-tomista, predominante em seu tempo e seu meio cultural.

O direito internacional, enquanto construção humana, precisa ter, de modo consciente, fixados seus limites, no tempo (histórico) e contexto (cultural) no qual se inscreve. Em seu sentido etimológico, História (*istoria*), enquanto narrativa (*Erzählung*), ao mesmo tempo, é tentativa de construção de sistema intelectual e cognitivo (*Versuch eines Lehrgebäudes*), enfatizava o 'pai' da história da arte, como disciplina autônoma, Johann Joachim WINCKELMANN, no prefácio de 1764 a sua obra capital sobre a **História da arte na Antiguidade.**[200] O paralelo com o direito internacional pós-moderno não é inocente.

BENTHAM, por sua vez, proporá a expressão 'direito internacional', passando esta denominação para a doutrina jurídica universal. Desse modo, fala-se, indiferentemente, em direito internacional ou direito das gentes. O que tanto VITÓRIA quanto BENTHAM quiseram assinalar é o fato de o direito internacional ser não o direito comum a todos os estados, mas o direito que os estados devem aplicar nas suas relações recíprocas. Múltiplas tentativas de definição foram aventadas. Pode-se considerar o direito internacional: *conjunto de normas jurídicas que regem a comunidade internacional e determinam direitos e obrigações dos sujeitos de direito internacional, principalmente os estados.* Antoine FAVRE, **Principes de droit des gens** (Paris / Fribourg, Suisse: Librairie de droit et de jurisprudence / Ed. interuniversitaires Fribourg, 1974, chap. I – notion du droit des gens, p. 16-35, cit. p. 17) aponta a diferença conceitual, que o faz preferir 'droit des gens', embora menos habitual dentre doutrina recente em língua francesa: "international est en effet forme du mot: nation. On ne peut, dans la langue française, confondre, comme on le fait dans la langue anglaise, nation avec état. (...) Comme telle, la nation n'est pas un sujet de droit international. Elle ne peut l'être que pour autant qu'elle est constituée en état, c'est-à-dire en société politique souveraine. Mais une nation peut être reconnue provisoirement comme un sujet de droit international dans la perspective de sa formation en état. Dans la mesure où les états sont des états nationaux, l'expression: droit international trouve une certaine justification."

[200] Johann Joachim WINCKELMANN, **Histoire de l'art dans l'antiquité** (1764, do original **Geschichte der Kunst des Altertums** trad. Dominique TASSEL, intr. et notes de Daniela GALLO, Paris: Libr. Gén. Française, 2005). Desde a primeira edição, WINCKELMANN pode ser considerado o descobridor da arte antiga, como objeto de estudo sistemático, e, simultaneamente, o fundador da história da arte ocidental.

É preciso, assim, construir a configuração do 'objeto' – no nosso caso, o direito internacional – do qual se faz a 'história',[201] e tomar o termo em sua acepção ampla, com a intenção de construir ensaio de sistema doutrinal – a inserção do direito internacional no tempo. Assim, a evolução do direito internacional mostra como a conjetura, a concepção teórica, pode, depois, se tornar o fio condutor, para proposta de ordenação da convivência, entre unidades políticas soberanas, no contexto de sociedade internacional.

É, contudo, preciso proceder com cautela para não confundir, nem se tomar o que se considera 'desejável', com o que realmente ocorre – já advertia KANT, em 1784, ao propor a "ideia de uma história universal de ponto de vista cosmopolita".[202] Os autores que se debruçaram sobre projetos de paz não seriam ridículos pelo que falavam – pois altamente útil e desejável para todos –[203] mas, por parecerem acreditar que tais anseios se poderiam alcançar em breve futuro.

Concretamente pode-se conceber quanto seria conveniente e desejável a instauração de modelo internacional mais humano, e mais humanista. E a determinação da medida na qual este poderia traduzir-se na racionalização da ordenação internacional, porquanto até hoje, marcadamente, o mundo não é estado de direito, mas este tem princípios e normas, que se exprimem e atuam por meio de conjunto de instituições internacionais.

Se o sistema institucional e normativo internacional pode ser aperfeiçoado, e sua implementação pode ser desenvolvida, isso se deve buscar em vista da construção de patamares de juridicidade internacional. Mas, sem confundir o 'desejável' e o 'possível'.

[201] J. J. WINCKELMANN (op.cit., ed. cit., préface de 1764, p. 39-68, cit. p. 39): "je prends le mot histoire dans sa signification étendue, celle qu'il a dans la langue grecque, et mon intention est de donner un essai de système doctrinal".

[202] Immanuel KANT, **Idéia de história universal de ponto de vista cosmopolita** (do original **Idee zu einer allgemeinen Geschichte in weltburgerlicher Absicht**, 1784, org. R. TERRA, trad. Rodrigo NAVES e Ricardo R. TERRA, São Paulo: Martins Fontes, 2ª ed., 2004).

[203] V. a respeito, P. B. CASELLA, *Pax perpetua – a review of the concept from the perspective of economic integration* (in **Dimensão internacional do direito: estudos em homenagem a G.E. do Nascimento e Silva**, coord. P. B. CASELLA, São Paulo: LTr, 2000, p. 69-88); ___, *Projetos e experiências de união europeia: antecedentes históricos* (in **União Europeia: instituições e ordenamento jurídico**, São Paulo: LTr, 2002, p. 54-71).

Bem o sabia e afirmava KANT. Justamente este filósofo, que os comentaristas apressados inscrevem como 'idealista', nos dá a mais sensata advertência com relação ao papel e alcance dos anseios teóricos, tais como o de construção da paz. Advertia, com grande lucidez e percuciência: "ridículos podem soar, não pelo que dizem, intrinsecamente bom e desejável, mas por parecerem pretender que isto se alcançaria brevemente".

O conteúdo "bom e desejável" deve prevalecer, não obstante as dificuldades de implementação, na prática.[204] Mas, sem que se perca na utopia.[205]

A relação entre direito internacional e modelos históricos e culturais exige as hipóteses, para que destas se possam fazer as construções do futuro. O sentido de análise histórica em relação a modelos culturais[206] pode se tornar mais claro ao se fazer paralelo com a evolução do pensamento em outras áreas do conhecimento humano.

Assim se deu, por exemplo, no campo arqueológico. Como mostra o professor canadense de arqueologia B. TRIGGER (2004): "muitos arqueólogos, na esteira de historiadores e sociólogos, abandonaram a certeza positivista e passaram a ter dúvidas acerca da objetividade de sua pesquisa".[207]

Questionar a objetividade pode ser o início do avanço epistemológico em qualquer campo do conhecimento: "advertem estes arqueólo-

[204] I. KANT (op. cit., 1784, ed. cit., 2004, p. 22): "Seria uma incompreensão do meu propósito considerar que, com esta ideia de uma história do mundo (*Weltgeschichte*), que de certo modo tem um fio condutor *a priori*, eu pudesse excluir a elaboração da história (*Historie*), propriamente dita, composta apenas empiricamente, isto é somente o pensamento do que uma cabeça filosófica (que de resto precisaria ser muito versada em história) poderia tentar ainda de outro ponto de vista".

[205] Cfr. CASELLA, **Fundamentos** (2008, item III – direito internacional pós-moderno: entre técnica, espírito e utopia, p. 297-379).

[206] Nesse sentido se remete tb. aos **Fundamentos** (2008, item I – construção do direito internacional e contexto pós-moderno, p. 63-179). A seguir, cap. II – tempo e discurso no direito internacional, e aqui, no paralelo com a evolução do pensamento arqueológico e da história da arte como disciplina autônoma.

[207] Bruce G. TRIGGER, **História do pensamento arqueológico** (do original **A history of archeological thought**, © Cambridge UP, s/d, trad. Ordep Trindade SERRA, rev. téc. de Lucas de Melo BUENO e Juliana MACHADO, São Paulo: Odysseus, 2004).

gos que fatores sociais determinam não apenas as questões que eles colocam, mas também as respostas que julgam convincentes".[208]

Parece descrever TRIGGER os sintomas da crise da pós-modernidade, mesmo sem usar este nome. No direito internacional vive-se, também, a crise que leva à revisão dos modelos e dos conceitos. Mas isso não ocorre somente no direito internacional, nem somente no direito, mas em várias áreas do conhecimento, e não somente nas 'ciências sociais'. Essa reformulação em curso pode ser extremamente positiva, desde que se possa construir patamar de regulação internacional conjugado a arcabouço institucional eficaz, para a condução dos interesses mais amplos da humanidade. Ao mesmo tempo é preciso manter dentro de limites adequados a ideia da ordenação teleologicamente humana do mundo!

É compreensível a tendência em se conceber que a evolução, em outras áreas do conhecimento, possa ser feita de modo linear, progressivo e cumulativo: "paradigmas, ao sofrer modificações, não apenas selecionam novos assuntos, como, também, desviam a atenção de problemas que outrora teriam sido considerados dignos de abordagem".[209] Tal modo de ver, "diferentemente dos evolucionismos, não tem como certo que a maioria das mudanças de orientação teórica resulta em avanço da pesquisa arqueológica", para, ainda, acompanhar TRIGGER (2004).[210]

[208] B. TRIGGER (op. cit., 2004, cap. I – a importância da história da arqueologia, p. 1-26, cit. p. 1): "Versões extremas desta concepção negam que os arqueólogos possam apresentar interpretações de seus dados que não sejam um mero reflexo de valores transitórios das sociedades nas quais vivem. No entanto, se é verdade que a arqueologia não pode produzir algum tipo de entendimento cumulativo e um comentário do passado independente, ao menos em parte, de contextos históricos específicos, então que justificativas científicas (e não apenas políticas, psicológicas ou estéticas) podem ser dadas para se fazer pesquisa arqueológica? / Este livro examina as relações entre a arqueologia e seu meio social, em uma perspectiva histórica. Um tal enfoque possibilita uma visão comparativa a partir da qual problemas sujeitos a subjetividade, objetividade e acumulação gradual de conhecimentos podem ser apreciados."

[209] B. TRIGGER (op. cit., 2004, cap. I, p. 7).

[210] B. TRIGGER (op. cit., 2004, cap. I, loc. cit.): "a interpretação arqueológica não evolui de modo linear, com uma construção cada vez mais abrangente e satisfatória de dados; em vez disso, as mudanças do modo de entender o comportamento humano podem alterar radicalmente interpretações arqueológicas, tornando informações que antes se afiguravam relevantes em informações de pouco interesse relativo." E, mais adiante (p. 15) aduz: "novas perspectivas inauguram novas linhas de investigação".

Questão crucial é a de saber se "podemos ter esperança de apurar alguma coisa a respeito da objetividade, ou subjetividade, das interpretações arqueológicas"; de ver até que ponto "a arqueologia pode ser mais do que o passado revivido no presente (...) de avaliar o grau em que qualquer tipo de conhecimento se faz comunicável de uma época para outra – ou de uma cultura para outra – e, por fim, de estimar em que medida uma compreensão da história da arqueologia pode influenciar a interpretação arqueológica", onde mínimo de objetividade exigirá que se tente "compreender a história intelectual de cada uma das principais correntes em seu contexto social".[211]

O direito internacional pós-moderno tem de ser construído e situado, em duplo esforço, ao mesmo tempo lida com a diversidade de línguas e de conceitos, nos quais se vão exprimir os conteúdos básicos da disciplina. Pode-se conceber papel comparável ao dos andaimes. Na construção de edifício, são indispensáveis, enquanto estiver em curso o trabalho.[212] Mas, encobrirão a obra, até que, ao término desta, sejam

[211] B. TRIGGER (op. cit., 2004, cap. I, p. 25): "Questão final é a de saber se um estudo histórico tem como avaliar o grau de progresso na interpretação de dados arqueológicos. Estarão acontecendo grandes avanços em direção a uma compreensão mais abrangente e objetiva dos achados arqueológicos, como muitos arqueólogos presumem? Ou seria a interpretação desses dados, em grande medida, uma questão de modismos, e as realizações de uma etapa posterior não se tornariam necessariamente mais amplas e objetivas que as de uma fase anterior? Examinando os padrões sucessivos, que influenciaram a interpretação de dados arqueológicos, tentarei determinar até que ponto a interpretação da história e do comportamento humano foi irresistivelmente modificada a partir da atividade arqueológica. É possível, porém, que as influências sociais responsáveis por moldar uma tradição científica no passado se desnudem mais facilmente, depois de mudadas as condições sociais, ao passo que as influências contemporâneas são muito mais difíceis de se reconhecer. Isso faz com as que as interpretações atuais de dados arqueológicos geralmente pareçam mais objetivas que as do passado."

[212] Ainda, WINCKELMANN (prefácio de 1764, ed. cit., p. 66): "combien de fois n'est-il pás arrivé qu'une conjecture devînt vérité par la grâce d'une découverte ultérieure ! Et pour les conjectures, tout au moins celles qui suivent un fil par lequel elles acquièrent consistance, il est tout aussi légitime d'en former dans un traité de ce genre, que de formuler des hypothèses dans un ouvrage consacré à l'étude de la nature. Elles jouent un rôle comparable à celui de l'échafaudage pour la construction d'un édifice, et elles deviennent indispensables, vu le manque de connaissances sur l'art des anciens, si l'on ne veut pas faire des grands sauts par dessus les innombrables lacunes. Certaines choses que j'ai présentées, bien qu'elles ne soient pas claires comme le jour, ne donnent qu'une vraisemblance quand on les prend

removidos. Assim, a construção não poderá ser plenamente conhecida, antes de ficar pronta.

"O interesse atual pela explicação é uma conquista moderna", muito embora "todos os grupos humanos parecem ter alguma curiosidade quanto a seu passado" pois, como B. Trigger (2004) aponta a alegação de que antes de 1960 não havia um corpo teórico estabelecido. Em vez disso, "cada pesquisador tinha liberdade para erigir a disciplina sobre suas próprias ideias".[213] No entanto, "dá-se que convicções de caráter geral, potencialmente testáveis, com emprego de dados arqueológicos, relativas às origens humanas e ao desenvolvimento da sociedade, de muito antecedem uma disciplina da arqueologia reconhecível como tal".[214]

Para explicar o interesse pelos estudos clássicos e pelo surgimento do que poderia vir a ser chamado de arqueologia, podem ser apontadas as mudanças econômicas e sociais aceleradas, ocorridas no norte da Itália, por volta do século XIV, marcadas pelo fim do feudalismo na região, o que leva os homens daquele tempo a tentar justificar inovações políticas, demonstrando que tinham precedentes nos tempos antigos.[215] Mas o resultado foi o inverso: os eruditos constataram a separação e a diferença entre o passado e o presente, e perceberam que cada período tinha de ser entendido em seus próprios termos, não podendo o passado ser julgado pelos padrões do presente.[216]

Os estudos clássicos (greco-romanos) por sua vez forneceram o modelo para o futuro desenvolvimento da egiptologia e da assiriologia. Como ressalta B. Trigger, no final do século XVIII, quase nada se

isolément, mais elles fournissent une démonstration dès qu'on les rassemble et les relie les unes aux autres."

[213] B. Trigger (op. cit., 2004, cap. II – arqueologia clássica e antiquarianismo, p. 27-70, cit. p. 27).

[214] B. Trigger (op. cit., 2004, cap. II – arqueologia clássica e antiquarianismo, p. 27-70, loc. cit.).

[215] O quadro das transformações da Itália entre o final do século XV e início do XVI foi magistralmente descrito por Francesco Guicciardini, em sua obra clássica, **Storia d'Italia** (edição "a cura di Silvana Seidl Menchi, saggio introduttivo di Felix Gilbert", Turim: Einaudi, © 1971, ristampa 2008, 3 vols.).

[216] B. Trigger (op. cit., 2004, cap. II, p. 35 e a seguir, p. 36): "A apreciação da antiguidade clássica não ficou restrita à literatura, expandindo-se rapidamente, de modo a incorporar os domínios da arte e da arquitetura, objeto de particular interesse da nobreza italiana e dos mercadores ricos, que rivalizavam como patronos das artes."

conhecia das antigas civilizações do Egito e do Oriente próximo, a não ser o que fora registrado na **Bíblia**, e pelos antigos gregos e romanos. Os manuscritos daquelas civilizações não podiam ser lidos; seus textos e obras de arte não eram estudados e, em grande medida, permaneciam enterrados.[217]

A pesquisa sistemática do Egito antigo teve início com as observações feitas pelos eruditos franceses que acompanharam a invasão do Egito por Napoleão Bonaparte, em 1798-9, e produziram a **Description de l'Egypte** (obra em vários volumes, iniciada em 1809):[218] outro resultado dessa campanha militar foi a descoberta acidental da Pedra da Roseta, inscrição bilíngue que teve papel fundamental na decifração de escritos egípcios antigos por Jean-François Champollion (1790-1832), o que começou a produzir resultados substanciais por volta de 1822.

Outro avanço considerável deu-se com relação ao conhecimento e ao estudo da civilização mesopotâmica: embora relatos sobre inscrições cuneiformes chegassem à Europa já em 1602, a primeira tentativa bem-sucedida de decifrá-las foi feita por Georg Grotefend (1775-1853) em 1802. Foi somente em 1849 que Henry Rawlinson (1810-1895) conseguiu publicar um estudo completo da antiga versão persa do longo texto trilíngue – em persa antigo, em babilônico e em elamita – que o rei aquemênida Dario I, cujo reinado estendeu-se de 522 a 486 a.C., fizera inscrever em uma penha na localidade de Behistun (*Bitisum*), no Irã.[219] Por volta de 1857, Rawlinson e outros estudiosos decifraram a versão do texto de Behistun que fora composto na antiga língua babilônica, facultando, assim, um meio de desvendar a história da Babilônia e da Assíria antigas.[220]

217 B. Trigger (op. cit., cap. II, p. 39-40).

218 **Description de l'Egypte**: publiée par les ordres de Napoléon Bonaparte – édition complète (Colonia: Taschen, (c) 2002, "les légendes sont celles de l'édition originale et respectent l'ortographie fluctuante, et souvent contradictoire, de l'époque napoléonienne").

219 Yves Porter, **Les Iraniens** – Histoire d'un peuple (orig. publ. 2006, Paris: A. Colin, 2007, chap. 2 – Les Achéménides, 550-330 av. J.-C., p. 37-62, cit. p. 45): "Le relief de Bisotun montre une inscription en trois langues (vieux-perse, babylonien et élamite) surmontée de la représentation du roi triomphant de l'usurpateur. Ce monument, dont le texte fut diffusé dans tout l'empire, légitime donc le pouvoir de Darius. C'est également grâce à cette triple inscription que l'on a débuté le déchiffrement des alphabets cunéiformes; l'inscription de Bisotun est donc la 'pierre de Rosette' de ce genre d'alphabet."

220 B. Trigger (op. cit., cap. ii, p. 40): "Tanto a egiptologia quanto a assiriologia dependiam da arqueologia ainda mais profundamente que os estudos clássicos, uma vez que a grande

A criação da arqueologia pré-histórica foi o passo seguinte dessa evolução, em dois momentos: dos quais o primeiro, no início do século XIX, na Escandinávia, e baseou-se na invenção de novas técnicas para a datação de achados arqueológicos, o que tornou possível o estudo completo de períodos mais recentes da pré-história e "marcou o início da arqueologia pré-histórica, que logo se tornou capaz de assumir seu posto ao lado da arqueologia clássica como um componente significativo do estudo do desenvolvimento humano";[221] e o segundo, em meados do mesmo século, na França e na Inglaterra, "pioneiro no estudo do paleolítico, e acrescentou uma enorme e até então inimaginada, profundidade temporal à história humana".[222]

A arqueologia pré-histórica desenvolveu-se no começo e em meados do século XIX fundamentalmente como estudo evolucionista da história humana: "a arqueologia pré-histórica originou-se de dois movimentos complementares. O primeiro, que começou na Dinamarca, em 1816, estudou principalmente o desenvolvimento cultural do neolítico, na Idade do bronze e na Idade da pedra; e o segundo, que começou 50 anos depois, na Inglaterra e na França, desenvolveu-se em torno do estudo do paleolítico".[223]

maioria dos textos estudados por assiriólogos e egiptólogos tinham de ser encontrados em escavações. Em vista disso, muito embora a pesquisa da história da arte continuasse dependente de registros escritos para o ordenamento cronológico de seus dados, a extensão desse método a períodos mais recuados tornou um número cada vez maior de arqueólogos conscientes de quanto os objetos resgatados arqueologicamente são fundamentais como fonte de informação a respeito das realizações humanas. Nesta medida, o desenvolvimento da arqueologia clássica, que começou na Renascença, mostrou o caminho para um estudo mais puramente arqueológico de tempos pré-históricos."

[221] B. Trigger (op. cit., cap. III – os inícios da arqueologia científica, p. 71-106, cit. p. 71).

[222] B. Trigger (op. cit., cap. III – os inícios da arqueologia científica, p. 71-106, loc. cit.): "A arqueologia paleolítica ocupou-se de questões relativas à origem humana que se tinham tornado de interesse crucial para toda a comunidade científica e para o grande público, em função dos debates entre os evolucionistas e os criacionistas que se seguiram à publicação de **A origem das espécies** de Charles Darwin, em 1859"; C. Darwin, **A origem das espécies** (trad. Eduardo Nunes Fonseca, São Paulo: Folha de São Paulo, 2010); Walter Torbrugge, **Europäische Vorzeit** (Munique: Naturalis Verlag, s/d); Carel J. Du Ry, **Völker des Alten Orient** (Munique: Naturalis Verlag, s/d); dentre outros, o importante arqueólogo da pré-história, Colin Renfrew, em seu **Before civilization: the radiocarbon revolution and prehistoric Europe** (© 1973, London: Penguin, reprinted 1990).

[223] B. Trigger (op. cit., cap. III, p. 105): "Ela não apenas revelou que as tecnologias industriais mais complexas tinham-se desenvolvido a partir do início da Idade da pedra, mas tam-

O desenvolvimento da arqueologia, como ramo do conhecimento humano, como se vê pelos breves dados acima referidos, deu-se por vagas sucessivas, em contextos diversos, desde a Itália renascentista para a Antiguidade clássica, ao Egito antigo para a França napoleônica. Depois, para a civilização mesopotâmica, na Inglaterra, em meados do século XIX, enquanto o neolítico começava a ser desvendado a partir do início do século XIX, na Dinamarca e na Suécia, e, por sua vez, o paleolítico começa a ser estudado na França e na Inglaterra, a partir da segunda metade do mesmo século XIX.

Assim se põe o paralelo com o exame do direito internacional em perspectiva histórica. Este não se apresenta como todo coeso e uno, mas se construiu em diferentes momentos históricos, a partir de distintas tradições culturais. Outro paralelo, ainda com a arqueologia, pode ser útil e, mesmo, necessário.

Na construção da arqueologia como ciência, séria e digna de pretender tal caracterização, foi, ainda, preciso combater os partidários de leitura literal da **Bíblia**, que pretendiam fazer caber toda a história humana em período de cerca de 6000 anos de duração, e que negavam a evolução das espécies e do homem, a partir do macaco, por não estar assim escrito no livro do **Gênesis**. Isso não é somente registro de época. A perplexidade permanece: os creacionistas estão entre nós e repetem essa absurda interpretação literal do texto bíblico, como algo que deveria ser ensinado, ao lado da 'teoria da evolução'.

O mais surpreendente é que tais controvérsias ainda circulem, em meio a certas correntes fundamentalistas cristãs, nestes tempos pós-modernos! E exista quem pretenda apresentar o 'creacionismo' como modelo de estudo e compreensão da vida humana e da existência das demais espécies no planeta, em oposição ao 'evolucionismo'.

A construção do conhecimento, assim, dá-se por meio de mutações de modelos culturais, e a partir da oposição, enfrentada pelas descobertas científicas, se pode mostrar como os preconceitos, quanto mais se aferrem como tais – justamente, por isso *pré*-conceitos, no sentido de se fixarem, e serem repetidos à exaustão, independentemente de terem qualquer sustentação ou fundamento – onde, na medida em que

bém que a própria Idade da pedra dava testemunho do aperfeiçoamento gradual da capacidade humana de controlar o meio ambiente."

se respaldem em convicções, alegadamente religiosas, tenderão a ser mantidos, mesmo sem razão, e contra este, mesmo diante das evidências materiais contrárias. A razão não pode ser descartada, mediante argumentos de 'autoridade'.

Mas, na medida em que evolui o conhecimento, mostra-se, justamente, quanto é admirável a obra da criação, em seu conjunto. O que não significa sustentar que se possa pretender manter leitura literal das escrituras, o que se mostra insustentável, diante das evidências históricas e arqueológicas disponíveis.

No direito internacional, ao analisarem-se modelos históricos e culturais, seria possível detectar semelhantes desvios de rumo e de prumo? Aí, põe-se a busca da duração?

No sentido estrito, aí entendida a duração como 'processo e efeito de durar' e 'continuidade exercida no tempo'.[224] E como construir conteúdos que se revistam de durabilidade? Especificamente na perspectiva do direito internacional pós-moderno, como se situa o decurso do tempo, em relação ao conteúdo?

A duração poderá ser alcançada, na medida em que se destaque o essencial do contingente. Se a construção não pode ser conhecida, antes de ficar pronta, somente depois se poderá contemplar e avaliar. E esperar o decurso do tempo, para aferir a durabilidade desta.

A compreensão do fenômeno atual pode beneficiar-se com relativo distanciamento histórico. Como enfatizam historiadores recentes, o tempo é uma realidade física: essa realidade é orientada, mas é flexível, porque o tempo é relativo às condições, nas quais ele é mensurado, e o futuro está aberto a uma infinidade de possibilidades – na linha de Jean LEDUC (1999) – o tempo não mais é o quadro, no qual se desenvolvem os fenômenos; ele é inerente a esse fenômeno.[225]

[224] **Dicionário** HOUAISS **da língua portuguesa** (Rio de Janeiro: Objetiva, 1ª ed., 2001, p. 1090).

[225] Jean LEDUC, **Les historiens et le temps**: conceptions, problématiques, écritures (Paris: Seuil, 1999, cit. p. 13): "Ainsi, au cours du XXe siècle, chemine, chez les scientifiques, une nouvelle conception du temps. Celui-ci est une réalité physique: cette réalité est orientée, mais elle est flexible; car le temps est relatif aux conditions dans lesquelles on le mesure et le futur est ouvert à une infinité de possibles."

Interagem o tempo e o fenômeno que se quer estudar; como se pretende aqui, neste exame da perspectiva temporal do direito internacional. E esta perspectiva temporal pode ser flexível.

A duração é o tempo real, isto é, o tempo, absolutamente fluido e contínuo,[226] perceptível unicamente através da intuição, que antecede e origina o tempo, construído intelectualmente pela ciência, mensurável e divisível, fragmentado em medidas pré-estabelecidas e quantidades determinadas. Segundo Henri BERGSON, ao filósofo cabe perquirir os por quês.[227]

O direito internacional sempre teve e tem de ser feito no contexto em curso: o esforço da feitura é contemporâneo aos fatos e dados; a pertinência da análise poderá ser avaliada somente com o distanciamento no tempo. O direito somente existe como fenômeno social: aplica-se para regular a vida em sociedade e, no caso do direito internacional, as relações entre sociedades.

O decurso do tempo afasta a atualidade da reflexão. Esta se faz a partir da inserção do sujeito no tempo, mas não se confunde nem se funde neste. E terá a sua dimensão de sentido, na medida em que, desligada do tempo corrente, se mantenha 'válida'. Mas isso somente depois se poderá tentar avaliar. E em boa medida permanece estranha à reflexão já exercitada.

No momento que passa, a intuição pode ser exercida, enfatizava Gaston BACHELARD.[228] Ao falar a respeito da 'atualidade essencial', des-

[226] Henri BERGSON, **Matéria e memória** (do original **Matière et mémoire** © 1939, trad. Paulo NEVES, São Paulo: Martins, 2ª ed., 1999).

[227] Henri BERGSON, no volume **O riso** (do original **Le rire** © 2001, trad. Ivone Castilho BENEDETTI, São Paulo: Martins, 1ª ed., 2001, como esclarece o prefácio da 23ª edição francesa, 1924, reúne três artigos antes publicados na *Revue de Paris*, e cf. o "Apêndice" à 23ª edição, "sobre as definições de comicidade e sobre o método adotado neste livro", p. 149-152, cit. p. 151-152): "ao mesmo tempo em que quis determinar quais os procedimentos de fabricação do risível, procurei descobrir qual é a intenção da sociedade quando ri. Pois é surpreendente que se ria, e o método de explicação de que eu falava, não esclarece esse pequeno mistério. (...) É preciso que haja na causa da comicidade, algo de ligeiramente atentatório (e de *especificamente* atentatório) à vida social, pois a sociedade responde com um gesto que tem todo o jeito de reação defensiva, com um gesto que provoca certo medo."

[228] Gaston BACHELARD, **A poética do espaço** (do original **La poétique de l'espace** © Paris: PUF, 1957, trad. Antonio de Pádua DANESI, São Paulo: Martins Fontes, 1ª ed., 1989; 6ª tiragem, 2003).

tacava: a reflexão filosófica que se exerce sobre pensamento científico longamente trabalhado deve fazer com que a nova ideia se integre em um corpo de ideias já aceitas, ainda que a nova ideia obrigue esse corpo de ideias a um remanejamento profundo, como sucede em todas as revoluções da ciência contemporânea.[229]

A questão dos modelos, para nortear o desenvolvimento do direito internacional, neste século XXI, na reflexão sobre os desafios e papel deste, muito se arrisca e necessariamente fica condicionada pelas circunstâncias presentes. Na medida em que se está imerso no contexto, nesta fase deste século, considerando quanto estão longe de ser ideais as condições de nos destacarmos do presente, pode se tornar difícil poder contemplar as coisas *sub specie aeternitatis*, na perspectiva da eternidade, pode-se facilmente constatar que tais condições não são humanamente viáveis.

Se o que não é humano não nos pode criar direitos nem deveres, assim, cabe fazer o que se puder encetar e conduzir, e cabe tentar ir até onde se puder. Aí se tem a medida do possível e viável. Isso não representa desvio metodológico, mas trata, justamente, de mostrar como as normas de direito internacional se constroem, e de que modo a construção destas tem de levar em conta os materiais empregados, para que possam durar.

A duração de qualquer obra está diretamente ligada à combinação de bom projeto, boa técnica e bons materiais.[230] Nas obras intelectuais como nas obras fisicamente construídas.

O direito internacional clássico surge a partir da constatação de que os estados, além de suas esferas de atuação interna, não podem deixar de se relacionarem, em todos os campos nos quais existam dimensões ou consequências intrinsecamente transnacionais. Assim surge e se desenvolve o modelo: esse dado leva os estados do velho para o novo direito internacional, ou de direito internacional de *coexistência* para direito internacional de *cooperação*, com todos os ajustes operacionais e revisões conceituais tornados necessários.

[229] G. Bachelard (op. cit., 1957, ed. cit., 2003, introdução, p. 1).

[230] Na boa atividade intelectual não se tem a mesma materialidade de base, ou o meio que dá suporte à boa pintura e à boa escultura: a adequação do suporte físico, em contexto intelectual, é abstrata. Dependerá de escolhas e valores de quem as formula e de quem as receba.

Resta ver, a partir das exigências e das necessidades do quadro presente, qual pode ser o modo mais adequado para regular essa convivência entre eles. E quanto pode esta ser aprofundada e desenvolvida ulteriormente.[231]

Quanto tempo passou e quanto sofrimento foi causado, até que se condenasse de modo claro o colonialismo, para dar lugar à autodeterminação dos povos, como princípio do direito internacional pós-moderno?[232] Ao mesmo tempo pretende o direito internacional pós-moderno manter a não-ingerência nos assuntos internos e a autodeterminação dos povos como princípios ordenadores do sistema, o que leva a serem estes dois princípios tratados e aplicados seletivamente.

Basta pensar quanto tempo levou a humanidade até repudiar a guerra como ferramenta válida para a política internacional? O que, todavia, ainda não se configurou de modo pleno.

Em campos cruciais como a regulação jurídica da guerra e do uso unilateral da força,[233] pouco pode parecer ter mudado o mundo, desde o momento em que escreviam a respeito autores, medievais e renascentistas, em seus tratados sobre a guerra, tais como Balthazar AYALA[234], Pierino BELLI[235] e Giovanni da LEGNANO[236] – porquanto estes mais ou menos

231 No direito internacional, no contexto pós-moderno, se vai ampliar o leque dos agentes relevantes para considerar como construir a regulação pelas normas internacionais. Não mais somente os estados, não somente estes em relações de caráter tangencial, mas o modelo novo, todavia, não se acha configurado. Aí caberá acolher o ser humano, dentre os assim chamados agentes não estatais.

232 V. **Tratado** (tomos XIV a XVII – **Direito internacional no tempo do colonialismo**).

233 V. **Tratado** (tomo IV – **Direito internacional no tempo medieval**, cap. XI – tratadistas da guerra: Balthazar AYALA e Pierino BELLI).

234 Balthazar AYALA, **De jure et officiis bellicis et disciplina militari** (ed. by John WESTLAKE, Washington: Fundação Carnegie / Coleção Clássicos do direito internacional, No. 2 da série, 2 vols.: Vol. I. photographic reproduction of the edition of 1582, with a portrait of Ayala, introduction by John WESTLAKE; Vol. 2. translation of the text, by John Pawley Bate, 1912).

235 Pierino BELLI, **De re militari et bello tractatus** (Oxford / Washington: Fundação Carnegie / Coleção Clássicos do direito internacional, No. 18 da série, 2 vols.: Vol. I. photographic reproduction of the edition of 1563, with introduction by Arrigo CAVAGLIERI, and a portrait of Belli; Vol. II. translation of the text by Herbert C. NUTTING, with a translation of the introduction, and indexes, 1936).

236 Giovanni da LEGNANO, **De bello, de repraesaliis et de duello** (ed. by Sir T. Erskine HOLLAND, Oxford / Washington: Fundação Carnegie / Coleção Clássicos do direito internacional, No. 8 da série, "Collotype of the Bologna Manuscript of *circa* 1390, with an extended

anteciparam questões que permanecem atuais, até nossos dias, como os meios de preservar a paz e de humanizar a guerra. Ocuparam-se de questões relevantes, e estas ainda têm de ser levadas em conta: quais são os limites permitidos, quando se vai à guerra? Podem ser usados quaisquer meios, desde que o sucesso seja alcançado?

Podemos avançar alguns séculos, mas quanto ainda pode parecer amadorística a formulação do Pacto Briand-Kellogg (1928), ao tentar proscrever a guerra do direito internacional e quanto o contexto internacional já prenunciava o que estaria por vir, e preparado o caminho que levou ao conflito de 1939-1945? O avanço consiste não no efeito prático imediato, mas na mudança conceitual: depois de ter sido extensamente praticada, como extensão da política por outros meios, a guerra passa a ser ilícito internacional, e como tal proscrita pelo direito internacional vigente; mesmo que continuem a ocorrer conflitos armados.

Sem esquecer todos os conflitos que tiveram lugar desde 1945, até os dias atuais. Contudo, não se pode, nem se deve esquecer quanto essa formulação representa marco válido de afirmação da não-juridicidade intrínseca da guerra. Muito embora as guerras continuem a ocorrer, os estados buscarão alegações para justificá-las, e estas se renovam, e buscam-se formulações próximas dos valores, que substancialmente as ações negam. A implementação efetiva desse princípio terá de ser buscada mais tarde. Há de ver se em qual medida tal possibilidade será humanamente viável.[237]

and revised text, introduction, list of authorities cited, by Sir T. Erskine Holland, together with photograph of Legnano's Tomb"; translation of the text, by J. L. Brierly, photographic reproduction of the first edition (1477), 1917).

[237] V. **Tratado** (tomo IV – **Direito internacional no tempo medieval**, cap. XI – tratadistas da guerra: Balthazar Ayala e Pierino Belli; tomo VI – **Direito internacional no tempo de Suarez, Gentili e Zouch**, cap. XVI – Alberico Gentili (1552-1608). Obviamente, o tema da guerra e da paz aparece muito antes de Hugo Grócio, como neste e nos autores posteriores, ao longo de séculos. Para Grócio, desde o título do seu **De jure belli ac pacis** esta seria e permanece a grande questão, não somente do direito internacional, da política e das relações internacionais. Da mesma forma, seu contemporâneo Alberico Gentili, **Direito de guerra** (do original **De jure belli libri tres** trad. Ciro Mioranza, intr. Diego Panizza, Ijuí: Ed. Unijuí, 2004), enfatiza o exame do direito guerra, em três livros! O Abbé de Saint-Pierre se inscreve na linhagem dos pensadores que buscaram a institucionalização da paz, em seu **Projeto para tornar perpétua a paz na Europa** (trad. Sérgio Duarte, pref. Ricardo Seitenfus, Brasília: Ed. UnB / IPRI, São Paulo: IOE, 1ª ed. bras., 2003), retomada por Kant,

A importância da regulação do uso da força por sistema internacional[238] não pode ser excessivamente enfatizada: a institucionalização desta seria a solução da grande questão, especificamente da guerra, e do uso da força ou ameaça do uso desta, em geral, para a humanidade, e permitiria "afastar das gerações futuras" a reincidência do "flagelo da guerra" – conforme o preâmbulo da **Carta** da ONU. A ideia é aceitável, como tal, somente faltaria assegurar a sua efetiva implementação na prática, sem derrogação possível, por qualquer país, a qualquer pretexto.

De dimensão utópica[239] passa a regulação do uso da força e da guerra a ser parte do direito internacional positivo. Resta assegurar que se efetive a aplicação.

Esboça-se sistema internacional, regulador do uso da força, no **Pacto** da Liga das Nações, art. 16, "se algum membro da sociedade recorrer à guerra contrariamente aos compromissos assumidos,[240] será *ipso facto* considerado como tendo cometido um ato de guerra contra todos os outros membros da sociedade".[241]

Foi na **Carta** da ONU desenvolvido o conceito que, se aplicado, poderia representar enorme progresso, onde se instaura sistema internacional regulador do uso legítimo da força, conforme o art. 2º da **Carta**, ao enumerar que para cumprir os propósitos da organização, os seus membros agirão de acordo com os princípios ali estipulados, dentre os quais o parágrafo 4º, "todos os membros deverão evitar em suas relações internacionais, a ameaça e o uso da força contra a integridade territo-

no ensaio de 1795, cuja formulação se tornou a mais conhecida, dentre os vários autores do século XVIII, que escreveram sobre o tema.

238 Cf. tb. P. B. Casella, **Fundamentos** (2008, esp. item XV – contingência e uso da força no direito internacional, p. 1137-1215); v. tb. Norman Angell, **A grande ilusão** (do original **The great illusion**, © 1910, ed. rev. 1933, trad. Sérgio Bath, Brasília: Ed. UnB / IPRI; São Paulo: Imprensa Oficial, 2002).

239 P. B. Casella, *Pax perpetua – a review of the concept from the perspective of economic integration* (in **Dimensão internacional do direito: estudos em homenagem a G.E. do Nascimento e Silva**, coord. P. B. Casella, São Paulo: LTr, 2000, p. 69-88); ___, *Projetos e experiências de união europeia: antecedentes históricos* (in **União Europeia: instituições e ordenamento jurídico**, São Paulo: LTr, 2002, p. 54-71).

240 Previa o Pacto da Sociedade das Nações, nos seus arts. 12, 13 e 15, a obrigação dos membros em buscar solução pacífica de controvérsias, submetendo o caso seja a processo de arbitragem, seja a solução judiciária, seja ao exame do Conselho.

241 Com as consequências desse ato decorrentes, especificadas nos parágrafos seguintes do art. 16 do Pacto.

rial ou a independência política de qualquer estado, ou qualquer ação incompatível com os propósitos das Nações Unidas",[242] e o capítulo VII da **Carta**, regula a ação relativa a ameaças à paz, ruptura da paz e atos de agressão, nos seus artigos 39 a 51.

Logicamente, muitas vezes, pode ser problema de definição: desde a definição de agressão, no direito internacional vigente,[243] à caracterização de quem seja o 'agressor' – que pode tentar se apresentar como a vítima, ou também a própria 'definição de agressão'.[244] Em instigante perquirição sobre "o poder da legitimidade entre as nações", há quem considere serem esses dispositivos – o artigo 2º, bem como o cap. VII da **Carta** da ONU – destituídos de impacto sobre a realidade,[245] na medida em que se veem privados de executoriedade (*pull to compliance*).[246] Daí, avançar um passo, para afirmar a irrelevância da distinção entre direito

[242] Nem sempre fácil o equilíbrio entre o direito internacional e a jurisdição interna dos estados, como mostram Bernard H. Oxman, *Jurisdiction of States* (in **Encyclopedia of Public International Law**, 2012, vol. VI, p. 546-557); F. Ermacora, **Human rights and domestic jurisdiction: article 2, par. 7 of the Charter** (Rcadi, 1968, t. 124, p. 371-452).

[243] **Estatuto de Roma do Tribunal Penal Internacional** de 1998, em vigor desde 1º de julho de 2002, no Brasil foi aprovado pelo DL n. 112, de 6 de junho de 2002, em vigor para o Brasil em 1º de setembro de 2002, e promulgado pelo Dec. 4.388, de 25 de setembro de 2002. A respeito da inserção do Estatuto de Roma no direito brasileiro, ver P. B. Casella, *Constituição e direito internacional* (in **Direito da integração**, coord. P. B. Casella e V. L. V. Liquidato, S. Paulo: Quartier Latin, 2006, p. 31-55). V. tb. X. Pacreau, X. et J. Fernandez (dir. de), **Statut de Rome de la Cour pénale internationale** – Commentaire article par article (Paris: Pedone, 2012, 2 vols.).

[244] Bengt Broms, **The definition of aggression** (Rcadi, 1977, t. 154, p. 299-400); W. Komarnicki, **La définition de l'agresseur dans le droit international moderne** (Rcadi, 1949-II, t. 75, p. 1-114).

[245] Thomas M. Franck, **The power of legitimacy among Nations** (New York / Oxford: Oxford Univ. Press, 1990, cit. p. 3): "In the international system, rules usually are not enforced yet they are mostly obeyed. Lacking support from a coercive power comparable to that which provide backing for the laws of a nation, the rules of the international community nevertheless elicit much compliance on the part of sovereign states. Why do powerful nations obey powerless rules? That is the object of this excursion into power: more precisely, the power which rules exert on states, both the weak and more remarkably the strong".

[246] T. M. Franck (op. cit., 1990, 'Prelude: Why a quest for legitimacy?', p. 3-26, cit. p. 26) conclui esta indagação inicial com três observações: "*First*, if there is such a variable as legitimacy, it is most likely to be found in its unalloyed state exactly where we are looking, that is, in the international arena. *Second*, legitimacy exerts a pull to compliance which is powered by the quality of the rule or of the rule making institution and not by coercive authority. It exerts a claim to compliance in the voluntarist mode. *Third*, since the compliance pull of va-

e 'não-direito' (*the irrelevance of law and non-law*), o que o levava, assim, a afirmar a legitimidade como questão de grau (*legitimacy a matter of degree*).[247] Os riscos decorrentes de tais análises são enormes.

O Tribunal penal internacional[248] deve ser fortalecido e não atacado com esforços para solapar o alcance e atuação de sua jurisdição, mediante convenções bilaterais excluindo a competência do tribunal.[249] Acordos bilaterais, destinados a afastar a jurisdição do TPI devem ser considerados nulos e írritos, à luz das normas gerais de direito internacional.[250]

É preciso ter clareza quanto à divisão de tarefas entre o acadêmico e o político: não se confundam as respectivas esferas de atuação.[251] Aqui,

rious rules and institutions varies widely, it follows that if legitimacy is a determinant of the strength of a rule's compliance pull, then legitimacy, too, must be a matter of degree."

[247] T. M. Franck (op. cit., 1990, '2 – The irrelevance of law and non-law', p. 27-40; '3 – Legitimacy a matter of degree', p. 41-49).

[248] V. tb. Casella, **Fundamentos** (2008, item XV – contingência e uso da força no direito internacional, p. 1137-1215) a respeito do TPI, bem como dos Tribunais internacionais para a ex-Iugoslávia e para Ruanda. V. tb.: Bruna Molina, *The establishment of an international criminal tribunal* (in **Persona humana y derecho internacional / personne humaine et droit international / human person and international law: Héctor Gros Espiell amicorum liber**, Bruxelas: Bruylant, 1997, vol. I, p. 845-862); Claude Jorda, *Du Tribunal penal international pour l'ex-Yougoslavie à la Cour pénale internationale* (Rcadi, 2004, p. 9-24); Eric David, **La Cour pénale internationale** (Rcadi, 2005, t. 313, p. 325-454).

[249] Observa Robert Badinter, sobre o TPI – *Cour pénale internationale*: "la CPI est loin d'être parfaite. Sa compétence n'est pas universelle, le Conseil de sécurité peut suspendre le cours de son action, et certaines de ses dispositions, notamment l'article 124 du statut, appellent bien des réserves. Mais la CPI a le mérite d'exister. Même en boitant, l'on avance." (William Bourdon avec Emmanuelle Duverger, **La cour pénale internationale**: le statut de Rome, introduit et commenté, pref. R. Badinter, Paris: Seuil, 2000, p. 7-10, cit. p. 10).

[250] Cfr. P. B. Casella, *Direito Internacional entre voluntarismo e jus cogens: acordos bilaterais de imunidade e jurisdição do Tribunal Penal Internacional* (Revista FDUSP, 2022, no prelo).

[251] Casella, **Fundamentos** (2008), apontava, naquela altura, a propósito de clareza na separação de distintas esferas de competência: o mesmo dinheiro jogado na ocupação do Iraque poderia ter sido muito mais proveitoso se empregado em fornecer bolsas integrais de estudo, por períodos de um até quatro anos, nas melhores universidades dos estados integrantes da "coalizão" liderada pelas forças norte-americanas e britânicas, para candidatos, que poderiam ter sido selecionados de todos os países árabes. Depois de conviver com os monstros do ocidente, e conhecer melhor as sociedades abertas, de fundo democrático e configuração pós-industrial, poderiam voltar a seus países de origem e ser elementos impulsionadores das linhas moderadas, favoráveis à construção do diálogo entre distintos mundos políticos, culturais, ideológicos e religiosos. Considerando as vítimas dessa guerra absurda, que já passam de centena de milhar, dependendo de como sejam contados, bem como os volumes de recursos e as perdas materiais, essa opção teria sido muito mais construtiva e

trata-se de ter presente o papel do direito internacional, na perspectiva histórica, a partir de seus fundamentos, de modo a ensejar a formação e a atuação de suas normas. A impossibilidade de regular a vida internacional exceto mediante regras multilaterais, multilateralmente adotadas e aplicadas.

Visar o aperfeiçoamento do quadro normativo e dos mecanismos de implementação. Bases conceituais e operacionais do direito internacional pós-moderno poderão ser colocadas, para alcançar patamar mais sólido e aperfeiçoado de juridicidade, para a próxima geração.

Há de evitar-se o foco excessivo no poder, o que deixa pouco espaço para o direito. Nessa linha,[252] põem-se esforços para conectar legitimidade e justiça (*legitimacy and fairness*),[253] e apresentar a equidade como justiça (*equity as fairness*).[254] Em lugar de descartar o direito com a argumentação de política de poder, existiriam boas razões para se introduzir elementos de justiça no discurso jurídico.[255]

Na interpretação destas grandes questões ocorre considerável ampliação das atribuições do Conselho de Segurança, nos anos 1990.[256]

eficaz, a curto, médio e longo prazo. Para permitir o diálogo é preciso construir, não explodir os canais existentes de comunicação. A educação ensejaria o diálogo, a comunicação, o aperfeiçoamento do quadro institucional e normativo, tanto interna quanto internacionalmente. Em uma geração se desenvolveria elite intelectual pró-ocidente nesses países, que acabariam tendo peso nas políticas internas e poderiam ser canal para fortalecimento dos moderados. Atualmente, os moderados têm de ficar escondidos em seus respectivos países, sob pena de serem considerados partidários dos ocupantes norte-americanos e seus colaboradores, na condição de arautos dos valores ocidentais, que estão sendo renegados como incompatíveis com os islâmicos. Visões tacanhas prevalecendo de ambos os lados. Com duradouros efeitos negativos para a construção de pontes para o diálogo futuro.

252 Thomas M. Franck, **Fairness in international law and institutions** (Oxford: Univ. Press, 1995, reprinted 2002, quoted p. 22): "Legitimacy as process fairness and distributive justice as moral fairness are different aspects of fairness".

253 T. M. Franck (op. cit., 2002, chap. 2 – fairness and legitimacy, p. 25-46).

254 T. M. Franck (op. cit., 2002, chap. 3 – equity as fairness, p. 47-80, quoted p. 79), para concluir, sobre a equidade: "Far from being contentless, equity is developing into an important redeeming aspect of the international legal system".

255 T. M. Franck (op. cit., 1995, reprinted 2002, loc. cit.): "there are good reasons for introducing elements of justice into legal discourse and process". Este ainda observa a relevância deste discurso: "fairness discourse which aims to temper the imperative of legitimacy with that of justice serves not to undermine but to redeem the law".

256 Yann Kerbrat, **La référence au chapitre VII de la Charte des Nations Unies dans les résolutions à caractère humanitaire du Conseil de sécurité** (préf. Mario Bettati, Paris:

Impõe-se, contudo, assegurar a objetividade de julgamento e de tratamento de situações concretas, de modo equivalente.[257]

Observado tal como na **Carta** se estipula, estaria a guerra afastada como 'flagelo da humanidade', e ficaria afastado o uso da força, exceto: como "meio coercitivo" em nome da organização, ou como violação do direito internacional. Todo "uso da força", exceto se autorizado pela organização, seria ilegal. Isso até mesmo em relação à legítima defesa.

Ainda nos tempos da Liga das Nações, elaborava-se[258] a teoria da legítima defesa. À visão daquele momento, pode-se contrapor a análise da matéria, em tempos da ONU: 'guerra, agressão e autodefesa'[259] ou ainda 'direito e força na nova ordem internacional'.[260]

A legítima defesa é temporalmente restrita e materialmente limitada. Conceitualmente resguardada, no artigo 51, da **Carta** da ONU, tem a sua extensão limitada, "até que o Conselho de Segurança tenha tomado as medidas necessárias para a manutenção da paz e da segurança internacionais" e as medidas tomadas, no exercício do direito de legítima defesa devem ser comunicadas imediatamente ao Conselho, e "não deverão de modo algum atingir a autoridade e a responsabilidade que a presente carta atribui ao Conselho para levar a efeito, em qualquer tempo, a ação que julgar necessária à manutenção ou ao restabelecimento da paz e da segurança internacionais."

Representa avanço no direito internacional positivo exista tal regulação. Contudo, a norma, não obstante inscrita em tratado vigente, tem

LGDJ, 1995, 1ere partie – l'élargissement de la notion de menace contre la paix, fondement de la référence au chapitre VII' e 2e partie – la référence au chapitre vii, instrument de l'action du Conseil de sécurité en matière humanitaire).

257 Djacoba Liva TEHINDRAZANARIVELO, **Les sanctions des Nations-Unies et leurs effets secondaires:** assistance aux victimes et voies juridiques de prévention (avant-propos de Raymond RANJEVA, préface de Georges ABI-SAAB, Paris: PUF / Genebra: publications de l'IUHEI, 2005); Mohammed BENNOUNA, **Les sanctions économiques de l'ONU** (RCADI, 2002, t. 300, p. 9-78).

258 E. GIRAUD, **La théorie de la légitime défense** (RCADI, 1934, t. 49, p. 687-868).

259 Yoran DINSTEIN, **Guerra, agressão e legítima defesa** (do original **War, aggression and self-defence** © 1988, 3ª ed. inglesa 2001, trad. Mauro Raposo de MELLO, rev. de Guilherme de Assis ALMEIDA, Barueri: Manole, 3ª ed., 2004).

260 Lori F. DAMROSCH & David J. SCHEFFER (ed. by), **Law and force in the new international order** (Boulder / Oxford: Westview Press, 1991); L. F. DAMROSCH, **Enforcing international law through non-forcible measures** (RCADI, 1997, t. 269, p. 9-250).

de ser cumprida. Não é o que mostram exemplos recentes de violação do direito internacional vigente, mediante recurso à guerra,[261] por decisão de determinado país, sem base legal.

A advertência de KANT, no ensaio sobre a paz perpétua (1795), como outros autores, antes dele, sobre o tema, se faz no sentido de que a paz não é somente a ausência de guerra, mas se há de construir mediante conteúdo positivo, de modo a permitir a durabilidade desta.[262] A questão não é somente de se chegar à paz, mas como a fazer durar.

A questão para o direito internacional é a da configuração dos modelos históricos e culturais, e da possível duração destes. Como toda instituição humana, não se haverá de pretender que possa ser eterna, mas deve ter alguma durabilidade razoável. O que possa ser essa durabilidade e de que modo determinar essa razoabilidade são outras complexas questões a serem enfrentadas e resolvidas pela humanidade.

A busca se há de fazer de modo, tanto quanto possível, tranquilo e destacado das contingências do dia a dia: de novo pode-se dizer não ser isso humanamente viável – pois, assim, não se há de buscar o que for impossível: melhor buscar o que pode ser conseguido. Aí, pode haver

[261] Não há embasamento legal possível para a invasão da Ucrânia (a partir de fevereiro de 2022), como tampouco parecia haver sustentação, com base no direito internacional vigente, para justificar a invasão do Iraque (março de 2003); tampouco parece ter sustentação, como estratégia, seja esta política, militar ou econômica, para os agressores. O impacto desses atos, além dos casos concretos, de desprezo e violação das normas de direito internacional, acarreta a morte de muitos milhares de civis iraquianos, além de alguns milhares de soldados defensores e agressores; têm efeitos disruptores do sistema, criam precedentes perniciosos, enfraquecem na prática e comprometem a validade conceitual do sistema, como poderá ser testado em situações futuras. Além do risco crescente de fazer mergulhar os países ocupados em guerras civis.

[262] Evita-se retomar aqui, e remete-se a P. B. CASELLA, *Pax perpetua – a review of the concept from the perspective of economic integration* (in **Dimensão internacional do direito: estudos em homenagem a G.E. do NASCIMENTO E SILVA**, coord. P. B. CASELLA, São Paulo: LTr, 2000, p. 69-88). A respeito de autores que refletiram sobre o tema da paz, aplicado às relações internacionais, especificamente no contexto europeu, lembre-se o item *Projetos e experiências de união européia: antecedentes históricos* (no cap. – e *contexto internacional e especificidades européias* do livro **União Européia: instituições e ordenamento jurídico**, São Paulo: LTr, 2002, p. 45-102, esp. 54-71). V. tb. Evelyn BARRETO, **Projetos de paz perpétua no direito internacional contemporâneo** (pref. P. B. CASELLA, apresentação C. P. MOISÉS, São Paulo: WMF – Martins Fontes, 2021).

espaço para atuar de modo sensível e sensato – dentro do que for humanamente viável e possível.

Aqui, pode-se colocar a lição de que "não são os eventos que fazem a história; a história não significa progresso; o mundo vai adiante por intermitência; e, pode, assim, ter fim, um fim precipitado".[263] E põe-se a recomendação de buscar certo distanciamento, em relação aos fatos correntes, para poder melhor destes captar o alcance e sentido.

Contrariamente ao que tinham negociado os príncipes do tempo, com o tratado de Augsburgo, estabelecendo a paz religiosa, em 1555, por meio da qual a liberdade de escolha entre o alinhamento católico ou protestante se atribuía ao soberano, restava aos súditos o *beneficium emigrationis*, ou seja, em caso de mudança confessional da casa reinante, o direito de mudar-se para outra terra. Isso acarretou consideráveis deslocamentos populacionais, forçadas a mudarem-se ou a se converterem.[264]

Oportuno e relevante pensar quando e como surge o direito internacional, propriamente dito – sem prejuízo da importância dos predecessores –[265] justamente a partir do marco, tantas vezes apontado como

[263] Mircea ELIADE **Fragmentarium** (traduit du roumain par Alain PARUIT, Paris: L'Herne, 1989, citação do artigo, *"La technique du mépris"* p. 179/183, cit. p. 182). Cabe adotar essa postura como necessidade para permitir a reflexão, destacando-se tanto quanto possível das contingências humanas, como ressalta ELIADE, no mesmo artigo (p. 180): "on échappe à la domination de la plus humiliante des passions, la haine. Une parfaite ascèse. Car on ne s'abandonne pas à une passion: on la maîtrise, on la stérilise. Pouvoir mépriser un homme, une société, un climat historique – les mépriser sereinement, sincèrement, sans crispation, sans esprit de vengeance –, voilà un geste moral qu'on ne rencontre plus que rarement chez nos contemporains." E prossegue (p. 181/2): "Le mépris suppose une vision antihistorique: se désolidariser des événements, croire aux significations. RIVAROL s'est désolidarisé de la Révolution, c'est-à-dire qu'il n'a pas cru à la force créatrice des événements dans l'histoire, et qu'il s'est contenté des significations morales de son temps. C'était lui qui avait raison: il n'a pas été grugé par son attitude antihistorique. Après la Révolution, l'homme est resté tout aussi funeste et inessentiel qu'avant. Les considérations morales trouvées par RIVAROL gardent toujours leur validité, alors que le phénomène révolutionnaire est terminé et dépassé depuis longtemps (l'étendard de la Révolution de 1789 est aujourd'hui honni par les combattants d'une autre révolution)."

[264] Ver a respeito, Heinz SCHILLING, *La confessionnalisation et le système international* (in **L'Europe des traités de Westphalie** – Esprit de la diplomatie et diplomatie de l'esprit, dir. de Lucien BÉLY avec Isabelle RICHEFORT, Paris: PUF, 2000, p. 411-428).

[265] Ver **Tratado** (tomo V – **Direito internacional no tempo de Francisco de Vitória**, título I – multipolarização da Europa na era moderna e advento do direito internacional como sistema). Nesse sentido, Antonio TRUYOL y Serra a respeito da "história do direito internacio-

fundador do sistema, a paz de Vestfália, em 1648, como momento de refundação, ao término de trinta anos das guerras de religião na Europa.[266] Ou seja, a partir da constatação da impossibilidade de aniquilar o "inimigo", trata-se de ordenar regras de convivência com os defensores de opiniões distintas.[267]

Muitas vezes, Vestfália (1648) é escolhido como referência e ponto fundamental de instauração,[268] do que viria a ser sistema 'moderno' de equilíbrio de poder entre as potências da época na Europa, ao mesmo tempo em que se pode mostrar como este marco se inscreve em contexto de continuidade histórica, e perde sentido se for destacado e se achar desvinculado do tempo e do contexto no qual foi encetado. O fracionamento político obrigou à institucionalização das regras de convivência entre as unidades.

Parece-me francamente exagerado considerar que Vestfália (1648) traria em germe todas as características do sistema de equilíbrio de poder, que será a tônica do sistema do 'concerto europeu'.[269] Sistema instau-

nal", o faz remontar à antiguidade, **Histoire du droit international public** (Paris: Economica, 1995); tb. Dominique Gaurier, **Histoire du droit international: auteurs, doctrines et développement de l'Antiquité à l'aube de la période contemporaine** (Rennes: Presses Universitaires de Rennes, 2005).

266 Cfr. **Tratado** (tomo VIII – **Direito internacional além do paradigma vestfaliano**). Não me parece adequada a mitificação da instauração de sistema internacional somente a partir de 1648, v. tb. Benno Teschke, **The myth of 1648** – Class, Geopolitics and the making of modern International relations (orig. publ. 2003, London: Verso, 2009); Tim Blanning, **The Pursuit of Glory: Europe 1648-1815** (orig. publ. 2007, Londres: Penguin, 2008).

267 Para maior desenvolvimento a respeito do contexto internacional ao término da guerra dos trinta anos e a consolidação de conceitos para o direito internacional, cfr. **Tratado** (tomo VIII – **Direito internacional além do paradigma vestfaliano**), b/c o já citado Jacques Droz, **Histoire diplomatique de 1648 à 1919** (Paris: Dalloz, 3ª ed., 1972). Embora, com atualizações se lhes mantenha o conteúdo, livros antes denominados "história diplomática" tem sido republicados como "relações internacionais" – sinal de mudança de moda.

268 Ver **Tratado** (tomo VIII – **Direito internacional além do paradigma vestfaliano**).

269 Sobre a gênese e o funcionamento do 'concerto europeu', ver **Tratado** (tomo XIII – **Direito internacional no tempo do concerto europeu**, item – do direito internacional do tempo do 'iluminismo' ao tempo do concerto europeu e cap. XXVI – direito internacional entre o culto à razão e o concerto europeu, itens 26.1 – J. G. Fichte (1762-1814) – racionalismo, direito natural e nacionalismo? e 26.2 – Congresso de Viena (1815) na evolução do direito internacional); em perspectiva (muito) francesa, v. Jacques-Alain de Sédouy, **Le concert européen**: aux origines de l'Europe (1814-1914) (Paris: Fayard, 2009). Nesse notável trabalho parecem, contudo, ser esquecidas ou minimizadas as agressões perpetradas

rado em 1815 e que vigerá até 1914. Com notáveis mutações desde então, porquanto, em movimento inverso, a globalização obriga as unidades a considerar medidas para manter distanciamento entre umas e outras e em direção ao todo.

Em generalização, arriscada como qualquer outra, mesmo se existem precedentes relevantes,[270] costuma ser apontado como ponto de partida da institucionalização da vida internacional, o sistema dos tratados de paz de Vestfália (1648). Se se quiser apontar marco para tal, pode ser este colocado no ensejo da instauração de sistema de convivência internacional regulada, a partir da paz religiosa de Augsburgo, em 1555 – um século antes de 1648, como etapa de processo que durará, como modelo, embora com 'refundações' sucessivas, até a primeira metade do século XX, com o advento da ONU.

Por sua vez, a segunda metade do século XX, de um lado, buscou a institucionalização de modelo de cooperação, mas conserva a ideia de convivência hierarquizada, com os cinco 'grandes', no Conselho de Segurança da ONU, em relação a todos os outros – o que não difere (essencialmente) do praticado ao tempo do 'concerto europeu', exceto por ser praticado publicamente. Mesmo se criticado como distorcido e agravador de tensões, este modelo, embora claudicante, manteve-se durante as décadas da guerra fria.[271] E ainda não foi possível substituir

pela França de Luis XIV, na segunda metade do século XVII, e por Napoleão, no início do século XIX, e o peso dos ressentimentos destas, por parte das demais potências.

[270] Cfr. **Tratado** (tomo VIII – **Direito internacional além do paradigma vestfaliano**). Especificamente em relação ao direito internacional, nos séculos XVI e XVII, as reflexões de Francisco de Vitória e Francisco Suarez ante os desafios do tempo, e a construção do quadro teórico, buscaram inserir as descobertas na América e as relações dos representantes da coroa espanhola com os ameríndios. V. G. E. do Nascimento e Silva – P. B. Casella – O. Bittencourt Neto, **Direito internacional diplomático** – Convenção de Viena sobre relações diplomáticas na teoria e na prática (São Paulo: Saraiva, 4ª ed., 2012). Como ilustrariam os processos de institucionalização das relações internacionais, com adoção da prática de embaixadores residentes, na Itália, na segunda metade do século XV.

[271] Cf. mencionado, v. **Tratado** (tomo XIII – **Direito internacional no tempo do concerto europeu**, item – do direito internacional do tempo do 'iluminismo' ao tempo do concerto europeu e cap. XXVI – direito internacional entre o culto à razão e o concerto europeu). Curiosidades históricas, totalmente defasadas e irreversivelmente aposentadas, embora cronologicamente recentes: L. N. Orlov, *Soviet joint enterprises with capitalist firms and other joint ventures between east and west* (Rcadi, 1990, t. 221, p. 371-414) e Russell H. Carpenter Jr., **Soviet joint enterprises with capitalist firms and other joint ventures between east and**

por outro mais adequado, na medida em que oscilam tanto as tentativas de construção de ordem multilateral.

Paradoxalmente, o que se acreditava fosse a ameaça ao sistema e à sobrevivência da humanidade, mantinha estável o fiel da balança. O desequilíbrio funcional agravou-se a partir do desaparecimento do segundo mundo, como força política.

Se o modelo de convivência organizada está mais claudicante que antes, novo modelo ainda não se delineou, nem nas relações de força, no âmbito das relações internacionais, nem tampouco no direito internacional pós-moderno. Na medida em que ainda não se conseguiu nada melhor, torna-se indispensável manter estável e operacional o sistema existente.

Nesse sentido, Hugo Grócio, no seu consideravelmente menos conhecido **De imperio** (1617) somente publicado em 1647, após a morte do autor,[272] aponta a consideração do poder secular, estendendo-se também às coisas sagradas, e definindo o 'poder' em sua mais ampla extensão, não como oposto à 'jurisdição', mas abrangendo-a, do no que constitui o direito de comandar, de permitir e de defender.

Pode-se, igualmente, assinalar a considerável medida na qual, após os marcos institucionais apaziguadores das guerras de religião, de 1555 e 1648, transforma-se a religião institucional em dado da política: a adoção do princípio *cuius regio ejus religio* – segundo cada rei, define-se a religião (oficial).[273] Esse princípio, já antes solenemente sancionado pela *pax*

west: the western point of view (Rcadi, 1990, t. 222, p. 365-421, 'conclusion', p. 421) encerrava seu exame a respeito das mudanças então em curso na União Soviética como "take the plunge into the unknown".

[272] Hugo Grócio, **Traité du pouvoir du magistrat politique sur les choses sacrées** (orig. publ. **De imperio summarum potestatum circa sacra**, edição facsimilar da edição publicada anonimamente em Paris, em 1751, com falsa menção a Londres, na página de rosto, trad. de Charles Armand L'Escalopier de Nourar, présentation de Vincent Guillaume, Caen: Publications de l'Univ. de Caen, 1991). O texto, muito provavelmente escrito em 1617. No cap. I – le pouvoir du magistrat politique s'étend sur les choses sacrées (p. 1-33, observava, p. 3): "Je prends ici le pouvoir dans une signification plus étendue; ce n'est pas en ce qu'il est opposé à la juridiction, mais en ce qu'il la renferme, & qu'il est le droit de commander, de permettre et de défendre"; v. tb. **Tratado** (tomo VII – **Direito internacional no tempo de Hugo Grócio**).

[273] Cfr. **Tratado** (tomo VIII – **Direito internacional além do paradigma vestfaliano**).

Augusta, trazia a premissa para a identificação entre a luta de confissões e a luta de estados, para o dado dramático da história[274] do século XVII.

Este mesmo princípio se transpõe ao contexto, não menos dramático, do início deste século XXI, no qual estão armados polos de conflito e tensão, que necessitarão muito tempo e muito esforço para serem amainados:[275] não mais entre católicos e protestantes, mas de modo substancialmente equivocado entre o 'Ocidente' e o mundo muçulmano;[276] entre povos inteiros, com suas respectivas identidades étnicas, políticas, religiosas e culturais. Fosso de tal ordem, embora não date de hoje, não poderá facilmente ser superado.

O direito internacional, no contexto pós-moderno, toma rumos equivocados ao propugnar a convicção de que seja objetivo central deste 'combater o terrorismo'. E razão para sobrepor tal imperativo a qualquer outro ditame ou princípio. Como, por alegações diversas, fez-se em outras eras.[277]

274 Frederic HOFFET, **Psychanalyse de l'Alsace** (texte de 1951, augmenté d'une préface de l'auteur et d'un avant-propos de Germain MULLER, Colmar: Editions Alsatia, 1973) mostra como a paz em 1648 traz o marco da crise e instaura institucionalmente a dualidade na Alsácia, com a passagem desta, em decorrência de acordo, para a França. A partir desse momento se insere na Alsácia o esforço de LUÍS XIV de integrá-la ao reino e esfera cultural e linguística francesas, depois de séculos de quase total integração da região entre os povos do império germânico, não somente da futura Alemanha, propriamente dita, como dos holandeses e flamengos, e dos suíços de língua alemã.

275 Do assim chamado 'choque de civilizações', no discurso do governo dos Estados Unidos, com BUSH Jr. se enceta o assim chamado convite ao diálogo, por parte do governo OBAMA, em face do mundo islâmico. A mudança em relação ao anterior discurso confrontacionista, que servia para alienar massas inteiras, nos países árabes, colocava em situação difícil, em seus próprios países, as minorias mais cultas e correntes políticas moderadas, que não poderiam tender à acomodação com o 'ocidente', e aceitação de valores democráticos, sem, na mesma medida, se transformarem tais posições em entreguismo e traição do islamismo. A estupidez do discurso de BUSH Jr. e a estreiteza de suas posições mentais e políticas nos deixam marcas, e estas se prolongaram e se reforçaram no mandato de D. TRUMP (2017-2021), mas poderiam estar em via de renovação neste novo período, com J. BIDEN (a partir de 2021).

276 V. tb. Anthony PAGDEN, **Mundos em guerra** – 2500 anos de conflito entre o Ocidente e o Oriente (do original **Worlds at war** – The Long Struggle between East and West © 2008, trad. Miguel MATA, Lisboa: Ed. 70, 2009).

277 Cf. P. B. CASELLA, **Direito internacional, terrorismo e aviação civil** (São Paulo: Quartier Latin, 2006).

Falaciosamente,[278] "a 'guerra contra o terror', embora proclame dirigir-se a situação nova e sem precedentes, promete criar nova forma de imperialismo que que se funda, para o seu desenvolvimento em estrutura de ideias e doutrinas que se pode fazer remontar muito longe no passado".[279] Embora algo simplista em sua formulação e compartimentação temporal,[280] pode ser reportada a ponderação no sentido que representaria reedição do nefasto 'colonialismo' a prática de estabelecer ordenação de territórios (*settling territories*), enquanto 'imperialismo' se referiria às práticas de um império.[281]

Se verdadeiramente o objetivo fosse combater o terrorismo, poderia e deveria este ser muito mais eficientemente enfrentado com uso intensivo das técnicas e mecanismos do direito internacional,[282]

[278] Antony ANGHIE, **Imperialism, sovereignty and the making of international law** (foreword by James CRAWFORD, Cambridge: Univ. Press, 1st. publ., 2005, 1st. pb. edition, 2007, p. 11): "the 'war against terror', while proclaimed to address a novel and unprecedented situation, promises to create a new form of imperialism that relies for its furtherance on a structure of ideas and doctrines that may be traced back to far earlier times".

[279] A. ANGHIE (op. cit., 2007, chapter 6, 'on making war on the terrorist: imperialism as self--defence', p. 273-309).

[280] A. ANGHIE (op. cit., 2007, p. 11): "The periods I examine here correspond roughly with different paradigms of international jurisprudence. VITORIA and the sixteenth century represent naturalism, the nineteenth century, positivism and the twentieth century pragmatism. I seek then to examine the civilizing mission first, over a period of time, and secondly in relation to jurisprudential paradigms regarded as radically different."

[281] A respeito, v., a seguir, cap. III – civilizações antigas entre hegemonia e relações internacionais. A. ANGHIE (op. cit., 2007, loc. cit.) prossegue: I have generally used the terms 'colonialism' and 'imperialism' interchangeably because of their close relationship to each other. The British empire of the nineteenth century engaged in both colonial and imperial practices. But, as I shall attempt to argue, imperialism (which has also been called neo-colonialism by some Third World leaders and statesmen) is a broader and more accurate term with which to describe the practices of powerful Western states in the period following the establishment of the United Nations. The period witnessed the end of formal colonialism but the continuation, consolidation and elaboration of imperialism. This is the periord in which we now live, and my interest lies in part in understanding the recent revival of imperial relations in terms of the themes I have previously explored."

[282] Antonio CASSESE, **International law** (Oxford: Univ. Press, 2nd. ed., 2005); A. CASSESE, **Il caso Achille Lauro** (Roma: Riuniti, 1987); Gilbert GUILLAUME, **Les grandes crises internationales et le droit** (Paris: Seuil, 1994, esp. cap. 10 – le détournement de l'Achille Lauro, p. 239-255, cit. p. 239): "Les trois dernières décennies ont vu le développement d'activités terroristes dépassant les frontières nationales. Ce développement a entraîné des reactions diverses des états et conduit à une coopération internationale accrue, notamment

mediante rede de acordos internacionais, instaurando patamar regulatório mais eficiente entre os estados, de convenções multilaterais e acordos bilaterais, em matéria de cooperação judiciária, e especificamente de extradição,[283] tipificando delitos e criando mecanismos de operação integrada entre os estados. Como se conhece e se tem praticado, há muito tempo.

Merece ser reportado, do voto do Juiz C. WEERAMANTRY, no caso da **Legalidade da ameaça e do uso de armas nucleares** (1996)[284] esta passagem na qual aponta a impossibilidade conceitual de 'guerra justa':

> Segundo o Budismo nada existe que possa ser chamado de guerra justa (*just war*) – este é somente termo falso, cunhado e posto em circulação para justificar e desculpar ódio, crueldade, violência e massacre. Quem decide o que é justo e injusto? Os fortes e os vitoriosos são 'justos' e os fracos e derrotados são 'injustos'. Nossa guerra é sempre 'justa' e a sua guerra é sempre 'injusta'. O Budismo não aceita essa posição.

Não existe – nem conceitualmente, nem na prática – a possibilidade de 'guerra justa', se por isso se entende uma guerra que somente mataria os culpados.[285] À objeção de que a 'justiça' de determinada guerra seria determinada pela 'justiça' da causa desta – ainda que ao custo de matar

dans le domaine juridique. De nombreuses conventions bilatérales ou multilatérales ont été signées à cet effet. Mais, face aux actions terroristes, les gouvernements ont souvent été partagés entre la volonté de sauver des victimes innocentes et celle de saisir les criminels et de les châtier. Ces hésitations ont parfois été à l'origine de tensions tant internes qu'internationales, comme le montre le cas du navire italien *Achille Lauro*, détourné en Méditerranée en 1985, par un commando palestinien."; v. tb. G. GUILLAUME, *La crise du Golfe et son développement jusqu'au 15 janvier 1991* (in **Les aspects juridiques de la crise du Golfe**, coord. B. STERN, Paris: Montchrestien, 1991, p. 546); G. GUILLAUME, **Terrorisme et droit international** (RCADI, 1989, t. 215, p. 287-416).

[283] J. PUENTE EGIDO, **L'extradition en droit international: problèmes choisis** (RCADI, 1991, t. 231, publ. 1999, p. 9-260, cap. I, 'questions préliminaires. évolution et nature du concept. participation des systèmes juridiques internes', p. 19-76, cit. p. 19): "L'extradition se trouve donc au carrefour de plusieurs discipline juridiques. C'est pourquoi, bien que nous empruntions au droit international l'orientation générale de notre exposé, les réflexions qui vont suivre s'efforceront de retenir l'aspect multidisciplinaire de cette institution."

[284] Voto dissidente do Juiz Christopher WEERAMANTRY, no caso da **Legalidade da ameaça e do uso de armas nucleares** (in **Recueil CIJ**, 1996).

[285] André COMTE-SPONVILLE, **Le goût de vivre et cent autres propos** (Paris: Albin Michel, 2010, "Civilisations", este texto originalmente publicado em dezembro de 2001, p. 290-292).

inocentes, aí se passaria à questão da determinação do conteúdo de 'justiça' da 'causa', mas quanto a ser justa a causa, conclui: "como se pode saber se ela o é? Ninguém o pode absolutamente".[286]

Pode ser proposta, assim, distinção relevante: "não a guerra entre civilizações, como alguns, perigosamente, o proclamam, mas uma luta, no seio de cada civilização, entre as forças do progresso e as da barbárie".[287]

Esta há de ser a tônica do direito internacional. Não se constroem sistemas de convivência organizada sobre premissas como a da guerra dos mundos e da inexorável confrontação entre forças independentes.

É preciso buscar premissas comuns e bases compartilhadas. Como já se ensaiara, de modo incipiente, entre algumas das civilizações da Antiguidade – como se examina nos capítulos seguintes.

Os paralelos com os anteriores confrontos entre democracias e os países do eixo nazifascista, seguido do confronto entre o assim denominado 'Ocidente democrático' e o mundo 'comunista' estão próximos demais para não serem lembrados. Passamos do confronto das democracias contra o nazi-fascismo, e do conflito Leste-Oeste para o confronto entre 'Ocidente' e 'mundo islâmico'? Com a agravante de que este enorme contingente humano comporta também vozes e correntes moderadas, que são obrigadas a se calar, ante o acirramento da confrontação entre blocos.

No presente capítulo, destinado ao exame do direito internacional, à luz dos modelos históricos e culturais que o informam e o formam, não se pode deixar de apontar o paralelismo entre esses modelos de confrontação, sem deixar de perceber o pouco resultado que tais modelos

[286] A. Comte-Sponville (op. cit., 2010, p. 290): "Il n'y a pas de fanatiques en mathématiques, ni en physique, ni même en histoire, quand les faits sont avérés. Il y en a en religion, parce que Dieu, s'il existe, est inconnaissable. Les hommes se tuent, depuis des millénaires, au nom de ce qu'ils ignorent bien plus que de ce qu'ils connaissent: de là les Croisades, le djihad, et toutes les guerres de religion ou d'idéologies".

[287] A. Comte-Sponville (op. cit., 2010, p. 291): "Savoir qu'on croit (...) et non pas croire qu'on sait. Accepter sa propre faiblesse, sa propre finitude, sa propre ignorance: ne pas prétendre posséder l'absolu. Accepter son humanité, toujours fragile, et la respecter chez les autres. / C'est l'esprit des lumières. C'est l'esprit de la modernité. C'est l'esprit de la démocratie. C'est celà que les fous d'Allah combattent, comme d'autres intégristes, notamment chrétiens, l'ont combattu avant eux. L'islam contre le christianisme? Non pas. Mais le fanatisme contre la liberté. Mais l'obscurantisme contre les Lumières. Mais le terrorisme contre la paix".

confrontacionais geraram no passado. E continuam a acarretar, no tempo presente.[288]

Não se pode aniquilar a vontade de inteiro povo e a identidade nacional deste,[289] pela força, quando esta se vê contraposta a outra vontade e identidade nacionais:[290] a aniquilação de uma pela outra não é viável, nem pode parecer cabível seja concebida e sustentada. O meio termo será a composição. E, há décadas, volta o questionamento a respeito da viabilidade desta.

Inexoravelmente a vida em sociedade se conjuga com o imperativo categórico de necessitar de normas para a regência dessas condutas. Isso vale desde os agrupamentos humanos mais restritos, onde existam

[288] Cf. W. E. Butler, **Comparative approaches to international law** (Rcadi, 1985, t. 190, p. 9-89, cit., p. 41-42), pode inclusive ser este caracterizado como um de quatro subsistemas de direito internacional pós-moderno existentes: "There are at least four postulated subsystems of contemporary international law: the Islamic law of nations, the Latin American (or simply American) international law, African international law and the so-called socialist international law". Com relação ao que poderia ser caracterizado como sistema regional, Julio A. Barberis retoma e examina tradição que remonta à primeira metade do século XIX, no contexto latino-americano, em seu **Les règles spécifiques du droit international en Amérique latine** (Rcadi, 1992, t. 235, p. 81-230).

[289] V. a respeito, Gil Delannoi et Pierre-André Taguieff (dir. de), **Nationalismes en perspective** (Paris: Berg International Eds., 2001) e Mireille Delmas-Marty, **Libertés et sûreté dans un monde dangereux** (Paris: Seuil, 2010).

[290] Como se coloca a invasão da Ucrânia, pela Rússia de Putin, em 2022 – alegando não ser esta um verdadeiro estado e não serem os ucranianos um verdadeiro povo! A resposta tem sido clara, por parte dos ucranianos, heroicamente preferindo combater e morrer, do que se entregarem ao jugo russo. Como já sofreram no passado. Nessa mesma linha se encontra a afirmação da identidade nacional israelense, que não se pode pretender firmar e afirmar em detrimento de outra, a identidade nacional palestina. Não serão os únicos a ter feito isso na história, mas deve-se lamentar a falta de visão, e os perigosos precedentes, quanto ao uso unilateral e ilegal da força, e as nefastas consequências dessa política para toda a região do oriente médio. A respeito, algumas dessas contradições e violações foram bem ilustradas pela Corte Internacional de Justiça, no Parecer consultivo a respeito das **Consequências jurídicas da construção do muro no território palestino ocupado** (2004), ao estudo do qual merece ser feita referência; v., a respeito, Casella, **Fundamentos** (2008, esp. no item XV, 'contingência e uso da força no direito internacional', p. 1137-1215), b/c **Tratado** (tomo II – **Direito internacional dos espaços**, item 31.4 – consequências da construção do muro no território palestino ocupado, p. 871-884). V. ainda René Backmann, **Un mur en Palestine** (Paris: Gallimard, © 2006, ed. 2009); Ilan Pappe, **The ethnic cleansing of Palestine** (Oxford: Oneworld, © 2006, reprinted, 2008); Georges Corm, **Le Proche-Orient** éclaté **(1956-2007)** (© 1983, Paris: Gallimard, cinquième édition, 2007).

e interajam duas ou mais pessoas, e pode ser progressivamente aumentado, das famílias, até abranger o conjunto da humanidade. O processo é o mesmo: muda somente a extensão de sua aplicação.

Dada a inexorabilidade da convivência, a ordenação desta se faz igualmente inexorável – no interior das sociedades humanas, como entre sociedades. Por isso, o direito internacional estará necessariamente integrado aos modelos de ordenação de convivência, a todos que não se pautem pelo exercício indiscriminado da força.

O raciocínio permanece válido, desde as menores células de interação humana até as mais extensas: o conjunto da humanidade, dividido entre estados e as idiossincrasias destes estados na interpretação e aplicação das normas que deverão regular essa convivência. A ordenação da convivência internacional ao mesmo tempo se faz pelos estados e contra os mesmos estados, que podem hesitar entre a firme adoção das regras (para os outros estados) e as prerrogativas soberanas de avaliação da conveniência da adoção destas (em função de seus próprios interesses, conforme determinem os ventos do momento).

O paradoxo do direito internacional se coloca entre a sabedoria de saber reconhecer que ninguém pode ser juiz de sua própria causa, e a dificuldade, se não a impossibilidade de se neutralizar essa condicionante, pelo fato de ter isso como o padrão e a base de operação, nas relações entre estados. E destes com os demais agentes, no plano internacional.

Sem regras fica impossível a vida em sociedade e como sejam determinadas essas regras terá enorme importância para caracterizar a possibilidade de aceitação e aplicação destas. Pode não lhes mudar a natureza, pois serão humanas, e humanamente condicionadas, mas não se há de poder negar que tenham de ser conhecidas primeiro, determinadas em seguida, e aplicadas. Além disso, que as violações de aplicação possam ser sancionadas. Tão simples assim, e ao mesmo tempo tão complexo, como todos os sistemas que visam explicar a formação, a natureza e a incidência das normas constantemente nos fazem vislumbrar. Quantas tentativas, quantos esforços de construção de sistemas e premissas tanto quanto possível amplamente válidas, para respaldar esses sistemas contingentes, empiricamente formulados?

A necessidade de limitar a margem de interpretação a ser exercitada pelo juiz é apontada por ARISTÓTELES, em duas passagens da

Retórica,[291] "exceto quando se tratar da determinação de fatos, e saber se uma coisa aconteceu ou não, se está para acontecer ou não, se existe ou não"[292] – o que há de ser buscado, justamente, pela clareza e precisão da formulação das normas, sem que esta necessidade possa ser eliminada, pois nunca poderá o legislador prever todos os casos que podem acontecer.

Ao mesmo tempo, enfatizava Aristóteles[293] a necessidade de conhecimento para a argumentação poder ser logicamente convincente, no sentido de ser "o melhor e mais eficaz de todos os meios, para poder persuadir e aconselhar com sabedoria, é conhecer todas as constituições e distinguir seus costumes, instituições e tudo quanto traz vantagem a cada uma delas. Todos os homens se deixam persuadir pelo que é vantajoso; ora, ao estado é vantajoso tudo o que o salva".

Há, portanto, âmbito preciso, em que se desenvolve a retórica, pois esta não trata de nenhuma matéria específica, sendo o meio de encontrar, ordenar e expor 'as coisas que são propícias para persuadir em qualquer assunto', mas levam em conta o costume, os princípios e os valores que mesmo não sendo verdades absolutas, têm fundamento na consciência comum e contribuem para determinar os comportamentos dos indivíduos e dos estados, internamente como internacionalmente. O âmbito preciso em que se desenvolve a retórica é a *polis*, com suas assembleias, seus poderes de deliberação e de julgamento.

No estado não são suprimidos o caráter, o temperamento, as paixões, as virtudes e os vícios dos indivíduos, mas todos esses fatos já não são considerados em relação à natureza humana e sim à sociedade.

[291] Aristotle, **The 'art' of rhetoric** (edição bilíngue por John Henry Freese, Cambridge, Ma. / London: Harvard UP, LCL, first publ. 1926, reprinted 2006, p. 6-7); v. tb., Aristóteles, **Arte retórica** e **Arte poética** (intr. e notas de Jean Voilquin e Jean Capelle, trad. Antonio Pinto de Carvalho, São Paulo: Difel, 1959, livro I, cap. I, par. II, item 8, p. 21): Quanto ao mais, já o dissemos, importa reduzir o mais possível a decisão suprema do juiz, sem que, no entanto, haja maneira de lhe subtrair a tarefa de examinar se um fato existiu ou não, se se há de produzir ou não, se se verificou ou não, pois é impossível que o legislador preveja todas esses casos.

[292] Aristóteles (obra cit., edições cit., loc. cit.).

[293] Aristóteles, **Arte retórica** (ed. cit., livro I, cap. VIII, nos. 1 e 2, p. 57). Expressivo e oportuno o paralelo de Giulio C. Argan, Imagem e persuasão: ensaios sobre o barroco (orig. publ. Immagine e persuasione: Saggi sul barocco, 1986, trad. Marcelo S. Dias, São Paulo: Companhia das letras, 2004, cap. -- Europa das capitais, p. 46-185, cit. p. 69/70).

Nessa linha, várias reflexões foram desenvolvidas por Vauvenargues,[294] a respeito das relações entre a justiça, o direito e a vida em sociedade, às quais se pode antes remeter, do que pretender resumir.

Em suma, para tornar possível a vida social, no estado, são ordenados os critérios para a vida dos indivíduos em sociedade. Para tornar possível a vida internacionalmente regulada, os estados, por sua vez, têm de ser ordenados, na sua convivência entre iguais.

A existência de ordem que rege a convivência do conjunto obriga a colocar limites à discricionariedade de cada um dos elementos deste. A existência e o funcionamento de conjunto ordenado impõem limites a cada um dos componentes.

O indivíduo em sociedade participa de certa tradição, de costume, tem certas atitudes e ideias comuns sobre o bom e o ruim, sobre o útil e o inútil, tem visões próximas e distantes, precisas e imprecisas, interesses que mudam segundo as circunstâncias, concepção do tempo e do espaço que é determinada muito mais pela própria situação no mundo do que noção de estrutura do universo.[295]

A reflexão sobre modelos históricos e culturais, como premissa para a compreensão do direito internacional não se põe como mero detalhe. Esta se mostra basilar e estruturalmente indispensável.

Entre duas concepções antagônicas de mundo a construção de normas de regulação da convivência internacional estará sempre condicionada pela transitoriedade. Far-se-á acordo quando os dois lados tiverem consciência da impossibilidade de vencer o oponente pela força das armas.[296]

[294] Luc de Clapier, Marquês de Vauvenargues (1715-1747), **Máximas e reflexões** (do original **Maximes et réflexions**, trad. Dorothée de Bruchard e Fulvia M. L. Moretto, © 2006, São Paulo: Unesp, 2007, cit. p. 10-11). Como observa Fulvia Moretto, na *introdução*, "as **Máximas** surpreendem em um século de crítica ferina e mesmo sarcástica, diante dos ataques impiedosos de Voltaire, a crítica de Vauvenargues discorre com grandeza e respeito sobre os defeitos e o ridículo de seus contemporâneos. (...) surpreende-nos seu apelo constante à sensibilidade, a todo aquele mundo que, como uma vaga imensa, invadirá a vida e, portanto, também a literatura e a arte, não somente no movimento romântico, mas também em toda a época contemporânea".

[295] Giulio Argan (op. cit., "Europa das capitais", loc. cit.).

[296] Segundo o paradigma kantiano da 'paz perpétua' não se trataria aí de paz, mas somente de ausência de guerra. A construção da paz exigiria a ocorrência de conteúdo positivo que dificilmente se poderia considerar presente no quadro acima esboçado. Presentes tanto a provisoriedade dos meios, como a falta de conteúdo positivo, que permita a durabilidade.

A questão do direito internacional em relação aos modelos históricos e culturais não é somente detalhe, de caráter histórico, ou análise de dado pertinente, somente para a história do direito internacional: diz respeito ao conteúdo e alcance deste, enquanto sistema institucional e normativo internacional. A consciência dos modelos se torna tanto mais necessária, quando se percebe a relativização das bases, sobre as quais é construído o esse mesmo sistema institucional e normativo internacional, ao ser este tratado de modo relativizado, em contexto pós-moderno. A construção não pode prescindir dos andaimes, enquanto está sendo edificada, mas estes não deverão permanecer, quando a obra estiver pronta. A diversidade do momento apontará a diversidade dos mecanismos utilizados, na implementação dos processos.

O direito internacional, como toda obra humana, tem de responder à questão do tempo. Como vai enfrentar esta contingência. Como vai responder à indagação: podem ser construídas normas internacionais válidas e duráveis? Sim. Porém, as coisas se tornam mais complexas, ao indagar *como* se vai fazer isso? Tanto mais complexas, se levarmos em conta a complexidade do contexto, tanto maior quanto mais abrangente for o olhar em relação a este. Algumas coisas podem não ser claras, no momento presente, parecendo somente verossímeis, se consideradas isoladamente, mas compondo demonstração desde que unidas e interligadas umas às outras.

Os marcos claramente delineados permitem entrever o desenho futuro da construção desse conjunto de normas, do que procura seja o direito internacional pós-moderno. Revelam noções e imagens, em parte resgatadas e em parte perdidas, no que veio de outras eras. Em mais de um ponto, o que não se pode entender até aqui e se mostrou francamente incompreensível, terá de ser estudado em obras e escritos que tragam esclarecimentos para poderem ser vistos em sua luz mais adequada.

Exemplo da necessidade de percepção de visões de mundo e projetos de ordenação do espaço internacional seria olhar sobre o mundo muçulmano e as doutrinas de direito internacional. Depois de incompreensão e diálogo distorcido, ao longo de séculos, as relações entre o assim chamado 'Ocidente' cristão e o 'mundo muçulmano'[297] poderiam ensejar comunicação válida e mutuamente construtiva?

[297] Philippe Sénac, **L'occident médiéval face à l'Islam** (Paris: Flammarion, 2ª ed., revista, 2000, 'conclusion', p. 161-163, cit. p. 163), conclui seu livro: "Après un millénaire de com-

O cenário atual, de aguçamento dos antagonismos parece pouco propício para tanto, mas não por isso deveria deixar de ser tentado. As distorções herdadas de outras eras em nada cooperam, no sentido de estabelecer diálogo válido entre as distintas concepções de mundo, ditos 'cristão' e 'muçulmano'.

É preciso ter consciência de que o verdadeiro antagonista está no fundamentalismo de qualquer espécie ou coloração, seja esta, ademais, ideológica ou religiosa. A partir do momento em que cada grupo se atribua o monopólio da verdade, e se recuse a escutar as razões do outro, fecha-se a porta ao diálogo e se estabelece a confrontação. A sacralização, seja esta de ordem transcendente ou de valores laicos, leva a uma escala de intolerâncias.[298]

O debate está mal colocado.[299] Por isso é preciso estudar a contextualização histórica e cultural das relações entre 'Ocidente' e 'mundo muçulmano', para compreender como se chegou ao ponto em que estamos.

Ao considerar "guerra santa, *jihad*, cruzada", cabe apontar a contraposição entre violência e religião no cristianismo e no Islã".[300] O cristianismo, pregado por Jesus, em sua origem, era uma religião de paz, que reprovava e condenava o uso da violência e das armas. Isso passa por mudanças significativas, na medida em que, no final do século XI, o papa URBANO II prega a cruzada, e conclama os cavaleiros cristãos a to-

bats et d'échanges, fasciné par l'Indien, l'Europe délaisse le Turc. Une histoire prend fin. Agressif, déformé, éminemment factice, le reflet s'estompe, moribond. L'actualité m'étonne: l'a-t-on bien enterré?".

[298] Régis debray, **Le moment fraternité** (Paris: Gallimard, 2009, p. 75): "Une échelle de sacralités est une échelle d'intolérances".

[299] Ver **Tratado** (tomo IV – **Direito internacional no tempo medieval**, cap. XI – tratadistas da guerra: Balthazar AYALA e Pierino BELLI, itens 11.1 – cristianizar a guerra?, 11.2 – guerra justa e guerra santa: entre *jihad* e as cruzadas, 11.3 – herança antiga e medieval na concepção moderna da guerra, 11.4 – guerra e natureza humana, 11.5 – o ideal da construção da paz, 11.6 – a guerra e o direito internacional nos tratados de AYALA e BELLI e 11.7 – guerrilha e o direito internacional); v. tb. Fatiha SAHLI and Abdelmalek EL OUAZZANI, *Africa North of the Sahara and Arab Countries* (in **The History of International Law**, ed. by B. FASSBENDER e A. PETERS, Oxford: Univ. Press, 2012, p. 385-406); Ahmed RECHID, **L'Islam et le droit des gens** (RCADI, 1957, t. 60, p. 371-506).

[300] Jean FLORI, **Guerre sainte, *jihad*, croisade: violence et religion dans le christianisme et l'islam** (Paris: Seuil 2002, *Introduction*, p. 7-11, cit. p. 7): "Le christianisme prêché par JÉSUS se présente dans son origine comme une religion de paix, reprouvant et condamnant l'usage de la violence et des armes".

marem armas contra os infiéis, em remissão de seus pecados.[301] O quadro será acirrado por sucessores deste, como os papas GREGÓRIO VII, dito "magno" e INOCÊNCIO III.[302]

Mesmo figura de rei, santo e sábio, como São LUIS DE FRANÇA, participa da sétima cruzada e permanece, durante os anos de 1248 até 1254, retido na Terra santa.[303] E BERNARDO de Clairvaux, em seu Elogio da nova milícia de cavalaria de Deus – *De laude novae militiae Dei* – chega a declarar:

> Mais doces que cordeiros e mais ferozes que leões, esses guerreiros uniram à mansuetude do monge ao valor do cavaleiro, de tal sorte que não se sabe se são eles um ou outro. Eles ornaram o templo de Salomão com armas e não com gemas preciosas, com escudos e não com coroas de ouro, com freios e selas e não com candelabros; foram ávidos de triunfos e não de glória, de combates e não de pompa, inimigos das palavras inúteis e das ações sem necessidade, da preguiça, das risadas sem moderação, como das fofocas e das intrigas, e eles desprezam as vaidades. A despeito de seu grande número, eles viveram todos em única casa, segundo o espírito de única regra, formando somente um coração e uma alma.[304]

Da recusa do uso da violência se passa ao monge soldado.[305] É notória e contraditória, em relação ao espírito original cristão, tal 'transformação'.[305]

[301] J. FLORI (op. cit., 2002, loc. cit.): "C'est dire que l'attitude de l'Église chrétienne face à la guerre a, au cours de ces onze siècles, connu une évolution si profonde, un changement si radical, qu'il voudrait mieux parler à son propos de révolution doctrinale".

[302] Ernst KANTOROWICZ, **L'empereur Frédéric II** (do original **Kaiser Friedrich der Zweite**, © 1927, trad. Albert KOHN, in **Kantorowicz oeuvres**, Paris: Gallimard, 2000, p. 9-641).

[303] Jean RICHARD, **Saint-Louis**: le justicier sans faiblesse (Paris: Artème Fayard, © 1983, impr. 1986 "Marabout / Histoire", esp. segunda parte, "La septième croisade. Charnière du règne?", p. 155-272, cit. p. 157): "L'importance de la croisade qui, de 1248 à 1254, tint Saint-Louis éloigné de son royaume, ne peut être sous-estimée. Ce fut pour le roi à la fois une grande aventure et une expérience capitale".

[304] E. KANTOROWICZ, **L'empereur Frédéric II** (ed. 2000, cit. p. 83-84).

[305] E. KANTOROWICZ (ed. 2000, p. 84) observa a mudança ocorrida tanto para o monge como para o cavaleiro errante, que antes partia sem rumo, em busca de aventuras, guerreiro que antes levava vida individual e se opunha ao sólido edifício do estado, passava a estar, doravante, impulsionado a integrar-se na estrita e rigorosa estrutura de ordem monástica, voltada para a consecução de ideal coletivo. O sentido das suas lutas passava a ser comunitário e não mais individual. Passava a fazer seus altos feitos, não mais para comprazer a dama

A dicotomia entre contemplativo e ativo também se encontra na China antiga, na filosofia de ZHU XI (final do século XI e início do século XII). Mas WANG Yangming (fim do século XV e início do XVI) unificou essas duas noções numa ideia-chave de sua doutrina filosófica, segundo a qual conhecimentos e práxis formam uma só coisa. E, observa H. NAKAGAWA (2005, ed. bras., 2008)[307] "como HEGEL tentou reunir contemplação e ação em sua dialética".[308]

de sua eleição, mas para realizar os supostos desígnios do Senhor, sob a lei e a serviço do qual, passava a lutar, como ordem simultaneamente monástica e de cavalaria: "Foi a primeira vez, na era cristã, que em proporção importante, guerreiros e homens voltados à *vita activa* – e não mais monges contemplativos – se juntam por uma ideia, um propósito espiritual, e um mestre espiritual. *Uniformitas* – uma uniformidade que não se limitava às vestimentas, ou seja, o porte do manto, marcado com a cruz. Era finalmente, mesmo se tinha sido inspirado por influência totalmente diversa, o princípio tantas vezes relembrado da ordem dos cavaleiros teutônicos. Servindo coletivamente um mestre, como os monges, as ordens de cavalaria foram as primeiras a realizar essa curiosa ordem cavaleiresca de rigor viril. A seguir, conscientemente ou não, todos os homens de estado tiveram necessariamente de se filiarem a essa 'república', cada um à sua maneira, para a desenvolver para fins temporais e se substituírem ao soberano transcendente."

306 Aponta KANTOROWICZ (ed. 2000, cit. p. 84-85) como se deu "essa forma única da evolução da cavalaria para um estado temporal". Primeiro os Templários, e um século mais tarde, os Cavaleiros teutônicos, se consagram aos serviços de estado secular real. em "impulso unânime e com forças ainda absolutamente intactas". O sentido e o espírito da cavalaria espiritual já estava quase perdido no Oriente, quando, entre o fim do século XII e o início do século XIII, em São João de Acre, a comunidade do *Hospitale Sanctae Mariae Teutonicorum* constituiu-se como ordem religiosa, ao lado da Ordem dos Templários, a maior parte dos quais eram franceses, enquanto os cavaleiros da Ordem de São João eram em sua maioria italianos e ingleses, além dos Cavaleiros teutônicos, aos quais o papa INOCÊNCIO III confere a mesma regra ordem dos Templários. Estes deveriam ser os êmulos na ordem espiritual e cavaleiresca, como deveriam imitar os Joanitas, no cuidado dos pobres e dos doentes. A ordem, contudo, era restrita a única nacionalidade: somente alemães, nascidos cavaleiros, podiam integrá-la. V. ACCIOLY – NASCIMENTO E SILVA – CASELLA, **Manual** (2021, 25ª ed., item 3.2.4.2 – Soberana Ordem de Malta, p. 256-258).

307 Hisayasu NAKAGAWA, **Introdução à cultura japonesa: ensaio de antropologia recíproca** (orig. publ. **Introduction à la culture japonaise: essai d'anthropologie réciproque** © 2005 trad. Estela dos Santos ABREU, São Paulo: Martins Fontes, 2008).

308 H. NAKAGAWA (op. cit., 2005, ed. bras., 2008, p. 78-79) a respeito dessa confluência entre duas tradições aparentemente tão díspares na obra de Kitaro NISHIDA, o primeiro filósofo original japonês, desde a modernização da era MEIJI, em 1868: "NISHIDA, que praticara tanto a filosofia hegeliana quanto o ensinamento de WANG Yangming criou seu sistema sob a dupla influência das tradições filosóficas chinesa e ocidental."

Por sua vez, desde o início do Islã, este se pauta pela mesma linha condutora. MAOME não repudia o uso da violência e aceita a guerra santa (*jihad*), como o esforço para levar a fé aos povos, todavia fora da comunidade (*ummah*) dos fiéis, submetidos à lei – daí muçulmanos, aquele que se submete à lei.

O Islã,[309] sem adentrar análise seja de práticas religiosas como de controvérsias entre doutrinas teológicas, muito cedo se caracteriza como comunidade (*ummah*), dotada de autoridade centralizada, que teve no califa, durante alguns séculos, para considerável parcela do mundo muçulmano, o representante do profeta. A linha divisória se estabelece entre o fiel, submetido à lei, daí muçulmano, o que se submete à lei, e os demais, infiéis, embora com alguma ressalva em relação aos dois outros credos monoteístas – judeus e cristãos, referidos como os '*povos do livro*', isto é a **Bíblia**.

Todos os membros da comunidade, que se digam muçulmanos, têm o dever de seguir o código de ética e sistema de conduta, que marcam o fiel. O fim do Islã seria o de estabelecer sistema de ordem e paz geral, segundo o plano, prescrito por Deus, para o conjunto da humanidade.

Segundo a concepção islâmica, a Terra se divide[310] entre as parcelas nas quais se instaurou a submissão a Deus (*Dar al Islam*) e as terras onde este, todavia, não se implantou, e aí vai desenvolver-se o esforço (*djihad*) para instaurar o regime de submissão, no resto do mundo deve-se travar a luta (*Dar al Harb*), literalmente o território da guerra,[311] onde esta se fará para levar ao resto do mundo a submissão ao plano de salvação. Esta visão radical pode ser entendida como presente, no discurso islâmico contemporâneo.[312]

309 Maurice LOMBARD, **L'Islam dans sa première grandeur** (VIIIe-XIIe siècle) (préf. de Hichem DJAÏT, Paris: Flammarion / Champs, © 1971, impr. 1980).

310 Louis MILLIOT, **La conception de l'état et de l'ordre légal dans l'Islam** (RCADI, 1949, t. 75, p. 591-688).

311 Apontam como exemplos de *Dar al Harb*, F. SAHLI e A. EL OUAZZANI, *Africa North of the Sahara and Arab Countries* (in **The History of International Law**, ed. by B. FASSBENDER e A. PETERS, Oxford: Univ. Press, 2012, p. 385-406, cit. p. 404): "If such a logic has disappeared from the logic of the modern Muslim states, it has not completely disappeared from the mindset of the Islamist movements especially in the places which are, according to them, still occupied nowadays by *Dar al Harb* (country at war) such as Afghanistan and Palestine."

312 Bruno ETIENNE, **L'islamisme radical** (Paris: Hachette, © 1987, impr. 1989, cit. p. 21): "Si je choisis la doctrine de l'Islam radical, c'est parce qu'elle est porteuse de ce qu'ARKOUN

Como o Islã não se estabeleceu em toda parte, e permanecem comunidades estáveis fora deste, foi preciso encontrar modos de organizar a convivência. Foi assim criado, pelos exegetas islâmicos contemporâneos, o conceito de espaço intermediário, uma terceira parte do mundo humano (*Dar al* çuhl) ou território dos acordos pacíficos, também pode ser denominado (*Dar al* çahd) ou território dos tratados. Este seria o território que autoriza as comunidades não-muçulmanas a manter relações pacíficas, garantidas por tratados, mediante condições reconhecidas e aceitas, pelas duas partes, tais como o pagamento de tributo anual às autoridades muçulmanas.[313]

O colonialismo ocidental em nada contribuiu para melhorar esse diálogo.[314] E as tensões pós-coloniais mostram quantos ressentimentos permanecem abertamente conflituosos.

A construção de relações pacíficas com o mundo cristão e a presença irreversível de comunidades islâmicas em países de maioria não-islâmica tornou-se realidade irrecusável.[315] A adoção de nova postura da doutrina e ensinamento tradicionais,[316] para se adaptarem a essa nova realidade,

nomme un *discours islamique contemporain*, sorte d'ossature idéologique qui donne un support aux luttes actuelles et mobilise les masses, victimes aujourd'hui autant de désenchantement du monde que de la répression politique et économique. Cette réappropriation du politique passe par le réligieux".

313 Dominique Gaurier, **Histoire du droit international** (op. cit., 2005, p. 129-142, "regard sur le monde musulman et ses doctrines", cit. p. 135) observa: "Malgré ces dénominations en elles-mêmes peu pacifiques, il s'en faut de beaucoup que l'état de guerre ait été permanent entre ces deux parties du monde. Le fait d'une non-reconnaissance formelle des pays non-musulmans par les pays musulmans n'a jamais empêché que des traités puissent être établis, mais en les interprétant toutefois, non à la manière occidentale en fonction de critère d'égalité et de réciprocité, mais dans des termes que la loi musulmane autorise à conclure dans les cas de rébellion. Rien de tout cela, bien sûr, ne constitue reconnaissance *de facto* ou *de jure* de ce régime réputé rebelle".

314 V. **Tratado** (tomos XIV a XVII – **Direito internacional no tempo do colonialismo**).

315 O mesmo Dominique Gaurier (op. cit., loc. cit., esp. p. 136): "la distinction autrefois classique entre *dar-al-islam* et *dar-al-harb* semble bien avoir perdu toute signification réelle, au moins pour l'Islam des communautés implantées de façon définitive dans le monde occidental. La question n'est toutefois pas résolue pour ce qui regarde les conceptions enseignées et portées dans le Proche-Orient, en Egypte dans la faculté Al-Azhar, en Arabie Saudite, et dans ce que l'on peut globalement appeler les pays musulmans traditionnels".

316 A. Rechid, **L'Islam et le droit des gens** (Rcadi, 1937, t. 60, p. 371-506); C. Cardahi, **La conception et la pratique du droit international privé dans l'Islam: étude juridique et**

é, todavia, recente, e pode-se dizer fragmentária, no sentido de não ser unanimemente aceita no contexto do mundo muçulmano.

A reflexão sobre os modelos históricos e culturais, para a configuração do direito internacional não é nova. Com destaque para a contribuição de Muhammad Al-Hasan Al Shaybani (749/50-805).[317]

Por sua vez, esclarece Ibn Tufayl (1105-1186), n'**o filósofo autodidata**:[318]

> o que há de mais penoso, de mais profundamente miserável, que a condição de um homem tal que, se passarmos em revista suas obras desde o instante em que acorda até o momento em que adormece, não encontramos uma única obra que não tenha por fim alguma dessas coisas sensíveis e abjetas: acumular riquezas, buscar um prazer, satisfazer uma paixão, saciar uma cólera, adquirir uma posição que lhe ofereça segurança, realizar um ato religioso do qual se vanglorie ou que lhe proteja a cabeça? Não são senão trevas sobre trevas acima de um mar profundo.[319]

historique (Rcadi, 1937, t. 60, p. 507-650); M. Charfi, **L'influence de la religion dans le droit international privé des pays musulmans** (Rcadi, 1987, t. 204, p. 321-454).

[317] Com destaque para a contribuição de Muhammad Al-Hasan AL Shaybani (749/50--805), **The Shorter Book on Muslim International Law** (orig. **Kitab al-Siyar al-Saghir**, ed., transl. and annotated by Mahmood Ahmad Gazi, New Delhi: Adam Publ. and Distributors, 2007); v. tb. Mashood A. Baderin, *Muhammad Al-Shaybani (749/50-805)* (in **The History of International Law**, ed. by B. Fassbender e A. Peters, Oxford: Univ. Press, 2012, chap. 45, p. 1081-1085, cit. p. 1084): "While Al-Shaybani's works on *al-Siyar* principally systematized the rules of conduct in war and peacetime that the Muslim realm (*Dar al-Islam*) must uphold in its relationship with the non-Muslim realm (*Dar al-Harb*), it nevertheless covered many of the issues of modern international law, such as treaties, territorial jurisdiction, nature, kinds, and conduct of war, peaceful relations, diplomatic relations, and neutrality rules".

[318] Ibn Tufayl, **O filósofo autodidata** (trad. da versão francesa, Isabel Maria Loureiro, São Paulo: Ed. UNESP, 2005).

[319] Ibn Tufayl (op. cit., ed. cit., p. 189-190): "Assim que compreendeu as diversas condições dos homens e captou que a maioria deles está no patamar dos animais desprovidos de razão, reconheceu que toda sabedoria, toda direção e toda assistência residem nas palavras dos profetas, nos ensinamentos trazidos pela lei religiosa, que nada mais é possível e que a isso nada se pode acrescentar; que existem homens para cada função, que cada um é mais apto a fazer aquilo em vista do que foi criado; 'tal foi a conduta de Deus em relação àqueles que não existem mais. Não poderias encontrar nenhuma mudança na conduta de Deus'; cita **Alcorão** (24, 40 e 48, 23).

Até que ponto pode ser viável construir modelo de entendimento e de composição pacífica entre concepções profundamente diferenciadas do mundo e dos homens? Desde que não se fechem em visões e engajamentos fundamentalistas, como se dá entre correntes consideráveis dos mundos cristão e muçulmano? A ponte pode, muitas vezes, parecer frágil e estreita.

Se, de um lado, "o poder da verdade é irresistível", de outro lado, é igualmente necessário lembrar que "o homem é filho de seus hábitos", adverte IBN KHALDÛN (1332-1406), no seu magistral **Discurso sobre a história universal** (*Al Muqaddima*).[320] Ao mesmo tempo, em suas reflexões, não esconde constituir a guerra santa, declara expressamente IBN KHALDUN, um dever canônico para o Islã:[321] "na comunidade muçul-

[320] Ibn KHALDÛN, **Discours sur l'histoire universelle** (do original ***Al Muqaddima***, traduction nouvelle, préface et notes par Vincent MONTEIL, Paris: Sindbad, © 1967-1968, impre. 1978, 3 vols.).

[321] Ibn KHALDÛN (op. cit., I, cap. 3, item 31, a respeito "Le pape et le patriarche chrétiens; le Kohen des juifs", 459-467): "Dans la Communauté musulmane, la guerre sainte est un devoir canonique, à cause du caractère universel de la mission de l'Islâm et de l'obligation de convertir tout le monde, de gré ou de force. C'est pourquoi les pouvoirs spirituels et temporels sont confondus: le souverain peut y consacrer ses forces en même temps. / "Les autres communautés réligieuses n'ont pas ce caractère oecuménique, et la guerre sainte n'est pas pour elles un devoir canonique, sauf pour la (légitime) défense. Ce qui fait que les chefs de ces religions ne s'occupent pas de politique (*sic*). Le pouvoir royal, chez eux, appartient à ses titulaires, qui l'ont eu par hasard et, en tout cas, pour des raisons sans rapport avec leur foi. Ils régnent par l'effet nécessaire de l'esprit de corps – dont la nature est de rechercher le pouvoir royal – , et non parce qu'ils doivent vaincre les autres nations, comme c'est le cas pour l'Islam. Ils doivent seulement établir leur propre religion au milieu de leurs sujets." (...) / "les Chrétiens furent en désaccord sur leur religion et sur ce qu'ils devaient croire au sujet du Christ. Ils éclatèrent en groupes et sectes, qui cherchèrent l'appui des monarches chrétiens, les uns contre les autres. À chaque époque, sa secte. Finalement, ces sectes se regroupèrent en trois: les Meclhites (grecs catholiques), les Jacobites et les Nestoriens. Nous ne croyons pas devoir noircir les pages de ce livre avec la discussion de leurs hérésies, qui sont, d'ailleurs, assez connues. Ce sont tous des infidèles, comme le montre le noble Coran. Il ne nous appartient pas d'en discuter avec eux. C'est à eux de choisir entre la conversion à l'Islâm, la capitation (du protégé) ou la mort." (...) / "Le Pape a l'habitude de pousser tous les Francs à obéir à un seul souverain temporel et à s'adresser à lui pour lui soumettre leurs accords et leurs désaccords, pour empêcher la communauté (chrétienne) de se défaire. Il espère ainsi concentrer leur esprit de corps dominant sur une seule tête, de sorte qu'un seul roi les commande à tous. Ce super monarque est appelé 'Empereur' (*Emperador*) avec le *d* prononcé entre *dh* et *z*. Le Pape place lui-même la couronne sur la tête de l'Empereur, pour lui transmettre ainsi sa bénédiction divine (*tabarruk*). Pour cette raison, l'Empereur est dit

mana, a guerra santa é um dever canônico, em razão do caráter universal da missão do Islã, e da obrigação de converter todo o mundo, por bem ou pela força".

Este ensina que o plano humano é alcançado a partir do mundo dos macacos, onde se encontram a sagacidade (*kays*) e a percepção (*idrâk*), mas que, todavia, não chegou ao estágio da reflexão (*rawiyya*), e do pensamento.[322] Essa possibilidade da evolução (*isti'dad*) recíproca, em cada nível (*ufq*) da criação, constitui o que se chama o *continuum* (*ittisâl*) dos seres vivos.[323]

Entre o mundo não-muçulmano – a casa da guerra (*Dar al Harb*) – e a casa da submissão (*Dar al Islam*), tem de existir a possibilidade de construir a casa ou espaço dos tratados e do entendimento: o território dos acordos pacíficos (*Dar al* çuhl ou *Dar al* çahd) o território dos tratados – este o âmbito de atuação do direito internacional, no conturbado e tenso contexto pós-moderno.

Este é o precioso e insubstituível legado do direito internacional, e como este se há de inscrever no contexto pós-moderno: dado que ambos os lados tenham consciência de que a supressão do oponente não é viável, impõe-se negociar e regular a convivência com este. Por meio de tratados (*Dar al* çuhl ou *Dar al* çahd).

Na indagação a respeito do direito internacional à luz dos modelos históricos e culturais, justamente se inscreve a análise das relações entre o Ocidente cristão e o mundo islâmico. Essas relações, que remontam ao século VII a. D., com extraordinária expansão nos séculos seguintes,[324] e se estendem aos nossos dias, nem sempre foram pautadas pela compreensão. Foram, antes, caracterizadas pelas recíprocas distorções, de parte a parte. Essas distorções permanecem, e se fazem, todavia, presentes no cenário atual.

De um lado o Ocidente interpreta com alguma distorção o conceito de *djihad*,[325] que, erroneamente, embora de modo corrente, vê-se referido

'couronné' (*mutawwaj*) – et c'est même peut-être ce qui veut dire le mot 'empereur'? / "Dieu égare qui Il veut et dirige qui Il veut" (XVI, 93).

322 Ibn Khaldûn (op. cit., I, 190).

323 Ibn Khaldûn (op. cit., II, 885).

324 Maurice Lombard, **L'Islam dans sa première grandeur** (VIIIe-XIIe siècle) (préf. de Hichem Djaït, Paris: Flammarion / Champs, © 1971, impr. 1980).

325 J.-P. Charnay, **Principes de stratégie arabe** (Paris: L'herne, 2003, parte do texto da quarta capa do volume): "le *jihad* n'a pas endigué les conquêtes coloniales, et les guerres de libéra-

como 'guerra santa'.[326] Ora, não nos esqueçamos ter sido exatamente isso o que este mesmo ocidente desencadeou, contra o Islã, chamando essa 'guerra santa' sob o nome das "cruzadas".[327]

Justamente aí caberá aferir a extensão possível na busca dos modelos históricos e culturais para as normas do direito internacional pós-moderno. Como se colocam as linhas possíveis, entre direito, história e cultura?

Logicamente não serão somente diferenças de ordem técnica, mas trata-se de confronto de visões de mundo (*Weltanschauung*) e concepções da construção de relações entre civilizações. Os desenvolvimentos mais recentes, na onda das operações militares contrárias ao direito internacional vigente, desencadeadas no Afeganistão, desde 2001 e no Iraque, desde 2003,[328] somente contribuem para exacerbar os radicalismos e

tion se sont alors fondées sur des idéologies nouvelles: anti-imperialisme mondialiste, rénovation de l'identité arabe, nationalisme des peuples et des états. Les luttes de classe de type socialiste et les tactiques de guerre subversive, en affirmant les concepts de neutralisme et de révolution (*thawra*), ont provoqué une renaissance islamique invoquant un *jihad* guerrier".

326 Gilles KEPEL, **Jihad: expansão e declínio do islamismo** (© 2003, trad. Lais ANDRADE, Rio de Janeiro: Biblioteca do Exército Ed., 2003, 'apresentação', p. 5-8, cit. p. 5), aponta os quatro sentidos, nos quais o termo pode ser compreendido: "*Jihad*, na língua árabe, significa a luta entre o bem e o mal, travada para a purificação espiritual – a chamada 'guerra santa', imposta aos muçulmanos pelo Alcorão, em defesa do Islã (submissão voluntária à vontade de Deus). Doutrinariamente, há quatro modalidades de empreendê-la: resguardando-se dos maus sentimentos; praticando boas ações; propagando por todos os meios a fé islâmica e combatendo os infiéis."

327 Amin MAALOUF, **Les croisades vues par les arabes** (© 1983, Paris: Jean-Claude Lattès, 1988, cit. p. 69): "Parmi les monuments saccagés par les envahisseurs se trouve la mosquée d'Omar, érigée à la mémoire du second successeur du prophète, le calife Omar Ibn al-KHATTAB, qui avait pris Jérusalem aux Roum en février 638. (...) Ce jour là, Omar avait fait son entrée sur son célèbre chameau blanc, tandis que le patriarche grec de la ville sainte s'avançait à sa rencontre. Le calife avait commencé par lui assurer que la vie et les biens de tous les habitants seraient respectés, avant de lui demander de le faire visiter les lieux sacrés du christianisme. Pendant qu'ils se trouvaient dans l'église de la Qyama, le Saint-Sépulcre, l'heure de la prière étant arrivée, Omar avait demandé à son hôte où il pourrait étendre son tapis pour se prosterner. Le patriarche l'avait invité à rester sur place, mais le calife avait répondu: 'Si je le fais, les musulmans voudront demain s'approprier ce lieu en disant: Omar a prié ici'. Et, emportant son tapis, il était allé s'agenouiller à l'extérieur. Il avait vu juste, car c'est à cet endroit même que l'on allait construire la mosquée qui porte son nom. Les chefs francs n'ont pas, hélas, cette magnanimité. Ils fêtent leur triomphe par une tuerie indescriptible, puis saccagent sauvagement la ville qu'ils prétendent vénérer".

328 Dominique GAURIER (op. cit., p. 140): "Quoi qu'il en soit, si l'on s'en tient à la doctrine classique du *jihad*, il est tout à fait évident que la lutte contre l'envahisseur américain est

fazer calar os moderados. As incursões contra o Líbano em 2006 e contra a faixa de Gaza em 2009 se inscrevem na mesma linha.

São justamente as vozes moderadas, que poderiam ajudar a construir canais de comunicação. Que tenham estas de permanecer caladas não é nada promissor, no sentido da construção de diálogo válido!

Nada promissores no sentido da construção de diálogo válido, ao mesmo tempo, cumpre contrapor, as totalmente descabidas e violentas reações às caricaturas do profeta MAOMÉ, publicadas em setembro de 2005 pelo jornal *Jyllands Post* da Dinamarca, republicadas na Noruega e depois reproduzidas em jornais da França, Espanha, Alemanha e outros países levaram, em janeiro e fevereiro de 2006, a ondas de depredação de embaixadas e representações diplomáticas dinamarquesas,[329] boicote a produtos dinamarqueses e de vários outros países da União Europeia e manifestações de rua, em países como Indonésia, Líbano, Síria, Arábia Saudita, Afeganistão, Iraque, Irã e populações árabes, de Israel e Palestina.[330]

totalement légitime au nom du *jihad*, à la fois obligation individuelle et collective, dès lors que l'armée américaine et ses alliés des autres nations se trouvent en situation d'occupants d'un territoire d'Islam (...)".

329 Totalmente destruída e incendiada a representação dinamarquesa em Beirute, em fevereiro de 2006.

330 Recep Tayyip ERDOGAN e José Luís Rodríguez ZAPATERO, *Um apelo por respeito e calma* (OESP, 8 fev. 2006, pág. A-14): "No ano passado, quando nós, chefes de governo da Turquia e da Espanha, lideramos o lançamento dos trabalhos do Projeto da Aliança das Civilizações, agimos baseados numa firme crença: precisávamos de iniciativas e instrumentos para deter a espiral de ódio e confusão que, em si, constitui uma ameaça à paz e à segurança internacionais. / "Os eventos infelizes que vemos agora só reafirmam nosso diagnóstico e nosso compromisso de buscar ainda mais apoio a essa causa. / "Historicamente a Espanha e a Turquia estiveram na encruzilhada entre o oriente e o ocidente. Por isso, somos bastante conscientes de que o modo como se conduz o contato entre diferentes culturas pode ser muito enriquecedor, mas também pode desencadear disputas destrutivas." Enfatizam o papel do direito e das instituições internacionais, ao lado do diálogo construtivo e da necessidade de respeito mútuo: "A única maneira de construirmos um sistema internacional mais justo é por meio do máximo respeito pelas crenças de ambos os lados. Estamos totalmente comprometidos com o respeito das normas da lei internacional e a defesa das organizações internacionais que a encarnam. Contudo, nem leis nem instituições são suficientes para garantir a paz no mundo. / "Precisamos cultivar a coexistência pacífica, só possível quando há interesse em compreender o ponto de vista do outro lado e respeito por aquilo que este considera mais sagrado. Essas são as premissas básicas e as principais metas da Aliança das Civilizações, promovida pela Espanha e pela Turquia." Posteriormente, ERDOGAN mostrou ser mais um ditador intolerante.

Está instaurado o diálogo de surdos, nos quais um não ouve as razões do outro.[331]

O diálogo de surdos somente se ampliou e agravou com outros atentados em Nice e em Paris – notadamente, em 7 de janeiro de 2015, a execução sumária de vários jornalistas e funcionários (doze pessoas mortas e cinco feridas gravemente) dentro das instalações do periódico satírico *Charlie Hebdo*, supostamente como forma de protesto contra a edição *Charia Hebdo*, que suscitou polêmica no mundo islâmico e foi recebida como um insulto aos muçulmanos.

A permanência de confronto entre visões de mundo é inevitável – pode-se acompanhar VOLTAIRE –[332] na constatação de que seria impossível fazer todos os homens pensarem da mesma forma, extrapolando a consideração deste a respeito da metafísica, para tantas outras dimensões do espírito. Nem a força, nem as armas podem ser o caminho para a construção de paz.[333]

A dificuldade não decorre da existência das diferenças; mas da tentativa de um lado impor, pela força, ao outro, a sua visão de mundo: aí, já começa a violência e a opressão. Não mais se trata de respeito, mas de

[331] Oportuno e relevante o artigo *Por que publiquei as charges* de Flemming ROSE, editor de cultura do jornal dinamarquês *Jyllands-Posten* (publicado no OESP, 21 de fevereiro de 2006, p. A-12): "Se um fiel exige que eu, como infiel, observe seus tabus no domínio público, não está pedindo meu respeito e, sim, minha submissão. E isto é incompatível com uma democracia secular. / "É exatamente por isso que Karl POPPER, na obra seminal **A sociedade aberta e seus inimigos**, insistiu que não se deve ser tolerante com os intolerantes. Em nenhum outro lugar tantas religiões coexistem pacificamente como numa democracia onde a liberdade de expressão é um direito fundamental. Na Arábia saudita você pode ser preso por usar uma cruz ou levar uma **Bíblia** na mala, enquanto os muçulmanos na Dinamarca secular podem ter suas próprias mesquitas, cemitérios, escolas e estações de TV e rádio."

[332] VOLTAIRE ou François-Marie AROUET (1694-1778), que a partir de 1718 utiliza o *nom de plume*, VOLTAIRE, com o qual passou a ser identificado, mesmo fora dos círculos literários –, **Traité sur la tolérance** (1763) (no volume **Mélanges** préface par Emmanuel BERL, texte établi et annoté par Jacques van den HEUVEL, Paris: Pleiade, 1965, p. 563-650, esp. cap. XXI – vertu vaut mieux que science, p. 633-634, cit. p. 633): "Ce serait le comble de la folie de prétendre amener tous les hommes à penser d'une manière uniforme sur la methaphysique. On pourrait beaucoup plus aisément subjuguer l'univers entier par les armes que subjuguer tous les esprits d'une seule ville".

[333] Sobre a contribuição de VOLTAIRE (1694-1778) na perspectiva da historiografia moderna v. Daniela KERN, *Voltaire* (in Jurandir MALERBA, org., **As lições da história**: o caminho da ciência no longo século XIX, Rio de Janeiro: Ed. FGV, 2010, p. 33-62).

submissão. É preciso preservar as sociedades abertas. Na medida em que se faça a determinação da opinião pela força, sempre haverá margem para a hipocrisia ou para a rebelião.[334] E justificar a mobilização de movimentos de resistência, utilizando as mesmas táticas e discurso equivalente.

O mesmo Voltaire, autor de **o fanatismo, ou Maomé o profeta** (1753)[335] segundo prática aceitável ao seu tempo, mas que seria impensável hoje, utiliza a figura de Maomé para mostrar o perigo do fanatismo, embora tivesse a igreja católica romana como o seu alvo. Esse dado, apesar da precaução de Voltaire em enviar cópia do seu texto ao papa Bento XIV, não impediu que as autoridades eclesiásticas se dessem conta do perigo, e tratassem de obter a proibição da obra. Como ocorreu após a terceira representação em Paris, em 1742.

Mais que a perversidade ou a desonestidade de profeta de teatro, Voltaire faz manifesto contra o fanatismo, e alerta para os perigos deste, que podem levar qualquer homem ao crime, em nome da fé e da convicção de estar inspirado por Deus. Fala de Maomé, mas visava o fanatismo da igreja católica do seu tempo.

Como faz o velho Zopir advertir o filho Seíde, embora ambos desconheçam o parentesco que os une, até o filho matar o pai: "Pode-se acreditar em um deus que comande o ódio?"[336] Antes, em duas das cenas entre Maomé e Omar:

> Teus outros favoritos são zelosos com prudência / Para se exporem a tudo tem demais experiência; / Eles estão todos na idade em que a maturidade / Faz cair a venda da credulidade / É preciso um coração mais simples,

[334] V. **Fundamentos** (2008, esp. item VI, 'direito, história e cultura', p. 491-614) na dimensão da diversidade, a respeito da tolerância e da lição de Voltaire, a partir do erro judiciário e de julgamento, no assim chamado *Affaire CALLAS*, cometido em Toulouse, em 1763, que leva a questão a ser revista e dado novo julgamento em Paris, três anos mais tarde, ensejando as reflexões, que se podem aplicar ao contexto da construção do respeito às diferenças culturais, no contexto pós-moderno.

[335] Voltaire, **Le fanatisme ou Mahomet le prophète**: tragédie (orig. publ. 1753, postface de Jerôme Verain, Paris: Ed. Mille et une nuits, 2006). A peça, provavelmente escrita em 1736, teve sua primeira representação em Lille, em 1741, a seguir foi apresentada em Paris, em 1742. A primeira edição foi publicada em Amsterdam, por Estienne Ledet et Compagnie, 1753. Voltaire, **Le fanatisme ou Mahomet le prophète**: tragédie (orig. publ. 1753, postface de Jerôme Verain, Paris: Ed. Mille et une nuits, 2006).

[336] Voltaire, **Le fanatisme** (ed. 2006, ato III, cena 8, p. 61): "Mais peux-tu croire un Dieu qui commande la haine?"

> cego com coragem, / Um espírito enamorado de sua própria escravidão. / A juventude é o tempo para tal ilusão.[337]

Esta parece ser a tônica do discurso com o qual se recrutam os homens-bomba atuais, por vezes ainda adolescentes:

> (...) acredita que sua jovem coragem / Alimentada de fanatismo tenha toda essa raiva? (...) O amor, o fanatismo, cegam sua juventude; / Ele será furioso por força de sua fraqueza.[338]

Algum tempo mais tarde, G. E. LESSING, inscreve no poema dramático, **Nathan, o sábio** (1779)[339] seu manifesto em favor da tolerância, no qual exclamava: "Eu sei como pensam os homens bons; sei que em todos os países têm gente boa".[340] E que "de cor, de roupa, e das feições de cada um", as diferenças decorreriam.[341]

Dentre as "razões da razão", Norberto BOBBIO (1986, ed. 2009)[342] apontava a interdependência entre, de um lado, a teoria e a prática da tolerância, e, de outro, o espírito laico. Este pode ser entendido como

[337] VOLTAIRE, **Le fanatisme** (ed. 2006, ato II, cena 6, p. 45): "Tes autres favoris zelés avec prudence, / Pour s'exposer à tout ont trop d'expérience ; / Ils sont tous dans cet âge où la maturité / Fait tomber le bandeau de la credulité. / Il faut un coeur plus simple, aveugle avec courage, / Un esprit amoureux de son propre esclavage. / La jeunesse est le temps de ces illusions."

[338] VOLTAIRE, **Le fanatisme** (ed. 2006, ato III, cena 5, p. 55): "(...) crois-tu que son jeune courage, / Nourri de fanatisme en ait toute la rage? (...) L'amour, le fanatisme, aveuglent sa jeunesse; / Il sera furieux à force de faiblesse."

[339] Gotthold Ephraim LESSING, **Nathan der weise – ein dramatisches Gedicht, in funf Aufzugen** (originalmente publicado em 1779, Suttgart: Reclam, 1979). A fonte de Natan, o sábio, é uma *novella* do **Decamerão** de Giovanni BOCCACCIO (1313-1375).

[340] G. E. LESSING, **Nathan der weise** (1779, ed. cit., 1979, versos 1273-74): „Ich weiss wie gute Menschen denken; weiss dass alle Länden gute Menschen tragen."

[341] G. E. LESSING, **Nathan der weise** (1779, ed. cit., 1979, versos 1276-77): „An Farb', an Kleidung, an Gestalt verschieden."

[342] Norberto BOBBIO, *Le ragioni della toleranza* (inicialmente publicado na coletânea de vários autores, **L'intolleranza: uguali e diversi nella storia**, a cura di Píer Cesare BORI, Bolonha: Il Mulino, 1986, p. 243-257; posteriormente inserido no volume **L'età dei diritti**, Turim: Einaudi, 1990, p. 235-252; republicado no volume Ética e política: Scritti di impegno civile, progetto editoriale e saggio introduttivo di Marco REVELLI, Milão: Mondadori, 2009, p. 1187-1202; edição brasileira, no volume **A era dos direitos** © 1990, trad. Carlos Nelson COUTINHO, Rio de Janeiro: Campus, 1992, terceira parte, item iv, 'as razões da tolerância', p. 203-217).

a formação da mentalidade que permite confiar à razão a determinação dos destinos do reino dos homens – *regnum hominis*.

Aí se pode inscrever paralelo com o que nos diz respeito, mais diretamente. Cabe, assim, atribuir a regência do sistema institucional e normativo internacional mais às "razões da razão", enquanto dado partilhado por todos os homens, do que aos impulsos ditos da fé, porquanto esta razão deu origem, de um lado, aos estados não confessionais, ou laicos, no sentido de neutros em matéria religiosa, e ao mesmo tempo liberais, ou neutros, em matéria política.[343]

Pode a razão ser garantia de razoabilidade? Desde que se faça acompanhar da dimensão do outro.

A razão deu origem à assim chamada sociedade aberta – como explicitou Karl POPPER –[344] e retoma BOBBIO, ao falar em sociedade aberta (*società aperta*), na qual a superação dos contrastes de fé, de crença, de doutrina, de opiniões, deveu-se ao império da regra de ouro – *impero della regola áurea* – segundo a qual a minha liberdade se estende até o ponto em que esta não interfere com a liberdade dos outros.

Antes de ambos, também com as palavras de KANT, "a liberdade do arbítrio de um pode subsistir com a liberdade de qualquer outro, segundo uma lei universal" – que é a lei da razão.[345]

A diversidade entre o uso histórico do termo, especialmente a partir do século XVIII, serve para denotar a convivência, sobretudo, entre crenças diversas, que "implica discurso sobre a verdade e a compatibilidade, teórica ou prática, de verdades, até mesmo contrapostas; outra é o problema da tolerância, em face de quem é diverso, por motivos físicos ou sociais, um problema que põe, em primeiro plano, o tema do preconceito e da consequente discriminação". Citação clássica a respeito permanece Benedetto CROCE (1926, 1943)[346] no sentido de que era tão

[343] V. tb. N. BOBBIO, *Ragione dell'uomo e ragione dello stato* (no volume Ética e política: Scritti di impegno civile, progetto editoriale e saggio introduttivo di Marco REVELLI, Milão: Mondadori, 2009, p.613-624).

[344] Karl R. POPPER (1902-1994), **A sociedade aberta e seus inimigos** (orig. publ. **The open society and its enemies**, 1945, trad. Milton AMADO, São Paulo: Edusp / Belo Horizonte: Itatiaia, 1974, 2 tomos).

[345] Luc FERRY, **KANT – une lecture des trois 'critiques'** (Paris: Grasset, 2006).

[346] Benedetto CROCE, **Cultura e vitamorale** (Bari: Laterza, 2ª ed., 1926, p. 100); B. CROCE, **Pagine sparse** (Nápoles: Ricciardi, 1943, vol. I, p. 247 ss.); a respeito da controvérsia entre CROCE e Luigi LUZZATTI, autor do **Liberta di coscienza e di scienza** (1909), e do de-

pouco intolerante que, no âmbito da história, seria tolerante até com os intolerantes.

Toda a construção de arcabouço institucional e normativo internacional que se deseja inscrever, sob o signo da durabilidade, ficará marcada pela transitoriedade e pela provisoriedade, na medida em que se fragilizam as bases culturais e de civilização sobre as quais são construídas tais superestruturas. A conclusão não se põe de modo otimista.

A tolerância, mais que mera prudência política, pode ser a escolha de autêntico método universal, ou deveria valer universalmente, para a convivência civil: a tolerância pode significar a escolha do método da persuasão em vez do método da força ou da coerção. Enfatiza Bobbio:

> não há mais apenas o ato de suportar passiva e resignadamente o erro, mas já há uma atitude ativa de confiança na razão ou na razoabilidade do outro, uma concepção do homem como capaz de seguir não só os próprios interesses, mas também de considerar seu próprio interesse à luz do interesse dos outros, bem como a recusa consciente da violência, como o único meio para obter o triunfo das próprias ideias.[347]

É preciso evitar continuar a estudar e compreender o direito internacional por meio de *redução estrutural*,[348] no sentido de dissociar a realidade do mundo e dos seres. Torna-se a análise teórica componente de estrutura que permite seja esta estudada em si mesma, como algo autônomo.

A redução estrutural leva o direito a ser estudado como sistema e como fim em si mesmo. O direito não pode ser concebido nem conhe-

bate em favor e contra a tolerância nas primeiras décadas do século XX, V. Mura, **Cattolici e liberali nell'età giolittiana: il dibattito sulla tolleranza** (Bari: De Donato, 1976); v. tb. ensaio de Norberto Bobbio sobre Benedetto Croce no volume Ética e política: Scritti di impegno civile (progetto editoriale e saggio introduttivo di Marco Revelli, Milão: Mondadori, 2009, p. 191-213).

347 N. Bobbio (op. cit., ed. bras., 1992, p. 207-208): "Enquanto a tolerância como mero ato de suportar o mal e o erro é doutrina teológica, a tolerância como algo que implica o método da persuasão foi um dos grandes temas dos sábios mais iluminados, que contribuíram para fazer triunfar na Europa o princípio da tolerância, ao término das sangrentas guerras de religião."

348 Em paralelo com o conceito, tal como é usado em análise e crítica literária. Inspirei-me em Antonio Cândido Mello e Souza, **O discurso e a cidade** (São Paulo: Duas Cidades / Rio de Janeiro: Ouro sobre azul, 3ª ed., 2004).

cido como ciência abstrata. Nem como ciência, porquanto seus postulados são condicionados: geográfica, temporal e culturalmente. Certamente não faz sentido o direito internacional, como dado abstrato.[349]

O propósito do direito internacional pós-moderno será o de fazer crítica integradora, capaz de mostrar como o direito se constrói a partir de materiais não-jurídicos, manipulados a fim de se tornarem aspectos de organização jurídica, regida por suas próprias leis, não as da natureza, da sociedade e do ser. As bases, a partir das quais podem ser e são não-jurídicas, mas, a partir destas, o direito usa tais dados para construir a sua linguagem e o seu método.

O direito, e especificamente o direito internacional utilizarão dados da realidade, mas estes serão integrados juridicamente, no sentido de se fazerem componentes integrantes das instituições e normas de regência do contexto internacional. A transposição se faz a partir da realidade, mas esta transposição não é direta: o método jurídico intervém e transforma a linguagem e os conceitos em dados técnicos.

Aí se inscreve o papel e, simultaneamente, o limite do direito internacional e do papel deste, no contexto pós-moderno. As bases culturais têm de ser levadas em conta. Acrescem complexidades adicionais ao conjunto.

A atuação da doutrina em direito internacional pós-moderno será no sentido de mostrar como o discurso e as ações dos políticos e dirigentes dos diferentes estados se constroem a partir do mundo, mas geram algo que se diferencia e nem sempre se conecta com o mundo, cujas leis fazem melhor sentir a realidade originária. Se conseguir realizar esse propósito, a doutrina de direito internacional poderá superar o valo entre o jurídico e o político, ou entre teoria pura e análise da realidade, mediante esforço mais fundo de compreensão do processo, que gera a singularidade do direito internacional pós-moderno.[350]

A diversidade cultural pode ser elemento de estímulo ao diálogo ou de desagregação da sociedade internacional pós-moderna. Não se pode reduzir o mundo à unidade. Mas a coexistência de diferentes visões

[349] Nesse sentido, v. **Fundamentos** (2008, esp. item XI – *creatio ex nihilo*: justiça e força, p. 831-876) e tb. **Tratado** (tomos I e II – **Direito internacional dos espaços**). Aqui se considera a perspectiva do direito internacional no tempo.

[350] Antonio Cândido (op. cit., ed. cit., esp. "prefácio", p. 9-14).

exige respeito recíproco e diálogo: é preciso saber ouvir e conhecer as razões do outro, antes de o julgar e condenar.

A esfera legítima de atuação do estado se restringe aos bens civis – expõe John LOCKE na primeira carta sobre a tolerância.[351] A diversidade de crenças e cultos deve ser tolerada – embora existam limites à tolerância, deve ser preservado o direito de resistência ativa e tem de ser evitado o malefício decorrente da intromissão de clérigos na política. Também merece ser lembrado seu entendimento sobre a incompatibilidade entre Cristianismo e coerção religiosa – o que, infelizmente, ocorreu e ainda ocorre.

Embora pessoalmente bastante intolerante em relação aos católicos, grupo que considerava uma ameaça, em meio à sociedade inglesa, do seu tempo, e por isso 'mereciam' ter restrições aos seus direitos civis e políticos, LOCKE faz a defesa do que hoje se costuma chamar de separação entre igreja e estado, e discute os limites do poder político, para demonstrar que o estado não deve jamais promulgar leis com base em princípios religiosos. Interessante comparar as considerações de Hugo GRÓCIO sobre o tema[352] do ponto de vista do poder do magistrado civil sobre questões religiosas.

Afirmava LOCKE que "o cuidado das almas não pode pertencer ao magistrado civil, porque todo seu poder consiste na coerção" e, por sua vez, o poder eclesiástico, "não tem nas questões civis qualquer direito ou força para coagir". [353] A finalidade das leis consiste em preservar e promover os bens civis – notadamente a vida, a liberdade e a propriedade – de modo que, entre as funções do estado, não se encontra o cui-

[351] John LOCKE, **Carta sobre a tolerância** (edição bilingue, em latim e português, trad. Fábio FORTES e Wellington Ferreira LIMA, org., introdução, notas e comentários Flávio FONTENELLE LOQUE, Belo Horizonte: Autêntica, 2019); tb. na edição italiana, J. LOCKE, **Scritti sulla tolleranza**, ed. D. MARCONI, Turim: UTET, 1977, vol. I, p. 165).

[352] Hugo GRÓCIO, **Traité du pouvoir du magistrat politique sur les choses sacrées** (do original **De imperio summarum potestatum circa sacra**, edição facsimilar da publicada anonimamente em Paris, em 1751, com falsa menção a Londres, na página de rosto, trad. de Charles Armand L'Escalopier de NOURAR, présentation de Vincent GUILLAUME, Caen: Publications de l'Univ. de Caen, 1991).

[353] John LOCKE (op. cit. 2019, p. 40-41): cura animarum non potest pertinere ad magistratum civilem, quia tota illius potestas consistit in coactione. E, adiante (op. cit., 2019, p. 98-99): Ecclesiastica potestas (...) ubique eadem est, nec in res civiles jus nec vim cogendi habendi ullam.

dado com a salvação das almas, tarefa que incumbe aos indivíduos e às igrejas, às quais cada um se associe.

Ninguém pode ser cristão – *nemo Christianus esse potest* – asseverava LOCKE, sem a caridade e sem a fé operantes através do amor e não da força.[354] E a lição, oportuna e necessária, para a Europa que emergira das guerras de religião dos séculos XVI e XVII, se faz igualmente útil para o nosso presente contexto pós-moderno – *res diversissimas miscerent, ecclesiam et rem publicam* – "quando se misturam as duas coisas mais diversas, igreja e estado":

> Não é a diversidade de crenças – o que não se pode evitar –, mas a tolerância, negada aos que têm crenças diferentes, o que poderia ser concedido, que produziu a maior parte das guerras e disputas sobre religião, que nasceram no mundo cristão.[355]

Para além das razões de método, a tolerância traz o reconhecimento da existência e do valor do outro, como ser humano. Aí a tolerância não se põe como renúncia à própria verdade, ou indiferença frente a qualquer forma de verdade.

Posso crer, firmemente, em minha verdade, mas penso que devo obedecer a um princípio moral absoluto, o respeito ao outro – e isso se tanto à pessoa, no outro, como à pessoa, do outro. Aparentemente trata-se de caso de conflito entre razão teórica e razão prática, entre aquilo em que devo crer e aquilo que devo fazer.

Na realidade trata-se de conflito entre dois princípios morais: a moral da coerência, que me induz a pôr a minha verdade acima de tudo, e a moral do respeito ou da benevolência, em face do outro.[356]

354 "Será que aqueles que, sob o pretexto da religião, atormentam, flagelam, espoliam e matam outros homens agem assim com ânimo amigo e benigno" indagava John LOCKE (op. cit. 2019, p. 32-35): An vero illi qui religionis praetextu alios vexant, lacerant, spoliant, jugulant, id amico et benigno animo agant, ipsorum testor conscientiam.

355 John LOCKE (op. cit. 2019, p. 102-103): Non opinionum diversitas, quae vitari non potest, sed negata diversa opinantibus tolerantia, quae concedi poterat, pleraque quae in orbe Christiano nata sunt de religione jurgia et bela produxit.

356 Veja-se o conjunto de ensaios e debates no volume organizado por Claude SAHEL, **A tolerância: por um humanismo herético** (orig. publicado em francês, © 1991, trad. Paulo NEVES, Porto Alegre: L&PM, 1993).

Comentava BOBBIO:[357]

> assim como o método da persuasão é estreitamente ligado à forma de governo democrático, também o reconhecimento do direito de todo homem a crer de acordo com sua consciência é estreitamente ligado à afirmação dos direitos de liberdade, antes de mais nada ao direito à liberdade religiosa, e, depois, à liberdade de opinião, aos chamados direitos naturais ou invioláveis, que servem como fundamento ao estado liberal. De resto, ainda que nem sempre historicamente, pelo menos na teoria, o estado liberal e o estado democrático são interdependentes, sendo o segundo o prolongamento necessário do primeiro; nos casos em que lograram se impor, eles ou se mantém juntos ou caem juntos.[358]

A separação de atribuições e de espaços de atuação deve ser clara. A questão é historicamente mostrada.

Pode ser expressivo lembrar Ad. FRANCK (1864),[359] estudando a questão das relações entre a religião e o estado afirma a necessidade de separação e da liberdade: "a liberdade de uma religião é a de todas as outras, pois a liberdade não é privilégio, mas direito, e o direito não comporta exceções.[360]

[357] N. BOBBIO (op. cit., ed. bras, 1992, p. 208-209 e 216; pequenas revisões na citação).

[358] N. BOBBIO (op. cit., loc. cit.) conclui: "Onde a história destes últimos séculos não parece ambígua é quando mostra a interdependência entre a teoria e a prática da tolerância, por um lado, e o espírito laico, por outro, entendido este como a formação daquela mentalidade que confia a sorte do regnum hominis mais às razões da razão que une todos os homens, do que aos impulsos da fé. Esse espírito deu origem, por um lado, aos estados não confessionais, ou neutros em matéria religiosa, e ao mesmo tempo liberais, ou neutros em matéria política ; e, por outro, à chamada sociedade aberta, na qual a superação dos contrastes de fé, de crenças, de doutrinas, de opiniões, deve ao império da áurea regra segundo a qual a minha liberdade se estende até o ponto em que não invada a liberdade dos outros, ou para usar as palavras de KANT, 'a liberdade do arbítrio de um pode subsistir com a liberdade de todos os outros segundo uma lei universal' (que é a lei da razão)".

[359] Ad. FRANCK, **Philosophie du droit ecclésiastique: des rapports de la religion et de l'état** (Paris / Londres / New York: Germer Baillière Libr. Éd., 1864).

[360] Ad. FRANCK (op. cit., p. 180): "la liberté d'une réligion, c'est celle de toutes les autres, car la liberté n'est pas un privilège, c'est un droit, et le droit ne souffre pas d'exception. Ce qu'on a dit pour l'Italie, on peut le dire pour le reste du monde civilisé: 'l'église libre dans l'état libre', tel est réellement le programme de l'avenir".

O exame da relação entre o direito internacional e a duração, no contexto presente, se mostra, antes como exacerbação das diferenças culturais e da confrontação política, inexoravelmente se liga às pessoas, com os limites de compreensão do mundo e as restrições intelectuais que cada um possa ter. Logicamente tem de ser pensado não como conjunto de criações individuais, mas como emanação das sociedades, do tempo e do meio, no qual se cria, se instaura, se modifica, e pode se extinguir.

O direito, e dentre todos os ramos deste, também o direito internacional, no contexto pós-moderno, tem de ser estudado e compreendido no tempo (histórico) e contexto (cultural). Não se pode conceber como produto desligado da realidade na qual se cria, à qual se aplica e da qual extrai os pressupostos de sua validação e funcionamento.

A seguir se pode passar ao exame do tempo e discurso no direito internacional (capítulo 2).

CAPÍTULO 2
TEMPO E DISCURSO NO DIREITO INTERNACIONAL

O objetivo de apropriação da duração acompanha o da organização do espaço. O direito está constantemente em conflito com a influência restritiva do tempo e do espaço.

Emmanuelle Chevreau (2006)[361]

Os sujeitos do direito internacional não têm sido os mesmos através dos tempos. A cada comunidade histórica da vida internacional correspondem diferentes sujeitos de direito.

Celso D. de A. Mello (2004)[362]

[361] Emmanuelle Chevreau, **Le temps et le droit: la réponse de Rome** – l'approche du droit privé (Paris: De Boccard, 2006, *Introduction*, p. 1-10, cit. p. 8): "Le dessein d'appropriation de la durée va de pair avec l'organisation de l'espace. Le droit est constamment en conflit avec l'influence restrictive du temps et de l'espace".

[362] Celso D. de A. Mello, **Curso de direito internacional público** (Rio de Janeiro: Renovar, 15ª ed., 2004, vol. I, cap. XV – Pessoas internacionais, p. 345-351, cit. § 136) completava a passagem: "No século XX, a sociedade internacional tem sofrido uma profunda transformação. A universalização do mundo jurídico internacional, iniciada no século XIX, chega a seu termo. O domínio reservado dos estados tem diminuído. O homem volta a ter direitos e deveres perante a ordem internacional. As organizações internacionais entram no campo jurídico como um dos principais e mais atuantes sujeitos de direito."

> Não existe equipamento, na ordem jurídica internacional, que tenha mais do que remota semelhança com os equipamentos jurídicos nacionais. A comunidade de estados, na verdade, compõe-se de sujeitos de direito, coordenados, mas não subordinados, e consequentemente, carece do primeiro requisito do sistema legal, característico da comunidade nacional.
>
> Maarten Bos (1984)[363]

A questão do *tempo* se reflete no *discurso* do direito internacional. Grócio[364] fala a respeito de seus predecessores: "o que a todos eles faltou, sobretudo, foi a luz da história".[365] A falta desta teria comprometido o alcance dos esforços, por tais autores encetados, no sentido da construção de direito internacional propriamente dito, como Grócio se propõe fazer com a sua obra principal, o **Direito da guerra e da paz** (1625).[366]

O *discurso* do direito internacional não pode ser compreendido sem relação com o *tempo* no qual este se formula. Como tampouco sem que se considere o *contexto cultural* do qual emerge a formulação.[367] Esta é a tônica central de se fazer o exame do **Direito internacional no tempo**. E, no presente capítulo se consideram, sucessivamente: 2.1 – a controvérsia entre Hugo Grócio e Serafim de Freitas, e 2.2 – consolidação conceitual e institucional do direito internacional.

[363] Maarten Bos, **A methodology of international law** (Amsterdam – New York – Oxford: North Holland, 1984, chap. I – Object and purpose of a methodology of international law, p. 1): "no legal machinery exists in the international legal order bearing anything beyond a remote resemblance to the national legal machinery. The community of states, indeed, is one of co-ordinated, not of subordinated subjects of law and, consequently, lacks the very first prerequisite of the legal system characteristic of the national community."

[364] Cf. **Tratado** (tomo VII – **Direito internacional no tempo de Hugo Grócio**, cap. XVIII).

[365] Hugo Grócio, **O direito da guerra e da paz** (do original **De jure belli ac pacis**, 1625, intr. Antonio Manuel Hespanha, trad. de Ciro Mioranza, col. clássicos do direito internacional, Ijuí: Ed. Unijuí, 2004, 2 vols., cit. Prolegômenos, § 38).

[366] H. Grócio, **De jure belli** (prolegômenos, §31): "Se aqueles que se consagraram ao culto da verdadeira justiça procurassem tratar separadamente as partes dessa jurisprudência natural e perpétua, depois de ter afastado o que pede sua origem da vontade arbitrária dos homens; se alguém por exemplo, tratasse as leis, outro os tributos, outro o ofício de juiz, outro a interpretação das vontades, outro a prova dos fatos, se poderia fazer depois, de todas essas partes, um corpo completo."

[367] V. tb. **Tratado** (tomo XX – **Direito internacional, história e cultura**).

Estes elementos do *tempo*, por sua vez, remetem-nos ao *espaço*. Como dados que interagem necessariamente na construção do modelo cultural de sistema institucional e normativo internacional.[368]

O decurso do tempo – *intervallum temporis* – contribui para a consolidação do domínio sobre o espaço,[369] como à interação entre tempo e espaço no direito em geral, e aqui, especificamente, em relação ao direito internacional.[370] O direito internacional se constituiu como sistema tanto na dimensão do tempo, como na dimensão do espaço.

O tema da temporalidade no direito internacional pode ser clássico,[371] mas este assume nova dimensão no contexto pós-moderno. A fundamentação do *discurso*, ao longo do *tempo*, terá impacto direto sobre a aceitação material da norma internacional.[372]

O assim chamado direito internacional clássico se põe como sistema jurídico da comunidade de estados soberanos, e este teria sido formulado não no século XVII, mas na metade do século XVIII, com a contribuição de VATTEL,[373] que conscientemente o formula como sistema: "o primeiro a ter exposto, e com a vontade de o expor como tal, um conjunto de normas individualizadas, formando todo completo, coerente e autônomo, aptas a reger uma sociedade internacional não-hierarquizada, cujo fundamento é a noção de soberania estatal".[374]

368 Por isso começou o **Tratado**, com os tomos I e II – **Direito internacional dos espaços**.

369 E. CHEVREAU (op. cit., 2006, loc. cit., e Ière Partie – L'action du temps sur le droit, p. 11): "C'est l'*intervallum temporis* qui contribue à maîtriser les distances géographiques. (...) L'appréhension de la notion de temps va de pair avec la mesure et le fractionnement en *tempora* du *continuum* témporel. Cette démarche témoigne de la volonté d'appropriation du temps pour y inscrire l'activité humaine. Il n'a d'utilité que sur la qualité de *tempus agendi*".

370 Por isso o encadeamento lógico e de tratamento da disciplina entre o presente trabalho e os precedentes **Fundamentos do direito internacional pós-moderno** (2008) e o **Tratado** (tomos I e II – **Direito internacional dos espaços**).

371 Alfred VERDROSS, **Le fondement du droit international** (RCADI, 1927, t. 16, p. 247-324). V. tb., G. A. FINCH, **Les sources modernes du droit international** (RCADI, 1935, t. 53, p. 531-630).

372 Como se examina no conjunto do **Tratado** (tomos III a XX) sobre o **Direito internacional no tempo**. Dentre outros, v. o já referido Maarten Bos, **A methodology of international law** (cit., 1984); Karl ZEMANEK, **The legal foundations of the international system: general course on public international law** (RCADI, 1997, t. 266, p. 9-335).

373 Cf. **Tratado** (tomo XII – **Direito internacional no tempo de Vattel e von Martens**, cap. XXIV – Emer de Vattel (1714-1767)).

374 Emmanuelle JOUANNET, **Emer de Vattel et l'émergence doctrinale du droit international classique** (Paris: Pedone, 1998, 'introduction', p. 9-29, cit. p. 9) caracteriza o sistema da

A soberania, ao mesmo tempo, é elemento característico da composição do estado,[375] como sujeito de direito internacional, mas é preciso colocar limites à soberania do estado, sob pena de inviabilizar a ordenação da convivência entre estados. Este seria o paradigma do direito internacional clássico. Mas outros parâmetros existiram antes[376] e existirão depois.

Este direito internacional clássico seria,[377] assim, típico produto da Idade moderna, e mais especificamente estaria ligado ao "grande século" francês, como habitualmente a historiografia – sobretudo especificamente francesa e de língua francesa – denomina o século XVIII. Essa é a formulação a ser compreendida em relação a contexto intelectual particular, que cabe aqui discutir, um direito político da Europa (*Droit politique de l'Europe*) como dado característico dessa fase francesa na ordenação de sucessivas etapas do direito internacional – *die Völkerrechtsordnung*

época: "c'est avec Emer de VATTEL (1714-1767), juriste et diplomate de la Suisse romande, qu'émerge, au sein de l'école du droit de la nature et des gens, le droit international classique, autrement dit, que le droit des gens conçu comme système juridique de la communauté des États souverains a réellement pris naissance au sein du courant jusnaturaliste, non pas au XVIIe chez les fondateurs de l'École, mais au milieu du XVIIIe siècle, à travers l'oeuvre d'un des derniers représentants de ce courant. Inversement à certains de ses prédécesseurs plus connus, VATTEL est en effet le premier à avoir exposé, et a eu la volonté d'exposer comme tel, un ensemble de règles individualisées formant un tout complet, cohérent et autonome de normes aptes à régir une société internationale non hierarchisée dont le fondement est la notion de souveraineté étatique".

375 Compare-se o exame da matéria desenvolvido por Jens BARTELSON, **A genealogy of sovereignty** (New York / Cambridge: Cambridge Univ. Press, 1995).

376 Como apontava Celso D. de A. MELLO, **Curso de direito internacional público** (Rio de Janeiro: Renovar, 15ª ed., 2004, vol. I, cap. XV – Pessoas internacionais, p. 345-351, cit. § 136): "Os sujeitos do direito internacional não têm sido os mesmos artavés dos tempos. A cada comunidade histórica da vida internacional correspondem diferentes sujeitos de direito. / Em Roma, o 'jus gentium' dirigia as suas normas mais ao indivíduo do que ao estado. / No período medieval, a comunidade política ingressa no plano jurídico internacional de modo definitivo. / A ideia de que o homem e o estado são pessoas internacionais foi admitida pela maioria dos internacionalistas 'clássicos', como ocorreu com Hugo GROTIUS no **De jure belli ac pacis** (1625). / O estado foi, entretanto, exercendo um papel monopolizador no mundo jurídico internacional, que acabou por se reduzir, no século XIX, a uma 'aristocracia de estados'.

377 Cf. **Tratado** (tomo XI – **Direito internacional no tempo do Iluminismo**, tomo XIII – **Direito internacional no tempo do concerto europeu**, item – do direito internacional do tempo do 'iluminismo' ao tempo do concerto europeu).

des französischen Zeitalters – de 1648 a 1815.[378] Mas este modelo e modo de ordenação não foi o primeiro, nem pode ser considerado como o único possível para o direito internacional, sobretudo no contexto pós-moderno.

Considerar 'tempo e discurso no direito internacional', como se propõe neste capítulo, tem por escopo justamente compreender o condicionamento histórico, do direito internacional, enquanto produto cultural, e este se põe simultaneamente como dado *temporal* e *cultural*, para a compreensão do que seja e como seja o direito internacional, ao tempo em que é considerado. Como outros artefatos humanos, também o direito internacional se põe como produto do tempo e do meio. Como se poderia caracterizar na perspectiva da história cultural.[379]

Obviamente, também para o direito internacional cabe asseverar: "a história conta muito".[380] E, cumpre lembrar, o registro da história normalmente é feito pelos 'ganhadores' da luta pela sobrevivência. Aqueles que se encontrem em condição de impor a sua visão do tempo e das coisas. E, assim passam a ser vistos, por meio da história, pelas gerações seguintes.

Ao direito internacional interessava – e ainda interessa – a questão do ponto de vista da formulação, da aceitação e da implementação das regras, como pano de fundo e premissa subjacente ao sistema institu-

[378] A respeito do 'grande século francês', v. VOLTAIRE, **Le siècle de Louis XIV** (originalmente publicado em 1751, édition établie, présentée et annotée par Jacqueline HELLEGOUARCH et Sylvain MENANT, avec la collaboration de Philippe BONNICHON et Anne-Sophie BARROVECCHIO, Paris: Libr. Génerale Française, © 2005, 2ª. ed., 2008). Para situar VOLTAIRE (1694-1778) na historiografia moderna, v. D. KERN, *Voltaire* (in Jurandir MALERBA, org., **As lições da história**: o caminho da ciência no longo século XIX, Rio de Janeiro: Ed. FGV, 2010, p. 33-62). Na perspectiva do direito internacional, dentre outros, Wilhelm G. GREWE, **Epochen der Völkerrechtsgeschichte** (Baden-Baden: Nomos, 1984, esp. Dritter Teil, „Droit politique de l'Europe: die Völkerrechtsordnung des französischen Zeitalters 1648-1815", p. 323-498). Na perspectiva histórica geral, dentre outros, v. Tim BLANNING, **The Pursuit of Glory: Europe 1648-1815** (London: Penguin, © 2007, impr. 2008).

[379] Sobre definições e correntes da história e a perspectiva da história cultural, v., por ex.: Peter BURKE, **O que é história cultural?** (trad. do original **What is cultural history?** © 2004, Sérgio GÓES DE PAULA, Rio de Janeiro: Jorge Zahar, 2005); Sandra Jatahy PESAVENTO, **História e história cultural** (© 2003, Belo Horizonte: Autêntica, 2008).

[380] Para útil contraposição, v. Eric R. WOLF (1923-1999), **A Europa e os povos sem história** (do original **Europe and the people without history**, inicialmente publicado 1982, nova edição, 1997, © 2005, trad. Carlos Eugênio Marcondes de MOURA, São Paulo: Edusp, 2005, p. 12).

cional e normativo vigente ao tempo.[381] O fundamento determina[382] o âmbito e a natureza da incidência da norma,[383] com base no discurso, inserido no tempo histórico e contexto cultural, no qual se inscreve. Mas a utilização da perspectiva temporal permite situar todo o conjunto do sistema e perceber as grandes linhas de sua evolução.

A análise do direito internacional, como 'discurso', inserto no 'tempo', remete à obrigatoriedade ou não da norma e, consequentemente, será relevante, i.a., no tocante às formas de zelar pela sua determinação e aplicação. A materialidade da norma no contexto internacional, sua gênese, seu fundamento. Aceita a ideia, trata-se de assegurar-lhe a implementação.[384]

Esse é o dilema e a natureza intrínseca do direito internacional: a especificidade deste, enquanto ordenamento jurídico, que rege o contexto internacional. Como construção de discurso, a fundamentação deste, condicionados pelo tempo histórico e contexto cultural.

[381] H. Accioly, **Tratado** (2009, vol. I, "fundamento"): "da maneira de o encarar ou, melhor, de o resolver podem decorrer consequências mui diversas na solução de questões de ordem internacional. Por outra parte, é do fundamento que se pode deduzir a força ou o valor obrigatório das regras ou normas do direito em apreço."

[382] R. Quadri, **Fondement du caractère obligatoire du droit international public** (Rcadi, 1952, t. 80, p. 579 ss., cit., nas "considerations introductives") frisa que a solução do problema se reflete ficlmente na escolha das fontes das quais se crê poder deduzi-lo.

[383] A questão, o discurso e a busca do fundamento do direito internacional pós-moderno retomam o enfoque tradicional e o ampliam, para situar este tópico crucial no contexto da história (tempo) e do contexto (cultural), no qual se vai construir o sistema de princípios, normas e instituições, ao qual se vai filiar a análise. Cumpre enfatizar que a solução do problema se refletirá, fielmente, na escolha das fontes, a partir das quais se acredite poder deduzir este fundamento. A respeito: **Fundamentos** (2008, esp. itens V – direito internacional e duração, p. 449-490 e VI – direito, história e cultura, p. 491-614); R. Quadri, **Le fondement du caractère obligatoire du droit international public** (cit., 1952, p. 579-631, cit. "considerations introductives", p. 583-584); P. Heilborn, **Les sources du droit international** (Rcadi, 1926, t. 11, p. 1-64); G. Gidel, **Droits et devoirs des nations: la théorie classique des droits fondamentaux des états** (Rcadi, 1925, t. 10, p. 537-600).

[384] Este é o tema central de todo o trabalho desenvolvido nos **Fundamentos** (2008, passim); v. tb. E. M. Meijers, **L'histoire des principes fondamentaux du droit international privé à partir du moyen** âge **spécialement dans l'Europe occidentale** (Rcadi, 1934, t. 49, p. 543-686); Ige F. Dekker and Harry H. G. Post (edited by), **On the foundations and sources of international law** – dedicated to the memory of Prof. Herman Meijers (Haia: T.M.C. Asser Press, 2003).

O ordenamento internacional não é nem neste se pode buscar equivalente aos ordenamentos internos, que poderia ser transposto para contexto diverso, este último, internacional, porquanto este tem características específicas. E é preciso deixar claro esse dado elementar.[385]

O direito interno, em considerável medida, emana do estado e por ele se cria e se aplica. Em cada um dos estados.[386] A partir destes, configuram-se princípios e normas para reger a convivência entre estados; e destes com os demais sujeitos de direito internacional, no contexto pós-moderno.[387]

A soberania põe limites para o direito internacional, como os põe para o estado.[388] Antes destes,[389] "o ponto de partida do direito internacional está no princípio de soberania".[390] Mesmo que se possa questionar a extensão na qual tal princípio permaneceria válido, como limite

[385] Frank ATTAR, **Droit international: entre ordre et chaos** (Paris: Hachette, 1994, p. 12-13) comenta: "Nombre de malentendus et de commentaires à l'emporte-pièce pourraient être evités par la compréhension de ce fait élémentaire."

[386] A respeito: R. ERICH, **La naissance et la reconnaissance des** états (RCADI, 1926, t. 13, p. 427-508); H. KRABBE, **L'idée moderne d'**état (RCADI, 1926, t. 13, p. 509-584); CASELLA, **Fundamentos** (2008, item VIII – questão e discurso do fundamento do direito internacional, p. 663-720, cit. p. 665): O direito internacional constitui a base do ordenamento internacional. De modo geral, ordenamento se define como universo quase autônomo regido por regras específicas de funcionamento. Mais especificamente pressupõe a existência de *sujeitos* cujo comportamento é ditado pela observância de *normas*, cuja inobservância ou violação pode acarretar certo número de *consequências*. O ordenamento jurídico internacional, se de um lado responde ao espírito dessa definição genérica, por outro evolui à margem de sua formulação.

[387] Olivier CORTEN, **Méthodologie du droit international public** (Bruxelas: Éditions de l'Université de Bruxelles, 2009, cit. p. 11) menciona como objeto "fornecer método de trabalho, suscetível de ser utilizado no contexto de qualquer estudo do direito internacional", e considera "trata-se assim de ensino 'transversal', destinado a fazer a ligação entre campos tão diferentes como o direito das Nações Unidas, os direitos da pessoa, o direito do mar, o direito internacional humanitário, o direito econômico internacional".

[388] Jens BARTELSON, **A genealogy of sovereignty** (New York / Cambridge: Cambridge Univ. Press, 1995).

[389] J. BASDEVANT, *Hugo Grotius* (in **Les fondateurs du droit international public: leurs oeuvres, leurs doctrines** "avec une introduction de" A. PILLET, Paris: V. Giard & E. Brière, 1904, p. 125-267).

[390] J. BASDEVANT, **La conclusion et la rédaction des traités et des instruments diplomatiques autres que les traités** (RCADI, 1926, t. 15, p. 535-644); J. BASDEVANT, **Règles générales du droit de la paix** (RCADI, 1936, t. 58, p. 471-692).

estanque para o direito internacional, ainda serve para esclarecer a natureza específica do ordenamento.

O direito internacional clássico se construiu com base nas premissas ordenadoras da sociedade interestatal, lastreada nos pressupostos, tantas vezes afirmados quanto descumpridos, da soberania, da contraposição entre igualdade jurídica e desigualdade real dos estados, da não-ingerência nos assuntos internos, que no passado deu lugar a intervenções para o exercício da "proteção diplomática", como tem dado, mais recentemente ensejo a "intervenções humanitárias", para sequer se buscar perquirir a fundamentação legal de "cruzadas" políticas, todavia correntes, como a "guerra contra o terrorismo internacional". Estes são somente alguns dos avatares em curso, dentre fenômenos que se multiplicam na história.

A compreensão histórica dos fenômenos culturais, como no caso do direito internacional, exige a transposição para o contexto histórico e cultural da época, da qual se vai tratar, sob pena de distorcer essa compreensão pretendida.[391] Para evitar cometer anacronismos, no exame dos fatos e dos conceitos, norteadores do sistema, na época em que este é considerado.

Integrado por estados independentes, iguais e soberanos, resulta, no direito internacional, a impossibilidade central de instaurar autoridade central, e dotar esta de poder coercitivo, apto a garantir a observância das normas. De tal modo, em razão da dispersão do poder, é difícil determinar critério objetivo de identificação da legalidade.

O ordenamento jurídico internacional é a agregação de mecanismos de convivência entre soberanias iguais, ao menos em seu formato dito "clássico".[392] E este se encontra em mutação.

[391] Exemplo notório é o da suposta "guerra contra o terrorismo internacional". Enquanto modelo de ordenação do discurso das relações internacionais, há algum tempo, se mostra abalada pelas transformações em curso, mas ainda não se estruturou nem opera o sistema que poderia responder de modo mais consentâneo às necessidades do tempo presente. Mas não é o primeiro nem o único modelo, passível de interpretações deturpadas, ou politicamente condicionadas.

[392] Cf. **Tratado** (tomo XI – **Direito internacional no tempo do Iluminismo**, tomo XIII – **Direito internacional no tempo do concerto europeu**, item – do direito internacional do tempo do 'iluminismo' ao tempo do concerto europeu).

Caminha o direito internacional pós-moderno para algo diverso, embora esse novo modelo ainda não esteja pronto.[393] Como também existiu e funcionou diversamente o sistema internacional, de outras eras, antes do surgimento do modelo interestatal do direito internacional clássico.

A dispersão, ademais, acarreta outra consequência prática relevante: perda da autonomia do direito internacional, na medida em que se vê na contingência de delegar as modalidades práticas de sua aplicação aos órgãos internos dos estados, o que pode ser chamado de "imperativo de integração vertical",[394] ou "desdobramento funcional", [395] ou ainda, "aquilo que é comum".[396]

A questão do *tempo* e *discurso* é perplexidade que se renova,[397] e isso se dá também no direito internacional. O *discurso* apresenta-se no *tempo*, em várias correntes de pensamento e autores, até nossos dias.[397]

[393] V. **Tratado** (tomo – **Direito internacional, história e cultura**, cap. V – Desafios e desenvolvimentos do direito internacional no contexto pós-moderno).

[394] Cf. F. ATTAR (op. cit., 1994).

[395] Georges SCELLE, *Le phénomène juridique du dédoublement fonctionnel* (in **Rechtsfragen der internationalen Organisation: Festschrift für Hans WEHBERG**, Frankfurt a.M.: V. Klostermann, 1956, p. 324-342); ___, **Manuel de droit international public** (Paris: Sirey, 1948); ___, **Théorie et pratique de la fonction executive en droit international** (RCADI, 1936, t. 55, p. 87-202); ___, *Essai sur les sources formelles du droit international* (in **Recueil d'études sur les sources du droit en l'honneur de François Gény**, Paris: Sirey, 1934, vol. III, p. 410 ss.); ___, **Précis de droit des gens: principes et systématique** (Paris: Sirey, 1934); ___, **Règles générales du droit de la paix** (RCADI, 1933, t. 46, p. 327-704).

[396] Joe VERHOEVEN, **Considérations sur ce qui est commun** – cours général de droit international public (2002) (RCADI, 2008, t. 334, p. 9-434, *Introduction*, p. 25-34, cit. p. 28): "Pourquoi ces considérations sur ce qui est 'commun'? Le qualificatif peut paraître étrange. Il n'y a pas lieu d'y découvrir des desseins obscurs. Le mot est pris dans le (double) sens qui est habituellement le sien: 'banal' et 'partagé'. Autrement dit, il ne faut pas s'attendre à de grandes découvertes".

[397] CASELLA, **Fundamentos** (2008, p. 666): Os pré-socráticos, ao inaugurarem o pensamento filosófico e o pensamento ocidental, defrontaram-se com a necessidade de determinar o ponto de partida e várias teorias e correntes foram sendo formuladas, pelos milésios, a partir do século VI a. C., TALES, ANAXIMANDRO e ANAXIMENES e seus sucessores, PITÁGORAS e os pitagóricos, antigos e recentes, XENÓFANES, HERÁCLITO e PARMÊNIDES, SÓCRATES, PLATÃO e ARISTÓTELES, ZENÃO DE ELÉIA, MELISSO DE SAMOS e EMPÉDOCLES de AGRIGENTO". A respeito: H. DIELS – W. KRANZ, **Die Fragmente der Vorsokratiker** (1ª ed., Berlim, 1903, 2 vols; 2ª ed., Berlim, 1934-37, 3 vols.) edição francesa **Les présocratiques** (ed. établie par Jean-Paul DUMONT et al., Paris: Gallimard – Pleiade, © 1988, impr. 1989); Werner JAEGER, **Paideia: a formação do homem grego** (trad. de Artur M. PARREIRA, São Paulo: Martins Fontes, 1979); Giovanni REALE, **História da filosofia antiga** vol. I – **Das origens a Sócrates**

Este direito internacional, que nos é legado, é temporal e culturalmente condicionado. E, como tal, tem de ser compreendido.[399]

A construção do direito internacional como sistema de normas exige a determinação do fundamento deste. Pode ser externo ao sistema, mas estará subjacente ao mesmo. Daí o uso do termo fundamento.[400] Por que retomar a busca dos fundamentos do direito internacional? Em razão do

(trad. Marcelo Perine, São Paulo: Loyola, 1993), vol. II – **Platão e Aristóteles** (trad. Henrique C. L. Vaz e Marcelo Perine, São Paulo: Loyola, 1994), vol. III – **Os sistemas da era helenística** (trad. M. Perine, São Paulo: Loyola, 1994), vol. IV – **As escolas da era imperial** (trad. Marcelo Perine e Henrique C. L. Vaz, São Paulo: Loyola, 1994), vol. V – **Léxico, índices, bibliografia** (com a colab. de Roberto Radice, trad. Henrique C. L. Vaz e Marcelo Perine, São Paulo: Loyola, 1995); Wolfgang Schadewalt, **Die Anfänge der Philosophie bei den Griechen: Die Vorsokratiker und ihre Voraussetzungen** (*Tübingen Vorlesungen Band 1,* unter Mitwirkung von Maria Schadewalt, hrsg. von Ingeborg Schudoma, Frankfurt: Suhrkamp, 1978), **Die Anfänge der Geschichtsschreibung bei den Griechen: Herodot – Thukydides** (*Tübingen Vorlesungen Band 2,* Frankfurt: Suhrkamp, Erster Auflage, 1982, 3. Aufl, 1990), **Die fruhgriechische Lyrik (und Pindar)** (*Tübingen Vorlesungen Band 3,* Frankfurt: Suhrkamp, Erster Auflage, 1989), **Die griechische Tragödie** (*Tübingen Vorlesungen Band 4,* Frankfurt: Suhrkamp, Erster Auflage, 1991).

398 À sobejamente conhecida citação aristotélica, agrega Bertrand Russell ter sido somente à luz de alguma interpretação humana que essas mudanças puderam ser compreendidas pela primeira vez. Ver B. Russell, **História do pensamento ocidental** (trad. Laura Alves e Aurélio Rebello, São Paulo: Ediouro, 2003, p. 26): "Segundo Aristóteles, o homem é um animal político. Não vive isolado, mas em sociedade. Mesmo no nível mais primitivo, isto envolve algum tipo de organização e a noção de ordem brota desta fonte. A ordem é, antes de tudo, a ordem social. Algumas mudanças regulares que ocorrem na natureza, como a sequência do dia e da noite e o ciclo das estações, foram descobertas, sem dúvida, há muito tempo. Contudo, foi à luz de alguma interpretação humana que essas mudanças puderam ser compreendidas pela primeira vez".

399 Nesse sentido se põe o 'estudo de caso', considerado no item 2.1, sobre a 'controvérsia entre Hugo Grócio e Serafim de Freitas'. V. tb. **Tratado** (tomo XX – **Direito internacional, história e cultura**, cap. IV – Papel da proteção internacional dos direitos fundamentais como fator de renovação e de transformação do direito internacional).

400 **Dicionário** Houaiss **da língua portuguesa** (Rio de Janeiro: Objetiva, 1ª ed., 2001, p. 1404). Indica o uso do termo "fundamento" e as definições possíveis deste: *fundação / base firme // conjunto de regras básicas de organização e de funcionamento de uma instituição, estabelecimento, coletividade, esporte etc.; conjunto de princípios a partir dos quais se pode fundar ou deduzir um sistema, um agrupamento de conhecimentos / base sólida que legitima ou autoriza alguma coisa, causa, fundo, motivo, razão / explicação para fatos, acontecimentos etc. / demonstração da veracidade de um fato: prova.*

quadro presente, de mutação das premissas fundadoras e dos propósitos de ação do sistema, torna-se necessário rever as bases.[401]

Cabe aos historiadores definir períodos e delimitar a extensão temporal e marcas características de nossa compreensão do tempo. Se o distanciamento temporal é indispensável para permitir melhor ver as coisas, e poder avaliar com isenção, a história trabalha com a reflexão sobre o passado, sobre as coisas que se foram e como foram e como são contadas, onde cabe perquirir como ordenar a norma internacional e a ação desta no mundo.

Nesse sentido, inovava Antonio VIEIRA, ao pretender, com a sua **História do futuro** (1718, ed. 2005) projetar o que ainda estaria por vir: "havia de se acabar seu mando, seu poder, seu império, sua soberania, como verdadeiramente se acabou a dos Assírios pela sucessão dos Persas, dos Persas pela sucessão dos Gregos, e a dos Gregos pela sucessão dos Romanos, e se acabará também a dos Romanos pela sucessão do Quinto Império".[402]

Isto ainda se faz sentir, nas mutações institucionais e conceituais, em curso na ordem internacional. Quando se começam a acolher os valores e os princípios, como os da proteção internacional dos direitos fundamentais ou os direitos dos povos, passíveis de tipificação e de proteção, no plano internacional.[403]

Cabe ter consciência da crise dos modelos passados e da necessidade de regras presentes. Para que se possa ter futuro: "uma cultura, contudo, só o pode ser ao preço de buscar-se sem fim, de transformar-se, tentando construir o próprio futuro, movendo-se rumo ao outro como contínuo cumprimento e aperfeiçoamento de sua própria essência".[404]

[401] Nesse sentido, ver **Fundamentos** (2008, especialmente item XII – direito e relações internacionais: coexistência pacífica, p. 877-958).

[402] Antonio VIEIRA, S.J., **História do futuro – livro anteprimeiro. Prolegômeno a toda a história do futuro, em que se declara o fim e se provam os fundamentos dela. Matéria, verdade e utilidade da história do futuro** (ed. original, Lisboa: Oficina de Antonio Pedroso Galram, 1718, organizador José Carlos Brandi ALEIXO, Brasília: Ed. UnB, 2005, p. 385-386).

[403] Cf. **Tratado** (tomo XX – **Direito internacional, história e cultura**, cap. 4 – papel da proteção internacional dos direitos fundamentais como fator de renovação e de transformação do direito internacional, item 4.1 – o direito internacional dos direitos humanos como eixo de orientação do sistema institucional e normativo internacional).

[404] Vittorio GREGOTTI, **Identità e crisi dell'architetura europea** (Torino: Einaudi, 1999, *Premessa*, p. 3-10, cit. p. 9): "Una cultura, però, non può essere che al prezzo di cercarsi senza

Nesse futuro poderão, inclusive, os historiadores, fazer as suas reflexões a respeito da história e do tempo que passou. Enquanto sistema institucional e normativo, tem necessidades específicas o direito internacional, e estas impõem a necessidade da reflexão sobre tempo e discurso, na fundamentação deste.

Na linha da reflexão prospectiva de Vieira, antes que se torne passado, e objeto de reflexão histórica, temos, contudo, a necessidade de estudar e compreender *como* e *para que* regular a vida internacional, e quais podem ser os parâmetros considerados válidos e aceitáveis para esta e para a interação entre os sujeitos de direito internacional,[405] por excelência os estados, mas também em grau crescente, as organizações internacionais, os demais agentes não estatais, e sobretudo o progressivo reconhecimento da condição do ser humano, como sujeito de direitos e obrigações, no plano internacional.[406]

A questão do *tempo* e *discurso* no direito, em geral e propriamente no direito internacional, se liga ao dado fundador, que norteará essa busca. Trata-se da questão capaz de produzir as maiores angústias para o ser humano: a relação deste com o tempo, em geral, e com o seu tempo particular, como mostra Heidegger.[407] E que se espraia por múltiplos campos, em nosso contexto pós-moderno,[408] como sintomas do "mal-estar na civilização".[408]

fine, di trasformarsi tentando di costruire il proprio futuro movendo verso a'ltro come continuo compimento della propria essenza."

405 Nesse sentido, **Fundamentos** (2008, item IV – sujeito e objeto: estado de natureza, natureza do estado e relações entre estados, p. 381-448).

406 Cfr. **Tratado** (tomo XX – **Direito internacional, história e cultura**, cap. IV – Papel da proteção internacional dos direitos fundamentais como fator de renovação e de transformação do direito internacional).

407 Martin Heidegger, **Sein und Zeit** (Tubingen: Max Niemeyer, 15ª ed., 1984); M. Heidegger, **Holzwege** (Frankfurt: Vittorio Klostermann, © 1950, 6ª ed. revista, 1980); M. Heidegger, **Kant und das Problem der Metaphysik** (editado por F. W. von Herrmann, Frankfurt: Vittorio Klostermann, © 1973, 5ª ed., ampliada, 1991).

408 Cfr. **Tratado** (tomo XX – **Direito internacional, história e cultura**, cap. I). A análise de Heidegger se situa em relação ao dicurso desconstrutor da arte contemporânea, retomada por Affonso Romano de Sant'Anna, O pastiche do caos: o *kitsch* da pós-modernidade na Bienal de São Paulo (30 de março de 2002) in **Desconstruir Duchamp: arte na hora da revisão** (Rio de Janeiro: Vieira & Lent, 2003, p. 62/64) – ou o que se tentou fazer sob tal denominação, no período de 1970 a 2000 – e já se vê confrontado pela necessidade de unificação de critérios para a análise e a valoração da produção dessa época. Em boa medida,

Foi o desafio do século XX dar-se conta da considerável ampliação da esfera de ação do direito internacional. No século passado ocorre enorme e assustadora ampliação de suas esferas de ação e competência.[410] Mas as controvérsias conceituais também ocorreram em séculos anteriores, mesmo na formação de conceitos básicos do direito internacional.[411]

O desafio do século XXI será o de dotar o direito internacional dos meios para a consecução dos fins a que se destina. Desse modo, depois de mapear o terreno no qual virá a exercitar as suas competências, ir buscar a operacionalidade e a efetividade.

Nessa vertente, o direito internacional pós-moderno se busca no tempo e volta o olhar para contemplar e compreender o passado, também para determinar modelos futuros.

A compreensão do direito internacional no tempo será útil para perceber a evolução alcançada. As lacunas e necessidades, todavia não alcançadas, não devem esconder a extensão das realizações já obtidas.

Perigo oposto põe-se, também, e deve, igualmente, ser evitado: nem se pode, nem se deve aceitar compartimentação demasiadamente estrita, não pode nem deve, tampouco, o direito internacional pretender abranger todos os campos da regulação, sob pena de se perder como sistema institucional e normativo. Assim, um suposto "direito internacional providência",[412] deve ser evitado, sob pena de comprometer a

mais do que pelos resultados concretamente alcançados, valerá como registro histórico do "mal estar do artista na civilização", o **Unbehagen** – formulado por S. Freud.

409 Sigmund Freud, **O mal estar na civilização** (do original **Das Unbehagen in der Kultur** © 1930, Edição standard brasileira das obras psicológicas completas de S. F., comentários e notas de James Strachey, em colaboração com Anna Freud et al., vol. XXI (1927-1931) trad. do alemão e do inglês, sob a direção geral de Jayme Salomão, trad. José Otávio de Aguiar Abreu, rev. técnica de Walderedo Ismael da Silveira, Rio de Janeiro: Imago, © 1969, 1ª ed., 1974, p. 73-171).

410 Benedetto Conforti, **International law and the role of domestic legal systems** (Rcadi, 1988, t. 212), B. Conforti, **Le rôle de l'accord dans le système des Nations Unies** (Rcadi, 1974, t. 142, p. 203-288).

411 Nesse sentido, o 'estudo de caso', no item 2.1 – a controvérsia entre Hugo Grócio e Serafim de Freitas.

412 Emmanuelle Jouannet, *À quoi sert le droit international ? Le droit international providence du XXIe siècle* (Revue belge de droit international, 2007/1, Bruxelles: Bruylant, p. 5-51): "Une logique juridique et politique à l'oeuvre depuis 1945 dans le droit international contemporain qui fait de lui un droit international providence. C'est un droit qui intervient partout, et qui cherche à combler les deséquilibres économiques, sociaux, écologiques et sanitaires de

viabilidade deste, diante da proliferação legislativa, jurisprudencial e doutrinária, em direito internacional, no contexto pós-moderno.[413]

O panorama histórico não será somente exercício retrospectivo: por isso aqui se questiona a relação entre *tempo* e *discurso* no direito internacional. O enfoque pós-moderno serve, justamente, para a partir do diálogo com as fontes, alcançar a compreensão dos desafios do que está por vir.

Ao responderem às questões de seu tempo, Francisco de Vitória e Francisco Suarez preparam o caminho para o surgimento de quadro conceitual,[414] que terá consideráveis passos adicionais, dados por Hugo Grócio.[415] Todos estes autores foram constantemente amparados pela matriz romana antiga em suas trajetórias de construção do direito internacional moderno. Tratava-se de conferir ao direito internacional o seu quadro conceitual e institucional, com o qual operará durante a fase que se poderia denominar 'clássica'.[416]

"Ninguém tratou toda esta matéria e os que a trataram deixaram muito trabalho a outros", afirmava Grócio, no **Direito da guerra e da paz** (1625).[417] E, de modo quiçá excessivo, ainda na mesma passagem,

la planète. Mais ce faisant, il suscite des attentes et contient des promesses, qu'il ne pourra peut-être pas tenir". Aponta, assim, a necessidade de "revenir sur les limites que l'on devrait fixer au droit international pour lui rendre sa véritable force".

413 O. Corten (op. cit., 2009, p. 11): "En droit international on constate, depuis plusieurs années une certaine inflation législative: de plus en plus de domaines sont régis par le droit, des règles de plus en plus nombreuses sont édictées, les jugements et les études scientifiques se multiplient".

414 Ver **Tratado** (tomo V – **Direito internacional no tempo de Francisco de Vitória**, cap. XIV, e tomo VI – **Direito internacional no tempo de Suarez, Gentili e Zouch**, cap. XV).

415 Cfr. **Tratado** (tomo VII – **Direito internacional no tempo de Hugo Grócio**); Ago, Schiedermair, Riphagen, Truyol y Serra, Feenstra, **Commémoration du quatrième centenaire de la naissance de Hugo Grotius / Commemoration of the fourth centenary of the birth of Grotius** (Rcadi, 1983, t. 182, p. 371-469); W. van der Vlugt, **L'oeuvre de Grotius et son influence sur le développement du droit international** (Rcadi, 1925, t. 7, p. 395-510); J. Basdevant, *Hugo Grotius* (in **Les fondateurs du droit international public: leurs oeuvres, leurs doctrines** "avec une introduction de" A. Pillet, Paris: V. Giard & E. Brière, 1904, p. 125-267).

416 Cf., neste tomo, item 2.2 – consolidação conceitual e institucional do direito internacional; v. tb. **Tratado** (tomo XI – **Direito internacional no tempo do Iluminismo** e tomo XIII – **Direito internacional no tempo do concerto europeu**).

417 Hugo Grócio, **O direito da guerra e da paz** (do original **De jure belli ac pacis**, 1625, intr. Antonio Manuel Hespanha, trad. de Ciro Mioranza, col. clássicos do direito internacional, Ijuí: Ed. Unijuí, 2004, 2 vols., Prolegômenos, § 36): "Dentre os antigos filósofos nada

reduzia a quase nada o trabalho, encetado por seus predecessores: "aqueles que escreveram resumidamente sobre casos específicos, chamados por eles de casos de consciência, não trataram como ocorreu com outras matérias, a respeito da guerra, das promessas, do juramento, das represálias, a não ser em capítulos".[418]

De GRÓCIO vem a advertência norteadora: "o que a todos eles faltou, sobretudo, foi a luz da história".[419] Esta pode ser a tônica para a compreensão do direito internacional no tempo! Somente em perspectiva histórica pode ser compreendido como sistema institucional e normativo, à luz da evolução, em suas fases sucessivas, porquanto: "a história tem uma dupla utilidade para nosso tema. Ela fornece exemplos e apreciações.[420]

Mencionava GRÓCIO, dentre os seus predecessores, a contribuição do "eruditíssimo" FABER, bem como de Baltazar AYALA, por quem "a mesma coisa foi tentada com mais detalhes, anexando a algumas regras gerais grande quantidade de exemplos".[421] Reconhecia GRÓCIO a sua dívida para com Alberico GENTILI:

> Como sei que a exatidão deste último pode ajudar outros autores e reconheço que dele tirei proveito, deixo ao julgamento dos leitores o cuidado de apreciar o que reprovar nele, no que se refere à natureza de seu

se encontra desse tipo, nem entre os gregos (...) nem – o que teria sido muito desejável – entre aqueles que seguiram o cristianismo nascente. Mesmo os livros dos antigos romanos sobre o direito fecial não nos transmitiram nada, a não ser seu título."

[418] H. GRÓCIO, **De jure belli** (prolegômenos, §36).

[419] H. GRÓCIO, **De jure belli** (prolegômenos, §38).

[420] H. GRÓCIO, **De jure belli** (prolegômenos, § 46 e a seguir §48): "Sirvo-me com frequência da autoridade dos livros que os homens inspirados por Deus escreveram ou aprovaram, mas sublinhando a distinção entre a lei antiga e a lei nova. Há quem sustente que a lei antiga é o próprio direito de natureza, mas é indubitavelmente uma opinião errônea. Muitas regras dessa lei vêm, de fato, da livre vontade de Deus, que jamais está em oposição com o verdadeiro direito da natureza. Nesse sentido, se pode considerá-las como princípios extraídos da própria natureza, contanto que distingamos com cuidado o direito de Deus, que ele por vezes exerce pelo ministério dos homens, e os direitos dos homens, uns para com os outros."

[421] H. GRÓCIO, **De jure belli** (prolegômenos, § 38): "Nas causas que levam a proferir se uma guerra é justa ou injusta, AYALA sequer tocou. GENTILI esboçou, segundo o seu modo de ver, alguns tipos gerais, mas muitos pontos relativos a célebres e frequentes questões, sequer os abordou". Ver **Tratado** (tomo IV – **Direito internacional no tempo medieval**, esp. item 11.6 – a guerra e o direito internacional nos tratados de AYALA e BELLI e tomo VI – **Direito internacional no tempo de Suarez, Gentili e Zouch**, cap. XVI – Alberico GENTILI (1552-1608)).

ensinamento, o método e a distinção das questões, bem como das diversas espécies de direito.[422]

De GRÓCIO e seus contemporâneos, no século XVII, passa-se às etapas ulteriores do desenvolvimento do direito internacional, no século XVIII, em progressiva formulação como sistema institucional.[423] Enquanto conjunto de princípios, normas e práticas, almeja formar todo completo, coerente e autônomo, apto a reger uma sociedade internacional não-hierarquizada, cujo fundamento é a noção de soberania estatal,[424] na sua formulação clássica, legada por VATTEL.[425]

O paradoxo põe-se no sentido de que a evolução posterior ao direito internacional clássico e iluminista, nos séculos XIX e XX se fez, em perigosa extensão ao preço da 'nacionalização' do direito internacional.[426] No presente século XXI, põe-se o resgate da condição e vocação verdadeiramente universais, outrora almejadas pelo direito internacional e mais do que nunca necessárias. Dimensão essa de foco no ser humano, o que já era visto pelos antigos romanos, como também nos primeiros autores do que se pode chamar direito internacional moderno, sobretudo em VITÓRIA, e em menor grau, também em SUAREZ.[427]

[422] H. GRÓCIO, **De jure belli** (prolegômenos, § 38): "Diria somente que ele costume muitas vezes, na solução das controvérsias, fundamentar-se em pequeno número de exemplos, que nem sempre são aceitáveis, ou seguir a opinião de juristas modernos, exposta em consultas da qual grande número foi redigido em vista do interesse particular dos consulentes e não segundo as regras naturais do justo e honesto."

[423] Cf., adiante, item 2.1 – a controvérsia entre Hugo GRÓCIO e Serafim de FREITAS; v. tb. **Tratado** (tomo VII – **Direito internacional no tempo de Hugo Grócio**, VIII – **Direito internacional além do paradigma vestfaliano**, IX – **Direito internacional no tempo de Samuel Pufendorf**, X – **Direito internacional no tempo de C. van Bynkershoek e Christian Wolff**, XI – **Direito internacional no tempo do Iluminismo**, XII – **Direito internacional no tempo de Vattel e von Martens** e XIII – **Direito internacional no tempo do concerto europeu**).

[424] Assim, Jens BARTELSON, em seu já referido **A genealogy of sovereignty** (New York / Cambridge: Cambridge Univ. Press, 1995).

[425] Cf. **Tratado** (tomo XII – **Direito internacional no tempo de Vattel e von Martens**, cap. XXIV).

[426] Cf. **Tratado** (tomo XIII – **Direito internacional no tempo do concerto europeu**, item – do universalismo da razão para os nacionalismos).

[427] Cf. **Tratado** (tomo V – **Direito internacional no tempo de Francisco de Vitória** e tomo VI – **Direito internacional no tempo de Suarez, Gentili e Zouch**).

Vitória e Suarez seriam mais do que precursores, ademais responsáveis pelo surgimento de nova orientação, ao apontarem o caminho, no que se viria a consolidar como o direito internacional moderno – não somente "pré-grocianos", como por vezes apontado. Ambos fazem frente aos desafios do seu tempo, enfrentam os problemas decorrentes da expansão espanhola no 'novo mundo' e dos mecanismos de conquista colonial, que se instauravam em ampla escala na época,[428] avançando sobre continentes inteiros.

Da tradição escolástica e do novo contexto que se lhes apresentava, souberam deduzir ensinamentos, para orientar a atuação dos 'conquistadores' espanhóis no 'novo mundo': ensinamentos esses não menos válidos por não terem sido seguidos – como, ademais, tanto aconteceria no direito internacional. Ao refletirem sobre as questões do seu tempo tiveram a percepção da universalidade do fenômeno. O que é precioso para que o direito internacional pós-moderno possa operar como tal.

Essas primeiras formulações do que viria a ser o novo direito da comunidade internacional ampliada se inscrevem no contexto do início da 'colonização' europeia das Américas: não somente "as consequências das viagens de Colombo e de seus sucessores são irreversíveis",[429] como, também, as navegações empreendidas pelos portugueses, na América e no Oriente. Mesmo com todas as contradições desse contexto, dele emanarão a colonização e o colonialismo, em escala planetária,[430] que também repercutem sobre o direito internacional.

Vivo contraste marca as experiências espanhola e portuguesa de colonização. Com as novas perspectivas que à expansão de Castela nos mundos distantes parecem dar aquela experiência e esta consciência imperiais, contrapõe-se e realça-se o caráter disperso, fragmentário, linear, mais de feitorização que de colonização, assumido, quando e enquanto possível, pelas atividades ultramarinas dos portugueses.

[428] Cf. **Tratado** (tomos XIV a XVII – **Direito internacional no tempo do colonialismo**).

[429] Eric Hobsbawm, *O velho mundo e o novo: quinhentos anos de Colombo* (orig. publicado na *London Review of Books*, 9 de julho de 1992, in **Pessoas extraordinárias: resistência, rebelião e jazz**, do original **Uncommun people**, 1998, trad. Irene Hirsch e Lólio L. de Oliveira, São Paulo: Paz e Terra, 3ª ed,, 2005, p. 405-414, cit. p. 405).

[430] Cf. a seguir, item 2.1 – a controvérsia entre Hugo Grócio e Serafim de Freitas, bem como o **Tratado** (tomos XIV a XVII – **Direito internacional no tempo do colonialismo**, cap. 7 – a colonização portuguesa).

A diversidade entre os dois modelos de colonização ibérica foi analisada,[431] e se reporta aos modelos históricos.[432] Nem sempre, é preciso dizê-lo, a verificação de tais condições, mais acordes com velha tradição, esta que acabara de ser quebrada pelos conquistadores castelhanos, é tida por desabonadora da atividade lusitana.

Já Francisco de VITÓRIA comentava a habilidade lusitana em maximizar o comércio com muitas nações, às quais não impunham jugo de dominação colonial, e obtinham a correspondente maximização das vantagens: grande comércio mantém os Lusitanos com diversos povos, os quais não submetem, e o fazem com grande vantagem – *Lusitani magnum commercium habent cum similibus gentibus, quas non subjacerunt et cum magno commodo.*[433] O simples estabelecimento, como o faziam os lusitanos, de entrepostos costeiros para a permuta com as tribos e reinos indígenas, sem a preocupação de submeter amplos territórios, parecia conveniente, na avaliação de VITÓRIA, na primeira metade do século XVI,

[431] Cfr. **Tratado** (tomos XIV a XVII – **Direito internacional no tempo do colonialismo**, cap. 6 – a colonização espanhola e 7 – a colonização portuguesa); v. tb. Sérgio Buarque de HOLANDA, **Visão do paraíso: os motivos edênicos no descobrimento e colonização do Brasil** (originalmente tese de titularidade em história na USP, 1958, publicada em 1959, São Paulo: Nacional / Secretaria da cultura, ciência e tecnologia, 3ª ed., 1977).

[432] Mostrou RANKE o engano dos que pensavam num império português quinhentista, considerando a extensão ocupada pelos seus estabelecimentos de além-mar; é mister ter-se em vista, porém, que desse engano estavam longe de participar os que, durante o século XVI, puderam informar-se com segurança sobre o que representavam aqueles estabelecimentos. Um dos maiores historiadores do século XIX, frequentemente apontado como o pai da 'história científica', Leopold Von RANKE (1785-1886), **Die Osmanen und die Spanische Monarchie im 16. und 17. Jahrhunderten** (in der Reihe Leopold von Ranke Historische Meisterwerke, hrsg. von MEYER – MICHAEL – HASHAGEN, Hamburg: Gutenberg, 1930 – p. 329), a primeira edição dessa obra, com outro título, traz a data de 1827; v. tb. S. Buarque de HOLANDA (op. cit., 1958, ed. 1977, cap. XII – América portuguesa e Índias de Castela, p. 304-323, cit. p. 309-310).

[433] Fray Francisco de VITÓRIA, **De indis et De jure belli relectiones** (Washington: Classics of international law, orig. publ. 1917, reprinted, 1963, p. 108); a respeito, comenta S. Buarque de HOLANDA (op. cit., 1958, ed. 1977, p. 310): "O próprio Frei Francisco de VITÓRIA, a cujos princípios teológicos e jurídicos, impregnados do pensamento escolástico da Idade média, deveria repugnar a guerra dirigida pelos seus compatriotas aos naturais das Índias, não têm dúvidas em exaltar as vantagens que tiravam os portugueses de uma política situada nos antípodas da que inaugurara CORTEZ, seguido de perto pelos outros aventureiros espanhóis na conquista da Nova Espanha". Cfr. **Tratado** (tomo V – **Direito internacional no tempo de Francisco de Vitória** e tomo VI – **Direito internacional no tempo de Suarez, Gentili e Zouch**).

por permitir conciliar o preceito celeste (da catequização e da difusão do **Evangelho**) com os proveitos terrestres (do comércio e da extração de produtos naturais).[434]

A conquista colonial e a forma como esta foi conduzida suscita, há muito, críticas.[435] E estas se põem, desde o início do ciclo, com destaque para a contribuição de contemporâneo, a instigante personalidade de Fray Bartolomé de LAS CASAS (1474-1566). Dentre *memoriais, cartas, tratados, histórias, opusculos teológicos, discussões políticas* escreveu a **Historia de las Indias**, por volta de 1529, com prólogo datado de 1552,[436] onde destaca os seus motivos.[437] Ainda que o próprio LAS CASAS tenha reconhecido serem os tais objetivos difíceis de serem alcançados. São questões

[434] Manuel LOBATO, **Política e comércio dos portugueses na Insulíndia** – Málaca e as Molucas de 1575 a 1605 (Macau: Instituto português do Oriente, 1999); S. Buarque de HOLANDA (op. cit., ed. 1977, loc. cit.).

[435] Ver **Tratado** (tomos XIV a XVII – **Direito internacional no tempo do colonialismo**). V. tb. Sanjay SUBRAHMANYAM et Claude MARKOVITS, *Navigation, exploration, colonisation* (in **Histoire du monde au XVᵉ siècle**, dir. de Patrick BOUCHERON, vol. 1 – **Territoires et écritures du monde**; vol. 2 – **Temps et devenirs du monde**, orig. publ. 2009, Paris: Fayard--pluriel, 2012; v. 2, p. 357-382, esp. – Humanisme, capitalisme, messianisme: à propos des motivations de l'expansion ibérique, p. 369-372): "La notion même de *découvertes* est liée à toute une historiographie qui y voit un produit de la Renaissance, la relie à l'humanisme et à la curiosité scientifique qu'on rattache à ce mouvement."

[436] Fray Bartolomé de LAS CASAS, **Historia de las indias** (edición de Agustín MILLARES Carlo y estudio preliminar de Lewis HANKE, Cidade do México: FCE, 1ª ed., 1951, 2ª ed., 1965, 4ª reimpr. 1995, 3 vols.) como crítica dos mecanismos de conquista colonial.

[437] Dentre os motivos, LAS CASAS destaca (ed. cit., 1995, 'prólogo', p. 3-22, cit. p. 19-20): (a) "para la felicidad temporal y eterna de todos los numerosos pueblos del Nuevo Mundo, si no eran destruídos antes de que la **Historia** estuviera terminada"; (b) "para el bienestar de toda España, puesto que, una vez que se conozca en que consiste el bueno y lo malo de las Indias, se sabrá también lo que es bueno y lo que es malo para toda España"; (c) "para dar un relato claro, exacto y agradable de 'muchas cosas antiguas de los principios que esta machina mundial fue descubierta' "; (d) "para librar a su nación del gravísimo error de creer que los indigenas del nuevo mundo no son hombres, pues los españoles los han considerado, y los consideran aún, como 'brutales bestias incapaces de virtud y doctrina' y, consecuentemente, han corrompido las buenas costumbres que tenían los índios y han aumentado el mal entre éstos"; (e) "para dar una descripción verdadera de las virtudes y pecados de los españoles en las Indias"; (f) "para describir la multitud y grandeza de las hazañas admirables y prodigiosas llevadas a cabo en las Indias, que sobrepasan lo hecho en todas las épocas anteriores, a fin de que las generaciones venideras se sientam estimuladas a imitar las buenas obras realizadas y teman repetir el daño y el mal que han sido hechos."

que também examinam seus contemporâneos, Domingo de SOTO e VAZQUEZ DE MENCHACA.[438]

Tinha LAS CASAS plena consciência do seu papel, ao enfatizar que o historiador, como havia dito, com insistência, POLÍBIO, deve estar disposto a elogiar, mesmo os seus inimigos, e a censurar, também a seus amigos, segundo os feitos, de um e de outro, mereçam louvor ou censura.[439] Lição que merece ser lembrada, a respeito da responsabilidade histórica.

No tocante às próprias espoliações e crueldades praticadas contra os povos das terras reivindicadas pelos reinos ibéricos, não acreditava GRÓCIO[440] que os lusitanos fossem mais isentos de culpa que os castelhanos, embora assim o pensassem alguns dos seus contemporâneos: "muitos escritores, certamente, são de opinião que um confronto da conduta dos espanhóis na América com a dos portugueses, entre os habitantes das Índias orientais, mostra como os primeiros se notabilizam muito mais pela violência e os últimos pela perfídia: vale isto dizer

[438] Ver **Tratado** (tomo V – **Direito internacional no tempo de Francisco de Vitória** e tomo VI – **Direito internacional no tempo de Suarez, Gentili e Zouch**, item – outras vozes no direito internacional: Domingo de SOTO e VAZQUEZ DE MENCHACA).

[439] POLYBE, **Histoire** (texte traduit, présenté et annoté par Denis ROUSSEL, Paris: Gallimard – Pléiade, 1970); POLÍBIO, **Historia de los romanos** (libro I): *Aut eum qui scribendae historiae munus susceperit, omnia huiuscemodi moderari decet, et nonnumquam summis laudibus extollere inimicos cum res gestae eorum ita exigere videntur, interdum amicos necessariosque reprehendere, cum errores eorum digni sunt qui reprehendamus.* V. tb. LAS CASAS (ed. cit., 1995, 'prólogo', p. 3-22, cit. p. 20); Lewis HANKE, *estudio preliminar* (in **Historia de las indias**, ed., cit, 1995, vol. I, p. VII-LXXXVIII, cit. p. LX).

[440] Hugonis GROTII, **De jure praedae commentarius** – ex Auctoris Codice descripsit et vulgavit H. G. HAMAKER (Hagae: M. Nijhoff, 1868); tb. na ed. Hugo GRÓCIO, **De jure praedae commentarius** (Oxford e Londres: Clarendon Press – Classics of International Law / Carnegie Endowment for Peace, vol. 22, 1950, 2 tomos, reprints New York, 1964 e 1995, vol. I – a translation of the original manuscript of 1604 by Gwladys L. WILLIAMS with Walter H. ZEYDEL) com alguns reparos à tradução. O capítulo XII, revisto pelo autor, foi publicado separadamente em 1609, passou a constituir o famoso **Mare liberum**; v. S. Buarque de HOLANDA, **Visão do paraíso** (op. cit., 3ª ed., 1977, p. 329). Como se examina a seguir, item 2.1 – a controvérsia entre Hugo GRÓCIO e Serafim de FREITAS b/c no **Tratado** (tomos V – **Direito internacional no tempo de Francisco de Vitória**, VI – **Direito internacional no tempo de Suarez, Gentili e Zouch** e VII – **Direito internacional no tempo de Hugo Grócio**).

que estes não agem com menos malícia do que aqueles, mas que os espanhóis são dotados de mais coragem e força".[441]

Antes dele, LAS CASAS esteve, por diversas vezes, em condições as mais variadas, em várias regiões da América hispânica.[442] E teve LAS CASAS o empenho em dar o seu testemunho a respeito das coisas que se fizeram nas Américas, incluindo

> os defeitos e erros (*los defectos y errores*), e não dissimular os danosos inconvenientes, que deles se seguiram e a cada dia seguem, porque da relação verídica do fato nasce e tem origem o direito, segundo dizem os juristas, quis por-me a escrever as coisas mais principais, algumas que no espaço de mais de sessenta anos vi fazer e acontecer nessas Índias, estando presente em diversas partes, reinos, províncias e terras destas, e também as que são públicas e notórias, não somente em ato passadas, mas também muitas em ato também sempre permanentes.[443]

[441] H. GRÓCIO, **De jure praedae commentarius** (ed. cit., 1950, vol. I, p. 243 e a seguir p. 181) passa a enumerar exemplos da perfídia atribuída aos portugueses, aludindo a seus "ímpios e abomináveis feitos", assim como sua notória rapacidade e avareza. A seu ver, seriam ainda mais danosos os seus crimes que os de outros povos, por isso que, cientes da própria inferioridade, usam a máscara da paz e da amizade, com o que ganham maior segurança, de um lado, e de outro podem arriscar-se a assaltos inesperados, com efeitos mais terríveis sobre uma gente inofensiva."

[442] Desde 1502, LAS CASAS, nas Américas, apesar de sacerdote, participa da conquista de Cuba, e em pagamento por serviços prestados, recebe terras e escravos, até experimentar crise existencial, em 1514, que o leva a convencer-se que os seus compatriotas tinham tratado injustamente aos índios, e decide dedicar o resto dos seus dias a defendê-los. De seu despertar espiritual em Cuba, em 1514, até sua morte, em Madri, em 1566, aos noventa e dois anos, foi, sucessivamente: reformador na corte espanhola; colonizador fracassado na Venezuela; frade em La Hispaniola; objetor (*obstructor*) de guerras que considerava injustas na Nicarágua; combatente em prol da justiça para os índios em duros debates com eclesiásticos no México; promotor do plano de conquistar e catequizar os índios de Chiapas, na Guatemala, por meios pacíficos; afortunado agitador na corte de CARLOS V, em favor de novas leis; além de bispo de Chiapas. Depois de retornar definitivamente à Espanha, em 1547, aos setenta e três anos, atuou como procurador ou defensor dos índios, durante as duas últimas décadas de sua vida, durante o mesmo período em que escreve ou completa as suas obras mais importantes. V. tb. L. HANKE (est. preliminar cit., 1951, item i, 'el hombre y su obra', p. x-xviii, cit. p. xi-xii): "*Yo e escripto muchos pliegos de papel y pasan de dos mill en latin y en romance*, escribia LAS CASAS en 1562, y lejos de exagerar, se quedaba más bien corto".

[443] B. de LAS CASAS (op. cit., ca. 1529, prólogo de 1552, ed. 1995, 'prólogo', p. 3-22, cit. p. 19) e prossegue: "Por manera, asi como no se puede negar ser el sol claro cuando no tienen nubes los cielos a mediodía, por la misma semejanza no puede alguno rehusar con

A crítica, à desumanidade da conquista e à odiosa negação da condição humana dos ameríndios, figura em LAS CASAS, com empenho direto, decorrência de vivência de primeira mão, e conversão (*metanoia*) no sentido paulino do termo: mudança radical de rumo de vida!

Diversamente de LAS CASAS, quando Michel Eyquem de MONTAIGNE (1533-1592) fala a respeito do "novo mundo" o faz somente por ouvir falar, a partir de relatos de terceiros. Apesar disso, quando discorre a respeito dos "canibais", nos **Ensaios**,[444] faz, em texto magistral, acerba crítica de sua sociedade e do seu tempo. Enfatiza a necessidade de percepção do outro, daquele que é diverso de nós, e de nossos hábitos e, apesar disso, também é humano e sua dignidade tem de ser respeitada. Lucidamente, MONTAIGNE assevera:

> Cada um chama 'barbárie' ao que não se pratica em sua terra; e em verdade parece não termos outra mira para a verdade e a razão além do exemplo e ideia das opiniões e dos usos do lugar em que estamos. Neste se encontra a perfeita religião, a perfeita administração, perfeito e completo (*accompli*) o uso de todas as coisas.[445]

Autores protestantes – na linha de GRÓCIO – buscarão a concepção de direito natural e das gentes, a partir de VITÓRIA e SUAREZ, mas sem

razón de conceder hacerse hoy, que es el año de 1552, las mismas calamitosas obras que en los tiempos pasados se cometian, y si algunas refiriere, que por los ojos no vide, o que las vide y no bien dellas me acuerdo, o que las oí, pero a diversos, y de diversas maneras me las dijeron, siempre conjeturaré por la experiencia larguísima que de todas las más dellas tengo, lo que con mayor verisimilitud llegarse a la verdad me pareciere" e a seguir enumera os oito motivos que o levaram a escrever a **Historia de las Indias**, cf. supra referidos.

[444] Michel de MONTAIGNE, **Essais** (in **Oeuvres complètes**, textes établis par Albert THIBAUDET et Maurce RAT, introduction et notes par Maurice RAT, Paris: Gallimard / Pléiade, © 1962, impr. 1992, livre premier, chap. XXXI – des cannibales, p. 200-213, cit., p. 200): J'ay eu long temps avec moy un homme qui avoit demeuré dix ou douze ans en cet autre monde qui a esté découvert en nostre siècle, en l'endroit où VILEGAIGNON print terre, qu'il surnomma la France Antarctique. Cette descouverte d'un païs infini semble estre de consideration. Je ne sçay si je me puis respondre que il ne s'en face à l'advenir quelqu'autre, tant de personnages plus grands que nous ayans esté trompez en cette-cy. J'ay peur que nous avons les yeux plus grands que le ventre, et plus de curiosité que nous n'avons de capacité. Nous embrassons tout, mais nous n'étreignons que du vent.

[445] MONTAIGNE, **Essais** (livre I, chap. XXXI, p. 203): "Chacun appelle barbarie ce qui n'est pas de son usage; comme de vray il semble que nous n'avons autre mire de la vérité et de la raison que l'exemple et idée des opinions et usances du pais où nous sommes. Là est toujours la parfaicte religion, la parfaicte police, perfect et accompli usage de toutes choses".

filiar-se aos mesmos fundamentos destes, e a confrontação ensejará uma vertente relevante para a construção do direito internacional moderno, como ilustra a controvérsia entre GRÓCIO e FREITAS.[446] O desenvolvimento do direito internacional, desligado de fundamento transcendental será a construção dos dois séculos seguintes.[447]

VITÓRIA[448] se destaca por sua dimensão humanista e *avant-la-lettre* humanitária, insistindo no dever de assegurar tratamento adequado aos indígenas pelos imperialistas espanhóis. As consequências práticas são sobejamente conhecidas.[449]

[446] A seguir, item 2.1; v. tb. Michel VILLEY, **La formation de la pensée juridique moderne** (orig. publ. en 1968, Paris: PUF, 2013; ed. bras., **A formação do pensamento jurídico moderno**, trad. Claudia BERLINER, São Paulo: Martins Fontes, 2a. ed., 2009); ___, *Les fondateurs de l'école du droit naturel moderne au XVIIe siècle* (in Archives de philosophie du droit, Paris, 1961, vol. 6, republ. in **Réflexions sur la philosophie et le droit** – Les Carnets de M. VILLEY, org. par M. VILLEY, Marie-Anne FRISON-ROCHE et Christophe JAMIN, Paris: PUF, 1995); Knud HAAKONSSEN, **Natural Law and Moral Philosophy** – From Grotius to the Scottish Enlightenment (Cambridge: Univ. Press, 1996). V. ainda M. BOEGNER, **L'influence de la Réforme sur le développement du droit international** (RCADI, 1925, t. 6, p. 241-324); A. HOBZA, **Questions de droit international concernant les religions** (RCADI, 1924, t. 367-424); G. GOYAU, **L'église catholique et le droit des gens** (RCADI, 1925, t. 6, p. 123-240).

[447] Cf. **Tratado** (tomo VII – **Direito internacional no tempo de Hugo Grócio**, VIII – **Direito internacional além do paradigma vestfaliano**, IX – **Direito internacional no tempo de Samuel Pufendorf**, X – **Direito internacional no tempo de C. van Bynkershoek e Christian Wolff**, XI – **Direito internacional no tempo do Iluminismo**, XII – **Direito internacional no tempo de Vattel e von Martens** e XIII – **Direito internacional no tempo do concerto europeu**); v. tb. O. NIPPOLD, **Le développement historique du droit international depuis le Congrès de Vienne** (RCADI, 1924, t. 2, p. 1-24); Dominique GAURIER, **Histoire du droit international** (Rennes: Presses univ. de Rennes, 2014).

[448] Cf. **Tratado** (tomo V – **Direito internacional no tempo de Francisco de Vitória** e VI – **Direito internacional no tempo de Suarez, Gentili e Zouch**). Já J. BARTHELÉMY, *Vitória* (in **Les fondateurs du droit international**, "avec une introduction de Antoine PILLET), Paris: V. Giard & E. Briere, 1904, p. 1-36, cit. p. 5) refere o uso do método escolástico por VITÓRIA e o método para a busca da verdade: "Les avantages de la méthode, on le voit, ce sont la loyauté, la rigueur, la clarté. Prenons un exemple: la question est de savoir si les Indes ont pu tomber sous la domination espagnole: sans doute, il y a présomption en faveur de l'affirmative: FERDINAND et ISABELLE qui ont les premiers occupé ces régions, ont été très chrétiens, et l'empereur CHARLES-QUINT est un prince très juste et très réligieux; mais encore faut-il confirmer cette presomption". E prossegue com as teses e objeções.

[449] Anthony PAGDEN, no ensaio *Dispossessing the barbarian: the language of Spanish Thomism and the debate over the property rights of the American Indians* (in **The languages of political theory in early modern Europe** (Cambridge: Univ. Press, © 1987, edition 1990, p. 78-98)

Pode-se indagar até que ponto as questões legais estariam exatamente no cerne das indagações de VITÓRIA, professor de teologia.[450] A intenção de dar conforto à Coroa da Espanha em relação a tema, sobre o qual nada se sabia, nunca deve ser esquecida, ao avaliar o contexto em que se dá a formulação primeira, da lavra de VITÓRIA e os desenvolvimentos subsequentes, que se transformam em catástrofes ao chegar por exemplo a Meclhior CANO e Bartolomeu de LAS CASAS.[451]

Como tantas outras coisas na vida, muito poderá variar [452] e dependerá a avaliação do fenômeno, conforme o 'lado' em que se coloque cada um, ou a interpretação que faça o agente cognoscente a respeito dos mecanismos de conquista colonial.[453] Questão de perspectiva cultural!

analisa como se traduziram, na prática e nos sucessores de VITÓRIA, as boas intenções do discurso deste.

450 Cf. **Tratado** (tomo V – **Direito internacional no tempo de Francisco de Vitória** e VI – **Direito internacional no tempo de Suarez, Gentili e Zouch**). De maneira bastante perfunctória, Arthur NUSSBAUM, **A concise history of the law of nations** (New York: The Macmillan Co., 1954, p. 101) descreve VITÓRIA como "an anticipant of international law", enquanto Urban G. WHITAKER Jr. **Politics and power: a text in international law** (New York: Harper & Row, 1964, p. 16), ressalva: "he was clearly of a period in which the law could not be said to have become a recognizable discourse". Por sua vez, Antonio TRUYOL Y SERRA enfatiza o que considera a paternidade inconteste do direito internacional pelos seus dois conterrâneos, em sua **Histoire du droit international public** (Paris: Economica, 1995), b/c no ensaio A. TRUYOL y Serra, **La conception de la paix chez VITORIA et les classiques espagnols du droit des gens** suivi de Paul FORIERS **L'organisation de la paix chez GROTIUS** (Paris: Vrin, 1987 / la présente édition est la reprise de deux articles parus dans les 'Recueils de la société Jean BODIN pour l'histoire comparative des institutions', tome XV "la paix", deuxième partie, Bruxelles: Éditions de la Librairie Encyclopédique, 1961). M. DIEZ DE VELASCO Vallejo, **Instituciones de derecho internacional público** (Madri: Tecnos, 10ª ed., 1994, nos caps. "el concepto de derecho internacional público" (i) e (ii), redactado por Carlos JIMENEZ Piernas, p. 59-113, cit. p. 61) discretamente referem: "desempeñó un papel precursor fundamental la Escuela Española del Derecho de Gentes".

451 (Fray) Bartolomé de LAS CASAS, **Historia de las Indias** (ed. de Agustín MILLARES Carlo y estudio preliminar de Lewis HANKE, Cidade do México: FCE, 1ª ed., 1951, 2ª ed., 1965, 4ª reimpr., 1995, 3 vols.)

452 Daniel J. BOORSTIN, **The discoverers** (New York: Random House, © 1983, 1st. Vintage ed., 1985, esp. book II, part vii, 'the american surprise', 30 'the enterprise of the Indies', p. 224-231).

453 V. **Tratado** (tomos XIV a XVII – **Direito internacional no tempo do colonialismo**); v. tb. Alfredo BOSI, **Dialética da colonização** (São Paulo: Cia. das Letras, 1992).

Por sua vez, Francisco SUAREZ (1548-1617)[454] se notabiliza pelo reconhecimento da interdependência entre as nações e da existência de dois ramos do direito internacional: o direito natural se distingue do suplemento humano, o *jus gentium*. Elaboração avançada e clara delimitação de conteúdo jurídico internacional, que convém resgatar, antes de fazer generalizações apressadas, negligenciando a contribuição relevante deste internacionalista.[455]

Como dito, VITÓRIA e SUAREZ tiveram de enfrentar as questões novas de seu tempo histórico, com o instrumental intelectual e político de seu contexto cultural. Criam algo novo, a partir da tradição escolástica na qual estavam inseridos,[456] e marcam a nova disciplina com algumas das características que esta conservará, até que sejam revistos os seus fundamentos e encontradas novas correntes, para basear a construção do direito internacional, como sistema interestatal.

Pode, assim, ilustrar a questão do tempo e discurso no direito internacional o exame da célebre controvérsia entre Hugo GRÓCIO e Serafim de FREITAS (2.1) sobre a liberdade da navegação ou a admissibilidade de restrições a esta. Não se trata de simples detalhe.

[454] Ver **Tratado** (tomo VI – **Direito internacional no tempo de Suárez, Gentili e Zouch**, cap. XV – Francisco SUAREZ (1548-1617)).

[455] Como se examina no **Tratado** (tomo VI – **Direito internacional no tempo de Suárez, Gentili e Zouch**, cap. XV – Francisco SUAREZ (1548-1617) e tomo XX – **Direito internacional, história e cultura**, cap I – direito internacional no tempo e seu papel na história).

[456] Cfr. **Tratado** (tomo V – **Direito internacional no tempo de Francisco de Vitória**, VI – **Direito internacional no tempo de Suárez, Gentili e Zouch**, item – outras vozes no direito internacional: Domingo de SOTO e VAZQUEZ DE MENCHACA e tomo XX – **Direito internacional, história e cultura**); Paul FORIERS, **L'organisation de la paix chez GROTIUS et l'école de droit naturel** (Paris: Vrin, 1987 / précédé de A. TRUYOL Y SERRA, **La conception de la paix chez VITORIA** / la présente édition est la reprise de deux articles parus dans les 'Recueils de la société Jean BODIN pour l'histoire comparative des institutions', tome XV "la paix", deuxième partie, Bruxelles: Éditions de la Librairie Encyclopédique, 1961); três dos quatro cursos ministrados, na Haia, por C. BARCIA-TRELLES, abordam autores espanhóis dos séculos XVI e início do XVII, no direito internacional: **Fernando Vazquez de Menchaca (1512-1569): l'école espagnole du droit international du XVIe siècle** (RCADI, 1939, t. 67, p. 429-534), **Francisco Suárez (1548-1617): les théologiens espagnols du XVIe siècle et l'école moderne du droit international** (RCADI, 1933, t. 43, p. 385-554); **Francisco de Vitoria et l'école moderne du droit international** (RCADI, 1927, t. 17, p. 109-342). V. tb. C. BARCIA-TRELLES, *Fray Serafim de Freitas y el problema de la libertad oceánica* (Bol. da Fac. de Direito de Coimbra, vol. XXII, p. 77).

Na verdade, aí se contrapunham também dois modelos culturais – onde Grócio argumentava em favor da liberdade de navegação e de comércio, como base para restrições à soberania, em caso de eventual recusa, mas também acenava para a intrínseca dignidade humana e de que as diferenças de religião não poderiam justificar discriminação. Por sua vez, Freitas contrapunha o argumento da defesa e da propagação da fé cristã, como causa suprema. E, defendia a primazia de quem chegara e se instalara antes dos demais europeus naquelas praças.

É fácil deduzir onde podem nos conduzir tais concepções. Que se repetem no tempo. Mas é importante respeitar a perspectiva temporal e cultural, ao fazer o exame dessa controvérsia, que tem de ser situada, no tempo, no espaço, e no meio cultural e político, no qual foi encetada e teve os seus desdobramentos. Até encontrar inesperado desfecho. Como se passa a considerar.

2.1. A controvérsia entre Hugo Grócio e Serafim de Freitas

> Pelo direito das gentes o seguinte princípio ficou estabelecido: que todos os homens devem ter a faculdade de entre si comerciarem livremente, e ninguém pode ser privado de tal direito, por pessoa alguma.
>
> Hugo Grócio (1609, ed. 2009)[457]

> Os portugueses vencem a causa contra o Incógnito com as mesmas armas com que ele os ataca.
>
> Frei Serafim de Freitas (1625, ed. 1983)[458]

[457] H. Grotius, **Mare liberum** (Original Latin Text "facsimile of the first edition, 1609" and modern English translation, ed. and annotated by Robert Feenstra Introduction Jeroen Vervliet, Leiden / Boston: Brill, 20091609, ed. 2009, cap. 8, p. 126-131, cit. p. 126-127): *Iure gentium hoc introductum est, ut cunctis homines inter se libera esset negotiandi facultas quae a nemini posset adimi.* (minhas traduções do latim para o português).

[458] Frei Serafim de Freitas, **De justo imperio lusitanorum asiatico** (orig. publ. em Valladolid: Tipografia de Jerônimo Morillo, 1625; tradução port., **Do justo império dos portugueses na Ásia**, intr. de Marcelo Caetano, trad. Miguel Pinto de Meneses, Lisboa: Instituto Nacional de Investigação Científica, 1983, reimpressão, 2 vols., "aos soberanos do orbe cristão", vol. I, p. 94-95, e a ref. seguinte, extraída do cap. 14, n. 28, p. 341) encerra a conclamação: "Em boa verdade, nada de mais desejável podia acontecer aos portugueses do que serem chamados a juízo pelos holandeses, para que todos vejam com que razão ou sem razão perturbam a nossa navegação das Índias tão antiga e em tantos títulos alicerçada. Mante-

> Fossem quais fossem as diferenças entre de opinião entre Grócio e Freitas e as restrições que estes tentaram impor aos governantes das Índias orientais, seja em nome da liberdade de comércio ou do direito de propagar o **Evangelho**, ambos autores abriram as portas da Família das Nações para a Ásia, pela mesma razão, a da universalidade do direito das gentes, tal como lastreado na doutrina do direito natural e no princípio de não discriminação por razões de religião ou civilização.
>
> C. H. Alexandrowicz (1968)[459]

> Nos últimos tempos, **Mare liberum** tem sido mais e mais visto como uma peça de propaganda, justificando o colonialismo, o comércio colonial e a dominação colonial.
>
> J. Vervliet (2009)[460]

As circunstâncias nas quais os portugueses encetam e desenvolvem a conquista de suas possessões ultramarinas levarão a ver contestadas as pretensões portuguesas ao monopólio sobre mares e terras distantes.[461]

nham-se, pois, os holandeses fiéis ao ajuste, e seja a sentença proferida segundo as alegações e provas apresentadas."

[459] C. H. Alexandrowicz, **The Afro-Asian world and the law of nations: historical aspects** (Rcadi, 1968, t. 123, p. 117-214, chapter IV - The views of the classic writers on the East Indies, p. 145-149, cit. p. 148) depois de reportar a controvérsia entre Grócio e Freitas, observa: "The same was the attitude of other classic writers who made frequent references to relations between Europe and the East, such as Gentili, Christian Wolff, Pufendorf or Vattel". Ver tb. C. H. Alexandrowicz, *Freitas versus Grotius* (Byil, 1959, vol. 35, p. 161-182).

[460] Jeroen Vervliet, *General Introduction* (in **Mare liberum**, 1609, ed. by Robert Feenstra, 2009, cit. p. IX-X e nota 2); Peter Borschberg, *Hugo Grotius' Theory of Trans-Oceanic Trade Regulation - Revisiting Mare liberum (1609)* (International Law and Justice Working Papers, Rev. Aug. 2006, p. 3): "**Mare liberum** is essentially a propagandistic treatise and argues for Holland's merchants to freely access emporia in Asia by unimpeded navigation across the high seas. The freedom of navigation forms a subset to the overarching arguments on the freedom of access and trade."

[461] Serafim de Freitas (op. cit., 1625, ed. cit., 1983, loc. cit.): "Afirma o Incógnito que é por demais evidente que outros, antes dos Portugueses, navegaram da Europa para a Índia, passando pelo Cabo da Boa Esperança. E diz isto, não obstante a opinião contrária se haver arraigado nos espíritos com tanta força, que se reputava das mais detestáveis heresias afirmar a existência de antecos e antípodas."

Para os batavos,[462] "o descobrimento alegado de alguns desses lugares não seria válido nem segundo a razão natural, nem segundo a interpretação de homens de considerável saber".[463]

Quando descobriram o regime dos ventos do Atlântico, os navegadores portugueses do século XV ignoravam os princípios gerais que impulsionam a atmosfera terrestre. Essas noções ultrapassavam a experiência náutica europeia, antiga e medieval, digna de todos os elogios, mas limitada pelos ventos variáveis, causados pelas depressões de passagem e pelos fenômenos meteorológicos regionais. Aí, inscreve-se o salto qualitativo, alcançado pelos portugueses: [464]

> Percebendo, com acuidade, a constância desses ventos exóticos, os lusitanos encontraram a chave para a navegação no além mar. Uma viagem de longo curso às Índias durava, entre ida e volta, cerca de dois anos, nos casos mais favoráveis, três caso se perdesse a monção, quatro caso se acumulassem desventuras.
>
> Em razão da sua importância estratégica, a descoberta do regime dos ventos no Atlântico foi, inicialmente, um segredo de estado. Os alíseos foram os vetores universais dos negócios marítimos até o século XX, a

[462] Eric WILSON chama **Mare liberum** de instrumento de propaganda, investindo a Companhia holandesa das Índias orientais (VOC) de personalidade jurídica internacional e justificando atos de guerra privada: "Simply put, the Text 'translates' the operational requirements of the World Economy into the terms of Naturalistic jurisprudence". Ver Eric WILSON, *Erasing the corporate sovereign – Inter-Textuality and an alternative explanation for the publication of Hugo Grotius Mare liberum (1609)* (Itinerario – Journal of Imperial and Global Interactions, Cambridge: Univ. Press, 2006, vol. 30, no. 2, p. 78-103).

[463] Sérgio Buarque de HOLANDA, **Visão do paraíso: os motivos edênicos no descobrimento e colonização do Brasil** (orig. tese de titularidade em história na USP, 1958, publicada em 1959, São Paulo: Nacional / Secretaria da cultura, ciência e tecnologia, 3ª ed., 1977, cap. XII – América portuguesa e Índias de Castela, p. 304-323, cit. p. 310-311) comenta que ao escrever, GRÓCIO, em 1604 ou 1605, contestando os títulos dos portugueses, à possessão das Índias ocidentais, tinha este o "intuito de defender especificamente as pretensões neerlandesas sobre o comércio do Oriente".

[464] John RUSSELL-WOOD, **Histórias do Atlântico português** (org. Ângela DOMINGUES e Denise A. Soares de MOURA, São Paulo: UNESP, 2014, esp. '*O Atlântico português 1415-1808*', p. 89-123); Anderson José Machado de OLIVEIRA e William de Souza MARTINS (org.), **Dimensões do catolicismo no império português** (séculos XVI-XIX) (Rio de Janeiro: Garamond, 2014); Roger CROWLEY, **Conquerors** – How Portugal seized the Indian Ocean and forged the first global empire (London: Faber & Faber, 2015).

tal ponto que os pragmáticos ingleses lhes atribuíram a denominação, menos poética, mas relevante, de *trade winds* – ventos do comércio.[465]

O comércio marítimo é tão antigo quanto as caravanas. Velas foram gravadas, há quatro mil anos, em registros feitos pelos cretenses, o que comprova o aparecimento de navios de transporte, dotados de poderosa força propulsora, complementada pelos esforços dos remadores.

A partir do século I da nossa Era, a maior parte da seda, importada pelo mundo romano, era transportada por via marítima, e não pelo Irã-partha. No outro extremo da rede, geravam receitas e prosperidade nos portos do Vietnã, escalas e entrepostos desse comércio internacional de grande relevância, além do país produzir e exportar pérolas, marfim, cascos de tartaruga e incenso.[466]

No espírito da Reconquista que se completara, depois de séculos de ocupação moura, colocaram-se os portugueses o propósito de tomar Ceuta, uma das praças fortes mais bem protegidas e estratégicas de todo o Mediterrâneo, edificada no lado magrebino do estreito de Gibraltar. Para tanto, foi construída e armada uma frota, que parte de Lisboa rumo ao ponto de encontro, em Algeciras. A travessia do estreito de Gibraltar teve de enfrentar as correntes, que esparramaram a frota, de forma que esta se dispersou desordenadamente e teve de ser reagrupada a duras penas.[467]

[465] François BELLEC, **Marchands au long cours** (Paris: Éd. du Chêne - Hachette livre, 2003, Introduction, p. 7-9).

[466] Michele PIRAZZOLI-T'SERSTEVENS, **La Chine des Han** – Histoire et civilisation (Fribourg: Office du Livre, 1982, Quatrième partie – Les Hans postérieurs (25-220 ap. J.-C.), chap. II – La Chine et le monde extérieur aux premiers siècles de notre ère, p. 154-164, cit. p. 161): O tráfego marítimo propriamente chinês parece se ter concentrado no mar da China, sobretudo oriental: cabotagem, mas também comércio com a Coreia e as ilhas japonesas. Enviados dos reizinhos do norte de Kyushu, os Woren dos textos chineses, traziam seus tributos em pérolas e recebiam em troca seda, ouro, espelhos de bronze, objetos em ferro e moedas. / De fato, o alto mar não parece ter exercido atração irresistível na época HAN. A China oficial permaneceu terrestre e continental. Nas ilhas do meio do Oceano, colocavam os Imortais, paraísos desejáveis, mas inacessíveis – e é somente nesse contexto que o mar aparece na literatura da era HAN. Isso não impede que certo comércio marítimo se tenha desenvolvido, mas este permaneceu marginal e o mais das vezes exercido por populações não chinesas – os Yue, por exemplo, que davam continuidade a tradição de longa data, ao navegarem pelos mares.

[467] F. BELLEC, **Marchands au long cours** (2003, Goa, p. 65-67).

A cidade de Ceuta caiu em 21 de agosto de 1415 – sua captura surpreendeu a Europa da época e o estandarte do infante dom Henrique foi o primeiro a ingressar na cidade. Portugal tomava pé na África e mudava seu destino: ao tomar Ceuta, os portugueses tiveram a primeira percepção das riquezas da África e do Oriente.

Doravante, o rei João I – fundador da casa de Aviz, que tinha alcançado a coroa em 1385 – decide atingir o islã pelas costas, em busca do reino e de almejada aliança com os exércitos do 'padre João'. A lenda do padre João falava em um soberano cristão de poder mítico e imensas riquezas, cujo reino os especialistas em relações internacionais da época situavam em algum lugar entre a Abissínia e a Ásia.[468]

A colonização portuguesa[469] é, por vezes, apresentada como caso de "imperialismo não econômico" (*uneconomic imperialism*).[470] A história imperial portuguesa sugeriria[471] que os portugueses foram movidos por um "zelo cruzadista, pela cobiça do ouro da Guiné, pela procura do [reino cristão mítico do] Padre João e pela busca de especiarias".[472] Essa análise de um 'imperialismo não econômico' foi,

[468] V. tb., no tomo 3 B, item 7.1 – a Índia – como a lenda do 'padre João' serviu para reforçar e ampliar os estereótipos medievais ocidentais a respeito da Índia.

[469] Ver **Tratado** (tomos XIV a XVII – **Direito internacional no tempo do colonialismo**, cap. 7 – a colonização portuguesa). O "imperialismo não-econômico" da colonização portuguesa, tal como apontado por R. J. Hammond, **Portugal and Africa, 1815-1910 – a Study in uneconomic imperialism** (Stanford: Stanford University Press, 1966) "necessita de ser acentuado a fim de podermos compreender cabalmente a posição de Portugal em África no século XIX e a atitude oficial portuguesa face às suas colônias até 1974" – e, como pondera A. H. de Oliveira Marques, **Breve História de Portugal** (atualização João José Alves Dias, Lisboa: Presença, 11ª ed., 2019) só no século XX (em alguns casos a partir da década de 1890), vantagens de tipo econômico passaram a justificar nitidamente a ocupação portuguesa da África continental.

[470] R. J. Hammond, **Portugal and Africa, 1815-1910 – a Study in uneconomic imperialism** (Stanford: Stanford University Press, 1966); ver tb. H. Wesseling, **Les empires coloniaux européens** 1815-1919 (ed. 2009, chap. III – '*Impérialisme moderne, 1870-1914*', p. 235-279, cit. p. 265-266).

[471] T. Henriksen, *Portugal in Africa: a Noneconomic interpretation* (African Studies Review, 1973, vol XVI, n. 3, p. 406).

[472] João Bermudes, **Breve relação da embaixada que o patriarca dom João Bermudes trouxe do Imperador da Etiópia, chamado volgarmente Preste João** (ed. original de 1565, serviu de base para a edição de Lisboa: Academia real de ciências, 1875). V. tb. João Bermudes, **Ma géniale imposture** – Patriarche du Prêtre Jean (trad. du portugais et annoté

depois, contestada,[473] com o argumento de que Portugal teria procurado se apossar dos interesses econômicos nas colônias e exercer controle sobre estes.[474]

Tanto em África como na Ásia – e, mais tarde, igualmente, na América –, o ouro, as especiarias, o Padre João ou alguém que soubesse dele (comunidades cristãs, por exemplo)[475] "seriam outras tantas justificações para as primeiras viagens longe da costa" e "os portugueses empreendiam a sério a pesquisa das fontes diretas do ouro, mesmo a custo de viagens difíceis, em países desconhecidos".[476] Fala-se, também, na "propensão do Infante dom Henrique por viagens arriscadas no exterior, pela verdadeira sede de aventura, em nome da aquisição de conhecimento".[477]

Até então, conquista, povoamento e exploração resultavam, acima de tudo, de esforços e execuções governamentais com objetivos de natureza política, mas suscitando interesses limitados e escasso capital por parte da iniciativa privada. A mobilização de uma ampla corrente de opinião pública em apoio à política imperialista – a partir de certa data,

par Sandra Rodrigues de Oliveira, intr. et notes de Hervé Pennec, Toulouse: Anacharsis, 2010, '*Introduction*', p. 5-25, '*Notice de la traductrice*', p. 27-29).

[473] Gervase Clarence-Smith, **The Third Portuguese Empire, 1825-1975 – a Study in economic imperialism** (Manchester: Manchester Univ. Press, 1985).

[474] Na década de 1570, além dos portugueses "outros europeus se vieram instalar na Ásia do Sueste": em 1571, os castelhanos fundam Manila; a prata americana trazida de Acapulco inundou o Extremo Oriente e o Sudeste asiático "fazendo entrar a economia mercantil da região numa nova era"; submetem o sultanato de Bornéu, em 1578; e procuram introduzir-se na esfera comercial do estado da Índia, aponta Manuel Lobato, **Política e comércio dos portugueses na Insulíndia** – Málaca e as Molucas de 1575 a 1605 (Macau: Instituto português do Oriente, 1999, Introdução, p. 11-17, cit. p. 15).

[475] Jacques Le Goff, L'Inde merveilleuse: l'antichambre du paradis (in **Un long Moyen âge**, Paris: Hachette-pluriel, ed. 2009, p. 239): La lettre fictive était alors un genre littéraire fréquent. Mais les contemporains la considèrent comme un document, non comme une invention littéraire. / Traduite en latin, la Lettre du Prêtre Jean connaît de nombreuses versions. Nous ignorons tout de son (ou de ses) auteur(s). On suppose néanmoins qu'elle vient de l'entourage de l'empereur de Byzance.

[476] A. H. de Oliveira Marques, **Breve História de Portugal** (2019, cap. VI – *Construção do Império*, p. 200-249, cit. p. 211): "Foi assim que chegaram a Tombuctu (Mali)."

[477] Vincent B. Khapoya, **A experiência africana** (do original **The African experience** © 2010, trad. Noeli C. de Melo Sobrinho, Petrópolis: Vozes, 2ª ed. rev. e atualizada, 2016, cap. 4 – *Colonialismo e a experiência africana*, p. 151-203, cit. p. 153).

a ponto de obrigar os governos a prestar maior atenção às colônias – não teve outro fundamento senão o orgulho nacional.[478]

Quase vinte anos depois da queda de Ceuta, em 1434, Gil Eanes de Lagos, um escudeiro do infante dom Henrique, contorna o cabo Bojador, supera a barreira mítica do 'mar das Trevas' – ponto além do qual não se aventuravam, até então, os navegadores – e, na volta a Lisboa, aporta rosas de Jericó. Começava, assim, a expansão marítima da Europa, onde tudo estava para ser descoberto, prestes a ser analisada e a ser compreendido. Esta expansão ainda seria conduzida, durante décadas, por Portugal, sozinho, cujo pequeno milhão de habitantes era sustentado, moral e financeiramente, pela Ordem de Cristo, cuja cruz vermelha se destacava nas velas das caravelas dos descobrimentos:

> No curso dessa longa empreitada, Portugal abriu o alto mar ao Ocidente, inventando tudo da navegação de longo curso: seus instrumentos e métodos, a arte de utilizar os portulanos e o compasso marítimo, de ler a latitude no céu, de domesticar os ventos, fazendo grandes voltas flexíveis, através do Atlântico, na busca para encontrar os alíseos e os ventos do oeste.[479]

As descobertas do Renascimento abrem a era da navegação oceânica. Estas, logo, prosseguem com o estabelecimento das primeiras implantações europeias no além-mar, inicialmente pequenos entrepostos, que dariam lugar aos impérios coloniais, com a exploração sistemática das riquezas destes povos, pelos colonizadores, contando com a atuação conjugada de mecanismos públicos e privados, com destaque para as companhias das Índias, de diferentes nacionalidades.

[478] A. H. de Oliveira Marques, **Breve História de Portugal** (2019, cap. XII, cit. p. 523-524): "Tentativas várias de promover oficialmente a colonização da África não encontraram grande sucesso. A Angola ou a Moçambique, onde nada se aprestava a recebê-los e onde os ganhos pareciam diminutos e difíceis de obter, os emigrantes preferiam o Brasil ou os Estados Unidos, onde sociedades bem organizadas careciam deles e rapidamente lhes proporcionavam empregos e salários compensadores. Fracassaram diversas companhias e regulamentos, cujo objetivo consistia em incentivar a colonização ultramarina."

[479] F. Bellec, **Marchands au long cours** (2003, Goa, p. 65-67).

Sobre os métodos de navegação adotados, dispõe Bellec:

> Até a adaptação da propulsão a vapor para os navios, os pilotos e capitães de longo curso unanimemente tiveram o cuidado de evitar as calmarias da zona equatorial, em chegar o mais rápido possível à zona dos alíseos, em evitar ou alcançar, conforme o caso, a latitude dos fortes ventos do oeste, de chegar a tempo ao encontro das monções favoráveis, de se protegerem dos vendavais do Caribe e dos tufões asiáticos.[480]

Portugal alcança o oceano Índico[481] e forja o primeiro império colonial da era moderna: essa vasta zona de comércio, predominantemente pacífica, era um mar fechado.[482] Sobre isso teoriza CROWLEY:

> Os portugueses, com seus canhões de bronze e ágeis frotas, romperam um sistema autossuficiente e o conectaram com o mundo. Eles chegaram como os impulsionadores da globalização e da era científica dos descobrimentos. Seus exploradores, missionários, mercadores e soldados passaram pelo mundo. Estiveram em Nagasaki e em Macau, nos planaltos da Etiópia e nas montanhas do Butão. Atravessaram as montanhas tibetanas e enfrentaram corrente acima o inteiro curso do Amazonas. Enquanto avançavam, eles mapearam, aprenderam as línguas e descreveram, com 'a pena em uma mão e a espada na outra'.
>
> Embora sua supremacia tenha durado pouco mais de um século, o feito de Portugal foi criar o protótipo de novas e flexíveis formas de império,

[480] F. BELLEC, **Marchands au long cours** (Paris: Éd. du Chêne – Hachette livre, 2003, cit. p. 8-9): L'exploration du Pacifique, les traités de commerce imposés à la Chine, le peuplement de la Nouvelle-Zélande et de l'Australie, la proclamation de protectorats et l'implantation de bases navales achevèrent au XIXe siècle l'appropriation du monde par les Européens.

[481] J. Le GOFF, L'Inde merveilleuse: l'antichambre du paradis (in **Un long Moyen** âge, Paris: Fayard-pluriel, ed. 2009, p. 240) observa que até o século XVI o conhecimento geográfico a respeito da Índia é praticamente nulo no Ocidente. Como prova dessa ignorância, os Ocidentais da Idade média muitas vezes confundiam a Etiópia e a Índia.

[482] Roger CROWLEY, **Conquerors** – How Portugal seized the Indian Ocean and forged the first global empire (London: Faber & Faber, 2015, Epilogue, p. 359-365, cit. p. 362): In the process, Portugal surprised the world. No one in the European arena had predicted that this marginalised country would make a vaulting leap into the East, join up the hemispheres and construct the first empire with a global reach. [...] Only Portugal could: the answer lay in the long decades of acquired knowledge and tenacious effort on the prow of Europe, during which discovery became an organ of state policy.

> baseado na mobilidade do poder marítimo e o paradigma da expansão europeia. Onde eles guiaram, os holandeses e os ingleses seguiram.[483]

Desde a tomada de Ceuta, em 1415, após oitenta e três anos de esforços e sacrifícios, quando Vasco da GAMA aporta em Calicute, em 20 de maio de 1498, em resposta à pergunta do que teriam ido lá fazer os portugueses, teria o navegador respondido: *'Viemos fazer cristãos e buscar temperos!'* – e, caso se possa aceitar a veracidade do relato, traduziria, em resumo, a ambiguidade dos descobrimentos– movimento que escapou da atenção dos teóricos e dos humanistas, mas se fez com marinheiros e aventureiros, idealistas e pragmáticos, humildes e orgulhosos, cúpidos e generosos, mas, acima de tudo, bravos e tenazes.

Destaca-se excerto da obra de BELLEC sobre os ganhos advindos da atividade:

> A evangelização da Índia logo teria início e esta se fez de maneira exemplar, mas o retorno de Vasco da GAMA anunciou, antes de mais nada, ao rei dom MANUEL, que o caminho das Índias doravante estava aberto. Depois de deduzidos todos os custos, soldos e prebendas, feitas e refeitas as contas, o valor de mercado das cargas trazidas rendeu seis vezes o valor do investimento.[484]

Enquanto Cristóvão COLOMBO rumara para o Oriente, virando as costas para este – e se enroscava, há seis anos, nas ilhas do mar do Caribe,[485] sem encontrar sinais claros do reino do Grande Khan, nem

[483] R. CROWLEY, **Conquerors** (2015, Epilogue, p. 359-365, cit. p. 364): Luís Vaz de CAMÕES, whose epic poem **The Lusiads** created a founding mythology for the heroism of exploration, exemplified in person the sometimes desperate qualities of their adventure. He was the most widely travelled poet of the Renaissance; a man who lost an eye in Morocco, who was exiled to the East for a sword fight, who was destitute in Goa and shipwrecked in the Mekong Delta – he swam ashore clutching his manuscript above his head while his Chinese lover drowned. 'Had there been more of the world', CAMÕES wrote of the Portuguese explorers, they 'would have discovered it'.

[484] F. BELLEC, **Marchands au long cours** (2003, Les conquérants du poivre, p. 71).

[485] B. W. HIGMAN, **A concise History of the Caribbean** (Cambridge: Univ. Press, 2011, '*Preface*', p. XI-XII): "The history of the Caribbean has its special difficulties, particularly because of the large number of states, polities and islands in the region, all of them with their own individual as well as shared histories." A respeito da 'colonização' das "Índias ocidentais" cabe apontar a situação peculiar do Caribe que, apesar de seu pequeno tamanho – com

da Cipango, dos quais Marco POLO tinha relatado as fabulosas riquezas– Portugal, que parecia ter sido ultrapassado pelo atalho tomado pelas expedições da Espanha, não obstante as décadas de ingentes e longos esforços para fazer a circunavegação da África, acabava de chegar em primeiro lugar – "além da Taprobana" – às lendárias praças das Índias, de Ceilão (Sri Lanka) e dos reinos vizinhos.[486]

Por outro lado, a partir de 1581, os portugueses subsistiram nas Molucas graças ao apoio recebido das Filipinas – onde os castelhanos tinham fundado Manila, dez anos antes:

> Novas rotas mercantis surgiram, ligando Manila a Malaca e às Molucas. Portugueses e castelhanos juntam esforços no sentido de levarem a cabo vários projetos de conquista na região. Conquistas do Achém e das Molucas, várias vezes tentadas e nunca consumadas, mas também projetos de conquista do Sião, Pegu, Camboja, Sunda e até da China. (...) Quimeras de um império que se afasta apressadamente dos tempos áureos em que as suas armadas infundiram o maior temor nos seus vizinhos asiáticos.[487]

menos de 1% do território das Américas e escassa população – cerca de 42 milhões de habitantes, em relação aos mais de 900 milhões da América continental – "as ilhas tem culturas únicas, que refletem o seu papel como locais vitais, na criação do moderno mundo ocidental". Ver **Tratado** (tomos XIV a XVII – **Direito internacional no tempo do colonialismo**), abrange britânicos (como se examina no cap. 1, item 1.9), franceses (cap. 2, item 2.8), holandeses (cap. 3, item 3.2) e, ainda, pelos Estados Unidos (cap. 9, item 9.5 sobre as Ilhas Virgens e outras possessões territoriais no Caribe).

486 Jorge FLORES, **A Taprobana e a ponte de Rama** – Estudos sobre os portugueses em Ceilão e na Índia do Sul (Macau: Instituto português do Oriente, 2004, cap. 1 – a ilha de Ceilão e o império asiático português, p. 21-46, cit. p. 21): No Ocidente europeu, a ilha de Ceilão goza, desde muito cedo, de uma aura inebriante. A Antiguidade clássica sonhou com ela: a Taprobana, topônimo greco-romano, que deriva do sânscrito *Tamraparni* (pali *Tambapani*) é um lugar mítico, o início de outro mundo, paradisíaco. Da ilha falam em primeiro lugar ONESÍCRITO (citado mais tarde por ESTRABÃO) e MEGÁSTENES, logo no século IV a.C. A **Geografia** de PTOLOMEU (século II) redescoberta em Constantinopla nos finais do século XIII, traça o primeiro mapa da Taprobana, após PLÍNIO, **Historia naturalis**, e outros dela terem dado notícia mais detalhada.

487 Manuel LOBATO, **Política e comércio dos portugueses na Insulíndia** – Málaca e as Molucas de 1575 a 1605 (Macau: Instituto português do Oriente, 1999, Introdução, p. 11-17, cit. p. 15-16): Tal como a fronteira atlântica e americana dos impérios português e espanhol se tornou mais permeável durante o domínio filipino, também no Oriente, a separação das águas que a Coroa se esforçou por afirmar, não sem alguma ambiguidade, não obstou o esta-

Depois de diversas intervenções espanholas no Sudeste asiático, durante o período de trinta anos, de 1571 a 1605, estas não mais se repetiriam até o século XIX, apesar da vizinhança entre Macau, Malaca e Molucas, relativamente às Filipinas. Mesmo em relação aos portugueses, "não obstante o grande valor dos tratos praticados" em Bengala, na Insulíndia e no Extremo Oriente, conforme aponta LOBATO:

> estas regiões apresentam uma enorme fragilidade enquanto zonas de implantação do estado e das suas instituições, o que se traduziu numa quase ausência de fortificações, de estruturas administrativas, de base territorial e de povoamento luso-asiático, numa palavra, de soberania.[488]

A Ásia se tornaria espaço de atuação colonial portuguesa e os holandeses lá, somente mais tarde, tinham começado a praticar comércio. Estes, logo começam a praticar violências contra os portugueses: no final do século XVI, a apresar galeões e a interceptar o tráfego luso-asiático, com agravamento da situação nos primeiros anos do século XVII, chegando ao bloqueio naval de Goa; policiamento holandês das principais rotas usadas pelos portugueses, em particular junto aos estreitos de Malaca e Singapura; interceptação do tráfego português em Ceilão (Sri Lanka); captação do comércio do arquipélago por via de Sunda; ataques a Macau; e apropriação do comércio das especiarias das Molucas e Banda.

Alegaram os holandeses serem as liberdades de navegação e de comércio preceitos do direito natural e das gentes. Do exercício de tais 'liberdades' resultaria, por conseguinte, o direito de legítima defesa e, especificamente, o direito de pleitear indenização por danos.

Não se pode, contudo, esquecer que as descobertas navegacionais portuguesas foram avanços relevantes em relação ao estado da arte, entre os europeus da época, como reconhecido, mesmo por outros povos.[489] E, tampouco, deve-se – e nem se pode – negligenciar que os avanços na

belecimento de fortes vínculos mercantis e uma certa confusão de jurisdições, bem patente nas Molucas.

488 M. LOBATO, **Política e comércio dos portugueses na Insulíndia** – Málaca e as Molucas de 1575 a 1605 (Macau: Instituto português do Oriente, 1999, Metodologia e fontes, p. 19-27, cit. p. 20).

489 F. BELLEC, **Marchands au long cours** (2003, Les conquérants du poivre, cit. p. 67): Au cours de cette longue quête, les Portugais offrirent la haute mer à l'Occident, inventant tout de la navigation hauturière.

navegação de longo curso, por parte de holandeses e de ingleses, valeram-se de episódios – pouco edificantes – de espionagem e de apropriação das descobertas portuguesas, tais como:

- Jan Huyghen van LINSCHOTEN (1563-1611), excelente marinheiro e explorador holandês, que o arcebispo de Goa cometeu o erro de contratar como seu secretário, que depois de viajar extensamente pelas zonas de influência portuguesa na Ásia, publicou em 1596, em Amsterdã, um **Itinerário**, que teve o efeito de uma bomba, pois causou furor na Europa, e logo foi traduzido em inglês, em francês e em latim,[490] contudo este **Itinerário** deve ser lido criticamente: "LINSCHOTEN não viajou até a Ásia do Sudeste, recolhendo informações sobre esta região quer na Índia, quer ainda nos Açores, junto dos viajantes da nau que em 1589 regressou ao Reino vinda em direitura de Malaca";[491]
- simultaneamente, cartas marítimas desenhadas, a partir de documentos estratégicos portugueses, pelo cartógrafo flamengo Petrus PLANCIUS, dentre as quais um notável mapa das ilhas Molucas, infundem nos holandeses a vontade irreprimível de se lançarem no além mar – e estes se implantam, a partir de 1602, em Málaca, e a seguir, em outros pontos estratégicos, como Surata, Colombo, Cochin, "arrancados, um a um, dos portugueses em meio século de horrível violência", instalaram-se os batavos, firmemente, nas Molucas, "reprimindo as revoltas indígenas em banhos de sangue", fizeram rápidos progressos na prática e na gestão da navegação de longo curso: "a partir do século XVII, o sistema holandês inspiraria a Europa inteira, aburguesando o comércio das Índias";[492]

[490] John Huyghen van LINSCHOTEN, **His discours of voyages into ye Easte & West Indies: divided into foure Bookes** (London: John Wolfe, 1598) disponível online Library of Congress Rare Book and Special Collections Division, Washington, Control no. 01007722 Digital ID http://hdl.loc.gov/loc.rbc/kislak.07722.1.

[491] M. LOBATO, **Política e comércio dos portugueses na Insulíndia** – Málaca e as Molucas de 1575 a 1605 (Macau: Instituto português do Oriente, 1999, Metodologia e fontes, p. 19-27, cit. p. 25).

[492] F. BELLEC, **Marchands au long cours** (2003, Les conquérants du poivre – Batavia, cit. p. 89-90): Il ne fut pas si simple de passer du *moedernegotie* ('négoce mère') de la Baltique et de la mer du Nord aux comptoirs de l'océan Indien, même pour des commerçants et des marins aussi avisés que les 'rouliers de la mer' et les meilleurs pêcheurs du monde, qui avaient

- o padre Thomas STEVEN, um jesuíta de Oxford, acabara de chegar a Goa, onde seus caminhos se cruzaram com o aventureiro inglês Ralph FITCH, que se lançara, com mais quatro companheiros, até Ormuz, tendo sido preso pelos portugueses e levado à presença do vice-rei. Liberado mediante a intercessão do padre STEVEN, sumido em meio à multdão cosmopolita das Índias portuguesas, a seguir FITCH fez a revelação das Índias na Inglaterra – como LINSCHOTEN, nas Províncias Unidas;[493]
- o **Espelho da navegação,** do cartógrafo holandês Lucas Jaanszoon WAGHENAER (c. 1534-1606), originalmente publicado em Leiden, em 1584, manual de uma nova geração de pilotos, contém rotas, síntese de informações cartográficas e introdução à astronomia náutica, foi publicado em tradução inglesa, em Londres, já em 1588, em alemão, em 1589 e em francês, em 1590.[494]

Estas incursões pouco escrupulosas não excluem, "como seria de esperar, por vezes as fontes portuguesas deturpam intencionalmente os fatos, em particular se estão em causa feitos de armas" e "é nas fontes narrativas que proliferam os arranjos cosméticos destinados a fornecer ao leitor uma imagem favorável dos portugueses".[495]

fondé sur le hareng la fortune première d'Amsterdam. La flotte d'investigation confiée en 1595 à l'amiral Jacob Cornelisz van KEYSER par la Compagnie des pays lointains, bénéficiant de l'expérience d'un subrécargue – *koopman* – familier de Goa et des caraques lisboètes, mit quinze mois pour trouver Java. Fraîchement accueillie par les Portugais et par les Indonésiens, elle perdit les deux tiers de ses équipages, mais le pas était franchi.

493 F. BELLEC, **Marchands au long cours** (2003, Les conquérants du poivre – Madras, cit. p. 101).

494 Lucas Janszoon WAGHENAER, **Spieghel der Zeevaerdt – von der Noerdschen des ist Mittnachtigen und Orientschen Schiffart, Nemlich von den Hoeffden oder den Voerlande von Engelland abe biβ gehn Wyburgk und der Statt Nerva ...** (Part I, p. VIII + 37 + 23 maps; Part II, p. IV + 21 maps + 8; Facsimile edition with separate Introductory Essay, *The History of Lucas Janszoon Waghenaer and his Spieghel der Zeevaert,* by C. KOEMAN, Lausanne: Sequoia, 1964, 72 p.) published online by Cambridge Univ. Press 18 January 2010. A tradução inglesa, **The Mariners Mirrour ... of Navigation**, foi publicada em Londres, em 1588, e republicada muitas vezes; a tradução alemã, foi publicada em 1589; no ano seguinte, é publicada a tradução francesa, **Du mirroir de la navvigation ...**, par Lucas fils de Jean (Amsterdam: Cornelis Claesz, 1590).

495 M. LOBATO, **Política e comércio dos portugueses na Insulíndia** – Málaca e as Molucas de 1575 a 1605 (Macau: Instituto português do Oriente, 1999, Metodologia e fontes, p. 19-27, cit. p. 24).

Para a determinação dos fundamentos legais, com base nos quais há de ser decidida a questão, já no Prefácio, dirigido "aos príncipes e aos povos livres do mundo cristão"[496] – *Ad principes populosque* líberos *orbis christiani*, Grócio clama:

> O direito, segundo o qual nosso caso tem de ser decidido, não é difícil de ser encontrado – *Lex illa e cuius praescripto indicandum est inventum est non difficilis* – dado ser o mesmo, em toda parte – *utpote eadem apud omnes.* E facilmente pode ser compreendido, dado ser inato em cada indivíduo e implantado em sua mente – *& facilis intellectu, utpote nata cum singulis, singolorum mentis insita.*
>
> E o direito, ao qual nos reportamos é tal – *Ius autem quod petimus tale est* – que nenhum rei pode denegá-lo aos seus súditos, nem um cristão aos não cristãos – *quod nec rex subditis negare debeat, neque Christianus non Christianis.* É um direito derivado da natureza – *A natura enim oritur* – que é igualmente genitora de todos e a todos confere suas benesses – *quae ex aequo omnium parens est, in omnes munifica* e cujo império se estende a todos, que governam os povos, e é tido como o mais sagrado, junto àqueles que são os mais piedosos – *cuius imperium in eos extenditur qui gentibus imperant, & apud eos sanctissimum est qui in quietate plurimum profecerunt.*[497]

Invoca o testemunho dos povos, em defesa da legitimidade da causa que defende: "se estamos certos, deixamos a seu senso do que é justo e certo, para determinar o que se deve pensar sobre esta questão e qual curso de ação se há de tomar"[498] – *sin contra se res habet, quid vobis censendum, quid agendum sit, uestrae religione & aequitati relinquimus.*

Dado relevante para ilustrar a relação entre tempo e a construção do discurso no direito internacional, é que, curiosamente, a fundamentação no direito natural do direito internacional – então ainda habitualmente denominado direito das gentes (*jus gentium*) – não é destoante entre Grócio e Freitas. Basta contrapor o que a respeito escreveram um e outro.

[496] H. Grotius, **Mare liberum** (1609, ed. 2009, *Ad principes populosque* líberos *orbis christiani*, p. 4-23, cit. p. 18-19).

[497] H. Grotius, **Mare liberum** (1609, ed. 2009, cit. loc. cit.).

[498] H. Grotius, **Mare liberum** (1609, ed. 2009, cit. p. 20-21).

Para FREITAS, "o direito das gentes começou com o gênero humano", de modo que "não foi a aprovação dos homens, mas a razão natural que criou o direito das gentes"[499] e, portanto, "o consenso unânime dos homens sobre uma coisa é conjectura para que ela se repute do direito das gentes".[500] Em suma, entende FREITAS, "não foi a aprovação ou o uso dos homens posteriormente introduzido, mas a origem e a razão natural que constituiu o direito das gentes".[501]

Descobrimento (*inventio*),[502] para Hugo GRÓCIO, não consiste no perceber-se uma coisa com os olhos e, sim, no apoderar-se alguém dessa coisa efetivamente, ressalta, conforme o mostrara o imperador GORDIANO, em uma das suas cartas.[503] Por conseguinte, "não caberia qualquer direito aos portugueses, a título de descobrimento, no caminho

[499] FREITAS, **De justo imperio** (1625, ed. 1983, vol. I, p. 322).

[500] FREITAS, **De justo imperio** (1625, ed. 1983, vol. I, cap. 14, n. 5, p. 329): "Desse modo, não foi a aprovação posteriormente introduzida, mas antes a própria razão natural concedida às mentes humanas, que estabeleceu o direito das gentes, se bem que o consenso unâmime dos homens sobre uma coisa empreste notável conjectura para que essa coisa possa ser considerada do direito das gentes."

[501] FREITAS, **De justo imperio** (1625, ed. 1983, vol. I, cap. 14, n. 5, p. 329): "Deve-se, pois, assentar que o direito das gentes começou (...) com o próprio gênero humano, mediante a luz da razão concedida às mentes dos homens e não como atos ou usos posteriores. Efetivamente, os homens, usando do discurso da razão, podiam conhecer supositivamente, no início do gênero humano, esses usos ou atos futuros, pois que a inexistência das coisas não argui defeito na razão natural, mas apenas a falta de uso delas."

[502] A respeito v. **Tratado** (tomo I – **Direito internacional dos espaços**, cap. 6 – modos de aquisição e de perda do domínio do estado sobre o território). O presente tópico tem por objeto ilustrar a relação entre 'tempo e discurso no direito internacional', a partir da controvérsia entre Hugo GRÓCIO e Serafim de FREITAS, sem prejuízo do exame da obra de GRÓCIO em volume inteiro do **Tratado** (tomo VII – **Direito internacional no tempo de Hugo Grócio**, cap. XVIII – Hugo GRÓCIO (1583-1646), respectivamente: 18.1 – conflitos metropolitanos e aventuras coloniais holandesas: interlúdio no Brasil, 18.2 – GRÓCIO na evolução da identidade nacional, 18.3 – sistema de direito internacional no **De jure belli ac pacis**, 18.4 – o **Mare liberum**, 18.5 – direito das gentes voluntário e direito de legação, 18.6 – a enorme presença de GRÓCIO no direito internacional moderno, 18.7 – herança crítica e repercussão da obra de GRÓCIO.

[503] O imperador GORDIANO I (238-244 d.C.), em 'carta', na verdade, *Constituição*, mencionada no **Codex Justinianus** 8.40.13: *Pars ex epistula Gordiani A.* Si Barsagoram latronem Lysanias decurio inventurum se spopondisset, aut exhibere compellendus est aut transmitendus ad praefectum praetorio vel ad praesidem provinciae. V. **Corpus iuris civilis**, volumen secundum **Codex Justinianus** (recognovit Paulus KRUEGER, Dublin / Zürich: Weidmann, 14ª ed., 1967, p. 352).

para as Índias, também navegado pelos holandeses"[504] – *Lusitanos nullum habere ius dominii in eos Indos ad quos Batavi navigant titulo inventionis.*

Há de existir alguma materialidade, de presença e de ocupação, para que se possa caracterizar o 'descobrimento': "assim, pela própria razão, como por expressa disposição legal, e pela interpretação de homens de considerável erudição, todos claramente indicam que o descobrimento somente é apto a criar título de propriedade, quando se faz acompanhar da posse"[505] – *manifeste ostendit ad titulum dominii parandum eam demum sufficere inventionem quae cum possessione conjuncta est.*

E, mesmo os filólogos, vêm em apoio de tal opinião quando dão à expressão 'descobrir' (*invenire*) o entendimento deste ato como 'tomar posse' (*occupare*): é essa a lição do gramático latino NONIUS MARCELLUS.[506] Por outro lado, é ponto de vista corrente entre juristas consumados que só 'descobrimos', de fato aquilo, que temos adquirido (*adepti*): o contrário siginificaria a mesma coisa que abandonar (*perdere*).

A argumentação de GRÓCIO, àquela altura *Advocaat Fiscaal* – promotor público –, na *Hof van Holland en Zeeland* – Corte de apelação, na Haia –, é expendida – em primeiro momento, anonimamente – na pequena grande obra – outros a chamam 'opúsculo' – sobre a liberdade de navegação no alto mar, o **Mare liberum** (1604 ou 1605, publicado em 1609), ou, mais precisamente, **Mare liberum sive de jure quod Batavia competit ad Indicana commercio, dissertatio**,[507] como parte de obra

[504] H. GROTIUS, **Mare liberum** (1609, ed. 2009, chap. 2, p. 30-37, cit. p. 30-31).

[505] H. GROTIUS, **Mare liberum** (1609, ed. 2009, loc. cit.).

[506] NONIUS MARCELLUS, filósofo peripatético e gramático romano do século IV ou V d.C., possivelmente originário de Tibur, norte da África, cuja única obra, que chegou até nós, é **De compendiosa doctrina**, coletânea em vinte livros, os doze primeiros focados principalmente em palavras e na literatura latina, de PLAUTO a APULEIO, os oito seguintes dedicados às armas, ao vestuário, alimentos e outros temas, foi também publicada com outros títulos, tais como **De proprietate latini sermonis** e **De varia significatione verborum** (ed. J. MERCIER, Paris, 1614 Esta obra é a principal fonte para informação a respeito de obras perdidas do período da Roma republicana. A respeito, v. Matthew BUNSON, **A Dictionary of the Roman Empire** (Oxford: Univ. Press, 1995, p. 258); Robert BROWNING, *Grammarians* (in **The Cambridge History of Classical Literature** – vol. 2 Latin Literature, Cambridge: Univ. Press, 1982, p. 769).

[507] H. GRÓCIO, **Mare liberum**, originalmente o capítulo XII do **De jure praedae commentarius** (este somente publicado em 1868, ed. cit., 1950, vol. I, p. 220-222); os argumentos de GRÓCIO sobre os direitos dos portugueses nas terras por eles descobertas foram contestados por Frei Serafim de FREITAS, **De justo imperio lusitanorum asiatico** (1625). Dentre

maior – o capítulo 12 do **De jure praedae** – do direito de presas –, escrito entre 1604 e 1606 e somente muito mais tarde publicado.[508] Este texto, de maneira simples e adequada, poderia ser útil aos propósitos dos holandeses. Somente umas tantas modificações e uma apresentação provocatória tiveram de ser acrescentadas – dirigida 'aos governantes e às nações livres do mundo cristão' – contudo, chegou tarde e não teve o papel decisivo que teria almejado a Companhia das Índias orientais.

O **Mare liberum** teria, em suma, o propósito de invalidar as pretensões espanholas, que incluíam a retirada total dos holandeses de todas as atividades comerciais na Ásia, em contrapartida pela trégua. Em contraposição a esta linha de argumentação ibérica, Grócio enfatizava nenhuma nação ter direitos exclusivos de navegação e comércio, quer em razão da invenção (entendida como equivalente à descoberta), ocupação, prescrição, ou doação pelo papa.[509]

Vale ressaltar que esta obra de Grócio – que suscita intensos debates e volumosas controvérsias – compreende somente 66 páginas de

várias edições, antigas e recentes, v. **Mare liberum** (Original Latin Text "facsimile of the first edition, 1609" and modern English translation, edited and annotated by Robert Feenstra, introduction by Jeroen Vervliet, Leiden / Boston: Brill, 2009, cit. p. IX): "Publication of **Mare liberum** was deferred until the end of April 1609 in order to avoid jeopardising the ongoing negotiations on an armistice in the Dutch Revolt. This independence struggle and civil war against the Spanish Monarchy went on since 1568. The Twelve years' truce was concluded on 9 April 1609". Ver: C. H. Alexandrowicz, *Freitas versus Grotius* (Byil, 1959, vol. 35, p. 161-182); Paul Arblaster, **A history of the Low Countries** (orig. publ. 2006, New York: Palgrave Macmillan, 2nd ed. 2012, chap. 3 – The Low Countries United and Divided, 1384-1609, esp. The Netherlands divided, 1581-1609, p. 125-130 e tb. chap. 4 – From Delftware to Porcelain, 1609-1780); Catherine Denys e Isabelle Paresys, **Les anciens Pays-Bas à l'époque moderne** (1404-1815) (Paris: Ellipses, 2007, chap. 3 – De la rébellion à la scission des Dix-sept provinces (1555-1609), p. 55-78); v. tb. Simon Schama, **The embarrassment of riches**: an interpretation of Dutch culture in the Golden Age (Berkeley and Los Angeles: Univ. of California Press, 1988).

[508] Grotius Hugonis Grotii, **De Jure Praedae Commentarius** (ca. 1604, with translation by **jure praedae commentarius** – ex Auctoris Codice descripsit et vulgavit H. G. Hamaker (Hagae: M. Nijhoff, 1868); com alguns reparos à tradução de G. L. Williams ande W. H. Zeydel, reprinted in na edição de Hugo Grócio, **De jure praedae commentarius** (Oxford e Londres: Clarendon Press – Classics of International Law, Oxford / Carnegie Endowment for Peace, vol. 22, 1950, 2 vols.).

[509] Ver **Tratado** (tomo I – **Direito internacional dos espaços**, cap. VI – modos de aquisição e de perda do domínio do estado sobre o território).

texto, excluindo a dedicatória e os apêndices, e conta 13 capítulos. Dois dos quais são comparativamente bastante mais longos:

- o cap. 5 – o mar que leva aos índios, ou o direito de nele navegar, não é propriedade dos portugueses, por título de ocupação, estende-se por 23 páginas na edição original e ainda receberia uma *defensio* –defesa adicional,[510] por parte de GRÓCIO, em reação à contestação crítica de William WELWOOD, em seu **An Abridgement of All Sea-Lawes**, em 1613,[511] profetizando que o mar poderia vir a ser objeto de propriedade de um único soberano;[512] e
- o cap. 7 – o mar, ou o direito de nele navegar, não é propriedade dos portugueses por título de prescrição ou costume, que compreende 14 páginas, na edição original.

O **Mare liberum** parte da premissa de que os holandeses teriam igual direito de navegação e de comércio, nas Índias orientais, ainda então percebido pelos portugueses como prerrogativa incondicional exclusiva e monopólio reconhecido.[513] O mesmo argumento era também

[510] H. GROTIUS, *Defensio capitis quinti maris liberi oppugnati Guilielmo Welvodo* (compilada em 1615, permaneceu inacabada, somente foi integralmente publicada por Samuel MÜLLER, em Amsterdã, em 1872).

[511] William WELWOOD (ativo entre 1578-1622, lecionou na Universidade de Saint Andrews, de 1590 até 1611), **An Abridgement of All Sea-Lawes gathered froth of all writings and monuments, which are to be found among any people or nation, upon the coasts of the great Ocean and Mediterranean Sea** (orig. publ. London: Humphrey Lownes, for Thomas Man, 1613, reprinted by Eebo Editions, Proquest – Early History of the Law, 2010; on line Univ. of Michigan Library. Available at: http://name.umdl.umich.edu/A14929.0001.001).

[512] Cabe lembrar que em 1609, o *Fishery Edict* publicado pelo rei JAMES I estipulava nova política marítima da Inglaterra. W. WELWOOD, **An Abridgement of All Sea-Lawes** (orig. publ. 1613, reprinted 2010; online Univ. of Michigan Library. Available at: http://name.umdl.umich.edu/A14929.0001.001), em seu cap. XXVII faz ataque específico ao cap. 5 do **Mare liberum** de H. GRÓCIO, em relação à liberdade de pesca. Considerava WELWOOD que o mar pode ser objeto de fracionamento, mediante fronteiras, pode ser adquirido o controle do mar, que pode ser ocupado, e pode ser sujeito ao exercício de autoridade jurisdicional. WELWOOD estipulava uma linha divisória entre o *dominium* ou território do estado, incluindo o mar territorial, em relação ao alto mar, e situava esse limite em 100 milhas da costa.

[513] J. VERVLIET, *General Introduction* (in **Mare liberum** – ed. R. FEENSTRA, 2009, cit. p. X e XI): "The appearance of the controversial booklet had accordingly been postponed on the deliberate request of Johan van OLDENBARNEVELT, the Advocate of Holland ('secretary' of

sustentado pelos espanhóis. Lembrando ter ocorrido a controvérsia durante o período de união das coroas ibéricas, entre 1580 e 1640 – sendo, portanto, a coroa da Espanha também senhora de Portugal e das respectivas colônias,[514] ainda que as respectivas administrações nacionais continuassem a ser exercidas em paralelo.[515]

O argumento central de GRÓCIO exprime-se em favor da liberdade de navegação e de comércio, sem quaisquer restrições – porque, segundo sua linha de argumentação, direito de ocupação do mar não pode ser alcançado por estado nenhum. Esta linha poderia resultar na suspensão e rompimento das negociações de trégua, dado que os espanhóis, desesperadamente, contavam com a confirmação da continuidade desse privilégio e direito exclusivo.

A afirmação da liberdade de navegação por GRÓCIO suscitou notória controvérsia, com múltiplas reações e respostas, em livros e panfletos,

the States of Holland, the highest civil authority), the most distinguished statesman in the truce negotiations. More in particular, the truce was threatened by the fact that Hugo GROTIUS' authorship of a political pamphlet on top of his role as a key person in the judiciary responsible for the defense of the interests of the States of Holland and Zeeland in criminal and fiscal cases could easily cause complexities, such as an undesirable interpretation of the official point of view. Clearly, omitting GROTIUS' name from the title page of **Mare liberum** was very much a precautionary measure."

514 Além das circunstâncias do período de união das coroas ibéricas, "no contexto da cultura que somos, seiva da civilização que fazemos", Vamireh CHACON, **A grande Ibéria** – Convergências e divergências de uma tendência (São Paulo: Unesp / Brasília: Paralelo 15, 2005, Apresentação – Iberidade e Ibero-americanidade, p. 11-17, cit. p. 11) aponta: "Grande Ibéria aqui entendida como viva herança, atuante legado, da Antiga à Nova Ibéria: Antiga, seminal, a de Portugal e Espanha, de diversos reinos e etnias; Nova, as Américas portuguesa (Brasil) e Hispânica, de vários povos e idiomas. Grande Ibéria projetando-se também na África lusófona, ainda hispanofônica na outrora Guiné espanhola, e além, na Ásia e Oceania de Timor Leste."

515 A respeito do contexto histórico, durante o período de união das coroas ibéricas, ver: **Tratado** (tomo II – **Direito internacional dos espaços**, cap. 27 – território brasileiro e direito internacional e cap. 28 – fases da formação do território brasileiro: algumas lições de direito internacional). V. tb. A. H. de OLIVEIRA MARQUES, **Breve História de Portugal** (orig. publ. 1995, Lisboa: Presença, 11ª ed., 2019, cap. VII – Da união ibérica à restauração, p. 250-307); Rafael VALLADARES, **A independência de Portugal** – Guerra e restauração 1640-1680 (orig. publ. **La rebelión de Portugal 1640-1680** © 1998, pref. J. R. MAGALHÃES, trad. P. CARDIM, Lisboa: A esfera dos livros, 2006); Ana VICENTE, **Portugal visto pela Espanha** (prólogo de Fernando MORÁN, Lisboa: Assírio & Alvim, 1992).

dentre os quais Walter RALEIGH,[516] Alberico GENTILI,[517] o já mencionado William WELWOOD,[518] como também John SELDEN[519] e o aqui examinado Serafim de FREITAS, dentre outros. Trata-se de grande discussão, que se estende por séculos, até a consolidação do regime vigente na Convenção das Nações Unidas sobre o direito do mar, de 1982, bem como outros instrumentos multilaterais e direito consuetudinário, nesta matéria.[520] Por esses motivos, a controvérsia entre Hugo GRÓCIO e Sera-

[516] Walter RALEIGH (ca. 1552-1618), **Observations touching trade and commerce with the Hollander and other nations** – as presented to K. James, wherein it is proved that our sea and land commodities serve to enrich and strengthen other countries against our owne (orig. publ. 1610, London: printed by T. H. and are to be sold by William Sheeres, 1653 – online. Available at: http://name.umdl.umich.edu/A47319.0001.001).

[517] Alberico GENTILI, **Hispanicae Advocationis** Libri Duo (the Photographic Reproduction of the Edition of 1661, with an Introduction by Frank Frost ABBOTT, New York: Oxford UP – Carnegie Classics of International Law Series, 1921 – reprinted W. S. Hein, 1995) e muitos outros. Sobre GENTILI e sua obra v. **Tratado** (tomo VI – **Direito internacional no tempo de Suárez, Gentili e Zouch**, cap. XVI – Alberico GENTILI (1552-1608)).

[518] W. WELWOOD, **An Abridgement of All Sea-Lawes** (orig. publ. 1613, reprinted by Eebo Editions, Proquest – Early History of the Law, 2010, Available at: http://name.umdl.umich.edu/A14929.0001.001).

[519] John SELDEN (1584-1654), **Mare clausum** seu De Dominio Maris Libri duo (Londres: Will. Stanesbeius, pro Richardo Meighen, 1635) manifestava seu entendimento, contrário à pretensão portuguesa de autoridade exclusiva sobre o oceano, mas discordava de GRÓCIO com relação ao litoral. SELDEN busca justificar seu ponto de vista, de que o mar não seja bem comum a todos, em todas as circunstâncias. Tradicionalmente os ingleses argumentavam em favor de exclusividade de exercício de autoridade, sobre faixa de mar em torno das suas terras. Justamente por isso, SELDEN se contrapõe a GRÓCIO, e denomina sua obra **Mare clausum**, o mar fechado, em oposição ao **Mare liberum** de GRÓCIO. A pedido do rei JAIME I, a obra de SELDEN teria sido escrita, entre 1618 e 1619, porque naquela altura interessava à coroa ter argumentos fundamentados, na controvérsia com as Províncias Unidas, sobre direitos de pesca. Em 1619, uma delegação dos Estados gerais holandeses esteve em Londres, para tentar solução negociada com os ingleses a respeito dos direitos de pesca. A demora na publicação da obra de SELDEN, que somente ocorreria em 1635, pode ser explicada pelo fato de o rei JAIME a ter preferido retardar, para evitar contratempos com seu cunhado, o rei da Dinamarca, CHRISTIAN IV. A publicação da obra de SELDEN, por encomenda real (*by Royal command*), em versão revista, em 1635, teve como propósito respaldar a política naval e comercial do rei CHARLES, que sucedera JAIME, em 1625, especificamente no tocante às pretensões da família real dos STUART, no tocante ao controle do mar adjacente, a expansão da frota marítima e a imposição de novo tributo, para financiamento da construção de navios (*ship money*).

[520] Na matéria terá, a seu tempo, grande relevância a contribuição de Cornélio van BYNKERSHOEK, como se examina no **Tratado** (tomo X – **Direito internacional no tempo de C. van**

fim de FREITAS é destacada como paradigmática para exame, neste capítulo, sobre 'tempo e discurso no direito internacional'.

A pretensão de livre navegação seria rebatida por Frei Serafim de FREITAS, no seu **Do justo império dos portugueses na Ásia** – exatamente, no original, **De justo imperio lusitanorum asiatico** (1625, ed. 1983).[521] A construção da argumentação de FREITAS respalda os interesses ibéricos. Esta ilustra uma concepção de mundo que se tornava obsoleta já na altura em que foi expendida. O que parecia ser moeda corrente a seu tempo, hoje se lê como documento histórico, no sentido que reflete o que existiu no passado, mas não mais se adequa ao nosso contexto pós-moderno.

Curiosas coincidências ocorrem, visto que o livro de Serafim de FREITAS é publicado no mesmo ano que a obra prima de GRÓCIO, o **Direito da guerra e da paz** (1625). E, ademais, porque na sua grande obra GRÓCIO, de certo modo, altera suas afirmações anteriores, em relação ao mar e o exercício de poder pelo estado costeiro sobre determinadas extensões marinhas, adjacentes à costa.

No **De jure belli ac pacis** (1625), o próprio GRÓCIO admite que pode haver apropriação de parte de rios, baias e estreitos, com base no direito natural e no direito das gentes.[522] Cabe indagar em que extensão teria GRÓCIO modificado seu entendimento a respeito da possibilidade de apreensão de determinada faixa de mar pelo estado costeiro, entre 1609 e 1625.

Bynkershoek e Christian Wolff, cap. XXI. Cornelius van Bynkershoek (1673-1743) e tb. tomos I e II – **Direito internacional dos espaços**, esp. segunda parte, título I – domínio marítimo, caps. 10 a 13).

521 Frei Serafim de FREITAS, **De justo imperio lusitanorum asiatico** (orig. publ. em Valladolid: Tipografia de Jerônimo Morillo, 1625; tradução port., **Do justo império dos portugueses na Ásia**, intr. de Marcelo CAETANO, trad. Miguel Pinto de MENESES, Lisboa: Instituto Nacional de Investigação Científica, 1983, reimpressão, 2 vols.).

522 H. GRÓCIO, **O direito da guerra e da paz** (orig, publ. **De jure belli ac pacis**, 1625, trad. Ciro MIORANZA, col. clássicos do direito internacional, Ijuí: Ed. Unijuí, 2004, 2 vols., livro II, cap. III – Da aquisição original das coisas, onde se trata também do mar e dos rios, parágrafos VII, e esp. par. VIII – o mar pode ser ocupado? e par. X): "parece que o mar também possa ser ocupado por aquele que possui as terras situadas dos dois lados, mesmo que esse mar seja aberto pelo alto como um golfo ou pelo alto e embaixo em forma de estreito, uma vez que essa parte de mar não seja de tal extensão que, comparada à terra firme, não possa ser considerada como dela fazendo parte."

Cabe, igualmente, apontar que GRÓCIO tampouco se opôs formalmente, por escrito, aos argumentos de John SELDEN, expostos em seu **Mare clausum**.[523] Naquela altura, GRÓCIO tinha aceitado exercer as funções de embaixador e conselheiro da coroa da Suécia,[524] e esta considerava o mar Báltico como sua zona exclusiva de navegação e de comércio.[525]

A atribuição a GRÓCIO – pela Câmara da Zelândia, da Companhia holandesa das Índias orientais, em 1608 – da missão de publicar sua argumentação em defesa do direito dos holandeses de navegarem livremente e fazerem comércio, nos mares das Índias orientais, buscava influenciar as negociações da trégua entre os batavos e os espanhóis.[526] Ao mesmo tempo, não convinha criar campo adicional de confrontação com os colonizadores espanhóis.[527] FREITAS retoma e rebate, item

[523] John SELDEN (1584-1654), **Mare clausum** seu De Dominio Maris Libri duo (Londres: Will. Stanesbeius, pro Richardo Meighen, 1635).

[524] Sven BJÖRKMAN, *Diplomates suédois au XVIIe siècle* (in **L'Europe des traités de Westphalie** – Esprit de la diplomatie et diplomatie de l'esprit, dir. de Lucien BÉLY avec Isabelle RICHEFORT, Paris: PUF, 2000, p. 503-516); Herman LINDQVIST, **A History of Sweden** (orig. publ. 2002, transl. by Rod BRADBURY, Stockholm: Norstedts, 2006, p. 206) menciona a presença e atuação, em Paris, do "embaixador sueco, o jusfilósofo holandês Hugo GRÓCIO", ao tempo das negociações entre o sueco Axel OXENSTIERNA e o cardeal RICHELIEU, durante a guerra dos trinta anos, em Compiègne, em abril de 1635. Por sua vez, Neil KENT, **A concise History of Sweden** (orig. publ. 2008, Cambridge: UP, reprinted 2010, p. 217) menciona o comentário do conde WRANGEL, naquela altura embaixador da Suécia em Londres, a respeito da política exterior do então primeiro ministro HAMMARSKJÖLD, durante a primeira guerra mundial, no sentido de que: "The HAMMARSKJÖLD way of conducting policy might perhaps suit a peasant republic, like that of the Boers, but is not appropriate to a diplomacy that counts the names of Axel OXENSTIERNA and Hugo GROTIUS among its practicioners." Para ilustrar como a figura de GRÓCIO persiste na memória de diferentes povos.

[525] Ver Philippe MEYER, **Baltiques** – Histoire d'une mer d'ambre (Paris: Perrin, 2013); K.-R. PUSTA, **Le statut juridique de la mer Baltique à partir du XIXe siècle** (RCADI, 1935, t. 52, p. 105-190); Marie-Louise PELUS-KAPLAN et Éric SCHMAKENBOURG, *Le contrôle de la Baltique et les enjeux économiques* (in **L'Europe des traités de Westphalie** – Esprit de la diplomatie et diplomatie de l'esprit, dir. de Lucien BÉLY avec Isabelle RICHEFORT, Paris: PUF, 2000, p. 297-311); Michel de TAUBE, **Le statut juridique de la mer Baltique jusqu'au XIXe siècle** (RCADI, 1935, t. 53, p. 437-530).

[526] J. VERVLIET, *General Introduction* (in **Mare liberum** – ed. R. FEENSTRA, 2009, cit. p. XI-XII): "The intermediary intervention of Johan BOREEL, a friend of GROTIUS', who declared that a valuable piece had already been written on this topic, made the publication of **Mare liberum** imminent."

[527] Como se examina no **Tratado** (tomo VII – **Direito internacional no tempo de Hugo Grócio**, cap. XVIII – Hugo GRÓCIO (1583-1646), item 18.1 – conflitos metropolitanos e aventuras coloniais holandesas: interlúdio no Brasil).

por item, os argumentos antes expendidos por GRÓCIO, a quem sempre se refere como o 'Incógnito', porquanto o **Mare liberum**, inicialmente tornado público em 1608, fora publicado sem nome de autor (1609).[528] Aparentemente, teria sido com base nessa edição, sem nome de autor, que FREITAS se baseou para construir a sua resposta.

Mas, cumpre observar, dois anos depois da publicação da obra de FREITAS (1625), já tivera conhecimento desta Hugo GRÓCIO, e a menciona em carta ao seu irmão Willem. Com não-disfarçado incômodo por se ver sempre referido como o "Incógnito".

Dada a estrutura paralela do desenvolvimento de ambas,[529] pode ser seguida a ordem na qual os capítulos são apresentados por GRÓCIO.

[528] A primeira edição do **Mare liberum**, publicada com o nome do autor, foi a tradução holandesa, de 1614 – mais precisamente a 'terceira reimpressão' da tradução holandesa de 1614, e a primeira edição latina, em 1618, com o nome de GRÓCIO. Outras se seguiram, tais como meu exemplar da edição de Leiden, de 1633, que reúne Hugo GRÓCIO, **De Mari Libero** et P. MERULA, **De Maribvs** (Lvgd. Batavorvm: Ex Officina Elzeviriana, 1633 – contém esta edição quatro textos: 1- Hvgonis Grotii Mare Liberum Sive De Ivre Qvod Batavis competit ad Indicana commercia, dissertatio (1609), p. 1-83; 2- Paulus MERULA (1558-1607), Dissertatio de Maribus, p. 84-182; 3- Marcus Zuerius BOXHORN (1612-1653), **Apologia pro navigationibus Hollandorum, adversus Pontum Heuterum**, p. 183-213; 4- "Tractatus pacis, mutui commercii, sive intercursus navigationum, confirmatus Londini anno [1495], inter Henricum Septimum Angliae regem, & Philippum Archiducem Austriae, Burgundiae, &c.", p. 214-267).

[529] Enumera FREITAS (op. cit., 1625, ed. cit., 1983, vol. I, p. 99) os "Capítulos da dissertação do Incógnito sobre o mar livre": cap. 1 – que pelo direito das gentes é livre a todos a navegação para qualquer parte; cap. 2 – que os portugueses não tem, por título de descobrimento, nenhum direito de domínio sobre os índios, para cujas praias os holandeses navegam; cap. 3 – que os portugueses não tem, por título de doação pontifícia, o direito de domínio sobre os índios; cap. 4 – que os portugueses não tem, por título de guerra, o direito de domínio sobre os índios; cap. 5 – que o mar que leva aos índios, ou o direito de nele navegar, não é propriedade dos portugueses, por título de ocupação; cap. 6 – que o mar, ou o direito de navegar, não é propriedade dos portugueses por título de doação pontifícia; cap. 7 – que o mar, ou o direito de navegar, não é propriedade dos portugueses por título de prescrição ou costume; cap. 8 – que pelo direito das gentes o comércio é livre entre quem quer que seja; cap. 9 – que o comércio com os índios não é propriedade dos portugueses por título de ocupação; cap. 10 – que o comércio com os índios não é propriedade dos portugueses por título de doação pontifícia; cap. 11 – que o comércio com os índios não é propriedade dos portugueses pelo direito de prescrição ou costume; cap. 12 – que os portugueses proibindo o comércio, não se apoiam em base alguma de equidade; cap. 13 – que aos holandeses cumpre manter o direito de comércio com a Índia, quer pela paz, quer pelas tréguas, quer pela guerra.

Por sua vez, FREITAS, apesar do propósito de rebater 'o Incógnito', item por item, acrescenta alguns capítulos, sem correspondentes no texto de GRÓCIO.[530]

Em relação ao cap. 1, quanto a saber se, pelo direito das gentes, é livre a todos a navegação para qualquer parte – *Iure gentium quibusvis ad quosvis liberam esse navigationem*, argumenta GRÓCIO, "ter o próprio VITÓRIA afirmado que, se os espanhóis fossem proibidos, pelos índios americanos, de viajar e residir entre eles", ou, de qualquer modo, "fossem impedidos de compartilhar aquelas coisas que são propriedade comum, quer pelo costume, quer pelo direito das gentes, estas causas poderiam ser justo motivo para a guerra contra os índios".[531] E conclui:

> mesmo que os portugueses fossem os donos das regiões buscadas pelos holandeses, de qualquer forma estes infligiriam injúria (*injuriam tamen facturos*) caso impedissem os holandeses de entrar nessas regiões e nelas praticar comércio. Quanto mais injusto, então, na situação existente, nas quais pessoas, desejosas de praticar comércio com povos, que compar-

[530] Frei Serafim de FREITAS, **De justo imperio lusitanorum asiatico** (1625, ed. 1983, vol. I, p. 100) enumera "capítulos da réplica de Serafim de Freitas sobre o justo império dos portugueses na Ásia": cap. 1 – se, pelo direito das gentes, é livre a todos a navegação para qualquer parte; cap. 2 – do direito de viajar para províncias alheias; cap. 3 – se os portugueses tem, por título de descobrimento, direito de domínio sobre os índios, para cujas praias os holandeses navegam; cap. 4 – se os portugueses foram os primeiros a navegar para a Índia pelo Oceano Antártico; cap. 5 – das navegações de Hanão e Eudoxo; cap. 6 – do poder do pontífice romano nas coisas temporais; cap. 7 – se os portugueses tem, por título de doação pontifícia, o direito de domínio sobre os índios; cap. 8 – do direito de preferência de viajar para as Índias que compete aos portugueses por título do sumo pontífice; cap. 9 – se os portugueses tem o direito de domínio sobre os índios, por título de guerra; cap. 10 – se o mar que leva aos índios, ou o direito de nele navegar, são propriedade dos portugueses, por título de ocupação; cap. 11 – resposta aos argumentos do Incógnito contra a resolução do capítulo precedente; cap. 12 – se o mar, ou o direito de navegar, é propriedade dos portugueses por título de doação pontifícia; cap. 13 – se o mar, ou o direito de nele navegar, é propriedade dos portugueses por título de prescrição ou costume; cap. 14 – resposta aos argumentos do Incógnito contra as resoluções do capítulo precedente; cap. 15 – da fidelidade e verdade dos portugueses; cap. 16 – das riquezas dos portugueses antes da navegação para a Índia; cap. 17 – do lucro que advém aos portugueses do comércio da Índia; cap. 18 – da religião dos portugueses na Índia oriental."

[531] Hugo GROTIUS, **Mare liberum** (Original Latin Text "facsimile of the first edition, 1609" and modern English translation, ed. and annotated by Robert FEENSTRA, General Introduction by Jeroen VERVLIET, Leiden / Boston: Brill, 2009, chap. 1, p. 24-31, cit. p. 28-29).

> tilham esse desejo, estão impedidos de o fazer, pela intervenção de homens, que não estão investidos de poder, quer por aqueles ditos povos, ou ao longo da rota a ser seguida! Pois não há razões mais fortes para detestarmos ladrões e piratas do que o fato que estes tornam inseguras as relações humanas.[532]

Por sua vez, argumenta FREITAS, "deve ser livre a passagem inofensiva por terras alheias" e em caso de "extrema necessidade, todas as coisas são comuns", bem como aduz "é um dever socorrer os náufragos e não lhes roubar os bens" – e, a seguir, aponta as "penas para os roubadores dos bens dos náufragos". Ainda que incidentes dessa natureza fossem frequentes, a captura deste navio se tornaria um caso de destaque.

É clara a remissão ao incidente com o navio mercante português, *Santa Catarina*,[533] atacado e despojado de sua rica carga,[534] ao navegar

[532] H. GROTIUS, **Mare liberum** (1609, ed. 2009, cap. 1, p. 24-31, cit. p. 30-31).

[533] François BELLEC, **Marchands au long cours** (Paris: Éd. du Chêne – Hachette livre, 2003, De l'Atlantique à la mer de Chine, p. 133-134): Les porcelaines importées à Lisbonne étaient au décor bleu et blanc caractéristique de l'époque WANLI. Peu de temps après sa fondation, la VOC hollandaise captura en 1602 la caraque portugaise *São Tiago*, et l'année suivante la *Santa Catarina*. Le succès retentissant des ventes de leurs cargaisons à Amsterdam éveilla un immense intérèt pour la porcelaine à décor bleu, qui prit l'appellation néerlandaise de *Kraakporcelein* ('porcelaine de caraque'). Malgré son intrusion fulgurante dans le marché oriental, la VOC ne parvint pas à prendre pied en Chine, car Macao constituait une exception définitive à l'imperméabilité des Chinois. La compagnie se replia en 1624 à Formose, où elle installa le port relais d'Orange, baptisé plus tard Zelandia. De ses entrepôts qui stockèrent jusqu'à plus de huit cent mille pièces en attente, la porcelaine gagnait Batavia par des flûtes stationnaires et des jonques.

[534] Em 25 de fevereiro de 1603, o almirante holandês Jacob van HEEMSKERCK liderou o ataque e captura do navio português *Santa Catarina*, no estreito de Singapura. A justificativa então dada por HEEMSKERCK, para o ataque foi a retaliação pelos maus tratos infligidos a mercadores holandeses na Ásia portuguesa, diante da falta de juízo independente, ao qual pudesse ser submetida a controvérsia. A Corte do Almirantado de Amsterdã subscreveu a alegação de HEEMSKERCK. O butim foi vendido em Amsterdã. Os lucros da venda fizeram dobrar os recursos da Companhia Holandesa das Índias Orientais. Sobre o Estado português da Índia, ver António Pinto PEREIRA, **História da Índia** – no tempo em que a governou o Visorei Dom Luís de Ataíde ("reprodução em fac-símile do exemplar com data de 1617 da Biblioteca da INCM" – Imprensa Nacional-Casa da Moeda, introdução de Manuel Marques DUARTE, Lisboa: Imprensa Nacional-Casa da Moeda, 1987, cit. 'introdução', p. 53): "As conquistas portuguesas no Oriente tinham fácil justificação moral para PINTO PEREIRA, quando obtidas em combate contra soberanos não-cristãos, pois elas eram uma luta pela difusão da verdadeira fé". Seria, contudo, mais difícil justificar os conflitos entre soberanos cristãos –

da China e do Japão para a Malásia,[535] que motivaria a consulta,[536] formulada pela Companhia holandesa das Índias orientais – *Vereenighde*

quer espanhóis e portugueses, antes do período de união das coroas ibéricas, como, a seguir, entre espanhóis e holandeses.

[535] A identificação do local do ataque e captura, no estreito de Singapura, do navio português *Santa Catarina* tem sido objeto de controvérsia, por vezes situada em vários locais distintos, como por exemplo no estreito de Málaca. A respeito v. Peter BORSCHBERG, *Grotius, Maritime Intra-Asian Trade and the Portuguese Estado da Índia: Problems, Perspectives and Insights from De iure praedae* (in **Grotiana**, 26-28 (2005-2007), p. 31-60, cit. p. 35).

[536] Martine Julia van ITTERSUM, *Hugo Grotius in context: van Heemskerck's capture of the Santa Catarina and its justification in the De jure praedae (1604-1606)* (Asian Journal of Social Science, 2003, vol. 31, no. 3, p. 511-548, cit. p. 512): "... the natural law and natural rights theories that Grotius formulated in *De jure praedae* cannot be divorced from Dutch imperialism and colonialism in the early modern period". V. tb. M. J. van ITTERSUM, **Profit and principle** – Hugo Grotius, natural rights theories and the rise of Dutch power in the East Indies 1595-1615 (Leiden / Boston: Brill, 2006); M. J. van ITTERSUM, *Dating the Manuscript of De jure praedae (1604-1608): what watermarks, Foliation and Quire divisions can tell us about Hugo Grotius' development as a natural rights and natural law theorist* (in History of European Ideas, 2009, vol. 35, p. 125-193, cit. Abstract). Following the manuscript's discovery in 1864, scholars have widely assumed that **De jure praedae** (Commentary on the Law of Prize and Booty) was written by the Dutch lawyer Hugo GROTIUS (1583-1645) in the period 1604-1606. Yet the conventional dating fails to consider the materiality of MS. BPL 917 in Leiden University Library. By analyzing paper supplies, this article throws new light on the date and manner of the manuscript's composition. The watermarks in the paper, the quire divisions and foliation are considered in combination with relevant textual evidence, such as manuscript references to historical events and any allusions to MS. BPL 917 in Grotius' letters and archival sources. This approach has yielded unforeseen results. Yes, Grotius wrote out the original text in 1604/05, as a fair copy of a previously existing work. Yet he did not stop there. Entire folio pages were crossed out in MS. BPL 917 and new ones inserted in the following sequence:
- in, or shortly before, January 1607, Grotius deleted f. 63v and 67r and inserted f. 64-66
- between January 1607 and Nov.-Dec. 1608, he deleted f. 7v, 19r, 38v, and 43r-v and inserted f. 8-9, 18, and 39-42
- in November-December 1608, he deleted f. 119r-122r and inserted f. 117-118.

These revisions were a direct response to the challenges faced by the Dutch East India Company (VOC) in this period. Its growing empire in South East Asia was under threat from the peace and truce negotiations between the States General and Philip III of Spain and Portugal. Grotius' revision of MS. BPL 917, along with chapter twelve's appearance as **Mare liberum** in April 1609, justified the continuation of Dutch empire-building in the East Indies, the Twelve Years Truce notwithstanding. Grotius' rights and contract theories made it perfectly acceptable to conclude a peace or truce in (Western) Europe, yet persist in colonial warfare beyond the line (i.e. the Tropic of Cancer). In this respect – the (implicit) differentiation between 'the West and the rest' in international relations – Grotius' legacy is still with us today.

Oostindische Companie (VOC), ao jurista Grócio e da qual resultaria a obra deste sobre a livre navegação. E, por sua vez, suscitaria a resposta de Freitas.

A legalidade da captura do navio e da carga foi corroborada por Grócio, expondo que a VOC tinha se engajado em guerra justa contra os portugueses. A exclusão dos holandeses no comércio da Ásia seria ilegal, e consequentemente, o direito de presas estaria legitimado.[537] Segue-se a mesma linha do que Grócio argumentara antes sobre a legalidade da guerra, em geral, e da captura e do apresamento de navios, especificamente no **Mare liberum**, capítulo 1, como aqui se examina, quanto ao direito de navegação dos holandeses, nas Índias orientais portuguesas, e a impossibilidade de exclusão destes. O mar não é passível de ocupação – *occupatio* – enquanto bem de todos – *res communis* – e bem fora de comércio – *extra commercium* – não sujeito a transação comercial, nem a qualquer servidão, estando aberto, por sua natureza, a todos os indivíduos.

Sustenta Freitas, ademais, "contra a opinião de Sairo",[538] não ser permitido "roubar os bens aos náufragos infiéis".[539] Se sequer aos náufragos infiéis seria lícito 'apropriar-se' indevidamente da carga, tanto mais deveria o princípio ser observado entre cristãos.

Considera Freitas que "após a divisão das coisas, cada um tem a faculdade de dispor livremente dos bens próprios, faculdade que também cabe à república" e "estão isentos de comércio as coisas que a natu-

[537] Nesse sentido, se manifestaria H. Grócio, **De jure belli ac pacis** (1625, trad. Ciro Mioranza, col. clássicos do direito internacional, Ijuí: Ed. Unijuí, 2004, 2 vols., livro II, cap. I, par. II, 1): "Quantas forem as fontes de processo, tantas serão as causas de guerra, pois onde as vias da justiça fazem falta, a guerra começa". E logo (livro II, cap. I, par. II, 2): "A maioria dos autores assinala três causas legítimas às guerras: a defesa, a recuperação do que nos pertence e a punição". V. tb. **Tratado** (tomo VII – **Direito internacional no tempo de Hugo Grócio**).

[538] Jorge Sairo ou Sayro, **Clavis regia sacerdotum, casum conscientiae, s. theologiae moralis thesaurus** (Venetiis, 16016 e 1640; com o título **Thesaurus casum conscientiae s. theologiae moralis**, Venetiis, 1605, 1614; Coloniae, 1618).

[539] Menciona Freitas, **De justo imperio** (1625, ed. 1983, vol. I, cap. 2, p. 114): "D. Francisco de Almeida, Vice-rei da Índia, moveu guerra ao rei de Onor, para recuperar os bens duns náufragos portugueses" e aponta "estatutos bárbaros dos chineses contra os peregrinos e náufragos".

reza, o direito das gentes ou os costumes da cidade proibiram".[540] Assim, Francisco VITÓRIA e Bento GIL[541] são, por FREITAS, "censurados por resolverem que o príncipe não pode afastar sem causa os estrangeiros de suas terras e comércios", e ainda aponta "exemplos do Incógnito, alheios à discussão".[542]

No cap. 2, afirma GRÓCIO: "não terem os portugueses título de domínio, pelo descobrimento, sobre aquelas Índias, para as quais navegam os holandeses"[543] – *Lusitanos nullum habere jus dominii in eos Indos ad quos Batavi navigant titulo inventionis* –, argumentando não serem os proprietários das regiões visitadas pelos holandeses – precisamente, Java, Sumatra e a maioria das Molucas – "pelo fato de que ninguém é dono de coisa que nunca tenha sido tomada sob sua posse"[544] – *quia dominus nemo est eius rei quam nec ipse unquam nec alter ipsius nomine possedit* – seja por ação direta, ou por meio de terceiro, atuando em seu nome.

As ilhas em questão tinham então, como antes tiveram, seus próprios governantes, administração, leis e direitos – *suos reges, suam rempublicam, suas leges, sua jura.* Os portugueses, como outros povos, lá podiam praticar comércio – *Lusitanis mercatus, ut aliis gentibus conceditur.*[545] Pelo fato de terem de pagar tributos, bem como por estarem sujeitos a peticionar aos dirigentes locais pelo direito de exercer o comércio, os próprios portugueses demonstram claramente o fato de não serem os senhores daquelas terras, mas simples visitantes. Sua própria residência naquelas ilhas é permitida como um favor – *ne habitant quidem nisi precario.*[546]

[540] FREITAS, **De justo imperio** (1625, ed. 1983, vol. I, p. 114) argumenta ser "válido o estatuto que proíbe vender a estrangeiros", que "as leis de Portugal são plenas de sentido" e que "o príncipe pode proibir o comércio com os estrangeiros de quem julga necessário tomar cautela". Cita como exemplo "os Saguntinos não admitiram o comércio dos Cartagineses com receio de sujeição". E conclui com estas duas assertivas: "à face do direito das gentes, o negociar e o viajar são lícitos, até serem proibidos" e "uma coisa é expulsar do comércio, e outra não admitir ao comércio".

[541] Bento GIL, **De iustitia et iure:** hec hoc est de universum contractuum materia (Olyssipone: 1619; vol. II, 1621).

[542] FREITAS, **De justo imperio** (1625, ed. 1983, vol. I, cap. 2).

[543] Longa seria a presença colonial holandesa nessas áreas, como se examina no **Tratado** (tomos XIV a XVII – **Direito internacional no tempo do colonialismo**, esp. cap. 3 – colonização holandesa).

[544] H. GROTIUS, **Mare liberum** (1609, ed. 2009, cap. 2, p. 30-37, cit. p. 30-31).

[545] H. GROTIUS, **Mare liberum** (1609, ed. 2009, cap. 2, p. 30-37, cit. p. 32-33).

[546] H. GROTIUS, **Mare liberum** (1609, ed. 2009, cap. 2, p. 30-37, loc. cit.).

Além do fato de não bastar somente o título para configurar a propriedade, se este não se faz acompanhar pela posse, que também é um requisito, não teriam, assim, os portugueses, qualquer título de propriedade sobre tais regiões. Argumentam os portugueses, conforme pondera GRÓCIO, que aqueles territórios passaram às suas mãos como recompensa pelo descobrimento – *Primum si dicent inventionis praemio eas terras sibi cessisse, nec jus, nec verum dicent* – mas, tal alegação não se sustenta, nem pelo direito, nem pelo fato, pois o descobrimento não se faz somente por enxergar determinada coisa com seus olhos – *invenire enim non illud est oculis usurpare, sed aprehendere* – mas, ao tomar-se a coisa para si,[547] no caso de bens móveis, ou delimitar bens imóveis e coloca-los sob guarda – *res mobilis aprehenduntur, aut immobiles terminis atque custodia sepiuntur.*[548]

No caso em discussão, não seria absolutamente possível sustentar ter sido tal requisito satisfeito, porquanto os portugueses não tinham qualquer guarnição estacionada naquelas Índias orientais. Aduzia GRÓCIO como se poderia alegar terem os portugueses 'descoberto' as Índias orientais, quando estas há séculos eram conhecidas, desde os tempos do poeta romano HORÁCIO, citando passagem deste – sobre o operoso comerciante que foge da pobreza, indo pelos mares, até a mais distante ilha das Índias:

> *Impiger extremos currit mercator ad Indos*
> *Per marem pauperien fugiens.*[549]

Como esquecer – aduzia GRÓCIO – que os romanos descreveram para nós, com a maior precisão, muitas coisas a respeito da Taprobana – *Taprobanes pleraque quam exacte nobis Romani descripfere?*[550] As outras ilhas também, há muito eram conhecidas, não somente pelos vizinhos persas e árabes, como por muitos europeus – especialmente os venezianos – antes dos portugueses lá chegarem.[551] Ao mesmo tempo cidade, estado e

547 H. GROTIUS, **Mare liberum** (1609, ed. 2009, cap. 2, p. 30-37, loc. cit.).

548 H. GROTIUS, **Mare liberum** (1609, ed. 2009, cap. 2, p. 30-37, cit. p. 34-35).

549 Ver Quintus HORATIUS Flaccus (65-8 a.C.), **Satires, Epistles and Ars Poetica** (with an English translation by H. R. FAIRCLOUGH, Cambridge, Ma.: Harvard U.P. / Loeb Classical Library, LCL 194, 1st. publ., 1929), HORATIUS, **Epistulae**, I.1 [45 f.] cit. por H. GROTIUS, **Mare liberum** (1609, ed. 2009, loc. cit.).

550 H. GROTIUS, **Mare liberum** (1609, ed. 2009, loc. cit.).

551 H. GROTIUS, **Mare liberum** (1609, ed. 2009, loc. cit.).

pátria, governada e gerenciada por seus maiores acionistas, Veneza[552] era uma modalidade empresarial privada, de interesse público, uma cooperativa estatal de importação e exportação, de impressionante eficiência, que controlava integralmente o comércio oriental.[553]

Não menciona Grócio o tratado de paz de Saragoça, celebrado em 22 de abril de 1529, entre o rei João III de Portugal e o imperador Carlos, com o objetivo de traçar um novo meridiano, que delimitaria as zonas de influência portuguesa e castelhana na Ásia, e de complementar ao tratado de Tordesilhas, de 1494. Tampouco a 'questão das Molucas', como aspecto central desse tratado, a partir da primeira viagem de circunavegação, realizada por Fernão de Magalhães e Juan Sebastian Elcano que, em novembro de 1521, tinham alcançado aquelas ilhas. Para Portugal, que reclamava a prioridade de ocupação daquelas ilhas, mostrava-se como problema o fato de que os espanhóis poderiam alcançar as mesmas, navegando pela sua zona de influência.

Agrava-se o clima de tensão entre as duas coroas, até ser, em 1524, criada a Junta de Badajoz-Elvas para definir um 'anti meridiano', em relação ao que fora traçado, em 1494, pelo tratado de Tordesilhas. A tentativa de composição da controvérsia ainda se estende, por cinco anos,

552 Jean-Claude Barreau, **Un capitalisme à visage humain** – le modele vénitien (Paris: Fayard, 2011); Christian BEC, **Histoire de Venise** (orig. publ. em 1983, Paris: PUF, 3e éd., reimpr., 2005); Manlio Brusatin, **L'archipel du Lion: le monde vénitien** (photographies de Giuseppe Bruno, © 1991, Paris: La bibliothèque des arts, 1992); Élisabeth Crouzet-Pavan, **Les villes vivantes** – Italie XIIIe-XVe siècle (Paris: Fayard, 2009, chap. III, 'Une genèse singulière', p. 61-76); Alvise Zorzi, **Histoire de Venise** – La République du Lion (do original **La Repubblica del Leone – Storia di Venezia**, © 1979, trad. Jacques Roque, Paris: Perrin – tempus vol. 95, nova ed., 2005, impr. 2010). Escreveu Tommaso Campanella, **Aphorismes politiques** (trad. Pierre Caye et Claude Monet, Caen: Centre de philosophie politique et juridique – Univ. de Caen, 1993, "sur le destin de Venise", p. 50): "Même Venise un jour tombera dans la torpeur et disparaîtra par la faute de ses cours d'eau et de la mer hostile, qui ne cessent de la combler d'alluvions et de l'ensabler; elle qui, pourtant, est si parfaitement équilibrée qu'elle ne peut périr de son fait. La mer elle-même, à qui elle s'est confiée, la protège de l'étranger et l'exempte d'armée dans ses murs, si bien qu'elle n'a pas à craindre de subir la tyrannie de sa soldatesque; peut-être aura-t-elle à souffrir des condotieres à sa solde".

553 François Bellec, **Marchands au long cours** (Paris: Éd. du Chêne – Hachette livre, 2003, Venise, p. 51): "Sa puissance était condensée à l'extrême, dans les quelque six cent mètres du quai des Esclavons, qui relie le Palais des Doges, son centre opérationnel de décision, à l'arsenal abritant son potentiel de projection du commerce et sa force de dissuasion, dans le secret de la plus puissante entreprise industrielle du monde".

porque as duas coroas continuam a defender que as Molucas estariam em suas respectivas zonas de expansão.

Nos termos do tratado de Saragoça, as duas coroas acordam a criação desse 'anti meridiano' de Tordesilhas, na zona oriental do globo. A Coroa espanhola cede sua posição, nas ilhas Molucas, a Portugal, mediante compensação de 350 mil ducados, enquanto a Coroa portuguesa não mais poderia erguer fortificações num raio de vinte léguas em redor da zona das Molucas.

Ademais, há evidências de presença, na região, que apontam que os espanhóis tinham fundado Manila, nas Filipinas, em 1571, de modo que, além de todos os demais povos, bem como dos venezianos, também os espanhóis tinham registros de passagem e de presença na região, anteriores ou contemporâneos aos dos portugueses.

Por volta de 1640, o império português do Oriente já se encontrava em seu ocaso; mas, apesar do declínio econômico, a Índia ainda se punha como o colosso romântico, na imaginação popular portuguesa, como ilustra este trecho do Soneto de Luís de Camões:

> *Que vençais no Oriente tantos reis,*
> *Que de novo nos deis da Índia o estado,*
> *Que escureçais a fama que ganhado*
> *Tinham os que a ganharam a infiéis,*
> *Que do tempo tenhais vencido as leis.*[554]

Àquele tempo, o 'império' ainda contava com mais de cinquenta entrepostos comerciais, fortificações, cabeças de ponte e ilhas, que se estendiam do Zambeze ao Pacífico. O vice-rei vagamente supervisionava toda essa rede de atividades mercantis, a partir da ilha e cidade de Goa

[554] António Pinto Pereira, **História da Índia** – no tempo em que a governou o Visorei Dom Luís de Ataíde ("reprodução em fac-símile do exemplar com data de 1617", introdução de Manuel Marques Duarte, Lisboa: Imprensa Nacional – Casa da Moeda, 1987) cita-se, na epígrafe do volume, este Soneto, como o n. 82 de Camões, e se esclarece ter este soneto sido dedicado "a dom Luís de Ataíde", na edição de 1595, mas, posteriormente, essa dedicatória foi omitida na edição de 1598. Ver tb. L. de Camões, **Sonetos** ("Corpus dos Sonetos Camonianos", edição e notas por Cleonice S. da M. Berardinelli, Rio de Janeiro: Fundação Casa de Rui Barbosa / Lisboa e Paris: Centre culturel portugais – École pratique des Hautes Études – IV section – Centre de recherches sur le Portugal de la Renaissance, 1980, p. 122, o mesmo soneto figura como n. 64).

-ao norte da qual se encontravam os principais centros têxteis da Índia; rumo ao sul, Goa dominava as culturas de pimenta em Malabar.[555]

Mesmo o descobrimento somente criaria título caso se tratasse de coisa sem dono, antes da invenção: mas, quando os portugueses chegaram às Índias orientais, os nativos da região, "em parte idólatras, em parte maometanos, e mergulhados em graves pecados" – *partim idolatrae, partim Mahumetani erant, gravibusque peccatis involuti* – gozavam, contudo, da propriedade, pública e privada, de suas propriedades e posses, atributos que não podem ser deles tomados, sem justa causa.[556]

> Esta é a conclusão exposta pelo espanhol Vitória, com irrefutável lógica e em concordância com outras autoridades de grande renome. Vitória declara que cristãos, quer leigos ou clérigos, não podem privar infiéis de seu poder civil e soberania, meramente pelo motivo de serem estes infiéis, exceto se se tiverem tornado culpados, por outras faltas cometidas.[557]

Porque a diferença de confissão religiosa – pondera Grócio, citando santo Tomás de Aquino – não cancela o direito natural ou humano do qual deriva a propriedade.[558] Tinha, assim, Vitória, corretamente sustentado que os espanhóis não tinham adquirido direitos sobre os ameríndios do que eles teriam, em razão de diferença de fé em relação aos espanhóis, caso tivessem sido os primeiros a aportar na Espanha – *si qui illorum priores in Hispaniam venissent.* [559]

A lição de Plutarco, no sentido de que o argumento de civilizar os bárbaros – ημερωσαι τα βαρβαρικα – serve como pretexto para a

[555] David Birmingham, **A concise history of Portugal** (orig. publ. 1993, Cambridge: Univ. Press, 2nd ed. 2003, 8th printing 2011, chap. 2 – Rebellion and independence in the seventeenth century, p. 35-66, cit. p. 44-45): Imperial exaggeration claimed that Goa rivalled London or Antwerp at the dawn of the seventeenth century with nearly a quarter of a million inhabitants.

[556] H. Grotius, **Mare liberum** (1609, ed. 2009, cap. 2, p. 30-37, cit. p. 34-35).

[557] H. Grotius, **Mare liberum** (1609, ed. 2009, loc. cit.).

[558] H. Grotius, **Mare liberum** (1609, ed. 2009, cap. 2, p. 30-37, cit. p. 36-37) cita santo Tomás de Aquino, **Summa theol.** 2, 2, q. 10, art. 12 – comentendo imprecisão, provavelmente copiada de Francisco de Vitória, **De Indis**, I.7.

[559] H. Grotius, **Mare liberum** (1609, ed. 2009, loc. cit.).

cupidez – προφασιζ πλεονεξιαζ –[560] é lembrada por Grócio.[561] Ciente de que a ganância por apropriar-se dos bens de outros povos pode valer-se da desculpa de introduzir a civilização em regiões bárbaras, aduzia Grócio cabal condenação do colonialismo – tal como tinha ocorrido e viria ainda a ocorrer, em séculos futuros, inclusive praticado por seus próprios conterrâneos: [562]

> Atualmente, mesmo este pretexto de trazer povos relutantes à aceitação de costumes mais refinados – ínvias gentes ad mores *humaniores* – explicação à qual recorreram em tempos passados os gregos e Alexandre – é considerada, no julgamento de todos os teólogos, particularmente dentre os espanhóis, como injusta e ímpia![563]

Ao considerar – em resposta a Grócio – o que denomina "do direito de viajar para províncias alheias", Freitas enceta a sua argumentação:

> Como o Incógnito não distingue nem respeita as causas e circunstâncias das coisas e dos tempos, antes as esconde e confunde, é útil, para ilustrar o campo desta controvérsia, considerar, ao nosso propósito, três estados das coisas: ou, efetivamente, se trata da simples passagem, ou da extrema necessidade de viajar, ou então, nem de uma coisa nem de outra, mas do direito de viajar para as províncias alheias, atenta a natureza das coisas.[564]

560 Plutarco (45-120 AD), **Vidas paralelas** (ΒΙΟΙ ΠΑΡΑΛΛΕΛΟΙ, trad. do grego po Gilson César Cardoso, introdução e notas Paulo Matos Peixoto, São Paulo: Paumape, vols. I a III, 1991, vols. IV e V, 1992, cit. – Pompeu (106-48 a. C.), vol. IV, p. 51-127, Comparação de Agesilau e Pompeu, p. 128-132, cit. § 70, p. 117): "a ambição poderia valer-se do glorioso pretexto de civilizar os bárbaros".

561 H. Grotius, **Mare liberum** (1609, ed. 2009, loc. cit.).

562 Logo, de colonizados, passariam a colonizadores. Como se examina no **Tratado** (tomo VII – **Direito internacional no tempo de Hugo Grócio**, item 18.1 – conflitos metropolitanos e aventuras coloniais holandesas: interlúdio no Brasil, e tomos XIV a XVII – **Direito internacional no tempo do colonialismo**, cap. 3 – a colonização holandesa).

563 H. Grotius, **Mare liberum** (1609, ed. 2009, loc. cit.).

564 Freitas, **De justo imperio** (1625, ed. 1983, vol. I, cap. 2, do direito de viajar para províncias alheias, p. 114-120, cit. p. 115 e a seguir, faz sumário do cap. 3, p. 121): "o Incógnito nega que a Índia foi descoberta pelos portugueses"; "a Índia foi conhecida pelos antigos" e "notícia e descrição da Taprobana pelos antigos" e justamente "a Taprobana, hoje Ceilão, foi outrora descoberta pelos romanos e constituiu o seu último limite" e "Ceilão é a Taprobana" – hoje, Sri Lanka.

Considera Freitas que "os infiéis têm o domínio das coisas e não podem ser despojados dele por causa da sua infidelidade ou ignorância", enquanto "os holandeses tentam expulsar os portugueses do império da Índia". Lembra "a fortaleza de Mombaça, defendida pelos nossos contra os holandeses"; e aduz, com indisfarçado rancor, "os holandeses aplicam a sua sanha contra templos, imagens, árvores e pedras".

Fala, ainda, sobre "o espantoso cerco da cidade e fortaleza de Malaca pelos holandeses e reis confederados" onde "André Furtado de Mendonça alcança admirável vitória, defendendo a fortaleza de Malaca contra os holandeses e vários reis". Sustenta, ainda, que "os portugueses não podem ser desapossados do direito territorial, nem do seu grau de fortaleza moral".[565]

Em seu cap. 3 Grócio sustenta que os portugueses não têm direito de domínio sobre os índios pela doação papal – *Lusitanos in Indos non habere jus dominii titulo donationes Pontificiae*, argumenta, ainda, que se os portugueses baseiam sua pretensão sobre a divisão feita pelo pontífice Alexandre VI, caberia antes de tudo considerar se o papa estava interessado somente em solucionar a controvérsia entre os portugueses e os castelhanos.[566] E prossegue:

> Se este atuou enquanto árbitro, escolhido pelas partes, para dirimir a controvérsia, existente entre os dois povos, considerando que os seus próprios respectivos governantes tinham previamente celebrado certos tratados a respeito desta questão – *ipsi reges jam ante inter se ea de re foedera quandam pepigerant.* Se admitimos que a solução dessas controvérsias era o único objetivo do papa, devemos presumir que coisa feita entre terceiros – *res inter alios acta* – não pode afetar os demais povos do mundo.
> Se, diversamente, foi sua intenção conceder quase um terço de toda a terra a cada uma das nações mencionadas? Mesmo em tais circunstâncias – que ele tivesse a intenção e tivesse o poder para fazer tal doação – daí não necessariamente decorreria terem os portugueses se tornado senhores do Oriente, pois não é o ato de doação – *cum donatio dominum non faciat, sed secura traditio* – mas a subsequente entrega – *traditio* – que cria a propriedade. Assim, para conferir validade a tal pretensão, teria sido necessário acrescentar a posse efetiva à doação – *possessio deberet accedere.*[567]

565 Freitas, **De justo imperio** (1625, ed. 1983, vol. I, cap. 2).
566 H. Grotius, **Mare liberum** (1609, ed. 2009, cap. 3, p. 36-41, cit. p. 36-39).
567 H. Grotius, **Mare liberum** (1609, ed. 2009, cap. 3, p. 36-41, cit. p. 38-39).

Apontava Grócio, ademais, ser nula a doação de bem de propriedade de terceiro – *rei alienae*. E que se absteria de considerar se ao papa, ou seja, ao bispo da igreja de Roma, possa ter sido atribuído o mais alto grau de autoridade.

Dentre os que reconhecem tal suprema autoridade, segundo Grócio, contam-se particularmente os espanhóis. Estes, por sua perspicácia, logo compreenderam estes fatos: que o Cristo renunciou a toda e qualquer soberania terrena; que, em sua forma humana, ele claramente nunca teve domínio sobre o mundo inteiro; e mesmo se tivesse tido tal domínio, não o poderia ter transferido ao papa ou à igreja de Roma.[568] É também certo que o Cristo possuiu muitas outras coisas das quais o papa não se tornou herdeiro – *alias etiam certum sit multa Christum habuisse in quae Pontifex non successerit*.[569]

> Que o papa não é o senhor civil e temporal de toda a terra é afirmado mesmo pelos eruditos teólogos [católicos] dos quais uso as próprias palavras; mesmo se o papa tivesse poder terreno de tal ordem, ainda não seria correto que o exercesse – *eam tamen non recte exerciturum* –, porquanto deve se ater à sua jurisdição espiritual – *cum spirituali sua jurisdictione contentus esse debeat*; e, de qualquer modo, não a poderia ceder aos príncipes seculares – *secularibus autem Principibus eam concedere nullo modo posse*; e, ademais, se o papa possui algum poder temporal, ele o detém para fins espirituais; e, consequentemente não tem qualquer poder sobre povos infiéis, visto não serem estes membros da igreja – *nullam illi esse potestatem in populos infideles, ut qui ad Ecclesiam non pertineant*.[570]

Sólido argumento, que poderia ser, posteriormente, utilizado, também, em relação às conquistas coloniais, inclusive, em relação aos próprios holandeses que, de colonizados, passaram a ser ferozes colonizadores,[571] é, mais uma vez, apontado por Grócio:

568 H. Grotius, **Mare liberum** (1609, ed. 2009, loc. cit.)

569 H. Grotius, **Mare liberum** (1609, ed. 2009, cap. 3, p. 36-41, cit. p. 40-41).

570 H. Grotius, **Mare liberum** (1609, ed. 2009, cap. 3, p. 36-41, cit. p. 40-41) acrescenta a invocação tanto de teólogos quanto de canonistas: *Vnde sequitur ex sententia Cajetani & Victoriae & potioris partis tam Theologorum quam Canonistarum ...*

571 Cf. **Tratado** (tomo VII – **Direito internacional no tempo de Hugo Grócio**, item 18.1 – conflitos metropolitanos e aventuras coloniais holandesas: interlúdio no Brasil, b/c tomos

> Daí decorre não ser idôneo o título que possa ser invocado contra os Índios, pelo qual o papa, como senhor das Índias, concedesse tais territórios, por ato de doação, sem restrições, ou pelo fato de que os habitantes se tivessem recusado a reconhecer o domínio papal. E, verdadeiramente, também é claro que nunca se pretendeu despojar de seus bens os sarracenos, com base em tal argumentação – *atque adeo ne Saracenos quidem isto titulo unquam spoliatos*.[572]

Freitas rebate a argumentação de Grócio quanto ao fato de que os portugueses teriam, por título de descobrimento, direito de domínio sobre os índios, para cujas praias os holandeses navegam. Aqui se põe a relevante discussão sobre o sentido da palavra *inventio*, a descoberta:

> Diz o Incógnito, no cap. 2, que os portugueses não descobriram as Índias orientais, quer porque *inuenire* (descobrir) significa *in rem uenire* (vir para uma coisa) e alcançar a sua posse (...) e que os portugueses não são senhores de Java, Taprobana, e da maior parte das Molucas, para onde os holandeses se dirigem; prova-o o fato de pedirem, como os outros povos, o direito de comerciar, e ainda o de pagarem tributos, e só precariamente ali habitarem.[573]
>
> A discussão acerca do conteúdo do termo descoberta (*inventio*) encontra-se no cap. 3, ns. 13 e 14 – e, mais adiante, é retomada, no cap. 8, n. 5, quando trata "o descobrimento dos portugueses foi motivo para eles serem preferidos aos outros povos" – [574] na realidade, que *inuenire*

XIV a XVII – **Direito internacional no tempo do colonialismo**, cap. 3 – a colonização holandesa).

[572] H. Grotius, **Mare liberum** (1609, ed. 2009, loc. cit.).

[573] Freitas, **De justo imperio** (1625, ed. 1983, vol. I, p. 122 e a seguir, p. 126): "Mas os nossos, navegando para além deste limite, não tanto descobriram outras terras, outro mar, outros mundos, enfim outras estrelas, senão que tudo isso arrancaram, seja-me lícito dizê-lo, das trevas eternas e do velho caos para a luz do dia". Assim também Luís de Camões, **Os Lusíadas** (canto I, rima 1) "As armas e varões assinalados / que da ocidental praia lusitana / por mares nunca dantes navegados / passaram ainda além da Taprobana."

[574] Freitas, **De justo imperio** (1625, ed. 1983): a discussão do sentido da palavra *inventio*, encontra-se no cap. 3, ns. 13 e 14, p. 126-127: "deste descobrimento e navegação não se infere em absoluto o direito adquirido pelos portugueses, mas ver-se-á no cap. 8, em que ponto este descobrimento lhes aproveitou", e, a seguir, no cap. 8, n. 5, cit. supra p. 218, b/c p. 223-224: "embora o descobrimento não atribuisse de *per si* o direito de domínio e posse, como reconhecemos no n. 13 do cap. 3, contudo ele foi, com a exploração subsequente, motivo

> (descobrir, achar) difere de *ocupar*, prova-o claramente ULPIANO, citado pelo Incógnito, na lei 1 do título *De adquirenda possessione*, ibi "as pedras preciosas, achadas nos litorais, tornam-se propriedade daquele que primeiro alcançou a sua posse". (...)
> mas, ou se tome o *inuenire* na acepção de *procurar, investigar sem ocupar*, ou se tome na acepção de *ocupar*, ambas as acepções convêm com justeza aos portugueses, quer porque foram os primeiros a investigar e a abrir o caminho da naevegação da Índia, (...) quer porque adquiriram o direito da predita navegação.[575]

No cap. 4, trata GRÓCIO de examinar "que os portugueses não têm direito de domínio sobre os índios por motivo de guerra"[576] – *Lusitanos in Indos non habere ius dominii titulo belli.* Depois de apontar que os ibéricos não poderiam levar consigo, para terras distantes, qualquer direito de tomar posse de tais terras, para as quais navegaram – *ad terras remotiores illas navigates nulu jus secum attulisse occupadi eas provincias*, considera que tampouco poderiam argumentar ter adquirido qualquer título de domínio, por força de conquista militar e de ocupação[577] – *tamen ad dominium proficere non posset, nisi jure praedae, hoc est post occupationem.*

> Esse título, mesmo se justo fosse, não poderia criar propriedade, exceto mediante direito de presas – *jure praedae* –, ou seja, somente depois de ocupação – *occupatio.* Mas, longe de ocuparem tais terras em questão, os portugueses não se engajaram, àquele tempo, em quaisquer guerras, com a maioria dos povos, visitados pelos holandeses. Consequentemente,

para os reis de Portugal serem preferidos aos outros príncipes, conforme GAMA o deu a entender, colocando em alguns portos colunas de pedra, que fossem testemunhos do domínio lusitano, e conservassem pelos tempos fora a glória do nome cristão e a memória dos reis de Portugal. Para este efeito, refere [Jerônimo] OSÓRIO, **De rebus Emmanuelis** [**Lusitaniae Regis invictissimi virtute et auspicio gestis Libri XII**, Olyssipone 1571, 1586; Coloniae 1574 e 1614; Parisis 1583], liv. I, p. 34, eram carregados os navios com muitas dessas colunas, que levavam gravadas as armas com a Cruz de Cristo e as armas de D. MANUEL, tal como já fizera DIOGO CÃO, por ordem de D. JOÃO II, nas terras que descobriu, segundo conta [João Pedro] MAFFEI, **Historia indica** [ou **Historiarum indicarum libri XVI**], liv. 1, p. 7.

575 FREITAS (1625, ed. 1983, vol. I, p. 127). Veja-se tb. Jorge COUTO, *A gênese do Brasil* (in **Viagem incompleta: a experiência brasileira 1500-2000 Formação Histórias**, org. Carlos Guilherme MOTA, São Paulo: SENAC, 2ª ed., 2000, p. 45-68).

576 H. GROTIUS, **Mare liberum** (1609, ed. 2009, cap. 4, p. 40-49, cit. p. 40-43).

577 H. GROTIUS, **Mare liberum** (1609, ed. 2009, loc. cit.)

não existe direito, que eles possam reclamar – *et sic igitur nullu jus illis queri potuit.* [578]

Na mesma linha de argumentação, curiosamente, GRÓCIO permite críticas ao colonialismo, o que seria, depois, também praticado pelos próprios holandeses:

> Na verdade, não há qualquer pretexto que os portugueses possam alegar, para fazer a guerra, porquanto, quem faz a guerra contra bárbaros (como os espanhóis fizeram contra os Índios americanos) costuma apontar um destes dois pretextos: ou por terem sido impedidos, por tais bárbaros, de exercerem o comércio, ou por terem esses bárbaros se recusado a aceitar as doutrinas da verdadeira fé.[579]

Certamente, os lusitanos obtiveram direitos de comércio dos habitantes das Índias orientais – *et commercia quidem Lusitani ab Indis impetrarunt.* Mas, destes, não teriam motivo para se queixarem – *ut hac in parte nihil habeant quod quaerantut.*[580]

Reforça GRÓCIO sua afirmação de que a diversidade de costumes não pode ser motivo para se fazer guerra contra outro povo,[581] citando BOÉCIO.[582] Menciona, também, TOMÁS de Aquino,[583] o Concílio de Toledo e

[578] H. GROTIUS, **Mare liberum** (1609, ed. 2009, cap. 4, p. 40-49, cit. p. 42-43).

[579] H. GROTIUS, **Mare liberum** (1609, ed. 2009, loc. cit.).

[580] H. GROTIUS, **Mare liberum** (1609, ed. 2009, cap. 4, p. 40-49, cit. p. 42-43).

[581] Reporta H. GROTIUS, **Mare liberum** (1609, ed. 2009, loc. cit.) a lição de BOÉCIO, **De consolatione philosophiae** (IV.4 [7 f.]): *An distant quia dissidentque mores, / Iniustas acies, & fera bella movent, / Alterisque voltant perire telis? / Non est justa satis sevitia ratio.* Ou seja, em português – Por viverem distantes ou serem diversos os costumes, / Não há causa suficiente para o rancor / Fazendo guerras injustas e graves encargos / Indo perecer nas espadas, uns dos outros. (minha tradução)

[582] A obra principal de BOÉCIO (470-525 d.C.), **Philosophiae consolationis**, disponível em diversas edições:
BOÈCE, **Consolation de la philosophie** (traduction nouvelle en prose et en vers avec le texte en regard par Louis Judicis de MIRANDOL, Paris: Guy Trédaniel / Ed. de la Maisnie, 1981); b/c, BOÈCE, **La consolation de la philosophie / Philosophiae consolationis** (traduction nouvelle avec une introduction et des notes par Aristide BOCOGNANO, Paris: Garnier, 1937).

[583] Ver **Tratado** (tomo IV – **Direito internacional no tempo medieval**, cap. 10 – TOMÁS DE AQUINO e DANTE ALIGHIERI, esp. item 10.1).

o Papa Gregório, afirmando terem "praticamente todos os teólogos, canonistas e civilistas chegado à mesma seguinte conclusão".[584]

Como o fez também Vitória:[585] conquanto se anuncie aos bárbaros a verdadeira fé – *quantumcumque fides annuntiata sit Barbaris* – ainda que se recusem a aceitar aquela fé, mesmo assim não é permitido, contra estes, fazer guerra, ou privá-los de seus bens, somente por tais motivos.[586]

Com sua sólida formação também em exegese bíblica,[587] argumenta Grócio, com base em Francisco de Vitória e Cajetanus, ou seja, citando autoridades católicas, que "seria grave pecado" – *gravissime peccaremus* – se nos empenhássemos em estender a verdadeira fé, mediante o uso da força e das armas.[588] E, que a conversão dos Índios americanos, por exemplo, dever-se-ia fazer, não por meio de guerra, mas, somente, pela pregação da palavra, e que a liberdade, deles tomada, sob tal pretexto de conversão, deveria ser-lhes restituída. Essa política, diz-se, foi

[584] H. Grotius, **Mare liberum** (1609, ed. 2009, cap. 4, p. 40-49, cit. p. 42-45): *Ista autem & Thomae & Concilii Toletani & Gregori & Theologorum, Canonistarum, Iurisprudentiumque fere omnium conclusio est.*

[585] H. Grotius, **Mare liberum** (1609, ed. 2009, cap. 4, p. 40-49, cit. p. 42-43), cita Fr. de Vitória, **De Indis** (pars 1, n. 41 [= pars 2, n. 15], e as referências a Tomás de Aquino, ao **Decretum** de Graciano e demais canonistas tb. são citadas por Grócio a partir do texto de Vitòria. Ver **Tratado** (tomo IV – **Direito internacional no tempo medieval**, cap. 10 – Tomás de Aquino e Dante Alighieri e cap. 12 – *jus gentium, jus commune, jus europaeum*: entre a teoria e a prática e tomo V – **Direito internacional no tempo de Francisco de Vitória**, cap. 14 – Francisco de Vitória (1480-1546)).

[586] H. Grotius, **Mare liberum** (1609, ed. 2009, cap. 4, p. 40-49, cit. p. 44-45) acompanha o entendimento quanto a ser diversa a situação, em se tratando de povos previamente sujeitos a príncipes cristãos, bem como no caso de apóstatas. Em relação aos quais, se deduz, seria, assim, lícito fazer guerra, em nome da fé cristã?

[587] Comentava Arnaldo Momigliano, **As raízes clássicas da historiografia moderna** (orig. publ. **The classical foundations of modern historiography**, 1990, trad. Maria Beatriz Borba Florenzano, Bauru: Edusc, 2004, cap. 1 – a historiografia persa, a historiografia grega, a historiografia judaica, p. 21-51, cit. p. 29) que no contexto do século XVII "a cidadela da tradicional exegese bíblica começava a ruir sob os ataques de críticos como Hugo Grotius."

[588] H. Grotius, **Mare liberum** (1609, ed. 2009, cap. 4, p. 40-49, cit. p. 44-47) traz extensa citação de Cajetanus e cita tb. Fr. de Vitória, **De Indis** (pars 1, n. 38 [= pars 2, n. 14), quase literalmente, de que pronunciamentos, exatamente no mesmo sentido, emararam do Senado da Espanha e dos teólogos, principalmente Dominicanos. V. tb. **Tratado** (tomo V – **Direito internacional no tempo de Francisco de Vitória**, cap. 14).

aprovada pelo papa Paulo III e pelo imperador Carlos V, rei das terras espanholas.[589] Todavia, salienta Grócio:

> De resto, nem cabe insistir no fato de, na maioria das regiões, os portugueses não estarem empenhados na propagação da verdadeira fé, nem fazendo qualquer esforço para tanto, dado estarem motivados somente pelos lucros. Tampouco temos de nos deter para comentar, que se poderia validamente aplicar aos portugueses, nas Índias orientais, a observação feita por um autor espanhol [i.e., Vitória], a respeito dos espanhóis na América, a saber: não há relatos de milagres, portentos ou exemplos de conduta piedosa, o que poderia levar outros a abraçar a mesma fé; inversamente, há numerosos casos de indução ao pecado, atos criminosos e impiedade.[590]

De tal modo, conclui Grócio,[591] carecem os portugueses tanto da posse, quanto do título para a posse, dado que a propriedade e os poderes soberanos dos habitantes das Índias orientais não podem ser considerados como coisas anteriormente sem dono até o momento da chegada dos portugueses, e dado que tal propriedade e tais poderes, pertencentes aos povos das Índias, não poderiam ser justamente adquiridos por outras pessoas,

> e daí se segue que tais povos, dos quais falamos – *sequitur Indorum populos, de quibus nos loquimur* –, não podem ser considerados como submetidos aos lusitanos – *Lusitanorum proprios non esse* –, mas são livres, e regidos por seu próprio direito – *sed* líberos, & sui juris: de quo ipsis *doctores Hispani non dubitant* – a respeito do que nem sequer os próprios doutores hispânicos têm dúvidas.[592]

Considera Freitas se foram os portugueses os primeiros a navegar para a Índia, pelo Oceano Antártico, onde pondera: "conclui que a Índia foi percorrida pelos navegadores e comerciantes antigos, mas

[589] H. Grotius, **Mare liberum** (1609, ed. 2009, cap. 4, p. 40-49, cit. p. 46-47).

[590] H. Grotius, **Mare liberum** (1609, ed. 2009, cap. 4, p. 40-49, cit. p. 44-49) cita Fr. de Vitória, **De Indis** (pars 1, n. 38, [= pars pars 2, n. 14).

[591] H. Grotius, **Mare liberum** (1609, ed. 2009, loc. cit.).

[592] H. Grotius, **Mare liberum** (1609, ed. 2009, loc. cit.).

vê-se claramente do capítulo precedente que este argumento nada importa à presente questão".[593] Caberia esclarecer porquê.

A seguir, FREITAS assevera: "pondo de lado os testemunhos dos portugueses como suspeitos ao Incógnito, mostremos, de presente, com autoridade de antigos e modernos, que os portugueses foram os primeiros que do Ocidente, pelo vasto oceano, navegaram do Ártico para o Antártico".[594]

No cap. 5, "o mar que leva às Índias, bem como o direito de nele navegar, não pertence aos lusitanos, por direito de ocupação" – *Mare ad Indos aut ius eo navigandi non esse proprium Lusitanorum titulo occupationis,*[595] prossegue GRÓCIO sua argumentação. Dado que os portugueses não adquiriram qualquer direito sobre os povos das Índias orientais, nem tampouco sobre suas terras e jurisdições – *si ergo in populos terrasque & ditiones Lusitani jus nullum quaesiverunt* – vejamos se, em relação ao mar e à navegação, ou na condução do comércio, tenham eles podido colocar sob sua autoridade – *videamus an mare & navigationem, aut mercaturam sui juris facere potuerint.*[596]

Cabe, primeiro, considerar a questão do mar. Este, desde o direito romano, é descrito como coisa de ninguém, ou como coisa de uso comum, ou como bem público, segundo o direito das gentes – *in iure aut nullius, aut comune, aut publicu iurisgentium dicatur.*[597] E, de todos os poetas, desde HESÍODO, bem como dos filósofos e dos antigos juristas romanos podemos estabelecer distinção cronológica entre as coisas que não tenham diferenciação umas das outras, por qualquer consideração temporal, mas que, contudo, distinguem-se em certos princípios subjacentes, por sua própria natureza.[598] Complementa-se:

> É preciso entender que, durante os primórdios da vida humana – *in primordiis vitae humanae,* os conceitos de propriedade – *dominium* – e de

[593] FREITAS, **De justo imperio** (1625, ed. 1983, vol. I, p. 130).

[594] FREITAS, **De justo imperio** (1625, ed. 1983, loc. cit.): "E como seria assaz laborioso apresentar aqui citações de todos os autores, transcrevamos apenas aqueles que de relance me foi dado ler, nos momentos em dava tréguas à minha atividade de monge engolfado na assídua lição dos sagrados cânones".

[595] H. GROTIUS, **Mare liberum** (1609, ed. 2009, loc. cit.).

[596] H. GROTIUS, **Mare liberum** (1609, ed. 2009, cap. 5, p. 48-95, cit. p. 48-49).

[597] H. GROTIUS, **Mare liberum** (1609, ed. 2009, cap. 5, loc. cit.).

[598] H. GROTIUS, **Mare liberum** (1609, ed. 2009, cap. 5, p. 48-95, cit. p. 50-51).

> bem comum – *communio* – tivessem sentido diverso, do que agora a estes se atribui. Na era atual, propriedade denota algo peculiar de cada um, ou seja algo que pertence a um indivíduo, de modo a não poder igualmente pertencer a qualquer outro; enquanto bem comum – *commune autem dicimus* – se aplica a algo, cuja propriedade foi atribuída a múltiplas partes, em condomínio, ou mútua concordância, com exclusão de outras partes.[599]

Em razão de certo grau de similitude e, por analogia, as expressões acima, que descrevem nossos modernos costumes, são, também, aplicadas a estes – *et sic ista nostri moris nomina ad jus pristinum similitudine quadam & imagine referuntur* – tal como existiram em tempos antigos.[600] Não obstante,

> No direito das gentes primário – *iure primo gentium* – ao qual, por vezes, também se atribui a denominação de direito natural – *quod & naturae interdun dicitur* – e que os poetas apresentam como tendo prevalecido numa Idade de ouro – *quod poetae alibi aetate aurea* –, em outras passagens também apresentado como o reino da justiça ou de Saturno – *alibi Saturni Iustitiae regni depingunt* – não havia propriedade privada.[601]

Aos olhos da natureza não se fazem distinções de propriedade – argumenta GRÓCIO – e, nesse sentido, também dizemos que todas as coisas eram propriedade comum, naqueles tempos primevos e, como referem os poetas, os homens daqueles tempos faziam a aquisição de bens para a coletividade, sendo o caráter comunal dos bens mantido pela justiça, segundo pacto sagrado.[602] Havia, assim, certa forma de propriedade, mas

[599] H. GROTIUS, **Mare liberum** (1609, ed. 2009, loc. cit.) ponderava que a pobreza da linguagem humana tornava necessário utilizar os mesmos termos, para coisas distintas: *Linguarum paupertas coegit voces easdem in re non eadem usurpare.* Por isso, caberia a explicação a respeito da origem e do significado desses termos.

[600] H. GROTIUS, **Mare liberum** (1609, ed. 2009, loc. cit.).

[601] H. GROTIUS, **Mare liberum** (1609, ed. 2009, loc. cit.) cita CÍCERO, **De Officiis** (I.7.21): *Sunt autem privata nulla natura* – não havia propriedade privada na ordem natural; e tb., no mesmo sentido, HORATIUS, **Sermones** (II.2.129 ss.): *Nam propriae telluris herum natura nec illum / Nec me nec quenquam statuit* – Pela própria natureza, nem a ele / Nem a mim, nem a qualquer homem, se faz propriedade privada do solo (minhas traduções).

[602] H. GROTIUS, **Mare liberum** (1609, ed. 2009, cap. 5, p. 48-95, cit. p. 52-53).

esta era universal e indefinida – *cujus ratione dominium quoddam erat, sed universale & indefinitum.*[603]

O conceito presente, com distinção de domínio e de propriedade – *dominiorum distinctionem* – não resultou de repentina transição, mas, fez-se por processo gradual. E, o gradual reconhecimento da existência de propriedade privada levou ao estabelecimento de normas sobre a matéria,[604] em processo conhecido como ocupação – *occupatio* – termo particularmente apropriado em relação a bens que, inicialmente, encontravam-se à disposição da comunidade. [605] Daí, podem-se deduzir duas inferências:

- a primeira, no sentido das coisas que são incapazes de serem apropriadas, ou que nunca foram ocupadas, que não podem propriedade privada de ninguém, porquanto toda propriedade tem sua origem em ocupação;
- a segunda inferência pode assim ser exprimida: todas as coisas que, por sua própria natureza, foram constituídas de modo que, mesmo quando utilizadas por determinado indivíduo, satisfazem, contudo, o uso geral, por outras pessoas, sem discriminação, conservam até hoje, e devem conservar em todos os tempos, o que as caracterizava, por natureza, desde o início.[606]

São, estas últimas – *haec igitur sunt* – coisas de uso comum, segundo o direito natural, – *communia omnium jure naturali* – como descritas pelos romanos, ou públicas, segundo o direito das gentes, o que é outro modo de exprimir o mesmo conceito – *publica iuris gentium, sicut & usum eorum modo communem, modo publicum vocant* –[607] tais como o ar e a água corrente – não o rio, mas a água, que neste flui, veja-se:

[603] H. Grotius, **Mare liberum** (1609, ed. 2009, loc. cit.).

[604] H. Grotius, **Mare liberum** (1609, ed. 2009, cap. 5, p. 48-95, cit. p. 54-55).

[605] H. Grotius, **Mare liberum** (1609, ed. 2009, cap. 5, p. 48-95, cit. p. 56-57) cita Sêneca, **Thyestes** [203-204]; Quintilianus, **Declamationes** (XIII.8); Cícero, **De Officiis** (I.7.21); Ovídio, **Metamorphoses** (I.121, 135 ss.).

[606] H. Grotius, **Mare liberum** (1609, ed. 2009, cap. 5, p. 48-95, cit. p. 58-61), cita Cícero, **de Officiis** (I.XVI.51); Ovídio, **Metamorphoses** (VI.349 ss.); Ulpiano in D. 8.4.13.

[607] H. Grotius, **Mare liberum** (1609, ed. 2009, cap. 5, p. 48-95, cit. p. 62-63), cita Cícero, **Pro Sexto Roscio Amerino** (XXVI.72).

> O mar, por sua natureza, difere do litoral – *maris autem natura hoc differt a littore* – porquanto neste, exceto em pequenas faixas, não se pode construir nem represar; e mesmo que não fosse este o caso, o mar dificilmente poderia ser assim utilizado, sem dano ao seu uso comum – *& ut posset, hoc ipsum tamen vix contingeret, sine usus promiscui impedimento.*[608]

Em suma, o mar inclui-se dentre as coisas fora do comércio – *est igitur mare in numerum earum rerum quae in commercio non sunt* – ou seja, dentre os bens que não podem se tornar parte do domínio privado,[609] no sentido estrito, de que parte alguma do mar pode ser considerada como pertencente ao domínio de qualquer nação – *nulla maris partem in territorio populi alicujus posse censeri.*[610]

Acrescenta GRÓCIO, em relação às autoridades que consideravam haver parcelas de mar do Império romano – *qui vero dicunt mari aliquod esse Imperii Romani* – que referida afirmação tem de ser interpretada de modo a restringir aquele direito romano sobre o mar às funções de proteção e de jurisdição – *ut dicant jus illud in mare ultra protectionem & jurisdictionem non procedere* –, distintamente da propriedade – *quod illi jus a proprietate distingunt.*[611] Ademais, conclui:

> Demonstramos não ser possível direito de propriedade, de qualquer nação ou indivíduo, sobre qualquer parcela de mar, exceto pequenas baías e reentrâncias – *nam diverticulum excepimus* – dado que a ocupação do mar não pode ocorrer, quer pela ordem natural, quer por razões de utilidade pública – *cum occupationem nec natura, nec usus publici ratio permittat.*[612]

Essa argumentação, enfatiza GRÓCIO, foi desenvolvida com o propósito de demonstrar que os portugueses não estabeleceram direito de propriedade sobre aquela parte do mar, pela qual se navega, com destino às Índias orientais – *ut apparetet Lusitanos mare quod ad Indos navigatur*

[608] H. GROTIUS, **Mare liberum** (1609, ed. 2009, cap. 5, p. 48-95, cit. p. 66-69), cita HORATIUS, **Odae** (III.I.33 ss.); PLÍNIO, **Naturalis historia** (X.54 [X.80.170]) e outros.

[609] H. GROTIUS, **Mare liberum** (1609, ed. 2009, cap. 5, p. 48-95, cit. p. 72-73).

[610] H. GROTIUS, **Mare liberum** (1609, ed. 2009, cap. 5, p. 48-95, cit. p. 74-75).

[611] H. GROTIUS, **Mare liberum** (1609, ed. 2009, loc. cit.).

[612] H. GROTIUS, **Mare liberum** (1609, ed. 2009, cap. 5, p. 48-95, cit. p. 78-79).

sui juris non fecisse.[613] Visto que ambos os fatores impedientes de propriedade são inifinitamente mais cogentes, neste caso específico, do que em qualquer outro mencionado – *nam utraque ratio proprietatem impedit, in hac causa est quam in caeteris omnibus* – o que é mera dificuldade, nos demais casos, neste constitui impossibilidade absoluta – *quod in aliis difficile videtur, in hac omnino fieri non potest – e,* o que condenamos como injusto em outros contextos, neste caso é sumamente bárbaro, e mesmo desumano – *quod in aliis iniquum judicamus, in hac summum barbarum est, atque inhumanum.*[614] Complementa Crócio que:

> Se o fato de navegar puder ser descrito como 'ocupação', em data anterior, em relação a outros povos, mais ou menos abrindo caminho, o que poderia ser mais ridículo? – *si vero ante alios navigasse, & viam quodammodo aperuisse, hoc vocant occupare, quid esse potest magis ridiculum?* Pois não existe parte do mar, sobre a qual não se tenha antes navegado, de onde decorreria necessariamente que todas as áreas navegáveis já foram 'ocupadas' por algum viajante – *nam cum nulla pars sit maris, in quam non aliquis primus ingressus sit, sequetur omnem anvigationem ab aliquo esse occupatam.* E, assim, estaríamos excluídos de todas as áreas do mar.[615]

Mas, como todos sabem – aduz Grócio – um navio navegando pelo oceano não deixa atrás de si qualquer direito, como tampouco qualquer vestígio – *sed nemo nescit nave per mare transeumtem non plus juris quam vestigii relinquere.*[616] Ademais, não é verdadeira a alegação dos portugueses de que ninguém, antes deles, teria navegado por aquelas partes do Oceano, porquanto grande parte das águas em questão, nas proximidades da Mauritânia, já eram navegadas desde remotos tempos antigos e, partes distantes dessas mesmas águas, rumo ao leste, tinham sido atravessadas, até o golfo da Arábia, no curso das vitórias de Alexandre, o grande.[617]

[613] H. Grotius, **Mare liberum** (1609, ed. 2009, loc. cit.).

[614] H. Grotius, **Mare liberum** (1609, ed. 2009, cap. 5, p. 48-95, cit. p. 78-81).

[615] H. Grotius, **Mare liberum** (1609, ed. 2009, cap. 5, p. 48-95, cit. p. 84-85).

[616] H. Grotius, **Mare liberum** (1609, ed. 2009, loc. cit.

[617] H. Grotius, **Mare liberum** (1609, ed. 2009, cap. 5, p. 48-95, cit. p. 84-87), como registra Flavius Arrianus (ca. AD 95-175), **APPIANOY INΔIKH – Indica** (with an English translation by P. A. Brunt, Cambridge, Ma.: Harvard U.P. / Loeb Classical Library, LCL 269, 1st publ., 1933, rev. text and translation with new introduction, notes and appendixes, © 1983, reprinted 2000, p. 306-433).

E, que, ao longo do cabo da Boa Esperança – *quod nunc Bonae Spei dicitur* –, tal como atualmente conhecido e antes chamado de Chifre ocidental – *Hesperion Ceras* – se navegava, nos tempos em que Cartago era poderosa, como registrou HANON, em sua descrição de toda a rota da viagem, especificando a posição da costa e de várias ilhas.[618]

São enumeradas as navegações de HANON e EUDOXO – e, "na opinião de alguns autores, HANON navegou com uma grande armada de Cádiz para a Índia".[619] Aponta GRÓCIO, ademais, a rota lembrada por PLÍNIO, em sua **História natural**, percorrida pelas embaixadas enviadas das Índias orientais para o imperador AUGUSTO, bem como as enviadas desde a ilha da Taprobana – atual Sri Lanka – ao imperador CLÁUDIO, [620] além dos feitos registrados nos tempos do imperador TRAJANO e os escritos de PTOLOMEU, "tornam suficientemente evidente que a navegação era habitual nos tempos do auge do poder de Roma, desde o golfo da Arábia, para a Índia, e mesmo até a dourada Chersoneso, que alguns identificam com o Japão".[621] Embora GRÓCIO não concorde com a identificação da 'Península dourada' com o Japão, tratar-se-ia, provavelmente, da península de Málaca.

Aponta FREITAS que "o homem conserva pela linguagem a sociedade humana"[622]. E considera ele, de modo taxativo, que: "a navegação de Eudoxo para a Índia é uma ficção"[623]. Adiante, aponta: "os chineses foram outrora os senhores da navegação e comércio das Índias ocidentais e

[618] H. GROTIUS, **Mare liberum** (1609, ed. 2009, cap. 5, p. 48-95, cit. p. 86-87).
[619] H. GROTIUS, **Mare liberum** (1609, ed. 2009, cap. 5, p. 48-95, cit. p. 84-87).
[620] PLINII, **Naturalis historia** (VI.23 [24] e XII.19 [18] cf. PLINY, **Natural history**, with an English translation by H. RACKHAM, Cambridge, Ma.: Harvard U.P. / Loeb Classical Library, 10 volumes, 1st publ., 1938, rev. 1944 e 1949, reprinted, 2004); tb. disponível na edição PLINE, l'Ancien, **Histoire naturelle** ("textes choisis et présentés d'après la traduction de LITTRÉ" par Hubert ZEHNACKER, Paris: Gallimard-Folio 3090, © 1999, impr. 2007).
[621] H. GROTIUS, **Mare liberum** (1609, ed. 2009, cap. 5, p. 48-95, cit. p. 87-89; cf. observa FEENSTRA, nota 2, p. 88): *et autem usque ad Chersonesum, quam esse Japanem credunt plerique* – stating 'Chersonesum aurea', the 'Golden Peninsula', is usually regarded as the ancient name for Malacca. "It should be noted, moreover, that GROTIUS himself does not expressly approve the identification of this region with Japan."
[622] FREITAS, **De justo imperio** (op. cit. 1625, ed. 1983, vol. II, p. 72).
[623] FREITAS, **De justo imperio** (op. cit. 1625, ed. 1983, loc. cit.).

orientais",[624] e que "os índios ocidentais e orientais jactam-se de descenderem dos chineses".[625]

Sustenta Freitas, ademais, que "os portugueses foram os primeiros a navegar para a Índia, estabelecer colônias e submeter reis [e] se outros houve que antes deles navegaram para a Índia, desistiram da empresa",[626] a tal ponto que "os reis portugueses tem na Índia vinte e oito reis, seus tributários".[627]

Obviamente, desde a Antiguidade, numerosos historiadores, como registra Flávio Arriano, na sequência de sua obra maior – **Anabase de Alexandre** –,[628] sobre as guerras e conquistas de Alexandre, após a qual prossegue com o relato da campanha na Índia – **Indica** –[629] con-

[624] Efetivamente, além das navegações chinesas do século XIII, interrompidas pela conquista mongol, em 1279, foram estas mais tarde retomadas e tiveram seu mais significativo registro com as sete missões do almirante muçulmano Zheng He, no primeiro terço do século XV, entre 1405 e 1433, sobretudo durante o reinado do imperador Yong Le, da era Ming (1368-1644). O almirante, com o título de *Sambao Tajian* – o enuco das três jóias, comandou essas expedições marítimas, de exploração e de prestígio, rumo aos vizinhos ocidentais da China. Cada frota reuniu centenas de juncos, dentre os quais os assim chamados *baojan*, os famosos navios gigantes, 'barcos tesouros', que mesmo tendo as suas dimensões reduzidas pelos especialistas ocidentais em navegação, por suas dimensões míticas extravagantes, podiam alcançar cerca de 60 metros, o que ainda é considerável. Como se menciona neste **Direito internacional no tempo antigo**, item 7.2 – a China antiga.

[625] Freitas, **De justo imperio** (1625, ed. 1983, vol. I, p. 137, e Apêndice, vol. II, p. 72).

[626] Freitas, **De justo imperio** (1625, ed. 1983, loc. cit.).

[627] Freitas, **De justo imperio** (1625, ed. 1983, loc. cit.) menciona "encômio de Buchanan aos portugueses". Freitas cita, de Jorge Buchanan, um "poema que supomos pertencer às **Elegiae** (Geneva, 1609)"; v. tb. George Buchanan, **Glasgow quatercentenary studies** (Glasgow: printed at the Univ. Press by Robert Maclehose and Co. – London: Mc Millan and Co., 1906, esp. T. D. Robb, Verse translations, p. 42 ss.).

[628] O melhor relato da vida adulta e dos feitos de Alexandre se encontra nos sete livros de Fl.avius Arrianus, ΑΡΡΙΑΝΟΥ ΑΛΕΞΑΝΔΡΟΥ ΑΝΑΒΑΣΕΩΣ – Anabasis of Alexander (with an English translation by P. A. Brunt, Cambridge, Ma.: Harvard U.P. / Loeb Classical Library, Arrian I – LCL 236, edition by E. Robson, 1st publ. 1929, rev. text and translation with new introduction, notes and appendixes, 1976, livros I – IV e Appendixes, e Arrian II – LCL 269, 1st publ., 1933, rev. text and translation with new introduction, notes and appendixes by P. A. Brunt, © 1983, reprinted 2000, livros V – VII, p. 1-303).

[629] Cf. o já referido Flavius Arrianus, **ΙΝΔΙΚΗ – Indica** (ed. 2000, p. 306-433, cit. 17.7, p. 356-357) apresenta alguns costumes e características do país e dos povos da Índia, e depois registra: "Isto há de ser suficiente como descrição dos Indianos (...) pois sequer é meu propósito principal nesta obra apresentar os costumes dos Indianos, mas o modo como a marinha de Alexandre chegou à Pérsia, vindo da Índia" (tradução) livre.

servaram registros a respeito da Índia e das navegações, feitas por parte das tropas de ALEXANDRE, no litoral da Índia, enquanto outra parte das tropas se deslocava por terra:

> Minha presente obra é o relato da viagem costeira que NEARCHUS [o almirante dos exércitos de ALEXANDRE] e sua frota completaram com sucesso, partindo da foz do Indus e passando pelo grande mar até o golfo Pérsico, que outros, na verdade, chamam de mar Vermelho.[630]

Ainda que escritas séculos depois dos fatos ocorridos – no segundo século da Era atual –, esta e outras passagens de ARRIANO, baseadas em obras anteriores de NEARCHUS e de MEGASTENES, constituem registros históricos da Antiguidade a respeito das navegações das tropas de ALEXANDRE, O grande. Estes deixam claro que se faziam tais navegações pelo oceano Índico já na época alexandrina.[631]

Curiosamente, apesar de todos os autores que cita, não parece GRÓCIO ter se lembrado ou conhecido o relato de ARRIANUS, como evidência do uso navegacional dos mares em torno da Índia, durante a Antiguidade.

A importação de produtos de luxo provenientes da Índia alcança tais proporções que leva à instauração de tributação sobre consumo suntuário, no tempo de AUGUSTO. Clara evidência das intensas trocas comerciais entre Roma e a Índia, na Antiguidade. Note-se:

> Arikamedu era mais do que simples porto de parada na rota para a Malásia e a China; porque não somente mercadorias indianas eram compradas e embarcadas de lá, como também outras mercadorias, tais como musselina, eram produzidas em Arikamedu, presumivelmente segundo o gosto e as especificações romanas, e de lá embarcadas para

[630] Flavius ARRIANUS, **INΔIKH – Indica** (ed. 2000, p. 306-433, cit. 19.9, p. 362-363 e a seguir 20.11, p. 366-367): "Confiantes na incalculável bem aventurança de ALEXANDRE em outras empreitadas, pensaram que nada haveria, que ele não pudesse não somente tentar como levar a bom termo" (tradução livre).

[631] Romila THAPAR, **A History of India** – vol. one (orig. publ. 1966, London: Penguin, 1990, chap. 6 – The rise of the mercantile community, p. 109-135, cit. p. 115): Judging from the type of Roman pottery, beads, glass, and terracotta finds it would seem that the Romans were using Arikamedu from the first century B.C. to the early second century A.D. (...) Most of the coins are of AUGUSTUS and TIBERIUS, the debased coins of NERO not being thought worth hoarding.

Roma. Os romanos pagavam pelas mercadorias principalmente em moedas de ouro. A frequência de achados de grandes quantidades (*hoards*) de moedas romanas encontradas no Deccan e sul da Índia indicam o volume desse comércio. Não surpreende que Plínio se lamentasse que o comércio indiano representava relevante evasão de renda nacional de Roma, com 550 milhões de sestércios rumando para a Índia, a cada ano. As importações da Índia eram sobretudo produtos de luxo – especiarias, jóias, têxteis e animais exóticos (macacos, papagaios e pavões) – para os ricos romanos e suas famílias. Em termos mercantis, dificilmente poderia ser caracterizado como comércio favorável para Roma.[632]

Os contatos romanos com o norte da Índia eram de natureza mais indireta. Taxila era um ponto de coleta de mercadorias, provenientes de várias partes; por exemplo, turquesas e lápis-lazuli vinham do Irã e do Afeganistão, a seda vinha, ao longo da Rota da seda, da China via Ásia central. Por causa do conflito romano com os partas, durante esse período, estes últimos não permitiam que as mercadorias chinesas rumassem diretamente para o Oeste, e assim esse comércio foi desviado via Taxila e Broach, incrementando a prosperidade do noroeste da Índia.[633]

Além do comércio com diferentes regiões da Índia, também se estendeu o comércio com o Sudeste asiático, inicialmente, por conta da demanda romana por especiarias, o que levou mercadores indianos a se aventurarem como intermediários na Malásia, Java, Sumatra, Camboja e Bornéu, dos produtores de especiarias. Gradualmente, contudo, comércio em maior escala se desenvolveu, tendo os indianos instalado-se no

[632] Rosa Maria Cimino (edited by), **Ancient Rome and India**: Commercial and cultural contacts between the Roman world and India (New Delhi: Istituto Italiano per il medio ed estremo Oriente, Roma / Italian Embassy Cultural Centre, New Delhi, 1994); Bernard de Give, **Les rapports de l'Inde et de l'Occident** – des origines au règne d'Asoka (Paris: Les Indes savantes, 2005); v. tb. Christine Maillard, **L'Inde vue d'Europe** – Histoire d'une rencontre (1750-1950) (Paris: Albin Michel, 2008); A. Vigasin e C. Bongard-Levin, **The image of India** – The Study of Ancient Indian Civilization in the USSR (orig. publ. **Obraz Indii** – Izutchenie drevneindiscoi civilizatzii v SSSR, © 1984, transl. from the Russian by Peter Greenwood, Moscou: Progress Publ., 1984); ver tb., neste **Direito internacional no tempo antigo**, o cap. 6 – na formação e no desenvolvimento de Roma.

[633] R. Thapar, **A History of India** (ed. 1990. cit. p. 118): Trade with the Yavanas was not the only commercial outlet open to India.

Sudeste asiático; no que, comerciantes do oeste e sul da Índia tomaram a iniciativa. Logo mais, os comerciantes do sul da Índia dominavam o mercado.[634] Sobre este comércio, THAPAR aponta:

> Embora o impacto econômico do comércio romano fosse mais evidente no sul da Índia, o impacto das idéias greco-romanas e de seus artefatos foi mais evidente no norte. Isso se deveu sem dúvida à longa associação da Índia do norte com a cultura helenística. Trocas de mercadorias inevitavelmente levaram a trocas de idéias.[635]

A rota sazonal de iniciativa romana, que ligava diretamente o mar Vermelho à Índia, passando pelo mar da Eritréia (mar de Omã), por volta do início da Era cristã, desaparece na segunda metade do século V, depois da derrocada do Império Romano do Ocidente. Algum tempo depois, o comércio marítimo, com o espaço indiano, passaria a ser um monopólio islâmico. Este se direciona, oportunamente, rumo ao golfo Pérsico, evitando, assim, as travessias de longo curso pelo mar de Omã, pois os navios árabes, feitos de fibras vegetais, eram pouco resistentes e inadaptados às longas travessias.[636] Cabe destaque aos apontamentos de BELLEC sobre o tema:

> A partir do segundo milênio antes da nossa era, um intenso tráfego marítimo irrigava o golfo árabe-pérsico, até Melukha, o país do Indus. Ultrapassando as rotas comerciais terrestres das estepes e dos desertos, uma via marítima se estendia desde o mar da China até Bagdá ou o mar Vermelho, através de 80 graus de longitude, ou seja, cerca de duas mil e quatrocentas milhas marítimas. Esta já existia, provavelmente, há cinco ou seis séculos, quando os Ocidentais, por sua vez, aprenderam a arte da navegação de longo curso.[637]

[634] R. THAPAR, **A History of India** (ed. 1990. loc. cit.): Merchants from Kallinga and from Magadha were also prominent traders, but in the early history of this trade they concentrated on commerce with Ceylon, Burma and the east coast of India.

[635] R. THAPAR, **A History of India** (ed. 1990. loc. cit.).

[636] François BELLEC, **Marchands au long cours** (Paris: Éd. du Chêne - Hachette livre, 2003, De Zaïtun à Basra, p. 35-38).

[637] F. BELLEC, **Marchands au long cours** (2003, cit. p. 35).

Também se conservam registros, datados da chamada Idade média, para o Ocidente, de numerosos viajantes árabes, dentre os quais IBN FADLAN, IBN JUBAYR, IBN BATTUTA, bem como de viajante anônimo,[638] que descreveram seus périplos, parte por terra e parte por mar.[639] Os viajantes árabes são genericamente citados por GRÓCIO – como evidência de navegações por estes feitas durante séculos – embora, aqui, trate-se de algumas fontes que somente seriam conhecidas e traduzidas no Ocidente séculos mais tarde.

No ano de 750, Abu OBAIDAH navegou à vela, desde Mascate até o golfo de Cantão, e essa viagem experimental anunciava a arte precursora, persa e árabe, de navegar, acompanhando as estrelas. De tais práticas aparecem ulteriores indícios, por volta do século IX. Grandes pilotos árabes fundam, então, antes da ciência ocidental, as bases da observação da latitude, pela altura da estrela polar, medida em termos de dedos, sobre um *quadrante* – um quarto de disco, feito de bronze ou de madeira, dividido por um fio de prumo – ou com o auxílio de um *kamàl* – um conjunto de tabuinhas de madeira ou de chifre, estendidas à ponta do braço, para calcular a distância entre o astro e o horizonte. Assim, determinavam as suas rotas, segundo a rosa de um compasso, orientado pelas estrelas.[640]

Por volta do ano 800, a presença de mercadores muçulmanos é assinalada em Cantão; estes, por volta de 875, serão massacrados. A partir da violência cometida contra os muçulmanos de Cantão, interrompe-se essa rota marítima direta.

Relato de viajante anônimo, intitulado **Documentos sobre a China e a Índia**, do ano 851, descreve o itinerário dos navios, desde o Iraque até a China, bem como Informações sobre a Índia, a China e seus soberanos.[641]

638 IBN FADLAN, IBN JUBAYR, IBN BATTUTA e Anônimo, **Voyageurs arabes** (textes traduits, presentes et annotés par Paule CHARLES-DOMINIQUE, Paris: Gallimard-Pleiade, 1995).

639 Algumas décadas mais tarde, por volta do ano 840 devem ter sido escritas as **Aventuras de Sinbad, o marujo.** Mesmo se em parte fantásticas, mostram a familiaridade com a navegação e a utilização de numerosas rotas marítimas, inclusive de longa distância, pelos árabes, naquela época.

640 François BELLEC, **Marchands au long cours** (Paris: Éd. du Chêne – Hachette livre, 2003, Les visiteurs de l'au-delà des mers, p. 13-61, cit. p. 38-41).

641 ANONYNE, **Documents sur la Chine et sur l'Inde** (in **Voyageurs arabes**, ed. Paule CHARLES-DOMINIQUE, 1995, texte p. 1-24, Notice, p. 1053-1070).

Já nessa mesma altura, conserva-se registro de fábrica de papel, em Bagdá –técnica possivelmente trazida da China. Outro sinal de intercâmbio entre povos, também ao final do século IX, é a adoção do sistema indiano de numeração pelos árabes, que passaria a ser denominado, no Ocidente, de 'algarismos arábicos'.

No ano de 921 ocorre a embaixada, enviada pelo califa abássida Al Muqtadir, aos búlgaros do Volga, com participação de Ahmad Ibn Fadlan (877-960), que a descreve, em seu **Relato de viagem**. O rei dos búlgaros solicitara o envio de doutores da lei islâmica para ensinarem o seu povo a respeito dela.

A embaixada enviada por Al Muqtadir, junto ao rei dos búlgaros, Almush ben Yiltuwar, parte de Bagdá, passa pelo país dos turcos, pela Rus medieval e as terras dos Khazares, até chegar aos búlgaros, na confluência dos rios Volga e Kama, no ano de 921.[642]

Nessa mesma época, também escrevem, sobre os povos do Norte da Europa, o viajante e geógrafo persa Ibn Rusteh, em 903 d.C., e o cronista e geógrafo Almasudi, em 943 d.C.[643] Conservam-se registros da intensificação do comércio no mar Vermelho, datados do final do século X, por volta do ano 970.[644]

642 Ibn Fadlan, **Récit de voyage** (orig, **Risalat**, in **Voyageurs arabes**, ed. Paule Charles--Dominique, 1995, texte p. 25-67, Notice, p. 1071-1088, cit. p. 1072); tb. na edição brasileira, Ahmad Ibn Fadlan, **Viagem ao Volga** (tradução e apresentação Pedro Martins Criado, São Paulo: Carambaia, 2ª ed., 2019, Apresentação – A viagem de um relato, p. 7-20) comenta ter a obra recebido a sua primeira edição independente após a fixação do texto, em 1939.

643 Ibn Rusteh, **Ala'laq Annafisa – As coisas preciosas** (escrito em 903 d.C.) e Almasudi, **Muruj Addahab wa Ma'adin Aljawhar** (de 943 d.C.) e, como observa Pedro Martins Criado (em sua *Apresentação – A viagem de um relato,* in Ahmad Ibn Fadlan, **Viagem ao Volga**, São Paulo: Carambaia, 2ª ed., 2019, p. 7-20, cit. p. 15): Ambos incluem em suas obras informações colhidas de viajantes e mercadores, documentos, narrativas populares e, possivelmente, observações próprias. Além disso, ambos abordam povos descritos por Ibn Fadlan, como os búlgaros, os khazares, os rus e os eslavos. Isso coloca o livro do enviado de Al Muqtadir entre as fontes mais antigas a abordá-los extensamente e destaca sua importância pela quantidade de detalhes obtidos em primeira mão.

644 Maurice Lombard (1904-1965), **L'Islam dans sa première grandeur** - VIIIe–XIe siècle (préface de Hichem Djaït, Paris: Flammarion-Champs, 1971, impr. 1987, chap. I – La région des isthmes, p. 29-42, cit. p. 34-35; tb. chap. VIII – Productions et objets de commerce, p. 179-222, cit. p. 194) mencionava o uso das rotas marítimas do mar Vermelho e do golfo Pérsico também para a importação de madeira – como *tek* da Índia – destinada à construção de barcos.

No ano de 1004 ocorre nova interrupção do comércio entre os árabes e a China. Mas, apesar disso, conservam-se registros do uso da bússola marítima na China e a primeira menção do uso desta entre os árabes, datados do final do século, no ano de 1090.

Em 1048, morre AL BIRUNI, autor de livro de viagens **Sobre a Índia.**[645] No final do século XII, Mombassa, no Quênia, torna-se importante entreposto do comércio árabe, no continente africano.

De tais viagens e deslocamentos, por mar e por terra, conservam-se notáveis registros: como IBN JUBAYR (nascido em 1145), em suas **Relações de viagem**, parte de Granada rumo ao Egito e, de lá, segue, em 1184 e 1185, para a Meca, Medina, Iraque e Síria, o reino dos francos, a Sicília e , por fim, empreende o retorno;[646] e do grande viajante IBN BATTUTA (1304-1377), em suas **Viagens e périplos**, a partir de 1325, que descreve a África do norte, o Egito, a Síria e a Palestina, Medina e a Meca, o Iraque e a Pérsia, a África ocidental, o Iemên e Omã, a Ásia menor, a Rússia meridional, em 1334, e Constantinopla, a Ásia central, o Sind e na Índia, de 1335 até 1341, as ilhas Maldivas, Ceilão e Bengala, Sumatra e China, em 1346, a Andaluzia, antes de retornar a Fez, em 1349, depois parte para o País dos negros – o Mali, em 1352 e 1353 – antes de redigir a sua obra, em 1355, após retornar ao lar.[647]

Um dos maiores pilotos de todos os tempos foi, incontestavelmente, no século XV, o 'mestre do saber' – *um'allim al-bahr* – Ibn Majid ASS'ADY, natural de Omã, de longa linhagem de pilotos, e autor de cerca de três

[645] Abu Raian Muhammad Ibn Ahmad ALBIRUNI (973-1048), **Kitab ul Hind** – escrito em 1031, sobre a Índia, em abrangente ensaio sobre a vida no país, a religião, a filosofia, o sistema de castas, os costumes matrimoniais, bem como sobre as ciências: astronomia, astrologia, calendário, geografia, medicina, dentre outros temas – **Alberuni's India** – An account of the religion, philosophy, literature, geography, chronology, astronomy, customs, laws and astrology of India about A. D. 1000 (an English edition, with notes and índices, by Edward C. SACHAU, in two vols., London: Kegan, Paul, Trench, Trübner & Co., 1910).

[646] IBN JUBAYR, **Relation des péripéties qui surviennent pendant les voyages** (in **Voyageurs arabes**, ed. Paule CHARLES-DOMINIQUE, 1995, texte p. 69-368, Notice, p. 1089-1130, cit. p. 1100) menciona o naufrágio sofrido nas costas da Sicília, não longe de Messina.

[647] IBN BATTUTA, **Voyages et périples** – Présent à ceux qui aiment à réfléchir sur les curiosités des villes et les merveilles des voyages (orig. **Rihla**, in **Voyageurs arabes**, ed. Paule CHARLES-DOMINIQUE, 1995, texte p. 369-1050, Notice, p. 1130-1205).

dezenas de obras náuticas fundamentais, que se dizia herdeiro de mestres precursores que remontavam ao século XI.[648]

Data de 1279 a destruição da frota chinesa e a interrupção das grandes viagens marítimas da era Song, depois da conquista mongol.[649] Logo depois, em 1291, os irmãos Vivaldi lançam a expedição marítima que tinha como objetivo a circum-navegação da África.

Muito antes dos europeus, já os persas, os árabes, os tamil (do Sri Lanka) e os chineses tinham desvendado os segredos do oceano Índico e do mar da China, e a migração dos maori tinha povoado o Pacífico, sem que esses avanços precursores tivessem consequências universais. Nas rotas do incenso, do jade, dos perfumes, das pedras preciosas, das madeiras nobres, dos temperos, da porcelana ou do chá, as frotas mercantes orientais, tão somente avistadas de longe por alguns viajantes surpresos, praticamente ignoradas até a Renascença, exploravam uma rede comercial exemplar, tendo inventado uma avançada ciência náutica, enquanto o Ocidente ainda vivia o pavor do Oceano.[650]

Desse modo, a argumentação, em sentido contrário – quanto a serem 'mares nunca dantes navegados', até a chegada dos portugueses – parece, obviamente, pouco convincente. Como exemplificativamente se mostra, em relação à Antiguidade e à Idade média.

Aduz Grócio:

> Cada parte desse trecho do Oceano era conhecida antes dos portugueses lá entrarem; e nunca houve tempo em que tais partes fossem desconhecidas. Pois, certamente, os mouros, os etíopes, os árabes, os persas e

[648] François Bellec, **Marchands au long cours** (Paris: Éd. du Chêne – Hachette livre, 2003, Les visiteurs de l'au-delà des mers, p. 13-61, cit. p. 41).

[649] Harry G. Gelber, **The Dragon and the foreign devils** – China and the world, 1100 BC to the present (London: Bloomsbury, 2007, reprint 2008, chap. 4 – The coming of the Mongols, AD 1210 to 1368, p. 63-82, cit. p. 70). A conquista do sul da China continua até 1279, quando o último príncipe da dinastia SONG foi cercado com sua pequena frota em uma das baías da costa de Guangdong, e se jogou no mar, com sua família e seus ministros, para evitar ser capturado. V. tb. John KEAY, **China – a History** (London: Harper Press, 2008, chap. 12 – By land and sea, 1235-1405, p. 341-375).

[650] François Bellec, **Marchands au long cours** (Paris: Éd. du Chêne – Hachette livre, 2003, Introduction, p. 7-9): "L'expansion hégémonique de l'Europe a été rendue possible par l'industrialisation de la domestication du vent, que d'autres peuples maîtrisaient depuis des siècles sans avoir eu la tentation ni la capacité de fonder sur cette modernité une puissance maritime durable, évolutive et conquérante".

> os habitantes das Índias orientais não poderiam desconhecer os mares, junto aos quais vivem. Assim, mentem as pessoas que afirmam terem descoberto os mares em questão – *mentiuntur ergo qui se mare illud invenisse jactant*.[651]

Afirma GRÓCIO ser fato universalmente reconhecido, que carece de amparo legal, aquele que proíbe outro de navegar – *omnes igitur vident eum qui alterum navigare prohibeat nullo jure defendi* – concluindo este extenso capítulo conforme segue:[652]

> de modo que o pleito holandês se ampara no direito comum – et sic Batavorum intentio commune jure nititur – porquanto por todos se admite que a navegação dos mares está aberta a todos, mesmo sem que se solicite permissão a algum governante, para navegar. E que tal princípio foi expressamente estipulado nas leis da Espanha.[653]

No cap. 6, discorre GRÓCIO que o mar ou o direito de nele navegar não pertence aos portugueses por doação papal – *mare aut jus navigandi proprium non esse Lusitanorum titulo donationes Pontificiae*, [654] a respeito da suposta doação do papa ALEXANDRE VI,

> que poderia ser aduzida, pelos portugueses, como um segundo argumento, em defesa de sua tentativa de reclamar, exclusivamente para si, o mar e o direito de nele navegar – com base no alegado direito de descobrimento – claramente revelado, à luz das considerações precedentes, como pretexto vão e vazio – satis ex iis quae ante dicta sunt vanitatis convincitur –[655] porquanto uma doação não tem qualquer valor em relação a coisas fora do comércio – donatio enim nullum habet momentum in rebus extra commercium positis – e, como nem o mar, nem o direito de nele navegar podem ser propriedade privada de

651 H. GROTIUS, **Mare liberum** (1609, ed. 2009, cap. 5, p. 48-95, cit. p. 88-89).

652 H. GROTIUS, **Mare liberum** (1609, ed. 2009, cap. 5, p. 48-95, cit. p. 94-95), cita ULPIANO, D. 43,8,2,9.

653 H. GROTIUS, **Mare liberum** (1609, ed. 2009, loc. cit.), cita Legibus Hispanicis = Siete Partidas, 3.28.3 e 6, com discordância entre diferentes edições citadas.

654 H. GROTIUS, **Mare liberum** (1609, ed. 2009, loc. cit.).

655 H. GROTIUS, **Mare liberum** (1609, ed. 2009, loc. cit.).

> qualquer homem, daí se segue que tais dons não podem ser conferidos pelo papa, nem recebidos pelos portugueses.[656]

Prossegue Grócio na sua argumentação – respaldada por remissão genérica a todos os autores, anteriormente citados – de que não se pode considerar o papa como senhor temporal da terra inteira, daí se deduzindo o entendimento de que não pode este, tampouco, ser considerado como senhor dos mares – *Papam non esse dominum temporalem totius orbis; ne maris quidem esse satis intelligitur.*[657] E, mesmo que tivesse o papa tais poderes, não seria cabível que os cedesse a uma ou outra nação, a este ou aquele rei, em detrimento dos demais.

Insiste, ainda, Grócio, que os poderes do papa devem ser utilizados somente para fins espirituais. Lógica e inexoravelmente as diferenças de posições a respeito da condição legal e política do Pontífice católico se punham de modo completamente diverso para o Frei Serafim de Freitas e para o protestante Hugo Grócio.

Aduz Grócio:

> Que resposta se pode dar à objeção de que mesmo os príncipes – enquanto senhores temporais – podem proibir qualquer um de navegar – *possunt nullo modo a navigatione aliquem prohibere,* – e, se tem algum direito, este se restringe ao exercício de jurisdição e proteção – *cum si quod habent jus in mari id sit tantum jurisdictionis ac protectionis.*[658]

De tal modo, conclui Grócio que, somente poderia ter em mente o papa dirimir a controvérsia entre os espanhóis e os portugueses, sem diminuição, em qualquer grau, de direitos de outros –*Pontífices animum fuisse, ut Castellanorum & Lusitanorum inter se certamini intercessum voluerit, aliorum autem juri nihil diminutum.*[659]

Em seu capítulo 6, empenha-se Freitas, em extensa defesa "do poder do pontífice romano nas coisas temporais". Não há o que comentar

[656] H. Grotius, **Mare liberum** (1609, ed. 2009, cap. 6, p. 94-99, cit. p. 96-97).
[657] H. Grotius, **Mare liberum** (1609, ed. 2009, loc. cit.).
[658] H. Grotius, **Mare liberum** (1609, ed. 2009, cap. 6, p. 94-99, cit. p. 96-97).
[659] H. Grotius, **Mare liberum** (1609, ed. 2009, cap. 6, p. 94-99, cit. p. 98-99).

adicionalmente a respeito,[660] tanto mais por não ser o objeto central da matéria, ora em análise. Basta, portanto, remeter às considerações expendidas por Grócio, no seu cap. 3, acima referidas,[661] bem como aqui.

No capítulo 7, Grócio examina "que o mar e o direito de nele navegar não pode ser atribuído aos lusitanos a título de prescrição ou costume" – *mare aut ius navigandi proprium non esse Lusitanorum titulo praescriptionis aut consuetudinis.*[662] E sobre isso, afirma:

> Como último recurso, a injustiça frequentemente tenta se defender mediante alegação de prescrição ou de costume – *ultimum iniquitatis patrocinium in praescriptionem solet esse aut consuetudine.* Assim, também os portugueses se defendem com tentativa nesse sentido: mas argumentos legais irrefutáveis impedem de encontrar fundamento em qualquer destes conceitos – *sed utrumque illis praesidium certíssima juris ratio praecludit.*[663]

A prescrição baseia-se no direito positivo, de tal modo, declara Grócio, não é aplicável entre reis ou entre povos livres e, tanto menos pode ser aplicada em oposição ao direito natural, ou direito das gentes primário, que sempre tem primazia – *multo autem minus ubi jus naturae aut gentium resistit, quod jure civile semper validius est.*[664] Mesmo o direito civil representa obstáculo à prescrição, no caso em questão, por proibir aquisição por usucapião ou mediante prescrição, em relação às coisas que não podem ser incluídas como objeto de propriedade – *quae in bonis esse non possunt, deinde quae possideri vel quasi possideri nequeunt* – nem, tampouco, aquelas insuscetíveis de posse ou quase posse, não pondendo, ademais, ser alienadas – *& quorum alienatio prohibita est.*[665]

Não pode, assim, a prescrição servir de base para a argumentação lusitana: bens públicos, ou seja, aqueles pertencentes a determinada

660 A respeito da confrontação entre poder temporal do papa e do imperador v. tb., **Tratado** (tomo IV – **Direito internacional no tempo medieval**, cap. 9 – Marsílio de Pádua e Guilherme de Ockham e cap. 10 – Tomás de Aquino e Dante Alighieri).

661 H. Grotius, **Mare liberum** (1609, ed. 2009, cap. 3 – que os portugueses não têm direito de domínio sobre os índios pela doação papal – *Lusitanos in Indos non habere jus dominii titulo donationes Pontificiae,* p. 36-41), supra, neste item.

662 H. Grotius, **Mare liberum** (1609, ed. 2009, cap. 7, p. 98-125).

663 H. Grotius, **Mare liberum** (1609, ed. 2009, cap. 7, p. 98-125, cit. p. 98-99).

664 H. Grotius, **Mare liberum** (1609, ed. 2009, loc. cit.).

665 H. Grotius, **Mare liberum** (1609, ed. 2009, cap. 7, p. 98-125, cit. p. 98-101).

nação, não podem ser adquiridos por particulares por meio de posse que se estenda por qualquer período de tempo, por mais longo que seja, independente da natureza do bem e das prerrogativas daquelas pessoas contra as quais a prescrição seria invocada.[666] Como parte de extensa argumentação desenvolvida por GRÓCIO, nesta rubrica, invocando a autoridade de autores, antigos e modernos, reforçava o entendimento de que "aquelas coisas, que são imprescritíveis, não se tornarão objeto de prescrição, em razão de medida legal, nem com base no lapso de tempo, mesmo depois que se passem mil anos", o que é corroborado pelo testemunho de inúmeros doutores – *quod innumeris doctorum testimoniis fulcit*.[667]

É, assim, claro, para qualquer leitor, que a usurpação, por mais que seja reiterada durante longo tempo, não pode interceptar o uso de coisa comum – *nemo jam non videt, ad usum rei communis intercipiendum nullam quantivis temporis usurpationem prodesse*.[668] GRÓCIO aponta diferentes autores que fazem exceções a tal regra geral em relação ao Mediterrâneo e pontua: "nós nos referimos ao Oceano – *illi enim de Mediterraneo loquuntur, nos de Oceano*, outros falam de mero golfo, enquanto nós discutimos a vasta extensão marinha: dois conceitos substancialmente diversos, no tocante à ocupação".[669] Habitualmente se reconhecia, em favor dos venezianos e dos genoveses, a posse das costas marítimas – *et quibus illi indulget praescriptionem, illi littora mari continua possident, ut Venetii & Ianuenses* – mas o mesmo não se pode dizer dos portugueses, como demonstrado – *quod de Lusitanis dici non modo paruit*.[670] Merece ser citado o trecho final da argumentação deste capítulo de *Mare liberum*:

> Foi em relação às coisas africanas – *occasione rerum Africanarum* – que os portugueses inicialmente começaram a investigar regiões mais remo-

[666] H. GROTIUS, **Mare liberum** (1609, ed. 2009, cap. 7, p. 98-125, cit. p. 100-101) cita PAPINIANO in D. 41.3.45: *praescriptionis longae possessionis ad obtinenda loca jurisgentium publica concedi non solere* – À prescrição, com base na posse, por longo período de tempo, normalmente não se confere efeito, em relação à aquisição de locais, ou seja, bens que são públicos, segundo o direito das gentes.

[667] H. GROTIUS, **Mare liberum** (1609, ed. 2009, cap. 7, p. 98-125, cit. p. 100-121) com múltiplas referências a juristas romanos, autores antigos, juristas e canonistas de diversas nações.

[668] H. GROTIUS, **Mare liberum** (1609, ed. 2009, cap. 7, p. 98-125, cit. p. 120-121).

[669] H. GROTIUS, **Mare liberum** (1609, ed. 2009, cap. 7, p. 98-125, cit. p. 122-123).

[670] H. GROTIUS, **Mare liberum** (1609, ed. 2009, cap. 7, p. 98-125, cit. p. 122-123).

> tas do oceano, durante o reinado do rei João, no ano 1477. Vinte anos depois, tendo Manuel ascendido ao trono, navegaram além do cabo da Boa Esperança.
>
> Muito depois, chegaram a Málaca e às ilhas mais distantes, para onde os holandeses começaram a navegar, em 1595, certamente menos de um século depois. Mas, já durante esse tempo, a usurpação [dessa área marítima em questão] por outros, com relação a outras partes, tinha criado impedimento à prescrição, por qualquer das partes envolvidas.
>
> A partir de 1519, os castelhanos tornam duvidosa a aquisição do mar pelos portugueses, na região em torno das Molucas. Os franceses e os ingleses também avançaram naquela parte do mundo, não clandestinamente, mas empregando força aberta – *non clanculum, sed via aperta eo perruperunt*. Então, também os habitantes de todas essas regiões, tanto na África, quanto na Ásia, continuamente esses povos usurparam a parte do mar mais próxima das costas, quer pela pesca, quer pela navegação; em tempo algum os portugueses proibiram tais práticas – *numquam a Lusitanis prohibiti*.
>
> De tal modo, conclui-se – *conclusum igitur sit* – que os portugueses não têm qualquer direito, em virtude do qual possam proibir qualquer outra nação de navegar nas áreas do Oceano, que levam às Índias orientais – *jus nullum esse Lusitanis quo alliam quamvis gentem a navigatione Oceani ad Indos prohibeant*.[671]

Por sua vez, Freitas, no cap. 7 de **Justo imperio**, prossegue na consideração quanto a "se os portugueses têm, por título de doação pontifícia, o direito de domínio sobre os índios". Argumenta Freitas: "a conversão dos infiéis da Índia oriental não podia ser confiada senão a reis poderosíssimos e sob o pretexto de comércio e lucro", onde "os portugueses procuram, sob o pretexto de comércio, ocasiões de converter os infiéis".[672] Há controvérsias no tocante a qual era o verdadeiro motor de tais empreitadas e qual o pretexto.

No cap. 8, argumenta Grócio dever, segundo o direito das gentes, ser livre o comércio entre todos – *jure gentium inter quosvis liberam esse*

[671] H. Grotius, **Mare liberum** (1609, ed. 2009, cap. 7, p. 98-125, cit. p. 124-125).

[672] Freitas, **De justo imperio** (1625, ed. 1983, vol. I, p. 211).

mercaturam.[673] O que quer que digam os lusitanos quanto a terem certo direito exclusivo no comércio com as Índias, tal pretensão vê-se refutada por praticamente todos os argumentos já apresentados – *quod si dicant Lusitani cum Indis commercia exercendi jus quodam proprium ad se pertinere, eisdem fere omnibus argumentis refellentur.*[674] Nesse sentido, dispõe GRÓCIO:

> Pelo direito das gentes o seguinte princípio ficou estabelecido: que todos os homens devem ter a faculdade – *Iure gentium hoc introductum est, ut cunctis homines inter se libera esset negotiandi facultas* – de entre si comerciarem livremente, e ninguém pode ser privado de tal direito, por pessoa alguma –*quae a nemini posset adimi.*[675]

Já ARISTÓTELES afirmava, com acuidade, na **Política**,[676] que o escambo permite suprir o que falta na natureza, de modo a satisfazer adequadamente as necessidades de todos os homens. Assim, deduz GRÓCIO, segundo o direito das gentes – *opportet igitur communem esse jure gentium* – a prerrogativa de que o comércio de escambo seja comum a todos, não somente em sentido privativo – *non tantum privative* – ou seja, não exclusivo, mas, também, positivamente, como dizem os mestres, ou afirmativo – *sed & positive, ut dicunt magistri, sive affirmative.*[677] E complementa o autor:

> O direito de livre comércio decorre do direito das gentes primário, que tem natureza permanente e natural, de modo que não pode ser ab-rogado – *Commercandi igitur libertas ex jure est primario gentium, quod naturalem & perpetuam causam habet, ideoque tolli non potes* – e mesmo que fosse possível

673 H. GROTIUS, **Mare liberum** (1609, ed. 2009, cap. 8, p. 126-131).
674 H. GROTIUS, **Mare liberum** (1609, ed. 2009, cap. 8, p. 126-131, cit. p. 126-127).
675 H. GROTIUS, **Mare liberum** (1609, ed. 2009, cap. 8, p. 126-131, cit. p. 126-127).
676 ARISTÓTELES (384-322 a. C.), **ΠΟΛΙΤΙΚΩΝ / Politics** (with an English translation by H. RACKAM, Cambrigde, Ma. / London: Loeb Classical Library, ARISTOTLE t. XXI, LCL 264, orig. publ. 1932, reprinted 2005); **Politique** (texte établi et trad. par J. AUBONNET; t. I: Intr. – Livres I et II; t. II: livres III et IV; t. III: livres V et VI; t. IV: livre VII; t. V: livre VIII et index; Paris: Les belles lettres – coll. "Budé", 1960); **Política** (trad. Nestor Silveira CHAVES, Bauru: Edipro, 1995) cit. I.9.3: μεταβλητικη αναπληρωσιζ τηζ κατα φυσιναυταρκειαζ.
677 H. GROTIUS, **Mare liberum** (1609, ed. 2009, cap. 8, p. 126-131, cit. p. 126-127) e completa a passagem: *Quae autem illo modo sunt juris gentium, mutari potesunt; quae hoc modo non possunt.* – Se as disposições negativas do direito das gentes podem ser alteradas; por sua vez, as disposições afirmativas são imutáveis.

> ab-rogar, tal resultado somente poderia ser alcançado com o consenso de todos os povos – *& si posset non tamen posset nisi omnium gentium consensu:* – de tal modo que sequer é remotamente concebível que uma nação possa impor, de modo justo, limitação de qualquer ordem a outras duas nações que queiram contratar uma com a outra – *tantum abest ut ullo modo gens aliqua gentes duas inter se contrahere volentes juste impediat.*[678]

Ao considerar,[679] por sua vez, "o direito de preferência de viajar para as Índias que compete aos portugueses por título do sumo pontífice", menciona FREITAS: "os índios convertidos não podem perseverar na fé que receberam senão com o auxílio e proteção dos reis católicos",[680] visto que, segundo alega o autor português, "os japões e chineses católicos são exterminados, a conselho dos bonzos e holandeses, pelos seus imperadores, por sustentarem a fé católica".

A questão da propagação da fé cristã e dos métodos de evangelização suscitaria a grande controvérsia em torno dos assim chamados "ritos chineses",[681] ou seja, se e, em que medida, deveria haver acomodação da mensagem cristã ao contexto do confucionismo na China, valendo-se, segundo a civilização local, de conceitos familiares para agregar, a estes, a evangelização. Isso suscitou furioso debate entre missionários e representantes do clero português e do francês; debate esse que, levado à Cúria romana e ao papa, acabou por resultar na adoção da posição dogmática extremista, propugnada pelo clero e pela coroa francesa, com rejeição da alternativa de certa 'flexibilidade', como fora até então praticada pelos sacerdotes portugueses e de outras nacionalidades, enviados pelo Padroado português ao Oriente. Nessa decisão, onde parecem ter prevalecido interesses políticos menores e visões tacanhas, uma oportu-

678 H. GROTIUS, **Mare liberum** (1609, ed. 2009, cap. 8, p. 126-131, cit. p. 130-131).

679 Além da discussão sobre o termo 'descoberta' (*inventio*) já referido a propósito do cap. 3, acima.

680 Observa FREITAS, **De justo imperio** (1625, ed. 1983, vol. I, p. 218): "A navegação dos portugueses para a Índia excede as navegações fabulosas dos antigos" e "os portugueses são notabilíssimos nas artes navais", de modo que "o descobrimento dos portugueses foi motivo para eles serem preferidos aos outros povos" e que "por ordem dos reis de Portugal estão plantados padrões de pedra nos litorais africanos para testemunharem o nosso domínio".

681 Ver **Tratado** (tomo VIII – **Direito internacional além do paradigma vestfaliano**, item 'o que é, e como é o clássico?') para situar a grande controvérsia sobre os ritos chineses.

nidade única de construção de diálogo,[682] entre a China e o cristianismo foi irremediavelmente perdida.[683]

Afirma, ainda, FREITAS que: "os estrangeiros não podem transportar mercadorias para os lugares conquistados pelos portugueses":[684] porquanto "os reis de Portugal, no que respeita à navegação da Índia, tem contra todos os príncipes a sua fundamentada intenção".[685]

Ao considerar, no cap. 9, que o comércio com as Índias não pertence aos portugueses por título de ocupação – *Mercaturam cum Indis propriam non esse Lusitanorum titulo occupationis*,[686] GRÓCIO ressalta:

[682] Algumas fontes portuguesas a respeito do tema, ver: Horácio Peixoto de ARAÚJO, **Os Jesuítas no império da China: o primeiro século (1582-1680)** (Macau: Instituto português do Oriente, 2000, esp. cap. III, '*a questão dos ritos chineses*', p. 203-284, cit. p. 284): "torna-se inevitável perguntar, ou simplesmente imaginar, qual teria sido o futuro do cristianismo no mais vasto império asiático, se o esforço e a larga visão desse enorme rol de missionários não tivessem sido esterilizados em lutas e quezílias, com objetivos não raras vezes duvidosos". Ver tb. Antonio Vasconcelos de SALDANHA, **De KANGXI para o papa, pela via de Portugal** – memória e documentos relativos à intervenção de Portugal e da Companhia de Jesus na questão dos Ritos Chineses e nas relações entre o imperador Kangxi e a santa Sé (traduções chinesas por JIN Guo Ping, Macau: Instituto Português do Oriente, 2002, em 3 vols.); em linha semelhante ver, do mesmo A. V. SALDANHA e JIN Guo Ping, **Para a vista do imperador – memoriais da dinastia Qing sobre o estabelecimento dos portugueses em Macau (1808-1887)** (Macau: Instituto português do Oriente, 2000); e, ainda, A. V. SALDANHA, **A 'memória' sobre o estabelecimento dos portugueses em Macau do Visconde de Santarém (1845): os primórdios da discussão da legitimidade da presença dos portugueses em Macau** (Macau: Instituto português do Oriente, 1995).

[683] Oportunidade perdida, que muito lamentava VOLTAIRE, no seu estudo sobre **Le siècle de Louis XIV** (orig. publ. em 1751, édition établie, présentée et annotée par Jacqueline HELLEGOUARCH et Sylvain MENANT, avec la collaboration de Philippe BONNICHON et Anne-Sophie BARROVECCHIO, Paris: Libr. Génerale Française, © 2005, 2ª ed., 2008; ou tb. na edição, VOLTAIRE, **Le siècle de Louis XIV**, in **Oeuvres historiques**, édition présentée, établie et annotée par René POMEAU, Paris: Gallimard-Pleiade, © 1957, impr. 2010, p. 603-1274), concluía o cap. XXXV (op. cit., 1751, ed. 2010, p. 1041), com a seguinte observação: "L'esprit vraiment philosophique, qui n'a pris racine que vers le milieu de ce siècle, n'étignit point les anciennes et les nouvelles querelles théologiques, qui n'étaient pas de son ressort. On va parler de ces dissenssions qui font la honte de la raison humaine".

[684] FREITAS, **De justo imperio** (1625, ed. 1983, vol. I, p. 220) aduz especificamente: "os holandeses não podem navegar na Índia sem licença dos portugueses, assim como também não os infiéis, e mais *a fortiori*, os holandeses que os infiéis".

[685] FREITAS, **De justo imperio** (1625, ed. 1983, vol. I, p. 221). Adverte lucidamente FREITAS: "as leis não se ouvem no estrépito das armas" e a seguir "o Incógnito, afastando o argumento das armas, chama os portugueses ao tribunal da consciência e do juízo público".

[686] H. GROTIUS, **Mare liberum** (1609, ed. 2009, cap. 9, p. 132-133).

> Em primeiro lugar, a ocupação ou descoberta não pode aqui ser aplicada, porquanto o direito de comerciar livremente não é objeto corpóreo, passível de apreensão – *Primum invention aut occupatio hic locum non habet, quia jus mercandi non est aliquid corporale, quod possit aprehendi.* Tampouco se pode pretender que sejam os portugueses os primeiros a praticar comércio com as Índias – *neque prodesset Lusitanis etiam si primi hominum cum Indis habuissent commercia* – o que se revela totalmente falso – *quod tamen non potest non esse falsissimum.*[687]

Se os portugueses têm o direito de domínio sobre os índios, por título de guerra, pondera Freitas que "o pontífice romano não tem jurisdição sobre os infiéis, nem os pode combater, quer por sua infidelidade, quer por outros pecados contra a natureza" e, tampouco "os infiéis não devem ser compelidos à fé católica pelas armas".[688] Mas, também observa: "os portugueses edificaram com justiça fortalezas nos portos da Índia para a sua segurança, e fizeram-no por vontade dos próprios donos ou por causa da quebra da fidelidade", mas "os portugueses, em cessando a fraude e o dolo, não combateram os índios sob a aparência de comércio ou de religião".[689]

Ao que se pode contrapor a ponderação de Grócio: assim, se os portugueses possuem qualquer direito que lhes confere privilégio de comércio exclusivo com as Índias [orientais] – *quare si Lusitani jus aliquod comperit, ut soli cum Indis negotientur* –, este somente pode derivar, do mesmo modo que outras servidões – *id exemplo caeterurum servitutum* – de concessão, quer expressa ou tácita, ou seja, em decorrência de prescrição, porquanto outra possibilidade não existe – *ex concessioni oriri debuit aux expressa aut tacita, hoc est praescriptione: neque aliter potest.*[690]

No capítulo 10, Grócio passa a considerar "que o comércio com as Índias não pertence aos portugueses a título de doação papal" – *Merca-*

[687] H. Grotius, **Mare liberum** (1609, ed. 2009, cap. 9, p. 132-133).

[688] Freitas, **De justo imperio** (1625, ed. 1983, vol. I, p. 237) mas: "os infiéis se não aceitarem a fé, suficientemente pregada, não devem ser combatidos, mas poderão ser coagidos a ouvir a palavra de Deus?" e "o pontífice romano pode obrigar o príncipe pagão a não impedir a pregação e conversão, e eximir os convertidos à obediência desse príncipe". Adiante pondera "foi sempre justa a guerra contra os turcos e mouros".

[689] Freitas, **De justo imperio** (1625, ed. 1983, vol. I, p. 238).

[690] H. Grotius, **Mare liberum** (1609, ed. 2009, cap. 9, p. 132-133).

tura cum Indis propriam non esse Lusitanorum titulo donationis Pontificiae.[691] E afirma: ninguém concedeu, tampouco o Pontífice, que não possui tal direito – *Concessit nemo: nisi forte Pontifex, qui non potuit.*[692] O autor prossegue:

> Exceto se o Pontífice fosse o senhor do mundo todo, o que negam homens sábios – *quod negant sapientes* – e não se pode sequer argumentar que a ele pertença direito universal de comércio – *jus etiam commerciorum universale sui juris dicere non potest.* Ademais, por se tratar de direito relativo tão somente ao ganho material – *maxime cum res sit ad solum quaestum accomodata* – sem qualquer pertinência com questões espirituais – *nihilque ad spiritualem procurationem pertinens* – onde cessa o poder papal – *extra quam cessat, ut fatentur omnes, Pontifícia potestas.*[693]

Além disso, caso o papa desejasse conceder referido direito somente aos portugueses, tirando-o de todos os demais homens, inflingiria dupla injúria – *Praetera si Pontifex solis illud Lusitano jus tribuere vellet idemque adimere hominibus caeteris, duplicem faceret injuriam!*[694] Retoma GRÓCIO o argumento já antes levantado e esclarece a dupla violação de direitos:

> – primeiramente em relação aos habitantes das Índias orientais, dado que estes, como observado, não são súditos do papa, porquanto estão fora da igreja – *primum Indis, quos ut extra Ecclesiam positos Pontifici nulla ex parte subditos esse dicimus.* Assim, o papa não tem o poder de privar esse povo de nada que lhes pertença; e, desse modo, não poderia ter a prerrogativa de privá-los do direito, que lhes cabe, de praticarem o comércio, com quem desejarem;
> – em segundo lugar, o papa violaria direito de todos os demais homens, quer cristãos como não-cristãos, pois não lhe foi conferida prerrogativa de, sem causa, privar os demais do direito em questão – *his igitur cum nihil quod ipsorum est adimere possit Pontifex* – de praticarem o comércio, com quem desejarem – *etiam jus illud quod habent cum quibuslibet negotiandi adimere non potuit.*[695]

691 H. GROTIUS, **Mare liberum** (1609, ed. 2009, cap. 10, p. 132-135, cit. p. 132-133).
692 H. GROTIUS, **Mare liberum** (1609, ed. 2009, cap. 10, p. 132-135, cit. p. 132-133).
693 H. GROTIUS, **Mare liberum** (1609, ed. 2009, cap. 10, p. 132-135, cit. p. 134-135).
694 H. GROTIUS, **Mare liberum** (1609, ed. 2009, cap. 10, p. 132-135, cit. p. 134-135).
695 H. GROTIUS, **Mare liberum** (1609, ed. 2009, cap. 10, p. 132-135, cit. p. 134-135).

Tampouco poderiam quaisquer senhores temporais proibir o livre comércio, em seus territórios – *quid quod ne temporales quidem Domini in suis imperiis prohibere possint commerciorum libertatem.* E, do mesmo modo, como demonstrado pela razão e pelas autoridades citadas – *ut rationibus & auctoritatibus ante demonstrantum est* – não se pode reconhecer como efetiva a autoridade papal, e esta de nada vale – *nullam valere Pontificis auctoritate* – contra o eterno direito natural e das gentes, a fonte daquela liberdade, que há de durar para todos os tempos – *sicut & illud confitendum est, contra jus perpetuum naturae gentiumque, unde ista libertas originem sumsit in omne tempus duratura.* [696]

A questão de "ser a navegação da Índia aberta a todos" é a matéria do cap. 10, onde considera FREITAS que "o juízo dos poetas é muito importante para o conhecimento do direito natural".[697] Com relação ao "mar que leva aos índios, ou o direito de nele navegar, são propriedade dos portugueses, por título de ocupação".[698] Por vezes, poderia tratar-se de simples questão de adequação terminológica.[699] A matéria passou por considerável evolução, desde então.[700]

Depois de mencionar os argumentos do Incógnito, com base em CÍCERO, **De officiis**,[701] pondera FREITAS:

[696] H. GROTIUS, **Mare liberum** (1609, ed. 2009, cap. 10, p. 132-135, cit. p. 134-135).

[697] FREITAS, **De justo imperio** (1625, ed. 1983, vol. I, p. 245).

[698] FREITAS, **De justo imperio** (1625, ed. 1983, vol. I, p. 247-281, cit. p. 247-248): "As razões apresentadas nos capítulos precedentes assaz justificam a navegação e o direito de navegação dos portugueses para os índios. De tal forma que não seria necessário defendê-lo por outros meios; mas, porque, como sói dizer-se, quem não deve não teme, vamos prosseguir na argumentação."

[699] Como analisam Antonio Vasconcelos de SALDANHA e JIN Guo Ping, **Para a vista do imperador – memoriais da dinastia Qing sobre o estabelecimento dos portugueses em Macau (1808-1887)** (Macau: Instituto português do Oriente, 2000, Introdução, p. 9-26, cit. p. 10-11) trata-se do sentido e do justo alcance de conceitos – *ocupação, ocupar* – que a historiografia e a política chinesa tem demonstrado alguma dificuldade em compreender nos textos portugueses, já que não dissocia o sentido meramente dinâmico ou logístico do termo ocidental (*ocupação, occupation*) do também possível (mas não inevitável) alcance do termo como indicativo de um título de aquisição territorial.

[700] Sobre o conteúdo e o uso do termo 'ocupação', em direito internacional, veja-se **Tratado** (tomo I – **Direito internacional dos espaços**, cap. 6 – Modos de aquisição e de perda do domínio do estado sobre o território, item 6.1 – ocupação, p. 304-331) e tb. Vaios KOUTROULIS, **Le début et la fin de l'application du droit de l'occupation** (Paris: Pedone, 2010).

[701] CÍCERO, **De officiis** (with an English translation by Walter MILLER, Cambridge, Ma. / London: Harvard UP, LCL 30, tomo XXI das obras de CÍCERO, © 1913, reprinted 2005, cit.

> todas as coisas que foram preparadas pela natureza, de modo que o seu uso por alguém não obsta a que cheguem para uso geral, são hoje e serão sempre da mesma condição que eram quando a natureza as produziu.[702]
> E deste gênero o mar (...) está patente a todos, e é do número daquelas coisas (...)que ainda não caíram no domínio de ninguém. (...)
> Por consequência o elemento mar é comum a todos, porque é tão extenso que não pode ser possuído, e porque serve às necessidades de quantos o procuram para navegar ou pescar.[703] (...) Da mesma espécie é o litoral do mar, com a exceção apenas de poder ser ocupado com edifícios (...) se isso se puder fazer sem prejuízo para outrem.[704]

"Contra o que pretende o Incógnito", argumenta, contudo, FREITAS, "a esta jurisdição e ocupação não repugna nem a imensidade, nem a natureza e qualidade do mar" pois: "com efeito, quanto à imensidade, conclui ele com o argumento de que nem todo o espaço do oceano pode ser ocupado, devido à nossa evidente impotência. Contudo não se segue daí que não se possam ocupar algumas das suas partes". [705] E, acresce: "por

livro I, n. VII, p. 20-25) fala a respeito da extensão da aplicação do princípio segundo o qual a sociedade, e o que pode ser chamado de 'laços comuns' desta, são conservados: *qua societas hominum inter ipsos et vitae quasi communitas continetur.*

[702] FREITAS, **De justo imperio** (1625, ed. 1983, vol. I, p. 248-249): "CÍCERO, **De officiis**, livro I, n. 16, quis dizer o mesmo por estas palavras: '*E, na verdade, esta sociedade está, na máxima extensão, aberta a todos os indivíduos e povos; nela se deve manter a comunidade de todas as coisas que a natureza criou para uso comum dos homens*'. E abrangido por esta ideia tudo aquilo cujo uso pode ser cedido sem prejuízo para ninguém. Daí o dizer CÍCERO que '*não é lícito proibir o uso da água corrente*'." A passagem de CÍCERO, **De officiis** (livro I, n. VII, ed. cit., 2005, p. 52-57) começa por ponderar que o interesse da sociedade, e dos laços comuns nesta, será melhor conservado se se mostrar benevolência em relação a cada um dos seus integrantes, na proporção da proximidade da relação: *Optime autem societas hominum coninunctioque servabitur, si, ut quisque erit coniunctissimus, ita in eum benignitatis plurimum conferetur.*

[703] FREITAS, **De justo imperio** (1625, ed. 1983, vol. I, p. 249): "Daí a pergunta de CÍCERO, **De officiis**, livro I, 'Que coisa tão comum como o mar para os navegantes, e o litoral para os náufragos?' (...) chamam comuns a todos pelo direito natural, ou públicas, pelo direito das gentes."

[704] FREITAS, **De justo imperio** (1625, ed. 1983, vol. I, loc. cit. e a seguir, p. 250): "Porém o mar difere do litoral em não se poder edificar nele, nem poder ser cercado, salvo em exígua parte."

[705] FREITAS, **De justo imperio** (1625, ed. 1983, vol. I, p. 258 e a seguir, p. 259): "Assim também há, em terra, muitos desertos e ainda se acham na Ásia e na África, muitas regiões incultas."

sufrágio de todos, incluso o próprio Incógnito, a parte do mar adjacente a uma terra pertence ao domínio do senhor dessa terra, se bem que não haja unanimidade de opiniões quanto à extensão desse domínio".[706] De tal sorte,

> como essa porção de mar não é definida pelo direito natural, torna-se lógico dizer que pode aumentar ou diminuir de império e jurisdição consoante a potência do senhor, tal como sucede em terra, onde as cidades são circunscritas por territórios maiores ou menores.[707]

Pelo que, "segundo os nossos costumes, o mar e os litorais começaram a ser considerados, de certo modo, sujeitos ao domínio e direito dos príncipes e magistrados (...) e mais ao nosso caso, acerca da jurisdição e domínio dos reis da Espanha sobre o oceano".[708]

O cap. 11 considera que o direito de comércio com as Índias não pode pertencer aos portugueses a título de prescrição ou de costume – *Mercaturam cum Indis non est Lusitanorum propriam jure praescriptionis aut consuetudinis.*[709] GRÓCIO deixa em aberto a questão terminológica: *restat praescriptio, seu consuetudinem mavis dicere* – prescrição, ou costume, como se prefira! Nessa linha, explica:

> Nem a prescrição nem o costume poder ter qualquer força entre nações livres, ou entre os governantes de diferentes povos; e, ainda, nenhum desses dois fatores pode ter qualquer força, quando contrapostos aos princípios, decorrentes das formas primevas da lei – *ea quae primigenio*

[706] FREITAS, **De justo imperio** (1625, ed. 1983, vol. I, p. 259-260).

[707] FREITAS, **De justo imperio** (1625, ed. 1983, vol. I, p. 259-260): "Menor consistência tem a objeção de que o mar, tal como o ar e a água corrente, não pode ser retido nem ocupado." (...) "Com efeito, há que distinguir entre os elementos mar, rio e ar, e os seus respectivos locais, pois se se considerarem como elementos, não podem ser retidos nem ocupados, visto que se escapam em todas as direções. / Mas, considerados como circunscritos a determinados lugares, podem na realidade ser ocupados."

[708] FREITAS, **De justo imperio** (1625, ed. 1983, vol. I, p. 261): "Destas respostas dos jurisconsultos, das decisões cesáreas, das opiniões dos escritores, e dos costumes das gentes, deduz-se que se pode dar a ocupação do mar; mas que atos e quanto tempo é preciso para conseguir essa ocupação, vê-lo-emos no cap. 13."

[709] H. GROTIUS, **Mare liberum** (1609, ed. 2009, cap. 11, p. 136-141, cit. p. 136-137).

iura introducta sunt. Nenhum lapso temporal pode ser invocado – *nullo tempore efficitur* – para justificar tal resultado.[710]

De tal modo, neste caso, nem o título jurídico, nem a boa-fé podem estar presentes; e, quando claramente faltam tais elementos, a prescrição será considerada não como um direito, mas como injúria – *non jus dicetur sed iniuria.*[711] Tampouco se deveria supor, aduz GRÓCIO, que, pelo fato de não terem outros povos, durante determinado lapso de tempo, praticado o comércio com as Índias orientais, disso se tenham omitido por deferência aos portugueses – *id non Lusitanorum gratia fecisse existimandi sunt* – porquanto não se pode considerar que tenham estimado que essa abstenção de prática de comércio poderia criar impedimento futuro –*sed quia sibi ita expedire crediderunt.* Tal atitude, por parte desses povos, não os pode impedir de praticarem tais atividades, a qualquer tempo, quando entenderem serem vantajosas, ainda que se trate de atividades das quais antes se abstiveram – *id facere possint, quod antea non fecerint.*[712] E, continua GRÓCIO:

> O princípio opera tanto afirmativamente quanto negativamente. Pois eu não posso ser compelido a continuar a fazer, o que fiz voluntariamente, nem ser compelido a deixar de fazer o que antes voluntariamente me abstivera de fazer – *nec enim quod libere feci facere cogor, nec quod non feci omittere.* Seria absurda qualquer conclusão diversa – *aliquod quid esset absurdius.* Nem mesmo a passagem de infinito lapso temporal poderia fazer passar a considerar como obrigatória conduta antes tida como voluntária – *ne infinito quidem tempore effici, quid necessitate potius, quam sponte factum videatur.*[713]

Lembra GRÓCIO ter sido o comércio com as Índias antes praticado pelos venezianos, e que estes não pretenderam invocar precedência em relação aos portugueses; e, lembra também, a resistência, por parte de ingleses e franceses, em relação ao reconhecimento de tal privilégio

[710] H. GROTIUS, **Mare liberum** (1609, ed. 2009, cap. 11, p. 136-141, cit. p. 136-137).
[711] H. GROTIUS, **Mare liberum** (1609, ed. 2009, cap. 11, p. 136-141, cit. p. 136-137) aduz – *secundum Canones* – conforme os canonistas.
[712] H. GROTIUS, **Mare liberum** (1609, ed. 2009, cap. 11, p. 136-141, cit. p. 136-137).
[713] H. GROTIUS, **Mare liberum** (1609, ed. 2009, cap. 11, p. 136-141, cit. p. 138-139).

aos portugueses. Sem esquecer "que os árabes e os chineses praticaram comércio com as Índias orientais durante séculos, e ainda o praticam com eles, até nossos dias", de modo que "tal pretensão, baseada em usurpação, não pode ser válida".[714]

A grande questão que se coloca é determinar "se o mar é comum a todos pelo direito das gentes", e "os litorais são da mesma condição que o mar".[715] Em resposta aos argumentos do Incógnito, contra a resolução do capítulo precedente, aduz FREITAS: "não se pode impor ao mar a servidão privada; a servidão pública, sim". E, assim, "o mar e os litorais, depois da ocupação, dizem-se públicos."[716]

FREITAS esclarece que "não se admite a divisão total, mas parcial, do mar, dos litorais e do ar" e, com base em paralelos históricos, admite que "o povo romano pôde vedar aos inimigos e estrangeiros a entrada nos seus litorais, e só a conceder aos seus". Assim, "à face do direito das gentes é lícito a todos edificar nos litorais e ocupá-los, salvo se forem propriedade do povo romano". E, portanto, "o particular não pode lançar ao mar coisa que impeça a navegação".[717]

"Os rios são públicos, isto é, do povo romano" e se "ninguém pode ser proibido de navegar por um particular; pelo príncipe, sim" e "ainda que o uso da água seja comum, a navegação é um direito do povo".[718] "O litoral do mar pode ser ocupado", "o mar é comum, pelo direito das gentes, e por isso os litorais também" e "se o que pode ser ocupado é do direito das gentes".[719]

"Nas coisas públicas prevalece a ocupação prévia" e a "palabra *obtinere* refere-se a posse":[720] "as coisas que podem ser possuídas também podem ser prescritas; e as que não podem ser adquiridas por domínio não

[714] H. GROTIUS, **Mare liberum** (1609, ed. 2009, cap. 11, p. 136-141, cit. p. 140-141).

[715] Para a evolução do regime jurídico do mar, v. **Tratado** (tomo I – **Direito internacional dos espaços**, segunda parte, título I, 'domínio marítimo, caps. 10 a 16 e tomo II, cap. XX – espaços internacionais: de *res nullius* a patrimônio comum da humanidade).

[716] FREITAS, **De justo imperio** (1625, ed. 1983, vol. I, p. 261-264): "O mar, comum a todos, pode ser ocupado pelo príncipe. Pode-se proibir aos outros a livre navegação." E, de modo semelhante, "os litorais são comuns a todos antes da ocupação, mas depois são do príncipe que os ocupa."

[717] FREITAS, **De justo imperio** (1625, ed. 1983, vol. I, p. 262).

[718] FREITAS, **De justo imperio** (1625, ed. 1983, vol. I, loc. cit.).

[719] FREITAS, **De justo imperio** (1625, ed. 1983, vol. I, loc. cit.).

[720] FREITAS, **De justo imperio** (1625, ed. 1983, vol. I, p. 263).

podem ser possuídas". Desse modo, "um título insuficiente dá origem à prescrição".[721]

Indaga FREITAS "se a navegação é daquelas coisas que, sendo úteis a todos, não nos prejudicam a nós": "é difícil saber que coisas são públicas pelo direito das gentes".[722] "Prova-se que é falso que a navegação e o comércio, comuns a todos, a ninguém prejudicam".[723]

"Conclui-se que pode dar-se a ocupação do mar", onde "a simples navegação e pesca não atribui o direito de ocupação". "A navegação dos portugueses não impede o uso do oceano aos outros povos", e "os holandeses navegam pelo oceano e pelo mar hispânico".[724]

No cap. 12, GRÓCIO considera que os portugueses não podem apelar à equidade na sua proibição ao comércio – *Nulla equitate niti Lusitanos in prohibendo commercio.*[725]

> De quanto foi dito, claramente percebemos ser a avidez cega – *ceca aviditas* – daqueles que, tentando impedir a admissão de qualquer outro a uma participação nos lucros, tentam apaziguar sua consciência com argumentos tais, como exatamente as doutas autoridades dos espanhóis – que fazem a mesma coisa [que os portugueses] – convicentemente demonstraram ser evidentemente vãos – *qui in eadem sunt causa manifestae vanitatis convincunt.*[726]

Todos aqueles que se debruçaram sobre a questão da usurpação dos índios – *omnes enim qui in rebus Inidicis usurpantur* – e todos os pretextos apresentados em conexão com esta, apontam ter sido esta feita injustamente – *colores injuste captati quantum ipsis licet* – e suficientemente admitem jamais ter sido a questão seriamente examinada pelos teólogos – *satis inuunt addunique nunquam eam rem serium Theologorum examine probatam.*[727] GRÓCIO continua:

[721] FREITAS, **De justo imperio** (1625, ed. 1983, vol. I, loc. cit.): "O mar e o litoral não são de condição diferente; a parte e o todo são da mesma natureza."

[722] FREITAS, **De justo imperio** (1625, ed. 1983, vol. I, p. 264).

[723] FREITAS, **De justo imperio** (1625, ed. 1983, vol. I, loc. cit.).

[724] FREITAS, **De justo imperio** (1625, ed. 1983, vol. I, loc. cit.): "As conquistas dos reis de Portugal obtiveram-se com muito dispêndio de sangue e dinheiro".

[725] H. GROTIUS, **Mare liberum** (1609, ed. 2009, cap. 12, p. 140-147, cit. p. 140-141).

[726] H. GROTIUS, **Mare liberum** (1609, ed. 2009, cap. 12, p. 140-147, cit. p. 140-141).

[727] H. GROTIUS, **Mare liberum** (1609, ed. 2009, cap. 12, p. 140-147, cit. p. 140-141).

> O que poderia ser mais injusto do que a queixa dos portugueses, de que se veem privados de seus lucros pela atuação de todos os que operam contra eles? Dentre os princípios legais menos controvertidos – *inter certissima enim juris enuntiata* – encontramos que não comete fraude, quem defende seu próprio direito – *est necin dolo eum versati, nec fraudem facere* – nem tampouco por causar perda a outro – *ne damnum quidem alteri dare videri qui iure suo utitur.*
>
> Essa máxima é tanto mais verdadeira, quando se trate de ato que é praticado, não com o fim de causar dano a outrem, mas em benefício dos interesses do agente – *quod maxime verum est, si non ut alteri noceatur, sed rem suam augendi animo quippiam fiat.* Há de se atentar para o propósito da ação; não às suas consequências extrínsecas – *Inspici enim debet id quod principaliter agitur, non quod extrinsecus in consequentiam venit.*[728]

Nessa linha de argumentação grociana, a atuação dos holandeses não se devia ao espírito de rivalidade, mas em reação à pretensão dos espanhóis de ter o mundo inteiro a seu serviço, de tal modo que nem comprar nem vender seria permitido sem a aquiescência destes. Ademais, não se pode supor que o comércio tenha sido instaurado somente em benefício de alguns.[729]

Cabe lembrar, como já mencionado, que toda essa controvérsia se situa durante o período de união das coroas ibéricas (1580 a 1640). De tal modo, somavam-se às pretensões portuguesas as espanholas, em relação à suposta exclusividade, na exploração das riquezas e do comércio, tanto na América quanto no Oriente. O que, em certa medida, depois, viriam a pretender os 'impérios coloniais' de diferentes colonizadores europeus.[730] Nesse sentido, Grócio:

[728] H. Grotius, **Mare liberum** (1609, ed. 2009, cap. 12, p. 140-147, cit. p. 140-143), cita a "estrita interpretação feita em tais casos por Ulpiano", reportando-se a *Proculis de damno infecto*, in D. 39.2.26.

[729] H. Grotius, **Mare liberum** (1609, ed. 2009, cap. 12, p. 140-147, cit. p. 142-143), cita: "Ambrósio se insurge contra aqueles que bloqueiam o acesso aos mares – *eosqui maria claudunt*; Agostinho contra aqueles que obstruem as vias – *in eos qui itinera obstruunt*; Gregório Nazianzeno contra aqueles que açambarcam mercadorias, para aumentar os seus lucros – *in coemtores supressoresque mercium, qui ex inopia aliorum soli quaestum faciunt.*"

[730] Cf. **Tratado** (tomos XIV a XVII – **Direito internacional no tempo do colonialismo**).

> Clamem, assim, os portugueses, quão forte e quanto tempo desejarem: – Privam-nos de nossos lucros – *clament igitut Lusitani quantum & quam diu libebit: lucra nostra deciditis.* Responderão os holandeses: – Não de todo. Buscamos o nosso. Ficam indignados, porque adquirimos parte dos ventos e do mar? – *Respondebunt Batavi: Imo nostris invigilamus. Hocne indignamini in partem nos veniri ventorum & maris?*[731]

"Se o mar, ou o direito de navegar, é propriedade dos portugueses por título de doação pontifícia"[732] e, mesmo FREITAS se vê admitir que "o pontífice romano não tem, direta e principalmente, jurisdição sobre todo o mundo" e "mesmo admitindo a opinião comum que lhe concede poder temporal sobre todo o mundo, não poderia conceder esse poder aos príncipes seculares":[733] "um igual não tem poder sobre outro igual".[734]

Admite FREITAS que "os hispanos espoliaram os índios pela força das armas; todavia, o rei de Espanha retém e possui com justiça as Índias ocidentais" e aduz comentário duvidoso – porém não desprovido de corroboração pela prática dos estados – sobre a legitimação do uso da força, por decurso de prazo: "os impérios obtidos pela força legitimam-se com o andar dos tempos".[735] Argumento esse que também seria fartamente utilizado pelos colonizadores.[736]

No capítulo 13, GRÓCIO afirma que os holandeses devem manter o direito de comércio nas Índias, seja por meio pacífico, por meio de

[731] H. GROTIUS, **Mare liberum** (1609, ed. 2009, cap. 12, p. 140-147, cit. p. 146-147).

[732] FREITAS, **De justo imperio** (1625, ed. 1983, vol. I, p. 286): "O pontífice romano não é senhor do mar oceano, nem podia doar as ilhas ocidentais aos reis hispânicos", e "o pontífice romano não podia conceder aos reis hispânicos as ilhas dos bárbaros, para efeitos de conversão ulterior. A guerra não é um meio adequado à propagação da fé."

[733] FREITAS, **De justo imperio** (1625, ed. 1983, vol. I, loc. cit.): "Àquele a quem se comete um fim, cometem-se os meios."

[734] FREITAS, **De justo imperio** (1625, ed. 1983, vol. I, loc. cit.): "O pontífice romano podia conceder a navegação da Índia exclusivamente aos príncipes hispânicos, a favor da conversão dos infiéis", e "ALEXANDRE VI não concedeu a navegação aos hispanos para combaterem os índios, mas para enviarem pregadores, defenderem os convertidos" e "ALEXANDRE VI pôde proibir aos outros príncipes a navegação para as Índias".

[735] FREITAS, **De justo imperio** (1625, ed. 1983, vol. I, p. 286 e adiante p. 291): "A esta doutrina quadra o seguinte verso de SÊNECA, na tragédia **Hipólito** (ato II, cena III, verso 597): '*O bom êxito torna alguns crimes honestos*'.

[736] Ver **Tratado** (tomos XIV a XVII – **Direito internacional no tempo do colonialismo**).

trégua ou por meio de guerra – *Batavis ius commercii Indicani qua pace, qua induciis, qua bello retinendum.*[737] E dispõe:

> Dado que tanto a lei quanto a equidade o permitem, é livre para nós o comércio com as Índias – *quae cum & jus & aequum postulet, libera nobis ita ut cuiquam esse Indiae commercia* – seja fazendo-o com os espanhóis por meio da paz, ou mediante a conclusão de uma trégua, ou ainda, dando continuidade à guerra – *superest sive cum Hispanis pax, sive induciae fiunt, sive bellum manet.*[738]

No tocante à paz, pode esta ser uma de duas modalidades: conforme seja feita em termos igualitários, ou em termos desiguais. Lembra Grócio que assim já distinguiam os antigos gregos.[739] E, no discurso sobre a liberdade dos homens de Rodes – *in oratione de libertate Rhodiorum* –, diz ser necessário àqueles que desejam ser livres, evitar todas as condições nas quais as leis sejam impostas, quase como se fossem escravidão – *eos qui volunt esse liberi oportet omnes conditiones quibus leges imponuuntur ita fugere tanquam quae proximae sunt servituti.*[740]

Considera Freitas, logo no início do cap. 13, ter Fernão Vasquez de Menchaca[741] introduzido "nas escolas muitas opiniões contrárias às regras do direito e da razão" e aponta como questão a discutir, "se o mar, ou o direito de nele navegar, é propriedade dos portugueses por título de prescrição ou costume",[742] já que "a navegação e a proteção do mar, se este não for previamente ocupado pelo príncipe, competem a todos pelo direito das gentes".[743]

737 H. Grotius, **Mare liberum** (1609, ed. 2009, cap. 13, p. 146-147).

738 H. Grotius, **Mare liberum** (1609, ed. 2009, cap. 13, p. 146-155, cit. p. 146-147).

739 H. Grotius, **Mare liberum** (1609, ed. 2009, cap. 13, p. 146-155, cit. p. 146-147): os gregos chamavam a primeira συνθηκην εξισου, pacto entre iguais, e a outra σπονδαζ εξ επιταγματων, ou seja, homens que têm gênio servil.

740 H. Grotius, **Mare liberum** (1609, ed. 2009, cap. 13, p. 146-155, cit. p. 146-149) menciona Demóstenes, mas na verdade se refere a Isócrates, **Archidiamos** 51. A respeito, também Tucídides, **História da guerra do Peloponeso** (III.75).

741 Fernão Vasquez de Menchaca, **Controversiarium illustrium libri III** (Barcinonae, 1563), bem como seu anteriormente publicado **De successione creatione** (Salmanticae, 1559). V. tb. **Tratado** (tomo VI – **Direito internacional no tempo de Suárez, Gentili e Zouch**, item – outras vozes no direito internacional: Domingo de Soto e F. Vazquez de Menchaca).

742 Freitas, **De justo imperio** (1625, ed. 1983, vol. I, p. 291-321).

743 Freitas, **De justo imperio** (1625, ed. 1983, vol. I, p. 292).

Dá Freitas conceituação de costume: "diz-se costume a aquisição mediante posse de longo tempo" e "a prescrição imemorial diz-se costume". E afirma "requer-se prescrição imemorial para os lugares públicos prescreverem a favor dos particulares, ao passo que o príncipe para obter os lugares públicos, não precisa de prescrição imemorial, mas somente de ocupação".[744]

"O direito dos portugueses sobre a navegação da Índia fundamenta-se na ocupação prévia, no costume e na destinação".[745] Assim, "a navegação da Índia, resultante de ocupação prévia" se vai aferir "quando e por quem foi dobrado o cabo da Boa Esperança", "em que tempo navegou Vasco da Gama para a Índia", bem como "se e quando se equipara o espaço de cem anos ao tempo imemorial" e mesmo, se podem-se referir "homens que viveram mais de cem anos", entende Freitas que "o decurso de quarenta anos com título de posse tem força de tempo imemorial":[746] "os reis portugueses defendem o direito de navegação da Índia com base na opinião de todos".

É apresentada por Freitas visão tradicional da cisão entre dois mundos: "os holandeses fazem pactos com os turcos, mouros e infiéis" e considera: "é crime fazer aliança com os infiéis contra os cristãos", porquanto "os sarracenos são um flagelo de Deus contra os cristãos":[747]

> essa aliança é indigníssima e ilícita. E, com maioria da razão, é pouco aceito por todos, (...) que tal aliança não é lícita em guerra ofensiva, qual a movida aos portugueses pelos holandeses, a quem – triste é dizê-lo! – interessa mais que aqueles lugares do Oriente sejam ocupados pelos turcos, mouros e infiéis, que pelos católicos e antes se divulgue o Alcorão de Maomé que o Evangelho de Cristo.[748]

[744] Freitas, **De justo imperio** (1625, ed. 1983, vol. I, p. 294): "É necessária a prescrição, para que a um particular caiba o direito de proibição nas coisas públicas" e "Nas coisas públicas, basta entre soberanos a ocupação prévia". A respeito do papel do costume, como fonte do direito internacional e da aplicação do costume pela Corte Internacional de Justiça, ver Accioly – Nascimento e Silva – Casella, **Manual** (25ª ed., 2021, item 2.2.1 – costume internacional, p. 166-172).

[745] Freitas, **De justo imperio** (1625, ed. 1983, vol. I, p. 295).

[746] Freitas, **De justo imperio** (1625, ed. 1983, vol. I, loc. cit.): "O oceano subverte as terras dos holandeses".

[747] Freitas, **De justo imperio** (1625, ed. 1983, vol. I. p. 295).

[748] Freitas, **De justo imperio** (1625, ed. 1983, vol. I. p. 321).

Indaga FREITAS, se "terá porventura lugar entre os príncipes supremos a prescrição inventada pelo direito civil?", pois "sem a prescrição nenhum príncipe estaria seguro na retenção de seus principados". No cap. 14, em resposta aos argumentos do Incógnito contra as resoluções do capítulo precedente, aduz que:[749] "a prescrição introduzida pelo direito civil começou, entre os romanos, com a Lei das doze tábuas, mas também existiu entre os gregos, e outros povos mais antigos, e foi recebida por todas as nações".[750] "E complementa, ainda, afirmando que "reputa-se do direito das gentes aquilo que todos observam, ainda que tenha sido introduzido depois. Demonstra-se este princípio de várias maneiras".[751]

Sobre o direito das gentes, afirma FREITAS: "o direito das gentes começou com o gênero humano" e "não foi a aprovação dos homens, mas a razão natural que criou o direito das gentes" e "o consenso unânime dos homens sobre uma coisa é conjectura para que ela se repute do direito das gentes".[752] Em continuidade, esclarece:

> Não foi a aprovação ou o uso dos homens posteriormente introduzido, mas a origem e a razão natural que constituiu o direito das gentes.[753] Deve-se, pois, assentar que o direito das gentes começou (...) com o próprio gênero humano, mediante a luz da razão concedida às mentes dos homens e não como atos ou usos posteriores. Efetivamente, os homens, usando do discurso da razão, podiam conhecer supositivamente, no início do gênero humano, esses usos ou atos futuros, pois que a inexistência das coisas não argui defeito na razão natural, mas apenas a falta de uso delas.[754]

[749] FREITAS, **De justo imperio** (1625, ed. 1983, vol. I. p. 321-352).
[750] FREITAS, **De justo imperio** (1625, ed. 1983, vol. I. p. 321).
[751] FREITAS, **De justo imperio** (1625, ed. 1983, vol. I. p. 321).
[752] FREITAS, **De justo imperio** (1625, ed. 1983, vol. I. p. 322).
[753] FREITAS, **De justo imperio** (1625, ed. 1983, vol. I, cap. 14, n. 5, p. 329): "Desse modo, não foi a aprovação posteriormente introduzida, mas antes a própria razão natural concedida às mentes humanas, que estabeleceu o direito das gentes, se bem que o consenso unâmime dos homens sobre uma coisa empreste notável conjectura para que essa coisa possa ser considerada do direito das gentes."
[754] FREITAS, **De justo imperio** (1625, ed. 1983, vol. I. p. 329.

Se "os portugueses, admitindo mesmo que tenham usurpado pela violência, a navegação do mar Índico, prescreveram esse direito com a longa duração de tempo" mesmo considerado que "os escritores não são concordes quanto ao tempo necessário para a prescrição de um direito público", "segundo a opinião comum os direitos descontínuos requerem tempo imemorial para a prescrição" objeta FREITAS à "distinção de direito contínuo e descontínuo" e "rejeita-se a destrinça entre servidões contínuas e descontínuas". [755]

"O costume que é prescrição, regula-se como esta": "adquirem-se servidões pelo costume, o qual tem força de lei. Não é necessária a boa fé no costume enquanto lei, mas já o é no costume enquanto prescrição". Distingue, ainda, FREITAS "entre prescrição e costume em favor de aquisição".[756]

Afirma FREITAS que "até das causas injustas se induz a boa fé" e, também, que "a má fé purga-se com a posse de trinta anos, principalmente nos sucessores".[757] Assim, "se presume a boa fé na prescrição imemorial, que não admite prova em contrário".[758] "É comprovado e de muitos modos defensável o título do rei de Portugal acerca da navegação da Índia": "a posse imemorial não requer título nem padece a questão da boa fé" e "nas prescrições o costume obriga a todos".[759]

Por sua vez, no tocante à fundamentação da causa que defende, antes argumentara GRÓCIO que "o direito, segundo o qual nosso caso tem de ser decidido, não é difícil de ser encontrado, dado ser o mesmo, em toda parte. E facilmente pode ser compreendido, dado ser inato em cada indivíduo e implantado em sua mente".[760] E prossegue:

> E o direito, ao qual nos reportamos é tal – *Ius autem quod petimus tale est* – que nenhum rei pode denegá-lo aos seus súditos, nem um cristão

[755] FREITAS, **De justo imperio** (1625, ed. 1983, vol. I, p. 323).

[756] FREITAS, **De justo imperio** (1625, ed. 1983, vol. I, cap. 14, ns. 20 e 23, p. 336-339).

[757] Ibid. p. 324.

[758] Ibid. Loc. cit.: "Indiretamente pode provar-se a ma fé contra a prescrição imemorial. De que modo se prova a ma fé contra o prescrevente. Não se exclui a posse imemorial, ainda que das Histórias conste o contrário."

[759] FREITAS, **De justo imperio** (1625, ed. 1983, vol. I, p. 325).

[760] H. GROTIUS, **Mare liberum** (1609, ed. 2009, *Ad principes populosque líberos orbis christiani*, p. 4-23, cit. p. 18-19): *Lex illa e cuius praescripto indicandum est inventum est non difficilis utpote eadem apud omnes & facilis intellectu, utpote nata cum singulis, singolorum mentis însita.*

> aos não cristãos – *quod nec rex subditis negare debeat, neque Christianus non Christianis*. É um direito derivado da natureza – *A natura enim oritur* – que é igualmente genitora de todos e a todos confere suas benesses – *quae ex aequo omnium parens est, in omnes munifica* – e cujo império se estende a todos, que governam os povos, e é tido como o mais sagrado, junto àqueles que são os mais piedosos – *cuius imperium in eos extenditur qui gentibus imperant, & apud eos sanctissimum est qui in quietate plurimum profecerunt.*[761]

No cap. 14, argumenta FREITAS que "os holandeses não navegaram para a Índia senão depois de Felipe I suceder no trono de Portugal" – ou seja, a partir de 1580 – e que "a rebelião armada não justifica juridicamente a ocupação dos direitos alheios".[762]

O cap. 15 faz "apologia analítica em favor dos portugueses" e, neste, discorre FREITAS acerca "da fidelidade e verdade dos portugueses" nas relações comerciais, afirmando: "julgue do erro alheio, quem não tem em si que condenar"[763] e aduz: "às mentiras opõe-se a fidelidade e verdade".[764]

No cap. 16 cuida FREITAS de discorrer "das riquezas dos portugueses antes da navegação para a Índia":[765]

> se os reis de Portugal muitas vezes mesmo antes do descobrimento da Índia, ajudaram liberalmente com exércitos, armadas, munições e dinheiro, os príncipes do Império, de Nápoles, Castela, Aragão, Flandres, Veneza, e outros, não pode o Incógnito evitar a incriminação de supina ignorância ou então de impudente mentira.[766]

[761] H. GROTIUS, **Mare liberum** (1609, ed. 2009, *Ad principes populosque* líberos *orbis christiani*, p. 4-23, cit. p. 18-19 e a seguir p. 20-21): Invoca o testemunho dos povos, em defesa da legitimidade da causa que defende: se estamos certos, deixamos a seu senso do que é justo e certo, para determinar o que se deve pensar sobre esta questão e qual curso de ação se há de tomar – *sin contra se res habet, quid vobis censendum, quid agendum sit, uestrae religione & aequitati relinquimus*.

[762] FREITAS, **De justo imperio** (1625, ed. 1983, vol. I, cap. 14, n. 48).

[763] FREITAS, **De justo imperio** (1625, ed. 1983, vol. I, p. 352-359).

[764] Ibid. p. 354.

[765] Ibid. p. 359-364.

[766] Ibid. p. 363.

No cap. 17, ao cuidar "do lucro que advém aos portugueses do comércio da Índia",[767] menciona FREITAS:

> censura o Incógnito aos portugueses a avidez de lucro, dizendo que eles se afadigam como especuladores, em usurpar sozinhos o comércio de todo o mundo. Mas não se vá crer que ele diz tais necedades com o pensamento no bem público. Não; fá-lo a pensar no seu próprio interesse, porque enfileira no número daqueles que invejam as nossas navegações, mais para buscarem os seus interesses que a propagação da fé.[768]

Finalmente, o cap. 18 discorre sobre "a religião dos portugueses na Índia oriental"[769] e observa:

> O Incógnito censura os portugueses de haverem cometido escândalos, crimes e impiedades na Índia oriental, quando havia a esperar deles milagres e exemplos de vida para a conversão dos infiéis. Certamente, por isso lhe devem e dão os portugueses as maiores graças, pois reconhece que são de exigir e desejar de nós milagres e sinais do céu, para confirmação e divulgação da fé católica.[770]

Marcello CAETANO (1983) observa que "Serafim de FREITAS foi o refutador das razões anonimamente postas a correr por aquele que havia de ficar na História como um dos fundadores do direito internacional moderno",[771] recapitula ele, segundo CAETANO, a questão.[772]

Em sessão da Real Academia Neerlandesa, em 24 de março de 1956, W. J. M. van EYSINGA celebrou o tricentésimo quinquagésimo aniver-

[767] Ibid. p. 364-368.

[768] Ibid. p. 365.

[769] Ibid. p. 369-382.

[770] Ibid. p. 371).

[771] M. CAETANO (intr. cit., 1983, p. 34).

[772] Ibid. p. 25: "E que a discordância de alguns acionistas da Companhia das Índias Orientais e a projeção que segundo todas as probabilidades, essa divergência teria tido na opinião pública, levaram a Companhia a solicitar o estudo jurídico aprofundado da questão – o *parecer* de um jurisconsulto, como hoje diríamos. E a escolha da autoridade a consultar recaiu no jovem, mas talentoso e já reputado Hugo GRÓCIO, a quem a Companhia forneceu todos os elementos de que dispunha: cartas, jornais de bordo e outras informações."

sário da redação do **De jure praedae** (1604-1605).[773] Como bem disse o acadêmico:

> o nome dos navios ocupa uma parte importante no direito das gentes, e na sua teoria (...) Mas entre esses nomes há um que muito raramente encontramos: o do *Santa Catarina*. E, todavia, foi o navio que exerceu maior influência sobre o Direito das gentes.[774]

No conjunto da obra de Grócio, o trabalho resultante dessa consulta representa, simultaneamente, o caráter de uma contribuição para a moral e de uma discussão jurídica. Justamente, observa W, van der Vlugt, quanto, nessa época, "toda a literatura sobre direitos e deveres em matéria internacional, na medida em que exerceu profunda influência sobre os contemporâneos e as gerações seguintes, foi inspirada por manuais destinados aos confessores".[775] Entende, ainda, van der Vlugt, que o estudo de Grócio sobre o Direito das presas marítimas – o **De jure praedae** – constitui "um parecer emitido por um confessor laico sobre um caso de consciência que dividia os seus correligionários protestantes".[776]

[773] Hugonis Grotii, **De jure praedae commentarius** – ex Auctoris Codice descripsit et vulgavit H. G. Hamaker (Hagae: M. Nijhoff, 1868); com alguns reparos à tradução de G. L. Williams e W. H. Zeydel na edição de Hugo Grócio, **De jure praedae commentarius** (Oxford e Londres: Clarendon Press – Classics of International Law / Carnegie Endowment for Peace, vol. 22, 1950, 2 tomos).

[774] Discurso feito na Real Academia de ciências dos Países Baixos, em holandês, na sessão de 24 de março de 1956, por Willem Jan Mari van Eysinga (1878-1961), *Rede ter berdenking van Grotius De jure praedae commentarius* (in Jaarboek der Koninklijke nederlandse akademie van wetenschappen 1955-1956) tb. disponível em tradução para o francês, *Le 350e. anniversaire du De jure praedae commentarius de Grotius* (traduction française du discours prononcé à la séance plenière annuelle de l'Académie royale neerlandaise des sciences et des lettres, 24 mars 1956, W.J.M. van Eysinga – *Cote 91019 in Droit-Classement alphabétique des auteurs, http://www.academie-sciences-lettres-toulouse.fr); v. tb. W. J. M. van Eysinga, *Essai d'une esquisse de la structure juridique du monde actuel* (in Mededelingen der Koninklijke nederlandse akademie van wetenschappen. Afdeeling letterkunde. Nieuwe Reeks, Parte 24, Ámsterdam: Noord-Hollandsche uitgevers, 1961).

[775] W. van der Vlugt, **L'oeuvre de Grotius et son influence sur le développement du droit international** (Rcadi, 1925, t. 7, p. 395-510).

[776] W. van der Vlugt, **L'oeuvre de Grotius et son influence sur le développement du droit international** (Rcadi, 1925, t. 7, loc. cit.).

Da obra maior, da qual foi extraído esse parecer, permaneceu um manuscrito inédito durante 260 anos, que chegou a ser esquecido.[777] Desde os anos de 1604-1605, em que foi escrito, o **De jure praedae commentarius,** só em 1868 veio a ser publicado.[778] Foi somente a partir de então que se tornou possível situar o **Mare liberum**, em relação ao conjunto mais amplo do qual, originalmente, era parte.[779]

As revisões feitas por Grócio no manuscrito do **De jure praedae** (1604-1605), do qual resultou a transformação – do capítulo XII da obra original – no **Mare liberum** (1609), foram feitas como resposta direta aos desafios enfrentados pela Companhia das Índias Orientais (VOC) nesse período: seu império em expansão no Sudeste asiático estava ameaçado pelas negociações de paz e trégua entre os Estados gerais dos Países Baixos e Filipe III, da Espanha e Portugal. Grócio faz a revisão do manuscrito – do qual resulta a publicação do cap. XII como o **Mare liberum,** em abril de 1609 –, justificando a continuidade da expansão holandesa nas Índias orientais, apesar da Trégua dos doze anos.

As teorias de Grócio sobre direito natural e das gentes, bem como sobre a origem contratual da sociedade humana se coadunariam e tornariam perfeitamente aceitável, simultaneamente, celebrar a paz ou a trégua na Europa ocidental e, contudo, persistir na guerra colonial

[777] M. Caetano (intr. cit., 1983, p. 26, nota 38): "Foi em 1864 que apareceu o anúncio da venda de uma coleção de manuscritos de Grócio provenientes da sua família. Entre eles figuravam os originais inéditos do **De jure praedae** e da **Defensio cap. V Maris Liberis oppugnati a Guilielmo Welwodo**. Adquiridos pela Universidade de Leyde, o Prof. Roberto Fruin fez sobre o **De jure praedae** um estudo definitivo, em 1868".

[778] Hugonis Grotii, **De jure praedae commentarius** – ex Auctoris Codice descripsit et vulgavit H. G. Hamaker (Hagae: M. Nijhoff, 1868); tem algumas falhas a tradução de G. L. Williams e W. H. Zeydel na edição de Hugo Grócio, **De jure praedae commentarius** (Oxford e Londres: Clarendon Press – Classics of International Law / Carnegie Endowment for Peace, vol. 22, 1950, 2 tomos). Mencionava M. Caetano (intr. cit., 1983, p. 27) a publicação em 1868, "com estudo de R. Fruin, de Leiden, seguido de edição, pelos cuidados de Hamaker, em Paris, em 1869" – no que parece ter cometido alguma imprecisão.

[779] M. Caetano (intr. cit., 1983, p. 27): "Um dos capítulos do estudo feito por Grócio sobre o direito de presa, o capítulo XII, tratava da liberdade dos mares. Para agir sobre os governantes e sobre a opinião, de modo a convencê-los de que o mar alto é livre e de que todos os títulos reivindicados por portugueses e espanhóis careciam de valor, a Companhia – ou o próprio Grócio, de acordo com ela – destacou esse capítulo e publicou-o, sem nome de autor, em novembro de 1608, sob o título de **Mare liberum sive de jure quod Batavia competit ad Indicana commercio, dissertatio**."

abaixo da linha do Trópico de Câncer. Nesse sentido, a diferenciação (implícita) entre o Ocidente e o resto – *the West and the rest* – nas relações internacionais, como parte do legado de Grócio, continuam conosco até hoje.[780]

Dado que as maiores autoridades estão de acordo em que o descobrimento só pode criar títulos de domínio se acompanhado de posse, isto é, quando se trate de bens móveis, se estes foram apreendidos, ou tratando-se de imóveis, se estes foram demarcados por meio de limites precisos e guardados por força permanente, como se lê no **Digesto**, cabe perguntar se os portugueses podem invocar esses títulos em favor das suas pretensões. Entende Grócio que não o poderiam fazer os portugueses, visto não preencherem quaisquer, dentre tais requisitos, em relação às então chamadas Índias orientais.[781]

Grócio, no seu alentado "parecer" sobre o direito das presas marítimas – **De jure praedae** (1604-1605) – insiste que os portugueses não podem alegar em seu favor nem os argumentos fundados na justiça, nem qualquer citação conveniente das autoridades, pois todos os autores que favorecem a perspectiva de poderem os mares sujeitar-se à soberania individual atribuem essa soberania àquele que exerce domínio sobre os portos das proximidades e, ainda, sobre as praias vizinhas.[782] "Porém sobre toda a vasta extensão de costas que nos temos referido, os portugueses não apontarão qualquer possessão, a não ser alguns poucos postos fortificados que estão em condições de reclamar como seus".[783]

Todo o 'parecer' ou comentário **De jure praedae** é "anti-lusitano" – assim o qualifica M. Caetano (1983) – "pois se destina a demonstrar

[780] Martine Julia van Ittersum, *Hugo Grotius in context: van Heemskerck's capture of the Santa Catarina and its justification in the De jure praedae (1604-1606)* (Asian Journal of Social Science, 2003, vol. 31, no. 3, p. 511-548); M. J. van Ittersum, **Profit and principle** – Hugo Grotius, natural rights theories and the rise of Dutch power in the East Indies 1595-1615 (Leiden / Boston: Brill, 2006); M. J. van Ittersum, *Dating the Manuscript of De jure praedae (1604-1608): what watermarks, Foliation and Quire divisions can tell us about Hugo Grotius' development as a natural rights and natural law theorist* (in History of European Ideas, 2009, vol. 35, p. 125-193), cit. supra, no início do presente item. A autora remete (implicitamente), ao subtítulo do livro do historiador inglês Niall Ferguson, **Civilization – the West and the Rest** (New York: The Penguin Press, 2011).

[781] H. Grotius, **Mare liberum** (1609, ed. 2009, cap. XII).

[782] H. Grócio, **De jure praedae commentarius** (ed. cit., 1950, vol. I, p. 243).

[783] H. Grócio, **De jure praedae commentarius** (ed. cit., 1950, vol. I, p. 243).

que os holandeses não tem de ter escrúpulo em navegar nos mares sobre os quais os portugueses reivindicavam o direito de domínio, nem em atacar os seus navios, dado que haviam sido vítimas de actos de hostilidade da parte deles".[784] Na verdade, tratou-se do conflito entre duas teses e duas visões de mundo: uma voltada para o passado – com elementos medievais e amparada no impacto temporal de decisões papais – e outra mais alinhada com os tempos modernos, em que se travou a confrontação, como critério para a regulação das relações internacionais. E a tese holandesa, felizmente, prevaleceu. Ainda que tenham utilizado de espionagem e de violência, para enfrentarem seus concorrentes lusitanos.

Não destoa do direito internacional vigente a ideia central de que o alto mar é livre, e assim, expõe-se no 'parecer' – como refere CAETANO à obra de GRÓCIO. O capítulo sobre a liberdade dos mares é pois, o principal, e todo ele também é dirigido, polemicamente, contra os portugueses. Sobre a obra, afirma CAETANO:[785]

> Não é demais insistir que o **Mare liberum** não foi inicialmente uma dissertação filosófica ou uma tese jurídica, – mas uma apologia ao serviço de interesses, um trabalho de advogado por assim dizer.
> O que o valorizou, além do favor da corrente da História, foi o talento com que o seu autor soube erguer a discussão acima das conveniências de momento, para a colocar num plano elevado de princípios universais.[786]

[784] M. CAETANO (intr. cit., 1983, p. 27-28).

[785] M. CAETANO (intr. cit., 1983, p. 28, nota 42) observa: "O **Mare liberum** faz ligeira diferença do capítulo XII do **De jure praedae**, pois, como é natural, sofreu as adaptações necessárias para se tornar obra autônoma." Estas modificações foram inventariadas por J. BASDEVANT em seu alentado capítulo, *Hugo Grotius* (in **Les fondateurs du droit international public: leurs oeuvres, leurs doctrines** "avec une introduction de" A. Pillet, Paris: V. Giard & E. Brière, 1904, p. 125-267, p. 133, nota 1). Veja-se tb. a edição, dirigida por J. B. SCOTT (Washington: Fundação Carnegie, 1916, col Classics of International Law). Menciona, ainda, M. CAETANO (loc. cit.): "O brasileiro Sylvino GURGEL DO AMARAL, no seu livro **Ensaio sobre a vida e as obras de Hugo de GROOT**, deu um resumo da obra em português, mas incompleto e nem sempre fiel. Apesar de tais defeitos, tal versão tem sido reproduzida por outros autores brasileiros como se pode ver na apreciável **História do direito brasileiro** do Prof. Waldemar FERREIRA (t. III, p. 54), como se fosse uma tradução integral, que não é." Marcello CAETANO parece desconhecer a obra de S. Buarque de HOLANDA, **Visão do paraíso** (1958), na qual discorre sobre a controvérsia entre GRÓCIO e FREITAS, tese com a qual este conquista a cátedra de história na USP, e posteriormente foi várias vezes publicada. O próprio autor considerava esta obra superior à sua obra mais conhecida, **Raízes do Brasil**.

[786] M. CAETANO (intr. cit., 1983, p. 28).

Aponte-se ser "significativa a evolução que aparentemente se operara, e operara-se, desde que se impusera a experiência imperial dos castelhanos, durante o século que separa um frei Francisco de VITÓRIA de um Hugo GRÓCIO", porquanto, segundo Sérgio BUARQUE DE HOLANDA:

> partindo, em grande parte, dos mesmos textos que invocara o teólogo espanhol e, muitas vezes, valendo-se dos argumentos do próprio VITÓRIA, o holandês não justifica, é certo, a espoliação das populações indígenas. Mas nem por isso deixa de dar mais peso a direitos que confere o senhorio efetivo sobre um território e, neste caso, sem dar excessiva ênfase ao problema de saber até onde é justo ou não o senhorio alegado.[787]

Deixemos falar o próprio GRÓCIO: "pelo direito das gentes o seguinte princípio ficou estabelecido: que todos os homens devem ter a faculdade de entre si comerciarem livremente, e ninguém pode ser privado de tal direito, por pessoa alguma".[788] Como já declarara em sua proclamação inicial do **Mare liberum**:

> Entre nós e os hispanos está em controvérsia: se o acesso ao imenso e vasto mar pode ser reservado a um só reino, que por sinal não é o maior de todos; se um povo pode ter o direito de proibir outros, desejosos de o fazer, de entre si comprarem, venderem, permutarem e comunicarem; se alguém pode fazer concessões daquilo que nunca foi seu ou adquirir o que já era de outros; e se uma injustiça prolongada pode prolongar um direito.[789]

[787] S. Buarque de HOLANDA (op. cit., ed. 1977, loc. cit.).

[788] H. GROTIUS, **Mare liberum** (Original Latin Text "facsimile of the first edition, 1609" and modern English translation, ed. and annotated by Robert FEENSTRA Introduction Jeroen VERVLIET, Leiden / Boston: Brill, 20091609, ed. 2009, cap. 8, p. 126-131, cit. p. 126-127): *Iure gentium hoc introductum est, ut cunctis homines inter se libera esset negotiandi facultas quae a nemini posset adimi.* (minhas traduções do latim para o português).

[789] H. GROTIUS, **Mare liberum** (ed. 2009, "aos príncipes e povos livres da Cristandade", p. 4-23) prossegue anunciando que apelará na discussão para os próprios mestres hispânicos do direito divino e humano e para as próprias leis de Espanha. Na verdade, conforme exposto, são frequentes na sua dissertação as citações de VITÓRIA, COVARRUBIAS, AYALA, VASQUEZ de MENCHACA e Afonso DE CASTRO. Como observa M. CAETANO (intr. cit., 1983, p. 29): "O único português citado é D. Jerônimo OSÓRIO, mas como historiador".

A refutação de GRÓCIO por Frei Serafim de FREITAS foi descrita como "uma obra preparada com vagar, trabalhada capítulo por capítulo, em que as citações abonatórias do holandês foram sujeitas a minucioso exame crítico e as próprias são verificadas com as cautelas redobradas de quem se aventura a uma polêmica de esperada ressonância universal".[790]

Em 1625, "via a luz da publicidade em Valladolid uma resposta ao ataque do Incógnito",[791] intitulada **De justo imperio lusitanorum asiatico.**[792] Segundo Camilo BARCIA-TRELLES[793] era a "opinião da Espanha douta, universitária e pensante clara e manifestamente partidária da liberdade oceânica, como o provam as imortais teorias de VITÓRIA e VASQUEZ DE MENCHACA".[794] Concepção que, ademais, acabaria por prevalecer.

Nesse meio tempo, prepara Serafim de FREITAS a sua obra. Esta não teria ambiente favorável a sua publicação, dada a política de silêncio sobre a controvérsia, imposta pelo rei FILIPE III.

Em 1621, morre FILIPE III e sobe ao trono FILIPE IV. Vai, então, frei Serafim sondar as suas relações na corte do novo rei. Os tempos eram, doravante, mais favoráveis.

Em fins de 1622 o manuscrito é entregue ao censor da ordem de Nossa Senhora da Mercê, "primeiro passo para a longa via dos exames, licenças e censuras necessárias à publicação do livro".[795] Até ser publicado em 1625.

[790] M. CAETANO (intr. cit., 1983, p. 40).

[791] M. CAETANO (intr. cit., 1983, p. 34, e a seguir, p. 39) observa que desde 1612 estava o opúsculo anônimo de GRÓCIO proibido pela Inquisição espanhola: FILIPE III da Espanha, em vez de cometer a um dos grandes representantes – que os havia então! – da escola espanhola do direito internacional, a réplica para a distribuir pelas cortes e pelos meios cultos da Europa, preferiu o silêncio sobre o assunto, ao menos nos seus domínios: proibia a circulação e consta que proibiu também a discussão. Pelo menos é essa a fama que corre e que os fatos parecem confirmar.

[792] Frei Serafim de FREITAS, **De justo imperio lusitanorum asiatico** (orig. publ. em Valladolid: Tipografia de Jerônimo Morillo, 1625; tradução port., **Do justo império dos portugueses na Ásia**, intr. de Marcelo CAETANO, trad. Miguel Pinto de MENESES, Lisboa: Instituto Nacional de Investigação Científica, 1983, reimpressão, 2 vols.).

[793] Camilo BARCIA-TRELES, no art. já ref., *Fray Serafim de Freitas y el problema de la libertad oceánica* (Bol. da Fac. de Direito de Coimbra, vol. XXII, p. 77-78).

[794] Sobre Francisco de VITÓRIA, v. **Tratado** (tomo V – **Direito internacional no tempo de Francisco de Vitória**, cap. 14).

[795] M. CAETANO (intr. cit., 1983, p. 42).

O **justo império** é "a única defesa perante o mundo do procedimento e do nome lusitanos, a única retificação formal dos erros e calúnias postos a correr contra Portugal sob a autoridade de um dos mais famosos juristas dos tempos modernos". Quanto à doutrina política, houve quem considerasse a obra de FREITAS "embora com exagero, um fortíssimo manifesto contra Castela".[796]

Tratando-se de "uma resposta polêmica, FREITAS replica a GRÓCIO capítulo por capítulo, quase página por página e argumento por argumento, o que lhe tira o vigor da construção original, mas permite mostrar os fracos da obra do holandês":[797] "a causa portuguesa merecia defesa e carecia dela. Até porque o ataque era feito em termos de tal modo injustos e por vezes injuriosos que seria pusilanimidade deixá-los ficar sem resposta".[798]

Pouco tempo depois da publicação da obra de FREITAS, já GRÓCIO tinha lido o livro, conforme dá notícia em carta a seu irmão Willelm, datada de Paris, de 6 de fevereiro de 1627, na qual consigna, a respeito da obra de FREITAS: *scriptum est satis diligens et vir dignus cui rescribatur* – escrito feito com muita diligência e homem digno a escreveu.[799] O 'final da história' pode ser contado em poucas linhas:

> Pelo que toca a Portugal, já sabemos o ambiente de desinteresse e de intriga que cercava o tema e o autor. Os mais patriotas, aliás, estavam de alma e coração com os rebeldes holandeses na sua luta contra a Espanha; e os grandes interesses mercantis desejavam a paz com a Holanda,

796 M. CAETANO (intr. cit., 1983, p. 46).

797 M. CAETANO (intr. cit., 1983, p. 47 e adiante p. 48): "O internacionalista belga Ernest NYS escreveu de Frei Serafim que ele 'defendeu com raro talento uma má causa' [v. **Les origines du droit international**, p. 383]. Não resta dúvida ao nosso espírito de hoje que a causa era má – porque foi perdida. Mas não envergonhava defendê-la. Anos depois de FREITAS veio SELDEN, em 1635 sustentar o direito da Inglaterra ao domínio de certos mares com a doutrina do **Mare clausum**".

798 M. CAETANO (intr. cit., 1983, p. 48-49): "O nome lusitano foi desafrontado com dignidade pelo livro de Serafim de FREITAS e seria ingratidão não prestar homenagem ao patriotismo do autor e ao saber e elevação com que pôs a pena ao serviço da sua Pátria".

799 M. CAETANO (intr. cit., 1983, p. 50): "E este elogio à obra e ao autor, vindo de quem vem, vale largamente todas as referências depreciativas de alguns outros ..." Escrevera Marcello CAETANO estudo sobre *Um grande jurista português – Fr. Serafim de* FREITAS (Lisboa: separata da revista 'Nação Portuguesa', 1925).

> mesmo com liberdade dos mares, para que se restabelecesse a segurança da navegação e se estreitassem as relações de comércio.
> Essa vai ser a política externa da Restauração [da monarquia portuguesa, em 1640]: ceder na liberdade dos mares, para obter a aliança neerlandesa na luta contra o inimigo comum [doravante, os espanhóis] e a restituição do território que a gente dos Países Baixos nos ocupara no Brasil, em África, e no Oriente, a título de hostilizar o rei espanhol.
> A essa política retorquiram os holandeses com a intensificação das hostilidades nos territórios de além-mar; especialmente no Brasil e em Angola onde fizeram novas conquistas que só a enérgica ação portuguesa veio depois a anular. [800]

Desse modo, tivessem ou não pretensão de fazer valer os títulos que pomposamente invocavam, de prioridade na descoberta e na navegação das rotas para o Oriente – *Batavi in Indiam non navigarunt nisi postquam Philippus primus succedit in Lusitania* –, os portugueses, após a restauração da coroa, em 1640, fazem a paz com os holandeses, com a aceitação da tese da liberdade de navegação, por estes defendida, em busca de apoio destes, na luta contra o inimigo comum, a coroa da Espanha.[801]

[800] M. CAETANO (intr. cit., 1983, p. 51). Antes, a enérgica ação luso-brasileira dever-se-ia dizer. Ademais, durante anos pagaria caro o Brasil, pelo custeio da operação militar feita, para manter a dominação portuguesa na colônia – inclusive o dote da Infanta de Portugal, que se casaria na Inglaterra. V. tb. **Tratado** (tomo VII – **Direito internacional no tempo de Hugo Grócio**, item 18.1 – conflitos metropolitanos e aventuras coloniais holandesas: interlúdio no Brasil).

[801] Sobre a ação diplomática portuguesa, após a Restauração de 1640, nas relações com a Holanda, ver: David BIRMINGHAM, **A concise History of Portugal** (Cambridge: Univ. Press, © 1995, 2nd ed., 2005, reimpr. 2011); Edgar PRESTAGE (1869-1951), **As relações diplomáticas de Portugal com a França, Inglaterra e Holanda de 1640 a 1666** (orig. publ. **The diplomatic relations of Portugal with France, England and Holland from 1640 to 1668**, trad. Amadeu Ferraz de CARVALHO, Coimbra: Imprensa da Universidade, 1928); observa A. H. de OLIVEIRA MARQUES, **Breve História de Portugal** (orig. publ. 1995, Lisboa: Presença, 11ª ed., 2019, cap. VII – Da união ibérica à restauração, p. 250-307, cit. p. 255): "A Restauração de 1640 não beneficiou grandemente o comércio externo. Na metrópole, os cristãos-novos, em parceria com outros muitos homens de negócios, foram perseguidos pela Inquisição, que deixara de ser controlada pelo braço forte do governo de Madrid. A guerra com a Espanha e os ataques estrangeiros ao Império português e aos navios portugueses prejudicaram o comércio à distância. Desapareceu o proveitoso tráfico terrestre com o país vizinho. O Mediterrâneo fechou-se aos comerciantes nacionais."; ver ainda Rafael VALLADARES, **A independência de Portugal** – Guerra e restauração 1640-1680 (orig. publ. **La re-**

> Caso é, porém, que não se dá, no parado ambiente intelectual da época e do país, por sinais de revivescência da querela ou de reivindicação dos direitos que tão pomposamente se arrogavam os reis de Portugal, senhores da conquista, navegação e comércio da Etiópia, Arábia, Pérsia e Índia! Outros cuidados mais urgentes preocupavam os governantes e mobilizaram a nação.[802]

Considerável evolução do direito internacional foi realizada em período histórico bastante precisamente delimitado, justamente em resposta ao tempo (histórico) e ao contexto (cultural) no qual a regulação da convivência organizada entre estados se fez necessária. Houve fase encetada com os efeitos da descoberta – ou 'achamento', como registram textos em português quinhentista – do Novo Mundo. [803] Este contexto – como qualquer outro – se inscreve no tempo (histórico) e contexto (cultural) no qual se fez necessário.[804]

Cabe observar que o 'justo império' português entrou em colapso no século XVII,[805] e a 'jihad' perde sua relevância para as comunidades islâmicas no Império *mogul*. O mundo logo tomaria outros rumos.

belión de Portugal 1640-1680 © 1998, pref. J. R. Magalhães, trad. P. Cardim, Lisboa: A esfera dos livros, 2006); Ana Vicente, **Portugal visto pela Espanha** (prólogo de Fernando Morán, Lisboa: Assírio & Alvim, 1992).

802 M . Caetano (intr. cit., 1983, p. 51).

803 Pero Vaz de Caminha, **Carta de achamento do Brasil** (edição comentada por Sheila HUE, Campinas: Ed. da Unicamp, 2021, cit. p. 57-58): "tome Vossa Alteza a minha ignorância por boa vontade e por certo creia que, sem aformosear ou afear, não contarei aqui mais do que aquilo que vi e me pareceu".

804 Eric Hobsbawm, *O velho mundo e o novo: quinhentos anos de Colombo* (originalmente publicado na *London Review of Books*, em 9 de julho de 1992, reunido no volume **Pessoas extraordinárias: resistência, rebelião e jazz**, do original **Uncommun people**, 1998, trad. Irene Hirsch e Lólio L. de Oliveira, São Paulo: Paz e Terra, 3ª ed., 2005, p. 405-414, cit. p. 405) depois de observar: "As consequências das viagens de Colombo e de seus sucessores são irreversíveis." logo adiante, na mesma passagem, aduz: "não podemos anular a história, mas apenas lembrá-la, esquecê-la ou inventá-la."

805 C. H. Alexandrowicz, **The Afro-Asian world and the law of nations: historical aspects** (Rcadi, 1968, t. 123, p. 117-214, chapter IV – The views of the classic writers on the East Indies, p. 145-149, cit. p. 148) reporta a controvérsia entre Grócio e Freitas. Este último apontava a defesa e a propagação do Evangelho como causa justíssima para a guerra (*belum iustissimum*). Mas a evolução posterior dos acontecitmentos teria tomado rumo diverso: "the Portuguese 'Imperium Asiaticum' collapsed in the 17th. century and 'jihad' lost its grip on the Islamic communities of the Mogul Empire".

Em suma, o **Mare liberum,** de Grócio, trouxe como ideia central a liberdade de navegação no alto mar, e que este, por natureza, não pode ser objeto de qualquer pretensão de exercício de controle, que não pode ser adquirido mediante ocupação e nunca submetido a qualquer dominação.[806] Esta pequena grande obra suscitou numerosas reações e oposições, por diferentes motivos, como aqui examinado.

Cabe, agora, ampliar os horizontes de apreciação do tema, para avaliar a contribuição de Grócio, na consolidação conceitual e institucional do direito internacional. Considerando o tempo e o discurso no direito internacional, passados mais de quatro séculos, diante do estado atual da regulação vigente do Direito internacional do mar, constata-se, de um lado, a instauração de regime de livre navegação do alto mar, e grande número de liberdades marítimas, tais como enumeradas em diversos instrumentos multilaterais, notadamente a Convenção das Nações Unidas sobre o direito do mar, de 1982. Contudo, o estabelecimento de direitos dos estados ribeirinhos sobre sucessivas faixas de mar, até o limite de duzentas milhas marítimas, bem como os direitos sobre extensões ainda maiores da plataforma continental, evidencia processo contínuo de limitação da liberdade no mar.[807]

Na medida de seu tempo e com os recursos então disponíveis, ao final do século XVII, o direito internacional moderno estará, ao menos incipientemente, consolidado em seus institutos e em sua fundamentação. A partir dos caminhos abertos, logo o direito internacional se expande em correntes e autores e alcançará a sua maioridade,[808] na segunda metade do século XVIII, com a emergência do direito internacional clássico.

No curso do século seguinte, relevantes foram as contribuições de internacionalistas como Cornelius van Bynkershoek,[809] na primeira

[806] Jeroen Vervliet, *General Introduction* (in **Mare liberum** - Original Latin Text "facsimile of the first edition, 1609" and modern English translation, ed. and annotated by Robert Feenstra, Leiden / Boston: Brill, 2009, Epilogue, p. XXVIII): "The sea as a common good, as an element of the world's common heritage, and as a common natural preservation concern, is currently the best flag for the classification of Hugo Grotius' **Mare liberum**."

[807] Conforme exposto no **Tratado** (tomo I – **Direito internacional dos espaços**, caps. 9 a 16).

[808] J. Moreau-Reibel, **Le droit de société interhumaine et le *jus gentium*: essai sur les origines et le développement des notions jusqu'à Grotius** (Rcadi, 1950, t. 77, p. 481-598). V. tb. A. Herrero-Rubio, **Le droit des gens dans l'Espagne du xviii.e siècle** (Rcadi, 1952, t. 81, p. 309-450).

[809] Ver **Tratado** (tomo X – **Direito internacional no tempo de C. van Bynkershoek e Christian Wolff**, cap. 21 – Cornelius van Bynkershoek (1673-1743)).

metade do século XVIII, bem como, na segunda metade do mesmo século, de Eobald TOZE, o **Ensaio sobre um código marítimo geral europeu, para a conservação da liberdade de navegação e do comércio das nações neutras em tempo de guerra**, publicado em Leipzig, em 1782.[810] As controvérsias em matéria de liberdade da navegação e do regime jurídico do mar se estenderão por séculos,[811] até se alcançar o direito internacional vigente a respeito.[812]

A seguir, pode-se passar a considerar a consolidação conceitual e institucional do direito internacional (2.2).

2.2. Consolidação conceitual e institucional do direito internacional

> O internacionalista deve assim permanecer vigilante e analisar cada um dos seus atos em relação aos efeitos que este produz sobre a sociedade internacional.
>
> Remi BACHAND (2009)[813]

> A solidariedade internacional sucede ao estado e se faz sentir na humanidade.
>
> Ernest LAVISSE (1879)[814]

[810] Eobald TOZE, **Essai sur un code maritime général européen, pour la conservation de la liberté de la navigation et du commerce des nations neutres en temps de guerre** – on y a joint des **Considérations impartiales sur la guerre entre la Grande Bretagne et les Provinces Unies des Pais-Bas** (Leipzig: Schwickert, 1782 – disponível on line Digitalisierungszentrum der Niedersächsischen Staats- und Universitätsbibliothek Göttingen, 2011. TIFF, Vers 6.0, 300 ppi VD 18 10638466 Letzte Aktualisierung 15.02.2022, 16 :06 MEZ – print on demand Hachette Livre – BNF, 155 p., date de publication 1 janvier 2020, ISBN 978 2329 362281).

[811] Para o regime jurídico anterior às Convenções de Genebra de 1958, ver Benedetto CONFORTI, **Il regime giuridico dei mari: contributo alla ricostruzione dei principi generali** (Napoli: Eugenio Jovene, 1957).

[812] Como se examina no **Tratado** (tomos I e II – **Direito internacional dos espaços**, segunda parte, título I – domínio marítimo, caps. 10 a 16).

[813] Remi BACHAND, na sua apresentação do volume de David KENNEDY, **Nouvelles approches de droit international** (préface Emmanuelle JOUANNET, trad. sous la direction de E. JOUANNET et al., Paris: Pedone, 2009, p. 9-25, cit. p. 21): "L'internationaliste doit donc rester vigilant et analyser chacun de ses actes au regard des effets qu'il produit sur la société internationale".

[814] Ernest LAVISSE (1842-1922), *Do determinismo histórico e geográfico* (1879, trad. Tereza Cristina Kirschner, in J. MALERBA, **Lições da História** – o caminho da ciência no longo século

A consolidação conceitual e institucional do direito internacional não estará livre de controvérsias, e estas repercutirão, ao longo dos séculos, até os tempos pós-modernos, sobre a sociedade internacional. Esta sociedade internacional se encontra em constante mutação.

As repercussões dos modelos internacionais se veem, por exemplo, com relação ao exercício do domínio sobre o espaço – com as mutações conceituais no território –,[815] como, também, sobre o modo de tratar o tempo – e isto se mostra como modelos culturais.[816] Para a correspondente caracterização do título jurídico, como sempre, o direito internacional se põe entre legalidade e efetividade:[817] neste ramo, o exame do direito positivo vai além da noção de título jurídico, *stricto sensu*, para abranger quase todos os temas e todos os aspectos do direito internacional, uma vez que a noção de título jurídico se define, antes, em função de seu objeto, que é o direito que ele é chamado a fundar e do contexto no qual é invocado, mais do que em si mesmo. Igual diversidade pautará a evolução temporal dos modelos culturais.[818]

Suficientemente relevantes, mas não serão as únicas, são tais flutuações espaciais e temporais. Igualmente, põem-se indagações em relação a questões mais abrangentes e complexas, como a determinação da legalidade e da legitimidade das instituições, da consolidação e do alcance

XIX (Rio de Janeiro: Ed. FGV / coed. EdiPUCRS, 2010, p. 353-374, cit. p. 367, e adiante, p. 370). O mesmo LAVISSE afirma: "O progresso da civilização e o desenvolvimento das relações internacionais não reduzem as causas da guerra. A mesma ciência que produz ou melhora as indústrias criadoras, aperfeiçoa a indústria que mata. (...) Os instrumentos mais aperfeiçoados fazem com que os homens combatam de mais longe e em maior número. Eis a diferença."

[815] Como se examina no **Tratado** (tomos I e II – **Direito internacional dos espaços**, esp. cap. 1 – evolução do conceito e do tratamento do território no direito internacional).

[816] Objeto de exame no **Tratado** (tomo XX – **Direito internacional, história e cultura**, cap. 1 – Direito internacional no tempo e seu papel na história).

[817] V. **Tratado** (tomos I e II – **Direito internacional dos espaços**, cap. 3 – legalidade e efetividades: título jurídico em contencioso territorial); Giovanni DISTEFANO, **L'ordre international entre légalité et effectvitié: le titre juridique dans le contentieux territorial** ('Préface' Georges ABI-SAAB, Paris: Pedone / Genebra: publications de l'IUHEI, 2002): "l'examen du droit positif déborde la notion de titre juridique *stricto sensu* pour recouvrir presque tous les sujets et tous les aspects du droit international" uma vez que "la notion de titre juridique se définit davantage en fonction de son objet, qui est le droit qui elle est appelée à fonder, et du contexte dans lequel elle est invoquée, plutôt qu'en elle-même".

[818] Como se considerou neste **Direito internacional no tempo antigo**, o precedente cap. 1 – direito internacional: modelos históricos e culturais.

dos princípios e das normas internacionais, bem como da própria viabilidade e efetividade do sistema institucional e normativo internacional, até nossos dias e, presumivelmente, mais adiante, também, indagações equivalentes devem continuar a ocorrer.

Sem esquecer o legado desde a Antiguidade, neste tomo, passando pelo Direito internacional no tempo medieval,[819] ocorrem consideráveis mutações na era moderna – séculos XV a XVIII – com enorme impacto sobre o direito internacional,[820] que se convenciona designar como 'moderno'. Compreendido, este, nos mesmos marcos temporais.

Entre os séculos XVI e XVII, surgem os autores, sucedem-se as obras, e são feitas as colocações que consolidam esse Direito internacional moderno. A seguir, novos autores e obras marcarão a passagem do Direito internacional moderno para o Direito internacional clássico da época seguinte. Estes dois modelos terão enorme importância nos seus respectivos tempos.

E, dada a extensão na qual ambos marcam, indelevelmente, o advento do direito internacional pós-moderno, justifica-se, assim, ampliar a perspectiva temporal para buscar elementos e modelos que precederam

[819] Neste e nos demais tomos do **Tratado de direito internacional** (São Paulo: Almedina, 2022-) dentre os quais tomo IV – **Direito internacional no tempo medieval**. V. tb. D. J. Bederman, **International Law in Antiquity** (Cambridge: Univ. Press, 2001, reprinted 2006); Wolfgang Preiser, **Macht und Norm in der Völkerrechtsgeschichte** (Baden--Baden: Nomos, 1985); ___, *Fruhe völkerrechtliche Ordnungen der aussereuropätscher Welt – Ein Beitrag zur Geschichte des Völkerrechts* (Sitzungsberichte der Wissenschafltichen Gesellschaft an der Johann Wolfgang Goethe-Universität Frankfurt am Main, Wiesbaden: Franz Steiner, 1976; trad. francesa de Robert Kolb, **Esquisse d'un droit international public** des anciennes cultures extra européennes, Paris: Pedone, 2010); ___, *History of international law, Ancient times to 1648* (in **Encyclopedia of Public International Law**, 2012, vol. IV, p. 869-896); ___, *History of International Law, Basic questions and principles* (in **Encyclopedia of Public International Law**, 2012, vol. IV, p. 896-902); C. H. Alexandrowicz, **The law of nations in global history** (ed. by D. Armitage and J. Pitts, Oxford: University Press, 2017); ___, **Afro-Asian world and the law of nations: historical aspects** (Rcadi, 1968, t. 123, p. 117--214); ___, **Treaty and diplomatic relations between European and South Asian powers in the seventeenth and eighteenth centuries** (Rcadi, 1960, t. 100, 203-322).

[820] Cf. se examina no **Tratado** (tomo IV – **Direito internacional no tempo medieval** e tomo V – **Direito internacional no tempo de Francisco de Vitória**, com ref. específica ao título I – multipolarização da Europa na era moderna e advento do direito internacional como sistema e cap. 13 – estado como sujeito de direito internacional – a contribuição de Maquiavel e Bodin).

estas fases antes de se chegar à atual, para, neste conjunto mais vasto, compreender como pode ser e atuar o direito internacional no contexto presente e adiante.

Estas fases do direito internacional moderno e clássico se fazem presentes e contém elementos, ainda que de caráter contingente e relativo, que permanecem relevantes e atuantes, na ordenação do sistema internacional, e projetam-se até nosso tempo. Além de permanecerem as referências de base para qualquer reflexão na disciplina – os 'modernos', Vitória e Suarez, Gentili e Zouch, Grócio e Pufendorf, seguidos dos 'clássicos', Wolff e Bynkershoek, Vattel e Von Martens, dentre outros – são, também, relevantes para a compreensão de quais sejam os fundamentos do direito internacional pós-moderno.

São, contudo, anteriores a esses tempos: alguns, dentre os autores e as concepções, permanecem incontornáveis para a compreensão da gênese e do desenvolvimento do direito internacional no tempo. Não são somente itens estudados pelo interesse histórico,[821] mas sim como dados para a evolução do tratamento dos temas: desde o direito internacional antigo e medieval,[822] como de Vitória a Suarez,[823] sem esquecer outros autores contemporâneos destes, de Gentili a Zouch,[824] de Grócio a Pufendorf,[825] de Bynkershoek a Wolff,[826] de Vattel a

[821] P. B. Casella, *International law: the post-modern approach to the Classics and the new challenges* (no XXXVI Curso de derecho internacional, ministrado no Rio de Janeiro, em agosto de 2009, e publicado pelo Comitê Jurídico Interamericano da O.E.A., Washington: OEA-CJI, 2010, p.3-46) e tb. **Tratado** (tomo XX – **Direito internacional, história e cultura**).

[822] Cfr. **Tratado** (além do presente tomo III – **Direito internacional no tempo antigo**, tb. o tomo IV – **Direito internacional no tempo medieval**).

[823] Cfr. **Tratado** (tomo V – **Direito internacional no tempo de Francisco de Vitória**, cap. 14 – Francisco de Vitória (1480-1546) e tomo VI – **Direito internacional no tempo de Suarez, Gentili e Zouch**, cap. 15 – Francisco Suarez (1548-1617) b/c o item – outras vozes no direito internacional: Domingo de Soto e Vazquez de Menchaca).

[824] Cfr. **Tratado** (tomo VI – **Direito internacional no tempo de Suarez, Gentili e Zouch**, cap. 16 – Alberico Gentili (1552-1608) e cap. 17 – Richard Zouch (1590-1660)).

[825] Cfr. **Tratado** (tomo VII – **Direito internacional no tempo de Hugo Grócio**, tomo VIII – **Direito internacional além do paradigma vestfaliano** e tomo IX – **Direito internacional no tempo de Samuel Pufendorf**).

[826] Cfr. **Tratado** (tomo X – **Direito internacional no tempo de C. van Bynkershoek e Christian Wolff**).

Von Martens,[827] e tantos outros, nos últimos duzentos anos[828] e, além, até o presente multifacetado contexto pós-moderno.

Em lugar de se atribuir a Grócio[829] a paternidade do direito internacional moderno – como muitos, apressadamente, fazem – seria este o autor da síntese última do direito internacional pré-moderno ao direito internacional moderno, dentre as correntes de pensamento, que compunham a doutrina da guerra justa, que se vê por Grócio transformada em teoria geral da solução pelas armas do conjunto das controvérsias, que fogem das vias judiciais instituídas entre cidadãos, pelos poderes públicos. Sem esquecer outros tantos autores que se debruçaram sobre o tema da guerra e as tentativas de sua regulação pelo direito e por instituições internacionais – complexa e infindável temática.[830]

Exemplo marcante do impacto do tempo histórico e do contexto cultural, na construção do direito internacional moderno, a obra prima, **De jure belli ac pacis** (1625),[831] de Hugo Grócio, publicada durante

[827] Cfr. **Tratado** (tomo XI – **Direito internacional no tempo do Iluminismo** e tomo XII – **Direito internacional no tempo de Vattel e Von Martens**).

[828] Cfr. **Tratado** (tomo XIII – **Direito internacional no tempo do concerto europeu**, tomos XIV a XVII – **Direito internacional no tempo do colonialismo**).

[829] No **Tratado** (tomo VII – **Direito internacional no tempo de Hugo Grócio**, cap. 18); v. tb. Peter Haggenmacher, *La paix dans la pensée de Grotius* (in **L'Europe des traités de Westphalie** – Esprit de la diplomatie et diplomatie de l'esprit, dir. de Lucien Bély avec Isabelle Richefort, Paris: PUF, 2000, p. 67-79); ___ , *Le droit de la guerre et de la paix de Grotius* (**Le droit international** Archives de philosophie du droit, vol. 32, Paris: Sirey, 1987, p. 47-58).

[830] Da qual alguns aspectos são considerados no **Tratado** (tomo IV – **Direito internacional no tempo medieval**, cap. 11 – tratadistas da guerra: Balthazar Ayala e Pierino Belli, e respectivos itens: 11.1 – cristianizar a guerra?, 11.2 – guerra justa e guerra santa: entre *jihad* e as cruzadas, 11.3 – herança antiga e medieval na concepção moderna da guerra, 11.4 – guerra e natureza humana, 11.5 – o ideal da construção da paz, 11.6 – a guerra e o direito internacional nos tratados de Ayala e Belli, 11.6.1 – Balthazar Ayala (1548-1584), 11.6.2 – Pierino Belli (1502-1575), 11.6.3 – a contribuição dos tratadistas da guerra para o direito internacional, e 11.7 – guerrilha e o direito internacional).

[831] Hugo Grócio, **O direito da guerra e da paz** (intr. Antonio Manuel Hespanha, trad. de Ciro Mioranza, do original **De jure belli ac pacis**, col. clássicos do direito internacional, Ijuí: Ed. Unijuí, 2004, 2 vols.), ou também na edição facsimilar da tradução de Jean Barbeyrac, "avec les notes de l'auteur même, qui n'avoient point encore paru en françois; & de nouvelles notes du traducteur", originalmente publicada em Amsterdã, chez Pierre Du-coup, 1724, Caen: Publications de l'Univ. de Caen, 1984, 2 tomos).

o período da guerra dos trinta anos,[832] com forte influência e impacto direto do contexto bélico, no qual vivia e escreveu.[833] Inclusive, tendo conhecido a prisão e o exílio.

Igualmente, inscreve-se no seu tempo histórico e seu contexto cultural, dentre as obras de GRÓCIO, seu trabalho sobre **Mare liberum**.[834] Respondia GRÓCIO, alinhado com os interesses da sua pátria, à controvérsia sobre a liberdade ou a restrição da navegação, como princípio ordenador do sistema mundial do seu tempo[835]

As posteriores contribuições de Samuel RACHEL, PUFENDORF e BYNKERSHOEK[836] reportam-se a GRÓCIO, mas trazem desenvolvimentos

[832] O item 2.1 – a controvérsia entre Hugo GRÓCIO e Serafim de FREITAS aponta a batalha de fontes e de interpretações dessas autoridades, na construção do direito internacional da época. Sintomaticamente deixou a guerra profundas marcas no pensamento e na obra de GRÓCIO, observava Celso MELLO, **Curso** (ed. cit., 2004, vol. I, p. 177-178): "A grande preocupação de GRÓCIO é com a guerra, sendo que a paz para ele é apenas a parte relativa aos tratados de paz, isto é, ao término da guerra". Também Mario BETTATI apontava ter GRÓCIO sofrido influência dos teólogos, no seu tratamento do direito de guerra, como demonstrado pelas citações grocianas de Santo AGOSTINHO, Santo TOMÁS DE AQUINO, teólogos e canonistas. V. Mario BETTATI e Bernard KOUCHNER (dir. de), **Le devoir d'ingérence** – peut-on les laisser mourir? (Paris: Denoel, 1987).

[833] V. **Tratado** (tomo VII – **Direito internacional no tempo de Hugo Grócio**); observava J. BASDEVANT, *Hugo Grotius* (in **Les fondateurs du droit international public: leurs oeuvres, leurs doctrines**, introduction de A. PILLET, Paris: V. Giard & E. Brière, 1904, p. 125-267, cit. p. 141-142): "À cette époque [1621-1623], GROTIUS entreprend et mène à bien la composition du **De jure belli ac pacis**, qui parut en 1625. Dès les premiers mois de 1623, ses lettres nous le montrent y travaillant activement. Tout d'abord les livres lui font défaut; il se procure cependant les ouvrages les plus indispensables, AYALA et Gentilis, et travaille en tirant profit de la bibliothèque mise par De THOU à sa disposition. Pendant l'année 1624, l'élaboration de l'oeuvre sera terminée. Au reste, dans tout le cours de sa vie, GROTIUS reviendra sur son ouvrage pour y adjoindre des compléments et des notes dans les éditions successives qu'il en donna. En 1642, notamment, il fit paraître une édition dont les notes, écrivait-il quelque temps auparavant, devaient égaler ou dépasser la moitié de l'ouvrage primitif". V. tb. os já mencionados estudos de P. HAGGENMACHER, *La paix dans la pensée de Grotius* (in **L'Europe des traités de Westphalie** – Esprit de la diplomatie et diplomatie de l'esprit, dir. de Lucien BÉLY avec Isabelle RICHEFORT, Paris: PUF, 2000, p. 67-79); ___, *Le droit de la guerre et de la paix de GROTIUS* (**Le droit international** Archives de philosophie du droit, vol. 32, Paris: Sirey, 1987, p. 47-58).

[834] Cfr. neste tomo, item 2.1 – a controvérsia entre Hugo GRÓCIO e Serafim de FREITAS.

[835] A respeito, v. **Tratado** (tomo II – **Direito internacional dos espaços**, cap. 20 – espaços internacionais: de *res nullius* a patrimônio comum da humanidade).

[836] Cfr. **Tratado** (tomo IX – **Direito internacional no tempo de Samuel Pufendorf**, cap. 19 – Samuel RACHEL (1628-1691) e cap. 20 – Samuel PUFENDORF (1632-1694) e tomo X

específicos, determinados pelo tempo e pelo meio cultural, haverá, assim, diálogo com a fonte grociana. Estes, sobre as bases colocadas por seus antecessores, prepararão o advento do direito internacional clássico.

Em seguida, WOLFF e BURLAMAQUI,[837] VATTEL e VON MARTENS[838] são autores cujas concepções permanecem basilares para o estudo e a compreensão do direito internacional clássico. Com peso enorme sobre o que se fez até aqui, ainda no contexto pós-moderno.

Não por acaso, são estes autores, até aqui nomeados, considerados os fundadores (*founding fathers*) do direito internacional (moderno e clássico). Cabe olhar para trás, situá-los em seu tempo histórico e contexto cultural para, em seguida, poder alcançar mais adiante.[839]

– **Direito internacional no tempo de C. van Bynkershoek e Christian Wolff**, cap. 21 – Cornelius van Bynkershoek (1673-1743)); v. tb. P. B. CASELLA, *Desenvolvimento do direito internacional na concepção de Cornélio Van* BYNKERSHOEK (Revista da FDUSP, vol. 103, 2008, p. 563-592); J. DELPECH, *Bynkershoek* (in **Les fondateurs du droit international public: leurs oeuvres, leurs doctrines** "avec une introduction de" A. PILLET, Paris: V. Giard & E. Brière, 1904, p. 385-446, cit. p. 446): Ce ne serait point une remarque nouvelle: à son heure, et dans son domaine, par sa méthode, sa science et ses procédés, BYNKERSHOEK fut, incontestablement, un de ces auteurs auxquels survivent leurs écrits et dont on dit, à juste titre, dans tous les ordres de littérature, que, sans leurs oeuvres, la science serait moins riche et eût compté, pour ses destinées, une précieuse contribution de moins.

837 Cfr. **Tratado** (tomo X – **Direito internacional no tempo de C. van Bynkershoek e Christian Wolff**, cap. 22 – Christian Wolff (1679-1754) e cap. 23 – Jean-Jacques BURLAMAQUI (1694-1748)).

838 Cfr. **Tratado** (tomo XII – **Direito internacional no tempo de Vattel e Von Martens**, cap. 24 – Emer de Vattel (1714-1767) e seus itens 24.1 – a concepção de VATTEL sobre o direito de guerra, 24.2 – fortuna crítica, e cap. 25 – G. F. von Martens (1756-1821), com seus itens 25.1 – de VON MARTENS ao 'direito público externo' de J. J. MOSER e 25.2 – legado de VON MARTENS e o modelo institucional internacional); E. TOURME-JOUANNET, **Emer de Vattel et l'émergence doctrinale du droit international classique** (Paris: Pedone, 1998); Horatia MUIR-WATT, *Droit naturel et souveraineté de l'état dans la doctrine de* VATTEL (in **Le droit international** Archives de philosophie du droit, vol. 32, Paris: Sirey, 1987, p. 71-83) ressalta não ser adequado imputar a VATTEL o declínio da aceitação do direito natural como fundamento do direito das gentes, mas este somente teria trazido precisões ulteriores a doutrina já em gestação junto a seus predecessores da escola do direito da natureza e das gentes; H. BAILBY, *Georges-Frédéric De* MARTENS (in **Les fondateurs du droit international public: leurs oeuvres, leurs doctrines** "avec une introduction de" A. PILLET, Paris: V. Giard & E. Brière, 1904, p. 603-676).

839 Cf. **Tratado** (tomo XX – **Direito internacional, história e cultura**). Como observava Antoine PILLET (coord.), **Les fondateurs du droit international: leurs ouevres, leurs doctrines**, (Paris: V. Giard & E. Brière, 1904, Introduction, p. V-XXXI, cit. p. XXV-XXVI):

Muito presentes e atuais, quer diretamente, por estes legadas, quer por meio de autores subsequentes: 'modernos' e 'clássicos' o são eles, no sentido estrito dos termos, enquanto autores e concepções que permanecem, e aos quais quer se concorde ou se discorde, não se pode deixar de referir e retomar,[840] até mesmo para poder prosseguir com a discussão de modelos institucionais para o direito internacional pós-moderno.

Este é o propósito e o sentido do exame do direito internacional no tempo, porquanto não se pode negligenciar o contexto histórico e cultural, no qual se inseriram os autores que formularam as bases que nos foram legadas da disciplina.[841] Embora exista quem o faça e se arrogue-lhes ar de modernidade por tentarem renegar o passado, mas além da desonestidade intelectual, incorrem em circularidade, dada a incapacidade em compreender o passado, para explicar o presente e poder projetar elementos para a antevisão do futuro.

É tentação recorrente na fundamentação do direito internacional, como discurso, inscrito no tempo, pretender negar o passado ou solapar a relevância do seu legado multissecular, e sustentar que aqueles

La raison d'état, qui est la force habillée d'un mot pompeux, prime tout. Peut-être dans une insurrection la justice des griefs des rebelles aidera-t-elle dans une faible mesure à leur succès en facilitant la reconnaissance de leur parti: c'est là, crois-je le seul effet juridique que puisse produire de nos jours cette distinction fameuse. Tout le reste n'est que cendres et poussière. / Ne craignons pas cependant de fouiller dans cette cendre; elle récouvre un feu qui n'est pas près de s'éteindre. (...) La doctrine ancienne ne supprime pas directement la guerre, elle cherche seulement à faire pencher la balance du côté de la justice; la tendance moderne, plus audacieuse, ne veut rien moins que substituer à la guerre la procédure arbitrale. Cela s'appelle vouloir changer la face du monde. À la vérité, à toutes les époques des projets semblables ont été formés. Mais au temps de l'abbé de SAINT-PIERRE ou de KANT ils restaient confinés dans le domaine de la spéculation philosophique; ils semblent être tombés de nos jours dans celui de l'étourderie.

[840] Dos quais alguns são correntemente mencionados, e a seguir, como 'fundadores' ou 'clássicos' do direito internacional, por referências nos tomos seguintes, individualmente, em seus respectivos capítulos, em relação a colocações específicas, cf. **Tratado** (tomo V – **Direito internacional no tempo de Francisco de Vitória**, tomo VI – **Direito internacional no tempo de Suárez, Gentili e Zouch**, tomo VII – **Direito internacional no tempo de Hugo Grócio**, tomo VIII – **Direito internacional além do paradigma vestfaliano**, tomo IX – **Direito internacional no tempo de Samuel Pufendorf**, tomo X – **Direito internacional no tempo de C. van Bynkershoek e Christian Wolff**, tomo XI – **Direito internacional no tempo do Iluminismo**, tomo XII – **Direito internacional no tempo de Vattel e von Martens**).

[841] Cf. **Tratado** (tomo XX – **Direito internacional, história e cultura**).

que nos precederam, simplesmente, erraram e podem não ser alvo de atenção. Surpreende-me que quem o faça ganhe, com isso, notoriedade.[842] Isso não somente é imaturo, como injusto, tanto em relação às contribuições do passado, como desonesto em relação às audiências de hoje,[843] que podem ser induzidas em erro epistemológico,[844] no sentido de aparente contradição que apresente o direito internacional, ao não se explicar, exceto mediante redução ao idêntico e, por conseguinte, não consiga alcançar explicação completa, sem fazer desaparecer seu objeto. Isso leva, assim, a paradoxo epistemológico.[845]

Tentar negar a presença do legado do passado não é somente um mau exemplo, é, também, nefasto. Pode-se alegar não ser esse passado representativo, diante dos problemas correntes, mas esse enfoque mais

[842] Nicholas ONUF, *Tainted by contingency: retelling the story of international law* (in **Reframing the international: law, culture, politics**, edited bt Richard FALK, Lester Edwin J. RUIZ and R. B. J. WALKER, New York: Routledge, 2002, cap. 1, p. 26-45, quoted. p. 27): "In due course international legal scholars exhumed a number of early modern writers to share the glory with GROTIUS and ensconced them in a suitable mausoleum: the monumental Carnegie 'Classics of International Law' series (1911-1950). By reproducing and translating any work of any conceivable relevance to the field's origins (twenty-two in all), the series provides the field with a canon that is uncontested because it is substantially unread.' / "International legal scholars know that these fundamental texts are in the stacks of their research libraries, always available and ever undisturbed." N. ONUF (op. cit., 2002, loc. cit.).

[843] Justamente deveriam ser lidos os autores ditos 'canônicos' do direito internacional, para se aprender e ter certeza de que não foi a nossa disciplina inventada por professores estadunidenses de direito e relações internacionais das duas últimas gerações. O conjunto da evolução compreende mais de dois milênios, com destaque para os últimos quinhentos anos, e contribuições de autores de várias nacionalidades, em seus respectivos contextos culturais e momentos históricos. Para os quais é preciso atentar, além dos limites do contexto europeu ocidental e norteamericano.

[844] *Epistemologia* – enquanto estudo crítico dos princípios, das hipóteses e dos resultados das diversas ciências, destinado a determinar sua origem lógica (não psicológica), seu valor e seu alcance objetivo. André LALANDE, **Vocabulaire technique et critique de la philosophie** (Paris: PUF, 5e ed., 1947, Épistemologie, p. 282-283).

[845] Por *Paradoxo epistemológico* entende-se a aparente contradição, que apresenta a ciência, que não explica, se não pela redução ao idêntico e, por conseguinte, não consegue alcançar a explicação completa, sem fazer desaparecer seu objeto (*faire* évanouir *son objet*). A. LALANDE, **Vocabulaire technique et critique de la philosophie** (ed. 1947, Paradoxe épistemologique, p. 716); v. *L'épistemologie de M. Meyerson* (Revue philosophique, 47e année, XCII, mars 1922); tb. Émile MEYERSON (1859-1933), **De l'explication dans les sciences** (orig. publ. Paris: Payot, 1927, nova ed., Paris: Fayard – Corpus des oeuvres de philosophie en langue française, 1995, chap. XVII).

distorce do que permite avançar no conhecimento do direito internacional pós-moderno, o que, infelizmente, não parece ser caso isolado. Por vezes, à arrogância soma-se a falta de perspectiva histórica.

Justamente, a partir do tempo e meio no qual estiveram inseridos e produziram os autores (modernos e clássicos), podem-se extrair lições a respeito do tempo presente e dos meios e modos para a atuação do direito internacional pós-moderno. Por isso se constrói, aqui, a apresentação do direito internacional no tempo.

O tempo – ou, diga-se, a história – e o lugar – ou, diga-se, o contexto cultural – sempre terão impacto sobre o direito internacional, como ademais sobre todas as coisas produzidas pela inteligência humana e, como tais, humanamente condicionadas e contingentes. E, se os modismos intelectuais também têm seu peso, deve-se ter consciência desse dado crucial para a compreensão do que hoje existe, à luz do tempo histórico e do contexto cultural.[846]

Com muita facilidade se negligencia o legado de eras anteriores. Isso pode ser explicado como parte da reação de cada geração em relação à geração anterior, no sentido de se auto afirmar e se inserir, até certo ponto renegando ou, ao menos, questionando, o que fez a precedente. O mesmo fenômeno também se dá no direito internacional.

Ao mesmo tempo, sem o encadeamento entre as eras, não se compreende o conjunto: nesse sentido, a Antiguidade, para a compreensão da Idade média; a Idade média, para a compreensão da Idade moderna; a Idade moderna, para a compreensão da era clássica; a era clássica, para a compreensão dos desenvolvimentos ulteriores, até o atual contexto pós-moderno.

Tudo isso se há de fazer sem deixar de se buscar enxergar e situar manifestações relevantes do direito internacional fora do contexto estritamente ocidental euro-americano,[847] sob pena de incorrer nos

[846] V. **Tratado** (tomo XX – **Direito internacional, história e cultura**); P. B. CASELLA, *Negociação e conflito no direito internacional: cinco mil anos de registro da história* (in Revista da Faculdade de Direito da USP, São Paulo, 2019, vol. 114, p. 185-230).

[847] É preciso resgatar análises como as de Wolfgang PREISER, **Macht und Norm in der Völkerrechtsgeschichte** (Baden-Baden: Nomos, 1985); ___ , *Fruhe völkerrechtliche Ordnungen der aussereuropäischer Welt – Ein Beitrag zur Geschichte des Völkerrechts* (Sitzungsberichte der Wissenschafltichen Gesellschaft an der Johann Wolfgang Goethe-Universität Frankfurt am Main, Wiesbaden: Franz Steiner, 1976; trad. francesa de Robert KOLB, **Esquisse d'un droit**

habituais condicionamentos etnocêntricos, que ignoram todos os demais quadrantes do mundo.[848]

O etnocentrismo se afigura contraditório, quando se trata de direito internacional, mas nem por isso menos frequente sua ocorrência, com "combinação arquetípica do moderno direito internacional europeu, baseado em *igualitarismo formal* entre as nações, contudo qualificado por sentido de superioridade baseado no *universalismo egocêntrico e supremacia do poder militar europeu*,"[849] que resultou em colonização mundial e hegemonia pelas potências europeias.

Estes marcos históricos e conceituais, como dito, não se põem como fins em si mesmos. Marcam épocas e concepções, onde a fase anterior contém elementos indispensáveis para a compreensão da seguinte. O encadeamento temático e operacional é dado-chave para a compreensão dos fenômenos.

Em relação ao direito internacional, é indispensável entender o que seja a sociedade internacional,[850] e a relevância de captar a comunidade cristã medieval, que durou vários séculos, como precedente direto da comunidade internacional moderna.[851] A referida comunidade interna-

international public des anciennes cultures extra européennes, Paris: Pedone, 2010); ___, *History of international law, Ancient times to 1648* (in **Encyclopedia of Public International Law**, 2012, vol. IV, p. 869-896); ___ , *History of International Law, Basic questions and principles* (in **Encyclopedia of Public International Law**, 2012, vol. IV, p. 896-902).

[848] Cfr. **Tratado** (tomo XX – **Direito internacional, história e cultura**); tb. adverte Y. ONUMA, **International Law in a transcivilizational world** (Cambridge: Univ. Press, 2017).

[849] Y. ONUMA, **International Law in a Transcivilizational World** (2017, cit. p. 76-77): "When the European nations began to colonize other regions of the globe, however, they were not superior to other leading regional powers such as the Ottoman Empire and the Ming dynasty. [...] It took four centuries for the European idea of ordering the world to prevail globally. During this period, the European powers steadily expanded their hegemony and influence through their rapidly increasing military and economic power, diplomatic skills, the power of religion, i.e., Christianity, and other ideational power resources."

[850] Antony BLACK, **Political Thought in Europe 1250-1450** (Cambrige: U.P., 1st publ., 1992, esp. chap. 3 'empire and nation', item 'international society', p. 87 ss.).

[851] Giuseppe BARILE, **Lezioni di diritto internazionale** (Padova: CEDAM, 1977, cap. I, "La comunità cristiana medievale. Precedente diretto della comunità internazionale moderna", p. 15-23, cit. p. 19): "L'idea che la comunità internazionale moderna costituisca un'evoluzione della comunità cristiana medievale rimane valida anche se si deve rilevare che il 'quadro' del sistema generale – in special modo con riguardo ai suoi contenuti e ai suoi destinatari – ha subito una profonda modificazione nel passaggio storico dal momento, durato del resto molti secoli, della comunità cristiana medievale a quello del diritto internazionale moderno."

cional moderna, por sua vez, tem continuidade no vigente sistema institucional e normativo internacional, não obstante todas as transformações e ajustes, ao longo do século passado.

A "concepção universal de ordem jurídica somente pôde surgir quando se concebeu a multiplicidade dos estados como constituindo grande e abrangente comunidade".[852] Isso é relevante, justamente na medida em que, como demonstram Verdross e Simma:

> este pensamento parte da ampliação da concepção clássica da pólis, limitada pela doutrina aristotélica do direito natural, para dar lugar a visão mais ampla, na filosofia estóica e cristã, quando se passa a conceber o conjunto da humanidade, como unidade, tendente a agrupar-se, sob a égide do direito natural – *ubereinstimmend die ganze Menschheit als eine durch das Naturrecht verbundene Einheit betrachten*.[853]

Não é fácil, nem frequente, ao longo da história humana, atender a esse apelo e conseguir enxergar o conjunto da humanidade como uma unidade vinculada pelo direito natural – *die ganze Menschheit als eine durch das Naturrecht verbundene Einheit betrachten*.[854] Isso se faz, contudo, mais do que nunca necessário, em tempos de recrudescimento da intolerância e de ressurgimento de discursos nacionalistas exacerbados.

A base sociológica – multiétnica, multicultural e multilínguas – foi dada pela era helenística, com os reinos alexandrinos – as dinastias dos selêucidas, ptolomeus e lágidas, que depois das conquistas de Alexandre levaram a uma imensa experiência de miscigenação humana e multicultural, em escala nunca antes experimentada. Foi causado enorme impacto para a evolução posterior de uma considerável parcela da humanidade: da Índia ao Mediterrâneo.

Não por acaso, afirma Políbio, "a história do mundo passou a formar um todo orgânico".[855] Essa constatação data do século II antes de Cristo.

[852] A. Von Verdross e B. Simma, **Universelles Völkerrecht** (Berlim: Duncker & Humblot, 2ª ed., 1981, esp. 1.4 – Die Herausbildung des universellen Völkerrechts, p. 38-45).

[853] A. Von Verdross e B. Simma, **Universelles Völkerrecht** (1981, loc. cit.).

[854] A. Von Verdross e B. Simma, **Universelles Völkerrecht** (1981, loc. cit.).

[855] Polybe (ca. 202 – ca. 120 a.C.), **Histoire** (texte traduit, présenté et annoté par Denis Roussel, Paris: Gallimard – Pléiade, 1970, préface, livre premier, p. 1-5, cit. p. 3).

Esse movimento foi, depois, retomado e continuado por Roma, que se expande no *Imperium romanum*, onde a concepção de uma ordem universal, pela primeira vez, encontra expressão.[856] A *Urbs* como expressão da cidade, mas, também, como anseio de ordenação de alcance quase universal, e que se estendeu da zona fronteiriça entre a Escócia e o norte da Inglaterra – a muralha de ADRIANO – ao norte da África – com seu *limes* –,[857] desde a Lusitânia até a Ásia. Sem esquecer que "nunca se deve olhar o passado pelo prisma das realidades supervenientes".[858]

De tal universalidade de concepções temos exemplo em CÍCERO, no **De legibus**,[859] quando este contempla o mundo (por ele então conhecido) como uma única república, e declara: *unam omnium rempublicam agnoscimus, mundum.*[860] E, como "teórico antifilosófico da universalidade",[861] também, no pensamento de São PAULO: "não há judeu nem

[856] Como se examina neste tomo, cap. 5 – cidades-estado gregas e mundo helenístico e cap. 6 – na formação e no desenvolvimento de Roma. V. tb. P. B. CASELLA, *Il Foedus tra Plebe e Senato ed il problema del Diritto Internazionale. Dalla secessione della Plebe all'autodeterminazione dei popoli* (in **Diritto@Storia** – Rivista internazionale di Scienze Giuridiche e Tradizione Romana, N.9 – 2011, p. 1-18, ISSN 1825-0300).

[857] Como examinado no **Tratado** (tomo I – **Direito internacional dos espaços**, esp. cap 4 – competências territoriais do estado). O termo significava, inicialmente, 'caminho' e é aplicado durante o Império ao sistema de fortificações estabelecido em certas fronteiras e consistia numa via de comunicação paralela, apoiada em fortes e acampamentos militares. Houve um limes do Reno, outro do Danúbio, outro do Eufrates, um outro na Numídia – no norte da África, e também na Bretanha.

[858] Alexandre GRANDAZZI, **Urbs – Histoire de la ville de Rome, des origines à la mort d'Auguste** (Paris: Perrin, 2017, cit. p. 72): Il ne faut jamais regarder le passé à travers le prisme des réalités à venir.

[859] Falando a respeito de ZENÃO (334-262 ou 261 a.C.), o fundador da escola estóica.

[860] M. T. CÍCERO, **De legibus** (7.4.37; CICERO, **De re publica / De legibus**, with an English translation by Clinton Walker KEYES, Cambridge, Ma.: Harvard U.P. / Loeb Classical Library, 29 volumes, LCL 213 – CICERO vol. XVI, 1st publ. 1928, reprinted 2006).

[861] Théoricien antiphilosophique de l'universalité – como o chama Alain BADIOU, **Saint Paul – la fondation de l'universalisme** (orig. publ. 1997, Paris: PUF-Quadrige, 2015, chap. XI – Pour conclure, p. 131-136, cit. p. 133): comme PAUL en témoigne exemplairement, l'*universalisme*, qui est une production subjective absolue (non relative), indistingue le dire et le faire, la pensée et la puissance. La pensée n'est universelle que quand elle s'adresse à tous les autres, et dans cette adresse elle s'effectue comme puissance. Mais dès lors que c'est selon l'universel que tous sont comptés, y compris le militant solitaire, il s'ensuit que ce qui s'édifie est la subsomption de l'Autre sous le Même. PAUL montre dans le détail comment une pensée universelle, partant de la prolifération mondaine des altérités (le Juif, le Grec, les femmes, les hommes, les esclaves, les libres, etc.), produit du Même et de l'Égal (il n'y

grego, não há escravo nem livre, não há homem nem mulher, pois todos vós sois um só em Cristo Jesus".[862]

A ideia dessa república mundial, que abranja a todos, continua a pautar alguns dos anseios teóricos e conceituais do direito internacional, até o presente contexto pós-moderno.[863] Mas, esses modelos de busca de universalidade, para serem compreendidos, precisam reportar-se ao contexto no qual surgiram.

Na mesma época, em torno do século II da era cristã, simultaneamente ao máximo desenvolvimento em expansão territorial do Império romano, ocorre o apogeu do Império chinês, na era dos Han e, entre estes, põe-se o mundo indiano consolidado politicamente, naquela mesma altura.[864] Estas concepções universalistas não teriam, assim, surgido por acaso.

A ideia de universalidade de ordem mundial, inicialmente, concepção estoica,[865] é retomada por CÍCERO e SÃO PAULO. Esta ressurge na Idade média, depois da recepção da filosofia aristotélica, por ALBERTUS MAGNUS (1192-1280),[866] processo depois continuado e ampliado por seu

a plus ni Juif ni Grec, etc.). La production d'égalité, la déposition, dans la pensée, des différences sont les signes matériels de l'universel.

862 **Biblia sacra** iuxta Vulgatam Clementinam (nova editio, logicis partionibus aliisque subsidiis ornata a Alberto COLUNGA et Laurentio TURRADO, Madrid: Biblioteca de autores cristianos, 1977, *Epistola B. Pauli Apostoli ad Galatas*, 3.28, p. 1130-1131): Non est Iudaeus neque Graecus; non est servus, neque liber; non est masculus neque femina. Omnes enim vos unum estis in Christo Iesu.

863 Cfr. **Tratado** (tomo IV – **Direito internacional no tempo medieval**, esp. cap. 12 – *jus gentium, jus commune, jus europaeum*: entre a teoria e a prática). Concepção que se desdobra e se renova em múltiplos contextos e, de certo modo, ressurge na experiência em curso na União Europeia. Como examinado em P. B. CASELLA, *Perspectivas da integração europeia* (São Paulo: Revista da Faculdade de Direito da USP, 2014, vol. 109, p. 25-74).

864 V. tb. no tomo 3 B, cap. 7 – entre as civilizações do continente asiático, e seus itens: 7.1 – o subcontinente indiano e 7.2 – a China antiga.

865 Margaret E. REESOR, **The nature of man in early Stoic philosophy** (London: Duckworth, 1989).

866 Ingrid CRAEMER-RUEGENBERG, **Albertus Magnus** (Munique: Beck, 1980, cit. p. 37): "Die Vielseitigkeit, der Fleiss, die Grundlichkeit und die zugleich zielstrebige und fromme Klugheit dieses Mannes Albert, den man gewiss zu Recht ‚den Grossen' nannte, sind bewunderswert. Um das ganze Spektrum dieser Persönlichkeit in ihren Wirkkreisen zu erfassen, wären mehrere Monographien erförderlich. / Unser Interesse, demgegenuber eingeengt, gilt vor allem der philosophischen Leistung des ‚doctor universalis'. Dass diese

discípulo, santo Tomás de Aquino (ca. 1225-1277).[867] Sintoma disso é que o direito natural, à época, igualmente se aplicaria a cristãos, judeus e pagãos; este seria considerado vinculante tanto relações interpessoais como nas relações interestatais.

Mais adiante, pautam-se as concepções dominantes por vocação menos 'universal'. Até que se perceba a necessidade imperativa da ampliação do olhar histórico, para abranger realidades mais amplas. Esse movimento pendular entre universalismo e nacionalismo, ao longo da história, também marca o Direito internacional. E, neste, produz contradições acirradas – com contraditórias tentativas de construção de 'direitos internacionais nacionais'!

A convicção quanto à existência de direito internacional (natural), cuja ordem abrangeria, indistintamente, toda a humanidade, absolutamente, não constitui inovação da era moderna, como discutem Grócio e Freitas.[868] Suas raízes se encontram no mundo antigo – dos quais se conservam registros sobretudo entre os juristas e pensadores romanos do século II A.D. – com menção honrosa para o imperador filósofo, Marco Aurélio, que proferiu: "homem, foste cidadão nesta grande cidade" e "o que é conforme as leis é igual para todos".[869]

As repercussões de tais concepções universalistas se multiplicarão, desde então. Estas, por vezes, ocorrem em meio a recorrências nacionalistas e visões mais restritas. Os dois movimentos alternam-se, em constante oscilação, de forma que ora uma, ora outra se fazem notar mais. Mas é preciso adotar perspectiva histórica ampla para captar tais osci-

Leistung in der im abendländichen Bereich erstmaligen Aufarbeitung der kompletten aristotelisch-aristotelistischen Systems bestand, ist umstritten."

[867] Cfr. **Tratado** (tomo IV – **Direito internacional no tempo medieval**, cap. 10 – Tomás de Aquino e Dante Alighieri, com seus itens 10.1 – Santo Tomás de Aquino (ca. 1225-1277) e 10.2 –. Dante Alighieri (1265-1321) e tb. cap. 9 – Marsílio de Pádua e Guilherme de Ockham, nos seus itens 9.1 – Marsílio de Pádua (1275-1342) e 9.2 – Guilherme de Ockham (ca. 1280- ca.1349) no conjunto do volume).

[868] No precedente item 2.1 – a controvérsia entre Hugo Grócio e Serafim de Freitas.

[869] Marco Aurélio (121-180 d.C.), **Meditações** (trad. e notas de Jaime Bruna, São Paulo: Abril cultural – Os pensadores, vol. V, 1973, p. 271-329, Livro XII, n. 36, cit. p. 329 e a seguir Livro II, n. 9, p. 277): "Deves sempre lembrar qual a natureza do universo, qual a minha, qual a relação entre esta e aquela, qual parte sou de qual universo e que ninguém te impede de fazer e dizer o que é consequência da natureza de que és parte."

lações. E, esta perspectiva deve colocar-se em termos de média e longa duração (*longue durée*),[870] enquanto análise histórica.[871]

A necessidade da mesma amplitude de perspectiva histórica também se aplica entre os historiadores do direito.[872] Mesmo quando estes trabalham sobre a história do pensamento jurídico, mostram pouca inclinação hoje para discutir a metodologia e a natureza da ciência do direito, e compartilham, frequentemente, o enfoque institucional, que dá grande espaço para a longa duração das noções jurídicas e ao papel dos juristas.

Certamente não se podem pretender transposições diretas entre épocas distintas. Mas, sem esquecer a distinção entre a *respublica christiana* e a *communitas omnium gentium*, substancialmente abalada a concepção, ao tempo das cruzadas, começa a instaurar-se a convicção de que entre príncipes cristãos e os estados islâmicos e pagãos não poderiam ser celebrados tratados válidos.[873]

[870] Fernand BRAUDEL, *La longue durée* (publ. orig. *Annales E.S.C.* oct.-déc. 1958), republicado ___, Écrits sur l'histoire (1969), e ainda em F. BRAUDEL, **Les ambitions de l'histoire**, éd. établie et présentée par Roselyne de AYALA et Paule BRAUDEL, préf. Maurice AYMARD, Paris: de Fallois, 1997, p. 191-230).

[871] Fernand BRAUDEL, **O modelo italiano** (orig. publ. **Le modèle italien**, 1989, trad. Franklin de MATTOS, São Paulo: Cia das Letras, 2007); F. BRAUDEL, **La Méditerranée et le monde méditerranéen à l'époque de Philippe II** (Paris: Armand Colin, © 1966, impr. 1987, 2 vols.); F. BRAUDEL, **Civilization and capitalism (15th.-18th. century) I: The structures of everyday life**: the limits of the possible (do original **Les structures du quotidian: le possible et l'impossible**, © 1979, translation from the French © 1981, revised by Sián REYNOLDS, New York: Harper & Row, 1981); F. BRAUDEL, **Civilization and capitalism (15th.-18th. century) II: The wheels of commerce** (do original **Les jeux de l'échange**, © 1979, translation from the French by Sián REYNOLDS, New York: Harper & Row, 1982); F. BRAUDEL, **Civilization and capitalism (15th.-18th. century) III: The perspective of the world** (do original **Le temps du monde**, © 1979, translation from the French by Sián REYNOLDS, New York: Harper & Row, 1984).

[872] Jean-Louis HALPÉRIN, *De quelques difficultés kelséniennes pour l'historien du droit* (in **L'architecture du droit – Mélanges en l'honneur de Michel Troper** études coordonnés par D. de BÉCHILLON, P. BRUNET, V. CHAMPEIL-DESPLATS e E. MILLARD, Paris: Economica, 2006, p. 477-486, cit. p. 478): "Les historiens du droit, alors même qu'ils travaillent sur l'histoire de la pensée juridique, sont peu enclins aujourd'hui à discuter de la méthodologie et de la nature de la science du droit. Ils partagent souvent une approche institutionnelle qui donne une grande place à la longue durée des notions juridiques et au rôle des juristes".

[873] Alfred Von VERDROSS e Bruno SIMMA (op. cit., ed. 1981, p. 40); v. tb. P. GUGGENHEIM, *Droit international général et droit public européen* (Schw. J.I.R., 18 (1961) p. 9 e ss.).

Esse estreitamento de vistas nos pode parecer familiar, justamente por continuar presente quando se enfatizam as concepções de confrontação e de guerra de 'mundos'. Como epifenômenos de recorrências nacionalistas, tendentes à confrontação e à afirmação de uma visão 'nacional' em contraposição a outras, tentam solapar as concepções universalistas, por mau exemplo, apodando-as de 'globalismo'.

Em sentido equivalente, pode-se apresentar cenário amplo da internacionalidade, na qual está inexoravelmente imerso nosso contexto pós-moderno. Necessária e irreversivelmente, crescem a interdependência entre os estados – e comunidade humana, em geral – bem como a necessidade de gestão coordenada de questões de interesse comum.

Coloca-se a internacionalidade, inerente ao nosso contexto pós-moderno, à semelhança da *common law* anglo-saxã, algo compartilhado em um direito internacional comum, ou como se pode chamar, uma espécie de *international common law*, onde não se estaria constrito por fórmulas jurídicas, mas cuja determinação (*rilevazione*) seria condicionada somente pelo princípio científico, que indica ao operador jurídico o fim a ser alcançado: a norma 'não escrita' deve, objetivamente, existir na consciência da comunidade internacional. Este princípio pode também ser expresso por frase, no sentido de que aquilo que existe na consciência da sociedade internacional é, sem dúvida, direito internacional.[874]

O direito internacional não escrito da época atual – ou seja, direito internacional costumeiro, que pode ou não estar escrito – poderia

[874] Giuseppe BARILE, **Lezioni di diritto internazionale** (Padova: CEDAM, 1977, cap. III – Le norme generali di diritto internazionale, p. 43-67, cit. p. 48-49): "A somiglanza della 'common law' anglosassone, 'l'international common law' non risulta costretta in formule giuridiche ma la sua rilevazione è condizionata soltanto dal principio scientifico che indica all'operatore giuridico il fine da raggiungere: la norma 'non scritta' deve obiettivamente esistere nella coscienza della comunità internazionale. Questo principio può anche esprimersi con la frase che ciò che esiste nella coscienza della società internazionale è senz'altro diritto internazionale. Il diritto internazionale non scritto dell'epoca attuale – si è già scritto – potrebbe chiamarsi diritto naturale vigente, intendendo tale espressione, in sè equivoca, non già nel senso che detto diritto non sia una realtà storica, ma nell'altro, ben diverso, che esso vige allo stato di fenomeno giuridico puro, immediatamente legato all'intera realtà storica e non costretto in regole formalmente poste. Il diritto internazionale non scritto s'individua nella coscienza dei membri della società paritaria di cui costituice la sovrastruttura: vive in questi e per questi che ne sono i creatori, i destinatari, i garanti e per tale ragione può effetivamente dirsi che ciò che è nella coscienza giuridica degli stati è senz'altro diritto internazionale."

chamar-se direito natural vigente. Cabe entender tal expressão, em si equívoca, não mais no sentido que tal direito não seja uma realidade histórica, mas no sentido, bem diverso, que esse vige em um estado de fenômeno jurídico puro, imediatamente ligado à inteira realidade histórica e não constrito a normas formalmente postas.[875]

O direito internacional não escrito se individualiza na consciência dos membros da sociedade paritária, da qual constitui a superestrutura: vive nestes, e por estes, que são os seus criadores, os destinatários, os garantidores. Por essa razão, pode-se, efetivamente, dizer que, aquilo que está na consciência jurídica dos estados é, assim, sem dúvida, expressão do direito internacional, enquanto expressão da consciência dos povos a respeito de conteúdos vinculantes, necessários à própria existência e operacionalidade da sociedade internacional. Independentemente, portanto, de positivação.

Esta perspectiva temporal e culturalmente abrangente pode não ser habitual. Mas, não por isso se faz menos necessária. Em tempos de estreitamento das vistas históricas e conceituais, enfoques reducionistas se manifestam para se aferrarem ao conhecido, ao mais próximo e ao já experimentado. Em contradição com o mundo, que exige amplitude de visão e de análise – já o sabia e apontava Marco Aurélio, no segundo século da nossa era: "se é forasteiro no mundo quem não reconhece o que nele existe, não menos forasteiro quem não reconhece o que nele sucede".[876]

Conhecer essas premissas de vocação universalista permite destacar o essencial daquilo que é contingente. Inclusive no direito internacional pós-moderno. Nesse sentido, a Corte Permanente de Justiça Internacional, no julgamento do caso da **fábrica de Chorzow** (1928),[877] considerou constituir concepção geral do direito – *une conception générale du droit* – a evidente norma que a qualquer violação de obrigação corresponde a obrigação de reparar: *toute violation d'un engagement comporte*

[875] Nesse sentido, conforme examinadas, no precedente item 2.1 – a controvérsia entre Hugo Grócio e Serafim de Freitas, as respectivas concepções de direito natural e direito das gentes primário, ou seja, como se diria hoje, direito internacional costumeiro.

[876] Marco Aurélio, **Meditações** (ed., 1973, p. 271-329, Livro IV, n. 29, cit. p. 285).

[877] C.P.J.I., **affaire de l'usine de Chorzow** (Alemanha c. Polônia; competência, fixação do montante da indenização e julgamento de mérito, em 26 de julho de 1927, 16 de dezembro de 1927 e 13 de setembro de 1928, série A, n. 17).

l'obligation de réparer. O mesmo princípio foi reafirmado pela Corte Internacional de Justiça, no parecer consultivo sobre **danos sofridos a serviço das Nações Unidas** (1949).[878]

Dada a natureza e a configuração operacional do direito internacional, que se inscreve em meio a este conjunto não hierarquizado, que constitui a sociedade internacional, somente pode este operar, enquanto sistema institucional e normativo, na medida em que seus componentes exerçam a sua aplicação e 'controle' da efetividade normativa nele. Existe e opera o direito internacional, enquanto sistema normativo e, também, em parte institucional, sem que neste se tenha estruturas institucionalizadas comparáveis às existentes em sociedades nacionais. Isso faz surgirem as especificidades e as dificuldades do direito internacional, em tempos passados, mas, sobretudo, no contexto pós-moderno.

A distinção não difere, essencialmente, dos limites equivalentes, no antigo Império romano, onde já ocorria a divisão entre o direito vigente no interior deste e o direito aplicável às relações externas do império.[879] Este mesmo dado, depois, ver-se-ia retomado, como a linha divisória entre a soma dos domínios dos Impérios romanos do Ocidente e do Oriente, e prosseguiria como a soma dos espaços, controlados pelas igrejas de Roma e de Bizâncio, com as respectivas concepções de mundo.[880] Essa divisão, porventura, mostra-se menos clara, em relação ao mundo exterior ao conjunto dos países de confissão cristã.[881]

[878] C.I.J., **réparation des dommages subis au service des Nations Unies** (parecer consultivo, 11 de abril de 1949).

[879] Como se examina no tomo 3 B no cap. 6 – na formação e no desenvolvimento de Roma.

[880] Michel de TAUBE, **L'apport de Byzance au développement du droit international occidental** (RCADI, 1939, t. 67, p. 233-340); ___ , Études sur le développement historique du droit international dans l'Europe orientale (RCADI, 1926, t. 11, p. 341-536). Do mesmo M. de TAUBE, v. ainda **Les origines de l'arbitrage international**: Antiquité et Moyen Âge (RCADI, 1932, t. 42, p. 1-116).

[881] Ver Claude MICHAUD, *Raison d'état et conscience chrétienne*. L'ambassade du marquis de Nointel auprès de la Porte ottomane (orig. publ. 1979, in **Entre croisades et révolutions** – princes, noblesses et nations au centre de l'Europe (XVIe-XVIIIe siècles) Scripta varia (Paris: Publications de la Sorbonne – Histoire moderne, vol. 53, 2010, p. 263-276) e ___ , *Le soleil, l'aigle et le croissant*. L'ambassade de Guilleragues à la Porte ottomane et le siège de Vienne de 1683 (orig. publ. 1984, in **Entre croisades et révolutions**, 2010, p. 277-292, cit. p. 277) observa que, apesar do foco das atenções da política europeia se manter à oeste, com reticência tanto de LUÍS XIV quanto do imperador LEOPOLDO I em conferir importância comparável às questões do leste da Europa: "L'empire ottoman, revivifié par les grands

O limite da universalidade e da abrangência do 'sistema internacional' da época foi objeto de acesa controvérsia, no Concílio de Constança, de 1414 até 1418, quando argumentou o delegado polonês, Paul VLADIMIRI, como fizera antes o seu predecessor, também reitor da Universidade de Cracóvia, Stanislaw SCARBIMIRIA, de que não-cristãos poderiam fundar autoridade estatal legítima. E, a validade desta não dependeria da confissão cristã, mas, seria inerente à condição humana, igualmente partilhada por todos os homens.

Debate equivalente se colocaria, algumas décadas mais tarde, em relação aos ameríndios. Existiam os que – como bem ilustram Francisco de VITÓRIA e Bartolomeu de LAS CASAS –[882] os consideravam como seres humanos, dotados de razão, e aptos a serem tratados como tais, enquanto outros os tinham como irracionais e sujeitos à dominação, até mesmo para a imposição da fé cristã.

Ao lado da concepção do direito natural, tiveram papel o direito romano e o direito canônico, os glosadores e pós-glosadores (*die Glossatoren und Kommentatoren*): "a atividade de prover glosas se desenvolve sem interrupção dos tempos clássicos até a Idade Média".[883] Até que, com a assim chamada 'laicização' do direito internacional, no início da era moderna, consolidam-se as concepções que, sujeitas a maiores ou menores mudanças, alcançam os nossos tempos pós-modernos.

vizirs Köprülü, pesait de tout son poids dans les combinaisons diplomatiques du temps: LOUIS XIV, héritier des VALOIS, intégrait la Turquie dans son système d'alliance de revers contre le HABSBOURG de Vienne; celui-ci s'efforçait de préserver les paix ou trêves toujours fragiles conclues avec son redoutable voisin. Et, transcendant les intérêts purement nationaux ou dynastiques, vivait ou renaissait en Europe l'idée de croisade avec ses vertus toujours consacrantes: repousser le croissant, replanter la croix sur Sainte-Sophie, reconquérir les Lieux saints devaient être le vrai accomplissement de la chrétienté."

882 Cfr. **Tratado** (tomo V – **Direito internacional no tempo de Francisco de Vitória**, cap. 14).

883 Cfr. **Tratado** (tomo IV – **Direito internacional no tempo medieval**, cap. 12 – *jus gentium, jus commune, jus europaeum*: entre a teoria e a prática). Ver Paul VINOGRADOFF, **Roman Law in Mediaeval Europe** (orig. publ. London: Harper & Brothers, 1909, reprint Bibliolife USA 13 February 2011, 216348LV00005B/31/P, Lecure 1 – The decay of Roman Law, p. 1-31, cit. p. 29): The study of legal books was mainly limited to two narrow grooves. The leisure of clerical life was employed in this particular, as in other fields, in making abstracts from the voluminous production of the Roman age, and in trying laboriously to discover the literal meaning of expressions. The abstract (*Epitome*) and the Gloss are the two channels for the tradition of learning in the course of this barren epoch.

O cinismo oportunista da época sustentava não poderem ser celebrados pactos válidos com príncipes não cristãos. Este responde, até os nossos dias, pelos desmandos que comprometem a existência e a operação eficiente de instituições e normas internacionais, dando guarida aos não menos cínicos oportunismos confessionais dos mais variados – como ocorre, em nossos dias, quando estados opositores são chamados de 'eixo do mal'.

Ou são feitas conclamações a 'cruzadas' contra este ou aquele, ou, inversamente, quando se imputa ao Ocidente ser fonte do mal – como os desmandos dos *Talebãs*, depois de retomarem o Afeganistão, ou os ataques aos cristãos nigerianos pela *Boko Haram*, a organização jihadista fundamentalista islâmica sunita, de métodos terroristas, que busca a imposição da *sharia* no norte da Nigéria. Tais oportunistas se renovam e se multiplicam, em detrimento de concepções tendentes a abranger o conjunto da humanidade, com o fim de reconhecer a todos os humanos a mesma dignidade e condição, indiferentemente de filiação confessional ou política específica!

Papel considerável desempenha a convicção da necessidade de normas jurídicas (*regulae juris*) para a ordenação legítima do mundo, como fundamento do direito internacional. Este se constrói ao longo de séculos. E se renova. E se transforma.

Os conceitos do direito internacional moderno foram submetidos ao impacto direto da história e da dura realidade do tempo. Decorrente da guerra dos trinta anos (1618-1648), e da busca de construção de sistema internacional, que se segue ao conflito armado.[884]

Desta guerra dos trinta anos, ficaram-nos os registros, tais como o de Johan Wilhelm NEWMAYR VON RAMSLA, no seu clássico estudo a respeito da neutralidade (1620).[885] Estes registros devem se inserir em seu

[884] Cfr. **Tratado** (tomo VIII – **Direito internacional além do paradigma vestfaliano**). V. tb. Benno TESCHKE, **The myth of 1648** – Class, Geopolitics and the making of modern International relations (orig. publ. 2003, London: Verso, 2009); Tim BLANNING, **The Pursuit of Glory: Europe 1648-1815** (orig. publ. 2007, Londres: Penguin, 2008).

[885] Johan Wilhelm NEWMAYR VON RAMSLA, **Von der Neutralitet und Assistenz oder Unpartheyligkeit vnd Partheyligkeit in KriegsZeiten sonderbarer Tractat oder Handlung** (Erfurt: J. Birckner, 1620).

tempo histórico e contexto cultural.[886] Analisar e comparar estes estudos sobre o mesmo tema pode ser exercício instrutivo para a compreensão do que possa ser a longa duração de conceitos jurídicos e de modelos culturais, aplicados ao direito internacional, até chegar ao nosso contexto pós-moderno.[887]

Curiosamente, alguns põem o momento formador do sistema interestatal moderno em dois instrumentos, provenientes do marco relativo à Paz de Vestfália, em 1648, quais sejam:

[886] Ver **Tratado** (tomo VIII – **Direito internacional além do paradigma vestfaliano**, esp. construção da neutralidade no direito internacional moderno e o tratado de Newmayr Von Ramsla (1620)). Ou marcos da doutrina, seja às vésperas da eclosão da segunda guerra mundial, tais como T. Boye, **Quelques aspects du développement des règles de la neutralité** (Rcadi, 1938, t. 64, p. 157-232) e R. Dollot, **Essai sur la neutralité permanente** (Rcadi, 1939, t. 67, p. 1-120), ou no pós segunda guerra, a respeito da neutralidade: C. Chaumont, **Nations Unies et neutralité** (Rcadi, 1956, t. 89, p. 1-60); v. tb. **Le droit des peuples à disposer d'eux-mêmes: méthodes d'analyse du droit international** – mélanges offerts à Charles Chaumont (Paris: Pedone, 1984); T. Komarnicki, **The place of neutrality in the modern system of international law** (Rcadi, 1952, t. 80, p. 395-510); D. Schindler, **Aspects contemporains de la neutralité** (Rcadi, 1967, t. 121, p. 221-322).

[887] Cfr. **Tratado** (tomo VIII – **Direito internacional além do paradigma vestfaliano**). Não me parece adequada a mitificação da instauração de sistema internacional somente a partir de 1648. V. tb.: Benno Teschke, **The myth of 1648** – Class, Geopolitics and the making of modern International relations (orig. publ. 2003, London: Verso, 2009); Tim Blanning, **The Pursuit of Glory: Europe 1648-1815** (orig. publ. 2007, Londres: Penguin, 2008); Henry Bogdan, **La guerre de trente ans** 1618-1648 (orig. publ. 1997, Paris: Perrin-tempus, ed. 2006, reimpr. 2010); Johannes Burkhardt, **Der dreiβigjährige Krieg** (Frankfurt: Suhrkamp, 1992); Jacques Droz, **Histoire diplomatique de 1648 à 1919** (Paris: Dalloz, 3e ed., 1972); Bardo Fassbender, *Westphalia, Peace of (1648)* (in **Encyclopedia of Public International Law**, 2012, vol. X, p. 865-869); Rainer Grote, *Westphalian System* (in **Encyclopedia of Public International Law**, 2012, vol. X, p. 870-874); Hans von Hentig, **Der Friedenschluss** – Geist und Technik einer verlorenen Kunst (Munique: DTV, 1965); Claude Michaud, **Entre croisades et révolutions** – princes, noblesses et nations au centre de l'Europe (XVIe-XVIIIe siècles) Scripta varia (Paris: Publications de la Sorbonne – Histoire moderne, vol. 53, 2010); Dietmar Pieper e Johannes Saltzwedel (hrsg.), **Der dreissigjährige Krieg** – Europa im Kampf um Glaube und Macht 1618-1648 (Munique: Deutsche Verlags-Anstalt, 2012); Friedrich Schiller, **Geschichte des dreissigjährigen Kriegs** (in **Werke in drei Bände**, hrsg. von Herbert G. Göpfert, Mitwirkung u. Nachwort von Gerhard Fricke, Munique: Carl Hanser, © 1966, impr. 1976, vol. II, p. 34-320); ___ , **Geschichte des dreissigjährigen Kriegs** (Guttersloh: P. P. Kelen Verlagsgesellschaft, s/d); Brendan Simms, **Europe – the struggle for supremacy, 1453 to the present** (Londres: Allen Lane, 2013).

– o tratado de paz de Münster – *Instrumentum pacis monasteriensis*, com as assinaturas dos delegados imperiais e franceses;
– e o tratado de paz de Osnabrück – *Instrumentum pacis osnabrugensis*, que conteria as assinaturas dos delegados imperiais e suecos, como duas configurações paralelas e estruturadas.[888]

Muitos pretendem enxergar, na sequência e, em consequência do Congresso de Vestfália, a partir de 1648, a instauração de sistema europeu de coordenação e regulação da convivência de poderes soberanos, o que me afigura bastante exagerado.[889] Este conjunto, todavia, como reflexo do absolutismo reinante, considerava os príncipes e não os estados – e, menos ainda, os povos – enquanto sujeitos de direito internacional, porquanto os príncipes poderiam dispor livremente de seus estados.

Ainda GRÓCIO,[890] explanava concepção característica do seu tempo, quando descrevia o direito internacional como *illud jus quod inter populos*

[888] Textos originais *Instrumenta Pacis Westphalicae* – Konrad MÜLLER (hrsg.), **Instrumenta Pacis Westphalicae / Die Westfälischen Friedensverträge** ("Vollständige Lateinischer Text mit Übersetzung der wichtigeren Teile und Regesten", Bern / Frankfurt a.M.: Lang - Quelle zur neueren Geschichte, 1975, H. 12-13, p. 101-166); v. tb. Rainer A. MÜLLER, (herausgegeben von), **Deutsche Geschichte in Quellen und Darstellung** (Stuttgart: Ph. Reclam jun. – Reclam Universal Bibliothek, 11 vols., vol. 4 – Gegenreformation und Dreiβigjähriger Krieg 1555-1648, hrsg. Bernd ROECK, RUB Nr. 17004, 2002, cap. 67 – Die Friedenschlüsse von Münster und Osnabrück, p. 393-423, cit. p. 394): Die Friedenschlüsse von Münster und Osnabrück waren, so wird man heute urteilen, eine groβartige Leistung, Ausdruck von Weisheit und Staatskunst, der Fähigkeit zum – gewiβ oft schmerzlichen – Verzicht. Sie wurden zugleich völkerrechtliche Verträge, zum festen Bestandteil der Reichsverfassung (Art. XVII.2 der Osnabrücker Friedensinstruments – Instrumentum Pacis Osnabrugense: IPO), galten als *Fundamentalgesetze* des Reiches, dessen Struktur sie für gut eineinhalb Jahrhunderte wesentlich prägten.

[889] Cfr. **Tratado** (tomo VIII – **Direito internacional além do paradigma vestfaliano**); v. tb. Alfred Von VERDROSS e Bruno SIMMA, **Universelles Völkerrecht** (op. cit., ed. 1981, p. 40-41): Den Abschluss dieses langen Umwandlungsprozesses (...) bildet der erste europäische Staatenkongress von Osnabrück und Münster, der am 24. Oktober 1648 durch den aus zwei Friedeninstrumenten bestehenden Westfälischen Frieden abgeschlossen wurde.

[890] Hugo GRÓCIO, **O direito da guerra e da paz** (intr. Antonio Manuel HESPANHA, trad. de Ciro MIORANZA, do original **De jure belli ac pacis**, col. clássicos do direito internacional, Ijuí: Ed. Unijuí, 2004, 2 vols.), tb. na tradução de Jean BARBEYRAC, "avec les notes de l'auteur même, qui n'avoient point encore paru en françois; & de nouvelles notes du traducteur", originalmente publicada em Amsterdã, chez Pierre DUCOUP, 1724, reimpressão – Caen: Publications de l'Univ. de Caen, 1984, 2 tomos).

plures aut populorum rectores intercedit[891] – aquele direito que intercede entre múltiplos povos e múltiplos governantes desses povos. O peso dos *populorum rectores* permaneceu excessivo durante muito tempo. A configuração do direito internacional como *jus inter populos* ainda se vê em construção.

Um dos dois mencionados instrumentos, além dos delegados imperiais e suecos, ficava aberto à assinatura de inteira série de príncipes soberanos, referidos por ambos os co-contratantes originais, quer como *foederati,* quer como *adhaerentes,* o que não constitui mero detalhe terminológico. Nesse conjunto, inscrevem-se, ao lado do Imperador germânico, a casa da Áustria, os príncipes Eleitores palatinos (*Kurfursten*), príncipes e pares do império (dentre os quais o duque da Savóia, e os representantes das cidades da liga hanseática), além de nomeados os reis da França, Grã-bretanha, Dinamarca, Noruega, Polônia, Portugal, o duque da Lorena, todos os príncipes e repúblicas da Itália, o grão-príncipe de Moscóvia, a república de Veneza, os Países-Baixos, a Confederação helvética com Graubunden e o príncipe de Siebenburgen.

Estes documentos são, com excessiva frequência e pouco sentido crítico, apontados como relevante constituição formal para uso interno do Sacro império, pelo próximo século e meio. Mas não se deve exagerar seu alcance, do ponto de vista do direito internacional público moderno, o *ius publicum europaeum.*[892] Esta concepção terá longa vida e múltiplas manifestações, erroneamente, porém, frequentemente repetidas.[892]

[891] Hugo Grócio (op. cit., ed. 2004, 'prolegômenos', p. 33-65, n. 1: "esta parte do direito, porém, que intervém nas relações de muitos povos *ou de chefes de estado,* cujos preceitos são fundados sobre a própria natureza ou estabelecidos por leis divinas ou ainda introduzidos pelos costumes e por uma convenção tácita, poucos escritores tentaram entrar nesse campo, ninguém tentou até o presente fazer disso o objeto de um tratado completo e metódico. Semelhante trabalho interessaria, contudo, à humanidade."

[892] A respeito, v. **Tratado** (tomo IV – **Direito internacional no tempo medieval**, cap. 12 – *jus gentium, jus commune, jus europaeum*: entre a teoria e a prática); Lucien Bély avec Isabelle Richefort (dir. de), **L'Europe des traités de Westphalie** – Esprit de la diplomatie et diplomatie de l'esprit, Paris: PUF, 2000); Siegrid Westphal, **Der Westfälische Frieden** (Munique: Beck-Wissen, 2015, VI – Reaktionen, Wirkungen und Wahrnehmungen, p. 110-114, cit. p. 110): "Der Westphälische Friedenskongress war ein Medienereignis. Viele Informationen der eigentilich streng geheimen Verhandlungen gelangten unmittelbar in die Öffentlichkeit. Innerhalb weniger Monate nach Friedensschluss war der lateinische Vertragstext in rund 40.000 Exemplaren in Form von Flugschtiften und in verschiedenen Übersetzungen in Umlauf. Unverzüglich setzte eine breite und intensive Friedenspublizistik ein, die als beschwörener Appel an die Herrschenden gedeutet wird, den erreichten Frieden zu bewahren."

Não ocorreu claro comprometimento com a nova concepção do mundo, formulada pelos estados territoriais soberanos participantes da paz de Vestfália. Contrariamente aos desejos da França, o termo 'soberania' sequer foi inserido nos textos dos tratados. E, "talvez o estado-nação tenha sido o caminho errado da história (*Irrweg der Geschichte*); momentaneamente, muito se aponta nesse sentido".[894]

Embora o conceito de soberania já então estivesse formulado e seu conteúdo determinado[895] desde as obras de MAQUIAVEL, de BODIN e de HOBBES, o termo não foi usado pelos redatores dos tratados, que tinham de solucionar as questões altamente controvertidas das guerras de religião: "nesse sentido, a paz de Vestfália seria menos consistente, com as modernas noções da soberania, do que a paz religiosa de Augsburgo, que tinha sido celebrada um século antes, em 1555":[896]

> os críticos também rejeitam o argumento, frequentemente suscitado pelos defensores do sistema vestfaliano, de que os direitos dos príncipes do Sacro império romano, de conduzir a sua política externa e de celebrar tratados, com outros estados, dentro e fora do Império, tal como reconhecido pelos tratados, tenha de ser visto como evidência da adoção do moderno conceito de soberania. Na opinião destes, o conteúdo desse direito e o seu significado, no contexto dos tratados de paz, como um todo, eram muito mais limitados do que se alega, pelos proponentes de interpretação ampla dos tratados.[897]

[893] Ver análise da matéria no **Tratado** (tomo VIII – **Direito internacional além do paradigma vestfaliano**, título I – além do paradigma vestfaliano e título II – da construção de sistemas coesos: de Vestfália (1648) até a guerra dos sete anos (1756-1763)).

[894] Georg SCHMIDT, professor de História da Universidade de Jena, *Auch die teuerste Armee muß nicht immer gewinnen* (in Dietmar PIEPER e Johannes SALTZWEDEL (hrsg.), **Der dreissigjährige Krieg** – Europa im Kampf um Glaube und Macht 1618-1648, Munique: Deutsche Verlags-Anstalt, 2012, p. 29-42, cit. p. 42): "vielleicht war der Nationalstaat der Irrweg der Geschichte. Momentan deutet manches darauf hin."

[895] Como se examina no **Tratado** (tomo V – **Direito internacional no tempo de Francisco de Vitória**, cap. 13 – estado como sujeito de direito internacional – a contribuição de MAQUIAVEL e BODIN).

[896] Rainer GROTE, *Westphalian System* (in **Encyclopedia of Public International Law**, 2012, vol. X, p. 870-874, cit. § 10, p. 872): "While the latter had imposed no limits on the principle *Cuius regio, eius religio*, the treaties of Westphalia fixed the confessional matters as they stood on 1 January 1624, and explicitly rejected the notion that rulers could change their religion, and consequently that of their subjects, arbitrarily".

[897] R. GROTTE (cit., **Encyclopedia**, 2012, vol. X, §10, p. 872).

Cabe apontar ter sido isso referido, de maneira bastante incidental, em uma frase de cláusula que explicitava os direitos dos estados, dentro do Sacro império, de participar nas deliberações do império, e concluía com a obrigação de que nenhum tratado fosse feito contra o imperador ou o Império.[898]

Sobretudo, é questionável o argumento de terem os tratados da paz de Vestfália conseguido estabelecer paz duradoura na Europa. Mesmo depois dos dois tratados de outubro de 1648, França e Espanha continuaram em guerra durante mais onze anos. E a guerra franco espanhola, que já ocorria durante a guerra dos trinta anos, somente termina com a 'paz dos Pirineus', celebrada em 1659.[899]

De tal modo, não se pode argumentar que teriam servido os dois instrumentos da paz de Vestfália para realizar, ou mesmo tentar realizar, o estabelecimento de sistema, ou de estrutura estável, para a conservação da paz na Europa. Argumente-se que o conteúdo da grande maioria das disposições contidas nos dois instrumentos de 1648 dizia respeito ao estabelecimento de arranjo institucional viável para o Sacro império e suas unidades componentes,[900] justamente porque foram essas as regiões mais assoladas[901] por aqueles trinta anos de conflitos armados.

[898] R. Grotte (cit., **Encyclopedia**, 2012, vol. X, § 11, p. 872-873): "Only after the fact could this provision be read as an endorsement of the principles of sovereignty, which deny any restraint on the way states may conduct their foreign policies".

[899] A respeito, Lucien Bély, **La France au XVIIe siècle** (Paris: PUF, 2009, *'La paix des Pyrenées'*, p. 325-332).

[900] Peter H. Wilson, **The Holy Roman Empire** – a thousand years of European history (orig. publ. 2016, London: Penguin, 2017); Francis Rapp, **Le saint empire roman germanique** – D'Otton le Grand à Charles Quint (Paris: Tallandier-histoire, 2000, cit. p. 353): L'Empire redevenait une idée, une passion; l'histoire la chargeait de souvenirs glorieux.

[901] Mesmo se a destruição não ocorreu uniformemente, em toda a sua extensão, estima-se que nesses trinta anos de guerra, a "Alemanha perdeu 40% do total de sua população", avaliava Heinz Dieter Kittsteiner (1942-2008), **Die Stabilisierungsmoderne** – Deutschland und Europa 1618-1715 (Munique: Carl Hanser, 2010, cit. p. 88-89): "Das Leben bewegte sich in diesen Zeiten zwischen Alltag und Katastrophe". A destruição se teria concentrado, sobretudo, em diagonal, desde o Mar Báltico até o Sudoeste do Império, da Pomerânia e Mecklemburgo, passando pela Turíngia e parte da Saxônia, até o Palatinado e parte do Württemberg. Nestas áreas, pereceu metade da população. Em outras áreas, as mortes chegaram a cerca de um terço do total. E não somente pelas mortes diretamente decorrentes da guerra, como também dos saques e depredações de cidades e propriedades rurais e castelos, mas também pela subnutrição e as epidemias, decorrentes da guerra. Por isso, escrevia Kittsteiner: a vida nesse tempo oscilava entre o dia a dia e a catástrofe. Ver tb. Henry

Nesse sentido: "embora a maioria das potências europeias estivessem associadas com os tratados da paz de Vestfália, de um modo ou de outro, estes continham poucas normas regulando a conduta de entidades autônomas fora do Sacro império".[902]

Muitos séculos transcorreram na longa passagem do contexto medieval para o moderno,[903] e quase quatrocentos anos, desde a paz de Vestfália. Contudo, a fixação do modelo conceitual ainda hesita entre conjunto mais ou menos restrito de normas aplicado e aplicável a determinados países – quantos escreveram sobre um direito das gentes *europeu* ou um direito internacional *americano* –, ou, antes, enquanto conjunto normativo de natureza universal a ser, como tal, compartilhado por toda a humanidade. Isso se deu, de modo escandaloso, com o acirramento do eurocentrismo, concomitante à exacerbação das conquistas coloniais e se fez em função de interesses mais restritos, que preponderaram entre meados do século XIX e a primeira metade do século XX.[904]

Mesmo em fase na qual prevaleceu essa visão eurocêntrica e reducionista do direito internacional, cumpre ressalvar, sempre se fizeram ouvir

Bogdan, **La guerre de trente ans** 1618-1648 (© 1997, Paris: Perrin-tempus, ed. 2006, impr. 2010).

902 R. Grotte (cit., **Encyclopedia**, 2012, vol. X, no. 12, p. 873): "Those rules which could have provided an impetus for the development of more elaborate international arrangements, such as the provisions on dispute settlement and the defence of the peace turned out to have little or no practical relevance at all". V. tb. Wolfgang Kaiser, *Suspendre le conflit: pratique de neutralisation entre chrétiens et musulmans en Méditerranée (XVIe –XVIIe siècles)* (in **Les ressources des faibles** – neutralités, sauvegardes, accommodements en temps de guerre (XVIe-XVIIIe siècle), dir. de Jean-François Chanet et Christian Windler, Rennes: P.U. de Rennes, 2009, p. 277-290, cit. p. 277-278): "Dans le contexte d'un conflit déterminé à ce point par la confrontation religieuse, les accommodements deviennent gênants. Du coup, certains aspects pourtant essentiels des accords entre les puissances européennes et les régences ottomanes du Maghreb sont relégués dans les clauses tenues secrètes, par exemple celles concernant les 'rançons tacites' évoquées dans l'accord conclu entre la France et Tunis en 1691. D'autres accommodements font partie des us et coutumes de tradition orale et ce fut le cas des dons considérés par les autorités maghrébines comme des tributs."

903 Cf. **Tratado** (tomo IV – **Direito internacional no tempo medieval**, cap. 8 – a longa transição do mundo antigo ao medieval).

904 Cf. **Tratado** (tomo XIII – **Direito internacional no tempo do concerto europeu**, cap. 29 – ascensão e queda do concerto europeu – ensaio de balanço do direito internacional no século XIX, esp. item 29.1 –. bases e dilemas de direitos internacionais 'nacionais'; bem como tomos XIV-XVII – **Direito internacional no tempo do colonialismo**).

algumas vozes discordantes – apodadas de 'idealistas'. Vários internacionalistas, de diferentes nacionalidades, por exemplo, manifestaram-se, sobretudo, nos vinte anos entre o término da primeira e o início da segunda guerra mundial. Defensores de ordem internacional com papel crescente para o ser humano.[905] Essa confrontação entre concepções antagônicas, de viés idealista ou realista, até hoje se discute no direito internacional pós-moderno[906] e repercute em diferentes 'escolas' de relações internacionais.

Em determinado momento da história, um certo grupo de estados (europeus, cristãos, ocidentais), estava longe de constituir comunidade fechada, mas se colocaram como centro e como paradigma. Em suas relações internacionais e em defesa, sobretudo, de seus interesses, estes estados tiveram ensejo de celebrar tratados com a Turquia, com os chamados 'estados barbarescos', no norte da África, bem como com potências asiáticas – China, Japão, Sião (Tailândia) – admitindo estes últimos, ainda que parcialmente, no sistema internacional da época. Essas práticas mostram quanto ainda demoraria até se configurar um direito internacional de vocação verdadeira e amplamente universal.[907]

Esse estreitamento de vistas se deu, a tal ponto, que o tratado de paz, assinado em Paris, em 30 de março de 1856, com o Império otomano, em seu artigo 7º, declara estar sendo concedido ao Império otomano o

[905] Alguns aspectos são considerados nos **Fundamentos do direito internacional pós-moderno** (2008, cap. I – construção do direito internacional e contexto pós-moderno, p. 63-179) b/c no **Tratado** (tomo XX – **Direito internacional, história e cultura**, cap 4 – Papel da proteção internacional dos direitos fundamentais como fator de renovação e de transformação do direito internacional, item C – Dimensão humana no direito internacional pós-moderno). V. tb. Carl Bouchard, **Le citoyen et l'ordre mondial** 1914-1919 – le rêve d'une paix durable au lendemain de la grande guerre (Paris: Pedone, 2008).

[906] A respeito, v. **Tratado** (tomo XX – **Direito internacional, história e cultura**).

[907] Concepção então levada ao paroxismo, cf. **Tratado** (tomo XIII – **Direito internacional no tempo do concerto europeu**) e tb. **Fundamentos** (2008, cap. III – direito internacional pós-moderno: entre técnica. espírito e utopia, p. 297-379). Aprecio muito a amplitude de horizontes que trazem C. H. Alexandrowicz, **The law of nations in global history** (ed. by David Armitage and Jennifer Pitts, Oxford: University Press, 2017); ___ , **The Afro-Asian world and the law of nations: historical aspects** (Rcadi, 1968, t. 123, p. 117-214); ___ , **Treaty and diplomatic relations between European and South Asian powers in the seventeenth and eighteenth centuries** (Rcadi, 1960, t. 100, p. 203-322); b/c A. Verdross e B. Simma (op. cit., ed. 1981, p. 42).

benefício de participar do sistema europeu – literalmente, "das vantagens do direito público e do concerto europeu".[908]

Somente a partir daí torna-se o Império otomano membro (não integral) do sistema europeu? Obviamente não![909] Basta lembrar que, desde os séculos XV e XVI, potências 'ocidentais' celebravam tratados e interagiam com o Império otomano, ainda que fossem, por vezes, acordos desiguais e 'capitulações'. O que pode ser caracterizado como um direito internacional tradicional, em projeção colonial, expresso como capitulações – concedidas a mercadores, venezianos e genoveses,[910] florentinos e napolitanos, ragusanos e outros,[911] bem como protetorados e conces-

[908] **Traité général de paix et d'amitié**, signé à Paris, le 30 mars 1856, entré en vigueur le 16 avril 1856, art. 7: "Sa Majesté l'empereur des Français, Sa Majesté l'empereur d'Autriche, Sa Majesté la reine du Royaume-Uni de la Grande Bretagne et de l'Irlande, Sa Majesté le roi de Prusse, Sa Majesté l'empereur de toutes les Russies et Sa Majesté le roi de Sardaigne déclarent la Sublime Porte admise à participer aux avantages du droit public et du concert européen. Leurs Majestés s'engagent, chacune de son côté, à respecter l'indépendance et l'integrité territoriale de l'empire Ottoman, garantissent en commun la stricte observation de cet engagement, et considéreront, en conséquence, tout acte de nature à y porter atteinte comme une question d'intérèt général." Disponível on line Traité de Paris, Guerre de Crimée, 1856, digithèque MJP https://mjp.univ-perp.fr.

[909] Orlando Figes, **Crimea** – The last Crusade (London: Penguin, 2010, chap. 14 – Paris and the new order, p. 411-465, cit. p. 452): The Crimean war reinforced in Russia a long felt sense of resentment against Europe. There was a feeling of betrayal that the West had sided with the Turks against Russia. It was the first time in history that a European alliance had fought on the side of a Muslim power against another Christian state in a major war.

[910] Como a capitulação outorgada por Mehmed II aos genoveses, após a queda de Constantinopla, cf. examina Umut Özsu, *Ottoman empire* (in **The Oxford Handbook of the History of International Law**, ed. by B. Fassbender and Anne Peters, Oxford: Univ. Press, 2012, chap. 18, p. 429-448, esp. sec. 2 – *A short history of the capitulations*, p. 433-445, cit. p. 434): "Active in the city under Byzantine rule, the Genoese were invested with the privilege of conducting trade without a significant tax burden, and their ability to come and go, resolving their disputes in accordance with their own laws and customs, was recognized. The adjudicative features of these early grants are intriguing, shedding light on the jurisdictional complexities fostered by even the earliest capitulations. While disputes between subjects of Latin powers were settled by local consuls, those between Latin merchants on the one hand and subjects of the sultan on the other seem at times to have been distributed between Latin consuls and Ottoman courts on the basis of the defendant's nationality. A Latin subject bringing an action against an Ottoman subject could take the matter to the Ottoman authorities, whereas an Ottoman subject with a claim against a Latin subject might go to the Latin consul, joint decisions by Latin and Ottoman authorities also apparently being an option."

[911] O termo 'capitulações' é utilizado – normalmente no plural – desde o século XVI, proveniente do latim medieval, *capitulatio*, significa *convenção* e formado a partir de *capitulare*,

sões.[912] Longe de ser questão irregularmente aplicada ou uma questão de efeitos limitados ou estritamente locais, as capitulações se desenvolveram como um vasto regime de comércio e de diplomacia, com numerosos estados não-muçulmanos.[913] Como se deu com acordos, celebrados pelos reis de França, desde FRANCISCO I até LUIS XV, com o Império otomano, dentre os quais numerosas capitulações, assinadas ao longo de séculos.[914] Também tratado, como o de Carlowitz, em 1699, igualmente estipula a proteção de católicos em território otomano;[915] enquanto os tratados de Koutchouk-Kainardji, em 1774, e de Andrinópolis, em 1829,

'enumerar, fazer um relatório, estipular em uma convenção, pactuar'. Empregado no singular, no direito dos conflitos armados, o termo designa o ato pelo qual um exército ou uma praça forte se rendem ao inimigo. Encontram-se também 'capitulações', no plural, em relação a convenções, tendo por objeto o fornecimento, por um estado não-beligerante, de contigentes militares a um outro. Mas é sobretudo o terceiro sentido do termo 'capitulações', no plural, que merece atenção: atos unilaterais ou convencionais, conferindo aos súditos de um estado, privilégios dos quais gozam em um outro estado, e nos termos do qual escapam em parte e de maneira não-recíproca à jurisdição das autoridades desse estado territorial. V. Denis ALLAND, *Capitulations* (in **Dictionnaire de la culture juridique**, dir. de D. ALLAND et Stéphane RIALS, Paris: Lamy / PUF-Quadrige, 2003, p. 167-168).

[912] B. BOUTROS-GHALI, **L'Organisation de l'Unité Africaine** (Paris: A. Colin, 1968, p. 5-6): L'Afrique, qui n'a connu de droit international traditionnel que dans une projection coloniale (capitulations, protectorat, concessions, etc), comme un droit conçu en partie pour légitimer les acquisitions et les privilèges européens, s'est vu d'emblée offrir un champ nouveau pour élaborer le droit qui réglera à l'avenir ses conflits, régira ses associations et ses regroupements, établira sa sécurité et ses institutions.

[913] U. ÖZSU (op. cit., 2012, p. 434): "Merchants affiliated with a State to which a capitulation had been granted were authorized to operate full-scale *fondachi*, factories and similar trading 'colonies' on Ottoman soil", de modo que "this provided a significant foothold in Ottoman economy and society; and also spurred the growth of new mechanisms of diplomatic intercourse."

[914] Angelos DALACHANIS, *Confessions et minorités* (in **Le Moyen-Orient - fin XIXe - XXe**, sous la direction de Leyla DAKHLI, Paris: Seuil, 2016, p. 73-98, cit. p. 73): "Au Moyen-Orient, pendant des siècles, des populations majoritaires ou minoritaires *de fait* ou *de droit* cohabitent pacifiquement, même si cette cohabitation est parfois interrompue par des périodes de conflit plus ou moins longues. Ces populations se sont forgées autour d'appartenances multiples - impériales, étatiques, ethniques, linguistiques, nationales, territoriales, confessionnelles, religieuses - qui se sont juxtaposées, superposées et/ou synchronisées".

[915] **Traité de Carlowitz**, de 1699, article VII: "Les religieux catholiques romains, partout où ils ont leurs églises, pourront, sans empêchement, exercer leurs fonctions et vivre en toute sécurité, conformément aux ordres émanés de la Sublime Porte, et il sera permis à l'ambassadeur de Pologne près de la Sublime Porte d'exposer devant le trône impérial toutes les demandes qu'il aura ordre de faire au sujet de la religion."

asseguram a proteção das minorias cristãs ortodoxas em território otomano e, neste caso, a prerrogativa da Rússia de pleitear a defesa de seus interesses junto ao governo otomano – a Sublime Porta –, em nome de tais minorias.

Ao mesmo tempo em que extensa prática pode ser apontada, persistiu o debate, que remontava à Idade Média, a respeito da validade da pactuação de tratados com príncipes não-cristãos. Pode-se dizer que tenha a controvérsia se estendido até meados do século XIX – basta pensar nas distinções entre os estados supostamente 'civilizados' em relação a outros. Isso significaria que, até aquele marco histórico, entre as potências cristãs e as não-cristãs, não seria aplicável a totalidade do direito internacional, mas, somente alguns tratados e normas isoladamente consideradas teriam vigência no contexto interconfessional.[916]

Atitude similar reinou, durante muito tempo, entre potências europeias e não-europeias, se e, na medida em que, houvesse alguma relação institucionalizada. A China recusa tais entendimentos até a metade do século XIX – para, a partir daí, serem-lhe impostos à força os tratados desiguais. Algo semelhante se vê com a própria Rússia, porquanto somente algumas convenções tinham sido celebradas. Também o Japão, até 1853, exceto por breve intervalo, não mantivera quaisquer relações internacionais com outros estados, exceto com a China.

A China teve experiências amargas com as potências ocidentais e o direito internacional (*gong fa*), tal como foi a ela levado e imposto por estas. Os chamados 'tratados desiguais' não são página que enobreça a história diplomática e o direito internacional da época, tais como foram impostos à China pela Grã-Bretanha, França, Estados Unidos e Rússia e, posteriormente, além da Bélgica, também pela Alemanha, Dinamarca, Portugal e Espanha. Esse passado recente não foi esquecido pela China atual.

Para um povo que se vê e se compreende na perspectiva da história, como são os chineses, o peso do passado recente serve para explicar e compreender muitas coisas do quadro atual. A atitude tendente a privilegiar posições de força, por parte da China, não pode ser separada do

916 Ver a respeito, Heinz Schilling, *La confessionalisation et le système international* (in **L'Europe des traités de Westphalie** – Esprit de la diplomatie et diplomatie de l'esprit, dir. de Lucien Bély avec Isabelle Richefort, Paris: PUF, 2000, p. 411-428).

quadro das imposições externas de força, que à China foram feitas, pelas potências ocidentais.[917]

Por isso, a China não quer se integrar; ela quer ser forte, para não mais ter de passar pelo que os ocidentais com ela fizeram, notadamente, entre a segunda metade do século XIX e a primeira metade do século XX. E, isso tem sido feito, em grande escala, nas últimas décadas.[918]

O Brasil também teve tratado dessa natureza com a China, assinado em Tien Tsin, em 3 de outubro de 1881.[919] O passado talvez seja útil para compreender algumas das atuais atitudes da China em relação ao mundo dito 'ocidental'. Fortes ressentimentos históricos afloram e se fazem presentes.

Exemplo de tais situações é o tratado de Pequim, de 2 de novembro de 1865, entre China e Bélgica. Este foi ratificado em Shangai, em 27 de outubro de 1866. Em abril de 1926, o governo chinês informou ao governo belga a sua intenção de rever as cláusulas do tratado. Ante a recusa da Bélgica, o tratado viria a ser denunciado pela China, em 6 de novembro de 1926. O caso seria levado pela Bélgica, em 25 de novembro de 1926, para a apreciação da Corte Permanente de Justiça Internacional.[920] A China não aceitou participar do caso. Nesse meio tempo, novo tratado veio a ser negociado, em substituição ao anterior, em 22 de novembro de 1928, sendo ratificado pelas partes em 4 de março de 1929. A Bélgica, em 25 de maio de 1929, pede à Corte Permanente de Justiça Internacional a desistência do caso e a retirada deste da lista de casos da Corte.

Questionamentos essenciais de ordem estrutural ocorreram quando da independência das antigas colônias da África e da Ásia, após a segunda

[917] V. tb. **Tratado** (tomos XIV a XVII – **Direito internacional no tempo do colonialismo**).

[918] Como me foi declarado por aluna do Mestrado em direito internacional, direito europeu e direito comparado da Faculdade de direito da Universidade de Macau, na qual tive oportunidade de lecionar alguns cursos, entre os anos de 2007 até 2012, além de participar de eventos acadêmicos, seminários e publicações, ao longo dos anos. V. tb. **Tratado** (tomo I – **Direito internacional dos espaços**, cap. 7 – conceito e extensão do domínio terrestre, 7.1 – questões recentes de sucessão de estado, item 7.1.1 – China, com foco nas questões de Hong Kong (7.1.1.1), Macau (7.1.1.2), Tibet (7.1.1.3) e Formosa (7.1.1.4).

[919] Em 1929, o Brasil declarou-se disposto a acordo para a supressão da extraterritorialidade. Em agosto de 1943, novo tratado Brasil-China pôs fim ao privilégio.

[920] C.P.J.I., **denúncia do tratado de 2 de novembro de 1865 entre China e Bélgica / denunciation of the treaty of 2 November 1865, between China and Belgium** (série A, n. 8, n. 14, n. 16, n. 18, n. 19, e série C, n. 16/1).

guerra mundial.[921] Mesmo assim, o direito internacional pós-moderno mostrou a sua extraordinária capacidade de mutação e de renovação, para deixar de ser o direito emanado das potências europeias, cristãs e ocidentais – como o é, por sua origem, e sua matriz –, para passar a ser o direito da comunidade internacional, na sua mais ampla acepção.[922]

A institucionalização das relações internacionais e, concomitante, a floração de obras sobre o direito internacional suscita relevantes discussões conceituais.[923] Sucessivos autores escreverão tratados ou estudos mais ou menos desenvolvidos sobre distintos tópicos da disciplina.[924]

A estes se acrescentem pensadores e filósofos desses tempos, como Thomas HOBBES e Baruch ESPINOZA.[925] Ambos bastante céticos e críticos em relação ao direito internacional.[925]

[921] V. **Tratado** (tomo XVII – **Direito internacional no tempo do colonialismo**, cap. 14 – crise do sistema e emergência da 'autodeterminação dos povos' como princípio basilar do direito internacional pós-moderno).

[922] Cabe o paralelo de se considerar, cronologicamente, o sentido de participação em sistema de direito internacional, as antigas colônias das Américas, na medida em que acederam à independência, vem buscar a inserção, ainda que marginalmente, nesse direito internacional do tempo. A 'descolonização' das Américas não se fez acompanhar de questionamentos tão 'essenciais' e, por assim dizer, de ordem 'estrutural', em relação ao quadro normativo internacional da época. Matéria examinada no **Tratado** (tomo XIII – **Direito internacional no tempo do concerto europeu** e tb. tomo XVII – **Direito internacional no tempo do colonialismo**, cap. 14 – crise do sistema e emergência da 'autodeterminação dos povos' como princípio basilar do direito internacional pós-moderno).

[923] V. **Tratado** (tomo VIII – **Direito internacional além do paradigma vestfaliano**, título I – além do paradigma vestfaliano, e seu item – o que é, e como é o *clássico*? e título II – da construção de sistemas coesos: de Vestfália (1648) até a guerra dos sete anos (1756-1763)).

[924] Como se examina no **Tratado** (tomo VIII – **Direito internacional além do paradigma vestfaliano**, nos itens – literatura sobre o equilíbrio da Europa, direito internacional e o padrão clássico na cultura, sistemas internacionais coesos).

[925] Merecem toda a consideração e respeito a coragem e a integridade intelectual de Baruch ESPINOZA, que pagou caro pela busca intransigente e independente da verdade. V. Yirmiyahu YOVEL, **SPINOZA et autres hérétiques** (trad. Éric BEAUMATIN et Jacqueline LAGRÉE, © 1989, Paris: Seuil, 1991, Préface, p. 7-10, cit. p. 7): "Baruch SPINOZA (1632-1677) est une figure essentielle de l'histoire intellectuelle de l'histoire de l'occident, bien que son rôle ne soit pas toujours pleinement reconnu. Sa révolution philosophique a anticipé les tendances majeures de la modernisation européenne, notamment le processus de sécularisation, la critique biblique, la naissance de la science naturelle, les Lumières et l'état démocratique libéral." Pagou caro, durante a vida, pela sua busca da verdade. YOVEL reproduz o documento de excomunhão de ESPINOZA, então com 24 anos, declarada pela comunidade judaica de Amsterdã, em 1656, na trad. francesa: *"Par décret des Anges, par les mots des Saints, nous banis-*

O estado de direito que ESPINOZA reconstrói teoricamente parte de pressupostos muito próximos aos de HOBBES, ao falar em 'direito' e em 'leis' naturais. O pacto social tem sua origem na utilidade que dele decorre, e sobre esta se fundamenta. [927]Contudo, conforme apontam REALE e ANTISERI:

> o estado ao qual são transferidos os direitos na constituição do pacto social não pode ser o estado absolutista, do qual fala HOBBES. Alguns direitos do homem são inalienáveis, porque, renunciando a eles, o homem deixa de ser homem. O fim do estado não é a tirania, mas a liberdade.[928]

sons, écartons, maudissons et déclarons anathème sur Baruch de SPINOZA avec toutes les malédictions écrites dans la Loi. Maudit soit-il le jour et maudit soit-il la nuit, maudit soit-il à son coucher et maudit soit-il à son lever, maudit soit-il en sortant, et maudit soit-il en entrant." Conclui seu livro (p. 495): "La quête de lucidité et de désillusion n'a pas de but à atteindre, et ne saurait procurer plus qu'une émancipation partielle; mais elle admettra toujours le monde immanent, avec sa finitude et ses incertitudes internes, comme domaine suprême de l'être et de la valeur, ni enfer ni paradis, mais patrie métaphysique de l'homme, vallée de larmes créative et même joyeuse, où souffrance et persévérance, finitude et autonomie s'informent l'une l'autre." O mais surpreendente é que ainda se mantenha, nessa mesma comunidade, a feroz oposição até mesmo à menção do nome do célebre filósofo! Com recusa peremptória de sequer falar a respeito ou mencionar o nome do grande filósofo. Séculos de intolerância, obstinadamente conservada.

[926] Não consigo simplesmente enxergar detrator do direito internacional no sábio ESPINOZA – não excluindo as críticas contra o direito internacional, que ele via como parte de um direito natural. Digamos não ter sido este o seu foco principal. De longa data, algo citado, mas pouco lido, permanece ESPINOZA um dos pensadores cruciais do seu tempo, e quiçá, de todos os tempos, com destaque para a sua Ética demonstrada segundo o método **geométrico** mas também os **Tratados teológico-político** e **da autoridade política** (cf. ed. francesa, Éthique **démontrée selon la méthode géometrique**, notice, trad., prés. et annotée par R. CAILLOIS, in **Oeuvres complètes**, Paris: Gallimard, © 1954, impr. 1992, p. 301/596; **Traité des autorités théologique et politique**, do original latino **Tractatus theologico-politicus** publ. 1670, notice par Madeleine FRANCÈS e Raymond MISRAHI, in **Oeuvres complètes**, Paris: Gallimard, © 1954, impr. 1992, p. 597/908 e **Traité de l'autorité politique**, notices par Madeleine FRANCÈS, in **Oeuvres complètes**, Paris: Gallimard, © 1954, impr. 1992, p. 909/1044).

[927] Giovanni REALE e Dario ANTISERI, **Filosofia: Idade moderna** (orig. publ. **Il pensiero occidentale**, vol. 2 – **età moderna**, 2013, trad. José BORTOLINI, nova edição, revista e ampliada, São Paulo: Paulus, 2017, cap. 9 – ESPINOZA e a metafísica do monismo e do imanentismo panteístico, p. 321-350, cit. p. 349).

[928] G. REALE e D. ANTISERI, **Filosofia: idade moderna** (ed. 2017, cap. cit., cit. p. 349-350): "a defesa da liberdade religiosa e do estado liberal tem raízes existenciais: expulso da comunidade dos judeus, desenraizado do mundo ao qual pertencera e privado de qualquer

Em ESPINOZA alguns veem negação do direito internacional. Segundo este, por viverem as sociedades políticas em estado de natureza, o direito de cada um se estende até onde alcança a força.[929] Eu pondero se nele não estaria, antes, sinal de sabedoria e exemplo, que deveria ser meditado, por todos aqueles que consagrarão parte de sua obra à reflexão sobre temas internacionais e sobre a possível regulação das relações entre estados, enquanto sujeitos de direito internacional.

Em certa medida, permanece infelizmente atual a constatação de que, para sociedades políticas vivendo no estado de natureza, o direito de cada uma se estende até onde se estenda a sua força. Ir além dessa premissa básica é o dilema da institucionalização do direito internacional desde séculos, que permanece em nosso contexto pós-moderno.

Para a aquisição do conhecimento, ESPINOZA propõe certo distanciamento, sem crispação, sem ódio, sem ressentimentos, buscando o sentido, buscando a visão de conjunto a mais ampla que se puder alcançar.[930] O que expõe ELIADE, em relação à compreensão da história,[931] é formulação que se aproxima das recomendações de ESPINOZA.

espécie de contatos, não restava a ESPINOZA, como com razão afirma JASPERS, senão o estado que lhe deixou a liberdade de viver e pensar."

929 Nesse sentido, Antonio TRUYOL Y SERRA, **Histoire du droit international public** (Paris: Economica, 1995, cit. p. 82): "Dans la foulée de HOBBES, Baruch SPINOZA (1632-1677), dans son **Tractatus theologico-politicus** (1670) et son **Tractatus politicus**, inachevé (publié à titre posthume en 1677), souligne également que, les sociétés politiques vivant à l'état de nature, le droit de chacune s'étend jusqu'où s'étend sa force. Le principe d'autoconservation est le principe suprême de l'ordre moral entre les nations et les peuples comme entre les individus. À la différence de ceux-ci, les États n'ont pas conclu un cotnrat social mettant fin à leur insécurité radicale par l'instauration d'un pouvoir supérieur. Les accords qu'ils concluent sont le simple reflet du rapport de forces, et ils peuvent s'en libérer dès que ce rapport se modifie."

930 Ver tb., supra, cap. 1 – direito internacional: modelos históricos e culturais. A escolha da formulação, questionando a relação entre 'direito internacional' e 'duração' se põe no sentido exato dessa busca do que possa ser relevante, do que possa ser essencial para a consolidação da disciplina, no contexto pós-moderno: quais as normas e parâmetros poderão ser adotados? quais permanecerão? e por quanto tempo? A eternidade, de novo, não é deste mundo.

931 Mircea ELIADE **Fragmentarium** (traduit du roumain par Alain PARUIT, Paris: L'Herne, 1989, citação do artigo, *La technique du mépris*, p. 179/183, cit. p. 182). Cabe adotar essa postura como necessidade para permitir a reflexão, destacando-se tanto quanto possível das contingências humanas, ressalta ELIADE.

Mais radical que a de HOBBES, é a crítica de ESPINOZA, no seu **Tratado político** (1677), contra o direito internacional: [932] "os estados se colocam, uns em relação aos outros, como os homens, como inimigos (*due civitates natura hostes sunt*).[933] E que o direito vale exatamente na medida em que é respaldado pelo poder (*quia unusquisque tantum juris habet, quantum potentia valet*).[934] Os limites do 'direito' seriam estabelecidos pelos limites da força! Um discurso 'realista' de relações internacionais!

"Os reinos, tanto pela prudência como pela força, devem ser aumentados e conservados",[935] comentava CRISTOVÃO ARMÊNIO (1557). O encadeamento entre 'prudência' e 'força' está sempre presente no direito internacional, como se vê nas obras de Thomas HOBBES e Richard ZOUCH. Na construção do pensamento moderno, ambos tiveram, cada um a seu modo, papéis consideráveis.[936]

Depois da revolução inglesa, HOBBES retorna à Inglaterra em 1651. Nesse momento,[937] teria oferecido um exemplar de seu **Leviatã** a

[932] B. de SPINOZA, **Traité de l'autorité politique** (orig. publ. **Tractatus politicus**, notas Madeleine FRANCÈS, in **Oeuvres complètes**, Paris: Gallimard-Pleiade, © 1954, impr. 1992, p. 909/1044). V. tb. B. de SPINOZA, **Traité des autorités théologique et politique** (orig. publ. **Tractatus theologico-politicus** publ. 1670, notas M. FRANCÈS e Raymond MISRAHI, in **Oeuvres complètes**, ed. 1954, impr. 1992, p. 597/908).

[933] B. SPINOZA, **Tractatus politicus** (1677, ed. 1992, cap. III, §§11 e 13).

[934] B. SPINOZA, **Tractatus politicus** (1677, ed. 1992, cap. II, § 8).

[935] CRISTOFORO ARMENO, **Peregrinaggio di tre giovani figliuoli del re di Seredippo** – 'dalla persiana nell'italiana lingua trapportato' (orig. publ. 'in Venetia, per Michele Tramezzino', 1557, a cura di Renzo BRAGANTINI, Roma: Salerno Editrice, 2000, p. 44): "i regni, non meno colla prudenza che colle forze si soglhono accrescere e conservare".

[936] O impacto da obra de Thomas HOBBES (1588-1679) sobre o pensamento moderno não requer demonstração. Com relação ao Leviatã e seus avatares, ver **Tratado** (tomo VIII – **Direito internacional além do paradigma vestfaliano**, item – sob o signo do Leviatã e tomo XX – **Direito internacional, história e cultura**, cap. 1 – Direito internacional no tempo e seu papel na história, item 1.1 – o Leviatã e suas transformações). A respeito da importância da contribuição de Richard ZOUCH para o direito internacional, v. **Tratado** (tomo VI – **Direito internacional no tempo de Suárez, Gentili e Zouch**, cap. 17 – Richard Zouch (1590-1660), item 17.1 – Herança crítica e recepção da obra de Zouch).

[937] Como assinala Christopher HILL, **O mundo de ponta-cabeça** (orig. publ. **The world turned upside down** © 1972 et 1975, trad. bras. R. J. RIBEIRO, 1987, Apêndice 1 – Hobbes e Winstanley: razão e política, p. 368-375, cit. p. 368); Bernard GERT, **Hobbes** (Cambridge, UK: Polity Press, 2010, cap. 1 – Hobbes's Life, Times and General Philosophical Views, p. 1-29, cit. p. 2).

CROMWELL.[938] HOBBES dialoga com GRÓCIO nas suas principais obras, sendo que o vínculo intelectual entre os dois se exprime, por exemplo, em torno da concepção contratualista da sociedade e do direito. Para HOBBES, o direito natural, próprio do estado de natureza, é somente moral, segundo a qual se estabelecem certos comportamentos, que devem ser observados. Ele considera o conteúdo do direito natural, segundo o qual todos devem buscar a paz e viver em harmonia social, tanto quanto possível: "esse direito comporta estipulações sobre todas as coisas, e se contenta de tanta liberdade, em relação aos demais homens, como consentiriam outros homens, em relação a nós".[939]

HOBBES e seu contemporâneo ZOUCH são parte da geração que viu a herança da paz de Vestfália, após 1648.[940] O direito das gentes, ao qual GRÓCIO atribuía com papel crucial, quer em tempos de guerra, como em tempos de paz, vê-se confrontado pela réplica vigorosa, destinada a ter eco duradouro na história do pensamento político e jurídico, com o ceticismo de HOBBES nessa matéria.[941]

HOBBES e ZOUCH estão entre os primeiros a reservar a denominação de direito das gentes – *law of nations* – para designar as normas que regem as relações entre os estados.[942] Ainda que se tenha ocupado mar-

[938] T. HOBBES, **Leviathan** (1651, ed. by Richard TUCK, Cambridge: Univ. Press – col. Cambridge Texts in the History of Political Thought, 1991) em português, **Leviatã** (trad. de João Paulo MONTEIRO e Maria Beatriz Nizza da SILVA, São Paulo: Abril cult., 1974); ___ , **Do cidadão** (orig. publ. **De Cive**, trad., apres. e notas de Renato Janine RIBEIRO, São Paulo: Martins Fontes, 1ª ed., 1992, 3ª ed., 2002); ___ , **Elements of law natural and politic** (1650, trad. francesa, Éléments du droit naturel et politique, introduction, notes, bibliographie, index et traduction par Delphine THIVET, Paris: Vrin, 2010).

[939] Thomas HOBBES, **Leviathan** (I.XIV, ed. TUCK, 1991, p. 91-92), **De Cive** (II.1-3), **Elements du droit naturel** (XIV.1-2).

[940] Cfr. **Tratado** (tomo VIII – **Direito internacional além do paradigma vestfaliano**, esp. item – sob o signo do Leviatã, b/c tomo XX – **Direito internacional, história e cultura**, cap. 1 – direito internacional no tempo e seu papel na história, item 1.1 – o Leviatã e suas transformações), já mencionados. Não é aceitável datar a instauração de sistema internacional na Europa moderna somente a partir de 1648. V. tb. Benno TESCHKE, **The myth of 1648** – Class, Geopolitics and the making of modern International relations (orig. publ. 2003, London: Verso, 2009); Tim BLANNING, **The Pursuit of Glory: Europe 1648-1815** (orig. publ. 2007, Londres: Penguin, 2008).

[941] V. **Tratado** (tomo VII – **Direito internacional no tempo de Hugo Grócio**, esp. 18.7 – herança crítica e repercussão da obra de GRÓCIO).

[942] Ver **Tratado** (tomo VI – **Direito internacional no tempo de Suárez, Gentili e Zouch**, cap. 17 – Richard Zouch (1590-1660), item 17.1 – Herança crítica e recepção da obra de Zouch);

ginalmente do que hoje se designa como 'direito internacional', a concepção de HOBBES sobre a matéria não deve ser negligenciada:[943] um dos mais importantes filósofos do século XVII, também tratou de direito internacional.

Esse direito das gentes – *law of nations* –, segundo HOBBES, é puramente direito natural, enquanto direito (naturalmente) aplicável às relações entre os estados. Os estados vivem em estado de natureza, porque não há, entre eles, pacto fundador equivalente ao que teria originado, entre os indivíduos, o estado de sociedade, racionalmente organizado, por meio do qual se cria poder superior comum.

Como destacava EINNECIUS,[944] fora do direito natural, apenas se encontram poucas leis reconhecidas por todos os povos que sejam comuns a todas as nações.[945] O mesmo dilema a respeito das bases compartilhadas de sistema legal comum é debate que se prolonga até nosso contexto pós-moderno, como pontua o autor:

> A segurança comum é de duas espécies. A primeira é interna, em virtude da qual cada cidadão é posto a salvo dos atentados de outro. A segunda é externa, onde o estado inteiro é defendido da violência, e das agressões dos inimigos. Assim ocorre que também em duas espécies se

A. TRUYOL Y SERRA, **Histoire du droit international public** (Paris: Economica, 1995, chap. IX – la doctrine postgrotienne, p. 81-95). V. tb. o conjunto dos ensaios no volume **L'Europe des traités de Westphalie** – Esprit de la diplomatie et diplomatie de l'esprit, dir. de Lucien BÉLY avec Isabelle RICHEFORT (Paris: PUF, 2000).

943 Richard FALK, **The Status of Law in International Society** (Princeton: Princeton Univ. Press, 1970, p. 559) considera ter a situação internacional mudado pouco, desde que HOBBES descrevia o quadro do mundo, em seu **Leviatã**, em 1651, e deplorava: "In all times, Kings and persons of sovereign authority, because of their independency, are in continual jealousies, and in the state and posture of gladiators; having their weapons pointing, and their eyes fixed on one another; that is their forts, garnisons and guns upon the frontiers of their kingdoms; and continual spies upon their neighbours; which is a posture of war."

944 Johann Gottlieb EINNECIUS (1681-1741), **Grundlagen des Natur- und Völkerrechts** (orig. publ. 1737) / **Elementi del diritto di natura e delle genti** ("versione italiana e correzione" del sacerdote Andrea Cantore AMATO, Napoli: dalla tipografia di Domenico Sangiacomo, ed. seconda, "riveduta e ricorretta dal Vertitore", 1828, t. II, par. CXXXIII – diritti della sovranità, interni e esterni, p. 216-217).

945 J. G. EINNECIUS (op. cit., ed. cit. 1828, cap. III – della norma dell'azioni umane e del verso principio del diritto di natura, p. 58-89, cit. parágrafo LXXI – neppure nel consenso uniforme delle Nazioni, p. 68-69).

> distinguam os direitos da majestade, outros dos quais competem ao rei, em razão dos cidadãos, e se dizem direitos imanentes. Outros que podem pelo soberano ser exercitados, em relação aos que estão fora do território, e se dizem direitos transeuntes.[946]

Não se pode deixar de considerar Gottfried Wilhelm Leibniz,[947] filósofo, pensador de vasta gama de interesses e que merece ter reconhecido seu papel na construção e evolução do direito internacional,[948] com seu código do direito das gentes em matéria diplomática, o **Codex gentium diplomaticus** (publicado em Hannover, em 1693), seguido de suplemento, **Mantissa codicis juris gentium diplomatici** (este publi-

[946] J. G. Einnecius (op. cit., ed. cit. 1828, t. II, par. CXXXIII – diritti della sovranità, interni e esterni, p. 216-217).

[947] Cf. **Tratado** (tomo X – **Direito internacional no tempo de C. van Bynkershoek e Christian Wolff**, cap. 22 – Christian Wolff (1679-1754), item 22.1 – direito segundo Leibniz). Da imensa obra de Gottfried Wilhelm Leibniz, **Die Theodizee** (einfuhrender Essay von Morris Stockhammer, Ubersetzung von Arthur Buchenau, Hamburg: Felix Meiner, 2ª ed., 1968), **Neue Abhandlungen uber den menschlichen Verstand** (ubersetzt, eingeleitet und erläutert von Ernst Cassirer, Hamburg: Felix Meiner, 1971), **Discours de métaphysique / Metaphysische Abhandlung** (ubersetzt und mit Vorwort und Anmerkungen herausgegeben von Herbert Herring, edição bilíngue, Hamburg: Felix Meiner, © 1958, unveränderter Nachdruck, 1975), **Principes de la nature et de la grâce fondés en raison / Monadologie / Vernunftprinzipien der Natur und der Gnade / Monadologie** (auf Grunde der kritischen Ausgabe von André Robinet, 1954, und der Ubersetzung von Artur Buchenau, mit Einfuhrung und Anmerkungen herausgegeben von Herbert Herring, edição bilíngue, Hamburg: Felix Meiner, © 1982, zweite, verbesserte Auflage, 1982). Dentre vasta bibliografia disponível, lembraria: Kurt Huber, **Leibniz: der Philosoph der universalen Harmonie** (1ª ed., 1951, Munique: Piper, 1989), b/c Bertrand Russell, **A filosofia de Leibniz: uma exposição crítica** (trad. de João Rodrigues Villalobos, Hélio Leite de Barros e João Paulo Monteiro, São Paulo: Nacional / EDUSP, 1968). Além de tantas outras coisas, no seu tempo, esteve Leibniz em contato epistolar com Charles Irenée Castel, dito o Abbé de Saint-Pierre e a respeito da obra deste registrou *Observations sur le projet de paix perpétuelle de l'abbé de Saint-Pierre* (**Oeuvres de** Leibniz, publiées pour la première fois d'après les manuscrits originaux avec notes et introductions par A. Foucher de Careil, volume quatrième **Histoire et politique**, Paris: Librairie de Firmin Didot Frères, Fils et Cie., 1862, p. 325-327, *Lettre de Leibniz à l'abbé de Saint-Pierre* datada de Hanover, 7 de fevereiro de 1715, p. 328-336, *Observations sur le projet de paix perpétuelle de Mr. l'abbé de Saint-Pierre*, "avant propos" Simone Goyard-Fabre, Caen: Univ. de Caen / Centre de Philosophie politique et juridique, 1993).

[948] Como se examina no **Tratado** (tomo X – **Direito internacional no tempo de C. van Bynkershoek e Christian Wolff**, item 22.1 – direito segundo Leibniz).

cado em Hannover, em 1700). O papel deste na história do direito internacional merece ser mais bem avaliado.

Além de desencadear o movimento para a coleta e sistematização de tratados internacionais[949] e – a partir do qual, ao menos indiretamente, poder-se-ia dizer, começará a escola histórica, com contribuições marcantes, como a de G. F. von MARTENS –[950] também a obra de LEIBNIZ continha, na introdução, estudo aprofundado sobre as relações entre direito natural e direito voluntário, aquele de caráter absoluto, e este de cunho relativo. Merece ser resgatada a importância da contribuição deste filósofo para o direito e as relações internacionais.[951]

Não se deve negligenciar a menção a LEIBNIZ, muito embora possa o **Codex gentium** ser considerado "obra menor, no conjunto da bibliografia, de cunho predominantemente filosófico e matemático".[952] Este

[949] Teve prosseguimento com Jacques BERNARD (1658-1718), **Recueil des traités de paix, de trêve, de neutralité, de suspension d'armes, de confédération, d'alliance, de commerce, de garantie etc., depuis 536 jusqu'à 1700** (em quatro volumes, Haia, 1700), Jean DUMONT (também grafado DU MONT) (1666-1727), **Corps universel diplomatique du droit des gens** (Amsterdã / Haia, 1726-1731, em oito volumes), seguido de suplemento, publicado por Jean BARBEYRAC (1674-1744) e Jean Rousset DE MISSY (1686-1762), **Supplément au Corps diplomatique du droit des gens** (Amsterdã / Haia, 1739, em cinco volumes), bem como Georg Friedrich von MARTENS (1756-1821), com seu **Recueil des traités d'alliance, de paix, de trêve, de neutralité, de commerce, etc., depuis 1761** (Göttingen, 1791-1801, em sete volumes), continuado sob títulos diversos, por este e outros, em seu nome.

[950] Cfr. **Tratado** (tomo XII – **Direito internacional no tempo de Vattel e von Martens**, cap. 25 – G. F. von Martens (1756-1821)).

[951] Por isso se inseriu item específico no **Tratado** (tomo X – **Direito internacional no tempo de C. van Bynkershoek e Christian Wolff**, item 22.1 – direito segundo LEIBNIZ).

[952] A. TRUYOL Y SERRA, **Histoire du droit international public** (Paris: Economica, 1995, "les grands recueils de traités internationaux", p. 91-92): "mérite le respect admiratif de la postérité pour l'immense effort qu'il représente, qui en fait, en des termes que nous souscrivons, 'le produit le plus complet de l'historiographie savante dans le domaine de la recherche des sources concernant les relations interétatiques" [M. TOSCANO, **Storia dei trattati e política internazionale** (Turim, 2ª ed., 1963, tomo I, p. 1)], et dont on a pu dire que, d'envergure européenne, 'il occupera toujours une première place parmi les monuments juridiques de la terre' [S. VEROSTA, *"Jean DUMONT und seine Bedeutung fur das Völkerrecht"* (Zeitschrift fur öffentliches Recht, xiv, 1934, p. 518)]. E conclui, a respeito das coletâneas clássicas de tratados: "Il est significatif de noter que tous ces recueils incluent non seulement les traités conclus par les états européens entre eux, mais aussi ceux des autres parties du monde, voire des chefs de tribus et de clans, ce qui implique une conception universa-

autor se faz presente, no direito das gentes, sobretudo por sua influência direta na formação de sucessivas gerações de autores.

LEIBNIZ foi o mestre de Christian WOLFF, e este, por sua vez, seria o de Emer de VATTEL. E, assim, colocar-se-á o direito internacional clássico, em sua plena formulação.[953]

Por sua vez, BYNKERSHOEK traz visão mais pragmática e concreta do direito entre estados e das formas de exercício e regulação das relações entre estados, reguladas pelo direito internacional. O contexto já teria, contudo, passado por ulteriores desenvolvimentos.

Cornelius van BYNKERSHOEK (1673-1743)[954] concebe o direito das gentes como direito interestatal. Fundamenta, geralmente, suas posições no costume das nações do seu tempo,[955] e, também, no direito romano, mais que no direito natural. Invoca BYNKERSHOEK, igualmente, os ditames da justa razão (*recta ratio*) como fonte, mas esta surge como princípio, quando falta, ou seja, é incerto o costume, e vincula-se, basicamente, ao direito romano.[956]

A formulação a respeito do mar territorial, com BYNKERSHOEK, cristalizou-se,[957] e permaneceu válida até que se alcançasse, na segunda

liste que le titre de celui de DUMONT reflète bien." V. tb. V. Marotta RANGEL, Prefácio (in E. VATTEL, **O direito das gentes**, Brasília: Ed. UnB / IPRI, 2004, p. LIV).

953 Como se examina no **Tratado** (tomo X – **Direito internacional no tempo de C. van Bynkershoek e Christian Wolff**, item 22.1 – direito segundo LEIBNIZ e tomo XII – **Direito internacional no tempo de Vattel e von Martens**, cap. 24 – Emer de Vattel (1714-1767), e seus itens, 24.1 – a concepção de VATTEL sobre o direito de guerra e 24.2 – fortuna crítica).

954 Ver **Tratado** (tomo X – **Direito internacional no tempo de C. van Bynkershoek e Christian Wolff**); P. B. CASELLA, *Desenvolvimento do direito internacional na concepção de Cornelius van BYNKERSHOEK* (São Paulo: Revista da Faculdade de Direito da USP, 2008, vol. 103, p. 563-592); J. DELPECH, *Bynkershoek* (in **Les fondateurs du droit international public: leurs oeuvres, leurs doctrines**, introduction A. PILLET, Paris: V. Giard & E. Brière, 1904, p. 385-446).

955 A. TRUYOL Y SERRA, **Histoire du droit international public** (Paris: Economica, 1995, p. 84-85): "Il se réfère également aux dispositions internes des États-généraux des Provinces-Unies, et les précédents sont pris de préférence dans le passé récent. L'arrière-fond judiciaire se révèle dans la logique du raisonnement, la lucidité de l'approche et la vigueur de l'expression, non exempte de brusquerie".

956 P. B. CASELLA, *Desenvolvimento do direito internacional na concepção de Cornelius van BYNKERSHOEK* (São Paulo: Revista da Faculdade de Direito da USP, 2008, vol. 103, p. 563-592), já mencionado.

957 Cornelius van BYNKERSHOEK, **De dominio maris dissertatio** (1702) partindo de análise dos fatos, conclui, como GRÓCIO, um século antes, no **Mare liberum** (1608), pela liberdade

metade do século XX, a codificação do mar territorial,[958] primeiro na Convenção de Genebra, de 1958, e da extensão deste, na Convenção das Nações Unidas sobre direito do mar, de 1982: o oceano não pode cair sob domínio de nenhum estado, por não ser suscetível de apropriação. Se, por sua natureza e impossibilidade física, o alto-mar não pode ser reclamado por nenhum estado, por sua vez, a faixa de mar próxima da costa pode ser reclamada pelo estado costeiro, até onde este possa exercer controle ou comando, o que, segundo BYNKERSHOEK, seria o equivalente ao alcance de tiro de canhão – o que faria[959] variar a extensão do mar territorial conforme a técnica militar. Mas, foi este aceito como critério válido durante cerca de duzentos anos.

A grande questão tática e estratégica[960] passa a ter regulação que a transforma, ao longo do tempo, em norma de direito internacional consuetudinário.[961] Além da extensão do mar territorial foram, igualmente, consolidados conceitos como os de zona econômica exclusiva[962] e de plataforma continental.[963]

BYNKERSHOEK, com seu **De foro legatorum,** contribuiu para a ordenação da prática das imunidades dos agentes diplomáticos e dos

da navegação dos oceanos. Como se examina no **Tratado** (tomo X – **Direito internacional no tempo de C. van Bynkershoek e Christian Wolff**).

958 Benedetto CONFORTI, **Il regime giuridico dei mari: contributo alla ricostruzione dei principi generali** (Napoli: Eugenio Jovene, 1957) estuda a matéria em contexto anterior às Convenções de Genebra de 1958.

959 A. TRUYOL Y SERRA, **Histoire du droit international public** (op. cit., 1995, loc. cit.): "BYNKERSHOEK a consacré une attention particulière à la neutralité, notamment sur mer. Il interprète les décrets du gouvernement des Provinces-Unies dans le sens de l'effectivité du blocus et de la légitimité de la prise du navire et de la cargaison en cas de tentative de rupture du blocus."

960 Peter PADFIELD, **Maritime supremacy and the opening of the Western mind:** naval campaigns that shaped the modern world 1588-1782 (Londres: Random House, © 1999, publ. 2000).

961 Prosper WEIL analisa a extensão e relevância dos progressos alcançados no seu **Perspectives du droit de la délimitation maritime** (Paris: Pedone, 1988).

962 Francisco ORREGO-VICUÑA, **La zona económica exclusiva: regimen y naturaleza jurídica en el derecho internacional** (Santiago: Edtrl. Jurídica de Chile, 1991); Beltrer GARRE-COPELLO, **La zona económica exclusiva** (Montevideo: Univ. de la República / Dir. Gral. de Extension Univ., 1987).

963 V. Marotta RANGEL, *A experiência da Conferência da ONU e a Convenção sobre direito do mar* (in **Questões importantes referentes ao mar**, coord. Georgette N. NAZO, São Paulo: Soamar – Sociedade dos Amigos da Marinha, 1996, p. 11-18 et al.).

soberanos,[964] partindo de caso concreto.[965] Em mais esta matéria, foi a situação concreta a norteadora da evolução subsequente.[966] BYNKERSHOEK, basicamente, estipulou orientação para os consulentes,[967] em consistência com a linha adotada em codificações posteriores do assunto.[968]

[964] Cornelius van BYNKERSHOEK, **De foro legatorum singularis** (Leiden, 1721).

[965] Antonio TRUYOL Y SERRA **Histoire du droit international public** (Paris: Economica, 1995, p. 85): "Le cas qui est à l'origine de la monographie touchait à l'immunité de la juridiction civile. Le comte de FLOHZ, ministre du duc de HOLSTEIN près des États-généraux des Provinces-Unies avait été décrété de saisie par la Cour Suprême de la province de Hollande pour paiement d'une dette qu'il avait contractée comme négociant. Sauf exception des crimes contre la sûrété de l'État, BYNKERSHOEK admet l'immunité de la juridiction criminelle. Quant à l'immunité de la juridiction civile, il la restreint pour les biens qui ne sont pas attachés à la personne de l'ambassadeur, de telle sorte qu'il peut sans eux exercer ses fonctions, et à plus forte raison, s'il les consacre au commerce. Par ailleurs, l'ambassadeur, expressément autorisé par son souverain, peut renoncer à l'immunité de juridiction, et le souverain territorial, avant de donner l'agrément au ministre étranger, limiter son droit à l'immunité."

[966] Cfr. **Tratado** (tomo X – **Direito internacional no tempo de C. van Bynkershoek e Christian Wolff**); J. DELPECH, *Bynkershoek (1673-1743)* (in **Les fondateurs du droit international public: leurs oeuvres, leurs doctrines**, introduction A. PILLET, Paris: V. Giard & E. Brière, 1904, p. 385-446, cit. p. 401): "Le **De foro legatorum** fut un ouvrage de circonstance, dont BARBEYRAC dit qu'"il est le seul avantage qui soit revenu au public à l'occasion d'un négoce, le plus ruineux qui ait jamais été inventé'. Sa portée doctrinale est demeurée cependant trés grande".

[967] Compare-se com o quadro apresentado por Sven BJÖRKMAN, *Diplomates suédois au XVIIe siècle* (in **L'Europe des traités de Westphalie** – Esprit de la diplomatie et diplomatie de l'esprit, dir. de Lucien BÉLY avec Isabelle RICHEFORT, Paris: PUF, 2000, p. 503-516, cit. p. 515): La diplomatie, cet art politique d'abord développé par le roi et ses plus proches collaborateurs, devint graduellement, au XVIIe siècle, une profession, sinon une technique, exercée par des personnes soigneusement choisies et spécialement formées pour leur tâche. À notre époque, malgré la multiplication du nombre des diplomates, nous assistons plutôt à une reprise en main du travail diplomatique le plus significatif par les chefs d'état, les premiers ministres et les ministres des Affaires étrangères. Le cercle serait-il en train de se clore?

[968] Como se examina em G. E. do NASCIMENTO E SILVA – P. B. CASELLA – O. BITTENCOURT Neto, **Direito internacional diplomático** – Convenção de Viena sobre relações diplomáticas na teoria e na prática (São Paulo: Saraiva, 4ª ed., 2012, p. 19-120) nos itens: Diplomacia em breve perspectiva histórica; Surgimento e desenvolvimento da diplomacia tradicional; Embaixadores residentes, a partir do século XV, na Itália; Institucionalização da diplomacia no período do direito internacional clássico; Transformação institucional por meio da diplomacia parlamentar no seio das organizações internacionais, no contexto pós-moderno; Importância da diplomacia; Conceito de diplomacia; Perspectiva brasileira e papel da diplomacia na busca da inserção internacional; Conferência das Nações Unidas sobre relações

A matéria viria a ser objeto das bem-sucedidas codificações de Viena, na segunda metade do século XX, com destaque para a Convenção sobre relações diplomáticas, de 1961; da Convenção sobre relações consulares, de 1963; e da Convenção sobre direito dos tratados, de 1969. Cumprem estas importante papel para o funcionamento da sociedade internacional.[969]

De modo semelhante, as Convenções de Viena em matéria de tratados, feitas nos anos seguintes, abordam: o direito dos tratados (1969); a representação do estado em suas relações com organizações internacionais de vocação universal (1975); a sucessão de estados em matéria de tratados (1978); a sucessão de estados em matéria de bens, arquivos e divididas de estado (1983); e o direito dos tratados entre estados e organizações internacionais ou entre organizações internacionais (1986). Trata-se de conjunto relevante do processo de codificação do direito internacional.[970]

e imunidades diplomáticas; Estrutura da Convenção de Viena sobre relações e imunidades diplomáticas.

[969] G. E. do Nascimento e Silva – P. B. Casella – O. Bittencourt Neto, **Direito internacional diplomático** (4ª ed., 2012); G. E. do Nascimento e Silva, **Convenção sobre relações diplomáticas** (Rio de Janeiro: Forense Univ. / Fund. Alexandre de Gusmão, 3ª ed., 1989, "prefácio"): "A obra de codificação teve importante impulso com a Carta das Nações Unidas que prevê o desenvolvimento progressivo e a codificação do direito internacional." Esse trabalho da Comissão de Direito Internacional levou à "assinatura de inúmeros e importantíssimos tratados" (...) "e as diversas convenções de Viena, como as de relações diplomáticas (1961), relações consulares (1963), direito dos tratados (1969), representação dos estados em suas relações com organizações internacionais de natureza universal (1975), sucessão de estados em matéria de tratados (1978), sucessão de estados em matéria de bens, arquivos e dívidas do estado (1983) e direito dos tratados entre estados e organizações internacionais ou entre organizações internacionais (1986)."

[970] Cf. se examina em Accioly – Nascimento e Silva – Casella, **Manual** (25ª ed., 2021, item 2.3 – codificação do direito internacional, p. 216-238). A respeito da codificação do direito internacional como missão da ONU, ver comentário ao art. 13 da **Carta** da ONU, P. B. Casella, *Artigo 13* (in **Comentário à Carta das Nações Unidas**, org. L. N. C. Brant, Belo Horizonte: CEDIN, 2008, p. 273-304).

Emer de VATTEL[971] se declara discípulo de WOLFF, no prefácio de seu livro.[972] Admite a existência de direito natural e direito voluntário, na linha de WOLFF.[973] O tratado de VATTEL é uma das principais obras escritas no século XVIII, embora se possa questionar quanto inovou VATTEL e, em que medida sua obra tenha caráter próprio e relevante, em relação às ideias de seu mestre. De qualquer forma, conheceu aceitação extensa e duradoura.[974] Põe-se a sua formulação como paradigma do seu tempo e meio cultural. E. JOUANNET o considera o "padrão clássico do direito internacional".[975]

Ressalte-se, sob o prisma doutrinário, VATTEL prosseguir, em relação aos seus antecessores, na separação mais nítida entre direito natural e direito positivo, entre moral e direito. Esse dado, pode ter "contribuído, de certo modo, para o fortalecimento do voluntarismo jurídico, que até hoje tem, infelizmente, persistido".[976]

[971] Cf. **Tratado** (tomo XII – **Direito internacional no tempo de Vattel e Von Martens**, cap. 24 – Emer de Vattel (1714-1767)); A. MALLARMÉ, *Emer de Vattel (1714-1767)* (in **Les fondateurs du droit international public: leurs oeuvres, leurs doctrines**, introduction A. PILLET, Paris: V. Giard & E. Brière, 1904, p. 481-601).

[972] Emer de VATTEL, **O direito das gentes** (prefácio e tradução de Vicente Marotta RANGEL, Brasília: Ed. UnB / IPRI, 2004), também utilizada a edição **The law of nations or the principles of natural law**: applied to the conduct and to the affairs of nations and of sovereigns (translation of the edition of 1758 by Charles G. FENWICK, with an intr. by Albert de LAPRADELLE, Washington: Carnegie Institution, 1916, special edition privately printed for the members of the Legal Classics Library, 1993).

[973] Emer de VATTEL ainda retoma WOLFF em seu último trabalho, publicado em 1762, o ensaio *Questions de droit naturel et observations sur le traité du droit de la nature par Mr. le baron de Wolff.*

[974] Cf. **Tratado** (tomo XII – **Direito internacional no tempo de Vattel e Von Martens**, cap. 24 – Emer de Vattel (1714-1767) e seus itens 24.1 – a concepção de VATTEL sobre o direito de guerra e 24.2 – fortuna crítica). Como assinala Paul REUTER, **Institutions internationales** (Paris: PUF, 1955, p. 47) e no "prefácio" à tradução de VATTEL, **O direito das gentes** (ed. cit., 2004, p. XLVII), retomava V. Marotta RANGEL: "para situar-nos apenas no âmbito do direito internacional, cabe lembrar que assim como o **De jure belli ac pacis**, de Hugo GRÓCIO, exerceu no século XVII maior influência que os ensinamentos de Francisco de VITÓRIA, o tratado de VATTEL eclipsou, tão logo publicado, o livro do jurisconsulto holandês".

[975] Emmanuelle JOUANNET, **Emer de Vattel et l'émergence doctrinale du droit international classique** (Paris: Pedone, 1998).

[976] V. Marotta RANGEL (pref. cit., 2004, p. LVI e LXII): "O tratado reflete a realidade das relações políticas internas e internacionais da época em que foi escrito, sem ignorar as con-

Segundo tal entendimento, VATTEL seria positivista, na sua fundamentação do direito internacional. Outros, por sua vez, filiam VATTEL à linha naturalista do direito internacional,[977] ou criticam a solidez de sua formação jurídica.[978] É possível inserir VATTEL na "tradição grociana que, no final do século XVII e começo do XVIII, veio reagir contra a teoria do direito natural, ensinada por PUFENDORF".[979] Convém precisar o conteúdo exato de tal alinhamento.

tribuições do pretérito em relação aos diversos tópicos nele examinados. Essa realidade induziu VATTEL a tentar aclarar a tormentosa dialética entre soberania e direito internacional".

977 Urban WHITAKER, **Politics and power: a text in international law** (New York: Harper & Row, 1964, p. 29-30): "VATTEL's strongest leanings toward natural law doctrine are evidenced in his constant references to equality. His most famous sentence declares that 'a dwarf is as much a man as a giant is'. Applied to international law, this rule suggests that small nations have equal rights with large ones. This doctrine, which has prevailed to the present day, is severely attacked by BRIERLY as 'a misleading deduction from unsound premises'. It is still quoted with approval, however, by spokesmen for the small new states of Asia and Africa."

978 Antonio TRUYOL Y SERRA, **Histoire du droit international public** (Paris: Economica, 1995, p. 89-90): "Bien que prétendant à présenter les idées de WOLFF d'une façon claire et facile à comprendre, **Le droit des gens** de VATTEL est plus qu'une glose. Il aborde des nombreuses questions que WOLFF n'avait pas traitées, ou qu'il n'avait fait qu'effleurer. L'expérience du diplomate et du conseiller, bien que réduite au moment où il fut rédigé, se fait sentir. Il manque pourtant à VATTEL une formation juridique adéquate. Le raisonnement est souvent superficiel, et l'expression, grandiloquente. / "L'ouvrage de VATTEL, malgré les critiques dont il a été l'objet de la part des internationalistes en raison des faiblesses dont nous avons fait état, connut un succès seul comparable à celui de GROTIUS sur le droit de la guerre et de la paix, notamment dans la jurisprudence des tribunaux en Angleterre et aux États-Unis. Le secret de cette diffusion, jugée paradoxale par certains (dont NUSSBAUM), doit être cherché dans la nature même du traité, dont on a pu dire, à juste titre, par rapport à son modèle, qu'il 'n'était pas l'ouvrage d'un savant pour des savants, dans un latin obscur, lourdement scholastique, mais un livre élégamment écrit par un homme du monde, un diplomate, philosophe et lettré, à l'intention des souverains, des ministres et des gens du bel air' (Albert de LA PRADELLE). Il fut, jusqu'en plein xixe siècle, le livre de chevet des diplomates, notamment des consuls, et, dans les pays de langue anglaise, des juges."

979 Cf. **Tratado** (tomo IX – **Direito internacional no tempo de Samuel Pufendorf**, cap. 20 – Samuel PUFENDORF (1632-1694) e tomo XII – **Direito internacional no tempo de Vattel e Von Martens**); A. MALLARMÉ, *Emer de Vattel (1714-1767)* (in **Les fondateurs du droit international public: leurs oeuvres, leurs doctrines**, introduction A. PILLET, Paris: V. Giard & E. Brière, 1904, p. 481-601, cit. p. 481).

VATTEL abandona a concepção da *civitas maxima* de WOLFF.[980] Põe seu foco na soberania[981] e nas relações entre os estados, a ponto de enfraquecer o fundamento objetivo do direito internacional, na medida em que os estados se fazem os únicos juízes de seus atos, de seus direitos e deveres. A adoção da igualdade soberana dos estados, como critério ordenador das relações entre sujeitos de direito internacional,[982] tem, entre outras consequências, a de tornar legítima a guerra entre iguais, desde que as formas devidas tenham sido observadas, independentemente das causas.[983]

Em VATTEL há, também, a preocupação em relação ao "homem honesto e o cidadão" de dar-lhe "armas para defender o bom direito e para compelir ao menos os injustos a respeitarem alguma medida e a manterem-se nos limites da decência".[984] Isso já seria a recompensa para qualquer autor tentando fazer respeitar o direito e compelir os injustos a respeitarem princípios – em qualquer tempo e lugar, inclusive no tempo presente.

[980] Cf. **Tratado** (tomo X – **Direito internacional no tempo de C. van Bynkershoek e Christian Wolff**, tomo XI – **Direito internacional no tempo do Iluminismo**, tomo XII – **Direito internacional no tempo de Vattel e von Martens** e tomo XIII – **Direito internacional no tempo do concerto europeu**).

[981] Jens BARTELSON, **A genealogy of sovereignty** (New York / Cambridge: Cambridge Univ. Press, 1995).

[982] Cf. **Tratado** (tomo XII – **Direito internacional no tempo de Vattel e von Martens**, cap. 24 – Emer de Vattel (1714-1767)). Comparem-se exames da matéria feitos por: J. B. SCOTT, **Le principe de l'égalité juridique dans les rapports internationaux** (RCADI, 1932, t. 42, p. 467-630); Pieter Hendrik KOOIJMANS, **The doctrine of the legal equality of states: an inquiry into the foundations of international law** (Leiden: A. W. Sijthoff, 1964) e R. P. ANAND, **Sovereign equality of states in international law** (RCADI, 1986, t. 197, p. 9-228).

[983] VATTEL (op. cit., ed. cit., 2004, livro III – da guerra, p. 407-589).

[984] VATTEL (op. cit., ed. cit., 2004, livro IV, cap. IX, par. 127 – conclusão, p. 685): "Será muito para mim se meus princípios forem considerados sólidos, luminosos e suficientes às pessoas esclarecidas, para encontrarem soluções em questões de pormenor em casos específicos. Estarei feliz se o meu trabalho for de utilidade às pessoas que têm amor ao gênero humano e que respeitam a justiça; se o meu trabalho lhes fornecer armas para defender o bom direito e para, ao menos, compelir os injustos a serem respeitosos em alguma medida e a se manterem nos limites da decência!"

Contemporaneamente, em Genebra, J. J. BURLAMAQUI[985] ensinou, na direta linha do direito da natureza e das gentes, a supostamente assim chamada 'teoria protestante' do direito natural e do direito político. De seus ensinamentos, nasceram obras nas quais se nota, também, a influência de Jean de BARBEYRAC, que foi o tradutor de GRÓCIO para o francês e o sistematizador do direito internacional de seu tempo,[986] com atuação na fundamentação deste e de seus institutos.

O pensamento de Jean-Jacques ROUSSEAU traz as marcas da filosofia do direito de BURLAMAQUI, tal como expõem em suas duas principais obras: os **Princípios do direito natural** (publicados em Genebra, em 1747),[987] e os **Princípios do direito político** (publicados postumamente em Amsterdã, com data de 1751).[988]

BURLAMAQUI entende como lei natural a "lei que Deus impõe aos homens e que estes podem conhecer mediante o exercício de sua razão, considerando com atenção sua natureza e seu estado". Segundo o autor, o "direito natural é o sistema, a reunião, ou o corpo dessas mesmas leis" e fala, ainda, em "jurisprudência natural, que seria a arte de chegar ao conhecimento das leis da natureza, de desenvolvê-las e aplicá-las às ações humanas".[989] A partir daí são deduzidas as obrigações de aplicar tais leis[990] e BURLAMAQUI observa:

[985] V. **Tratado** (tomo X – **Direito internacional no tempo de C. van Bynkershoek e Christian Wolff**, cap. 17 – Jean-Jacques BURLAMAQUI (1694-1748)).

[986] Jean de BARBEYRAC foi continuador da coletânea de tratados de Jean DUMONT, **Corps universel diplomatique du droit des gens** (Amsterdã / Haia, 1726-1731, em oito volumes), publicando, com Jean Rousset DE MISSY, **Supplément au Corps diplomatique du droit des gens** (Amsterdã / Haia, 1739, em cinco volumes).

[987] J. J. BURLAMAQUI, **Principes du droit naturel** (edição facsimilar, segue a de Paris: Janet et Cotelle, 1821, Caen: Centre de Philosophie poltique et juridique, 1989).

[988] J. J. BURLAMAQUI, **Principes du droit politique** (edição facsimilar, segue a de Amsterdã: chez Zacharie Chatelain, 1751, 2 vols., Caen: Centre de Philosophie poltique et juridique, 1984, 2 vols.).

[989] J. J. BURLAMAQUI, **Principes du droit naturel** (ed. cit., 1821, seconde partie "des lois naturelles", chap. premier. "ce que c'est la loi naturelle, et qu'il y en a une", p. 121 ss.).

[990] J. J. BURLAMAQUI, **Principes du droit naturel** (ed. cit., 1821, seconde partie "des lois naturelles", chap. v, "que les lois naturelles ont été sufisamment notifiées, des caractères qui leur sont propres, de l'obligation qu'elles produisent, etc.", p. 174 ss., cit. p. 174-175): "Nous voyons clairement que l'on en peut découvrir tous les principes, et déduire de là tous nos devoirs, par cette lumière naturelle qui n'a été réfusée à personne. C'est en ce sens qu'il faut entendre ce que l'on dit communément, que cette loi est naturellement connue à tous les

> a maneira pela qual estabelecemos os fundamentos do direito natural não difere, em nada quanto ao fundo, dos princípios de Grócio: talvez este grande homem tivesse podido desenvolver um pouco melhor as suas ideias, mas deve-se confessar que seus comentadores, dos quais não se pode excetuar Pufendorf, não compreenderam bem seu pensamento, e o retomaram fora de contexto, pretendendo que a maneira pela qual ele colocava os fundamentos do direito natural se reduzia a um círculo vicioso.[991]

Aponta, ainda, Burlamaqui a

> necessidade da existência, entre as nações, de alguma lei, que sirva de regra para o comércio que estas têm em conjunto. Ora, essa lei só pode ser a própria lei natural, que então chamamos direito das gentes, ou lei das nações. A lei natural, como bem diz Hobbes, se divide em lei natural do homem e lei natural dos estados; e esta última é o que se chama direito das gentes. Assim o direito natural e o direito das gentes, não são

hommes; car de penser avec quelques-uns, que la loi naturelle soit, pour ainsi dire, née avec nous, et qu'elle se trouve actuellement imprimée dans notre esprit dès le premier moment de notre existence; c'est une pure supposition, qui n'est nullement nécessaire, et qui se trouve démentie par l'expérience. Tout ce qu'on peut dire là-dessus, c'est que les maximes les plus générales et les plus importantes du droit naturel, sont si claires et si manifestes, et qu'elles ont une telle proportion avec nos idées, une telle convenance avec notre nature, que dès qu'on nous les propose, nous les approuvons aussitôt; et comme nous sommes disposés et accoutumés dès l'enfance à sentir ces vérités, nous les regardons comme étant nées avec nous."

[991] J. J. Burlamaqui, **Principes du droit naturel** (ed. cit., 1821, parte e cap. cit., p. 174 ss., cit. p. 179-180): "Mais Grotius le dit en effet ? Écoutons-le. 'Le droit naturel', dit-il, 'consiste dans certains principes de la droite raison, qui nous font connaître qu'une action est moralement honnète ou déshonnète, selon la convenance ou la disconvenance nécessaire qu'elle a avec une nature raisonnable et sociable; et par conséquent que Dieu, qui est l'auteur de la nature, ordonne ou défend de telles actions' [Voyez Grotius, **Droit de la guerre et de la paix**, liv. i, chap. i, par. 10.]. Je ne vois là point de cercle; car, sur cette demande, d'où vient l'honnêteté ou la turpitude naturelle des actions prescrites ou défendues, Grotius ne répond point comme on le fait répondre; il dira au contraire que cette honnêteté ou cette turpitude vient de la convenance ou de la disconvenance nécessaire de nos actions avec une nature raisonnable et sociable" [Voyez la note 5 de Barbeyrac sur le **Droit de la nature et des gens**, liv. II, chap. III]. V. tb. **Tratado** (tomo IX – **Direito internacional no tempo de Samuel Pufendorf**, cap. XX – Samuel Pufendorf (1632-1694) e 20.1 – crítica da concepção de Pufendorf) para comparação com a concepção de S. Pufendorf.

> se não a única e mesma coisa, e estes somente diferem por denominação exterior. É preciso assim dizer que o direito das gentes, propriamente assim nomeado e considerado, como lei que emana de superior, não é outro se não o próprio direito natural, aplicado não aos homens, simplesmente considerados como indivíduos, mas aos povos, às nações, aos estados ou a seus chefes, nas relações que estes têm juntos, e nos interesses que estes tem a cuidar entre si.[992]

Oportuno e relevante é observar como, na exposição de BURLAMAQUI, coloca-se o direito internacional como a expressão da norma regendo a convivência dos homens, *enquanto* povos, nações ou estados, *através* de seus chefes. Esse dado merece ser enfatizado, como indício precursor de grande mutação do foco do direito internacional, que viria a se manifestar em tempos futuros.[993]

Para o mencionado autor, o direito seria inerente aos povos – dos quais os estados e seus chefes seriam o mecanismo ou ferramenta, para cuidar de tais interesses – não para os fazer seus, em detrimento dos povos e dos interesses destes. Pode ser sanada, a partir daqui, a distorção pela qual passou o direito internacional excessivamente estatizado e transformado em esfera exclusivamente reservada aos estados, como "assuntos de estado" e de chefes de estado e seus corpos de funcionários de estado, em carreiras de estado, esquecendo-se do homem como fim último e fundamento de todos os direitos e obrigações.

Curiosamente, o que se quer entender e apresentar como as mais modernas correntes e teorias, no sentido de colocar o homem como centro e fim de todos os ramos do direito, inclusive do direito internacional, são teorias literalmente 'modernas', no sentido estrito de terem surgido na idade moderna:[994] colocar o homem como centro e fim último

992 BURLAMAQUI (op. cit., parte II, chap V, p. 188).

993 Cf. **Tratado** (tomo XX – **Direito internacional, história e cultura**, cap. 4 – Papel da proteção internacional dos direitos fundamentais como fator de renovação e de transformação do direito internacional).

994 Como habitualmente se situa a Idade moderna, entre os séculos XV a XVIII – ou seja, do final da Idade média até o início da época contemporânea, não obstante algumas nuances de marcos iniciais e finais.

do direito internacional não é uma novidade.[995] Tiveram seu papel, a seu tempo. Depois, passaram por período de esquecimento, quando se acirrou a concepção estritamente positivista e interestatal do direito internacional clássico, e parece estar de volta, no contexto do direito internacional pós-moderno.

Não se pode julgar a questão somente pelos resultados, mas sem negligenciar a necessidade de situá-la em contexto cultural mais amplo, como se pode e deve fazer ao abordar o direito internacional pós-moderno, quando se pode permitir resgatar essa visão e essa dignidade humanas que os estados, em seu afã de ocupar e dominar espaços, ao longo do tempo, solaparam. Aponte-se a contradição que acompanha a crescente 'profissionalização' do direito internacional, do final do século XVIII para o conjunto do curso do século seguinte e da primeira metade do século XX: na medida em que o direito internacional clássico ganha, em termos operacionais, melhor ordenação, este perde a sua alma universal, como tivera, no direito internacional moderno.

O dilema de hoje se põe, também, no tocante à conscientização crescente do contexto histórico no qual se inscreveram tanto as normas de direito internacional como o estudo destas pela doutrina e o uso que deste direito se faz, na prática.

Georg-Friedrich Von MARTENS (1756-1821)[996] coloca perspectiva histórica[997] no direito internacional, na qual o estuda através de sua evo-

[995] Cf. **Tratado** (tomo XX – **Direito internacional, história e cultura**, cap. 4 – Papel da proteção internacional dos direitos fundamentais como fator de renovação e de transformação do direito internacional).

[996] Cf. **Tratado** (tomo XII – **Direito internacional no tempo de Vattel e von Martens** e XIII – **Direito internacional no tempo do concerto europeu**); Henri BAILBY, *Georges-Frédéric De MARTENS* (in **Les fondateurs du droit international public: leurs oeuvres, leurs doctrines**, introduction de A. PILLET, Paris: V. Giard & E. Brière, 1904, p. 603-676).

[997] André CASTALDO, **Introduction historique au droit** (Paris: Dalloz, 3e. éd., 2006, "conclusion: la fin de l'ancien régime", p. 419-435, cit. p. 435): "ao fim do período revolucionário, um sistema jurídico aparecerá, cujos componentes políticos e de direito privado estão – não obstante a diferente fundamentação, em relação ao Antigo regime – sempre em harmonia. O individualismo se afirma, em todos os campos, no século XIX, antes que se observe, antes mesmo do fim do século, a renovação das preocupações sociais: dessa nova evolução nascerá novo equilíbrio, sempre passível de aperfeiçoamento, entre interesses coletivos e individuais."

lução ao longo dos tempos.[998] Além de sua importância como autor, também pelo trabalho considerável de sistematizador de tratados e de casos de direito internacional, que desenvolveu e publicou. Afirma o autor:

> o direito internacional teve o progresso realizado pelo estudo da história: a evolução das ideias, a sucessão de eventos políticos, a transformação do estado social da Europa, contribuem a definir o caráter e o alcance de numerosos institutos do direito internacional.[999]

As obrigações internacionais encontram, enfim, garantia de sua execução, ou seja, a sanção, no próprio interesse dos estados. O próprio estado pode ter interesse em não violar as suas obrigações, como indica Von Martens, mostrando a ligação ou a solidariedade cada vez mais estreita entre os povos, e as consequências prejudiciais decorrentes, para qualquer estado, do inadimplemento de suas obrigações.

Von Martens somente admite o recurso ao 'direito natural' quando o direito positivo não regular o assunto. Embora insista na primazia do direito positivo, o direito natural permanece, para ele, como referência axiológica, para a crítica deste.[1000] O direito das gentes, fundado no

[998] Celso Mello, **Curso** (ed. cit. 2004, vol. I, p. 179): lembrava a importância de G.-F. von Martens por seu **Précis du droit des gens moderne de l'Europe** (1788) e uma série de outras obras sobre direito internacional, além de ressaltar que este "foi o autor do primeiro livro de casos do direito internacional: **Causes célèbres du droit des gens moderne** (1800-1802)". Além da já antes referida coletânea Georg Friedrich von Martens, **Recueil des traités d'alliance, de paix, de trêve, de neutralité, de commerce, etc., depuis 1761** (Göttingen, 1791-1801, em sete volumes), continuado sob títulos diversos, por este e outros, em seu nome.

[999] H. Bailby (op. cit., 1904, cit. p. 675): "L'école moderne est largement entré dans cette voie qui venait de lui être indiquée. / Il faut rendre aussi à de Martens cette justice qu'il a une connaissance complète du droit des gens, une vaste érudition dont il abuse même parfois, se bornant, sur une question donnée, à renvoyer aux auteurs qui l'ont traité, plutôt que de la discuter et de lui donner une solution basée sur des raisons qui lui paraissaient justes. / Le style est sobre, concis, substantiel: il ne tend qu'à l'expression nette de la pensée".

[1000] Cfr. **Tratado** (tomo XII – **Direito internacional no tempo de Vattel e von Martens**, cap. 25 – G. F. von Martens (1756-1821) e seus itens 25.1 – de Von Martens ao 'direito público externo' de J. J. Moser e 25.2 – legado de Von Martens e o modelo institucional internacional); H. Bailby (op. cit., 1904, loc. cit.): "nous avons signalé cette fausse tendance positiviste qui porte de Martens à ratifier souvent les décisions du droit positif, au lieu d'aller jusqu'à la raison d'être et au but des institutions du droit des gens. Certaines solutions, certaines règles données sont inacceptables. Nous avons constaté aussi des contradictions

direito natural, reconhece aos estados direitos fundamentais e se configura como direito internacional geral e positivo, na medida em que esteja em condições de assegurar a observância de suas normas, inclusive mediante o uso da força. Somente o direito natural pode pretender a universalidade.[1001]

A bela frase (1879)[1002] do historiador francês Ernest LAVISSE: "a solidariedade internacional sucede ao estado e se faz sentir na humanidade"[1003] ainda está para ser construída. Tanto mais porque o aumento da capacidade de destruição dos armamentos produzidos pelos homens acarreta riscos crescentes para o conjunto da humanidade e a sobrevivência da vida no planeta. O mesmo LAVISSE afirmou:

> O progresso da civilização e o desenvolvimento das relações internacionais não reduzem as causas da guerra. A mesma ciência que produz ou melhora as indústrias criadoras, aperfeiçoa a indústria que mata. (...) Os instrumentos mais aperfeiçoados fazem com que os homens combatam de mais longe e em maior número. Eis a diferença.[1004]

et des lacunes. Mais l'oeuvre a d'incontestables mérites: celui, d'abord, d'avoir mieux précisé les limites de notre science, d'en avoir indiqué avec netteté les principes dominants, les idées essentielles qui mettent plus de clarté et permettent de se guider plus sûrement à travers les espèces multiples que les faits présenteront".

1001 Antonio TRUYOL Y SERRA, **Histoire du droit international public** (1995, p. 90-91): "Le droit des gens européen s'étend à l'Amérique, mais n'inclut pas la Turquie. Seul, le droit naturel peut prétendre à l'universalité". E completa: "L'aspect où DE MARTENS se rapproche le plus du courant positiviste semble être la distinction, introduite par MOSER, entre le droit des gens et le droit interne relatif aux relations internationales, le 'droit public externe'. / "Sans être original, l'oeuvrage de DE MARTENS se recommande par sa précision, la solidité de sa documentation et l'élégance de son style, notamment en français. On a pu dire avec raison qu'il fut 'le meilleur exposé systématique du droit international du temps de Von MARTENS et pour longtemps' [NUSSBAUM]."

1002 Observa T. C. KIRSCHNER (art. cit., 2010, p. 360), o ensaio de LAVISSE, *Do determinismo histórico e geográfico* (1879) é um comentário ao livro **Da solidariedade moral** (1880) de Henri MARION: "o texto traduz a luta dos historiadores metódicos pela autonomia de sua disciplina, sobretudo em relação à filosofia. Nesse comentário, LAVISSE expõe a sua concepção sobre a história. O historiador é apresentado como o guia que, por meio do domínio dos documentos, detém os segredos do passado, ocultos na abstração do filósofo."

1003 Ernest LAVISSE (1842-1922), *Do determinismo histórico e geográfico* (1879, trad. Tereza Cristina KIRSCHNER, in J. MALERBA, **Lições da História** – o caminho da ciência no longo século XIX (Rio de Janeiro: Ed. FGV / coed. EdiPUCRS, 2010, p. 353-374, cit. p. 367).

1004 Ernest LAVISSE (1842-1922), *Do determinismo histórico e geográfico* (1879, trad. Tereza Cristina KIRSCHNER, ed. 2010, p. 353-374, cit. p. 370).

Este é, justamente, o contexto presente do direito internacional pós-moderno. Em considerável mutação.[1005]

A apresentação, ainda que sumária, dos principais autores do direito internacional moderno – desde a Renascença, com Vitória, até o início do século XIX, com Von Martens – serve para mostrar a ocorrência de linha mestra, condutora da evolução do sistema internacional e da reflexão sobre este, nos autores considerados como os "fundadores" (*founding fathers*) da disciplina.[1006] Ficam, assim, igualmente presentes as correntes de pensamento e orientação às quais se filiaram e estas prosseguem, na contraposição entre concepção universalista ou nacionalista, na ênfase no caráter técnico ou na concepção humanista, sobrejacente ao direito internacional. Não são, assim, meros detalhes terminológicos, mas, trata-se de concepções distintas e, em certa medida, antagônicas, a respeito do conteúdo e do papel do direito internacional.

O debate se coloca nos duzentos anos, desde o início do século XIX, e chega ao início do século atual. Por isso, é relevante situar a consolidação conceitual e institucional do direito internacional e captar as diferenças entre o direito internacional 'moderno', o 'clássico' e o 'pós-moderno'.[1007]

Quanto mudou o mundo e quanto mudaram os estados, em seu número e modos de interagir, é suficientemente óbvio, para não exigir desenvolvimentos específicos.[1008] Mas, a enumeração dos autores não se há de fazer em bases individuais, mas com base em escolas e concepções globais a respeito da disciplina e do papel do direito internacional como mecanismo de regulação da vida internacional.

Duas linhas principais mereceriam destaque, na medida em que praticamente a totalidade dos autores, como, em considerável exten-

[1005] Cf. **Tratado** (tomo XX – **Direito internacional, história e cultura**).

[1006] Cf. **Tratado** (tomo V – **Direito internacional no tempo de Francisco de Vitória**, VI – **Direito internacional no tempo de Suarez, Gentili e Zouch**, VII – **Direito internacional no tempo de Hugo Grócio**, VIII – **Direito internacional além do paradigma vestfaliano**, IX – **Direito internacional no tempo de Samuel Pufendorf**, X – **Direito internacional no tempo de C. van Bynkershoek e Christian Wolff**, XI – **Direito internacional no tempo do Iluminismo**, XII – **Direito internacional no tempo de Vattel e von Martens** e XIII – **Direito internacional no tempo do concerto europeu**).

[1007] Cfr. **Fundamentos do direito internacional pós-moderno** (2008).

[1008] Ver **Tratado** (tomo V – **Direito internacional no tempo de Francisco de Vitória**, cap. 13 – estado como sujeito de direito internacional – a contribuição de Maquiavel e Bodin).

são, também a prática dos estados se alinhará, por uma ou por outra, ou combinará elementos de ambas, de forma nem sempre pautada pela consistência, quer científica, quer operacional: o primeiro grupo de autores, com algumas nuances, é passível de ser enfeixado sob o enfoque positivista, que, desgraçadamente, ainda faz escola e se faz ouvir, ao lado da linha assim chamada naturalista, ou de direito natural. Transpostos para a linguagem das relações internacionais, seriam os primeiros autores ditos 'realistas' e os últimos ditos 'idealistas' – o que serve para demonstrar como e quanto se conserva vivo e presente o debate.

O mesmo pode ser dito em termos de direito internacional 'moderno' – este de base universalista, humanista, até certo ponto naturalista – em contraposição ao direito internacional 'clássico' – este último nacionalista, interestatal e positivista. De tais confrontos surge e se põe o direito internacional pós-moderno. Que vai buscar nos elementos precursores de direito internacional na Antiguidade parâmetros para a compreensão de seu papel e de seus desdobramentos possíveis no mundo.

O aspecto no qual Von Martens mais se aproxima da corrente positivista parece ser na distinção, a partir deste, introduzida por Moser, entre o direito das gentes, e o direito interno, relativo às relações internacionais, (*ausseres Staatsrecht*) 'direito público externo'.[1009] Aí começa a se agravar o perigo!

Entre nós, de modo semelhante, jurista da estatura de um Clóvis Beviláqua, ao intitular seu livro Direito público internacional,[1010] evidencia a sua filiação intelectual, como referido. Essa lição ainda produz efeitos:[1011] não é simples detalhe terminológico, porquanto a transposi-

[1009] Cf. **Tratado** (tomo XII – **Direito internacional no tempo de Vattel e von Martens**, cap. 25 – G. F. von Martens (1756-1821) e seus itens 25.1 – de Von Martens ao 'direito público externo' de J. J. Moser e 25.2 – legado de Von Martens e o modelo institucional internacional).

[1010] Clovis Beviláqua, **Direito público internacional: a synthese dos princípios e a contribuição do Brasil** (1ª ed., 1910, 2ª ed., Rio de Janeiro: Freitas Bastos, 1939); C. Beviláqua, **Princípios elementares de direito internacional privado** (Rio de Janeiro: Freitas Bastos, 3ª ed., 1938).

[1011] Quando, por exemplo, parecia hesitar o Supremo Tribunal Federal, ao declarar em acórdão recente, sermos "país dualista moderado", o que não será fácil explicar nem tampouco justificar. Concepção intelectualmente datada e conceitualmente difícl de sustentar, tanto mais em face da consistente jurisprudência da própria casa, herdada do século XIX e mantida consistentemente aplicada, durante todas as décadas anteriores, até muito recentemente,

ção da ordem, com o uso do termo *público*, antes de *internacional*, coloca a ênfase no direito estatal (*público*), voltado para assuntos externos (*internacional*), não sendo, assim, direito internacional, mas direito público e, como tal, emanação da vontade do estado, e por este internamente regulado, embora voltado a assuntos na área externa.

Não se constrói sistema internacional com a simples superposição, mais que soma de sistemas públicos internos, colocados lado a lado. É preciso ter conjunto de princípios, normas e instituições também na ordem internacional.

Muitas destas práticas correntes ainda partem de posições voluntaristas:[1012] as normas existem, porque assim afirma determinado estado, ou por serem, como tais, aceitas por determinado grupo de estados, com risco de perder credibilidade, por recorrer a juízos de valor para fundamentar conclusões jurídicas. Decorrência lógica inexorável será a perda da 'juridicidade' de tais 'normas', tão logo deixem de ser reconhecidas por esse estado, ou grupo de estados. As consequências de tais construções são fáceis de deduzir – como se pode depreender da análise do caso do **navio Lótus** (1927).[1013] O direito internacional fica sujeito a todas

quando parece ter se introduzido essa 'hesitação'. Resta ver, após a Emenda constitucional 45 de 2004, se se mantém a tendência, não obstante o remanejamento de atribuições em relação a processos antes de competência originária do Supremo Tribunal Federal de não haver mudança de orientação da jurisprudência, em relação aos julgamentos que passam a ser feitos pelo Superior Tribunal de Justiça. Cfr. P. B. CASELLA, *Constituição e direito internacional* (in **Direito da integração**, org. P. B. CASELLA e V.L.V. LIQUIDATO, São Paulo: Quartier Latin, 2006, p. 31-55). A ratificação pelo Brasil da Convenção de Viena sobre direito dos tratados (1969, em vigor internacionalmente desde 1980) por meio do Decreto 7030 de 14 de dezembro de 2009 põe termo a essas controvérsias.

1012 Celso MELLO, **Curso de direito internacional público** (ed. cit. 2004, vol. I, p. 179): "Os estados vivem em estado de natureza, onde se aplica a lei natural. Ao exagerar a soberania do estado, quase reduz a nada a interferência do direito natural, na vida internacional." Poder-se-ia dizer, atualmente, alguns estados vivem mais intensamente no estado de natureza, do que outros, na medida em que se creiam respaldados pela força efetiva ou suposta, como capacidade dissuasória, em relação aos demais, para não terem veleidade de pretender fazer valer as regras do direito internacional, em relação aos violadores das normas de direito internacional.

1013 CPJI, **affaire du vapeur Lotus / the case of the S.S. 'Lotus'** (França c. Turquia), judgment of 7 September 1927 (PCIJ, Séries A, No. 10). A concepção 'territorialista' defendida por ANZILOTTI, presidente da Corte, àquela época, foi decisiva no julgamento do caso **Lótus**. V., de Dionisio ANZILOTTI, **Cours de droit international** (trad. para o francês de Gilbert GIDEL, 1929, avant propos de Pierre-Marie DUPUY e Charles LEBEN, Paris: LGDJ

as flutuações da opinião e conveniência dos estados. Mas a concepção estritamente voluntarista do direito internacional não se sustenta, nem lógica, nem conceitualmente. Apesar de seu longo curso de aplicação.

Em continuidade a Samuel Von PUFENDORF e Emer de VATTEL, na linha de fundamentação naturalista do direito internacional,[1014] cumpre lembrar James LORIMER,[1015] talvez "o mais moderno porta-voz da escola de direito natural nas relações internacionais".[1016]

E, daí para adiante, podem ser filiados os autores a uma ou outra corrente, inclusive as últimas e mais recentes,[1017] que vão buscar o fundamento do direito internacional. Ou para afirmá-lo como conjunto de princípios e normas, ou para negá-lo, contrapondo-se ao direito internacional, e vendo-o somente como emanação da vontade do estado e passível de ser observado e aplicado na medida da conveniência e do interesse estritos do estado.[1018]

O risco será sempre de que igual interpretação e tratamento sejam também instaurados pelos estados, com efeitos práticos facilmente demonstráveis...

diffuseur / éd. Panthéon-Assas, 1999). Como se considera no **Tratado** (tomo II – **Direito internacional dos espaços**, cap. 19, item 19.1.3).

1014 Cf. **Tratado** (tomo IX – **Direito internacional no tempo de Samuel Pufendorf**, XII – **Direito internacional no tempo de Vattel e von Martens** e XIII – **Direito internacional no tempo do concerto europeu**).

1015 (1818-1890), foi professor da Universidade de Edimburgo e sua obra mais importante **Institutes of the Law of Nations** (publicada em 1883). V. tb. Alexander Pearce HIGGINS, **La contribution de quatre grands juristes britanniques au droit international (LORIMER, WESTLAKE, HALL et HOLLAND)** (RCADI, 1932, t. 40, p. 1-86).

1016 Urban WHITAKER (op. cit., p. 31): "LORIMER worked out a detailed plan for world peace which included specifications for disarmement, world legislature and executive bodies and a world court (with 15 judges like the I.C.J.). His ideas were presented by the Government of the Netherlands at the Hague Conference of 1899 and were republished in 1906." (...) "His belief that all human laws are 'declaratory' of the law of nature offers a natural bridge between positive and natural law. / "LORIMER's strong orientation towards a *de facto* view of law and politics leads him to reject VATTEL's doctrine of state equality. Were it not for his theological biases, James LORIMER might well have been the founder of a new natural law school which might have found the basis for a merger of the old positive and natural schools."

1017 Logicamente se continua a produzir e inovar em matéria de estudo, ensino, publicações e discussões em direito internacional, mas estes autores, antes assinalados, seriam os assim chamados 'fundadores', 'modernos' ou 'clássicos' do direito internacional. Ver P. B. CASELLA, **Fundamentos** (2008).

1018 Cfr. **Fundamentos** (2008).

Na visão de G. W. F. HEGEL, tal como a exprime na sua Filosofia do Direito,[1019] o direito internacional é considerado como direito estatal externo (*ausseres Staatsrecht*), pois, no sistema onde o estado represente a mais alta instância do "espírito objetivo", não pode este submeter-se se não a sua própria vontade.[1020] E, na medida em que esta se coordene com as vontades dos demais estados, resulta um direito internacional frágil e contingencial, talhado na medida da vontade dos estados. As normas desse direito internacional, meramente interestatal, não serão mais que veleidades dessas vontades estatais, que comporão, com vontades rivais, somente na medida da conveniência de cada uma destas, e só terão como limite o julgamento da história. As consequências são facilmente dedutíveis.

A partir de HEGEL virão os desdobramentos nefastos em relação ao papel do estado e os fundamentos deste, que transformam o direito internacional em algo totalmente transitório e contingente e não somente tiram, como alijam do lugar devido, a dignidade humana e os direitos fundamentais do ser humano, dentre os princípios norteadores do sistema internacional, em função e em benefício do estado e dos interesses deste, tal como pelo estado seja determinado.[1021]

O mito do estado e a santidade intocável deste acarretaram mais males para a humanidade que as armas de destruição em massa. Ainda pagamos preço excessivamente elevado, em decorrência do endeusamento dessa construção humana, impregnada do pensamento cientificista da época.

Se tal concepção também marcou outras áreas do conhecimento, no século XIX e em boa parte do XX, isso ainda parece ser levado a sério em alguns campos do direito, com mais de século de atraso, em se tratando de construção pura e estritamente técnica, que não dá conta dos

[1019] G. W. F. HEGEL, **Grundlinien der Philosophie des Rechts oder Naturrecht und Staatswissenschaft im Grundrisse** (mit H. eigenhändigen Notizen in seinem Handexemplar und den mundlichen Zusätsen, hrsg. und eingeleitet von Helmut REICHELT, Frankfurt: Ullstein, 1972, Ullstein Buch 2929), b/c **Einleitung in der Geschichte der Philosophie** (hrsg. von Johann HOFFMEISTER, Hamburg: F. Meiner, 3. Aufl., 1940).

[1020] Cfr. **Tratado** (tomo XIII – **Direito internacional no tempo do concerto europeu**, item – HEGEL e o direito internacional).

[1021] Ver **Tratado** (tomo XIII – **Direito internacional no tempo do concerto europeu**, item – HEGEL e o direito internacional).

valores e dos princípios norteadores do sistema, o que especialmente, nessa dimensão de humanidade, deveria ter sido conservado.[1022]

Levada mais adiante tal concepção, em suas nefastas distorções, por autores como Adolf LASSON[1023] e John AUSTIN,[1024] encontra-se a inspira-

1022 Haroldo VALLADÃO, **Direito internacional privado** (Rio de Janeiro: Freitas Bastos, vol. I, 5ª. ed., 1980, p. 49-60, cit. p. 51): "Partindo da opinião de HEGEL, o estado é a encarnação do absoluto e todo direito, nacional ou das gentes, tem nele a sua fonte, depende de sua vontade, houve juristas alemães que viram na regra jurídica uma criação arbitrária do estado, enquanto outros, mais moderados, apresentaram para justificar a subordinação do estado ao direito, a doutrina da *autolimitação do estado*, com IHERING, JELLINEK e LABAND, pela qual a vontade estatal se autolimita ao criar a norma jurídica interna ou internacional. Leon DUGUIT liquidou, definitivamente, tal doutrina da autolimitação, que corresponde à do contrato social de ROUSSEAU, mostrando que se o estado só estivesse sujeito à lei que ele fez, que não podia ter feito e que podia desfazer por outra lei, verdadeiramente não estava sujeito ao direito. Posteriormente VERDROSS acentuou que, se a regra do direito é apenas o produto da livre vontade, não é, realmente, obrigatória, citando POLITIS: *'ce qui la volonté fait, une volonté contraire peut défaire'*. / "A razão pela qual a vontade do indivíduo ou a do estado pode produzir efeitos permanentes, acatados juridicamente, é sempre a mesma: que tenha sido manifestada com base em norma jurídica anterior, que a valida, que a torna respeitada e eficaz para todos. Fora daí é o reino da arbitrariedade. / "Recaía, assim, a doutrina da autolimitação no *primado do estado soberano* na ordem jurídica, cuja vontade criava o direito interno e o internacional, não passando este de um simples direito público externo – primado plenamente incompatível com o verdadeiro estado de direito."

1023 A partir das teses hegelianas, outros autores vão mais além, no sentido de negar a juridicidade do direito internacional, como Adolf LASSON (1837-1917), professor em Berlim, autor de monografia sobre o princípio e o futuro do direito internacional (1871) e no seu **Sistema de filosofia do direito** (**System der Rechtsphilosophie**, 1882), que apresenta o amadurecimento de sua doutrina. O estado, enquanto encarnação suprema do espírito objetivo, não pode se submeter a ordem normativa superior a este, nem a vínculos que limitem a sua condição soberana: "os estados não podem estabelecer entre si uma relação de comunidade jurídica; somente a força os divide". V. tb. A. TRUYOL Y SERRA, **Histoire** (1995, cap. IX – la doctrine au XIXe siècle, p. 115-116); Henri BATIFFOL, **A filosofia do direito** (do original **La philosophie du droit** © Paris, PUF, s/d, trad. Neide de FARIA, rev. A. Vilas Boas da MOTA, São Paulo: Difel, 1968, cap. I – os positivismos, p. 9-32, cit. p. 11-12): "A escola histórica veio reforçar essa corrente. Enquanto a França é dominada pela exegese, a Alemanha o é pelo historicismo. (...) O direito não é mais obra da razão que racionaliza, como facilmente o fizera crer a 'escola do direito da natureza e das gentes', nos séculos XVII e XVIII. Ele é o produto espontâneo e mais ou menos inconsciente do 'espírito popular' (*Volksgeist*)."

1024 A. TRUYOL (op. cit., loc. cit.): "Profonde et également durable, bien que tardive, sur la pensée juridique anglo-saxonne a été l'influence de John AUSTIN (1778-1859). Or, AUSTIN, qui signale comme élément essentiel du droit l'existence d'un *superior* capable d'en imposer les règles, voit dans le droit international non un droit mais une *positive morality*, une morale sociale effective, qui trouve sa sanction spécifique dans l'opinion publique". A obra publica-

ção da *analytical school of jurisprudence*. E sucedem-se autores que adotam tratamento sistemático do direito internacional, nessa mesma linha.

Não se esqueça internacionalista como Johann L. KLUBER,[1025] na linha da síntese grociana do direito natural e do direito voluntário. Sem negligenciar os fatos, KLUBER entende não ser possível abstrair-se dos princípios. Afirma ser necessáro confrontá-los, à luz da singularidade das situações concretas, em espírito progressivo.

Entre nós, José Maria Avelar BROTERO, nas **Questões sobre presas marítimas** (1836 e 1863),[1026] dirigia-se "aos leitores",[1027] com a assertiva:

> eu vou tratar de – direito positivo – e por isso o meu desejo e obrigação é mostrar-vos quais os *tratados, manifestos e mais peças diplomáticas*, que existem sobre o presente objeto; quais as *leis, regulamentos e determinações* das Nações sobre o seu direito – *marítimo particular*: quais as *decisões* dos *tribunais* das Nações influentes, e quais seus *usos* e *costumes* que formam o Direito das gentes tácito ou voluntário. Eu procuro seguir o método ensinado por KLUBER – *dogmático-histórico* – esclarecendo as matérias com *fatos, com acontecimentos reais*. Recorro ao Direito das gentes *absoluto*, quando o caso é *duvidoso*, ou quando sobre ele não *concordam* as convenções e os usos. Desprezo as opiniões dos antigos escritores (aqueles que

da **The province of jurisprudence determined** (Londres, 1832), teve re-edição, ampliada, **Lectures on jurisprudence or the philosophy of positive law** (Londres, 1869).

1025 Johann Ludwig KLUBER (1762-1837), **Das moderne europäische Völkerrecht** (2 vols., Stuttgart, 1819).

1026 **Questões sobre presas marítimas**, "oferecidas ao cidadão Rafael Tobias de AGUIAR, pelo autor J. M. A. BROTERO" (São Paulo: Typographia de Costa Silveira, 1836). Exemplar da Biblioteca da FDUSP.

1027 **Questões sobre presas marítimas**, por José Maria de Avellar BROTERO ("segunda edição aumentada", São Paulo: Typographia – imparcial – de J. R. de Azevedo Marques, 1863), registra no prólogo: "Conheço que este meu trabalho é imperfeito, e muito sinto que nesta segunda edição ficasse com tantos erros, resta-me a esperança que os homens competentes hão de ter indulgência com tais defeitos, e só censurar a doutrina e nesta parte peço-lhes severidade, pois pedir considerações seria ter em pouco a ciência e o meu dever. / Este livro não é uma obra de teorias ou doutrinas especulativas; é um compêndio de fatos e princípios do Direito Marítimo admitido pelas nações civilizadas. / Da primeira edição suprimi tudo quanto me pareceu fora da matéria, aumentei, porém, muita doutrina que faltava. / Cito os escritores, de que tenho notícia, que publicaram suas obras depois da minha primeira edição – 1836. / Nesta segunda edição procurei ser útil aos meus Escolares, no estudo do Direito das Gentes, e não olhei, nem me lembrei, que o meu trabalho pudesse ser estimado pela elegância e pureza de linguagem". Exemplar da Biblioteca da FDUSP.

tive ao meu alcance), que só se fundam no Direito romano ou seguem opiniões particulares, filhas ou da *localidade*, ou do *partido*.[1028]

De modo semelhante, August HEFFTER (1844, 1866) multiplica as analogias com o direito privado, refletindo sua formação em direito romano e direito processual civil e penal.[1029] A referência ao direito natural não o impede de levar plenamente em conta os dados da realidade e dos problemas contemporâneos.

Por sua vez, o positivismo vem a ter nova voz com August von BULMERINCQ (1884, 1889).[1030]

A contraposição entre as duas correntes permanece e se renova, por trás de flutuações de denominação, com o mesmo eixo central de ordenação de duas concepções antagônicas.

A percepção do volume e extensão das questões ou problemas intrinsecamente internacionais leva à conscientização da necessidade de mecanismos internacionais para resolvê-los. Impossível resolver questões internacionais sem utilizar ferramentas internacionais. Daí a necessidade de equipar o direito internacional com os meios necessários para

[1028] J. M. A. BROTERO, **Questões sobre presas marítimas** (1836, "aos leitores", sem número de página): "Muitas vezes, na confusão dos pareceres dos JJ. entre si contraditórios eu me animo a dar a minha opinião. A legislação pátria é citada nos lugares competentes. Muito desejava alegar os julgamentos dos nossos tribunais, mas não estava ao meu alcance poder satisfazer o meu desejo. / Eu conheço que o meu trabalho está bem longe da perfeição e conheço que ele está muito longe de poder conseguir o seu fim: conheço e confesso que não tive à mão nem a legislação das Nações do norte da Europa, nem muitos bons autores que tem tratado desta matéria, e que eu devia consultar; mas minha consciência está convencida de que esta minha pequena obra sempre há de prestar alguma utilidade aos meus escolares, e ao público. Julgo que a matéria é muito interessante, e que por esta razão o governo, e os sábios, não me deixarão continuar a transmitir na aula minhas opiniões à mocidade, uma vez que elas sejam falsas. O governo me advertirá e os sábios me esclarecerão, com suas luzes, por meio da imprensa". Como se vê, adotava redação diversa da que figura na segunda edição (1863).

[1029] August HEFFTER (1796-1880), **Le droit international public de l'Europe** (do original **Das europäische Völkerrecht der Gegenwart auf den bisherigen Grundlagen**, originalmente publicado em Berlim, 1844, trad. francesa de Jules BERGSON, Berlim: Schroeder / Paris: Cotillon, nouvelle édition revue et augmentée, après le décès du traducteur, par l'auteur. 1866). Como observa TRUYOL Y SERRA (op. vel. loc. cit.) "le manuel sans doute le plus répandu de l'époque, en Allemagne et hors d'elle, traduit en plusieurs langues".

[1030] August von BULMERINCQ (1822-1890), **Das Völkerrecht oder internationale Recht systematisch dargestellt** (1884; 2ª ed., Freiburg-in-Breisgau, 1889).

cumprir os seus fins (e, ao mesmo tempo, os ataques – diretos e indiretos – contra a disciplina). A multiplicação da casuística em nada deveria alterar o conteúdo da disciplina, no passado recente,[1031] ou no presente.[1032] Esse tipo de discussão e oposição pode e deve ser enfrentado, mas não se pode ter como a única dimensão para estudar e conhecer a matéria.[1033]

Exemplos, mais ou menos bem sucedidos, podem ser lembrados, em matérias técnicas: desde as pioneiras, da comunicação postal até as telecomunicações, da regulação das marcas, patentes e direitos de autor e da regulação da aviação civil internacional. Não obstante alguns pro-

[1031] A ocupação e a guerra no Iraque, a partir de 2003, pode ser referido como exemplo penoso, legalmente írrito, militarmente desastroso, passados vários anos desde a 'ocupação' pelos Estados Unidos, a situação no Iraque começa a se encaminhar para a normalidade.

[1032] A guerra de agressão imotivada da Rússia contra a Ucrânia, invadida e massacrada pelo exército da Rússia, traz de volta, desde 24 de fevereiro de 2022, cenários de barbárie e de destruição, em escala que não se via na Europa, desde a segunda guerra mundial. Mentalidade de conquista, dos séculos XVIII e XIX, em pleno século XXI, com consequências desastrosas para todos! Situação que, até o momento, permanece irresolvida. Cf. ref. no **Tratado** (tomo II – **Direito internacional dos espaços**, item 29.3 – dimensão humana do território como expressão da relação entre espacialidade e direitos fundamentais). A respeito, manifestou-se a CORTE INTERNACIONAL DE JUSTIÇA, em 16 de março de 2022: A Corte considera que a Ucrânia tem direito plausível de não ficar sujeita a operações militares pela Federação Russa com o propósito de prevenir e punir um alegado genocídio no território da Ucrânia. CIJ, **Allegations of Genocide under the Convention on the Prevention and Punishment of the Crime of Genocide** (Ukraine v. Russian Federation) Order of 16 March 2022 – Request for the indication of provisional measures – Procedure(s) – Provisional Measures (ICJ Reports 2022, General List No. 182, Order 16 March 2022, cit. § 60 e 63-64): "The Court has already found that Ukraine is asserting a right that is plausible under the Genocide Convention (see paragraphs 50-60)" (...) "The Court concludes, therefore, that a link exists between the right of Ukraine that the Court has found to be plausible and the requested provisional measures."

[1033] Ao mesmo tempo em que a multiplicação de violações pode ser indício de baixo grau de eficácia na implantação de tal sistema, outras dimensões podem ser lembradas, como reforço da necessidade de utilização crescente do direito internacional. Exigem tratamento internacionalmente adequado as mudanças essenciais e irreversíveis nas condições de criação e circulação da riqueza, da informação, da circulação e da proteção dos direitos fundamentais das pessoas no mundo; das formas de relação entre os estados e destes com as organizações internacionais e as não-governamentais, da repressão ao crime organizado, ao tráfico de drogas, ao terrorismo, como do contra-terrorismo de estado. Parafraseando CLEMENCEAU: são questões importantes demais para serem deixadas somente aos cuidados dos políticos. V. tb. J. DUMAS, **La sauvegarde internationale des droits de l'homme** (RCADI, 1937, t. 59, p. 1-98).

gressos setoriais alcançados, outros campos inteiros ainda estão para ser regulados de modo eficiente e adequado: da proteção das águas e mananciais ao direito ambiental internacional e controle internacional da poluição, assim como o direito da integração.

Nesse sentido, toda a existência de comunicação além fronteiras, desde o início da comunicação postal (união postal, já na segunda metade do século XIX) até as telecomunicações (em boa medida, todavia em construção),[1034] todo o transporte aéreo internacional, por mais que possam causar problemas posições nacional ou unilateralmente adotadas, tendo cerne de regulação internacional (Convenção de Varsóvia, 1929; Convenção de Chicago, 1944; e outras), de modo a tornar viável a operação e funcionamento de aviação civil internacional.[1035] De modo semelhante, a emergência do direito ambiental internacional, onde terá de prevalecer a consciência de que em razão da natureza intrinsecamente internacional da questão, soluções somente poderão ser alcançadas utilizando mecanismos do direito internacional.

A repressão ao terrorismo internacional, como ao tráfico de drogas e o crime organizado, por mais que pretendam alguns ser este problema mais de uns que de outros países, para ser mais justa e eficiente, terão de ser tratados internacionalmente, aplicando soluções respaldadas no direito internacional,[1036] para conferir legitimidade a essas normas, em decorrência do consenso, e não por imposição unilateral de determinado estado.

O direito internacional pós-moderno, como conteúdo essencialmente humanista e tolerante, pode se voltar para buscar o que pode ser compartilhado, além e acima das diferenças circunstanciais. A busca de 'valores compartilhados' pode ser difícil; mas podem, ao menos, ser buscados interesses que possam ser compartilhados, visando construir mercados que tenham economia de escala para competir em contexto "globalizado"

[1034] Para situar alguns elementos desse vasto conjunto, v. P. B. Casella, (Tomo 2 – Direito internacional dos espaços, 2022, cap. 18 – Direito internacional das telecomunicações, p. 61-82).

[1035] P. B. Casella (Tomo 2 – Direito internacional dos espaços, 2022, cap. 19 - Navios e aeronaves no direito internacional, p. 83-127).

[1036] V. Casella, **Fundamentos** (2008, item x, '*opinio juris* e corte epistemológico – entre conceitos universais e expediente específicos – princípios, valores e regras', p. 777-829); v. tb., P. B. Casella, *'Opinio juris' e a questão da materialidade emergente do direito internacional pós-moderno* (Rio de Janeiro: Revista de direito do estado, n. 10, abr-jun 2008, p. 367-386).

– este termo, pela frequência de seu uso, muitas vezes abusivamente invocado, merece nota de rodapé, para dar algumas precisões.[1037]

A questão dos fundamentos do direito internacional como a busca desse *discurso revelador e reunificador da polis do tempo* – em que medida poderão ser apontados valores e interesses compartilhados? Pode-se pensar modelo que seja adequado? O conflito ideológico dos tempos da "guerra fria" e o "conflito de civilizações" – [1038] era, antes, "equilíbrio do terror", onde a multiplicação da capacidade de destruição recíproca obrigava os oponentes ideológicos a manterem determinado nível de contenção auto-imposta na prática de abusos, ou, ao menos, tentar velar as violações cometidas, sob a aparência de respeito e observância às formas e modelos legais. Com relação à questão e discurso do fundamento do direito internacional, como enfrentar a questão do *discurso revelador e reunificador da polis do tempo*?

Em contraposição a estes debates, estamos, atualmente, vivendo o conflito decorrente de 'falta de civilização': o enfrentamento não se faz entre 'ocidente' e 'oriente', mas entre modelos com ênfase na civilização e nos valores compartilhados, ou modelos limítrofes de barbárie![1039] Seja qual for a cor destes, e a origem de seus 'programas de ação'.[1040]

[1037] Será a 'globalização' um mal necessário? ou constitui tão somente paráfrase das emanações do que se entenda por vontade do império? valeria estudo específico, muito além dos limites de mera nota de rodapé sobre a necessidade de uso do termo – ou sua inevitabilidade – para caracterização de contexto, no qual estamos inseridos. Para visão da evolução histórica da globalização: Aldo FERRER, **Historia de la globalización** I. origenes del orden económico mundial (Buenos Aires: FCE, 1996), Aldo FERRER, **Historia de la globalización** II. la revolución industrial y el segundo orden mundial (Buenos Aires: FCE, 1999); Joseph E. STIGLITZ, **Making globalization work** (New York: Norton, 2006, p. 24) enfatiza a necessidade de se colocar ênfase em valores como a cultura, o meio ambiente e a própria vida.

[1038] Obra de divulgação, que se tornou quase incontornável, referência de base, em relação ao conflito de civilizações: Samuel HUNTINGTON, **O choque de civilizações e a recomposição da ordem mundial** (do original **The clash of civilizations and the remaking of world order** © 1996, trad. M. H. C. CÔRTES, Rio: Objetiva, 1997); Samuel HUNTINGTON, *The clash of civilizations* (Foreign Affairs, 1993, 72, n. 3, p. 22 ss.); Samuel HUNTINGTON, *The West unique, not universal* (Foreign Affairs, 1996, 75, n. 6, p. 28 ss.).

[1039] A má leitura do **Corão** pelos supostos fundamentalistas-extremistas é claramente manipulada, para usar da fé como elemento instigador de conflito. O ocidente em armas, invadindo países árabes, em nome da 'democracia' e alegações dessa laia em nada facilitam seja o diálogo entre os dois mundos, seja a veiculação de ideias moderadas, afastando a confrontação, entre os povos árabes. Diálogo de 'surdos' com deploráveis resultados, que estamos vendo. O acirramento dos conflitos, da tensão e do medo somente beneficiam os terroristas.

O direito internacional, ferramenta limitada, é passível de aperfeiçoamento, como desde GRÓCIO se reconhece e afirma. Este pode ser aperfeiçoado.

Como formular a questão do *discurso revelador e reunificador da polis do tempo* em relação aos fundamentos do direito internacional? E, a partir desta, todas as demais questões relevantes e pertinentes em direito internacional? Não se sabe nem se pode saber, ainda, todos os detalhes, já que não foram colocadas todas as questões, mas permanecem a necessidade e a busca, e é isso que se vem tentando, nos últimos séculos, desde que começa a esboçar-se o que se pode chamar de modelos de convivência internacional,[1041] assim como a aferição do papel do direito na regulação dessa convivência.

Em alguns breves momentos da história parecem ter sido levantadas as barreiras para permitir o diálogo entre diferentes visões de mundo. Esses momentos deixam lições relevantes para os tempos futuros.

O direito e as relações internacionais, no contexto pós-moderno, precisam conservar essa lição de diálogo e de percepção do outro: não se poderá pretender criar normas e mecanismos internacionalmente vigentes, sem levar em conta as diferenças culturais e sem acomodar tais diferenças, na medida em que possam conviver de modo pacífico.

Será que não percebem os governos que o diálogo entre governos e setores moderados das sociedades civis seriam se não mais eficientes, o único modo de fazer avançar a questão. Não é matéria na qual um lado possa pretender aniquilar o outro, para impor a sua vontade e o seu modelo. Portanto, somente a contemporização e a acomodação entre as diferentes correntes poderiam ser validamente tentadas. Não é o que se está vendo. Lamentavelmente. V., dentre outros: Jean FLORI, **Guerre sainte, jihad, croisade:** violence et religion dans le christianisme et l'islam (Paris: Seuil, 2002); Bruno ETTIENNE, **L'islamisme radical** (Paris: Hachette, © 1987, impr. 1989), Jean-Paul CHARNAY, **Traumatismes musulmans: entre chârî'â et géopolitique** (Paris: Afkar, 1983).

1040 Cabe indagar se e em que medida podem ser compartilhados 'modelos' de tal modo inseguros de suas bases? Estes se fecham em modelos ideológico-fundamentalista para excluir questionamentos e discussão racionalmente isenta. Todo ataque busca compensar e pode ser explicado como forma de contrabalançar a sensação de fraqueza. Seria essa a bse conceitual da doutrina dos ataques preventivos ? Seria esta a negação mais completa, em muito tempo, de tudo o que pode significar o direito internacional como mecanismo regulador da convivência entre estados e demais sujeitos de direito internacional.

1041 N. MACCHIAVELLI **Dell'arte della guerra** (1521) (a cura di Mario MARTELLI, Firenze, Sansoni, 1971) faz "discurso filosófico" em torno da "arte da guerra" e das técnicas desta. A conclusão: os progressos da tecnologia não adiantaram muito.

A convivência juridicamente organizada não pode prescindir do contexto cultural e das diversidades entre civilizações. Ao mesmo tempo em que pouco se conseguiu construir, ao longo do tempo, para ordenar esta convivência entre mundos diversos.

Para escrever história, a tarefa mais difícil não é determinar fatos, mas compreender a mentalidade do povo de outra época, expressava John B. GLUBB.[1042] Este reuniu, na própria vida, a experiência de várias guerras e da reflexão sobre a história.[1043] Ao que este apontava,[1044] poder-se-ia acrescentar: quantas vezes, será também difícil compreender outros povos, na mesma época.

A mesma dificuldade pode ser percebida e apontada, ao se considerar o direito internacional no tempo. Das considerações que precederam, sobre tempo e discurso em direito internacional, com a perspectiva da consolidação conceitual e institucional do direito internacional, pode-se passar à consideração do direito das gentes no mundo antigo (parte I).

Mesmo se, em considerável medida, um sistema de direito internacional propriamente dito somente pode ser apontado a partir do início da era moderna, a construção das premissas temporais e conceituais é grande questão para qualquer ramo do conhecimento, como especificamente para o direito internacional, seja este moderno, clássico ou pós-moderno: o dilema de todos os termos e tempos humanos passa pela busca das bases conceituais e operacionais de fundamentação que possam assegurar a validade e vigência do sistema institucional e normativo internacional.

[1042] Tenente-geral (Sir) John Bagot GLUBB, K.C.B., C.M.G., D.S.O., O.B.E., M. C. foi educado no Cheltenham College e na Real Academia Militar de Woolwich. Serviu na França e Bélgica, de 1915 a 1918, foi ferido três vezes e recebeu a 'Military Cross'. Em 1930, passa a integrar a 'Arab Legion' e foi comandante desta de 1938 a 1956. Volta ao Reino Unido e passa a lecionar, rambém em universidades da Europa e EUA. Publicou vários livros sobre os povos e países árabes.

[1043] John B. GLUBB, **A short history of the Arab peoples** (Londres: Quarter Books, © 1969, reprinted 1980).

[1044] John B. GLUBB (op. cit., p. 256): "In writing history, the most difficult task is not to ascertain facts but to understand the mentality of the people of an earlier age."

PARTE I
DIREITO DAS GENTES NO MUNDO ANTIGO

> 'Negociação' e 'conflito' seriam termos essenciais para resumir, em poucas palavras, o sentido da evolução do direito internacional. Na sua longa, diversificada e complexa trajetória na história da humanidade, o direito internacional se estende por mais de cinco mil anos, desde quando se conservam registros históricos por escrito.
>
> P. B. Casella (2019)[1045]

[1045] P. B. Casella, *Negociação e conflito no direito internacional: cinco mil anos de registro da história* (in Revista da Faculdade de Direito da USP, São Paulo, 2019, vol. 114, p. 185-230) DOI https://doi.org/10.11606/issn.2318-8235.v114p185230. Não por acaso, o direito internacional se faz presente e necessário, tanto no encaminhamento de posições divergentes, tendendo a alcançar composição, se não amigável, ao menos pacífica – em todas as esferas e manifestações possíveis da 'negociação', desde sempre e em toda parte, como também o direito internacional se inscreve e tem papel relevante a desempenhar, quando estes mecanismos 'pacíficos', quer de cunho jurídico ou diplomático, não conseguem dar conta das questões presentes (*jus ad bellum*), e pode ocorrer a necessidade de se ter de passar quer a meios coercitivos para enfrentamento de divergências, ou mesmo chegar ao extremo do conflito armado (*jus in bello*) – coarctado pelo direito internacional vigente às hipóteses de *legítima defesa*, como regulado no art. 51 da Carta da ONU. Como em outros ramos do conhecimento e da atividade humana, os conceitos tem de ser precisados, também no direito internacional: seus conteúdos precisam ser claramente delimitados, para que sejam efetivamente entendidos e aplicados. Já advertia Tucídides (c. 465 – c. 395 a.C.), na **História da guerra do Peloponeso**, "o sentido normal das palabras, em relação aos atos, muda segundo as veleidades dos homens".

> O estudo do direito das gentes na Antiguidade sofre, essencialmente, de dupla barreira. Primeiro, existe a percepção de que todo o direito dos tempos antigos era primitivo. O direito antigo era formalista, dominado por ficções, tinha limitado escopo de normas jurídicas, e se baseava tão somente em sanções religiosas. Em suma, faltavam-lhe as características essenciais de um direito moderno e racional. Embora essa crítica tenha sido amplamente refutada por estudos modernos, quer por enfatizar novas pesquisas empíricas, ou por adotar enfoque antropológico de relativismo moral nas relações jurídicas, permanece como poderosa corrente de pensamento. Se não bastasse tudo isso, ainda existe uma segunda convicção, ainda por ser questionada, de que o direito internacional, mesmo hoje, ainda é uma ordem legal primitiva.
>
> D. Bederman (2001)[1046]

Noções quanto à antiguidade do direito internacional permitem situar o seu surgimento na mais remota Antiguidade, desde o momento em que ocorrem registros escritos de história.[1047] A construção do direito internacional,[1048] como qualquer ramo do conhecimento humano, ins-

[1046] David J. Bederman (1961-2011), **International Law in Antiquity** (Cambridge: Univ. Press, 2001, reprinted 2006, I – A methodological Introduction: this study and its limitations, p. 1-15, cit. p. 11-12). No original utiliza o termo 'suffers from a double blight' – termo originalmente utilizado em relação a certos estados patológicos de plantas: murchar, queimar pelo frio, crestar, esterilizar; daí, por extensão, impedir o crescimento, destruir, frustrar esperanças ou planos. Entendi adequado traduzir 'blight' por 'barreira'.

[1047] Ver P. B. Casella, *Negociação e conflito no direito internacional: cinco mil anos de registro da história* (in Revista da Faculdade de Direito da USP, São Paulo, 2019, vol. 114, p. 185-230); **Fundamentos** (2008, esp. item VI – direito, história e cultura, p. 489-615); Slim Laghmani, **Histoire du droit des gens: dus 'jus gentium' impérial au 'jus publicum europaeum'** (Paris: Pedone, 2003).

[1048] H. Accioly – G. E. do Nascimento e Silva – P. B. Casella, **Manual de direito internacional público** (São Paulo: Saraiva, 25ª ed., 2021, parte 2 – fundamento, fontes e codificação do direito internacional, p. 149-241, cit. p. 149): "O estudo do fundamento do direito internacional busca explicar a sua obrigatoriedade. Trata-se do problema mais complexo da matéria, pois a formulação das regras de direito internacional poderão variar conforme a posição apriorística adotada. Mas, não obstante a importância atribuída à questão pela grande maioria, para vários conceituados autores o estudo do fundamento não faz parte do direito internacional propriamente dito. Seja como for, ao direito internacional não interessam os motivos reais, econômicos, políticos, sociológicos ou históricos, mas apenas as razões jurí-

creve-se no tempo e no espaço,[1049] no contexto histórico e cultural no qual se desenrolou. Por isso, é necessário superar as barreiras impostas por pré-julgamentos e enxergar a riqueza histórica e a diversidade cultural da construção do direito internacional no tempo.

Esse fenômeno se verifica em diferentes momentos, em civilizações diversas. E, pode ser renovado em exame específico de algumas destas experiências, como se faz a seguir. Logicamente, são escolhas possíveis, dentre tantas.[1050]

O enfoque histórico do direito internacional, como matéria específica, parece ter sido inaugurado no final do século XVIII, por autores como Von Ompteda (1785, ed. 1963)[1051] e Robert Ward (1795).[1052] Este último se tornou campo importante no estudo do direito internacional.

A partir do momento em que começa o estudo acadêmico da história do direito internacional, esta vertente faria escola: o direito internacional se constrói, ao mesmo tempo em que este se exami-

dicas que explicam o motivo de sua aceitação pelo homem". V. tb. Casella, **Fundamentos** (2008) e **Tratado** (tomo XX – **Direito internacional, história e cultura**).

1049 Como se apontou, no título preliminar deste tomo. E como se situou o direito internacional em relação aos espaços, nos dois primeiros tomos do **Tratado** (tomos I e II – **Direito internacional dos espaços**).

1050 No caso brasileiro, justamente no transcorrer de processo de internacionalização, em curso no direito e na sociedade brasileira atual, se adensa o sentido e se define o *momentum* de nossa fundação: nessa caracterização de identidade propriamente nacional se forjam as matrizes de pensamento, torna-se imperioso não confundir diferentes temporalidades – tempo do mito e tempo da história – "notadamente quando se trata do problema das origens". Cfr. Marc Ferro, **A manipulação da história no ensino e nos meios de comunicação** (São Paulo: Ibrasa, 1983, p. 13, 290, 292); Carlos Guilherme Mota, *Idéias de Brasil: formação e problemas (1817-1850)* (in **Viagem incompleta: a experiência brasileira (1500-2000)**/ Formação: Histórias, org. C. G. Mota, São Paulo: SENAC, 2ª ed., 2000, p. 197-238, cit. p. 209).

1051 Dietrich Heinrich Ludwig Von Ompteda, **Literatur des gesamten natürlichen und positiven Völkerrechts** ("Neudruck der Ausgabe Regensburg, 1785", republicado Aalen: Scientia Verlag, 1963, § 65, p. 265) mostra-se, por vezes, muito duro, em relação aos autores que apresenta: "und man wird daher von selbst schon von ihm nichts besonders in eigentlichen Völkerrecht erwarten."

1052 Robert Ward, **An Enquiry into the foundations and history of the Law of nations in Europe** – from the time of the Greeks and Romans to the age of Grotius (orig. publ. London: A. Straham and W. Woodfall, 1795, 2 vols, reprint Clark: The Lawbook Exchange, 2005).

na, enquanto construção histórica e cultural. Igualmente, entre o século XIX, com Pasquale Fiore,[1053] até meados do século XX, com C. van Vollenhoven,[1054] A. Wegner,[1055] A. Nussbaum[1056] e G. Stadmüller,[1057] dentre outros.

Apesar de controvérsias a respeito do marco inicial de um sistema internacional, pode-se dizer que o enfoque histórico do direito internacional parece ter permanecido "na moda", e esse campo tem continuidade com estudos como os de C. H. Alexandrowicz,[1058]

[1053] Pasquale Fiore, **Trattato di diritto internazionale pubblico** (Torino: Unione Tipografica Editrice Torinese, seconda ed. interamente rifatta e considerabilment ampliata, 1879, 3 vols.).

[1054] Cornelis van Vollenhoven, **Du droit de la paix / De jure pacis** (Haia: M. Nijhoff, 1932) examina autores e faz periodização – não em função de ampla sistematização do direito internacional – mas tão somente na perspectiva de pacifismo, estrito e dogmático, pelo qual são mensurados os predecessores e expoentes, em função do tratamento dispensado ao tema da guerra e das ferramentas de manutenção da paz, que ademais logo a seguir se mostrariam problemáticas.

[1055] Arthur Wegner, **Handbuch des Völkerrechts** (parte III – **Wesen, Grundbegriffe und Geschichte des Völkerrechts**, Stuttgart: Kohlhammer, 1936), embora não constitua uma apresenação completa da evolução do direito internacional.

[1056] Arthur Nussbaum, **A concise history of the law of nations** (orig. publ. New York, 1947; em espanhol **Historia del derecho internacional** con adiciones sobre Historia de la doctrina hispánica de derecho internacional, trad. Luis Garcia Arias e Francisco Javier Osset, Madrid: Edtrl. Revista de derecho privado, 1949). Frequentemente citado, embora cometa algumas generalizações arriscadas e questionáveis – como neste tomo se considera, por exemplo em relação ao fato de minimizar o papel de Roma no direito internacional – e omissões, como se procurou sanar na tradução para o espanhol, com a complementação agregada a respeito de 'doutrina hispânica do direito internacional', visando suprir lacunas do original.

[1057] Georg Stadmüller, **Geschichte des Völkerrechts. Teil I – Bis zum Wiener Kongreβ 1815** (Hannover: Hermann Schroedel Verlag, 1951).

[1058] C. H. Alexandrowicz, **The law of nations in global history** (ed. by David Armitage and Jennifer Pitts, Oxford: University Press, 2017); ___ , **Treaty and diplomatic relations between European and South Asian powers in the seventeenth and eighteenth centuries** (Rcadi, 1960, t. 100, 203-322); ___ , **Afro-Asian world and the law of nations: historical aspects** (Rcadi, 1968, t. 123, p. 117-214). Não tem caráter sistemática a sua apresentação da evolução do direito internacional, nem tenta abranger o conjunto da evolução histórica da matéria, mas faz análises relevantes dos autores e períodos que examina e, sobretudo, vai além da habitual perspectiva eurocêntrica, para mostrar a originalidade de outras civilizações, no direito internacional, relações diplomáticas e relações internacionais.

Wolfgang PREISER,[1059] Stephan VEROSTA,[1060] Wilhelm GREWE,[1061] Georges

[1059] Além de duas obras mais amplas e sistemáticas, diversos estudos sobre diferentes facetas do desenvolvimento histórico do direito internacional, compõem importante conjunto de contribuições de Wolfgang PREISER, **Macht und Norm in der Völkerrechtsgeschichte** (Baden-Baden: Nomos, 1985); ___ , *Zum Völkerrecht der vorklassischen Antike* (in Archiv des Völkerrechts, 1954, vol. 4, p. 257); ___ , *Frühe völkerrechtliche Ordnungen der aussereuropäischer Welt – Ein Beitrag zur Geschichte des Völkerrechts* (Sitzungsberichte der Wissenschafltichen Gesellschaft an der Johann Wolfgang Goethe-Universität Frankfurt am Main, Wiesbaden: Franz Steiner, 1976 – trad. francesa, publicada por Robert KOLB, **Esquisse d'un droit international public** des anciennes cultures extra européennes, Paris: Pedone, 2010); ___ , *History of international law, Ancient times to 1648* (in **Encyclopedia of Public International Law**, 2012, vol. IV, p. 869-896); ___ , *History of International Law, Basic questions and principles* (in **Encyclopedia of Public International Law**, 2012, vol. IV, p. 896-902). Em seu capítulo *Considérations sur le droit international public des anciennes cultures extra-européennes* (in **The Roots of International Law / Les fondements du droit international – Liber amicorum Peter HAGGENMACHER** ed. by / edité par P.-M. DUPUY & V. CHETAIL, Leiden / Boston: M. Nijhoff, 2014, p. 673-709) Robert KOLB faz referência: Dans un ouvrage des plus intéressants, mais insuffisamment connus en dehors de l'Allemagne, feu le professeur Wolfgang PREISER montrait qu'il a existé à des périodes diverses de l'histoire universelle quelques ordres juridiques internationaux assez consolidés et une pléiade de phénomènes juridiques internationaux épars dans tous les grands continents. Il amenait ainsi, dès les années 1970, du vent frais dans la branche des études historiques du droit international public" e acrescenta KOLB (cap. cit., 2014, nota 1) após a menção ao livro de W. PREISER: "Voir désormais notre ouvrage, développant celui de W. PREISER et le mettant à jour" – R. KOLB, **Esquisse d'un droit international public des anciennes cultures extra-européennes** (Paris: Pedone, 2010).

[1060] Stephan VÉROSTA, **International Law in Europe and Western Asia between 100 and 650 AD** (RCADI, 1964, t. 113, p. 485-620); ___ , History of International Law, 1648 to 1815 (in **Encyclopedia of Public International Law**, 2012, vol. IV, p. 823-843); tb. A. VERDROSS – S. VEROSTA – K. ZEMANEK, **Völkerrecht (Rechts- und Staatswissenschaften)** (Viena: Springer, 5a. ed., 1964).

[1061] Wilhelm Georg GREWE (1911-2000), diplomata alemão e professor de direito internacional, teve papel relevante na formulação da 'doutrina Hallstein' – adotada pela República federal da Alemanha, de 1955 até 1970, segundo a qual a República federal da Alemanha consideraria como um ato hostil, o fato de manter relações diplomáticas com a República democrática Alemã – a antiga 'Alemanha oriental'. Salvo exceção, obviamente, da antiga União soviética. A obra de GREWE sobre o desenvolvimento histórico do direito internacional, apesar de reparos ao enfoque eurocêntrico, e ao tratamento sumário da matéria (*Urssprünge des Völkerrechts*, p. 26-32) anterior ao ordenamentos interestatal moderno (final do século XV até advento da ONU) – mas permanece uma referência importante, **Epochen der Völkerrechtsgeschichte** (Baden-Baden: Nomos, 1984, 2ª ed., 1988) tb. disponível em inglês, **The Epochs of International Law** (trad. Michael BYERS, Berlin: De Gruyter, 2000); ___ , *Vom europäischen zum universellen Völkerrecht* (ZäoRV, 1982, vol. 42, p. 449).

SCELLE,[1062] J. H. W. VERZIJL,[1063] Antonio TRUYOL Y SERRA,[1064] até autores mais recentes,[1065] sobretudo quando se adota uma perspectiva pós-

[1062] Ainda que o tema seja sucintamente tratado, Georges SCELLE (1878-1961) reconhece o papel do direito internacional na Antiguidade, reconhecimento que nunca deveria ter sido retirado. Cfr. G. SCELLE, **Manuel de droit international public** (Paris: Sirey, 1948).

[1063] Alentado conjunto da obra de Jan Hendrik Willem VERZIJL, **International law in historical perspective** (Leiden: Brill): vol. 1 – **International persons** (1968); vol. 2 – **Subjects of International law** (1969); vol. 3 – **State territory** (1970); vol. 4 – **High seas and stateless domains** (1972); vol. 5 – **Nationality and other matters relating to individuals** (1972); vol. 6 – **Juridical facts as sources of international rights and obligations** (1973); vol. 7 – **State succession** (1974); vol. 8 – **Inter State disputes and their settlement** (1976); vol. 9 – **The laws of war** (1978); vol. 10 – **The law of neutrality** (1979); J. H. W. VERZIJL with Wibo P. HEERE and J. P. S. OFFERHAUS vol. 11 – **The law of maritime prize** (1992).

[1064] Muitas vezes citado, Antonio TRUYOL Y SERRA (1913-2003), **Histoire du droit international public** (Paris: Economica, 1995) – útil, mas por vezes conciso demais, serve para apontar alguns elementos cruciais de cada período e autor ; ___ , **L'expansion de la société internationale au XIXe et XXe siècles** (RCADI, 1965, t. 116, p. 89-179) ; ___ , **Génèse et structure de la société internationale** (RCADI, 1959, t. 96, p. 553-642) ; R. AGO – H. SCHIEDERMAIR – W. RIPHAGEN – A. TRUYOL Y SERRA – R. FEENSTRA, *Commémoration du quatrième centennaire de la naissance de Grotius / Commemoration of the fourth centenary of the birth of Grotius* (RCADI, 1983, t. 182, p. 371-469).

[1065] Numerosas contribuições, nesse campo, podem ser lembradas: David J. BEDERMAN, **International Law in Antiquity** (Cambridge: Univ. Press, 2001, reprinted 2006); Arnulf BECKER-LORCA, **Mestizo International Law** – a global intellectual history, 1842-1933 (Cambridge: Univ. Press, 2014, new ed., 2016); Matthew CRAVEN, Malgosia FITZMAURICE & Maria VOGIATZI (ed. by), **Time, History and International Law** (Leiden / Boston: M. Nijhoff, 2011); Pierre-Marie DUPUY & Vincent CHETAIL (ed. by / edité par), **The Roots of International Law / Les fondements du droit international – Liber amicorum Peter HAGGENMACHER** (Leiden / Boston: M. Nijhoff, 2014); Bardo FASSBENDER & Anne PETERS (edited by), **The Oxford Handbook of the History of International Law** (Oxford: University Press, 2012); Thomas FITSCHEN, *Vienna Congress (1815)* (in **Encyclopedia of Public International Law**, 2012, vol. X, p. 678-683); Gustavo GOZZI e Giorgio BONGIOVANNI (a cura di), **Popoli e civiltà** – Per una storia e filosofia del diritto internazionale (Bologna: Il Mulino, 2006); Harald KLEINSCHMITT, **Geschichte des Völkerrechts in Krieg und Frieden** (Tübingen: Francke, 2013); Martti KOSKENNIEMI, **The gentle civilizer of Nations** – the rise and fall of international law (1870-1960) (Cambridge: Univ. Press, 1st publ., 2001, reprinted 2005); ___ , *History of International Law, since World War II* (in **Encyclopedia of Public International Law**, 2012, vol. IV, p. 902-925); ___ , *History of International Law, World War I to World War II* (in **Encyclopedia of Public International Law**, 2012, vol. IV, p. 925-934); Hans-Ulrich SCUPIN, *History of International Law, 1815 to World War I* (in **Encyclopedia of Public International Law**, 2012, vol. IV, p. 843-869); E. TOURME-JOUANNET, *Des origines coloniales du droit international : à propos du droit des gens moderne au 18e siècle* (in **The Roots of International Law / Les fondements du droit international – Liber amico-**

-moderna para examinar a matéria. O que traz o tempo (histórico) e o contexto (cultural) para o coração do direito internacional.[1066] Mas, dado o fato de que essa perspectiva ainda se faz construir – ou, antes, desconstruir-se –, desse modo, parece ser, ainda, cedo demais para se tentar fazer o relato histórico.

Nesse sentido, boa doutrina internacionalista – a seguir referida, não obstante algumas pequenas diferenças de enfoque – faz remontar o direito internacional à Antiguidade: mais precisamente, na passagem do quarto para o terceiro milênio, por volta de 3010 a. C., inscrevendo-o no "limite entre a cronologia mítica e a cronologia histórica".[1067]

Em sentido oposto, na linha de negacionismo da antiguidade histórica do direito internacional, L. Oppenheim, em seu respeitado manual de direito internacional, afirmava ser o direito internacional: "enquanto lei entre estados soberanos e iguais, baseado no consentimento de todos esses estados, um produto da moderna civilização cristã, e se pode dizer ter cerca de quatrocentos anos".[1068]

rum P. Haggenmacher ed. by / edité par P.-M. Dupuy & V. Chetail, Leiden / Boston: M. Nijhoff, 2014, p. 649-671); ___ , **What is a fair international society?** International law between development and recognition (Oxford and Portland, Oregon: Hart Publ. – French Studies in International Law, 2013); ___ , **Le droit international** (Paris: PUF – Que sais-je?, 2013); ___ , **Le droit international libéral-providence**: une histoire du droit international (Bruxelles: Bruylant / Éds. de l'Univ. de Bruxelles, 2011); ___ , **Emer de Vattel et l'émergence doctrinale du droit international classique** (Paris: Pedone, 1998); Karl-Heinz Ziegler, **Völkerrechtsgeschichte** (München: C. H. Beck, 1994).

1066 Como se examina no **Tratado** (tomo XX – **Direito internacional, história e cultura**).

1067 A assinatura de tratado entre Eanatum, soberano da cidade de Lagash e a cidade de Umma, da qual tinha respondido ao ataque, redigido em língua suméria e atestado por estela descoberta no início do século XX, sancionado pelas principais divindades do país e garantido por terceiro parceiro, Mesilim, rei de Kish, na Acádia, príncipe que estendeu sua dominação na Suméria e restabeleceu a paz, entre as cidades rivais. Cf. P. B. Casella, *Negociação e conflito no direito internacional: cinco mil anos de registro da história* (in Revista da Faculdade de Direito da USP, São Paulo, 2019, vol. 114, p. 185-230); v. tb. A. Truyol y Serra, **Génèse et structure de la société internationale** (Rcadi, 1959, t. 96, p. 553-642), ___ , **L'expansion de la société internationale au XIXe et XXe siècles** (Rcadi, 1965, t. 116, p. 89-179); ___ , **Histoire du droit international public** (Paris: Economica, 1995); Georges Scelle, **Manuel de droit international public** (Paris: Sirey, 1948).

1068 Lassa Oppenheim, **International Law** (with Hersch Lauterpacht, London and New York: Longmans Green, 7th ed., 1948, p. 68): "International law as a law between sovereign and equal states based on the common consent of those states is a product of modern Christian civilization, and may be said to be about four hundred years old."

Para Malcolm SHAW os "fundamentos do direito internacional (ou do direito das gentes) tal como entendido hoje, baseiam-se firmemente no desenvolvimento da cultura ocidental e da organização política",[1069] e continua o autor:

> O crescimento das ideias de soberania e de estado-nação independente exigiram método aceitável, por meio do qual as relações interestatais poderiam ser conduzidas em conformidade com padrões de comportamento comumente aceitos, e o direito internacional preencheu esse espaço – *international law filled the gap*. Mas embora o direito das gentes tenha se enraizado e florescido com a sofisticação da Europa renascentista, as sementes dessa planta híbrida específica vêm de linhagem muito mais antiga – *the seeds of this particular hybrid plant are of far older lineage*. Elas remontam longe na história.[1070]

Contudo, depois de citar exemplos do Oriente próximo, de Israel bíblico, da China e da Índia, avalia: "contudo, o enfoque predominante das civilizações antigas era geográfica e culturalmente restrito". Pontua SHAW que:

> Não havia a concepção de uma comunidade de estados, coexistindo em contexto definido O escopo de qualquer 'direito internacional' dos estados era extremamente limitado e tudo o que se pode apontar é a existência de certos ideais, tais como a santidade dos tratados, que continuam até nossos dias a ser importantes elementos na sociedade. Mas a noção de uma comunidade universal, com seu ideal de ordem mundial não era evidente.[1071]

[1069] Malcolm N. SHAW, **International Law** (Cambridge: Grotius Publications, 3rd ed. 1991, 1 – The nature and development of International Law, p. 1-39, esp. 'Historical development', p. 12-14).

[1070] Malcolm N. SHAW, **International Law** (Cambridge: Grotius Publications, 3rd ed. 1991, 1 – The nature and development of International Law, p. 1-39, esp. 'Historical development', p. 12-14) prossegue: "While the modern international system can be traced back some four hundred years, certain of the basic concepts of international law can be discerned in political relationships thousands of years ago."

[1071] M. N. SHAW, **International Law** (3rd ed. 1991, cit. p. 14): "However, the predominant approach of ancient civilisations was geographically and culturally restricted."

August RHEINISCH e colaboradores reconhecem haver primórdios do direito internacional em relações reguladas entre grupos humanos independentes, mediante costume ou pactos, mas "estas pouco deixaram registros por escrito, que permitam comprovação". Admitem a ocorrência de abordagens – *Ansätze* – do direito internacional, não somente na Europa, como também no Oriente próximo, na Índia e na China, passíveis de comprovação, desde a Antiguidade, sendo que, nesse sentido, afirma que: "apesar de diferenças culturais e outras, encontram-se soluções em parte idênticas, para problemas semelhantes". Dentre estas soluções tem importante papel a reciprocidade, que se manifesta mediante a busca de solução pacífica de controvérsias e imunidade de representantes do inimigo, que não deveriam ser maltratados nem mortos.[1072] RHEINISCH esclarece que:

> Predecessores do direito internacional europeu se constroem entre os antigos gregos e na Itália medieval, em relação aos quais havia base de padrões políticos e valores compartilhados, enquanto ocorriam intenso volume de relações e trocas comerciais. O que leva a exigências concretas de configuração de normas, em matéria de arbitragem, bem como de direito consular e marítimo.
>
> O Império romano, bem como o Sacro império romano medieval, viam a si mesmos e à sua política com orientação universalista. Desse modo, pouco contribuíram para o desenvolvimento de um direito internacional. Em sua busca de dominação mundial, frequentemente esses impérios chegaram aos limites de políticas de poder – *stießen dieser Reiche freilich an machtpolitische Grenzen*.[1073]

Após a decadência do poder temporal do Papado e do Sacro Império, avançam ao primeiro plano os estados territoriais soberanos da Europa.

[1072] Na perspectiva de um manual *austríaco* do direito internacional, August RHEINISCH e Hanspeter NEUHOLD, *Das moderne Völkerrecht und seine Lehre: geschichtlicher Überblick* (in **Österreichisches Handbuch der Völkerrecht**, hrsg. A. RHEINISCH, Viena: Manzsche, 5a. ed., 2013, 1. Abschnitt, 2. Kapitel, p. 15-31, cit. n. 69-70): "Trotz kultureller und sonstiger Unterschiede finden sich dabei zum Teil identischer Lösungen ähnlicher Probleme."

[1073] A. RHEINISCH et al., *Das moderne Völkerrecht und seine Lehre: geschichtlicher Überblick* (in **Österreichisches Handbuch der Völkerrecht**, ed. 2013, 1. Abschnitt, 2. Kapitel, p. 15-31, cit. n. 71-72): "Sie mussten daher mit nicht unterwerfbaren politischen Einheiten auf der Grundlage der Gleichheit und damit auf völkerrechtlicher Ebene verkehren."

Desde o início da era moderna, os estados europeus, mediante avanços técnicos – sobretudo com armas de fogo e os progressos da navegação – se impõem na política mundial (*Weltpolitik*) – e "puderam, assim, moldar, segundo os seus interesses e sua concepção de valores, um direito internacional 'clássico', que se desenvolveu lentamente".[1074] Segundo RHEINISCH:

> As relações entre as potências europeias, até a primeira guerra mundial, se regeram pelo sistema do equilíbrio europeu – *System des Europäischen Gleichgewichts*. Este se caracterizou por notável homogeneidade, com base em cultura compartilhada, bem como da sociedade e da economia.[1075]

Orientação semelhante seguia A. NUSSBAUM, ao afirmar: "crer com MONTESQUIEU que a humanidade primitiva teve algo parecido com uma ideia inata do direito internacional não tem garantia alguma".[1076] Assim como NUSSBAUM peremptória e inadequadamente negava concepção

[1074] A. RHEINISCH et al., Das moderne Völkerrecht und seine Lehre: geschichtlicher Überblick (in Österreichisches Handbuch der Völkerrecht, ed. 2013, 1. Abschnitt, 2. Kapitel, p. 15-31, cit. n. 73-74). Ver **Tratado** (tomo VIII – **Direito internacional além do paradigma vestfaliano**, item – o que é e como é o clássico? e tb. tomos XIV a XVII – **Direito internacional no tempo do colonialismo**).

[1075] A. RHEINISCH et al., *Das moderne Völkerrecht und seine Lehre: geschichtlicher Überblick* (in Österreichisches Handbuch der Völkerrecht, ed. 2013, 1. Abschnitt, 2. Kapitel, p. 15-31, cit. n. 75-76): "Die Grundregel des Gleichgewichtssystems erfordete die Verhinnderung der Vorherrschaft eines Staates oder eine Staatengruppe. Dies geschach in der Regel durch ein Bündnis der übrigen Mächte, auf deren Seite sich vor allem Groβbritanien als *balancer* zu schlagen pflegte. Dabei waren oft rasche Allianzwechsel nötig. Besiegte Gegner durften aber nicht vernichtet werden; sie mussten vielmehr in das System wieder eintrefen können. Denn sie wurden in einen neuen Machtkonstellation vielleicht bald als Verbündete benötigt. Das *klassische* Völkerrecht ist Produkt und juristisches Spiegelbild jenes *Europäischen Gleichgewichts*." Ver **Tratado** (tomo VIII – **Direito internacional além do paradigma vestfaliano**, item – literatura sobre o sistema de equilíbrio da Europa).

[1076] Arthur NUSSBAUM, **Historia del derecho internacional** (do original **A concise History of the Law of Nations** © 1947, trad. Francisco Javier OSSET, "adiciones sobre História de la doctrina hispanica de derecho internacional" por Luís GARCIA ARIAS, Madrid: Revista de derecho privado, s/d, prólogo de L.G.A. datado "1949", cap. primero – La Antiguedad', p. 1-18, cit. p. 2) mencionara antes: "En un pasaje muy citado de **El Espíritu de las Leyes**, afirma MONTESQUIEU que todos los pueblos – incluso el Iroqués, que odia a sus prisioneros – tienen un derecho de gentes. Esta afirmación algo perturbadora, no está confirmada por la etnologia moderna".

de direito internacional na Roma antiga – que somente teria exercitado vínculos de dominação, não de relações entre iguais – o contrário não somente está extensamente comprovado e estudado, em relação à Roma antiga, e mais ainda, por ser o direito romano o fundamento, extensamente utilizado, em maior ou menor extensão, mais ou menos abertamente, por praticamente todos os autores modernos do direito internacional do século XVI ao XVIII.[1077]

Mais razão tinha MONTESQUIEU quando considerava – na linha de GRÓCIO, mas com significativas inflexões – que o direito internacional faz parte das leis positivas, não sendo direito natural, sendo que não surge sem que existam soberanos no mundo para institui-lo.[1078] Mas, nem

[1077] Cfr., neste tomo, cap. 6 – na formação e no desenvolvimento de Roma, bem como no **Tratado** (tomos IV a XIII), sobre os ulteriores desenvolvimentos do direito internacional, com relevante embasamento no *jus gentium* romano na construção do direito internacional moderno.

[1078] Charles de Secondat, Barão de La Brède et de MONTESQUIEU, **De l'esprit des lois** (texte présenté et annoté par Roger CAILLOIS, Paris: Gallimard / Pléiade, © 1951, impr. 1994); tb. na ed. bras. MONTESQUIEU, **Espírito das leis** (intr. e notas de Gonzague TRUC, trad. Fernando Henrique CARDOSO e Leôncio Martins RODRIGUES, São Paulo: Abril cult. – Os pensadores, vol. XXI, 1973, livro I, cap. 3). O pensamento de GRÓCIO passa por três inflexões, em MONTESQUIEU: 1. as leis naturais são descobertas, mediante a hipótese, ausente em GRÓCIO, de um estado de natureza, anterior ao estabelecimento das sociedades: comuns aos animais, institivas e afetivas, vão além das normas, tardiamente ensinadas pela razão, ao termo de um processo, no qual a faculdade de conhecer se atualiza e os vínculos sociais assumem forma humana; 2. MONTESQUIEU utiliza livremente a noção hobbesiana de estado de guerra – a partir da instituição das sociedades, não natural (**Espírito das leis**, I.3), faz estipular leis positivas (direito das gentes, direito público ou direito civil, conforme se trate de regular as relações entre nações, entre o governo e os governados, ou entre os cidadãos). Entre as nações, o recurso à guerra nunca é eliminado. O direito das gentes regula a força ofensiva de cada estado (**Espírito das leis**, X.1). Em suas relações mútuas, os príncipes são governados pela força. Podem continuamente forçar e ser forçados. De onde se segue que os tratados feitos mediante uso da força são tão obrigatórios quanto os celebrados voluntariamente (**Espírito das leis**, XXVI.20); e 3. para GRÓCIO, qualquer direito positivado é voluntário e assim se mede conforme a vontade. São os usos aos quais os povos consentiram, que legitimam as regras, muitas vezes mais permissíveis do que autorizaria a defesa natural – como fazer cativos os povos conquistados, de estado ao qual se declarou guerra. MONTESQUIEU aafasta a referência à vontade: o direito das gentes se estabelece sem resultar de um contrato. Como qualquer lei humana, se relaciona às condições materiais (clima, terra, modo de vida), religiosas e políticas; enfim, os fatos estabelecidos (determinado direito das gentes, próprio dos iroqueses, dos romanos, dos francos ou dos tártaros), nunca é o direito verdadeiro, o direito das gentes "fundado sobre verdadeiros princípios" (**Espírito das leis**, I.3),

por isso deixa de estar presente e ser necessário, em diferentes tempos e contextos.

Ambas as linhas tentam se justificar, com múltiplos argumentos. Claramente, não me parece aceitável colocar o marco inaugural do direito internacional na era moderna – séculos XV a XVIII – nem, muito menos, somente a partir da paz de Vestfália.[1079] Não obstante, tradicionalmente se faz começar a 'história' do direito internacional, *grosso modo*, no fim do século XV e, mais precisamente, no século XVI, citando alguns grandes autores, dentre os quais dois nomes são constantemente retomados e sumariamente citados, Francisco de Vitória (1480-1546) – com sua inovadora concepção do *jus communicationis* – e Hugo Grócio (1583-1646), com sua ponderação sobre o uso da boa razão – *recta ratio* – na área jurídica.[1080] Como mantras encantatórios, esses nomes e conceitos são repetidos, sem grande aprofundamento. E, assim, num passe mágico, o direito internacional teria surgido do nada – *ex nihilo*?[1081]

o que se atém ao que é necessário para a defesa natural (**Espírito das leis**, X.2-3), e cuja prática exata pressupõe condições políticas (moderação), religiosas ("une religion douce") e econômicas (progressos do comércio). A respeito: Marc Belissa, *Montesquieu, l'Esprit des lois et le droit des gens* (in **Le temps de Montesquieu**, dir. de Michel Porret et Catherine Volpilhac-Auger, Genebra: Droz, 2002, p. 171-185); Jean Terrel, À propos de la conquête: droit et politique chez Montesquieu (Revue Montesquieu, 2006, vol. 8, http://montesquieu.ens-lyon.fr/spip.php?article330); Jean Terrel, *Sur le Livre X de l'Esprit des lois: le problème de la conquête* (in **(Re)Lire l'Esprit des lois**, dir. de Luigi Delia et C. Volpilhac-Auger, Paris: Publ. de la Sorbonne, 2014, p. 107-122); Jean Terrel, *Droit des gens* (in **Dictionnaire Montesquieu**, dictionnaire-montesquieu.ens-lyon.fr, on line, dir. de C. Volpilhac-Auger, Ens de Lyon, septembre 2013, URL: http://dictionnaire-montesquieu.ens-lyon.fr/fr/article/1377670648/fr); Mark H. Waddicor, **Montesquieu and the philosophy of Natural Law** (Haia: M. Nijhoff, 1970).

1079 Como examinado no precedente item 2.2 – consolidação conceitual e institucional do direito internacional.

1080 D. Gaurier, **Histoire du droit international** (Rennes: P.U. Rennes, 2005, p. 8): "O primeiro apresentou teoria da sociedade internacional, fundada na sociabilidade universal, a propósito dos problemas morais, que suscitava a colonização espanhola das Índias. O segundo, impregnado de teologia protestante, colocava, já em 1609, o princípio da liberdade de navegação dos mares, que o inglês Selden viria logo depois contradizer; Grócio consagra, com sua obra principal, **De jure belli ac pacis**, o nascimento de verdadeira formulação da matéria, no plano do enfoque jurídico, mesmo se é difícil fazer, dessa obra que abrange tudo, monumento como tal do direito internacional"; v. tb. o precedente item 2.1 – a controvérsia enre Hugo Grócio e Serafim de Freitas.

1081 Cfr. **Fundamentos** (2008, cap. XI – *creatio ex nihilo*: justiça e força, p. 831-876).

Justamente, o que se trata neste **Direito Internacional No Tempo Antigo** é mostrar não ser aceitável tal perspectiva reducionista, tanto do tempo histórico, quanto da diversidade do contexto cultural. Como paralelo, pode-se apontar outra distorção frequente da verdade e da história: tampouco se pode conceber nem aceitar ter começado a existir proteção internacional dos direitos fundamentais somente a partir dos horrores da Segunda Guerra Mundial. Esse é um anacronismo reducionista que tantos livros registram e tantas vezes se ouve, contrariamente a todas as evidências históricas em sentido diverso,[1082] como evidência de construção progressiva, que se estende por séculos, desde a proteção das minorias religiosas – a partir dos séculos XV-XVI – passando pela proteção das minorias étnicas – a partir do século XIX – até chegar à proteção das minorias por orientação sexual e identidade de gênero – com os Princípios de Yogyakarta, adotados pela ONU, em 2007, e revisados em 2017.[1083]

Pode ser adotada, por exemplo, a perspectiva de considerar a instauração de sistema institucional e normativo internacional coincidente com o momento histórico da multipolarização da história europeia, entre o final da Idade média e o início da era moderna,[1084] como muitos

[1082] Como se examina neste tomo, bem como, adiante, no **Tratado** (tomo XX – **Direito internacional, história e cultura**, cap 4 – papel da proteção internacional dos direitos fundamentais como fator de renovação e de transformação do direito internacional, e seus itens: 4.1 – o direito internacional dos direitos humanos como eixo de orientação do sistema institucional e normativo internacional; 4.2 – o quadro jurídico para a proteção das minorias (1 – a proteção das minorias religiosas; 2 – a proteção das minorias étnicas; 3 – os Princípios de Yogyakarta (2007 e 2017) e a proteção das minorias por orientação sexual e identidade de gênero), 4.3 – dimensão humana no direito internacional pós-moderno).

[1083] Cf. **Tratado** (tomo XX – **Direito internacional, história e cultura**, cap. 4 – papel da proteção internacional dos direitos fundamentais como fator de renovação e de transformação do direito internacional, item 4.2 – o quadro jurídico para a proteção das minorias, respectivamente: 4.2.1 – a proteção das minorias religiosas, 4.2.2 – a proteção das minorias étnicas, 4.2.3 – os Princípios de Yogyakarta (2007 e 2017) e a proteção das minorias por orientação sexual e identidade de gênero); tb. no **Manual** (25ª ed., 2021, 5.2.7 – evolução do sistema internacional de proteção dos direitos das minorias).

[1084] Cabe, assim, verificar a ocorrência de elementos precursores de direito internacional, em outras eras e em diversos contextos históricos. Tampouco se pode deixar de referir o paradoxo de ter sido o direito das gentes 'moderno', nos séculos XVI a XVIII, mais 'universal' do que o direito internacional 'clássico', dos séculos XIX e XX – moldado para acomodar os interesses das potências europeias colonizadoras. Aí se põe a necessidade de resgate das fontes e das premissas do sistema, para a compreensão de sua natureza e dimensão e

autores fazem; concomitantemente ao estado-nação, à soberania e à territorialização do poder estatal. Esse entendimento situa o fenômeno do surgimento do direito internacional em torno do final do século XV. Mas este não é o único critério possível.

Logicamente, a formação de sistema internacional foi lenta e progressiva, em boa medida, ao sabor do curso da história, em momentos determinados, desde que se conservam registros de história escrita.[1085] Como ilustra o florescimento de cidade-estado de Uruk, no quarto milênio a.C.[1086]

Como e quando se pode falar na emergência progressiva de sistema internacional? A partir do surgimento de algo que possa ser chamado de 'sistema internacional', tornam-se necessárias regras para a ordenação da convivência, entre os componentes deste sistema. Assim, podem-se inscrever ao menos rudimentos ou elementos de direito internacional desde a Antiguidade, muitos dos quais permanecem no direito internacional pós-moderno, tais como celebrar tratados, enviar e receber representantes diplomáticos, institutos como o asilo, dentre outros.

Aponta Preiser que "somente quando foram criadas as condições para uma ordenação, deliberada e significativa da vida, o desen-

sua aplicação, no século presente. Como se examina nos tomos seguintes deste **Tratado**, e especificamente tomo V – **Direito internacional no tempo de Francisco de Vitória**, título I – multipolarização da Europa na era moderna e advento do direito internacional como sistema, cap. 13 – estado como sujeito de direito internacional: a contribuição de Maquiavel e Bodin. b/c tomos XIV a XVII – **Direito internacional no tempo do colonialismo**).

1085 Ver P. B. Casella, *Negociação e conflito no direito internacional: cinco mil anos de registro da história* (in Revista da Faculdade de Direito da USP, São Paulo, 2019, vol. 114, p. 185-230).

1086 Com equipe de pesquisadores do Instituto Smithsonian, Chris Scarre, **Timelines of the Ancient world** (London: Dorling Kindersley, 1993), ed. francesa, **Chronos** (trad. de l'anglais par Marcel Blanc, Paris: Seuil, 1994, deuxième partie, p. 84-141, cit. p. 92-93), aponta, depois de milhões de anos, o "crescimento das cidades e das civilizações urbanas, criação das hierarquias sociais e dos primeiros estados e impérios", de 5000 a 3000 a.C. – a civilização de Uruk: Já por volta de 3500 a.C. era uma cidade de dimensões pouco comuns; mas, nos séculos seguintes, seu desenvolvimento foi ainda mais extraordinário: com extensão de 400 hectares, Uruk pode ter sido a primeira grande cidade do mundo; o número de seus habitantes impôs modo de vida completamente novo. Apesar da fertilidade do solo aluvional na região e de elaborado sistema de canais de irrigação, se fazia necessário importar comida de longe. O comércio se torna essencial para a sobrevivência da cidade e os efeitos do desenvolvimento de Uruk se estenderam ao longo das rotas comerciais rumo ao norte da Síria e ao Irã.

volvimento do direito, e a definição de interesses, com base nos quais o direito é possível" – [1087] pode ser situado o início da história do direito das gentes. Em períodos, após a invenção da escrita e o estabelecimento de alguma cronologia, que proporcionaram os meios para o indivíduo e para a comunidade fazerem registro em sequência histórica, passando, assim, a ter mais elevada consciência de sua existência. E, com alguma forma de convivência organizada entre unidades políticas independentes,[1088] da qual se tenham conservado traços, que nos permitam recuperar essas informações.

Por volta de 5000 a.C., no norte da China, no vale do rio Indo, no Oriente próximo, na Europa e no vale do Nilo já existiam grupos humanos, há talvez mil anos ou mais, dedicados à caça e à coleta de alimentos; também havia significativa agricultura na América Central e do Sul. A partir de 5000 a.C., começam importantes mudanças na vida social, na organização da produção de artefatos e produção de alimentos, levando vilas do Egito, da Mesopotâmia e do vale do Indo a se desenvolverem em sociedades mais complexas, culminando com o nascimento de cidades e, depois, de estados e de impérios.[1089]

[1087] Wolfgang PREISER, *History of international law, Ancient times to 1648* (in **Encyclopedia of Public International Law**, 2012, vol. IV, p. 869-896, cit. § 3 e a seguir § 2) faz a distinção entre "those periods in which the law of nations played a substantial part in determining the practice of international relations" em contraposição a "other periods, in which individual legal features of an international nature did exist, but which did not produce a functioning international legal system", os quais, consequentemente, somente cabe referir na medida em que seja "required by the context".

[1088] Sem esquecer o mundo além dos estreitos limites da Europa ocidental. Como examinam Wolfgang PREISER, **Macht und Norm in der Völkerrechtsgeschichte** (Baden-Baden: Nomos, 1985); ___ , Fruhe völkerrechtliche Ordnungen der aussereuropäischer Welt – Ein Beitrag zur Geschichte des Völkerrechts (Sitzungsberichte der Wissenschafltichen Gesellschaft an der Johann Wolfgang Goethe-Universität Frankfurt am Main, Wiesbaden: Franz Steiner, 1976; trad. francesa de Robert KOLB, **Esquisse d'un droit international public** des anciennes cultures extra européennes, Paris: Pedone, 2010); e tb. C. H. ALEXANDROWICZ, **The law of nations in global history** (ed. by D. ARMITAGE and J. PITTS, Oxford: University Press, 2017); ___ , **Afro-Asian world and the law of nations: historical aspects** (RCADI, 1968, t. 123, p. 117-214); ___ , **Treaty and diplomatic relations between European and South Asian powers in the seventeenth and eighteenth centuries** (RCADI, 1960, t. 100, 203-322).

[1089] Pessoalmente entendo somente ser cabível falar em 'estado' a partir de MAQUIAVEL e em 'soberania', a partir de Jean BODIN – os formuladores de ambos os conceitos, respectivamente na primeira e na segunda metade do século XVI – como se examina no **Tratado** (tomo V – **Direito internacional no tempo de Francisco de Vitória**, cap. 13 – estado como sujeito de

Na Mesopotâmia – a região entre os rios Tigre e Eufrates – comunidades agrícolas se tornam mais e mais complexas, ao fim do período Obeid (5400 a 4300 a.C.) – assim denominado em razão dos achados arqueológicos de Tell El Obeid, no sul da Mesopotâmia. A verdadeira revolução urbana ocorre durante o período Uruk (4300 a 3100 a.C.) – assim chamado em razão de Uruk, uma das primeiras cidades-estado da Mesopotâmia.[1090]

No início do terceiro milênio a.C., os sumérios, no sul da Mesopotâmia, e os egípcios, no vale do Nilo, tornaram-se os primeiros povos a superar o limite entre a pré-história e a história antiga, mediante avanços – especificamente, na escrita e na cronologia. Contudo, é questionável se "as relações internacionais, no Oriente próximo, entre o terceiro e a primeira metade do segundo milênio a.C. podem ser consideradas como reguladas pelo direito".[1091] Se as relações internacionais são reguladas pelo direito pode, ademais, ser questionado até hoje – como mostra brutal e imotivada guerra de agressão.[1092] Caso mais notório na história recente, de lista que pode ser consideravelmente estendida.

direito internacional: a contribuição de Maquiavel e Bodin, com seus itens: 13.1 – Nicolau Maquiavel (1469-1527), 13.2 – Jean Bodin (1530-1596) e 13.3 – estado soberano e direito internacional). Contudo, autores como o historiador Chris Scarre – especialista em Préhistória europeia e mediterrânea, coordenador do *Cambridge Archeological Journal* ou o internacionalista e historiador do direito W. Preiser utilizam 'estado' e 'soberania' para descrever o contexto da Antiguidade, cf. citado nesta passagem.

1090 Pode ser feito paralelo com o que ocorreria, muitos séculos mais tarde, no contexto grego antigo. Ver, adiante, cap. 5 – as cidades-estado gregas e o mundo helenístico e seus itens: 5.1 – legado grego ao direito internacional e 5.2 – mundo helenístico.

1091 W. Preiser, *History of international law, Ancient times to 1648* (in **Encyclopedia of Public International Law**, 2012, vol. IV, p. 869-896, cit. § 4): "Egypt cannot be considered as a party to international relations at this time, since until around the middle of the second millenium it only engaged in relatively sparse trading with the Syrian coastal region and otherwise remained predominantly in the traditional isolation of the Old Kingdom until the age of Hyksos (circa 1650 to 1550 BCE)."

1092 Como manifestou-se a CORTE INTERNACIONAL DE JUSTIÇA, em 16 de março de 2022: A Corte considera que a Ucrânia tem direito plausível de não ficar sujeita a operações militares pela Federação Russa com o propósito de prevenir e punir um alegado genocídio no território da Ucrânia. CIJ, **Allegations of Genocide under the Convention on the Prevention and Punishment of the Crime of Genocide** (Ukraine v. Russian Federation) Order of 16 March 2022 – Request for the indication of provisional measures – Procedure(s) – Provisional Measures (ICJ Reports 2022, General List No. 182, Order 16 March 2022, cit. § 60), ref. no **Tratado** (tomo II – **Direito internacional dos espaços**, item

Da Mesopotâmia nos vêm os primeiros registros de 'negociação' e de 'conflito' na história do direito internacional: o primeiro tratado, do qual se tem notícia escrita, no sistema das cidades-estado da Mesopotâmia, fixava as fronteiras entre as cidades de Lagash e Umma, com participação de Mesilim, soberano da vizinha cidade-estado de Kish. Esse acordo é normalmente datado por volta de 3100 a.C.[1093]

O tratado, redigido em língua sumeriana, foi conservado em estela de pedra, descoberta no início do século passado. As duas cidades tinham feito guerra entre elas e o tratado veio solucionar o conflito, com o reconhecimento da inviolabilidade das fronteiras, materializadas por um fosso e colocação de marcos no solo. Os vencidos, da cidade de Umma, prestam juramento, invocando sete dos mais poderosos deuses sumerianos.[1094] A fixação do marco por Mesilim, senhor de Kish, parece mostrar a condição deste como espécie de suserano ou árbitro entre as duas partes em conflito.

O ativo engajamento das cidades-estado da Suméria, na Mesopotâmia, incluindo Adab, Eridu, Kish, Larsa, Lagash, Nippur, Shuruppak, Umma, Ur e, também, Uruk – que alcançaram seu pleno florescimento entre 2600 e 2350 a.C., os assim chamados períodos dinástico e imperial – efetivamente proporcionou as condições externas para a formação de uma ordem jurídica internacional – apesar das "forças contraditórias nas relações entre as cidades-estado da antiga Mesopotâmia" – porquanto a tendência à centralização pode parecer natural em região

29.3 – dimensão humana do território como expressão da relação entre espacialidade e direitos fundamentais).

[1093] P. B. Casella, *Negociação e conflito no direito internacional* (2019) – O marco histórico de surgimento do direito internacional e das suas manifestações iniciais coincide com os primeiros registros da História escrita – onde temos o direito internacional como parte da construção da civilização. O propósito central – a 'negociação', para superar o 'conflito' – está presente e se encontra expresso, desde o advento de tais elementos precursores de direito internacional, quer se trate de base convencional ou consuetudinária. V. tb., no presente tomo, cap. 3 – civilizações antigas entre hegemonia e relações internacionais.

[1094] D. Gaurier, **Histoire du droit international** (2014, cit. 44) ressalta dois aspectos: primeiro, o fato de ser prestado juramento somente por uma das partes contratantes no tratado mostra estarem os habitantes de Umma em posição de tributários, em relação aos vencedores; segundo, o fato de o tratado conter cláusula que prevê solução por arbitragem, em caso de litígio entre as partes – ainda que haja controvérsias a respeito do exato alcance e conteúdo desse dispositivo.

que compartilhava o mesmo idioma e a mesma identidade étnica, bem como lealdade regional, fortalecendo economia unificada com recursos comuns como uma rede de canais de irrigação, que permitia cultivo agrícola, e sistema comum de segurança contra ameaças externas.[1095] Ao mesmo tempo, fazia-se presente forte tendência de fragmentação e ruptura, com interesses localizados, expressos na devoção a divindades de determinada comunidade, produzindo efeitos separatistas entre as cidades-estado sumerianas. É o que se observa do seguinte excerto de BEDERMAN:

> Unidas pela língua e pela cultura, as cidades-estado sumerianas estavam fadadas à rivalidade e a guerrearem mutuamente. A cidade de Kish, sob os reinados de ETANA e MESILIM, foi a primeira a alcançar supremacia sobre suas vizinhas (c. 2800-2700 a.C.). Kish foi depois desafiada por Uruk, que alcançou seu zênite sob GILGAMESH (c. 2700-2600 a.C.). Depois seguiu-se período de controle externo, sob os Elamitas que, por sua vez, foram desalojados por LUGALANNEMENDU, senhor de Adab, que conseguiu reunificar a Suméria, por cerca de duzentos anos (c. 2500 a.C.). Seguiu-se longo período de guerra civil, no qual Lagash finalmente triunfou, sob o reinado de LUGALZAGGESI (c. 2450-2360 a.C.). A hegemonia de Lagash terminou com a conquista Acadiana, por volta do ano 2350 a.C.[1096]

As cidades-estado sumerianas,[1097] certamente, eram estruturas soberanas, no moderno sentido de organização estatal: Lagash, Umma, Kish e suas vizinhas celebravam tratados, tinham normas relativas a imunidades diplomáticas, algumas normas sobre a guerra[1098] e participavam de

[1095] D. BEDERMAN, **International Law in Antiquity** (Cambridge: Univ. Press, 2001, chap. 2 – State relations in Ancient Civilizations, p. 16-47, esp. Sumer and Mesopotamia, p. 22-24): "In a region where all spoke the same language, observed the same laws and customs, and worshipped the same pantheon of deities, it was tempting for an ambitious ruler to bring about political unification and centralization."

[1096] D. BEDERMAN, **International Law in Antiquity** (2001, cit. p. 22).

[1097] Guardadas as condições específicas de cada contexto, com distância de muitos séculos, comparável ao contexto grego cf. se examina no cap. 5 – as cidades-estado gregas e o mundo helenístico e seus itens: 5.1 – legado grego ao direito internacional e 5.2 – mundo helenístico.

[1098] Antonio Ramos dos SANTOS, *Aspectos socioeconômicos da guerra na Mesopotâmia* (in **A guerra na Antiguidade**, coord. A. R. dos SANTOS e J. VARANDAS, Lisboa: Centro de História da

padrões de diplomacia que, hoje, designaríamos como política de equilíbrio de poder.[1099] A seguir, a cidade-estado deixaria de ser o padrão de ordenação das relações internacionais na Suméria, com progressiva ascendência acadiana, transformando as antigas relações entre cidades igualitárias em padrões feudais entre senhores e gestores territoriais.

Esse fenômeno prossegue, mesmo depois da restauração do poder sumeriano, com a terceira dinastia de Ur, a partir de 2050 a.C. e dura até 1950 a.C. A Suméria foi unificada nesse período e manteve 'relações internacionais' com os Elamitas e com o reino de Mari – velha cidade-estado síria, limítrofe ao mundo mesopotâmico.[1100]

As guerras com os Elamitas puseram fim ao reflorescimento da civilização sumeriana, e mesmo aos breves momentos de renovação política

Univ. de Lisboa – Caleidoscópio ed. e artes gráficas, 2006, vol. I, p. 33-53); ___, *Um orçamento da guerra na Antiga Mesopotâmia* (in **A guerra na Antiguidade**, 2008, vol. II, p. 49-59, cit. p. 49): "As guerras e as campanhas militares mudaram de caráter e de extensão no decurso dos três milênios de história da Mesopotâmia"; Francisco Caramelo, *A guerra nos textos proféticos da Assíria* (in **A guerra na Antiguidade**, 2006, vol. I, p. 25-32, cit. p. 25): A guerra é um fenômeno muito presente na Mesopotâmia, condicionada também pelo seu próprio enquadramento geográfico e pela necessidade de recursos e de matérias primas. Essa lógica econômica de aquisição justifica, de forma muito pragmática, e à semelhança do que se observa em muitos outros contextos culturais, as tendências expansionistas que definem na diacronia a configuração política da região. / Paralelamente a essa lógica econômica e política, produz-se um discurso ideológico e teológico que busca a legitimação, que procura explicar o que funciona como um epifenômeno, relevante na aceitação do acontecer. A construção retórica, discursiva e visual, com expressão literária e iconográfica, radica no simples axioma de que a guerra encontra a sua razão de ser na vontade divina, o que reflete claramente a idiossincrasia do homem mesopotâmico.

1099 W. Preiser, *Zum Völkerrecht der vorklassischen Antike* (in Archiv des Völkerrechts, 1954, vol. 4, p. 257); Jacques Pirenne, *L'organisation de la paix dans le Proche-Orient aux 3e et 2e millénaires* (in Recueil de la Société Jean Bodin, 1962, vol. 14, p. 200); D. Bederman, **International Law in Antiquity** (2001, cit. p. 22-23): "The city-states of Sumer have been called theocratic polities and this fact largely conditioned their internal political structure and their relations with one another."

1100 O palácio real de Mari (Tell Hariri, em território sírio), escavado pelo arqueólogo francês Jean Perrot, na década de 1930, levou à descoberta de mais de duas mil placas, de escrita cuneiforme, em língua acadiana, remonta a tempos remotos, do fim do terceiro milênio a.C. até tempos mais recentes, sobretudo do século XVII a.C. in **Documents épistolaires du palais de Mari** – tome I (Paris: Ed. du Cerf – Coll. Littérature ancienne du Proche Orient, vol. 16, 1997); **Documents épistolaires du palais de Mari** – tome II (Paris: Ed. du Cerf – Coll. Littérature ancienne du Proche Orient, 1998); **Documents épistolaires du palais de Mari** – tome III (Paris: Ed. du Cerf – Coll. Littérature ancienne du Proche Orient, 2000).

e cultural, nos reinos de GUDEA de Lagash (c. 2000 a.C.) e RIM-SIN de Larsa (1758-1698 a.C.), com o foco do poder de toda a região entre o Eufrates e o Tigre se deslocando para o norte e para o oeste, para o alto Iraque e a Síria.[1101]

Esse tempo de relações entre cidades-estado da Suméria termina com a total conquista da região, por SARGON, o grande, o líder dos povos semíticos do norte, e a criação do Império acadiano. De modo equivalente, o sistema internacional das cidades-estado gregas teria fim com a conquista da Macedônia.[1102]

Foi somente com a consolidação de relações entre entidades políticas independentes, no século XVI a.C., que as condições, internas e externas, necessárias para o desenvolvimento de um sistema jurídico internacional foram, outra vez, simultaneamente reunidas. Embora "a instabilidade dessas relações e, sobretudo, a falta de sentido legal de direitos e obrigações [acarretasse que] a evolução de uma ordem jurídica internacional não progredisse além de estágios preliminares".[1103] Ensina, sobre o tema, PREISER, que:

> O equilíbrio político, que permite a fundação de um sistema de relações internacionais, dentre outros elementos, baseado no direito, no antigo Oriente próximo, a partir do século XV a.C., até a inclusão dos assim chamados 'povos do mar, por volta de 1200 a.C., envolveu – ainda que não de modo simultâneo – cinco estados independentes, de igual classe: Egito, Babilônia, o reino Hitita da Ásia menor, o Mitanni do Sudoeste da Mesopotâmia (que floresceu até meados do século XIV a. C.) e o império Assírio (cujo poder cresceu, enquanto decaiu o Mitanni).[1104]

1101 D. BEDERMAN, **International Law in Antiquity** (2001, cit. p. 24). Por sua vez, comenta D. GAURIER, **Histoire du droit international** (2014, cit. 44): "nous présentent un état de la région durant le second millénaire et le premier".

1102 V. cap. 5 – as cidades-estado gregas e o mundo helenístico e seus itens: 5.1 – legado grego ao direito internacional e 5.2 – mundo helenístico.

1103 W. PREISER, *History of international law, Ancient times to 1648* (in **Encyclopedia of Public International Law**, 2012, vol. IV, p. 869-896, loc. cit.): "The codifications of national law, which are found from the end of the third millenium in the Near East, at first only affected the position of the individual in the State. Even a ruler such as HAMMURABI of Babylon (1729 to 1686 BCE) whose care for securing the legal rights of his subjects is evident, pursued an unscrupulous policy of using force to achieve external objectives."

1104 W. PREISER, *History of international law, Ancient times to 1648* (in **Encyclopedia of Public International Law**, 2012, vol. IV, p. 869-896, cit. § 5). A respeito do impacto dos 'povos do

Uma densa rede de relações internacionais existiu, com base em uma língua internacional uniforme, o Acadiano – idioma oficial da Babilônia –, e incluiu outros estados de menor importância, ao lado das principais potências da época. Embora esses dois séculos e meio não estivessem livres de conflitos militares, a impressão predominante é de uma variada vida internacional, com frequentes contatos comerciais e culturais, e frequência de estreitos vínculos entre governantes e suas famílias, bem como múltiplos vínculos legais.

Apesar do Egito ter se mantido predominantemente isolado de influências externas, durante o Antigo e Médio império, entre aproximadamente 2850 até 1650 a.C., isso muda com a invasão do Egito pelos Hicsos, grupo de povos semitas que, fazendo uso de tecnologia militar – incluindo o uso de cavalaria e carros de guerra – conseguiram conquistar o Egito, embora logo se alinhassem pelos padrões da cultura egípcia.[1105]

Depois de serem os Hicsos expulsos do Egito, em 1570 a.C., e inaugurado o Novo império, o estado egípcio começa a se expandir, avançando pelo interior, Nilo acima, bem como rumo à Líbia. Passa a ser considerado necessário controlar a Palestina e a Síria, visando a segurança do Egito, como região a partir da qual qualquer outra potência o poderia ameaçar.

Depois de o estado babilônico de Hamurabi alcançar seu apogeu, entre 1728-1686 a.C., formando forte coalizão com as potências menores de Mari e Larsa, a hegemonia babilônica foi liquidada pelos Hititas, cujas tropas, durante o reinado de Mursili I, saquearam a Babilônia, em 1531 a.C., bem como o Egito. Este soberano hitita forma um forte estado centralizado, em considerável medida, como forma de fazer frente a ameaças externas.[1106] Considera Bederman, sobre o tema, que:

> A influência babilônica sobre a condução das relações internacionais se estendeu além do tempo em que seu território foi, sucessivamente,

mar' no Egito, ver Luís Manuel de Araújo, *A luta pela sobrevivência do Egipto: a expulsão dos 'povos do mar'* (in **A guerra na Antiguidade**, coord. A. R. dos Santos e J. Varandas, Lisboa: Centro de História da Univ. de Lisboa – Caleidoscópio ed. e artes gráficas, 2010, vol. III, p. 97-150).

[1105] D. Bederman, **International Law in Antiquity** (2001, cit. p. 24-25). V. tb. Pedro Gomes Barbosa, O carro de guerra na Antiguidade: o colocar de algumas questões (in **A guerra na Antiguidade**, coord. A. R. dos Santos e J. Varandas, Lisboa: Centro de História da Univ. de Lisboa – Caleidoscópio ed. e artes gráficas, 2010, vol. III, p. 281-296).

[1106] D. Bederman, **International Law in Antiquity** (2001, cit. p. 25).

absorvido por Assírios e Hititas. O uso do acadiano – a língua oficial da Babilônia – se conserva, como língua franca, entre diferentes potências, e se mantém amplamente em circulação o uso de sua terminologia jurídica – talvez mesmo entre os rivais egípcios.[1107]

O faraó Tutmés I (1506-1496 a.C.) alcançou o Eufrates, implantando uma estela comemorativa nesse ponto distante, mas de presença efetiva das tropas egípcias na Síria-Palestina sabe-se pouco, durante os reinados de Tutmés II e Hatchepsut. Coube a Tutmés III (1480-1448 a.C.) estender o poder do Egito em busca dessa segurança, bem como combater a rebelião no Retenu – isto é, Síria e Palestina – contra a dominação egípcia – ao menos, é a versão da história, tal como a registram fontes egípcias.[1108]

Tutmés III foi o vencedor, também, da batalha de Meguido, contra uma coligação de várias cidades sírio-cananaicas. Inaugurava progressão que seria a imagem de marca do Egito nos quatrocentos anos seguintes, com a implantação do poder faraônico na Ásia.[1109]

A ocupação da Síria pelo Egito, inevitavelmente, suscitou a competição com outras potências na região. Síria e Palestina eram os grandes troféus das relações internacionais nesse período.[1110]

[1107] D. Bederman, **International Law in Antiquity** (2001, cit. p. 25): "Coalitions in the period of Babylonian dominance and rivalry with Egypt were unstable, owing to a lack of sustained common purpose among their members."

[1108] Luís Manuel de Araújo, *A batalha de Meguido* (in **A guerra na Antiguidade**, 2008, vol. II, p. 89-133, cit. p. 89-91): "A batalha de Meguido, com os acontecimentos que a antecederam e com o cerco subsequente e os resultados do confronto, consta dos chamados 'Anais de Tutmés III', que foram gravados nas paredes de duas salas (as paredes norte e oeste) junto do sexto pilone do templo de Amon-Ré, em Karnak, em 225 linhas verticais de texto hieroglífico. Lamentavelmente já se perderam algumas partes do texto, em especial em baixo, se bem que faltem também hieróglifos na parte superior. Trata-se de um dos mais longos textos de cariz historiográfico do mundo perpetuados desta forma."

[1109] D. Bederman, **International Law in Antiquity** (2001, cit. p. 25); Luís Manuel de Araújo, *A batalha de Meguido* (in **A guerra na Antiguidade**, 2008, vol. II, p. 89-133, cit. p. 89-90): "Esta presença teve oscilações e características várias, mas em geral as guarnições egípcias na Síria-Palestina e os seus aliados locais mantiveram essa região submetida, dando a alguns a ideia de um 'império asiático', quando seria mais prudente ver aí um 'imperio de trânsito', facilitando o escoamento de produtos para o Egito."

[1110] D. Bederman, **International Law in Antiquity** (2001, cit. p. 25).

Os impérios do Oriente próximo, entre os séculos XV a XII a.C., com destaque para o Império hitita, buscam ordenar a sua posição no mundo circundante, inserindo as suas 'relações internacionais', tanto quanto possível, em ordem legal definida.

Além, de terem, de um lado, os aliados – governantes de igual condição, com os quais existiam tratados de amizade e aliança – e, de outro lado, os inimigos, os hititas tinham, ainda, ao menos outras duas formas de ordenação de suas relações, baseadas na desigualdade: a relação de vassalagem – antes matéria de direito interno do que de direito internacional – e a condição do *kuirnama*, algo entre o aliado e o vassalo, que pode ser comparado a certa modalidade de protetorado, como se examina adiante. Tais categorias, inegavelmente, configuram sistema ordenado de vida internacional, naquela região, no segundo milênio a.C. – para quem pretenda negar qualquer forma de direito internacional, antes da Europa moderna.

Até hoje, embora somente uma fração do material existente tenha sido descoberta, analisada e publicada, "evidências arqueológicas permitem conhecer mais, a respeito das relações internacionais desse período, do que de outras épocas, que nos são muito mais próximas no tempo", incluindo:

> – as tabuinhas encontradas em El-Amarna, no Alto Egito, a partir de 1887 d.C., com informações sobre a política exterior do Egito, na primeira metade do século XIV a.C.;
> – as placas de barro dos arquivos da capital hitita de Hattusas (atual Boghaz Keui), escavadas desde 1906 d.C.;
> – a correspondência diplomática dos governantes locais, descoberta a partir de 1929 d.C., em Ugarit (atual Ras Shamra), no norte da Síria; e, dentre muitas outras descobertas;

As fontes mais ricas de informação se reportam às relações internacionais do império Hitita – estes sistematizaram suas relações com outros estados, estabelecendo distinções: além de aliados – estados de igual classe, com os quais existiam tratados de amizade e aliança – em contraposição a inimigos, havia também duas outras formas de associação entre estados, ambas com desigualdade: a relação de vassalagem que, muitas vezes, era, antes, uma questão de direito público interno do que de direito internacional e a condição do *kuiruana*, alinhado entre o vassalo e o aliado, que era legalmente uma espécie de protetorado. "Os governantes reconhecidos como iguais, pelos Hititas, são expressamente enumerados, nos textos dos tratados hititas, a partir do século XIV a.C.".[1111]

O dado mais marcante dos tratados entre iguais era o fato de que os juramentos se faziam por ambas as partes: o tratado se completava mediante a obrigação recíproca (*lex*) e atestação. No caso de tratados desiguais, celebrados com governantes de classe inferior ao imperador hitita – quer regido pelo direito internacional, ou por direito nacional, como relação de subordinação – se perfazia mediante juramento, pela outra parte, de texto que era colocado a sua frente pelo imperador hitita, embora este também pudesse invocar seus deuses como testemunhas.

Dentre os tratados celebrados pelos Assírios – cujo conteúdo foi conservado – em sua maioria eram invocados somente os deuses assírios. Eles exprimem relação de subordinação – e, por esse motivo, em geral, não podem ser considerados como regidos pelo direito internacional.

As leis hititas da guerra se caracterizavam pelo respeito da legalidade e por sua atitude humana – em relação ao que era habitual no Oriente médio antigo. Típico exemplo era a instituição da "submissão em lugar de conflito", que preservava da destruição uma cidade sitiada e seus cidadãos de serem tomados como cativos.

[1111] W. Preiser, *History of international law, Ancient times to 1648* (in **Encyclopedia of Public International Law**, 2012, vol. IV, p. 869-896, cit. § 5-6): "Only one of these treaties between equals – admittedly the most important – has been preserved: the Peace treaty of about 1270 BCE, 16 years after the battle of Kadesh, on the Syrian Orontes, between Egypt and the Hitite Empire. This contained a defensive alliance, a non-aggression pact, an obligation to render assistance against rebel subjects, mutual guarantees regarding the succession to the throne, and provisions concerning extradition." V. tb. Luís Manuel de Araújo, *A batalha de Kadech* (in **A guerra na Antiguidade**, coord. A. R. dos Santos e J. Varandas, Lisboa: Centro de História da Univ. de Lisboa – Caleidoscópio ed. e artes gráficas, 2006, vol. I, p. 55-102, cit. p. 55): A batalha de Kadech, travada entre egípcios e hititas (e respectivos aliados) no ano 5 do reinado de Ramsés II (c. 1285 a.C.), ficou registrada em baixos-relevos de vários templos egípcios (Luxor, Karnak, Ramesseum, Abu Simbel e Abido). (...) As diversas representações pétreas que sobreviveram, relatando com alguma minudência a batalha nas margens do rio Orontes, incluem texto hieroglífico e movimentadas imagens, onde a pintura inicial já praticamente toda desapareceu. Existem duas versões escritas do ocorrido: uma em forma mais conclusa e seca, à qual se costuma chamar 'Boletim', e outra mais desenvolvida e com recorte literário, o 'Poema'." Ambos os textos teriam sido redigidos pela mesma pessoa.

O colapso desses estados, por volta de 1200 a.C., leva a um período de séculos de acentuada anarquia internacional e, a partir do século IX a.C., faz-se marcante a supremacia assíria; durante a qual a busca de supremacia mundial, em considerável medida, exclui o desenvolvimento de relações internacionais baseadas em legalidade. A partir do fim da hegemonia dos assírios, no final do século VII a.C., instaura-se um novo equilíbrio no Oriente próximo, entre o Egito e os Medas, a Nova Babilônia e o reino da Lídia, mas logo este daria lugar, a partir de meados do século VI a.C., à hegemonia do Império Aquemênida, fundado por Ciro.

Alguns institutos, surgidos entre os povos da Antiguidade – dentre os quais a inviolabilidade dos representantes diplomáticos e a noção de asilo – nos vem do mundo grego antigo[1112] e se conservam conceitual e operacionalmente presentes, em linha equivalente, até o direito internacional no contexto pós-moderno. Isso mostra continuidade cultural relevante.

No período de 100 até 650 A.D., o "sistema internacional" da época, além da Ásia Ocidental e da Europa, abrangia toda a costa mediterrânea no norte da África.[1113] Constituíam este sistema, para não dizer 'estados' – porquanto, mais uma vez, seria anacrônico o uso da expressão somente surgida no início do século XVI, com Maquiavel – as 'unidades políticas soberanas' da época, em sistema regido por regras e princípios, nas suas relações internacionais.

O sistema político dessa época da História antiga tinha como eixos dois grandes impérios: o persa e o romano.[1114] E, não se pode deixar de reconhecer que Roma, durante mais de mil anos, muito embora tenha tido poucas décadas sem estar envolvida em conflitos armados, com a exceção da conquista das Ilhas Britânicas,[1115] consistentemente aplicou

1112 Como se examina no cap. 5 – cidades-estado gregas e mundo helenístico, a seguir, no tomo 3 B.

1113 Stephan Vérosta, **International Law in Europe and Western Asia between 100 and 650 AD** (Rcadi, 1964, t. 113, p. 485-620, cit. p. 496-498).

1114 Stephan Vérosta (op. cit., 1964, p. 500-501): "traditional historical maps are highly misleading; they show the Roman and Persian Empires as centralised unitarian states. In reality, each of the two Empires constituted a rather complex commonwealth of nations, states, city-states and cities."

1115 Para boa visão de conjunto da história britânica, até a morte de Elizabeth I, v. Simon Schama, **A History of Britain: at the edge of the world? 3000 BC – 1603 AD** (New York: Hyperion, 2000).

o princípio de fazer guerras de defesa, mais do que guerras de ataque. Era, assim, motivada pela necessidade de defender, fortalecer ou recuperar províncias do império, e menos por espírito de agressão, ganância ou vaidade imperial.[1116]

Roma manteve relações de direito internacional com muitas das entidades políticas daquele tempo, nações e tribos além dos limites do *limes* – a zona fronteiriça dos territórios controlados pelos romanos.[1117] A vida e as 'relações internacionais' de Roma iam além da linha de fortificações que marcava os limites (espaciais) do Império, segundo várias modalidades.

Com parceiros considerados iguais eram celebrados tratados de amizade ou neutralidade (*amicitia*) e alianças defensivas (*foedus*). Alguns tratados constituíam formas variadas de dependência (*deditio in fidem, clientela*), mais ou menos correspondentes aos pactos de vassalagem e protetorado da era colonial moderna, ou constituíam submissão total à autoridade de Roma (*deditio*), com desaparecimento da personalidade jurídica internacional do outro.[1118] O princípio jurídico básico – *pacta sunt servanda* – [1119] tinha aplicação não somente nos contratos civis, mas, também, nos tratados.[1120] A guerra (*bellum justum*), somente poderia ser declarada havendo justa causa (*justa causa belli*).

No relatório 'oficial' em latim e em grego, mandado gravar por Augusto, em seu 76º ano de vida (em 13-14 A.D.), o **Res gestae divi**

[1116] Stephan Verosta (op. cit., 1964, loc. cit.): "The Romans had to realize very soon that the domination of the whole world was beyond the Empire's powers." V. tb., adiante, cap. 3 – civilizações antigas entre hegemonia e relações internacionais, bem como cap. 6 – na formação e no desenvolvimento de Roma.

[1117] A respeito da configuração e da operação do *limes* romano v. **Tratado** (tomo I – **Direito internacional dos espaços**, cap. 4 – competências territoriais do estado).

[1118] Cfr., no tomo 3B, cap. 6 – na formação e no desenvolvimento de Roma.

[1119] J. B. Whitton, **La règle 'pacta sunt servanda'** (Rcadi, 1934, t. 49, p. 147-276).

[1120] Giuseppe Barile, **Lezioni di diritto internazionale** (Padova: CEDAM, 1977, cap. IV – i trattati, p. 69-129, cit. p. 69-70) entende não se lhe poder atribuir tal dimensão: "il principio fondamentale *pacta sunt servanda* non può costituire il valore giuridico che determina l'idoneità dell'accordo ad essere fonte di norme. Le regole pattizie – come il altro senso le norme internazionali della coscienza – trovano la loro collocazione e spiegazione esclusivamente nel campo del pregiuridico, consistendo nel solo dato sociologico dell'essere e del permanere della volontà comune delle parti".

Augusti,[1121] constam, dentre outras, várias passagens nas quais ele fala a respeito do que hoje chamaríamos 'relações internacionais'. Dentre as quais:

> (...) por ordem de AUGUSTO, teriam sido estendidas as fronteiras de todas as províncias, vizinhas de povos, todavia não submetidos aos romanos. As províncias da Gália - atual França -, da Hispânia - atual Espanha -, e da Germânia - atual Alemanha -, limitadas pelo Oceano de Gadis até a foz do rio Elba, foram "reduzidas ao estado de paz". Os Alpes, da região mais próxima do Adriático, até o mar da Toscana, "eu trouxe a estado de paz, sem travar guerra injusta com qualquer tribo.[1122]
>
> A frota romana teria navegado da foz do Reno em direção ao leste, para as terras dos Cimbros e outros povos germânicos, com os quais até ali nenhum romano tivera contato - *usque ad fines Cimbrorum navigavit quo neque terra neque mari quisque Romanus ante id tempus adit* - e estes depois teriam enviado emissários a Roma, para buscar a amizade deste e do povo romano - *Cimbrique et Charydes et Sennones et eiusdem tractus alii Germanorum populi per legatos amicitiam meam et populi Romani petierunt;*[1123]

[1121] Como observava Arnaldo MOMIGLIANO (1908-1987), **As raízes clássicas da historiografia moderna** (orig. publ. **The classical foundations of modern historiography**, 1990, trad. Maria Beatriz BORBA FLORENZANO, Bauru: Edusc, 2004, cap. 1 - a historiografia persa, a historiografia grega, a historiografia judaica, p. 21-51, cit. p. 24): "Ninguém descreveria a **Res gestae divi Augustii** como uma autobiografia de AUGUSTO. Com efeito, sabemos que o imperador romano escreveu sua autobiografia de uma forma muito diferente. Não há qualquer razão para aplicar outro critério àquele remoto ancestral da **Res gestae**, isto é, o relato de que o rei DARIO escrevia para que os homens o lessem ou se se dirigia aos deuses."

[1122] **Res gestae divi Augusti** (edição bilíngue, "with an English translation" by Frederick W. SHIPLEY, Cambridge Ma. / London: Harvard UP, LCL 152, 1st publ., 1924, "bibliographical addendum", 1992, cit. parágrafo 26): "Omnium provinciarum populi Romani, quibus finitimae fuerunt, gentes quae non parerent imperio nostro, fines auxi. Galias et Hispanias provicias (*sic*) et Germaniam qua includit Oceanus a Gadibus ad ostium Albis fluminis pacavit. Alpes a regione ea, quae proxima est Hadriano mare, ad Tuscum pacari feci nulli gentem bello per iniuriam inlato." Algumas décadas mais tarde, TÁCITO (ca. 55-120 A.D.) escreveu sobre a Germânia; reunidas no volume CORNELIUS TACITUS, **Agricola** (transl. by M. HUTTON, rev. by R. M. OGILVIE) - **Germania** (transl. by M. HUTTON, rev. by E. M. WARMINGTON) - **Dialogus** (transl. by W. PETERSON, rev. by M. WINTERBOTTOM, edição bilingue, Cambridge Ma.: Harvard U.P., LCL 35, TACITUS I, 1st publ. 1914, reprinted 2006).

[1123] **Res gestae divi Augusti** (13-14 A.D., ed., cit., parágrafo 30).

igualmente por ordem de Augusto, conduzidas por Tibério Nero, seu filho adotivo e posteriormente sucessor, em regiões onde estas nunca antes tinham penetrado – *Pannoniorum gentes quas ante me principem populi Romani exercitus numquam adit* –, forças romanas submetem as tribos panônias – atualmente Hungria – e teria estendido as fronteiras romanas, na região da Ilíria, até as margens do rio Danúbio.[1124] Assim também, por ordem de Augusto, os exércitos romanos teriam submetido os Dácios – na região da atual Romênia – à autoridade do povo romano.[1125]

Fique registro desta assertiva "sem travar guerra injusta com qualquer tribo".[1126] Como parâmetro a ser levado em conta, também no futuro.[1127] Contrariamente a certas visões simplistas, que questionam ou simplesmente negam a ocorrência de direito internacional no mundo romano antigo. O mesmo se pode dizer da Idade média.[1128] De modo que, pode-se afirmar que parece "incontestável que uma organização jurídica internacional, muito desenvolvida, já era conhecida e exercitada na Idade média".[1129] Nesse sentido, afirma Zimmermann:

> Ao se analisarem os dados históricos, não resta dúvida de que uma organização internacional muito diferenciada se estabelece na Idade média, que o órgão supremo dessa organização tinha competências claras, que este podia criar normas jurídicas novas e abolir o costume, que exercia poder judiciário e que dispunha de poder executivo.[1130]

1124 **Res gestae divi Augusti** (13-14 A.D., ed., cit., parágrafo 30): "imperium populi Romani subieci protulique fines Illyrici ad ripam fluminis Danui."

1125 **Res gestae divi Augusti** (13-14 A.D., ed., cit., parágrafo 30) prossegue: "Citra quod Dacorum transgressus exercitus meis auspicis victus profligatusque est, et postea trans Danuvium ductus exercitus meus Dacorum gentes imperia populi Romani perfere coegit."

1126 Guerra de agressão pelos romanos teria sido praticada na conquista das Ilhas britânicas, em relação a cujos povos não parece cabível alegar se tratasse de necessidade de defesa para os romanos!

1127 Ver **Tratado** (tomo IV – **Direito internacional no tempo medieval**, itens 11.2 – guerra justa e guerra santa: entre *jihad* e as cruzadas e 11.3 – herança antiga e medieval na concepção moderna da guerra), para situar a formação e os desdobramentos do conceito de guerra justa – e breve comparação entre o tratamento da guerra pelos muçulmanos e pelos cristãos.

1128 Cf. **Tratado** (tomo IV – **Direito internacional no tempo medieval**).

1129 M. Zimmermann, **La crise de l'organisation internationale à la fin du moyen âge** (Rcadi, 1933, t. 44, p. 315-438).

1130 M. Zimmermann (op. cit., 1933, p. 319 e a seguir, p. 320): "si l'on analyse les données historiques, il n'y a pas de doute qu'une organisation internationale très différenciée s'établit

Nesse sentido, uma "ordem jurídica medieval",[1131] como dado característico do tempo e do contexto no qual se inscreve essa configuração, estende-se por mais de mil anos, entre as assim chamadas Antiguidade e a Idade moderna.[1132] Tem essa Idade 'média', como dado característico desse momento e contexto,[1133] *uma* experiência jurídica para *múltiplos* ordenamentos jurídicos, com pulular de autonomias, mas não de 'soberania', nem, tampouco, de 'estados'.[1134]

A dimensão jurídica é forte e, mesmo, dado central,[1135] a ponto de representar autêntica constituição do universo medieval, dimensão ôntica, que precede e sobrepuja a dimensão política.[1136] A construção medieval se alicerça a partir de dados vindos do mundo antigo.

A noção escolástica de *corpus politcum mysticum*, aplicada à sociedade política, sobretudo na doutrina de SUAREZ, "acarreta processo global de

au Moyen Âge, que l'organe suprême de cette organisation avait une compétence nette, qu'il pouvait créer des normes juridiques nouvelles et abolir la coutume, qu'il exerçait un pouvoir judiciaire et qu'il disposait d'un pouvoir exécutif".

1131 Cf. **Tratado** (tomo IV – **Direito internacional no tempo medieval**); Paolo GROSSI, **L'ordine giuridico medievale** (Roma / Bari: Laterza, 1995); M. SHAW, International Law (Cambridge: Grotius Publications, 3rd. ed., 1991, cit. p. 17): "The Middle Ages were characterized by the authority of the organized Church and the comprehensive structure of power that it commanded. All Europe was of one religion, and the ecclesiastical law applied to all, notwithstanding tribal or regional affiliations."

1132 Como se considera no **Tratado** (tomo IV – **Direito internacional no tempo medieval**, título II – elementos de direito internacional na Idade média).

1133 P. GROSSI (op. cit., 1995, p. 35 e p. 109): "Di una presenza della Chiesa (cioè, ovviamente della Chiesa romana) nella civiltà medievale nessuno dubita: questa civiltà è, per buona parte, creatura sua."

1134 Compare-se com o **Tratado** (tomo V – **Direito internacional no tempo de Francisco de Vitória**, cap. 13 – estado como sujeito de direito internacional – a contribuição de MAQUIAVEL e BODIN); v. tb. Jens BARTELSON, **A genealogy of sovereignty** (New York / Cambridge: Cambridge Univ. Press, 1995).

1135 Esclarece P. GROSSI (op. cit., 1995, p. 35, nota 20) o sentido no qual utiliza o termo 'constituição', no sentido estruturante de *Verfassung* e não no sentido formal de *Constitution*, onde *Verfassung* corresponde à expressão "la concreta situazione d'insieme, d'unità politica e di ordine sociale di un determinato Stato" e remete às considerações expendidas a respeito por Carl SCHMITT, **Verfassungslehre** (1928) bem como O. BRUNNER, *Il concetto moderno di costituzione e la storia costituzionale del medioevo* (in O. BRUNNER, **Per una nuova storia costituzionale e sociale**, Milão: Vita e pensiero, 1970).

1136 P. GROSSI (op. cit., 1995, parte prima – *fondazione d'una esperienza giuridica: l'officina della prassi* e parte seconda – *edificazione d'una esperienza giuridica: il laboratorio sapienziale*, p. 37-123 e 125-253).

verdadeira mutação da sociedade internacional".[1137] A concepção se renovará em contextos posteriores.

A grande contribuição de VITÓRIA e Suarez estaria em terem intuído e anunciado "essa interdependência do gênero humano, como um todo, que constitui o fato radicalmente novo de nossa época".[1138] E, na apresentação progressiva de seus dados componentes.

O debate a respeito do início da existência e operação do direito internacional pode adotar distintos marcos específicos para justificar o conceito e falar em direito internacional. Vários eventos podem ser escolhidos como marco inicial e ponto de partida.[1139] Aqui. coloca-se a consideração do direito internacional no tempo antigo, ao qual se segue o contexto medieval, que, por sua vez, prepara o direito internacional moderno, e, depois, avança para o direito internacional clássico.[1140]

Foram estas etapas relevantes, rumo à institucionalização de sistema internacional, na esteira dos quais se apresentam, a seu tempo, os marcos subsequentes.

Dentre numerosos precursores, também os tratados de Munster e de Osnabruck, que compõem a paz de Vestfália (1648);[1141] a seguir, os

[1137] Cfr. **Tratado** (tomo VI – **Direito internacional no tempo de Suárez, Gentili e Zouch**); observava A. TRUYOL Y SERRA (op. cit., 1965, p. 95, e a seguir, p. 96-97): "Sur le plan international, la mutation consiste dans le passage d'une pluralité de sociétés internationales particulières ou régionales, à une société internationale unique, à l'échelle de la planète".

[1138] Cfr. **Tratado** (tomo V – **Direito internacional no tempo de Francisco de Vitória** e VI – **Direito internacional no tempo de Suárez, Gentili e Zouch**); nesse sentido, para TRUYOL Y SERRA (op. cit., 1965, p. 97-98), caberia "rechercher les changements du monde international qui résultent essentiellement de cette expansion", "pour comprendre en profondeur la crise du droit international, que nous entreprendrons nos démarches d'histoire sociale et politique (...) cette expansion nous expliquera les vicissitudes du droit international à notre époque", porquanto "la crise du droit international ne fait que refléter sur le plan normatif, la mutation sociale et politique de la société internationale, à son tour, un aspect de la mutation de l'humanité contemporaine".

[1139] Dentre os habitualmente lembrados, podem ser referidos os tratados de Munster e Osnabruck, também ditos da Paz de Vestfália (1648), ou a obra de GRÓCIO. Sem deixar de apontar o caráter instrumental desta, como de qualquer outra escolha, são estas as bases, frequentemente adotadas, para designar o sistema moderno multipolarizado, que emerge na Europa, e a partir do qual se constoem as bases do sistema atual.

[1140] Cf. se examina no **Tratado** (tomos IV a XIII).

[1141] Cfr. **Tratado** (tomo VIII – **Direito internacional além do paradigma vestfaliano**). Como mencionado, não me parece adequada a mitificação da instauração de sistema inter-

congressos de Viena (1815) e de Aix-la-Chapelle, ou Aachen (1818);[1142] o tratado de Versalhes, de 28 de junho de 1919, entre a Alemanha e os vencedores da primeira guerra mundial;[1143] e os tratados correlatos, celebrados com os demais países derrotados, com estrutura e disposições equivalentes: tratado de Saint-Germain, com a Áustria, em 10 de setembro de 1919; tratado de Neuilly, com a Bulgária, em 27 de novembro de 1919; tratado de Trianon, com a Hungria, em 4 de junho de 1920; e o de Sèvres, com a Turquia, em 10 de agosto de 1920 – este último, não aceito pelos nacionalistas turcos, liderados por Mustafá KEMAL, depois das vitórias turcas sobre os gregos, em 1921-1922, substituído por outro, em condições muito mais favoráveis para a Turquia republicana: o tratado de Lausanne, de 24 de julho de 1923.[1144]

Concebido, inicialmente, o sistema de Viena como marco garantidor da estabilidade e dos interesses dinásticos,[1145] ganha dimensão maior

nacional somente a partir de 1648. V. tb. Benno TESCHKE, **The myth of 1648** – Class, Geopolitics and the making of modern International relations (orig. publ. 2003, London: Verso, 2009); Tim BLANNING, **The Pursuit of Glory: Europe 1648-1815** (orig. publ. 2007, Londres: Penguin, 2008).

1142 V. **Tratado** (tomo XIII – **Direito internacional no tempo do concerto europeu**, esp. 27.1 – do Congresso de Viena à 'primavera dos povos' (1815-1848): 27.1.1 – Congresso de Aquisgrana (1818), 27.1.2 – Congresso de Troppau (1820), 27.1.3 – Congresso de Laibach (1821), 27.1.4 – Congresso de Verona (1822) e 27.1.5 – Congresso de Londres (1830-1833)).

1143 Cfr. **Tratado** (tomo XIII – **Direito internacional no tempo do concerto europeu**, cap. 27 – premissas do sistema internacional de Viena a Versalhes e cap. 28 – do direito internacional 'iluminista' ao direito internacional do concerto europeu (1814 até 1914)); P. B. CASELLA, **Tratado de Versalhes na história do direito internacional** (São Paulo: Quartier Latin, 2007).

1144 Cf. **Tratado** (tomo XIII – **Direito internacional no tempo do concerto europeu** e seguintes).

1145 A. TRUYOL Y SERRA (op. cit., 1965, p. 111) a respeito do 'concerto europeu': "suffise de rappeler qu'il a été le premier pas, timide à vrai dire (mais pouvait-on aller d'emblée au-delà, et d'ailleurs certaines formules actuelles d'union européenne vont-elles beaucoup plus loin?), vers une organisation de la société internationale. Le mot 'concert' a sans aucun doute un sens plus précis de l'unité d'action que 'système'. On sait que le moyen auquel ont eu recours fut la réunion fréquente de congrès ('système des congrès'). On sait aussi que son échec à partir du dernier tiers du XIXe siècle, après les changements introduits dans la carte politique de l'Europe par le principe des nationalités (...), puis par l'avènement de l'impérialisme et des rivalités coloniales à une échelle véritablement mondiale, dont nous verrons également les conséquences (...), devait déboucher sur la 'paix armée' et la première guerre mondiale".

e durabilidade a partir da construção do 'concerto europeu':[1146] este se põe como paradigma e símbolo do direito internacional 'clássico'; assim como Vestfália pode ser vista para o direito internacional 'moderno'.

Viena, 1815, além de marco simbólico, cumpre função instrumental mais relevante do que tiveram consciência os seus coetâneos: apesar dos esforços da Santa Aliança, após o Congresso de Viena, para voltar ao passado, na medida em que isso parecia ainda possível, nessa época se assiste, particularmente após os eventos que têm como teatro as Américas, ao fim do antigo regime no plano internacional.[1147]

Esse sistema do Congresso de Viena (1815) perdura, com percalços, até a eclosão da Primeira Guerra Mundial e a instauração do novo sistema, com o tratado de Versalhes (1919) e seus correlatos.[1148] Foi um século de ordenação do sistema internacional, ainda de modo incipiente, do ponto de vista institucional, mas com a percepção da necessidade de algum sistema regulador e organizador da vida internacional do seu tempo.[1149]

Ao soçobrar, por sua vez, o sistema de Versalhes, em razão da eclosão da Segunda Guerra Mundial, este, por sua vez, também deixa marcos e marcas que serão, em considerável medida, retomados e reordenados no âmbito do sistema da Organização das Nações Unidas, a partir de 1945.

Trata-se das sucessivas fases do processo institucional internacional, em grandes traços.[1150] Por quê? Para mostrar quanto a compreensão da evolução histórica é necessária. A evolução histórica é indispensável para a compreensão dos princípios e dos conceitos do direito interna-

1146 Cf. **Tratado** (tomo XIII – **Direito internacional no tempo do concerto europeu**); Jacques-Alain de Sedouy, **Le concert européen** – aux origines de l'Europe (1814-1914) (Paris: Fayard, 2009).

1147 A. Truyol y Serra (op. cit., 1965, p. 114).

1148 Cf. ref.: tratado de paz entre as principais potências aliadas e associadas (PPAA) e a Áustria, assinado em Saint Germain-en-Laye, em 10 de setembro de 1919; tratado de paix entre as PPAA e a Bulgária, assinado em Neuilly-sur-Seine, em 27 de novembro de 1919; tratado de paz entre as PPAA e a Hungria, assinado em Trianon, em 4 de junho de 1920; tratado de paz com a Turquie, assinado em Lausanne, em 24 de julho de 1923.

1149 Cf. **Tratado** (tomo XIII – **Direito internacional no tempo do concerto europeu** e seguintes).

1150 Cf. **Tratado** (tomo XVIII – **Direito internacional no tempo do século XX**, tomo XIX – **Direito internacional no tempo pós-moderno**); v. tb. William E. Rappard, **Vues retrospectives sur la Société des Nations** (Rcadi, 1947, t. 71, p. 111-226).

cional através dos tempos e dos contextos culturais, nos quais se inscreve. Nos últimos cem anos, dentre todos os ramos jurídicos, o direito internacional é o que mais tem evoluído, influenciando todos os aspectos da vida humana.

Ao lado das grandes questões político-militares-diplomático-institucionais, os progressos técnicos também ditaram mudanças do contexto internacional. Os avanços tecnológicos tornaram a internacionalidade muito mais próxima da vida diária das pessoas.

Inúmeros autores dividem a evolução do direito internacional em períodos. Por vezes, o fazem diversamente. O exercício de tais classificações tem muito de arbitrário, mas, pode ter alguma utilidade, simplesmente para ordenar o exame e a compreensão da matéria.

De um período a outro não necessariamente ocorrem rupturas. Características de determinado período tiveram geralmente origem no anterior e princípios nascidos em um permanecem nos subsequentes, modificando-se de acordo com o passar do tempo.[1151]

[1151] Neste e nos tomos seguintes do **Tratado**. Aqui se faz a divisão, já apontada: o direito internacional no tempo antigo; o direito internacional no tempo medieval; vários tomos sobre o direito internacional no tempo moderno, sobre o direito internacional no tempo clássico e contemporâneo, até o presente contexto pós-moderno. Embora se aponte a relatividade desta, como de qualquer outra tentativa de periodização. A respeito da periodização, no exame histórico do direito internacional, ver Wilhelm G. Grewe, **Epochen der Völkerrechtsgeschichte** (Baden-Baden: Nomos, 1984, "Einleitung. Die Periodisierung des Völkerrechts", p. 19-25), distinguindo: *Ius gentium* – fundamentos do direito internacional medieval; *Ius inter gentes* – o direito internacional da era espanhola, 1494-1648; *Droit public de l'Europe* – o direito internacional da era francesa, 1648-1815; *International Law* – o direito internacional da era inglesa, 1815-1919; *Völkerrecht und Völkerbund* – o direito internacional entre guerras, 1919-1944; e Nações Unidas – o direito internacional na era da rivalidade americano-soviética e da emergência do Terceiro mundo, a partir de 1945; e tb. Dominique Gaurier, **Histoire du droit international** – De l'Antiquité à la création de l'ONU (Avant-propos E. Tourme-Jouannet, Rennes: P. U. Rennes, 2014, Introduction à l'histoire du droit international, p. 13-29, esp. 0.2 – L'approche originale de Gaston Bouthoul sur l'évolution du droit international, p. 24-26) observa já ter sido a questão da periodização do direito internacional bastante bem examinada, não sendo assim útil retomar controvérsias, que sempre voltam à tona e, sobretudo, nunca chegam a congregar uma comunidade de autores, "cada um podendo justificar seu próprio ponto de vista". Cita a "classificação original" de Gaston Bouthol, **Traité de polémologie** (reed. Paris: Payot, 1991, p. 11-13) – que, na verdade, propõe classificar o direito internacional em três fases, como faz Auguste Comte, em relação às fases da história – um direito internacional *teológico*, um direito internacional *metafísico* e um direito internacional *positivo*; mas, depois se abstém de utilizar a referida categorização

O importante é compreender como os institutos e normas básicas do direito internacional têm de ser situados, no padrão cultural, como base para a ordenação da convivência entre sujeitos de direito internacional: serão estudados e escritos a respeito da história, que, como todo exercício humano, inexoravelmente, também se inscreve no tempo.[1152] A temporalidade está inserta em toda obra humana e o direito internacional não poderia ser exceção.[1153]

Aí, pode-se entrar na noção mais vasta do direito intertemporal: "um direito particular, subjetivo, está sempre em função da ordem jurídica total ou do sentimento jurídico de cada época, e que subsiste ou se extingue segundo a evolução desses grandes conjuntos, no seio dos quais se encontra essa inserção".[1154] O fator tempo, com impacto de grande relevância na formação do novo direito da descolonização e a caducidade dos direitos que, antes, poderiam invocar as potências coloniais.[1155]

Evidência adicional dessa continuidade histórica e cultural, desde o início do direito internacional 'moderno', é dado por autores, como o

no curso do seu livro: "Il est nécessaire, néanmoins, de conserver en tête cette évolution par étapes, même s'il n'a pas été possible de la reprendre pour organiser le propos; elle sera facilement réperable et permettra de replacer chacun des thèmes abordés dans ce cours évolutif des doctrines, illustrant par là le chemin déjà accompli et celui qui reste à parcourir, encore fort long" – cf. D. Gaurier, **Histoire du droit international** (2014, p. 26).

[1152] V. **Tratado** (tomo XX – **Direito internacional, história e cultura**, cap. 1 – direito internacional no tempo e seu papel na história). Relevante a análise de Arnold J. Toynbee, **Um estudo da História** (trad. Isa Silveira Leal e Miroel Silveira, do original **A study of History**, 1961, Brasília: Ed. UnB / São Paulo: Martins Fontes, 1987; abridgement by D. C. Sommerwell, London – New York – Toronto: Oxford U.P., vols. 1-6, 1949, vols. 7-10, 1957, vols. 11 e 12 "Reconsiderations" x+740 p., 1961).), em seu grandioso estudo, mostra a continuidade e o encadeamento da história humana, como um todo.

[1153] Como já advertia Geraldo Eulálio do Nascimento e Silva (1917-2003), "a noção de tempo está subentendida em quase todos os elementos fundamentais do direito" in G. E. do Nascimento e Silva, **Le facteur temps et les traités** (Rcadi, 1977, t. 154, p. 215-297, cit. p. 221): la notion de temps est sousentendue dans presque tous les éléments fondamentaux du droit.

[1154] Antonio Gómez Robledo, **Le *jus cogens* international: sa génèse, sa nature, ses fonctions** (Rcadi, 1981, t. 172, p. 9-217, cit. p. 50): "Le droit intertemporel, comme on l'a vu dans le cas du *Sahara occidental*, a eu un rôle très important dans la formation du nouveau droit de la décolonisation en ce qui concerne, par exemple, la caducité des droits qu'aurait pû avoir auparavant, la puissance coloniale".

[1155] Como se examina no **Tratado** (tomos XIV a XVII – **Direito internacional no tempo do colonialismo**).

holandês Hugo Grócio, na primeira metade do século XVII, que utilizam precedentes, bíblicos, da história antiga, grega e romana, para estabelecer normas de direito internacional, como base civilizacional compartilhada, para o conjunto do Ocidente, e, com raízes indo-europeias, compartilhadas com a Índia antiga.[1156]

Seu conterrâneo, um século mais tarde, Cornélio van Bynkershoek, utiliza extensamente referências da prática de seu tempo, mas não deixa de referir exemplos gregos e romanos.[1157]

Da mesma forma, hoje, utilizamos precedentes julgados e pareceres prolatados pela Corte Permanente de Justiça Internacional e Corte Internacional de Justiça, ou passagens extraídas de laudos arbitrais internacionais, em busca de referências conceituais sobre as quais construir a exposição do pensamento jurídico internacional, como então se esboçava.

O direito internacional tornou-se um direito casuístico (*case law*) e não pode ser estudado e compreendido sem o exame dos casos marcantes, que ajudam a construir o aparato conceitual e institucional da disciplina.[1158] Mas, a base cultural continua a ser a mesma.

Na construção da fundamentação, Grócio fazia a distinção entre direito natural e direito positivo, e apontava:[1159] "a melhor divisão do direito é a que se encontra em Aristóteles",[1160] segundo a qual há um direito natural e um direito voluntário, que ele chama direito legítimo, conferindo à palavra 'lei' um sentido mais estrito. Termos que os helenistas costumam traduzir como *deveres* o primeiro e *mandamentos* o segundo.[1161]

1156 Cf. se examinam alguns aspectos, no tomo 3 B, item 7.1 – Índia.

1157 V. **Tratado** (tomo X – **Direito internacional no tempo de C. van Bynkershoek e Christian Wolff**, cap. 21 – Cornelius van Bynkershoek (1673-1743).

1158 Robert Jennings, *Judicial reasoning at an international court* (conferência no Instituto Europeu da Universidade do Saarland, em Saarbrucken, em 29 de janeiro de 1991, publicada na série Saarbrucken: Europa-Institut, "Vorträge, Reden und Berichte aus dem Europa-Institut, Nr. 236, herausgegeben von Prof. Dr. Georg Ress", 1991, cit. p. 1-2): "The cases before international courts are different; different not least in their dimensions." E a seguir: "Tribunals indeed do not always give reasons." (...)"But a principal reason has to do with authority. [...] What is the source of our authority? And the only authority a court has is to apply the law to a case submitted to it and to come to a decision accordingly."

1159 Hugo Grócio, **Direito da guerra e da paz** (livro I, cap. I, n. IX – "o direito é definido como regra e se divide em direito natural e direito voluntário").

1160 Aristóteles, Ética a Nicômaco (V.10). V. Aristote, Éthique à Nicomaque (texte trad. et annoté par Jean Tricot, Paris: Vrin, 1990).

1161 Grócio (op. cit., loc. cit.).

Refere o autor encontrar-se "a mesma distinção entre os hebreus". Grócio vai buscar em Moisés Maimonides a distinção entre 'direito natural' e direito positivo', sendo que o primeiro "nos é ditado pela reta razão, que nos leva a conhecer que uma ação, dependendo se é ou não conforme à natureza racional, é afetada por deformidade moral ou por necessidade moral, e que, em decorrência, Deus, o autor da natureza, a proíbe ou a ordena".[1162]

No século XII,[1163] Maimonides afirmou a divisão entre direito natural (*Mitsvoth*) e direito positivo (*Khukkim*):[1164] "as disposições gerais dos mandamentos têm necessariamente uma razão e foram prescritas em vista de certa utilidade; mas as disposições de detalhe, como se diz,

[1162] Grócio, **De jure belli** (I.I.X – 'definição do direito natural, divisão e distinção das coisas a que se dá esse nome impropriamente') prossegue, no parágrafo seguinte: "nota-se que esse direito difere do direito humano e também do direito divino voluntário que não prescreve nem proíbe coisas obrigatórias ou lícitas por si mesmas e por sua própria natureza; ao contrário, torna as coisas ilícitas ao vetá-las e obrigatórias ao ordená-las."

[1163] Falam-se muitas impropriedades e se fazem generalizações arriscadas e infundadas em relação à Idade média, negligenciando legado filosófico de enorme relevância – inclusive para os tempos modernos e pós-modernos – como se considera no **Tratado** (tomo IV – **Direito internacional no tempo medieval**, cap. 8 – a longa transição do mundo antigo ao medieval, itens 8.1 – Agostinho de Hipona (354-430 A.D.) e 8.2 – Isidoro De Sevilha (560--636 A.D.), cap. 9 – Marsílio de Pádua e Guilherme de Ockham, itens 9.1 – Marsílio de Pádua (1275-1342) e 9.2 – Guilherme de Ockham (ca. 1280- ca.1349), cap. 10 – Tomás de Aquino e Dante Alighieri, e seus itens 10.1. Sto. Tomás de Aquino (ca. 1225-1277) e 10.2 – Dante Alighieri (1265-1321); v. tb. Émile Bréhier, **Histoire de la philosophie**, tom. III – **Moyen âge et Renaissance** (Paris: PUF, 1947); Étienne Gilson, **La philosophie au Moyen âge** tom. 1 – **des origines patristiques à la fin du XIIe siècle** (Paris: Payot, 1976); tom. 2 – **du XIIIe siècle à la fin du XIVe siècle** (Paris: Payot, 1976); Jacques Le Goff, **Les intellectuels au Moyen âge** (orig. publ. 1957, Paris: Seuil, 1985); Ruy Afonso da Costa Nunes, **Gênese, significado e ensino da filosofia no século XII** (São Paulo: Edusp / Grijalbo, 1974); Giovanni Reale e Dario Antiseri, **Filosofia: Antiguidade e Idade média** (orig. publ. **Il pensiero occidentale**, vol. 2 – **Antiquità e Medioevo**, 2013, trad. José Bortolini, nova edição, revista e ampliada, São Paulo: Paulus, 2017); Paulo Vignaux, **A filosofia na Idade média** (orig. publ. **La philosophie au Moyen âge**, 3ª ed., francesa, 1958, trad. A. Pinto de Carvalho, rev. A. Martins de Carvalho, Coimbra: Armênio Amado, 1959).

[1164] Moïse Maimonide (1135-1204), **Le guide des égarés** (traduit de l'arabe par Salomon Munk, préf. de Claude Birman) suivi **Le traité des huit chapitres** (traduit de l'arabe par Jules Wolf, préf. Franklin Rausky, nouv. éd. révue par Charles Mopsick, Paris: Verdier, © 1979, impr. 1996).

não têm outro fim além de prescrever alguma coisa".[1165] A dificuldade se coloca com relação à aferição de quais sejam tais princípios, como determinar o conteúdo destes, e como distingui-los das 'disposições de detalhe'. Se não se pode demonstrar, torna-se questão de fé, não de conhecimento.

No curso de sua evolução, o direito internacional, a partir de meados do século XX, logrou desvencilhar-se das amarras do positivismo voluntarista, que teve uma influência nefasta na disciplina e bloqueou por muito tempo seu desenvolvimento, apontava A. A. CANÇADO TRINDADE:

> O direito não é estático, nem tampouco opera no vácuo. Não há como deixar de tomar em conta os valores que formam o *substratum* das normas jurídicas. O direito internacional superou o voluntarismo, ao buscar a realização de *valores comuns superiores*, premido pelas necessidades da comunidade internacional.[1166]

Ao falar-se em valores comuns, caberá questionar quais sejam e como possam estes ser determinados. Estes "valores comuns não são, assim, produto da vontade humana, mas correspondem à assinatura humana; estes se impõem com a força de uma evidência que não possuem as simples convenções. Os valores humanistas não são inventados; eles são descobertos"[1167] e têm papel relevante a desempenhar na construção do direito internacional, no contexto pós-moderno.

[1165] M. MAIMONIDE, **Le guide des égarés** (livro III, cap. XXVI – 'les commandements et leur sens', p. 502-505, cit. p. 503-4).

[1166] A. A. CANÇADO TRINDADE (1947-2022), **International Law for Humankind: towards a new Jus Gentium** – General course on Public International Law (RCADI, 2005, t. 316 and t. 317, http://dx.doi.org/10.1163/1875-8096_pplrdc_A9789004153752_01, first publ. online 2005); ___ , **O direito internacional em um mundo em transformação: ensaios 1976-2001** (prefácio Celso D. de Albuquerque MELLO, Rio de Janeiro: Renovar, 2002, cit. p. 1087).

[1167] Tzvetan TODOROV, **La signature humaine** – essais 1983-2008 (Paris: Seuil, 2009, cit., p. 18 e p. 17): "Les hommes dépendent les uns des autres non seulement pour se reproduire et assurer leur survie, commes les autres espèces, mais aussi pour devenir des êtres conscients et parlants; ils découvrent qu'ils ne peuvent s'en passer s'ils veulent s'accomplir; le bonheur des autres fait le leur. Enfin, si l'égale dignité de tous les membres de l'espèce est une valeur, c'est parce que nous partageons une même identité biologique, qui nous met à part de toutes les autres espèces".

Aí põe-se a histórica contraposição entre as concepções do que poderia ser chamado direito internacional 'natural' em relação ao direito internacional 'positivo'. O primeiro também foi chamado de direito internacional 'necessário' ou direito internacional 'primário', enquanto o outro seria o direito internacional 'convencional' ou 'derivado'. Ambos têm papel relevante, e, atualmente, podem oscilar as denominações – tais como princípios e normas – mas a base é a mesma.

As oscilações terminológicas não são fruto do acaso. Do direito internacional 'moderno', até o direito internacional dito 'clássico' e, deste, para o presente contexto pós-moderno, em meio a desenvolvimentos específicos e ajustes operacionais, constrói-se continuidade conceitual, que se reforça com a percepção do conjunto da disciplina, apesar das flutuações conceituais e operacionais nesse tempo ocorridas. Por isso, o exame do direito internacional no tempo não se põe como mera digressão de caráter histórico, mas como ferramenta para a compreensão deste: como surgiu, como se desenvolveu e como se encontra no estágio ao qual chegou até agora.

Trata-se, em suma, de formular a indagação, no seio do campo jurídico, onde se constatam as tentativas de reinventar a natureza do direito, além dos estados e entre os estados. Isso serve para mostrar quão pouco se sabe como o mundo é governado. E que o direito internacional de nosso tempo não se pode furtar à grande questão de determinação da governabilidade mundial.[1168]

A seguir, pode-se passar ao exame dos elementos precursores do direito internacional na Antiguidade (título I).

[1168] Cfr. **Tratado** (tomo XX – **Direito internacional, história e cultura**, cap. 5 – desafios e desenvolvimentos do direito internacional no contexto pós-moderno, e seus itens 5.1 – direito internacional face à noção de pós-modernidade; 5.2 – os limites à guerra e ao uso da força e 5.3 – interdependência e cooperação); v. tb. David KENNEDY, **Nouvelles approches de droit international** (préface Emmanuelle JOUANNET, présentation Remi BACHAND, trad. sous la direction de E. JOUANNET et al., Paris: Pedone, 2009, esp. 'conclusion: le mystère de la gouvernance globale', p. 269-316).

TÍTULO I
ELEMENTOS PRECURSORES DE DIREITO INTERNACIONAL NA ANTIGUIDADE

A história do mundo passou a formar um todo orgânico

POLÍBIO (ca. 202 – ca. 120 a.C.)[1169]

Não há dúvida que desde as fases primordiais das relações internacionais entre unidades políticas soberanas, um corpo de normas gerais de direito das gentes pode ser traçado, mostrando todas as características do direito internacional.

S. VEROSTA (1952)[1170]

O mundo antigo não é avaro em sinais que testemunham verdadeira atividade 'internacional', com tratados, relações diplomáticas, etc. E porque essas relações não se organizam segundo critérios reconhecidos hoje em dia, como única caução de verdadeiras relações internacionais,

[1169] POLYBE, **Histoire** (texte traduit, présenté et annoté par Denis ROUSSEL, Paris: Gallimard – Pléiade, 1970, préface, livre premier, p. 1-5, cit. p. 3).

[1170] Stephan VEROSTA, **International Law in Europe and Western Asia between 100 and 650 A.D.** (RCADI, 1952, t. 80, p.485-620, Introduction, cit. p. 491): "There is no doubt that from the earliest periods of international relations between sovereign political units such a body of rules of a general law of nations can be traced showing all the basic characteristics of international law."

que será, por isso, preciso recusar a tais numerosos testemunhos qualquer qualidade 'internacional'? Formular essa pergunta já contém em si a resposta, e tanto mais que esta será negativa.

D. GAURIER (2014)[1171]

Desde os mais remotos tempos da história, os registros mostram a existência de corpos de regras, que podem ser caracterizados como contendo características básicas do que, depois, veio a ser denominado direito internacional.[1172] Contudo, muitos relutarão em falar de 'sistema' de direito internacional na Antiguidade.[1173] Por isso, consideram-se, a seguir, 'elementos precursores de direito internacional na Antiguidade'.

Obviamente, no contexto da Antiguidade, não se trata de buscar os mesmos elementos do atual sistema institucional e normativo internacional, em sentido estrito, caso somente se enxergue algo assim nas relações interestatais – porquanto 'estado' e 'soberania' são conceitos formulados no século XVI, por MAQUIAVEL e BODIN –[1174] mas, inegavelmente, pré-existentes, em séculos anteriores. As normas regendo as relações entre unidades políticas independentes, quer sejam cidades-

[1171] Dominique GAURIER, **Histoire du droit international** (Rennes: P. U. de Rennes, 2014, chap. I – quelques données tirées des mondes proche-oriental ou oriental antique, p. 33-55, cit. p. 34-35).

[1172] Como apontado nas considerações iniciais à presente parte I – direito das gentes no mundo antigo, supra; e tb. comentava Stephan VEROSTA (op. cit., 1952) referido em epígrafe.

[1173] Nesse sentido, em lugar de controvérsias infrutíferas a respeito do marco temporal inicial da disciplina, pode-se ter a consciência de ser o direito internacional, como toda obra humana, produto do tempo (história) e meio (cultura) no qual se cria e se desenvolve, em perspectiva pós-moderna, e mais abrangente. Sobre o onceito de sistema no direito, remeto a Tércio Sampaio FERRAZ Jr., **Conceito de sistema no direito** (São Paulo: RT / Edusp, 1976) e a respeito das interações entre o enfoque da filosofia e da teoria geral do direito com o direito internacional veja-se P. B. CASELLA, *Conceito de sistema, contexto internacional e pós-modernidade* (no volume **Filosofia e teoria geral do direito** – homenagem a Tércio Sampaio Ferraz Jr., org. Eduardo C. B. BITTAR e J. Maurício ADEODATO, São Paulo: Quartier Latin, 2011, p. 999-1024).

[1174] Ver **Tratado** (tomo V – **Direito internacional no tempo de Francisco de Vitória**, tanto as considerações iniciais do título I – multipolarização da Europa na era moderna e advento do direito internacional como sistema, como o cap. 13 – estado como sujeito de direito internacional: a contribuição de MAQUIAVEL e BODIN, e seus itens: 13.1 – Nicolau MAQUIAVEL (1469-1527), 13.2 – Jean BODIN (1530-1596) e 13.3 – estado soberano e direito internacional).

-estado sumerianas e gregas antigas[1175] ou italianas medievais, bem como entre impérios, mais ou menos extensos, além das confrontações militares e do uso da força, também levaram a eras de paz, mediante tratados e outros mecanismos de convivência pacífica.

Ao mesmo tempo em que um 'sistema internacional' propriamente dito poderia ainda não existir, o historiador grego, radicado em Roma, Políbio, já apontava o dado de se ter tornado um todo orgânico a história do mundo.[1176] Em tempos mais recentes, o fenômeno será referido como 'globalização'. Desse modo, não vem de hoje tal percepção de interdependência entre estados e forças políticas e econômicas no mundo.

Dentre os historiadores da Antiguidade, Políbio, no século II a. C., poderia ser o primeiro autor a ter concebido o fenômeno, mesmo sem atribuir-lhe tal denominação. Na medida em que se davam interações entre diferentes povos e civilizações, caberia falar em história do mundo como "todo orgânico".

Elementos de direito internacional ou, como antes fora este chamado, *direito das gentes*, surgem entre diferentes povos na Antiguidade, na medida em que estes tiveram necessidade de regular as suas – hoje assim chamadas – relações internacionais. Alguns dentre estes elementos e institutos, com pequenas alterações, ainda vivem e são correntemente utilizados no direito internacional pós-moderno.

À medida que a civilização se desenvolve, as relações tornam-se mais complexas e as normas que as regulam adquirem maior grau de complexidade.[1177] Nessa mesma medida e proporção, forma-se sistema normativo de caráter internacional.

[1175] Cabe paralelo com o que ocorreria no contexto grego antigo. V. cap. 5 – as cidades-estado gregas e o mundo helenístico e seus itens: 5.1 – legado grego ao direito internacional e 5.2 – mundo helenístico.

[1176] A respeito das concepções da história entre três grandes historiadores gregos da Antiguidade – Heródoto, Tucídides e Políbio – e seu impacto sobre a historiografia moderna v. Arnaldo Momigliano, **As raízes clássicas da historiografia moderna** (orig. publ. **The classical foundations of modern historiography**, 1990, trad. M. B. Borba Florenzano, Bauru: Edusc, 2004).

[1177] M. Mendelson, **The formation of customary international law** (Rcadi, 1998, t. 272, p. 155-410) narra a formação da sociedade internacional, como se fosse romance a respeito da pré-história.

A extensão e a complexidade de "ligações de amplo alcance entre povos, antes da expansão europeia", pode ser apontada como "desfecho de processos materiais identificáveis"[1178], onde

> Um desses processos foi a estruturação de sistemas políticos e militares hegemônicos e aguerridos. Cada um dos dois hemisférios testemunhou separadamente o surgimento de impérios, que se apropriaram dos excedentes produzidos por grupos variados e múltiplos.
> Um segundo processo em funcionamento foi o crescimento do comércio de longa distância, o qual, em todos os lugares, ligou zonas de fornecimento a centros de demanda concentrada e possibilitou papeis especializados, para os povos estabelecidos ao longo das rotas de comércio.[1179]

Os efeitos de tal conjunto de circunstâncias se fazem, assim, sentir: a construção de impérios e surgimento do comércio criaram, por sua vez, "extensas redes de comunicação que aglutinaram diferentes povos sob a égide de ideologias religiosas ou políticas dominantes".[1180] Em conjunto, esses processos moldaram o mundo que a Europa reorganizaria em breve, com a finalidade de atender a seus próprios requisitos.[1181]

Os caminhos para a supremacia europeia no contexto internacional remontariam à Idade média,[1182] ou, a partir do início da era moderna,[1183] e encontrariam seu paraxismo no tempo do colonialismo.[1184]

A combinação de concomitante construção de impérios, de rotas de comércio, e de redes de comunicação se põe no passado e, em boa medida, permanece como dados relevantes para a existência e a operação de 'sistema internacional', ou melhor, 'sistemas internacionais', dado que

[1178] M. Mendelson, **The formation of customary international law** (Rcadi, 1998, t. 272, p. 155-410)

[1179] Eric R. Wolf, **A Europa e os povos sem história** (originalmente publicado em 1982, **Europe and the people without history**, nova edição, revista pelo autor, 1997, © 2005, trad. C. E. Marcondes de Moura, São Paulo: EDUSP, 2005).

[1180] E. Wolf (op. cit., ed. 2005, p. 50).

[1181] E. Wolf (op. cit., ed. 2005, loc. cit.).

[1182] Michael Mitterauer, **Warum Europa?** Mittelalterliche Grundlagen eines Sonderwegs (orig. publ. 2003, Munique: C. H. Beck, 5a. ed., revista, 2009)

[1183] Brendam SIMMS, **Europe** – The struggle for supremacy, 1453 to the Present (London: Allen Lane, 2013).

[1184] Como se examnia no **Tratado** (tomos XIV a XVII – **Direito internacional no tempo do colonialismo**).

são vários os sistemas, com seus respectivos centros e periferias, e eventuais interações, como se deu, por volta do século II da nossa era.

Nessa altura, quando o Império romano, em sua máxima extensão, interage, ainda que pontualmente, com o mundo indiano e o 'Oriente' – sobretudo por rotas de comércio – simultaneamente, a consolidação e a expansão para o oeste da China da dinastia Han levará ao deslocamento de povos da Ásia central,[1185] mais tarde conhecidos, no Ocidente, como os Hunos, e outros 'bárbaros',[1186] que serão, assim, 'empurrados' para o oeste, em razão do fortalecimento do poder central na China.

Estes povos nômades, em grandes vagas migratórias, em considerável medida,[1187] serão os responsáveis pela queda do Império romano do

[1185] Richard N. Frye, **A herança persa** (do original: **The heritage of Persia**, trad. Anabela e Carlos Alberto Nunes, Lisboa: Arcádia, 1972, p. 220) enfatiza o fato de que "toda a área altaica, ou melhor, toda a área entre a muralha da China e a Transilvânia e a Hungria tinha uma espécie de unidade, onde os Iranianos assumiram o papel mais relevante, pelo menos durante um milênio, até a expansão dos Hunos, ocorrida nos primeiros séculos na nossa era."

[1186] R. Frye (op. cit., ed. port., 1972, p. 221): "Das fontes chinesas aprendemos que a expansão do primeiro império Han levou um povo chamado Hsiung-nu, situado nas suas fronteiras a exercer pressão sobre os seus vizinhos ocidentais." A passagem tantas vezes citada da obra de Sima Qian, **Shi-ji**, o registro da história (cap. 123), conta como os Hsiung-nu atacaram os Yuezhi, e depois mataram o seu rei, antes de se deslocarem para o Ocidente, onde conquistaram o Sai. A seguir, os Wu-sun – chamados Issedones, por Heródoto – vassalos dos Hsiung-nu, atacaram novamente os Yuezhi e os expulsaram para a Fergoana e a Bactriana, que conquistaram. Apesar da dificuldade intrínseca em identificar nomes e povos entre estas diferentes tradições, para os situar na história, as fontes chinesas – Sima Qian e os Anais da dinastia Han – se reportam a eventos históricos e a primeira migração dos 'bárbaros' poderia ser situada entre 174-160, e a segunda entre 133-129 a.C. A seguir, nota Frye (op. cit., ed. cit., 1972, p. 229): "Na Bactriana, uma das tribos Yuezchi, os Kashans, conseguiram conquistar as outras quatro divisões principais do povo e fundar a sua própria dinastia. As fontes chinesas mostram-se específicas a respeito dos Yuezchi, na medida em que estes haviam sido anteriormente vizinhos em Kansu, e assim os chineses conservavam vestígios deles e sabiam mais a seu respeito do que acerca de qualquer outro povo do Ocidente. / Existem sempre problemas quanto a identificação nas fontes chinesas, porque as designações alteram-se por vezes e o mesmo nome se pode referir a uma outra localidade, numa outra época; todavia, no caso dos Yuezhi, ou os Kashans, como os outros povos os designam, invadiram An-shi, que foi identificado com Pártia (*an shi* = *arshak*) e conquistando, depois, Kao-fu, que, graças a recentes identificações, mais do que à fonética, tem sido identificado com o vale de Kabul."

[1187] Parte de tais construções são conjeturais, dada a ausência de registros históricos próprios à região, havendo, assim, necessidade de compulsar, de um lado, fontes chinesas, e de

Ocidente, na segunda metade do século V.[1188] A 'queda' de Roma antiga, conjugada com as grandes movimentações de povos na Europa, entre o final da Antiguidade e a alta Idade média, teve enorme impacto sobre o conjunto do continente:

> – desde os séculos III e IV d. C, com as invasões de godos e ostrogodos, visigodos e vândalos, hunos e ávaros, borguinhões e alanos, anglo-saxões e francos, dentre os quais uns passam e outros se implantam em diferentes áreas, antes controladas pelos romanos, e impactam diretamente o fim da Roma imperial. Essas vagas humanas,
> – passando pela invasão dos lombardos em 568, e
> – novas vagas de invasões, nos séculos IX e X – vindos do norte, como os varegues e vikings (escandinavos), vindos do leste, como os magiares (húngaros), vindos do sul, como os sarracenos, marcam toda a evolução posterior da Europa.[1189]

outro, fontes clássicas gregas e romanas, porquanto como menciona Richard N. Frye, **A herança persa** (do original **The heritage of Persia**, trad. Anabela e Carlos Alberto Nunes, Lisboa: Arcádia, 1972, cit. p. 221): "Uma dificuldade básica nas fontes relativas à Ásia central reside em que os autores chineses se mostram completos e claros quando se referem ao Turquestão chinês, mas, para além dele, apresentam-se confusos, ao passo que as fontes clássicas nos podem ajudar um pouco quanto ao Turquestão ocidental, mas não são dignas de confiança no que se refere ao Oriental. Se ao menos as fontes chinesas e as fontes clássicas se pudessem correlacionar, de modo a serem feitas identificações, ser-nos-ia possível reconstituir parte da primitiva história da Ásia central."

1188 R. Frye (op. cit., ed. port. 1972, p. 222): "Com a expansão dos Hunos, principalmente nos séculos III e IV da nossa era, o pêndulo começa a inclinar-se a favor dos povos altaicos, e, mais tarde, de uma poderosa influência turca, que se lhe sobrepôs, não só no Turquestão chinês e russo, mas também na Rússia do sul, no Azarbaijan e na Anatólia."

1189 Michel Rouche, **Les empires universels** – IIe- IVe siècles (orig. publ. 1968, Paris: Larousse, 2ª ed., 1999); ___ , **Les racines de l'Europe** – Les sociétés du haut Moyen age (568-888) (Paris: Fayard, 2003, chap. II – Les hommes, p. 26-39, 'Les déplacements de population', p. 27-29): "Dans l'ancien Empire romain d'Occident, le degré de romanisation était variable. Très fort en Italie, Espagne et Gaule, celle-ci allait en diminuant vers la périphérie." Entre revoltas e recrutamentos para os exércitos, os romanos interagiam com Ilírios, Panônios (região que corresponde à atual Hungria), Bretões (da Grã-Bretanha). Ou então, como reinos bárbaros que se organizavam, como no caso dos Francos, ou os Borguinhões, cujo reino desaparece em 536 AD, e os Visigodos, que se fixam na Espanha. Por sua vez, os Germânicos orientais continuaram isolados demograficamente em meio às populações locais, conservando entre eles o cristianismo herético ariano: os Vândalos (cerca de oitenta mil) foram eliminados em 535 AD, os Ostrogodos (cem mil) em 555 AD, uns e outros pelo Império romano do Oriente. Os Visigodos, empurrados por Clóvis para o triângulo entre

Ampliando o campo de visão, veria-se, assim, a ligação, ainda que indireta e tortuosa, entre essa imensa *Völkerwanderung* – a transumância de povos – da Ásia para a Europa, em razão da expansão e da consolidação do Império Han, na China. Sem negligenciar as trocas culturais e comerciais, por meio das múltiplas rotas de 'comércio internacional' antigas.[1190]

Não é de hoje, nem se dá por acaso, a contraposição entre força e diálogo como modelos distintos de ordenação das relações entre seres e entre comunidades humanas. Por isso se vai, a seguir, considerar as 'civilizações antigas entre hegemonia e relações internacionais'.[1191]

Palencia-Saragoça-Toledo (estes também cerca de cem mil), reforçaram seu isolamento por estrita aplicação de lei de Valentiniano I, retomada em 506 pelo **Breviário** de Alarico. O texto estipulava: "*Esta lei determina que, de forma alguma, pode haver casamento entre provinciais romanos e bárbaros, mesmo que estes últimos façam parte das tropas chamadas gentiles, ou catalogadas como romanas*". Ou seja, o regime de segregação entre as populações permitia aos Godos minoritários não desaparecer enquanto população, assimilados pelos hispano-romanos, majoritários. Essa lei foi suprimida em 580 AD pelo rei Leovigildo, antes da conversão de seu povo ao catolicismo (cf. **Código de Recceswinthe**, III.1.2). Os Lombardos, que ingressaram na Itália em 568 AD fizeram o mesmo, até aceitarem o dogma católico ao final do século VII, sob a direção do rei Pertharit. Contudo "a forte endogamia das linhagens nobres mantinha o caráter étnico das aristocracias visigóticas e lombardas, além do século VIII". Ver tb. Bernard Merdrignac (chronologies) Patrick Mérienne (cartographie), **Le monde au Moyen âge** (Rennes: Éd. Ouest-France – Édilarge, 2003).

1190 Michele Pirazzoli-T'serstevens, **La Chine des Han** – Histoire et civilisation (Fribourg: Office du Livre, 1982, Quatrième partie – Les Hans postérieurs (25-220 ap. J.-C.), chap. II – La Chine et le monde extérieur aux premiers siècles de notre ère, p. 154-164, cit. p. 160) menciona: "L'empire Kushan, dont la dynastie descendait des Yuezhi, qui avaient conquis la Bactriane au IIe siècle avant notre ère, se trouvait au carrefour de trois grandes voies d'échanges: la route de l'Inde prolongée jusqu'à la Méditerranée par la voie maritime; la Route de la Soie reliant la Chine à l'Iran parthe et à la Syrie romaine; la route vers la mer Noire par le nord de la Caspienne ou le Caucase. Cette position, la mosaïque ethnique qui compose l'empire, les origines steppiques d'une large partie de sa population, l'ancienne présence grecque sur son sol, enfin les facilités du commerce ont favorisé l'éclosion d'une culture cosmopolite nourrie d'apports étrangers." E ainda: "à l'ouest de l'empire Kushan, si l'on continuait par la voie de terre, l'intermédiaire obligé était, comme déjà à l'époque des Han antérieurs, l'empire parthe qui tirait une partie importante de ses ressources du contrôle et de l'exploitation des produits qui transitaient sur son territoire."

1191 Neste tomo, cap. 3. V. tb. P. B. Casella, *Negociação e conflito no direito internacional: cinco mil anos de registro da história* (in Revista da Faculdade de Direito da USP, São Paulo, 2019, vol. 114, p. 185-230).

Ao longo dos últimos milhares de anos, as expansões mais importantes se originaram na Ásia central, graças aos avanços tecnológicos das economias pastoris. Com os daí decorrentes êxodos populacionais em busca de terras mais férteis, mas, também, avanços militares em busca de riquezas em incursões mais ou menos rápidas.

A agricultura não se desenvolveu com êxito nas estepes asiáticas, mas a domesticação do cavalo proporcionou aos pastores eurasianos uma vantagem sem precedentes em migrações e conquistas militares.[1192] Nesse sentido, CAVALLI-SFORZA esclarece:

> muitas ondas migratórias se iniciaram na região dos *kurgans* e tiveram profundo impacto na história da Europa e da Ásia. A primeira expansão para o Sul asiático ocorreu provavelmente entre 3 mil e 2 mil a.C., em direção ao Irã, Paquistão e Índia, via Turcomenistão. Esta passagem parece ter contribuído, para o desaparecimento, por volta de 1500 a.C., da civilização do vale do Indo, que produzira as magníficas cidades de Harappa e Mohenjo-Daro.[1193]

Séculos mais tarde, novas levas de povos da Ásia central trarão novas consequências para o 'Ocidente'.[1194] Outras expansões de nômades eurasianos, registradas na história, são as dos ávaros, dos citas e demais bárbaros que puseram fim ao Império romano do Ocidente. Sem esquecer ser pouco conhecida a maioria das conquistas anteriores.[1195] Afirma CAVALLI-SFORZA:

1192 Luigi Luca CAVALLI-SFORZA, **Genes, povos e línguas** (do original **Geni, popoli e lingue** © 2000 e da trad. inglesa de Mark SEIELSTAD, trad. Carlos A. MALFERRARI, São Paulo: Cia. das Letras, 2003).

1193 L. L. CAVALLI-SFORZA (op. cit., 2003, p. 166-167): "Por toda a estepe, até as proximidades da cordilheira Altai, diversas dinastias ligadas aos indo-europeus existiram na mesma época em que essas expansões nômades se realizaram." Ver tb. John KEAY, **India: a History** (orig. publicado em 2000, Noida, Uttar Pradesh: Harper Collins India, 2004, chap. 1 – The Harappan World: c.3000-1700 BC, p. 1-18 e 2 – Vedic Values: c.1700-900 BC, p. 19-55); Romila THAPAR, **A History of India** – vol. one (orig. publ. 1966, London: Penguin, 1990, chap. 1 – The Antecedents, p. 15-27 e chap. 2 – The impact of Aryan culture, p. 28-49).

1194 Por esses motivos, ao menos de ponto de vista genético, parece totalmente descabido falar em 'raças', e ainda menos em 'raças' puras. Tudo se trata de diferentes patamares e tempos de miscigenação.

1195 L. L. CAVALLI-SFORZA (op. cit., 2003, loc. cit.).

> Por volta do século III a.C., grupos que falavam línguas turcas da família altaica, como os hunos, desenvolveram novas armas e estratégias. Nos séculos seguintes ameaçaram impérios na China, no Tibete, na Índia e na Ásia central, até alcançarem por fim a Turquia. Em 1453, Constantinopla e o Império bizantino caíram diante de seus exércitos. As conquistas dos descendentes desses grupos prosseguiram até tempos recentes, com expansões para a Europa e para o norte da África.[1196]

No século VI, PROCÓPIO de Cesaréia, que, durante anos, acompanhou e registrou as campanhas militares do general BELISÁRIO nas assim chamadas 'guerras de JUSTINIANO', que reinou de 527 até 565 A.D. – embora o imperador nunca tenha das mesmas participado, e nem sequer se conserva menção que este tenha visitado as frentes de batalha – mostra os muitos anos de conflito passados na defesa das fronteiras do Império romano do Oriente: no front oriental, as guerras contra os persas; no front africano, as guerras contra os vândalos; e, no front italiano, as guerras contra os godos. O Império romano do Oriente se viu obrigado a continuar as guerras defensivas romanas contra os persas, "inimigos hereditários" dos romanos, entre 528-532 e, novamente, entre 540-561 A.D.[1197]

A concomitante construção de impérios, nos dois continentes, e o estabelecimento de rotas de comércio entre estes, mesmo se expressos de modo institucionalmente incipiente, vem, justamente, ilustrar contexto no qual se inscrevem elementos precursores e iniciadores do que, em séculos futuros, viria a se chamar *direito das gentes*, como modo de ordenação da convivência civilizada entre unidades políticas e grandes 'blocos' civilizacionais.[1198] PIRAZZOLI-t'SERSTEVENS esclarece que:

[1196] L. L. CAVALLI-SFORZA (op. cit., 2003, loc. cit.): "Ocasionalmente são encontrados vestígios genéticos de suas andanças, mas em geral são diluídos, pois o número de conquistadores foi sempre menor do que o das populações conquistadas."

[1197] PROCOPE de Cesarée, **Guerres de Justinien** livres I-II – **Les guerres contre les perses** (trad. Janick AUBERGER, notes de Geoffrey GREATREX, Paris: Les belles lettres, 2022); livres III-IV – **Les guerres contre les Vandales** (trad. et commenté par Denis ROQUES, préface de Philippe MURAY, Paris: Les belles lettres, 2e tirage, 2004); livres V-VIII – **Histoire des Goths** (texte trad. par Denis ROQUES, présenté, révisé et annoté par Janick AUBERGER, Paris: Les belles lettres, 2015, 2 tomos).

[1198] Como se considera nos capítulos 4 a 7 seguintes.

> Mercadores romanos, que tenham chegado até a China, devem ter sido raros. Da mesma forma, ainda precisa ser comprovado que, nessa época, navios chineses tenham chegado até os entrepostos da Índia. Mas é muito provável que, ao longo dessa rota marítima, navegadores e comerciantes se especializavam em certo trecho da rede. Os objetos, por sua vez, viajavam por grandes distâncias. Dos entrepostos do sul da Índia, produtos romanos eram reembarcados, com objetos locais, para o Sudeste asiático.[1199]

A perspectiva histórica é crucial para compreender que o direito internacional da era moderna não surge do nada – *ex nihilo* – mas, põe-se como desdobramento de processos há séculos encetados – como parte da história humana e dos seus contextos culturais – a partir da Antiguidade, com prolongamentos em boa parte da Idade média, antes de aflorarem na era moderna.

É, justamente, relevante ter a perspectiva da história e da cultura para a compreensão do surgimento e do papel do direito internacional. Este não pode ser visto somente como dado técnico, mas, inscreve-se em conjunto mais amplo – e tal é o propósito deste exame do Direito Internacional no Tempo. É igualmente importante situar o modelo cultural no qual se inscreve a análise. O direito internacional é parte de todo civilizacional mais amplo, mas, este todo civilizacional não necessariamente se reduz ao modelo ocidental, cristão e europeu. Pode ser visto em outros tempos e outros contextos, ainda que nem sempre plenamente configurado em todos os seus elementos, ou, ao menos, em suas linhas mestras.

Isolamento gera, quase sempre, sentimentos de hostilidade em relação ao desconhecido. Isso é pouco propício à formação e ao desenvolvi-

[1199] Michele Pirazzoli-t'Serstevens, **La Chine des Han** – Histoire et civilisation (Fribourg: Office du Livre, 1982, Quatrième partie – Les Hans postérieurs (25-220 ap. J.-C.), chap. II – La Chine et le monde extérieur aux premiers siècles de notre ère, p. 154-164, cit. p. 161): "On a ainsi retrouvé à Oc-co, port alors très fréquenté du royaume cambodgien du Funan, au sud Vietnam, des médailles romaines du IIe siècle de notre ère associés à des bijoux indiens, à des intailles et à un fragment de miroir chinois; de même, une lampe romaine en bronze était découverte à P'ong-tük, près de Kanchanaburi en Thailande, sans parler des céramiques d'Arezzo exhumées à Virapatnam près de Pondichery sur la côte orientale de l'Inde."

mento de qualquer entendimento, como de normas de direito, para reger as relações recíprocas.

O isolamento poderia ser rompido, por exemplo, em guerras de agressão e de conquista, determinadas pelo sentimento do interesse material e pela consciência da força.[1200] A guerra foi elemento considerado válido, durante séculos, e de uso bastante frequente, na Antiguidade,[1201] e continua presente e endemicamente recorrente até nossos tempos pós-modernos.

A relação entre o ser humano e a cultura se constrói – "a natureza do homem está escrita em letras maiúsculas na natureza do estado".[1202] Quando PLATÃO parte da antiga máxima *conhece-te a ti mesmo*, que SOCRÁTES aplicara em relação ao próprio indivíduo e a transpõe para o contexto da vida humana, no plano político e social, projeta essa antiga sabedoria para plano mais amplo: "a vida política não é a única forma de existência comunitária humana".[1203]

Não foi necessário esperar até nossa era para a compreensão da natureza do homem. A concepção universalista da natureza humana, exposta pelos filósofos estoicos,[1204] projeta-se e renova-se ao longo de séculos, e, também, das relações entre estes mesmos homens e mulheres, em sociedade, assim como das sociedades entre elas, por meio do direito e das relações internacionais.

1200 Marco de mutação qualitativa seria o início da institucionalização dos meios pacíficos de solução de controvérsias interestatais, com destaque para as Conferências de Paz da Haia de 1899 e 1907, também como "tentativas de favorecer certa centralização" do até então difuso e não institucionalizado sistema internacional. Cfr. L. CAFLISCH, **Cent ans de règlement pacifique des différends interétatiques** (RCADI, 2001, t. 288, p. 245-467, cit. p. 260-1).

1201 Yvon GARLAN, **La guerre dans l'Antiquité** (Paris: Nathan, © 1972, impr. 1990) considera 'banalidade' apontar a frequência de ocorrência da guerra na Antiguidade.

1202 Ernst CASSIRER, **Ensaio sobre o homem: introdução a uma filosofia da cultura humana** (do original **An essay on man: an introduction to a philosophy of human culture**, © 1944, 1972, trad. Tomás Rosa BUENO, 1ª ed. bras. 1994, 3ª tiragem, 2001, esp. parte II – o homem e a cultura, p. 105-372).

1203 E. CASSIRER, **Ensaio sobre o homem** (ed. 2001, 'prefácio' p. 1-5, cit. p. 2): "Um de meus objetivos mais importantes foi o de convencê-lo [o leitor] de que todos os temas tratados neste livro são apenas, afinal, um único tema. São caminhos diferentes que levam ao mesmo centro – e, a meu modo de ver, cabe a uma filosofia da cultura descobrir e determinar esse centro."

1204 Margaret E. REESOR, **The nature of man in early Stoic philosophy** (London: Duckworth, 1989).

Na história da humanidade, o estado, em sua forma presente, é um produto tardio do processo civilizador.[1205] Muito antes de o homem descobrir essa forma de organização social, ele havia feito outras tentativas de organizar seus sentimentos, desejos e pensamentos. Tais organizações e sistematizações estão contidas na linguagem, no mito, na religião e na arte.

Deveremos aceitar essa base mais ampla se quisermos desenvolver uma teoria do homem. O estado, por mais importante que seja, não é tudo e não pode expressar ou absorver todas as outras atividades do homem, advertia CASSIRER.[1206]

Desde a Antiguidade, o 'sistema internacional' – ou, ao menos, alguns elementos de um sistema internacional – ocorreram quando existiram, ao mesmo tempo, ao menos dois ou mais participantes – estes poderão ser chamados 'estados' ou 'nações'. Com a ressalva quanto ao anacronismo da denominação, decorrente do aparecimento tardio da forma estatal de ordenação política, no século XVI, na linha de MAQUIAVEL e BODIN. E, mais ainda, da nacionalidade, na linha de P. S. MANCINI, somente no século XIX, como modo de compreensão e de ordenação de relações internacionais.[1207] São dados relevantes, mas estes não são os únicos.

[1205] Veja-se **Tratado** (tomo V – **Direito internacional no tempo de Francisco de Vitória**, cap. 13 – estado como sujeito de direito internacional – a contribuição de MAQUIAVEL e BODIN, e seus itens: 13.1 – Nicolau MAQUIAVEL (1469-1527), 13.2 – Jean BODIN (1530-1596) e 13.3 – estado soberano e direito internacional); Jurgen HABERMAS, **Mudança estrutural da esfera pública** (orig. publ. **Strukturwandel der Öffentlichkeit**, 1961, trad. Flávio R. KOTHE, Rio de Janeiro: Tempo brasileiro, 2003).

[1206] E. CASSIRER, **Ensaio sobre o homem** (ed. 2001, cap. VI – a definição do homem nos termos da cultura humana, p. 107-120, cit. p. 108) prossegue: "É claro que essas atividades, em sua evolução histórica, estão intimamente ligadas ao desenvolvimento do estado; em muitos aspectos, elas dependem das formas de vida política. No entanto, embora não possuam uma existência histórica separada, têm mesmo assim um propósito e um valor próprios".

[1207] Cfr. **Tratado** (tomo V – **Direito internacional no tempo de Francisco de Vitória**, cap. 13 – estado como sujeito de direito internacional- a contribuição de MAQUIAVEL e BODIN, e seus itens: 13.1 – Nicolau MAQUIAVEL (1469-1527), 13.2 – Jean BODIN (1530-1596) e 13.3 – estado soberano e direito internacional); há que se evitar os efeitos nefastos do nacionalismo exacerbado como apontado: P. B. CASELLA, *nacionalismo político e econômico, soberania e sua definição enquanto conceito jurídico* (in **Mercosul: exigências e perspectivas** – integração e consolidação de espaço econômico (1995-2001-2006), prefácio Celso D. A. MELLO, São Paulo: LTr, 1996, p. 72-93); Pierre BIRNBAUM, **La tentation nationaliste** – Conversation avec Régis MEYRAN (Paris: Textuel, 2022, Préface, p. 7-13): "Le nationalisme: on le croyait moribond, or aujourd'hui il revient en force dans le monde occidental. Il fait des émules, sous

Ocorrem 'sistemas internacionais', assim, em vários contextos e fases da história. A partir de quando duas ou mais unidades políticas independentes, que possuam níveis culturais mais ou menos equivalentes, bem como certo equilíbrio militar – onde um integrante mais poderoso possa se impor pela força – e, isto, sem que se cometa não menos grave anacronismo de querer aplicar conceitos contemporâneos de 'igualdade' jurídica que, nos tempos antigos, nada significaria.

O dado central para a caracterização de sistema internacional será, assim, a realidade da existência de dois ou mais núcleos de poder – para evitar falar em 'estados', quando se trata do mundo antigo – e, entre essas entidades concorrentes, dado que nenhuma delas conseguiu impor a sua hegemonia às demais, faz-se notar a necessidade de ocorrência de modo de ordenação, ou sistema, ao menos incipiente, de relações internacionais, entre esses componentes daquele 'sistema internacional'.

Diferentes 'sistemas internacionais' claramente existiram, na Antiguidade, por exemplo, já no segundo milênio a.C., entre as cidades estado sumerianas e, também, no período de 400 a.C. a 200 d. C., entre grandes conjuntos, como foram, no Ocidente, o império macedônio e depois o romano; na Ásia central, o império parta e o mundo indiano, e na Ásia oriental, a China.

Fascinante considerar os paralelos que podem ser apontados entre dois grandes blocos, o Império romano e o Império chinês, da dinastia Han – simultaneamente, as duas maiores potências de seu tempo. Com a presença da Índia da era MAURYA entre ambos.[1208]

sa forme populiste, au Brésil, aux États-Unis avec TRUMP et la montée de l'*alt-right*, mais aussi en Europe – Hongrie, Grèce, Espagne, Angleterre avec le Brexit –, ou encore dans les formes de 'libéralisme autoritaire', comme dans le cas de la Russie de POUTINE. En France aussi, on avait bien vu qu'il s'était réveillé avec la naissance du 'Front national' (1972), mais l'idée nationaliste était restée cantonnée dans les marges... jusqu'à récemment, où désormais les signes ne trompent pas de sa présence inquiétante dans l'espace public."

[1208] Romila THAPAR, **A History of India** – vol. one (orig. publ. 1966, London: Penguin, 1990, chap. 6 – The emergence of empire 321-185 B.C., p. 70-91, cit. p. 70): With the coming of the MAURYAS at the end of the fourth century B.C. the historical scene is illuminated by an abundance of evidence from many sources. The political picture is simplified by the fact that the empire of the MAURYAS established a large area controlled by a single power. The political system acquired greater uniformity and it becomes possible to put forward more positive generalizations than were possible in respect of earlier centuries."

São flagrantes os desenvolvimentos concomitantes desses grandes blocos, durante mais de quatrocentos anos: os respectivos ciclos de consolidação, de apogeu e de decadência, desses grandes impérios, podem ser lidos em concomitância, com algumas flagrantes simultaneidades.

Cabe considerar o extraordinário impacto que viria a ter a China dos Han sobre o Império romano e o futuro do conjunto do Ocidente, em razão das grandes campanhas do imperador WU TI contra os Hsiung-nu – forma chinesa antiga de denominar o povo mais tarde conhecido no Ocidente como Hunos[1209], porquanto o deslocamento desse povo de língua turca, empurrado pelas conquistas dos chineses na Ásia central, teria levado os Hunos a se aventurarem mais e mais para o Ocidente. Daí, resultaram as sucessivas incursões 'bárbaras', que alterariam a vida e o futuro, não somente do Império romano do Ocidente,[1210] como do conjunto da Europa, durante os longos séculos da transição do mundo antigo para o medieval.

Essas campanhas militares chinesas contra os 'bárbaros' da Ásia central também podem ser explicadas pelo possível interesse do imperador Wu Ti em controlar o lucrativo comércio com a Ásia ocidental, que atravessava a Ásia central, no que foi chamado de "complexo de Alexandre", que levou alguns antigos líderes chineses a se engajarem em conquistas distantes".[1211]

Entre estes dois blocos, não devem ser esquecidas as civilizações greco-macedônia, parta e indiana, bem como as não menos fascinantes

1209 John King Fairbank and Edwin O. Reischauser, **China: tradition & transformation** (© 1978, Boston: Houghton Mifflin Co., revised ed., 1989, cap. 4, 'the first Chinese empire: the Ch'in and Han Dynasties', p. 55-82).

1210 Em seu já referido livro, Richard N. Frye, **A herança persa** (do original **The heritage of Persia**, trad. Anabela e Carlos Alberto Nunes, Lisboa: Arcádia, 1972, p. 296-297) observa certa flutuação no uso do termo: "as fontes ocidentais e bem assim as do Próximo Oriente utilizam termos como 'citas, hunos e turcos' para designar os povos das estepes, embora outros nomes existissem" e considera "o fato de as fontes do Ocidente e do Próximo Oriente designarem uma tribo por huna, significa apenas que os seus habitantes eram oriundos das estepes da Ásia central, bem vasta área. A palavra 'huno' tem levantado grandes problemas aos estudiosos, assim como outros assuntos relacionados com a história huna", tal como "a identificação dos Hsiung-nu das fontes chinesas, com vários 'hunos' das fontes ocidentais, do Próximo Oriente ou indianas."

1211 J. K. Fairbank & E. O. Reischauser (op. cit., 1978, rev. ed., 1989, cap. 4, esp. 'the apogee of Han power', p. 62-65) falam de "Alexander complex, which lured some early Chinese leaders to distant conquests".

interações pontuais ocorridas entre estes antigos impérios, por meio do comércio, durante a Antiguidade: a procura em Roma por produtos indianos e pela seda chinesa, com o estabelecimento desde aquele tempo da que viria a ser, durante séculos, chamada "Rota da seda", que séculos futuros institucionalizariam sob a denominação de 'comércio internacional'. Mas, desde séculos, já era intensamente praticado e, com tais volumes de comércio, que a procura de objetos de luxo, provenientes da Índia – e, em menor escala, do Sudeste asiático e da China – chegou a causar desequilíbrio das finanças na Roma imperial.[1212]

A extensão e a variedade das trocas comerciais entre a Roma antiga e a Índia[1213] é demonstrada pelos artefatos que, provenientes de uma, foram encontrados em sítios arqueológicos da outra civilização. Ao comércio, tem de ser agregada[1214] a extensão na qual a troca de mercadorias levou inevitavelmente à troca de ideias[1215] entre os antigos mundos romano e indiano.[1216] A tal ponto que se pode falar em conjunto de relações entre a Índia antiga e o Ocidente.[1217]

Tais interações culturais e comerciais na Antiguidade deixaram registros arqueológicos, como também terão influenciado a formação e a configuração de padrões de relacionamento entre estas sociedades e estes mundos culturalmente diversos.[1218] Algumas dessas interações tiveram resultados magníficos, como o sincretismo da arte de Gandhara.

1212 Ver, adiante, cap. 7, item 7.1 – Índia e 7.2 – China.

1213 Rosa Maria CIMINO (edited by), **Ancient Rome and India: Commercial and cultural contacts between the Roman world and India** (New Delhi: Istituto Italiano per il medio ed estremo Oriente, Roma / Italian Embassy Cultural Centre, New Delhi, 1994).

1214 Romila THAPAR, professora emérita de História antiga da Índia, da Universidade J. Nehru, de Nova Delhi, em sua obra **A History of India** (volume one, orig, publ. 1966, Londres: Penguin, 1990). Ulteriores desenvolvimentos também merecem ser considerados cfr. Percival SPEAR, **A History of India** (volume two: from the sixteenth century to the twentieth century, 1st. publ, 1965, New Delhi: Penguin Books India, reprinted with Epilogue, 1970, reprinted with revisions, 1973 and 1978, reprinted 1990).

1215 R. THAPAR (op. cit., 1990, p. 118): "exchange of merchandise led inevitably to an exchange of ideas".

1216 R. THAPAR (op. cit., 1990, loc. cit.): "Although the economic impact of the Roman trade was more evident in southern India, the impact of Romano-Greek ideas and artefacts was more evident in the north. This was doubtless due to the longer association of North India with Hellenistic culture."

1217 Bernard de GIVE, **Les rapports de l'Inde et de l'Occident: des origines au règne d'Asoka** (Paris: Les Indes Savantes, 2005).

1218 Na presente parte I – direito das gentes no mundo antigo.

Além de outros dados, pontua GAURIER:

> digamos simplesmente que, entre estados que se consideram como estando em pé de igualdade, ou quase, as obrigações subscritas entre estes terão, talvez, maiores chances de serem respeitadas, desde que população não submetida não tenha necessidade de se liberar de uma forma ou outra de sujeição, que tivesse sido imposta por determinado tratado.[1219]

Apesar de tais evidências antigas, ainda se encontra quem pretenda negar a existência de direito internacional no tempo antigo.

O mundo pouco mudou desde que tais dilemas e escolhas foram colocados. Assim, será mais frequente a caracterização do fenômeno 'relações internacionais', em diferentes momentos da história, ante a impossibilidade de imposição de modelo hegemônico. E, nota-se a conveniência e a necessidade de se considerar a contraposição entre hegemonia e relações internacionais.

A construção de conceitos tipológicos – *die typologische Begriffsbildung im Völkerrecht* –[1220] encontra-se tão pouco desenvolvida no direito internacional que sequer se pode ter certeza do que exatamente se quer falar ao nos referirmos a um direito internacional 'moderno', em contraposição ao 'clássico'.[1221] Daí, decorrem as flutuações na periodização do direito internacional, ou seja, como separar as fases de sua evolução e como ordenar a construção conceitual e institucional deste ramo jurídico, na perspectiva do tempo. Ainda mais evidentes se fazem tais flutuações no presente contexto pós-moderno. Mas, as distinções podem, contudo, ser não somente possíveis, como úteis.

A tal flutuação conceitual, entre o 'moderno' e o 'pós-moderno', pode-se contrapor o assim chamado 'padrão clássico do direito internacional',[1222] tal como este direito internacional se configura no século

[1219] Dominique GAURIER, **Histoire du droit international** (Rennes: Presses Universitaires de Rennes, 2005, chapitre I. quelques données tirées des mondes proche-oriental ou oriental antique, p. 25-49, cit. p. 39).

[1220] Wilhelm G. GREWE, **Epochen der Völkerrechtsgeschichte** (Baden-Baden: Nomos, 1984)

[1221] W. GREWE (op. cit., 1984, "Einleitung. Die Periodisierung des Völkerrechts", p. 19-25, cit. p. 19).

[1222] Emmanuelle JOUANNET, **Emer de Vattel et l'émergence doctrinale du droit international classique** (Paris: Pedone, 1998).

XVIII,[1223] no seio da escola do direito da natureza e das gentes, e o direito internacional clássico, como sistema jurídico da comunidade dos estados soberanos.[1224]

Não se trata de considerar exaustiva e exclusivamente todo o direito internacional, em todos os tempos, em todas as manifestações possíveis deste, como fim em si mesmo, o que seria absolutamente impossível e infindável, primeiro em se fazer e, depois, em se estudar e conhecer. Por mais extensa e rica que seja, qualquer obra cometeria lacunas em tal propósito,[1225] porquanto é impossível pretender abraçar todas as manifestações de direito internacional em todas as sociedades humanas, de todos os tempos, em todas as suas interações e projeções possíveis.

A proposta aqui desenvolvida[1226] é o exame da mutação temporal do direito das gentes, enquanto conceito e 'sistema institucional e normativo', desde o surgimento, por meio de alguns elementos caracteriza-

[1223] Cfr. cap. 2 – tempo e discurso no direito internacional.

[1224] Segundo E. Jouannet, **Emer de Vattel et l'émergence doctrinale du droit international classique** (Paris: Pedone, 1998, 'introduction', p. 9-29, cit. p. 9), realmente nasce no seio da corrente jusnaturalista, não no século XVII, com os fundadores da escola, mas em meados do século XVIII, por meio da obra de um dos últimos representantes dessa corrente. Diversamente de alguns de seus predecessores mais conhecidos, Vattel foi com efeito o primeiro a ter exposto, e teve a vontade de expor como tal, um conjunto de normas individualizadas, formando conjunto completo, coerente e autônomo, de normas aptas a reger uma sociedade internacional não-hierarquizada, cujo fundamento é a noção de soberania estatal.

[1225] Assim se põem reparos a duas obras magistrais e referências incontornáveis, como os onze volumes de Jan Hendrik Willem Verzijl, **International law in historical perspective** (Leiden: Brill): vol. 1 – **International persons** (1968); vol. 2 – **Subjects of International law** (1969); vol. 3 – **State territory** (1970); vol. 4 – **High seas and stateless domains** (1972); vol. 5 – **Nationality and other matters relating to individuals** (1972); vol. 6 – **Juridical facts as sources of international rights and obligations** (1973); vol. 7 – **State succession** (1974); vol. 8 – **Inter State disputes and their settlement** (1976); vol. 9 – **The laws of war** (1978); vol. 10 – **The law of neutrality** (1979); J. H. W. Verzijl with Wibo P. Heere and J. P. S. Offerhaus vol. 11 – **The law of maritime prize** (1992), bem como ao tantas vezes já referido Wilhelm G. Grewe, **Epochen der Völkerrechtsgeschichte** (Baden-Baden: Nomos, 1984).

[1226] Por isso, o enfoque aqui desenvolvido em torno do direito internacional no tempo, se põe como uma perspectiva, dentre as alternativas, para o exame possível da matéria. E como assinalado, mais do que a periodização em si, como seria o foco central de livro de história, ou de um manual de história (em geral ou especificamente de história do direito, ou ainda mais, do direito internacional), trata-se, aqui, de situar as grandes fases e as não menores transformações conceituais e institucionais, que pautaram o direito internacional, ao longo dos séculos, de modo a fazer surgir o desenho deste, no tempo.

dores na Antiguidade, e como estes se desdobram da Idade média para o mundo moderno, até o desenvolvimento do futuro sistema institucional e normativo internacional, propriamente dito, ou o direito internacional 'clássico', como enfoque possível para a compreensão deste, em sua natureza, suas bases, seus desdobramentos e seus limites, no contexto do direito internacional pós-moderno, tanto quanto possível até os desafios do tempo presente, e das perplexidades deste nosso contexto.

Dada a impossibilidade de tudo abranger, qualquer apresentação será seletiva e terá de considerar, seletivamente, os dados que, considerados mais relevantes, ou mais característicos, destacam-se para ilustrar a evolução do conjunto. E, como tal, passível de críticas, pelo que contém, assim como pelo que deixou de conter.

A riqueza do conjunto do direito internacional no tempo é parte do legado civilizacional da humanidade. E, se este merece ser conhecido e compreendido, como conjunto, isto se faz para ressaltar a unidade na diversidade e a permanência de alguns conceitos basilares que, surgidos na Antiguidade, conservam-se até nosso tempo, ao lado de outros que se desenvolvem ao longo dos séculos, em decorrência da conscientização da crescente interdependência da humanidade, e da necessidade desse sistema institucional e normativo internacional para fazer face às questões de interesse de todos.[1227]

Como se verá a seguir, bem antes do início da era cristã, diferentes civilizações já punham a perspectiva do tempo e, com esta, construíam os seus modelos civilizacionais. Mais do que meras curiosidades históricas sobre tais concepções, estão lastreadas bases do direito internacional, até os nossos tempos pós-modernos.

Na tradição indiana, contida nas **Leis** de Manu,[1228] consolidadas e transmitidas de geração em geração, descreve-se a trajetória da huma-

[1227] Cf. **Tratado** (tomo XX – **Direito internacional, história e cultura**). O direito internacional é aqui estudado, na perpectiva temporal, enquanto sistema institucional e normativo, com a importância fundamental que tem para reger o conjunto do mundo. E como afirmação da sua importância e do seu papel crucial para a manutenção da paz e da segurança internacionais, e preservação da vida inteligente no planeta. Por isso, se insiste que o direito internacional não pode ser compreendido no tempo sem esclarecer a concepção da história sobre a qual esteja lastreado. É preciso entender o quadro histórico e cultural no qual se inscreve, para que se compreenda o resultado da construção intelectual, do conjunto de instituições, de normas e de procedimentos, nos quais o sistema internacional está alicerçado.

[1228] **The Laws of Manu** (with an introduction and notes, translated by Wendy Doniger with Brian K. Smith, New Delhi: Penguin Books India, 2000). V. tb. Jair Lot Vieira (super-

nidade.[1229] Também na Índia, deu-se a evolução de um 'padrão clássico' – neste caso, no período entre 300 e 700 d.C. – e a maioria dos textos jurídicos tem o **Dharmashastra** de MANU como base, sobre as quais são elaborados.[1230]

Esta concepção da trajetória da humanidade se põe como a sucessão de quatro idades: desde a primeira perfeição (*kritayouga*), à idade da fé (ou completo cumprimento dos deveres religiosos, ou *tretayouga*), para a idade da dúvida (e declínio das crenças religiosas, ou *dvaparayouga*), até a presente idade da perdição (*kaliyouga*).

A tônica dos tempos atuais seria a visão essencialmente negativa a respeito da evolução da natureza humana e da regulação das relações sociais. Ao mesmo tempo em que os ciclos se sucedem e, por meio de tal sucessão, renovam-se.

Os antigos mitos orientais afirmam que o gênero humano, submetido a uma lei de contínua degenerescência, segue do bem rumo ao mal, do mal em direção ao pior e declina ao invés de se elevar – advertia Louis BOURDEAU (1824-1900), em sua obra **a História e os historiadores** (1888),[1231] e comparava a formulação hinduísta, na tradição de Manu, ao livro do **Gênesis**, no qual a história da humanidade começa por uma ruína e uma maldição: expulso do paraíso terrestre, do qual desfrutou

visão editorial), **Código de Hamurabi – Código de Manu (livros oitavo e nono) – Lei das XII Tábuas** (Bauru: Edipro, 2ª ed., 2002).

1229 Romila THAPAR, **A History of India** (volume one, orig, publ. 1966, Londres: Penguin, 1990, chap. 6, cit. p. 121): Social laws were becoming rigid and the theories of MANU, the patriarch who is the traditional author of the **Manawa Dharmashastra** or Law Code, written sometime during the first two centuries A.D. were now quoted as the authority on social laws.

1230 R. THAPAR, **A History of India** (ed. 1990, chap. 7 – The evolution of the 'classical pattern' c. A.D. 300-700, p. 136-166, cit. p. 153 e, a seguir, chap. 11 – Feudalism in the regional states c. A.D. 800-1200, p. 241-265, cit. p. 249): Legal writing reflected the tendency of seeking the sanction of other sources for contemporary usage. This resulted in detailed commentaries on earlier works accorded high authority, such as MANU's **Dharmashastra**. [...] To refer to the authority of an older text meant the reading of the text in certain cases, with an emphasis on these aspects which related to contemporary problems. The discussion of legal institutions is probably the most valuable contribution of the period to technical literature.

1231 Louis BOURDEAU (1824-1900), **L'Histoire et les historiens** – essai critique sur l'histoire considérée comme scientce positive (orig. publ. Paris: Felix Alcan, 1888; trad. Marcos Antonio LOPES, in Jurandir MALERBA, **As lições da história**, 2010, p. 287-305, cit. p. 299-301).

por breve tempo, o casal ancestral viu-se lançado em um mundo de miséria, de trabalho e de sofrimento.

Na tradição grega, de um lado, HESÍODO, n'**os trabalhos e os dias**, expõe uma sequência análoga: as idades de ouro, de prata, de bronze e de ferro. Nesta última, assiste-se ao desaparecimento da justiça e do pudor, "deixando aos mortais apenas as aflições que consomem e os males sem remédio". Somente a esperança permaneceu no fundo da caixa de Pandora.[1232]

De outro lado, ÉSQUILO (c. 525-456 a.C.), no **Prometeu,**[1233] ensina que "o tempo se move, e é um grande mestre". Celebra SÓFOCLES (496-406 a.C.), em admirável passagem da **Antígona,**[1234] com entusiasmo às conquistas realizadas pelo homem, pontua: "há muitas maravilhas, mas nenhuma tão maravilhosa como o homem",[1235] verdadeira profissão de fé no papel da civilização e do efeito da ação humana sobre a natureza:

> *Soube aprender sozinho a usar a fala*
> *e o pensamento mais veloz que o vento*
> *e as leis que disciplinam as cidades.*[1236]

Dentre os romanos antigos, OVÍDIO (43 a.C. - 18 A.D.), nas **Metamorfoses,**[1237] retoma e desenvolve a mesma fábula das quatro idades, onde a decadência acentua-se com a passagem do tempo. Enquanto HORÁCIO (65-8 a.C.), nas **Odes**, afirma em belos versos que o mundo piora de geração em geração.[1238]

1232 HESIOD, **Theogony - Works and days - Testimonia** (with an English translation by Glenn W. MOST, Cambridge, Ma.: Harvard U.P. / Loeb Classical Library, HESIOD vol. I - LCL 57, 2007).

1233 ÉSQUILO, **Prometeu acorrentado** (in: **A tragédia grega**, vol. 6, trad. do grego, introdução e notas Mário da Gama KURY, Rio de Janeiro: Jorge Zahar, 1998, p. 7-67); v. tb. ed. blingue com trad. francesa de Paul MAZON (1920), Paris: Les belles lettres, 1995, ESCHYLE, tome I, **Prométhée enchainé**, p. 149-199).

1234 SÓFOCLES, **Antígona** (in **Trilogia tebana**, trad. do grego e apres. Mário da Gama KURY, Rio de Janeiro: Jorge Zahar, 1ª ed., 1990, 9ª ed., 2001, p. 199-260).

1235 SÓFOCLES, **Antígona** (1990, 9ª ed., 2001, cit., loc. cit.).

1236 SÓFOCLES, **Antígona** (ed. cit., vv. 385-434).

1237 Publius OVIDIUS NASO (43 a.C.- 18 A.D.), v. ed. OVIDE, **Les metamorphoses** (traduction, introduction et notes par Joseph CHAMONARD, Paris: Garnier-Flammarion, 1966).

1238 Quintus HORATIUS Flaccus (65-8 a.C.), **Odes and Epodes** (with an English translation by Mall RUDD, Cambridge, Ma.: Harvard U.P. / Loeb Classical Library, LCL 33, 2004);

Por sua vez, LUCRÉCIO, dedica parte do quinto livro de sua obra **Sobre a natureza**,[1239] a expor os progressos da humanidade. VIRGÍLIO admira a grandiosidade da ordem que guia o curso dos séculos.[1240]

CÍCERO considera a natureza humana como essencialmente voltada para o progresso[1241] e percebe, como algo evidente, que o espírito humano descobre, pela aplicação e o estudo, verdades novas e que as noções mais recentes são, em geral, as mais corretas.[1242]

Gaio PLÍNIO Secundo, dito "o velho" (23-79 A.D.), nota, em várias passagens da **História natural**, quanto a vida humana avançou.[1243] Por sua vez, SÊNECA crê, firmemente, nos progressos da ciência.[1244]

A Antiguidade nos lega, assim, ambas as perspectivas: tanto a da inexorável degradação e decadência, quanto a do progresso e da possibilidade de aperfeiçoamento, ao longo do tempo. E, ambas as correntes

Satires, Epistles and Ars Poetica (with an English translation by H. R. FAIRCLOUGH, Cambridge, Ma.: Harvard U.P. / Loeb Classical Library, LCL 194, 1929).

1239 T. LUCRETII CARI, **De rerum natura** (ed. bilíngue, com trad. espanhola de Eduard VALENTI FIOL (1961) revista, anotada e comentada por José-Ignacio CIRUELO BORGE, Barcelona: Bosch, 1976), v. tb. ed.. LUCRÈCE, **De la nature** (trad., introduction et notes par Henri CLOUARD, Paris: Garnier-Flammarion, © 1964, impr. 1988).

1240 P. VIRGILIUS MARO (70-19 a.C.), **Eclogues & Georgics** (translated by T. F. ROYDS, London: J. M. Dent & Sons Ltd. / New York: E. P. Dutton & Co. Inc., first publ. 1907, reprinted 1950). V. tb. Theodor HAECKER, **Vergil – Vater des Abendlandes** (Frankfurt a. M. / Hamburg: Fischer, 1958); Pierre GRIMAL (1912-1996), **Virgílio ou o segundo nascimento de Roma** (orig. publ. **Virgile ou la seconde nasissance de Rome**, 1985, trad. Ivone C. BENEDETTI, São Paulo: Martins Fontes, 1992, cit. p. 197): "O tempo não é linear, não é o lugar do contingente, mas das causas. (...) O futuro, em todo o universo, está incluído em uma série de ciclos."

1241 M. T. CÍCERO (106-43 a.C.) em seu tratado **Sobre as leis** (CICERO, **De Legibus**, ed. bilingue, with an English translation by Clinton Walker KEYES, Cambridge, Ma./London: Harvard Univ. Press, LCL 213, CICERO vol. XVI, © 1926, reprinted 2006, p. 287-519).

1242 M. T. CÍCERO, **On the nature of the gods – Academics** (with an English translation by H. RACKHAM, Cambridge, Ma.: Harvard U.P. / Loeb Classical Library, CICERO vol. 19 – LCL 268, 1972).

1243 PLINII, **Naturalis historia** PLINY, **Natural history** (with an English translation by H. RACKHAM, Cambridge, Ma.: Harvard U.P. / Loeb Classical Library, 10 volumes, LCL 330 – preface and books 1-2, 1st publ., 1938, rev. 1944 e 1949, reprinted, 2004); PLINE, "l'Ancien", **Histoire naturelle** (textes choisis et présentés d'après la traduction de LITTRÉ, par Hubert ZEHNACKER, Paris: Gallimard-Folio 3090, © 1999, reimpr. 2007).

1244 L. A. SENECA, **Natural questions** (with an English translation by Thomas H. CORCORAN, Cambridge, Ma.: Harvard U.P. / Loeb Classical Library, vol. II – Books 4-7, SENECA vol. 10 – LCL 457, 1972).

permanecerão presentes em séculos posteriores; ora prevalecem os arautos do progresso e do desenvolvimento, ora os da decadência e degradação... como bem mostram nossos tempos pós-modernos.

A reflexão de Santo AGOSTINHO, na **Cidade de Deus**,[1245] propiciou a PASCAL a comparação do gênero humano com "um homem, que vive sempre e aprende continuamente".[1246] O autor se preocupou em indicar, apesar da comparação imperfeita, que no indivíduo a velhice acarreta o declínio, enquanto na humanidade ela é perfeição crescente.

Santo TOMÁS DE AQUINO, na **Suma teológica**, admite o progresso como lei geral das coisas e, particularmente, da ciência, afirmando que: "parece natural partir do imperfeito para o perfeito".[1247] Para BOSSUET, "a perfeição é a razão do ser".[1248] E, segundo Louis BOURDEAU, "esta frase resume tudo".[1249]

[1245] AGOSTINHO DE HIPONA, **A Cidade de Deus** (do original **De civitate Dei** trad. Oscar PAES LEME, intr. Pe. Riolando AZZI, São Paulo: Edameris, 1964, 3 vols.), v. tb. edição **De civitate Dei / La ciudad de Diós** (edicion bilingue, trad. Santos SANTAMARTA Del Rio y Miguel FUERTES Lanero, intr. y notas de Victorino CAPANAGA, in **Obras de San Agustín**, vols. XVI e XVII, 3ª ed., 1977, 2 vols., Madri: Biblioteca de Autores Cristianos, vols. 171 e 172).

[1246] Blaise PASCAL, **Pensées** (in **Oeuvres complètes**, texte établi, présenté et annoté par Jacques CHEVALIER, Paris: Gallimard-Pleiade, © 1954, impr. 1991, p. 1079-1358); ___ , **Pensamentos** (introdução e notas de Ch.-M. des GRANGES, trad. Sérgio MILLIET, São Paulo: Abril – Os pensadores, vol. XVI, 1973); ___ , **Les Provinciales** (in **Oeuvres complètes**, texte établi, présenté et annoté par Jacques CHEVALIER, Paris: Gallimard-Pleiade, © 1954, impr. 1991, p. 657-945); ___ , **Les écrits sur la grâce** (ed. cit., 1954, impr. 1991, p. 947-1044).

[1247] TOMÁS DE AQUINO (1225-1274), **Summa theologiae / Somme théologique** (Paris: Cerf, 1984, tome III, 2ª-2ªᵉ, q. 34-46). Acrescenta santo TOMÁS DE AQUINO que o direito natural é "comum a nós e a todas as demais formas de vida" – **Summa theologiae** (Paris: Cerf, 1984, II, q. 57, a 3).

[1248] Jacques-Bénigne BOSSUET (1627-1704), **Discours sur l'histoire universelle** (originalmente publicado em 1681, textes établis et annotés par l'Abbé VELAT et Yvonne CHAMPAILLER, Paris: Gallimard – Pleiade, © 1961, impr. 2006, p. 657-1027, seguido de notas e variantes, p. 1471-1524).

[1249] Louis BOURDEAU, **L'histoire et les historiens** (1888, ed. 2010, cit. p. 301): "A partir do século XVII, a ideia de progresso tornou-se cada vez mais distinta e definida. BACON teve uma intuição muito clara, e suas duas grandes obras abordam o desenvolvimento das ciências. Seu adágio *antiquitas saeculi, juventus mundi*, significa que nossos antepassados mais distantes eram, na realidade, os mais jovens, os menos experientes. Somos nós, em verdade, os antigos, mais instruídos e mais sábios que os homens do passado. *O homem*, diz igualmente DESCARTES, é uma criatura imperfeita que tende sempre a alguma coisa maior e melhor que ele mesmo. LEIBNIZ afirma a perfectibilidade nos seguintes termos: *videtur homo ad perfectionem venire posse*."

Outros, ainda, sustentarão que o mundo pouco varia em sua essência. Assim, o **Eclesiastes** afirmava que "não há nada de novo sob o sol" e, de tal modo, "o que existiu outrora é o que está por vir, o que já foi feito ainda deverá fazer-se".[1250] Para MAQUIAVEL[1251] e, também, para VICO, as coisas humanas fluem e recomeçam sem solução de continuidade, num círculo inevitável.[1252]

A seguir, pode-se passar ao exame das civilizações antigas entre hegemonia e relações internacionais (cap. 3).

1250 BIBLIA SACRA – iuxta **Vulgatam Clementinam** (nova editio, logicis partionibus aliisque subsidiis ornata a A. Colunga et L. Turrado, Madrid: Biblioteca de autores cristianos, 1977, *Líber Ecclsiastes – qui ab hebraeis "Coheleth" appellatur,* 1.10-11): Nihil subsole novum (...) Iam enim praecessit in saeculis quae fuerunt ante nos. Non est priorum memoria; Sed nec eorum quidem quae postea futura sunt.

1251 N. MAQUIAVEL, **Comentários sobre a primeira década de TITO LÍVIO** (trad. Sérgio BATH, Brasília: Ed. UnB, 1979); Niccolò MACHIAVELLI, **Tutte le opere** (a cura di Mario MARTELLI, Firenze: Sansoni, 1971). A respeito v. **Tratado** (tomo V – **Direito internacional no tempo de Francisco de Vitória**, cap. 13 – estado como sujeito de direito internacional – a contribuição de MAQUIAVEL e BODIN, esp. item 13.1 – Nicolau MAQUIAVEL (1469-1527)).

1252 Giambattista VICO (1668-1744), **Principi d'una scienza nuova d'intorno alla commune natura delle nazioni** (orig. publ. 1725, ed. definitiva 1744, in G. VICO, **Opere**, a cura di A. BATTISTINI, Milano: Mondadori, 1990, 2 vols., t. I, p. 409-971 e t. II, p. 975-1229); ___ , **Princípios de uma ciência nova** – acerca da natureza comum das nações (seleção, trad. e notas A. L. de ALMEIDA PRADO, São Paulo: Abril cultural – Os pensadores, vol. XX, 1974); v. ainda ___ , **Vita scritta da se medesimo** (1723-1728, in G. VICO, **Opere**, a cura di A. BATTISTINI, Milano: Mondadori, 1990, 2 vols., t. I, p. 3-85); Andrea BATTISTINI e Pasquale GUARAGNELLA (a cura di), **Giambattista Vico e l'enciclopedia dei saperi** (Lecce: Pensa, 2007); I. BERLIN, **Vico e Herder** (orig. publ. **Vico and Herder – two studies in the history of ideas**, 1976, trad. Juan Antonio GILI Sobrinho, Brasília: Ed. UnB – Col. pensamento político, vol. 49, 1982); B. CROCE, **La filosofia di G. B. Vico** (orig. publ. 1911, Roma / Bari: Laterza: 1980); Bruce A. HADDOCK, **Vico's political thought** (Brynmill, Inglaterra: Mortlake Press, 1986); Fabio VANDER, **De philosophia italica** – modernità e politica in Vico e Cuoco (Lecce: Pensa, 2010).

CAPÍTULO 3
CIVILIZAÇÕES ANTIGAS ENTRE HEGEMONIA E RELAÇÕES INTERNACIONAIS

> Somente o respeito decorrente da igualdade de forças constitui base firme para uma aliança, pois o eventual transgressor recua diante do sentimento de que não tem superioridade bastante para atacar. Não respeitaram a nossa independência se não por lhe ter parecido evidente que, visando ao império, conseguiriam mais facilmente a supremacia com belas palavras e golpes astuciosos de política do que com golpes de força.
>
> TUCÍDIDES (ca. 460- ca. 400 a. C.)[1253]

A experiência da Antiguidade mostra que também naquele longo período podem ser utilizadas as categorias definitórias de *império* e *imperialismo*. *Império* como entidade estatal supranacional, cujos componentes vivem segundo os módulos culturais e políticos da dominante (Roma, daí o império romano) tendo à frente pessoa, dotada de autoridade monár-

[1253] TUCÍDIDES, **História da guerra do Peloponeso** (trad. do grego, intr. e notas, Mário da Gama KURY, Brasília: Ed. UnB, © 1982, 3ª ed., 1987, livro III, 11) completa a passagem: "certamente os aliados em pé de igualdade com eles nunca teriam tomado parte em suas campanhas se os atacantes não fossem culpados de alguma injustiça; de outro lado, também usaram primeiro os recursos unidos dos mais fortes contra os menos poderosos, e deixando os mais fortes para o fim, calcularam que os achariam enfraquecidos quando todos os outros houvessem caído."

quica; o *imperialismo* como vontade de conquista por parte de um estado (Roma) de outros estados, antes autônomos.

Antonio BALDINI (2008)[1254]

a ideia de civilização implica o conhecimento do passado.

Tzvetan TODOROV (2008)[1255]

Para qualquer potência, a qualquer tempo, pode surgir a tentação de fazer valer a força, de pretender exercer o poder, como efetividade – com "golpes de força" –, e não somente como potencialidade – com "belas palavras e golpes astuciosos de política" – como já ponderava TUCÍDIDES, em lugar de fazer valer o convencimento e a conjugação de vontades, por meio de acordo. Por isso, aqui se vai considerar a configuração possível de sistema internacional, entre a pretensão de exercício de hegemonias e a construção de sistemas de relações internacionais, dilema sempre presente.

Pouco importa a época e o risco existe, o fenômeno é recorrente, porquanto tal tentação parece estar presente na alma humana e, como tal, reflete-se, em todas as civilizações, desde que reunidas condições materiais suficientes para se pretender o exercício do poder hegemônico: por definição, a configuração de exercício deste, a partir de centro de poder também exclui a configuração de sistema coordenado de interação entre unidades.

No outro extremo da Eurásia, abrangendo o que, hoje, constituem a China, a Mongólia, a península coreana, o Japão, Taiwan e Vietnã, na Ásia Oriental, no curso do tempo, surgiu uma rede de relações internacionais e sistema internacional entre a China – que se autodenominava o 'Império do meio' – e esses 'estrangeiros', a qual se aproximava dos

1254 Antonio BALDINI, **L'Impero romano e la sua fine** (Bolonha: Il Mulino, 2008, p. 18): "L'esperienza dell'Antico ci dice che anche per quel lungo periodo si possono utilizzare le categorie definitorie di impero e imperialismo. Impero come entità statale sovranazionale i cui componenti vivono secondo i moduli culturali e politici della dominante (Roma, da cui impero romano) con a capo una persona dotata di autorità monarchica; l'imperialismo come volontà di conquista da parte di uno stato (Roma) di altri stati prima autonomi."

1255 Tzvetan TODOROV, **La peur des barbares: au-delà du choc des civilisations** (Paris: Robert Laffont, 2008, p. 43): "l'idée de civilisation implique la connaissance du passé".

modelos correspondentes de ordem internacional que se desenvolveram no 'Oriente próximo' e no 'Ocidente'.[1256]

Na assim chamada "ordem mundial chinesa",[1257] a China antiga se considerava o centro do sistema internacional. Com ajuda do etnocentrismo – civilizado seria quem mais se parecesse com a China, enquanto centro do poder.

Os demais príncipes gravitariam em torno do eixo sínico. Não havia ideia de coordenação, mas de subordinação e 'vassalagem', ainda que fosse esta somente nominal, a qual, ao menos virtualmente, era exercitada – como símbolo de prestarem os dignatários estrangeiros homenagem ao imperador chinês, que os recebia, reunido em solene aparato oficial, circundado por sua corte.

Existia e operava, assim, de algum modo, a ideia de sistema internacional, na Ásia oriental, tendo como centro a China. Mas este se fazia a partir de premissa, por assim dizer, imperial.[1258] Não se punha sob a forma de coordenação entre iguais. Ensina, acerca do tema, ONUMA, que:

> Existiu uma esfera de civilização, com a China no centro. As entidades políticas na região diferiam muito umas das outras, em tamanho, cultura e estrutura, indo da dinastia QING, cujo território era maior do que a Europa inteira, até o reino de Ryukyu, que administrava território simplesmente do tamanho de uma comunidade local, no Japão atual.

[1256] Yasuaki ONUMA, **International Law in a Transcivilizational World** (Cambridge: Univ. Press, 2017); ___, **Le droit international et le Japon** – Une vision transcivilisationnelle du monde (préface de Mireille DELMAS-MARTY, présentation Fréderic MEGRET, Paris: Pedone, 2016); ONUMA, Y. (edited by), **A normative approach to war**: peace, war and justice in Hugo Grotius (Oxford: Clarendon Press, 1993); ONUMA, Y., **A Transcivilizational Perspective on International Law** (RCADI, 2009, vol. 342; tb. publ. Haia: Pocketbooks of the Hague Academy of International Law, 2010) tb. na ed. brasileira, **Direito internacional em perspectiva transcivilizacional** – Questionamento da estrutura cognitiva predominante no emergente mundo multipolar e multicivilizacional do século XXI (trad. Alan CARVALHO e outros, org. da trad. Masato NINOMIYA e Paulo B. CASELLA, Belo Horizonte: Arraes, 2017).

[1257] John King FAIRBANK, **The Chinese world order: traditional China's foreign relations**, Cambridge, Ma.: Harvard Univ. Press, © 1968, 2nd. printing, 1970, *A preliminary framework*, p. 1-19, cit. p. 2): "although, as we shall see, international or interstate do not seem appropriate terms for it. We prefer to call it the Chinese world order".

[1258] Denominado *the Sinocentric tribute system in East Asia*, Y. ONUMA, **A Transcivilizational Perspective on International Law** (ed. 2010, p. 305-313): "They shared cognitive, evaluative, and normative frameworks to a certain extent".

> Essas entidades compartilhavam características comuns, tais como os caracteres chineses, o confucionismo, o budismo mahayana, bem como normas jurídicas e instituições, provenientes da China, embora seus graus e formas específicas diferissem de um país (ou grupo) para outro, e, também, de uma era para outra.[1259]

Para um conjunto de potências visando ao império,[1260] "somente o respeito decorrente da igualdade de forças constitui base firme para uma aliança".[1261] Como já falava Tucídides:

> Que garantia poderia oferecer-nos uma amizade, ou a liberdade, numa situação em que mantínhamos relações a contragosto, em que eles nos cortejavam por temor em tempo de guerra, enquanto nós os tratávamos como em tempo de paz? A boa fé, que em muitos casos se torna mais sólida se junta à boa vontade, em nosso caso, era assegurada pelo temor, e nossa aliança se mantinha mais por receio que por amizade; qualquer

1259 Y. Onuma, **A Transcivilizational Perspective on International Law** (ed. 2010, p. 305-313, cit. p. 305-306) tb. na ed. brasileira, **Direito internacional em perspectiva transcivilizacional** – Questionamento da estrutura cognitiva predominante no emergente mundo multipolar e multicivilizacional do século XXI (ed. 2017).

1260 Y. Onuma, **International Law in a Transcivilizational World** (Cambridge: Univ. Press, 2017, cit. p. 76-77): "When the European nations began to colonize other regions of the globe, however, they were not superior to other leading regional powers such as the Ottoman Empire and the Ming dynasty. (...) It took four centuries for the European idea of ordering the world to prevail globally. During this period, the European powers steadily expanded their hegemony and influence through their rapidly increasing military and economic power, diplomatic skills, the power of religion, i.e., Christianity, and other ideational power resources."

1261 Tucídides (livro III, 11). E isso somente "pois, o eventual transgressor recua diante do sentimento de que não tem superioridade bastante para atacar", como declaravam os mitilênios aos lacedemônios e demais helenos, reunidos em Olímpia, como motivo para denunciarem o acordo que antes os vinculara aos atenienses, que estariam em tal condição: "Tornamo-nos aliados, portanto, não dos atenienses para a escravização dos demais helenos, mas dos helenos para liberá-los dos persas" (III,10). Segundo afirmavam, "questão de justiça e de probidade" (III.10), ao mesmo tempo em que reconheciam a sua dúbia condição por renegarem uma aliança em tempo de guerra (III.9): "Lacedemônios e aliados, conhecemos os sentimentos tradicionais dos helenos em relação àqueles que se rebelam em tempo de guerra, e abandonam as suas alianças anteriores; os que os aceitam como aliados ficam satisfeitos com eles na medida em que obtém vantagens com isso, mas os veem como traidores de seus amigos de antes e, portanto, fazem deles a pior ideia."

> um de nós se tornava mais ousado graças a um certo sentimento de segurança, era o primeiro a cometer alguma transgressão.[1262]

A hesitação entre a força e o diálogo não se dará por virtude, mas por interesse. Na medida em que uma potência aspirante ao império se sinta apta o bastante, estará mais disposta a usar golpes de força do que a recorrer às belas palavras e golpes astuciosos de política para a consecução de sua hegemonia.

A ideia de que somente o respeito decorrente da igualdade de forças constitui base firme para uma aliança ainda foi a base de ordenação do sistema do "concerto europeu" (1814-1914).[1263] Como se deu, também, em tempos mais recentes, no contexto da guerra fria (1949-1989) e se vê ressurgir, em nossos tempos pós-modernos – porque a violência e a irracionalidade também fazem parte da natureza humana.[1264]

O que ainda hoje se vê é puro TUCÍDIDES,[1265] muito mais e muito antes dos supostos teóricos 'realistas' das relações internacionais. Estes,

[1262] TUCÍDIDES (livro III, 12) prosseguia: "Estará completamente errado, portanto, quem pensar que apenas por eles haverem adiado as medidas que temíamos, fomos injustos ao revoltar-nos primeiro, sem esperar até estarmos inteiramente seguros de que nossas suspeitas se materializariam. Se estivéssemos em condições de enfrentar suas maquinações em igualdade de condições, seria cabível de nossa parte adiar também nossa iniciativa contra eles, mas uma vez que o poder de ataque está sempre nas mãos deles, devemos ter o direito de agir a tempo em nossa própria defesa."

[1263] A respeito, v. **Tratado** (tomo XIII – **Direito internacional no tempo do concerto europeu** esp. cap. 27 – premissas do sistema internacional de Viena a Versalhes).

[1264] Cf. **Tratado** (tomo XX – **Direito internacional, história e cultura**, cap. 5 – Desafios e desenvolvimentos do direito internacional no contexto pós-moderno, e seus itens: 5.1 – direito internacional face à noção de pós-modernidade, 5.2 – os limites à guerra e ao uso da força, 5.3 – interdependência e cooperação); Pankaj MISHRA, denomina o tempo presente de **Age of Anger – A History of the Present** (© 2017, Londres: Penguin, 2018).

[1265] TUCÍDIDES (III.37): "Muitas vezes no passado senti que a democracia é incompatível com a condução de um império, mas nunca tanto quanto agora, ao observar a vossa mudança em relação aos mitilênios. Habituados entre vós na vida cotidiana a não temer nem intrigar, tendes a mesma atitude diante de vossos aliados, esquecidos de que, todas as vezes que sois induzidos em erros por seus representantes ou cedeis por piedade, vossa fraqueza vos expõe a perigos e não conquista a sua gratidão; sois incapazes de ver que vosso império é uma tirania imposta a súditos que, por seu turno, conspiram contra vós e se submetem ao vosso comando contra a sua vontade e vos obedecem não por causa de alguma generosidade vossa para com eles, em detrimento do vossos interesses, mas por causa de vossa ascendência sobre eles, resultante de vossa força, e não de sua boa vontade." E mais adiante,

como se vê, pouco inovam conceitual e operacionalmente. Antes que se pretenda apontar o dedo arrogante do homem de hoje em relação ao suposto "primitivismo" do passado, lembremo-nos quanto isso ainda ocorre em nossos tempos:[1266] sirvam essas recorrências de lembrete, para todos, de que a tentação da barbárie, no sentido de fazer valer a força, independentemente de critérios legais, morais ou sociais, norteadores de tal exercício, continua presente em nós.[1267] Exemplo disso é a absurda e imotivada guerra de agressão da Rússia contra a Ucrânia, em 2022.[1268]

Assim, pouco terá mudado a situação, porque o homem permanece o mesmo; e sob tênue verniz de civilização permanecem os impulsos e

Tucídides (III.47): "creio ser muito mais vantajoso para a preservação de nosso império suportarmos pacientemente uma ofensa do que aniquilar, embora justamente, homens cuja sobrevivência nos interessa."

[1266] Sem remontar além do século em curso, alguns exemplos: as operações de força e de ocupação contra o Afeganistão, de 2001 até 2021, e contra o Iraque, em 2003, ou mesmo por parte de quem não se configura como 'potência hegemônica', mas tem respaldo político, econômico e estratégico da potência hegemônica, no caso, as "expedições punitivas" de Israel em território do Líbano, supostamente contra o Hezbollah, ou contra o Hamas, na faixa de Gaza, em vários anos sucessivos, desde 2006, 2009, 2010, e mais recentemente como se menciona no **Tratado** (tomo I – **Direito internacional dos espaços**, item 2.2 – o Hezbollah no Líbano) bem como as violações do direito internacional em decorrência da construção do muro, cf. **Tratado** (tomo II – **Direito internacional dos espaços**, item 31.4 – consequências da construção do muro, nos territórios palestinos ocupados).

[1267] Como tristemente se constata, pode ser desencadeada de tempos em tempos, não obstante o estado atual de regulação do direito internacional vigente e as restrições aplicáveis ao uso unilateral da força no sistema da ONU.

[1268] Como apontado no **Tratado** (tomo II – **Direito internacional dos espaços**, item 29.3 – dimensão humana do território como expressão da relação entre espacialidade e direitos fundamentais). A situação foi objeto de medidas cautelares junto à CORTE INTERNACIONAL DE JUSTIÇA, em 16 de março de 2022, no sentido de que "A Corte considera que a Ucrânia tem direito plausível de não ficar sujeita a operações militares pela Federação Russa com o propósito de prevenir e punir um alegado genocídio no território da Ucrânia". Ver CIJ, **Allegations of Genocide under the Convention on the Prevention and Punishment of the Crime of Genocide** (Ukraine v. Russian Federation) Order of 16 March 2022 – Request for the indication of provisional measures – Procedure(s) – Provisional Measures (ICJ Reports 2022, General List No. 182, Order 16 March 2022, cit. § 60 e 63-64): "The Court has already found that Ukraine is asserting a right that is plausible under the Genocide Convention (see paragraphs 50-60)" (...) "The Court concludes, therefore, that a link exists between the right of Ukraine that the Court has found to be plausible and the requested provisional measures."

os instintos animais que nos caracterizam, tanto quanto os anseios de construção de sistemas institucionais, sejam estes físicos ou abstratos. Estes podem ser cidades e construções, podem ser sistemas intelectuais, pode ser uma máquina de guerra, assim como uma sinfonia. São produtos da inteligência humana, a qual se pode voltar para a construção de pontes para ensejar a comunicação e o diálogo entre mundos e culturas diversas, como pode levar a enfatizar a confrontação e exacerbar os conflitos.[1269]

Grande questão para as civilizações antigas – como para as atuais – permanece presente: até que ponto se constrói sistema relacional com outras potências, ou vai tentar instaurar regime de hegemonia e de dominação pela força.[1270] O dilema permanece.

Basta substituir nomes para nos darmos conta de quanto serão semelhantes os conteúdos. Trata-se de lição adicional para se enfatizar a necessidade de construção e de aperfeiçoamento de sistema institucional e normativo internacional, apto a enfrentar as necessidades decorrentes da crescente interdependência de todos, no contexto pós-moderno.

No caso da China antiga, a concepção de relações internacionais estava intimamente relacionada com a prestação de tributo e reconhecimento de suserania, ou, ao menos, precedência do Imperador chinês em relação aos outros soberanos.[1271] Assim, o sistema chinês antigo partia de centro – o Império do meio – em relação a periferias, que prestavam

[1269] Nesse sentido, **Tratado** (tomo XX – **Direito internacional, história e cultura**, cap. 5, itens 5.2 – limites à guerra e ao uso da força e 5.3 – interdependência e cooperação); v. tb. Anthony Pagden, **Mundos em guerra** – 2500 anos de conflito entre o Ocidente e o Oriente (orig. publ. **Worlds at war** – The Long Struggle between East and West © 2008, trad. Miguel Mata, Lisboa: Ed. 70, 2009). V. tb., A. Pagden (edited by), **The languages of political theory in early modern Europe** (Cambridge: Univ. Press, © 1987, ed. 1990).

[1270] Como se examina no **Tratado** (tomos XIV a XVII – **Direito internacional no tempo do colonialismo**).

[1271] A respeito, no tomo 3B, item 7.2 – a China antiga, b/c **Tratado** (tomo XIII – **Direito internacional no tempo do concerto europeu**). V. tb. Wang Tieya, **International law in China: historical and contemporary perspectives** (Rcadi, 1990, t. 221, p. 195-370); John K. Fairbank and Edwin O. Reischauser, **China: tradition & transformation** (© 1978, Boston: Houghton Mifflin Co., revised ed., 1989); bem como o já mencionado volume de estudos, coordenados por J. K. Fairbank (ed.), **The Chinese world order: traditional China's foreign relations**, Cambridge, Ma.: Harvard Univ. Press, © 1968, 2nd. printing, 1970).

tributo, ainda que nominal, ao poder central. O eixo de poder norteava tanto o sistema interno quanto o internacional. O equilíbrio das relações internas e das relações internacionais refletia a benção divina, dispensada ao imperador.

Por sua vez, cumpre notar que o sistema internacional ocidental, não obstante as suas desigualdades de fato, tenha se configurado a partir da concepção de paridade e de equilíbrio de poder entre iguais, ou, até certo ponto, mais ou menos iguais, até o reconhecimento do valor intrínseco de igualdade jurídica entre os integrantes do sistema.[1272] Cabe ao centro de poder, ao menos, buscar revestir-se de roupagem jurídica para não dar a aparência de exercitar a força de modo arbitrário.

Não por acaso, no caso chinês, o próprio conceito de 'sistema internacional', partia do pressuposto da subordinação dos estados periféricos e tributários ao poder central chinês.[1273] O que é relevante para compreender o passado, como, também, chave para o presente.

A seguir, pode-se passar a breve exame do uso da força e convivência pacífica no Antigo Testamento (3.1), antes de prosseguir com o conceito jurídico de império: I – da Antiguidade rumo à Idade média (3.2).[1274]

3.1. Uso da força e a convivência pacífica no Antigo Testamento

> As autobiografias tanto de Esdras quanto de Neemias, incorporadas aos livros que trazem os seus nomes, fornecem a confirmação da familiaridade que tinham com os modos persas. Os Livros de Daniel, Judite e Ester são mais difíceis. Cada um dos três livros conserva traços do período aquemênida e levanta o problema se de fato eles teriam sido escritos antes da época de Alexandre, o grande. (...) Como todos sabemos, os autores destes três livros competiam entre si em incompetência histórica.
>
> A. Momigliano (1990, ed. 2004)[1275]

[1272] Cf. **Tratado** (tomo VIII – **Direito internacional no tempo além do paradigma vestfaliano**, esp. o item – literatura sobre o sistema de equilíbrio da Europa).

[1273] Michele Pirazzoli-T'Serstevens, **La Chine des Han: Histoire et Civilisation** (Friburgo, Suiça: Office du livre, 1982); Maurizio Scarpari, **A China antiga** (orig. publ. 2000 e 2004, trad. Alexandre Martins, Barcelona: Folio, 2006).

[1274] V. tb. **Tratado** (tomo V – **Direito internacional no tempo de Francisco de Vitória**, item 12.2. conceito jurídico de império: II – da Idade média à era moderna).

[1275] Arnaldo Momigliano, **As raízes clássicas da historiografia moderna** (orig. publ. **The classical foundations of modern historiography**, 1990, trad. M. B. Borba Florenzano,

> Os primeiros livros da Bíblia, mesmo se podem conter elementos literários, que remontam muito longe no tempo, foram essencialmente reescritos e readaptados por uma elite cultural e religiosa, em exílio na Babilônia, depois que o pequeno reino de Judá, cujos soberanos se diziam descendentes de Davi, sofreu a investida da potência babilônica (no início do século VI a.C.), algum tempo depois que o reino do norte, Israel, tinha sido subjugado pelo rei assírio TILAR PILASSAR III, pouco antes de desabar essa potência, substituída pela Babilônia. Nessa reescritura, os redatores bíblicos reorientaram o material em função de seu projeto teológico, de sua concepção do Deus único de Israel, cuja ideia então se tinha bastante apurado. Em contato com essa cultura mesopotâmica, esses redatores se inspiraram igualmente nas práticas internacionais, das quais puderam ser testemunhas, que retomaram, de modo a lhes conferir um sentido, mais próximo de sua concepção de Deus.
>
> D. GAURIER (2014)[1276]

O dilema entre o uso da força e a convivência pacífica está presente em vários livros do **Antigo Testamento**. Ao mesmo tempo em que vários livros do antigo testamento, tais como **Juízes, Samuel, Ester** e **Reis** sancionam barbaridades sem nome contra "os gentios" – desde que perpetradas pelo "povo eleito", este que assim se autodenomina – ao mesmo tempo, também emanam, de vários outros livros da **Bíblia**, relatos insuflados, por ideais de paz, proclamados pelos profetas.

Dentre todos estes, talvez a mais bela seja a profecia lapidar de ISAÍAS, no sentido de que depois do advento do Messias, converter-se-iam "as espadas em arados e as lanças em foices; não mais desembainhará a espada povo contra povo, nem mais se adestrarão na guerra".[1277]

Bauru: Edusc, 2004, cap. 1 – a historiografia persa, a historiografia grega, a historiografia judaica, p. 21-51, cit. p. 28-29).

1276 Dominique GAURIER, **Histoire du droit international** (Rennes: P. U. de Rennes, 2014, 1.3 – Les données fournies par la Bible, p. 51-55): "On peut ainsi relever quelques thèmes mis en oeuvre par la Bible, qui ont un certain rapport avec nos catégories modernes en matière de droit international" – o texto original foi ligeiramente resumido nesta citação; v. tb. P. WEIL, **Le judaïsme et le développement du droit international** (RCADI, 1976, t. 151, p. 253-335, esp. 272-300).

1277 ISAÍAS (Isaías 2.4): "conflabunt gladios suos in vomeres, / Et lanceas suas in falces. / Non levabit gens contra gentem gladium, / Nec exercebuntur ultra ad praelium." (in **Biblia sacra**

Talvez seja esta "a contribuição mais importante do povo judeu para a história do direito internacional".[1278] Sem esquecer que "mesmo os judeus, apesar dos ideais de paz, proclamados pelos profetas, rivalizaram com seus vizinhos em matanças e extermínio do inimigo".[1279]

Ao mesmo tempo, existem registros de tratados celebrados por Davi, Salomão e subsequentes reis com os estados vizinhos – exceto em relação às "sete nações marcadas para serem exterminadas" – mas, como em qualquer tempo e lugar, será difícil ordenar sistema de convivência internacional enquanto predominem 'interesse nacional' e 'visão nacional': para qualquer sociedade esse risco existe, mas, pode ser agravado pelo fundamentalismo e pelo nacionalismo exacerbado.

Mas, esta não é a única corrente a ser considerada, quer histórica, quer atualmente. Assim, por exemplo, do **livro de Ester**: "Os judeus feriram todos os seus inimigos à espada, matando-os e destruindo-os e fizeram o que quiseram com eles" (Ester 9.5).

Cabe, igualmente, lembrar a vertente de aceitação do estrangeiro. No **Deuteronômio**, existiam elementos que permitiam a admissão do estrangeiro no convívio com os hebreus e que pregavam a mesma solução, em tese, para outros povos, como lembrava I. Strenger (2000).[1280] Infelizmente, a realidade local ainda se pauta por outros critérios.[1281]

iuxta Vulgatam Clementinam, "logicis partitionibus aliisque subsidiis ornata" a Alberto Colunga et Laurentio Turrado, Madri: B.A.C., 5° ed., 1977, p. 680).

1278 Arthur Nussbaum, **Historia del derecho internacional** (do original **A concise History of the Law of Nations** © 1947, trad. Francisco Javier Osset, adiciones sobre História de la doctrina hispanica de derecho internacional por Luís Garcia Arias, Madrid: Revista de derecho privado, s/d, prólogo de L.G.A. datado "1949", cap. primero 'La Antiguedad', p. 1-18, cit. p. 4).

1279 C. G. Fenwick, **International Law** (1st. publ., 1924, New York / London: D. Appleton-Century Co. Inc., 2nd ed. revised and enlarged, 1934, cit. p. 7-8).

1280 Irineu Strenger, **Direito internacional privado** (São Paulo: LTr, 4ª ed., rev. e aumentada, 2000, cit. p. 217).

1281 Exemplificativamente, refiram-se: René Backmann, **Un mur en Palestine** (Paris: Gallimard, © 2006 édition augmentée et mise à jour, 2009); Jacques Bendelac, **Les arabes d'Israël** – entre intégration et rupture (Paris: Éd. Autrement – frontières, 2008); Georges Corm, **Le Proche-Orient éclaté (1956-2007)** (orig. publ. 1983, Paris: Gallimard, cinquième édition, refondue, mise à jour et augmentée, 2007); Louise Fawcett (ed. by), **International relations of the Middle East** (orig. publ. 2005, Oxford: Univ. Press, 2009); Viviane Forrester, **O crime ocidental** (orig. publ. **Le crime occidental**, 2004, trad. Maria José Catagnetti e Tieko Yamaguchi, São Paulo: Ed. Unesp. 2006); Ilan PAPPE, **The ethnic**

Exemplo de 'sistema internacional' da época, ainda que incipiente, é aquele que o próprio DARIO confirma, na Judéia, no Edito de CIRO, para a restauração do templo de *Yahweh*, em Jerusalém, tomando partido, também, nas controvérsias locais entre hebreus e samaritanos:

> No início do reinado de XERXES apresentaram uma acusação contra o povo de Judá e de Jerusalém. E nos dias de ARTAXERXES, rei da Pérsia, Bislão, Mitridates, Tabeel e o restante dos seus companheiros escreveram uma carta a ARTAXERXES. A carta foi escrita em aramaico, com caracteres aramaicos. (...)
> O rei enviou-lhes a seguinte resposta (...) A carta que vocês me enviaram foi traduzida e lida na minha presença. Sob minhas ordens fez-se uma pesquisa e descobriu-se que esta cidade tem uma longa história de rebeldia contra os reis e que tem sido um lugar de rebeliões e revoltas. Jerusalém teve reis poderosos que governaram toda a região a oeste do Eufrates, aos quais se pagavam impostos, tributos e taxas. Ordene agora a estes homens que parem a obra [de reconstrução do templo], para que esta cidade não seja reconstruída enquanto eu não mandar. Tenham cuidado, não sejam negligentes neste assunto, para que os interesses reais não sofram prejuízo.[1282]

De tais controvérsias ficou o registro em ESDRAS (4-6), com a mudança de atitude em relação ao povo de Israel e a reconstrução do templo de Jerusalém por parte, respectivamente, de ARTAXERXES, CIRO e DARIO:

> No seu primeiro ano como rei da Babilônia, o rei CIRO emitiu um decreto, ordenando a reconstrução desta casa de Deus. Ele até mesmo tirou do templo da Babilônia os utensílios de ouro e de prata da casa de Deus, os quais NABUCODONOSOR havia tirado do templo de Jerusalém e levado para o templo da Babilônia. (...)

cleansing of Palestine (Oxford: Oneworld, © 2006, reprinted, 2008); Asa WINSTANLEY e Frank BARAT (ed. by), **Corporate complicity in Israel's occupation** – Evidence from the London Session of the Russell Tribunal on Palestine (foreword by Alice WALKER, London: Pluto Press, 2011). Tema difícil de ser tratado de modo isento e imparcial, ante a indignação que suscita – mas cumpre reportar, ao menos de passagem.

1282 Livro de ESDRAS, **Bíblia sagrada**, nova versão internacional (São Paulo: Sociedade Bíblica Internacional, 2000, p. 366-375, cit. p. 368-370).

> Agora, se for do agrado do rei, que se faça uma pesquisa nos arquivos reais da Babilônia para verificar se o rei CIRO de fato emitiu um decreto, ordenando a reconstrução da casa de Deus em Jerusalém. (...) Encontrou-se um rolo na cidade de Ecbátana, na província da Média, e nele estava escrito o seguinte, que DARIO comunicou: (...)
> Que o templo seja reconstruído como local de sacrifício e que se lancem os seus alicerces. (...) Não interfiram na obra que se faz nesse templo de Deus. Deixem o governador e os líderes dos judeus reconstruírem esse templo de Deus em seu antigo local. (...) Dessa maneira, os líderes dos judeus continuaram a construir e a prosperar, encorajados pela pregação dos profetas AGEU e ZACARIAS, descendentes de IDO. Eles terminaram a reconstrução do templo, conforme a ordem do Deus de Israel, e os decretos de CIRO, de DARIO e de ARTAXERXES, reis da Pérsia.[1283]

ESDRAS é autorizado oficialmente por ARTAXERXES a introduzir, na Judéia, um novo código religioso, definido, sinceramente, como "lei do teu Deus e lei do rei", com ameaça de penas máximas para os refratários e os transgressores, conforme registro em ESDRAS (7.12-26):

> ARTAXERXES, rei dos reis, / ao sacerdote ESDRAS, escriba da lei do Deus dos céus, / Paz e prosperidade! / Estou decretando que qualquer israelita em meu reino, inclusive dentre os sacerdotes e levitas, que desejar ir para Jerusalém com você poderá fazê-lo. Você está sendo enviado pelo rei e por seus sete conselheiros para fazer uma investigação em Judá e em Jerusalém com respeito à lei do seu Deus, que está nas suas mãos. Além disso, você levará a prata e o ouro que o rei e os seus conselheiros voluntariamente ofereceram ao Deus de Israel, cuja habitação está em Jerusalém.[1284]

Outras fontes bíblicas referem situações aparentemente paradoxais: os chefes e as comunidades judaicas pedem e obtém o apoio do Grande rei – ou seja, do braço secular, e, ainda por cima, pagão – para a sua política religiosa e ritual. Como mostra o nome estrangeiro desta, os regulamentos rituais da festa de Purim teriam sido impostos às comunidades

[1283] Livro de ESDRAS, **Bíblia sagrada**, nova versão internacional (ed. cit., 2000, loc. cit.).
[1284] Livro de ESDRAS (ed. cit., 2000, p. 371).

judaicas na Pérsia, por meio de editos 'irrevogáveis' do rei,[1285] por iniciativa de ESTER e de MARDOQUEU, conforme registra o **livro de Ester** (9.20-32):

> MARDOQUEU enviou cartas aos judeus das cento e vinte e sete províncias do império de XERXES, desejando-lhes paz e segurança e confirmando que os dias de Purim deveriam ser comemorados nas datas determinadas, conforme o judeu MARDOQUEU e a rainha ESTER tinham decretado e estabelecido para si mesmos, para todos os judeus e para os seus descendentes, e acrescentou observações sobre os tempos de jejum e de lamentações. O decreto de ESTER confirmou as regras do Purim e isso foi escrito nos registros.[1286]

Dos papiros aramaicos do Egito se extrai que, em 419-418 a.C., as autoridades de Jerusalém transmitiram aos chefes da colônia militar judaica de Elefantina, na base de escrito de DARIO I ao sátrapa do Egito, ordens precisas para a observação da Páscoa.[1287] De modo semelhante, há registros de política análoga de compromisso também na Ásia menor.[1288]

Estes exemplos ilustram o fenômeno da coparticipação legislativa em campo civil, cultual e interestatal no império aquemênida. Através do sátrapa, os súditos submetem à apreciação do Grande rei um esboço de lei que, "se ao rei parecer bom", será ratificado e transformado em edito real, "que será inscrito entre as leis da Pérsia e da Média" (conforme ESTER 1.19 e DANIEL 6).[1289]

1285 David ASHERI, **O estado persa** – ideologia e instituições no Império aquemênida (do original **The Persian State** curso ministrado em julho de 1991, na *Scuola Superiore di Studi Storici* da Universidade da República di San Marino, trad. Paulo Butti de LIMA, São Paulo: Perspectiva, 2006, cit. p. 42).

1286 Livro de ESTER, **Bíblia sagrada**, nova versão internacional (ed. cit., 2000, p. 394-395).

1287 D. ASHERI (op. cit., 2006, p. 42-43): "anos depois os governadores do Egito e da Judeia foram envolvidos nas controvérsias, mesmo violentas, em Elefantina, entre os devotos de Yahweh e os devotos de Khnun."

1288 D. ASHERI (op. cit., 2006, p. 43): "No século IV, os sátrapas da Lídia e da Caria-Lícia consideravam-se autorizados a estatuir regulamentos cultuais em suas respectivas províncias, reconhecendo em alguns casos, a iniciativa dos súditos interessados e, por volta de 388 a.C., o sátrapa da Jônia ratificava um veredicto (*sic*, laudo) de arbitragem jônica a respeito de uma controvérsia de fronteiras enrte Mileto e Miunte."

1289 Livro de ESTER, **Bíblia sagrada**, nova versão internacional (São Paulo: Sociedade Bíblica Internacional, 2000, p. 389-395, cit. p. 389). Livro de DANIEL, **Bíblia sagrada**, nova versão internacional (São Paulo: Sociedade Bíblica Internacional, 2000, p. 700-712, cit. p. 706).

O deutero-ISAÍAS (44.28 e 45.1),[1290] profeta contemporâneo e porta-voz das "classes restauradas", aclama CIRO: "diz acerca de CIRO: ele é meu pastor, e realizará tudo o que me agrada; ele dirá acerca de Jerusalém: 'seja reconstruída' e do templo: 'sejam lançados os seus alicerces'." Este é, também chamado, o 'messias', ou o ungido, *christós*, na tradução dos Setenta.[1291]

Entre os judeus, conforme deutero-Isaías – como ÉSQUILO, entre os gregos – reconheceram-se as qualidades éticas da classe governante persa e fizeram delas o ponto de partida para suas meditações religiosas. Observa-se excerto de MOMIGLIANO:

> Tanto na Judéia quanto na Grécia uma sociedade voltada para o internacional estava sendo substituída por uma sociedade mais estreita e mais preocupada com a comunidade. Homens que, como ESDRAS e NEEMIAS, MILTÍADES e TEMÍSTOCLES, tinham tido um contato muito próximo com a Pérsia, estavam sendo substituídos por líderes mais enraizados nas tradições locais.[1292]

No século XVII, o internacionalista inglês John SELDEN, frequentemente lembrado como autor do libelo **Mare clausum** – em oposição à tese de GRÓCIO, exposta por este no seu **Mare liberum** – também escreveu a respeito do direito natural e das gentes entre os hebreus, justamente denominado **De jure naturali et gentium juxta disciplina Hebraeorum** (1640, ed. 1665).[1293]

[1290] ISAÍAS, **Bíblia sagrada**, nova versão internacional (São Paulo: Sociedade Bíblica Internacional, 2000, p. 541-596). 45.1: "Assim diz o Senhor ao seu ungido, Ciro" (...)

[1291] D. ASHERI (op. cit., 2006, p. 53): "Portanto, não um rei pagão, mas o herdeiro legítimo da casa de David e o instrumento da vontade divina."

[1292] A. MOMIGLIANO, **As raízes clássicas da historiografia moderna** (ed. 2004, cit. p. 36-37): "As historiografias judaica e grega expressavam a visão de grupos que emergiam para uma vida nova, longe da influência da Pérsia, mas não sem ter experimentado a qualidade ética e religiosa dos governantes persas e não sem ter aprendido algo a respeito de sua técnica de registrar os eventos."

[1293] Johannis SELDENI (1584-1654), **De jure naturali et gentium juxta disciplinam Hebraeorum** – libri septem (orig. publ. 1640, Noribergensium: Argentorati, Joh. Andr. Endteri & Wolfgangi Junioris Haeredum Bibliop., Novae huic Editioni, Index accuratus, MDCLXV). A respeito de John SELDEN, v. supra, o item 2.1 – a controvérsia entre Hugo GRÓCIO e Serafim de FREITAS.

A seguir, pode-se passar ao exame do conceito jurídico de império: I – da Antiguidade rumo à Idade média (3.2), a ser considerado na perspectiva do direito e das relações internacionais.[1294]

3.2. Conceito jurídico de império: I – da Antiguidade rumo à Idade média

> O mundo dos impérios não foi substituído por um mundo estável e de bom funcionamento de estados-nações.
>
> J. Burbank e F. Cooper (2010, ed. 2019)[1295]

> A ordem do mundo regida pelo direito permanece a questão central para o direito internacional. A questão principal aqui é: podem impérios ir da hegemonia rumo à cooperação?
>
> P. B. Casella (2011)[1296]

> As palavras 'império' e 'imperialismo' se tornaram uma forma de insulto no mundo pós-moderno.
>
> N. Ferguson (2003, ed. 2010)[1297]

O império foi uma instituição que conseguiu se manter somente em épocas com determinadas condições culturais e sociais; de fato, ao ultra-

[1294] V. tb. a sequência da matéria no **Tratado** (tomo V – **Direito internacional no tempo de Francisco de Vitória**, item 12.2. conceito jurídico de império: II – da Idade média à era moderna).

[1295] Jane Burbank e Frederick Cooper, **Impérios** – uma nova visão da história universal (orig. publ. **Empire in the World History**, 2010, trad. Bruno C. Mattos, São Paulo: Planeta, 2019, cap. 14 – Impérios, estados e imaginário político, p. 567-587, cit. p. 567).

[1296] P. B. Casella, *Empires, hegemony and cooperation* (in **Pravovie Aspecti Brics – Aspetti giuridici del Brics – Legal aspects of Brics**, ed. by T. A. Alexeeva & P. Catalano, São Petersburgo: National Research University, 2011, p. 27-48, cit. p. 31): "To the extent that present times do not allow room for unilateral rule, there will be the need for empires to run together. Whether and to what extent this can be achieved remains to be seen, as the Brics cooperation framework could be an example". V. tb. P. B. Casella, **Bric** – uma perspectiva de cooperação internacional (São Paulo: Atlas, 2011), tb. na edição francesa, **Bric** – à l'heure d'un nouvel ordre juridique mondial (Paris: Pedone, 2011).

[1297] Niall Ferguson, **Império** (orig. publ. **Empire**, 2003, trad. Marcelo M. Cavallari, São Paulo: Planeta, 2010, cit. p. 386).

> passar os limites do tempo, que lhe foram próprios, perdeu sua essência e finalidade. Ficou apenas como puro 'imperialismo' de poder, bem enraizado em nosso tempo, apesar de não mais existir sua matriz formal.
>
> P. COLLIVA (1983, ed. 1986)[1298]

Vasto e complexo tema, não passível de esgotamento, aqui interessa na medida em que interage com a existência e o funcionamento de um sistema internacional. Cabe, assim, considerar, em função das aplicações aos casos a seguir tratados, do império persa, das cidades-estado gregas e do mundo helenístico,[1299] bem como em relação ao império romano: "uma instituição, que sempre repetiu, até no nome, a experiência romana, que considerava como um modelo perfeito, mas da qual em geral copiava mais os vícios do segundo período do que as virtudes unificadoras do primeiro".[1300]

Extensas e variadas digressões poderiam ser expendidas sobre a noção de 'império' e os desdobramentos do tema. Este pode ser, ao menos brevemente referido, como instrumento útil para a compreensão de modelos políticos que se estendem até nosso tempo e que, hoje, denominam-se de relações internacionais: basicamente, podem estes modelos[1301] ser 'hegemônicos' ou 'interagentes', nos sentidos estritos dos termos.[1301]

1298 Paolo COLLIVA, *Império* (in Norberto BOBBIO, Nicola MATTEUCCI e Gianfranco PASQUINO, **Dicionário de política** (orig. publ. **Dizionario di politica**, 1983, trad. J. FERREIRA e outros, Brasília: Ed. UnB, 1986, p. 621-626).

1299 A respeito, ver cap. 5 – as cidades-estado gregas e o mundo helenístico e seus itens: 5.1 – legado grego ao direito internacional e 5.2 – mundo helenístico.

1300 Como se examina, neste tomo e no seguinte, tomo 3 B, capítulos 4 a 7. V. tb. **Tratado** (tomo V – **Direito internacional no tempo de Francisco de Vitória**, item 12.2 – conceito jurídico de império: II – da Idade média à era moderna). Observa P. COLLIVA (in N. BOBBIO, N. MATTEUCCI e G. PASQUINO, **Dicionário de política**, ed. bras. 1986, Império, p. 621-626, cit. p. 622) o papel do 'império' como "instrumento para conciliar realidades políticas cada vez mais conflitantes e divergentes na vida interna do estado; meio para definir uma forma superior de coesão e de unificação em relação às unidades régias e principescas em conflito; organização de poder absoluto num aglomerado social para conquista de espaços territoriais".

1301 Minha crítica aos realistas das relações internacionais está no fato de insistirem somente nos modelos hegemônicos. A preponderância da força como critério ordenador do mundo tem efeito limitado e redutor. Tais análises mais frequentemente podem ser encontradas a partir dos E.U.A., mas existe quem cultive tais modelos e tais enfoques em outros países, como na Rússia de V. PUTIN, com consequências desastrosas para a ordem mundial.

Os impérios podem tender a impor a sua força e a sua 'visão' das coisas e do que possa ser ordem desejável – ao menos, segundo a perspectiva da potência dominante – para o conjunto do mundo, sobre o qual possa pretender exercer a sua influência. Isso se deu no passado e se dá quando exista potência que se imponha aos demais sujeitos contemporâneos. Daí, viriam concepções hegemônicas e os seus corolários.

A ocorrência de 'império' pressuporia a existência de potência dominante em determinada fase da história. Assim, pode-se apontar quanto tem variado o pensamento sobre a ideia de império, "em face das diversas conjunturas temporais".[1303]

Já na Antiguidade, ao encetar o estudo da fase romana da hegemonia mundial e como esta se consolidara, no precedente meio século, POLÍBIO (ca. 202 – ca. 120 a. C.) reporta quais, antes de Roma, poderiam ser considerados grandes impérios: "eis os povos para os quais tal paralelo é admissível",[1304] e estes seriam:

> – os persas, que "em certa época reinaram sobre vasto império mas, cada vez que se aventuraram além dos limites da Ásia puseram seu império e a sua própria existência em perigo";[1305]

Surpreendentemente, também se encontram desgarrados entre nós alguns dos assim chamados 'realistas' das relações internacionais. Lamento e entendo descabido como modelo de análise, em geral, em mundo cada vez mais interdependente, e muito especialmente entre nós.

1302 Logicamente tais configurações nunca são encontradas em estado puro, mas como orientação predominantemente voltada quer para a pretensão de hegemonismo, quer para a de construção e de condução de diálogo. V. a respeito P. B. CASELLA, *Empires, hegemony and cooperation* (in **Pravovie Aspecti BRICS – Aspetti giuridici del BRICS – Legal aspects of BRICS**, ed. by T. A. ALEXEEVA & P. CATALANO, São Petersburgo: National Research University, 2011, p. 27-48). Exemplo quase panfletário dessa tendência hegemonista, pode ser encontrado em Thomas P. M. BARNETT, **Great powers: America and the world after BUSH** (New York: Berkley Books, © 2009, edição 2010).

1303 Ronaldo Rebello de Britto POLETTI, **O conceito jurídico de império** (Brasília: Consulex, 2009, cit. p. 20 e 31): "Os termos império e imperador são utilizados, às vezes, com uma conotação moral atinente a formas tirânicas e corruptas de governo que destruíram a antiga tradição da Roma republicana."

1304 POLYBE, **Histoire** (texte traduit, présenté et annoté par Denis ROUSSEL, Paris: Gallimard – Pléiade, 1970, cit. Prefácio, p. 13).

1305 J. B. BURY and Russell MEIGGS, **A History of Greece** – to the death of Alexander the Great (primeira edição 1900, Londres: Macmillan, 4th ed., 1975) sobre as guerras entre gregos e persas.

– os lacedemônios, que "primeiro lutaram para adquirir a supremacia na Grécia e depois de conseguirem tal intento, viram depois esta contestada, em menos de doze anos";
– os macedônios, que "que dominaram a parte da Europa compreendida entre o Adriático e o Danúbio", e em seguida se estenderam à Ásia, derrubaram o estado persa, "mas por mais potente e mais extenso que pudesse parecer o seu império, eles nem por isso deixaram de lado boa parte da terra habitada";[1306] estendendo-se primeiro o império de ALEXANDRE e, depois deste;
– os reinos helenísticos da Grécia até o atual Afeganistão, vasto e diversificado conjunto de reinos, levaram consigo a língua e a cultura gregas, além das fórmulas políticas;[1307] e
– os romanos, que "forçaram não algumas regiões, mas quase todos os povos da terra a obedecer-lhes, de tal forma que ninguém hoje lhes pode resistir, e no futuro, ninguém pode esperar superá-los".[1308]

A Antiguidade conheceu entidades políticas independentes, que tendemos, superficialmente, a identificar usando para todas um termo romano, qual seja, de 'império':[1309] falando a respeito quer do império

[1306] POLÍBIO (op. cit., ed. cit., loc. cit.), como exemplos de regiões habitadas, sobre as quais os macedônios nunca teriam exercitado hegemonia observa "assim, eles nunca tentaram conquistar a Sicília, a Sardenha e a África" e em relação "às populações mais guerreiras da Europa ocidental, é preciso dizer que estas lhes eram mesmo desconhecidas".

[1307] A difusão internacional da língua, cultura e formas políticas gregas são abrangidas pela denominação de "helenismo", consolidada pelo historiador alemão Johann Gustav DROYSEN (1808-1884), com seus notáveis estudos **Geschichte Alexanders des Grossen von Macedonien** (Berlin: G. Fincke, 1833), **Geschichte des Hellenismus I. Theil: Geschichte der Nachfolger Alexanders** (Hamburgo: F. A. Perthes, 1836) e **Geschichte des Hellenismus II. Theil: Geschichte der Bildung des hellenistischen Staatensystemes** (Hamburgo: F. A. Perthes, 1843), recentemente republicado, **Histoire de l'héllenisme** (version intégrale, trad. de l'allemand sous la direction de Auguste BOUCHÉ-LECLERCQ, préface, note sur la traduction et bibliographie Pascal PAYEN, Grenoble: Ed. Jerôme Millon, 2005, 2 vols., 1770 páginas). V. tb. Simon PRICE, *The history of the Hellenistic Period* (in John BOARDMAN, Jasper GRIFFIN, Oswyn MURRAY, **Greece and the Hellenistic world**, The Oxford History of the Classical World, Oxford: Univ. Press, © 1986, reprinted 1990, cap. 13, p. 309-331 e seguintes).

[1308] POLYBE, **Histoire** (texte traduit, présenté et annoté par Denis ROUSSEL, Paris: Gallimard – Pléiade, 1970, cit. Prefácio, p. 13).

[1309] P. COLLIVA, *Império* (in N. BOBBIO, N. MATTEUCCI e G. PASQUINO, **Dicionário de política**, ed. bras. 1986, p. 621-626, cit. p. 621-622): Modelo tipicamente romano, tanto pela forma como pelo conteúdo, o Impéio representou uma solução permanente para todos

assírio, do império de ALEXANDRE, do império romano, mas, também, do império ateniense, do império de DIONÍSIO de Siracusa, do império cartaginês, etc.[1310] Às vezes, os antigos simplificavam: os gregos diziam *arkhé*, e os romanos, *imperium*. O termo *megale arkhé* (grande poder) é o usual em HERÓDOTO.

A denominação *arkhé* pode ser traduzida como 'poder'.[1311] Mas, também, poderia designar a 'soberania' – embora o termo somente surja com Jean BODIN, na segunda metade do século XVI.[1312]

Importa compreender a diversidade de realidades políticas e de modos de ordenação do poder e do espaço, que se sobrepõem a tal formu-

aqueles regimes e instituições que, chegando a um determinado momento crítico de sua evolução, procuravam descobrir e definir uma forma superior de poder legal e internamente centralizador, a fim de superar suas dificuldades.

1310 Ver David ASHERI, **O estado persa** – ideologia e instituições no Império aquemênida (do original **The Persian State** curso ministrado em julho de 1991, na *Scuola Superiore di Studi Storici* da Universidade da República di San Marino, trad. Paulo Butti de LIMA, São Paulo: Perspectiva, 2006, cit. p. 35).

1311 Sintomaticamente 'poder' é passível de ser traduzido: em alemão por termos substancialmente diversos, tais como: *Vermögen* (patrimônio, propriedade imobiliária), *Fähigkeit* (capacidade), *Gewalt* (potência, mas também violência), *Recht* (direito); em inglês, *power*; em francês, *pouvoir* mas também *puissance*, pode ser sinônimo, como também em português. Karl-Dietrich BACHER e Hans-Adolf JACOBSEN (hrsg.), **Bibiliographie zur Politik** – in Theorie und Praxis (Düsseldorf: Droste Verlag, 1970); Sérgio PISTONE, *Poder* (in Norberto BOBBIO, Nicola MATTEUCCI e Gianfranco PASQUINO, **Dicionário de política**, orig. publ. **Dizionario di politica**, 1983, trad. J. FERREIRA e outros, Brasília: Ed. UnB, 1986, p. 933-943); Monique CASTILLO, **Le pouvoir** (Paris: Michalon – Coll. le bien commun, 2008); Raymond GUILLEN e Jean VINCENT, **Lexique de termes juridiques** (Paris: Dalloz, 5e ed., 1981, p. 324--326); André LALANDE, **Vocabulaire technique et critique de la philosophie** (Paris: PUF, 5e ed., 1947, Pouvoir, p. 782-783); sem esquecer Friedrich NIETZSCHE, **Der Wille zur Macht** – Eine Auslegung alles Geschehens (Neu ausgewählt und geordnet von Max BRAHN, Leipzig: Alfred Kröner / Altenburg: Piererische Hofbuchdruckerei Stephan Geibel & Co., 1917).

1312 V. **Tratado** (tomo V – **Direito internacional no tempo de Francisco de Vitória**, item 13.2 – Jean BODIN (1530-1596) e tomo XX – **Direito internacional, história e cultura**, cap. 1 – Direito internacional no tempo e seu papel na história, item 1.2 – pensamento científico moderno e a caça às bruxas) sobre o lamentável papel, desempenhado por Jean BODIN como 'caçador de bruxas'. Por sua vez, A. MOMIGLIANO, **As raízes clássicas da historiografia moderna** (ed. bras. 2004, p. 174 e 178) refere Jean BODIN como "personagem dúbio" e, logo depois, aduz: "O jesuíta espanhol Pedro RIBADENEIRA colocou em um mesmo saco TIBÉRIO 'um imperador muito corrupto e abominável', TÁCITO 'um historiador pagão e inimigo do cristianismo', MAQUIAVEL 'o conselheiro impiedoso' e BODIN 'o qual nem conhecia teologia e nem era acostumado à piedade'.

lação. Assim, 'reino', como 'império' designa, ao mesmo tempo, o *poder* que se exerce, o centro de poder do qual emana, assim como o *espaço* sobre o qual este é exercido. Destaca Colliva:

> A tendência típica comum a todos os modelos de império na Europa (romano, germânico-feudal, bizantino-russo), excetuando talvez o carolíngio, devido às desesperadas condições em que teve de atuar, foi exatamente a tendência ao crescimento progressivo do poder do *imperator*, na política interna e às pressões expansionistas na política externa. De fato, no Império, o imperador procurava sempre se tornar cada vez mais forte em prejuízo das realidades a ele submissas e, com o passar do tempo, cada vez mais tendia a propor uma forte ação expansionista externa para corrigir e integrar as limitações da Constituição imperial e encontrar na conquista daquela confirmação – *confirmatio* – do poder e daquela renovada motivação de consenso popular, que não eram mais expressas pelos órgãos representantes ou pelos diversos grupos sociais.[1313]

Compromissos típicos das relações entre centro e periferia manifestam-se em setores variados, tais como na composição dos exércitos dos grandes impérios. Como no caso do Império persa: se o comando supremo está nas mãos do Grande rei, através dos membros da família

[1313] P. Colliva, *Império* (in N. Bobbio, N. Matteucci e G. Pasquino, **Dicionário de política**, ed. bras. 1986, p. 621-626, cit. p. 622). A respeito do império carolíngio, no contexto medieval, ver: Louis Halpen, **Charlemagne et l'empire carolingien** (Paris: Albin Michel, 1947, Conclusion, p. 497-499): "L'empire carolingien s'est tout le long de son histoire ressenti de la confusion qui avait présidé à sa naissance. Ni Charlemagne ni ses conseillers n'avaient pu se former une idée claire du but à atteindre. De l'empire romain, dont le roi des Francs avait d'abord pensé relever la succession, il avait bientôt fallu se rendre compte qu'il n'était pas tombé en deshérence, comme on se l'était imaginé en l'an 800, et que Rome et l'Italie avaient cessé depuis longtemps d'en constituer les pièces maîtresses". V. tb. Jean Chélini, **Histoire religieuse de l'Occident médiéval** (orig. publ. 1991, Paris: Hachette-pluriel, 'nouvelle bibliographie', 2006); Karl Ferdinand Werner, **Les origines** – avant l'an mil (in **Hsitoire de France**, dir. de Jean Favier, vol. I, Paris: Fayard, 1984, reimpr. 2001, chap. XIV – De Pépin à Charlemagne, p. 409-446, esp. – Naissance d'un empire, p. 427-437); Jean Favier, **Le temps des principautés** – de l'an mil à 1515 (in **Hsitoire de France**, dir. de Jean Favier, vol. II, orig. publ. 1984, Paris: Fayard, 2002); Jacques Le Goff, com a colab. de Jean-Maurice de Montremy, **Em busca da Idade média** (orig. publ. **À la recherche du Moyen** âge, 2003, trad. Marcos de Castro, Rio de Janeiro: Civilização brasileira, 2005, esp. – Europa ou Ocidente?, p. 147-156); Jacques Le Goff, **Un long Moyen âge** (orig. publ. 2004, Paris: Hachette-pluriel, 2009).

real, dos grandes nobres persas da corte e dos sátrapas, bem como alguns corpos de elite, como os famosos "dez mil imortais", a massa do exército e os comandos subalternos são pluriétnicos. Esses contingentes étnicos representam todos os povos do império, com suas vestes e uniformes nacionais, as próprias armas e equipamentos tradicionais. O catálogo, em HERÓDOTO,[1314] do grande exército de XERXES, oferece "descrição (grega) pitoresca deste amálgama multiforme de povos, vestes e armas".[1315]

Em tempo normal, o exército imperial persa não existe como tal; existem divisões locais. No final do tempo de serviço, as guarnições se transformam, eventualmente, em colônias estáveis de veteranos. E, dali, vem mais uma instalação urbana permanente.

Em circunstâncias de crise e de conflito entre centro e periferia, as guarnições provinciais seguem comumente os seus comandos diretos. O exército não é, portanto, um cadinho em que os povos se fundem para formar uma 'nação' homogênea: o que o exército romano conseguiu realizar na Itália e, mais limitadamente, também em algumas províncias, o exército aquemênida nunca pretendeu conseguir, nem sequer como uma meta ideal.[1316]

De modo semelhante, o poder central persa não conseguiu controlar diretamente, nem mesmo, a famosa rede viária imperial – conhecida pelos gregos como a 'estrada real', *he hodós this basileies* – conforme descreve HERÓDOTO.[1317] Os movimentos, ao longo dos trechos provinciais da rede eram controlados pelos governadores locais e pode-se dizer o mesmo, também, quanto às vias fluviais e marítimas costeiras, ligando o Mediterrâneo oriental ao centro de Susa.

[1314] HERÓDOTO, **História** (trad. do grego, intr. e notas de Mário da Gama KURY, Brasília: Ed UnB, © 1985, 2ª. ed., 1988, VII, 61-98), v. tb. HÉRODOTE, **Oeuvres complètes** (intr. Jacqueline de ROMILLY, texte présenté, traduir et annoté par André BARGUET, Paris: Gallimard – Pleiade, © 1964, impr. 1982).

[1315] D. ASHERI (op. cit., 2006, p. 43). HERÓDOTO (ed. cit., VII, 61-98).

[1316] D. ASHERI (op. cit., 2006, p. 44): "As forças armadas não podem considerar-se, em geral, como um fundamento do poder central; o império aquemênida nunca foi uma monarquia militar."

[1317] HERÓDOTO (ed. cit., V, 53); v. tb. D. ASHERI (op. cit., 2006, p. 44) a respeito da Estrada real persa, no trecho Susa-Persépolis, conforme informações conservadas nas tabuinhas de Persépolis, e a respeito do trecho Susa-Sardes, graças às fontes gregas.

Em todas as esferas da administração pública – legislação, forças armadas, comunicações, moedagem, línguas e cultos – o poder central foi obrigado a procurar compromissos com as culturas periféricas: "criou-se, em tal modo, um novo modelo de 'monarquia universal', anteriormente desconhecido, no Oriente médio antigo".[1318] Em certo sentido, poder-se-ia considerar o império aquemênida como semelhante a um estado moderno: com administração centralizada, para qual os governadores deviam enviar relatórios escritos, complexo sistema tributário e quadro cadastral, a inspeção periódica das províncias, por altos funcionários, enviados pelo poder central, para garantir que a política, formulada pelo governo central, fosse aplicada da mesma forma.

O eixo central se ordena por meio de um sistema comum de escrita, uma língua comum de administração, uma rede viária admirável, bem como sistema judiciário altamente desenvolvido, além de contar com serviços de polícia e de espionagem e, finalmente, serviço postal, que assegurava a circulação das comunicações oficiais, entre o centro e as diferentes partes do império. Tratam-se das relações entre o centro e as periferias.

Na relação entre poder central e periferias, não somente os editos, como também os estabelecimentos estáveis, palácios, funcionários permanentes e normas de regulação do culto pautam a presença e a ação do poder central, mas, este, em todo lugar, encontrava a presença e a resistência das forças autonomistas dessas periferias: "é talvez este paralelogramo de forças que constitui a contribuição mais significativa do estado aquemênida à teoria e à história do conceito de império".[1319]

A passagem do império aquemênida para os reinos helenísticos poderia ser considerada como expressão de ruptura de um mundo e de um

[1318] D. Asheri (op. cit., 2006, p. 71).

[1319] D. Asheri (op. cit., 2006, p. 73): "Equilíbrio certamente instável e não escolhido conscientemente, pela casa reinante, por livre arbítrio ideológico ou moral; ao contrário, a ideologia monárquica foi centralista e totalitária. Ou melhor, pode ser considerada o produto efetivo da intensidade das forças que se contrabalançavam no interior do império durante dois séculos de história." V. tb. Rémy Boucharlat, *Le destin des résidences et sites perses d'Iran dans la seconde moitié du IVe. siècle avant J.-C.* (no volume, sob a coordenação de Pierre Briant e Francis Joannès, **La transition entre l'empire achéménide et les royanumes héllenistiques**, Paris: Ed. de Boccard, 2006, p. 443-470, cit. p. 464): "Au plan archéologique, l'impression qui se dégage est beaucoup plus celle d'une continuité que celle d'une rupture vers 330; cela ne concerne pas la fontion royale, essentielle".

modelo para outro.[1320] O estudo do contexto, contudo, mostra quanto, mesmo no nível mais alto de exercício do poder, o próprio ALEXANDRE, como, depois deste, os seus sucessores, procuram inscrever-se, inclusive simbolicamente, como sucessores dos dirigentes do regime anterior. E, a vida das populações do vasto império não parece ter sofrido mutações substanciais em razão da passagem do domínio aquemênida para o helenístico.[1321]

Cabe ponderar[1322] a medida na qual "a transição, por definição, afasta a ideia de ruptura"[1323] e a considerável extensão na qual as campanhas de ALEXANDRE terão, finalmente, contribuído para a integração crescente de dois mundos, o grego e o persa, o que pode ser evidenciado, por exemplo, em relação à utilização monetária de metais preciosos. As enormes reservas de ouro e prata, encontradas nos tesouros persas, quando da conquista macedônia, foram transformadas em moedas e,

1320 A respeito ver, adiante o cap. 5 – as cidades-estado gregas e o mundo helenístico; v. tb. Yves PORTER, **Les Iraniens** (orig. publ. 2006, Paris: A. Colin, 2007, chap. 3 – Des successeurs d'Alexandre au royaume des Parthes, p. 65-83); François WIDEMANN, **Les successeurs d'Alexandre en Asie centrale et leur héritage culturel**: essai (Paris: Riveneuve éd., seconde édition, revue et corrigée, © 2009, impressão 2010), b/c o clássico estudo de Johann Gustav DROYSEN (1808-1884), **Geschichte Alexanders des Grossen von Macedonien** (Berlin: G. Fincke, 1833), **Geschichte des Hellenismus I. Theil: Geschichte der Nachfolger Alexanders** (Hamburgo: F. A. Perthes, 1836) e **Geschichte des Hellenismus II. Theil: Geschichte der Bildung des hellenistischen Staatensystemes** (Hamburgo: F. A. Perthes, 1843), recentemente republicado, **Histoire de l'héllenisme** (version intégrale, trad. de l'allemand sous la direction de Auguste BOUCHÉ-LECLERCQ, préface, note sur la traduction et bibliographie Pascal PAYEN, Grenoble: Ed. Jerôme Millon, 2005, 2 vols., 1770 páginas).

1321 Como mostram as várias contribuições, reunidas no volume, sob a coordenação de Pierre BRIANT e Francis JOANNÈS, **La transition entre l'empire achéménide et les royanumes héllenistiques** ("actes du colloque organisé par le Collège de France par la 'Chaire d'histoire et civilisation du monde achéménide et de l'empire d'Alexandre' et le 'Réseau international d'études et de recherches achéménides' 22-23 novembre 2004". Paris: Ed. de Boccard, 2006).

1322 Raymond DESCAT, *Aspects d'une transition: l'économie du monde égéen (350-300)* (in Pierre BRIANT, et Francis JOANNÈS (sous la direction de), **La transition entre l'empire achéménide et les royanumes héllenistiques** ("actes du colloque organisé par le Collège de France par la 'Chaire d'histoire et civilisation du monde achéménide et de l'empire d'Alexandre' et le 'Réseau international d'études et de recherches achéménides' 22-23 novembre 2004". Paris: Ed. de Boccard, 2006, p. 353-373).

1323 R. DESCAT (cap. cit., 2006, p. 371): "la transition, par définition, écarte l'idée de rupture."

estas formam, por assim dizer, todo o estoque de moeda que utilizará durante pelo menos um século o mundo grego ampliado.[1324]

Dante ALIGHIERI (1265-1321), nos três livros do **De Monarchia** (1313),[1325] logo no início, define o objeto da indagação a ser desenvolvida no tratado: a primeira coisa a fazer é averiguar o que é cada coisa – *primum quidem igitur videndum quid est quod* – e, assim, afirma ser característica da monarquia temporal, que se diz 'império', ser principado único, acima de todos na ordem temporal – *est ergo temporalis Monarchia, quam dicunt Imperium, unicus principatus et super omnes in tempore vel in hiis et super hiis que tempore mensurantur*. É, assim, a 'monarquia temporal', em DANTE, também chamada 'Império' e, esta é, dentre as instituições que se encontram na perspectiva temporal, o único principado,[1326] superior a todos os outros no tempo.[1327]

Também no século XIV, Guilherme de OCKHAM (1285-1347) mostra mudança de perspectiva[1328] e inova ao examinar o conceito de império

1324 R. DESCAT (cap. cit., 2006, p. 364): "Les campagnes d'ALEXANDRE auront finalement contribué à l'intégration croissante de deux mondes, le grec et le perse, dans l'utilisation des métaux précieux (...) formant ainsi tout le stock de monnaie qu'utilisera pendant un siècle au moins le monde grec élargi."

1325 DANTE ALIGHIERI, **De monarchia** (in **Tutte le opere** a cura di Luigi BLASUCCI, Firenze: Sansoni, primeira edição, 1965, quarta edição, 1989, p. 247-316). V. tb., **Tratado** (tomo IV – **Direito internacional no tempo medieval**, cap. 10 – TOMÁS DE AQUINO e DANTE ALIGHIERI).

1326 DANTE, **De Monarchia** (I.i, p. 250-251) explicita as três dimensões nas quais o tema vai ser, por ele, apresentado: em primeiro lugar se duvida e se questiona se a instituição seja necessária para o bem do mundo – *dubitatur et queritur an ad bene esse mundi necessaria sit*; em segundo, se o povo romano teria assumido, com fundado direito, a posição de monarca – *an romanus populus de iure Monarche offitium sibi asciverit*; e, em terceiro, se a autoridade do monarca dependa diretamente de Deus, ou de algum intermediário ou ministro deste – *an auctoritas Monarche dependeat a Deo immediate vel ab alio, Deo ministro seo vicario.*

1327 Cfr. tb. **Tratado** (tomo IV – **Direito internacional no tempo medieval**, cap. 8 – transição do mundo tardo-antigo ao medieval, esp. item 8.1, 'AGOSTINHO DE HIPONA (354-430 A.D.)', sobretudo na elaboração deste da distinção entre o poder da cidade terrena e da celestial, na sua obra maior, **A cidade de Deus** (escrita entre 413 e 427 A.D.), e os desdobramentos da concepção agostiniana sobre os séculos seguintes, inclusive no tocante ao conceito de guerra justa.

1328 Cfr. **Tratado** (tomo IV – **Direito internacional no tempo medieval**, cap. 9 – MARSÍLIO DE PÁDUA e GUILHERME DE OCKHAM, itens 9.1. MARSÍLIO DE PÁDUA (1275-1342) e 9.2. GUILHERME DE OCKHAM (1285-1347); Léon BAUDRY, **Guillaume d'Ockham** – sa vie, ses oeuvres, ses idées sociales et politiques (tome I – l'homme et les oeuvres, Paris: J. Vrin, 1950); Christophe GRELLARD et KIM Sang Ong Van-Cung, **Le vocabulaire de Guillau-**

– *a Deo per hominem*. Como por ele exposto, o império provém de Deus, por meio dos homens, como explica em seu **Breve tratado sobre o governo tirânico**[1329] (IV.6), segundo o qual o Império romano foi criado por Deus, com concurso dos homens (literalmente, a governança humana) de tal modo que os homens, que tinham poder para conferir jurisdição a alguém, efetivamente conferiram tal jurisdição imperial ao imperador.[1330]

A frase de OCKHAM poderia estar em qualquer manual de direito internacional ou de relações internacionais: melhor se pode encontrar a verdade, questionando, opondo, discutindo e resolvendo os argumentos do outro lado – *querendo autem, opponendo, disputando et partis adverse defensiones solvendo, melius veritas invenitur*.[1331]

me d'Ockham (Paris: Ellipses, 2005); G. de LAGARDE, **La naissance de l'esprit laïque au déclin du Moyen Âge** (Paris: Vrin, 1956, tomos 4, 5 e 6); Gottfried MARTIN, **Wilhelm von Ockham** – Untersuchungen zur Ontologie der Ordnung (Berlin: W. de Gruyter, 1949); J. RIVIÈRE, **Le problème de l'église et de l'état au temps de Philippe le Bel** (Louvain / Paris: Champion, 1926); Richard SCHOLZ, **Wilhelm von Ockham als politischer Denker und sein *Breviloquium de principatu tyrannico*** (Leipzig-Stuttgart: K. W. Hiersemann, 1944); R. SCHOLZ, **Die Publizistik zur Zeit Philip des Schönen und Bonifaz VIII** – Ein Beitrag zur Geschichte des politischen Anschauungen des Mittelalters (Stuttgart: F. Enke, 1903 – tb. disponível: book digitalized by Google from the library of Harvard Univ. addeddate 2008-10.20, identifier diepublizistik00schogoog, identifier-ark ark/13960/t2891g05h, Lccn 38006523).

1329 WILLIAM OF OCKHAM, **A short discourse on tyrannical government**: over things divine and human, but especially over the empire and those subject to the empire, usurped by some who are called highest pontiffs (edited by Arthur Stephen MCGRADE, transl. by John KILCULLEN, "Cambridge texts in the history of political thought", Cambridge: Univ. Press, © 1992, 1st publ., 1992); GUILLAUME D'OCKHAM, **Court traité du pouvoir tyrannique**: sur les choses divines et humaines – et tout spécialement sur l'Empire et sur ceux qui sont assujettis à l'Empire – usurpé par ceux qui certains appellent 'souverains pontifes' (trad. du latin et introduction par Jean-Fabien SPITZ, Paris: PUF, 1999).

1330 WILLIAM OF OCKHAM, **A short discourse on tyrannical government**: over things divine and human, but especially over the empire and those subject to the empire, usurped by some who are called highest pontiffs (edited by Arthur Stephen MCGRADE, transl. by John KILCULLEN, "Cambridge texts in the history of political thought", Cambridge: Univ. Press, © 1992, 1st. publ., 1992); ou também: GUILLAUME D'OCKHAM, **Court traité du pouvoir tyrannique**: sur les choses divines et humaines – et tout spécialement sur l'Empire et sur ceux qui sont assujettis à l'Empire – usurpé par ceux qui certains appellent 'souverains pontifes' (trad. du latin et introduction par Jean-Fabien SPITZ, Paris: PUF, 1999).

1331 WILLIAM OF OCKHAM (edited by John KILCULLEN, ed. 1992, p. 173).

Para OCKHAM, como para outros pensadores e teólogos de seu tempo, existem dois caminhos: o primeiro é o poder absoluto (*potentia absoluta*), representando uma lógica *a priori*; o segundo é o poder ordenado (*potentia ordinata*), referente à presente ordem do mundo, regida pelo direito. Sem esquecer que conceito equivalente já tinha sido exposto por ARISTÓTELES.[1332]

Existe diferença a ser assinalada entre império e imperialismo. Especialmente este último termo tende a receber resenhas negativas no contexto pós-colonial e pós-moderno.[1333] As consequências de cada um variam consideravelmente, de modo que convém ter presentes as distinções entre ambos.[1334]

A ideia de império nos vem de outras eras, mas projeta-se não somente no tempo presente e, deve-se questionar, aqui, como poderia ser ela estendida para o futuro? Antonio VIEIRA, na **História do futuro** (1718, ed. 2005),[1335] depois de considerar os impérios do passado, agrega mais um:

> havia de se acabar seu mando, seu poder, seu império, sua soberania, como verdadeiramente se acabou a dos Assírios pela sucessão dos Persas, dos Persas pela sucessão dos Gregos, e a dos Gregos pela sucessão dos Romanos, e se acabará também a dos Romanos pela sucessão do Quinto Império.[1336]

Os portugueses e todos os espanhóis se podem e devem entender debaixo do nome de Romanos, no sentido desta profecia, porque Espanha

1332 ARISTOTLE, **Politics** (with an English translation by R. RACKHAM, Cambridge, Ma. / London: Harvard UP, LCL vol. 264, ARISTOTLE vol. XXI, © 1932, reprinted 2005).

1333 Cf. se examina no **Tratado** (tomos XIV a XVII – **Direito internacional no tempo do colonialismo**), b/c a frase, referida em epígrafe, de N. FERGUSON, **Império** (ed. 2010, p. 382): "as palavras 'império e imperialismo' se tornaram uma forma de insulto no mundo pós-moderno."

1334 V. tb. a sequência da matéria no **Tratado** (tomo V – **Direito internacional no tempo de Francisco de Vitória**, item 12.2. conceito jurídico de império: II – da Idade média à era moderna).

1335 Antonio VIEIRA, S.J., **História do futuro – livro anteprimeiro. Prolegômeno a toda a história do futuro, em que se declara o fim e se provam os fundamentos dela. Matéria, verdade e utilidade da história do futuro** (ed. original, Lisboa: Oficina de Antonio Pedroso Galram, 1718, organizador José Carlos Brandi ALEIXO, Brasília: Ed. UnB, 2005).

1336 A. VIEIRA (op. cit., 1718, ed. cit., 2005, p. 385-386).

e Portugal foram colônia dos Romanos e parte não só do Império, senão do povo romano, sendo verdadeiros cidadãos romanos, ao que não obstava serem de diferente nação. Esclarece VIEIRA como poderá dar-se o seu advento: "Supõe-se que este império há de ser com extinção do romano. Nem eu tal digo, nem é necessária tal suposição".[1337]

Daí, podem-se deduzir relações possíveis entre a concepção de impérios e os desdobramentos destes, inclusive no campo das atuais relações internacionais. Nesse sentido:

> que relação misteriosa, orgânica, finalizadora, existe entre a história sacra e a história profana? E a política (isto é, a meditação política e a ação política, o moto inteiro da história dos povos e das nações) pode prescindir (como se não existisse) dessa relação que a move e a finaliza?[1338]

Cabe acenar tal dimensão, mas sem adentrar os seus meandros. São ricos e extensos os desdobramentos possíveis. Aqui, interessa-nos, enquanto dimensão possível para o exame da construção de modelos políticos e de ordenação das relações internacionais.

A legitimação do sistema sem recurso a elemento externo, tal como a atribuição transcendental, de origem ou de inspiração divina, terá de ser construída com elementos fornecidos pelo próprio sistema. Este terá de conter, simultaneamente, as suas bases conceituais e os seus mecanismos de aplicação, mesmo que sejam utópicos os primeiros e incipientes os últimos.[1339]

As sociedades se mantêm de pé graças aos sistemas normativos, enquanto reguladores de conduta. A convivência entre estas, igualmente, faz-se mediante conjunto de princípios e normas, no direito internacional, ou mediante relações de força e poder, nas relações internacionais.

Em lugar de sempre enfatizar o caráter fragmentário e disperso do sistema internacional, pode-se ver quanto este ganha em precisão e

1337 A. VIEIRA (op. cit., 1718, ed. cit., 2005, p. 385-386).

1338 Giorgio LA PIRA "presentazione" ao volume **"Quinto Império": attualità del pensiero di Antonio Vieira S.J.** (a cura di Pierangelo CATALANO, Sassari: ASSLA – Associazione di Studi Sociali Latino-Americani, 2000, p. 3-4).

1339 Como considerado na **Introdução ao estudo do direito – ensaios didáticos** (orig. publ. 2008, São Paulo: Editora dos editores, 3ª ed., 2019, Utopia como dado necessário, p. 245-257).

dados mais 'positivos', por meio de normas e precedentes judiciais. No sistema internacional, dada a sua natureza e a sua configuração, tem papel importante a consolidação de normas e parâmetros de atuação e, estes se podem dar por vários caminhos, sendo um deles por meio da jurisprudência internacional.[1340]

O modelo romano, ou sua idealização, mesmo após o desaparecimento do império do Ocidente, com a queda de Roma, em 476 A.D., aplica-se não somente aos reinos sucessores do Império, mas, também, ao conceito de Império universal.[1341] A ideia perdurará, em diversas sucessivas manifestações, ao longo dos séculos.

Mesmo que a data específica da deposição do último imperador do Ocidente antigo, ROMULO AUGUSTOLO, em 476 A.D., possa ter a sua representatividade questionada como marco para assinalar o fim de Roma – e, além disso, o término da Antiguidade, conforme adotam em sua maioria os livros escolares de história –, objetivamente, esta data representa marco a ser assinalado. A partir daí, não mais existe um *imperador* em Roma, mas sim um *Rex Italiae* e, a partir dessa mesma altura as normas, editadas na parte oriental do império, não tinham elas aplicação direta na antiga parte ocidental.[1342] Houve mudança política, jurídica e social irreversível.

[1340] Suzanne BASTID, em três cursos na Haia, **Les problèmes territoriaux dans la jurisprudence de la C.I.J.** (RCADI, 1962, t. 107, p. 361-495); **Les tribunaux administratifs internationaux et leur jurisprudence** (RCADI, 1957, t. 92, p. 343-518) e **La jurisprudence de la CIJ** (RCADI, 1951, t. 78, p. 579-686). Robert JENNINGS, *Judicial reasoning at an international court* (conferência no Instituto Europeu da Universidade do Saarland, em Saarbrucken, em 29 de janeiro de 1991, publicada na série Saarbrucken: Europa-Institut, "Vorträge, Reden und Berichte aus dem Europa-Institut, Nr. 236, herausgegeben von Prof. Dr. Georg RESS", 1991), bem como R. JENNINGS, **General course on principles of international law** (RCADI, 1967, t. 121, p. 323-606).

[1341] V. tb. cap. 6 – na formação e no desenvolvimento de Roma; Mary BEARD, **The Roman triumph** (Cambridge, Ma.: The Belknap Press of Harvard University Press, 2007, esp. "Prologue: the question of triumph", p. 1-6, cit. p. 1): "Petty sacrilege is punished; sacrilege on a grand scale is the stuff of triumphs." Those are the words of Lucius Annaeus SENECA, first-century CE philosopher and tutor of the emperor NERO. He was reflecting in one of his philosophical letters on the unfair disparity in the meting out of punishment and reward, and on the apparent profit that might come from wrong-doing.

[1342] Antonio BALDINI, **L'impero romano e la sua fine** (Bologna: Il Mulino, 2008, esp. cap. 7 – il problema della fine, p. 88-101).

Mais adiante, os imperadores bizantinos promoverão a retomada de Roma e manterão boa parte da península itálica sob sua administração, direta ou indireta, durante os dois séculos seguintes.[1343] Mais do que a retomada do império, a administração 'bizantina' da Roma medieval tem, de certo modo, a caracterização de gestão 'colonial', controlada a partir de centro externo de poder. De capital do grande império, Roma se vê, temporariamente, relegada à condição de posto avançado do império bizantino na península itálica, em condição de 'província', cuja administração é controlada de fora, por potência de além-mar.

O preposto bizantino gere o território em nome e por conta do Imperador do oriente. Não se fala em retomada do império romano, mas em exercício do poder imperial de Bizâncio sobre a península itálica.

A cidade de Ravena desempenha papel de importante posto estratégico, nas campanhas do imperador bizantino, nas suas estratégias e na movimentação de tropas, para reconquistar o domínio sobre a Itália.[1344] Em jogo político e em ação não desprovidos de sentido simbólico, o imperador bizantino envia a Ravena, no ano de 493, o líder dos Ostrogodos, TEODORICO, para que deponha ODOACRO.

Faz-se, assim, durante os trinta e três anos que dura o reinado de TEODORICO, que Ravena seja a capital e, desta, governa-se o poderoso reino ostrogodo, que se estende além da Itália, também para outras partes da Europa ocidental e central. Depois de breve reinado da filha AMALASWINTHA, eclode a guerra com o Império romano do oriente.

Em 540, Ravena é conquistada pelo general bizantino BELISÁRIO e passa a ser administrada sob subordinação direta de Bizâncio. O imperador JUSTINIANO designa Ravena como *Exarcato* do império romano do oriente e autoriza o exarca a ocupar a Itália e 'o resto do mundo', em nome do Império.[1345]

[1343] Ferdinand GREGOROVIUS, **Geschichte der Stadt Rom im Mittelalter** - vom V. bis XVI. Jahrhundert (orig. publ. em oito volumes, de 1859 a 1878), ed. italiana **Storia della città di Roma nel medioevo** (intr. Waldemar KAMPF, trad. Andrea CASALEGNO, Torino: G. Einaudi, 1973, reimpr. 2011, 3 vols) – obra clássica, que permanece relevante.

[1344] Munemoto YANAGI, Eiichi TAKAHASHI, Shiguebumi TSUJI e Yasushi NAGASUTKA, **Byzantium** (© 1969, translated from the German by Nicholas FRY, Londres: Cassell, 1978); Sir GALAHAD, **Byzance** (trad. de Jacques CHIFELLE-ASTER, Paris: Payot, 1937, esp. "Ravenna", p. 15-56).

[1345] M. YANAGI *et al.*, **Byzance** (ed. inglesa, 1978, p. 19) os sucessivos exarcas governam boa parte da Itália a partir de Ravena, e mesmo se a ação destes nem sempre se punha no sen-

O tempo de Justiniano (527-565 a. C.) é frequentemente referido como a idade de ouro do império bizantino. Bizâncio floresce e conhece expansão sob esse líder de grande habilidade, mas não consegue escapar da fraqueza política tanto em suas relações internas como internacionais. Os territórios por Bizâncio controlados chegam a ser tão vastos que poderiam ser considerados como a restauração do império romano, ao tempo de sua glória.

A adoção do sistema de direito romano – e sua codificação, no **Corpus iuris civilis,** determinada por Justiniano –[1346] foi influência importante na condução dos assuntos internos e, também, na configuração constitucional.[1347] Esta codificação justinianeia, além de sua importância para o conjunto do direito privado, será a base para a construção doutrinária do direito internacional, como se vê nas obras dos fundadores do direito internacional e, de modo marcante, autor como Grócio parte de conceitos do direito romano antigo para construir o arcabouço conceitual do direito internacional de seu tempo.[1348]

Esse tempo de grande prosperidade e atividade artística decresce a partir da morte de Justiniano, e decai, progressivamente, até a cidade

tido dos interesses italianos, a cidade de Ravena conhece período de grande prosperidade, no qual desempenha a função de principal porto de comércio entre o Ocidente e o Oriente, e a partir desta considerável número de agentes financeiros dirigia os interesses econômicos da área. O período é conhecido como a era de ouro de Justiniano e o esplendor desse tempo se reflete na Igreja de San Vitale com seus mosaicos. Outras igrejas, decoradas com magníficos mosaicos foram construidas ou reformadas nessa época, conferindo à cidade rica atmosfera oriental.

1346 **Corpus iuris civilis**, volumen primum **Institutiones** (recognovit Paulus Krueger) **Digesta** (recognovit Theodorus Mommsen, retractavit Paulus Krueger, Dublin / Zürich: Weidmann, 22ª ed., 1973); **Corpus iuris civilis**, volumen secundum **Codex Justinianus** (recognovit Paulus Krueger, Dublin / Zürich: Weidmann, 14ª ed., 1967); **Corpus iuris civilis**, volumen tertium **Novellae** (recognovit Rudolfus Schoell – opus Schoelli morte interceptum absolvit Guglielmus Kroll, Dublin / Zürich: Weidmann, 10ª ed., 1972).

1347 M. Yamagi e outros (op. cit., ed. inglesa, 1978, 'The Golden Age under Justiniam', p. 20-26, cit. p. 20).

1348 V. **Tratado** (tomo V – **Direito internacional no tempo medieval**, cap. 12 – *jus gentium, jus commune, jus europaeum*: entre a teoria e a prática, bem como o tomo VII – **Direito internacional no tempo de Hugo Grócio**, cap. 18 – Hugo Grócio).

ser conquistada pelos Lombardos, em 751. Logo depois, ao tempo de CARLOS MAGNO, a cidade foi incorporada aos Estados pontifícios.[1349]

São as vicissitudes do Império romano e dos conceitos ordenadores deste. Ante a decadência do poder político emergem outras facetas de difusão de influência.

Ravena também foi centro de evangelização, desde o início do Cristianismo, e o bispo local, são APOLINÁRIO, lá foi martirizado. Essa tradição religiosa e espiritual continuou viva e prosseguiu, depois do século VI.

No século VIII, o bispo de Ravena se opõe ao bispo de Roma, que, como 'papa', pretendia a subordinação do primeiro, mas este insiste em sua independência e autonomia. No século X, os bispos de Ravena são instalados como príncipes-bispos do império otoniano e são nomeados aos pares, como papa e antipapa.

Finalmente, no século XIV, Ravena foi declarada *república*. Nesse período, DANTE vive em Ravena os seus últimos anos, alijado das lutas políticas e exilado, e será o lugar onde este escreve boa parte das suas obras, inclusive a redação final da **Comédia**, tal como será transmitida a obra, que depois passa a ser chamada **Divina Comédia.**[1350]

Em 1441, Ravena foi incorporada à República de Veneza,[1351] em fase de expansão, até ser, em 1509, novamente incluída nos estados pontifícios. Nessa altura, os seus dias de glória pertenciam ao passado.

Importa atentar-se para o fato de ter sido esta cidade e a área circunjacente, durante séculos, a 'ponte' de contato e de comércio, como também o elo intertemporal entre o mundo bizantino e o mundo romano antigo. E, a seguir, Ravena (como capital do reino ostrogodo, nos séculos V e VI, e como república, no século XV) se põe como local de experimentação de novos modelos, que pautariam a vida da Itália – e, por

[1349] O porto de Classe, ao lado de Ravena, pelo qual tinha escoado considerável volume de comércio entre o Ocidente e o Oriente se vê progressivamente assoreado e passa a estar longe do mar, a ponto de a fortaleza de Classe chegar a ser abandonada.

[1350] V. **Tratado** (tomo IV – **Direito internacional no tempo medieval**, item 10.2 – DANTE ALIGHIERI (1265-1321)).

[1351] Manlio BRUSATIN, **L'archipel du Lion: le monde vénitien** (photographies de Giuseppe BRUNO, © 1991, Paris: La bibliothèque des arts, 1992); Giandomenico ROMANELLI (edited by), **Venice: art & architecture** (do original **Venezia: l'arte nei secoli**, 1977, translated from the Italian by Janett ANGELINI, Elizabeth CLEGG, Emma FRENCH and Gareth THOMAS, Colônia: Könemann, 1997, 2 vols.).

extensão, de parte considerável do Ocidente – nos séculos seguintes. São avatares da noção de império e exemplos de suas transformações e desenvolvimentos.[1352]

Na transição do mundo antigo ao medieval, MAOMÉ e CARLOS MAGNO são referências cronológicas dadas como consolidadas.[1353] A adoção de determinado critério traz como consequência que a transição entre a Antiguidade tardia e a Idade média assim se prolongaria até os séculos VII ou VIII, oferecendo fértil terreno para empreitadas de pesquisa histórica e discussões sobre modelos conceituais de civilização.

Mais do que rupturas, são transições. Como também se exprime na evolução do direito internacional e de seus institutos e práticas ao longo do tempo histórico e do contexto cultural.[1354]

Pode-se, também, fazer começar a Idade média em 395 A.D., data da divisão do Império romano ocidental e oriental, ou em 476 A.D., data da queda do Império romano do Ocidente, e terminar em 1453, com a queda de Constantinopla, ou em 1492, com a 'descoberta' da América, ou, mesmo, muito mais adiante. Mas, não é isso que importa: e, sim, reconhecer que a Idade média se configura também – e, sobretudo – como "momento decisivo da modernização do Ocidente".[1355]

Em certo modo, a ideia desse modelo 'romano' se conservará no, assim chamado, Império romano do oriente ou bizantino, vendo-se

[1352] V. tb. a sequência da matéria no **Tratado** (tomo V – **Direito internacional no tempo de Francisco de Vitória**, item 12.2. conceito jurídico de império: II – da Idade média à era moderna).

[1353] Ainda que por vezes contestado, o historiador belga Henri PIRENNE, em sua obra clássica, **Mahomet et Charlemagne** (1936) propunha como marco do final da Antiguidade e início da era medieval não a queda de Roma, mas a ascensão do Islã, e a ruptura por esta trazida ao Mediterrâneo como o *mare nostrum*, para o qual confluira o conjunto da civilização ocidental antiga, e que se cinde após o advento do Islã. Henri PIRENNE **Mahomet et Charlemagne** (seguido de Bruce LYON, *le débat historique sur la fin du monde antique et le début du moyen âge*, André GUILLOU, *Byzance et la genèse de l'Europe occidentale*, Francesco GABRIELI, *Effets et influences de l'Islam sur l'europe occidentale* , Heiko STEUER, *De Théodoric le grand à Charlemagne*, trad. de Hélène SEYRÈS, Milão: Jaca Book, © 1986, 1ª ed. francesa, 1987).

[1354] Como se considera no **Tratado** (tomo XX – **Direito internacional, história e cultura**, cap. 1 – direito internacional no tempo e seu papel na história).

[1355] Jacques Le GOFF, **Un long Moyen âge** (orig. publ. 2004, Paris: Hachette-pluriel, 2009, Le Moyen âge s'achève en 1800, p. 55-68 e cit. p. 104): "c'est une de mes idées favorites, confortée par le progrès des études historiques: le Moyen âge, âge de ténèbres et de violence, a été aussi et surtout un moment décisif dans la modernisation de l'Occident."

Constantinopla a si mesma como a sucessora do Império, ou a 'segunda Roma'. Essa pretensão se aplica, ao menos, até 1453, quando o império bizantino foi derrubado pelos turcos, depois dos cruzados e da República de Veneza terem também contribuído para o enfraquecer, com a invasão e ocupação no início do século XIII.

Aliás, neste tópico sobre o conceito jurídico de império, à luz das relações internacionais, a relação entre o império bizantino e a Europa ocidental é complexa e nem sempre fácil de ser compreendida, porquanto as semelhanças e as diferenças interagem em planos distintos e se diversificam ao longo dos séculos.[1356] Incompreensões mútuas marcam essa relação.

O conceito jurídico de império pode ter passado por certo número de mudanças ao longo dos séculos, mas manteve certa homogeneidade política e cultural por mais de mil anos, caracterizando a sua identidade. Nesse meio tempo, a Europa ocidental passa por enormes transformações, desde o momento em que os povos do leste e do norte descem, em grandes e sucessivas hordas, sobre o mundo romano, e ocorre o colapso do que restava do império romano do 'Ocidente'.

Desaparece a velha ordem imperial, enquanto surgem novos 'estados' e agrupamentos políticos, em diferentes momentos e diferentes áreas da Europa ocidental. Alianças são feitas e rompidas e prevalece estado de constante fluxo e refluxo de poder, entre estas novas identidades em formação, das quais resultariam os estados-nação, tal como se consolidam, sucessivamente.[1357]

As atitudes em relação ao mundo bizantino e, em certa medida, também em relação ao mundo muçulmano – porquanto ambos eram mais ricos e mais desenvolvidos que a Europa ocidental da época – são, inevitavelmente, pautadas por certa ambiguidade, com enormes variações ao longo dos séculos, conforme o ponto de vista nacional, histórico e religioso das partes em questão. A igreja bizantina era vista, no Ocidente, como instituição apóstata e perigosa rival. Mesmo bem antes da sua

[1356] M. Yamagi e outros (op. cit., ed. inglesa, 1978, 'Byzantine culture and the West', p. 136-147, cit. p. 136).

[1357] Como se considera no **Tratado** (tomo V – **Direito internacional no tempo de Francisco de Vitória**, cap. 13 – estado como sujeito de direito internacional – a contribuição de Maquiavel e Bodin).

separação – o Cisma do Oriente – em relação ao bispo de Roma, como papa do Ocidente, que se completaria no século XI, os desencontros já estavam claros.[1358]

Para os governantes ocidentais da era carolíngia e da era otoniana, que tinham a tarefa de estabelecer o *Sacro império* romano em nome do papa, o mundo bizantino era o próprio ideal e o protótipo de suas aspirações.[1359] O próprio tamanho e a importância do império bizantino suscitavam reações desencontradas entre os países ocidentais, em diferentes fases de seu desenvolvimento.

Muito poderia ser dito sobre as interações entre os mundos ocidental e bizantino, ao longo de todos os séculos da Idade média, mas basta mencionar a especial importância da influência que teve Bizâncio sobre as relações internacionais dos diferentes 'estados' – que ainda não tinham esse nome – ou seja, as unidades políticas da Europa ocidental medieval. Baste mencionar, também, que a relação e as conexões entre Europa ocidental e o mundo bizantino sempre foram complexas e que as intenções políticas e os interesses econômicos sempre ficaram sujeitos a mutações e oscilações, entre confrontação e complementaridade.

Não somente no plano político, como, também, no plano econômico, tais relações internacionais se fizeram com múltiplos desdobramentos. A difusão de moedas bizantinas, na Europa ocidental, entre os séculos IV até VII, mostra a extensão de quantos comerciantes bizantinos transitaram não somente pela Itália, como pelos principais portos da Europa ocidental, desde os primeiros tempos do império do oriente.[1360]

No plano cultural, as relações entre Europa ocidental e mundo bizantino pautaram-se por fluir quase sempre somente em um sentido: coube a Bizâncio servir de modelo e inspirar a Europa ocidental medieval e nunca o contrário.[1361] A ambiguidade do Ocidente em relação ao

[1358] A respeito, ver: Michel de TAUBE, **L'apport de Byzance au développement du droit international** (RCADI, 1939, t. 67, p. 233-340); bem como o volume de Basile TATAKIS, **La philosophie byzantine** (no conjunto da obra de E. BRÉHIER, **Histoire de la philosophie**, Paris: PUF, 1949).

[1359] M. YAMAGI e outros (op. cit., ed. inglesa, 1978, loc. cit.).

[1360] Étienne FOURNIAL, **Histoire monétaire de l'Occident médiéval** (Paris: Fernand Nathan, 1970).

[1361] M. YAMAGI e outros (op. cit., ed. inglesa, 1978, loc. cit.) apontam ter sido a influência de Bizâncio especialmente acentuada em áreas como Ravena, Veneza ou a Sicília, durante o período normando.

mundo bizantino deixa traços até hoje presentes na acepção pejorativa do termo 'bizantino', para designar algo complexo, porém, distanciado da realidade.[1362]

Peregrinos da Europa ocidental, com destino à Terra Santa e a Jerusalém, antes de prosseguirem em sua árdua e longa jornada, normalmente, detinham-se em Constantinopla, então no auge de sua prosperidade. Estes visitantes ocidentais deixavam-se extasiar pelas belezas da capital imperial, assim como pela variedade e riqueza de seus mercados.

A corte bizantina manteve relações diplomáticas com os governantes ocidentais, a partir do século VIII. Como primeiro governante ocidental a poder reclamar para si, ao menos nominalmente, o comando do conjunto da Europa de seu tempo, no quadrante ocidental, Carlos Magno recebeu missão diplomática, em sua corte em Aquisgrana, enviada pelo imperador bizantino Miguel I. Esses embaixadores trouxeram refinados e magníficos presentes de sua pátria, que somente serviram para reforçar as especulações sobre as fabulosas riquezas do Oriente entre os ocidentais daquele tempo.

O próprio Carlos Magno faz construir espaço cerimonial segundo o modelo bizantino e faz decorar sua corte com objetos provenientes de Constantinopla, tendo a capela de seu palácio sido modelada segundo a igreja de São Vital, em Ravena.[1363] Houve considerável influência bizantina sobre as artes e os ofícios ocidentais, ao longo de séculos da Idade média, contribuindo para o desenvolvimento do trabalho em metal, nos monastérios da região do Reno e estes foram a base para o posterior desenvolvimento das técnicas de trabalho em esmalte na França.[1364]

[1362] Houais, **Dicionário** (Rio de Janeiro: Objetiva, 1ª ed., 2001, p. 465) no verbete "bizantino", depois dos sentidos estritos de "relativo à cidade de Bizâncio, ou o seu natural ou habitante", "relativo ao Império romano do Oriente" e de "certa tonalidade de cor-de-rosa", reporta o sentido pejorativo: "que tem caráter de bizantinismo, frívolo, inútil pretencioso". O que não diz pouco sobre tal ambiguidade, acima mencionada, que permanece, depois de séculos.

[1363] M. Yamagi e outros (op. cit., ed. inglesa, 1978, loc. cit.): "Objects wrought in precious metals and the highly-prized silk tapestries and fabrics of which Byzantium had a virtual monopoly played an important part in spreading the legend of the power and riches of Constantinople. Large quantities of these goods are preserved in many Wester monasteries today."

[1364] Durante o período iconoclasta em Bizâncio, a proibição e a destruição de ícones, levam à difusão das artes de origem bizantina em consideráveis extensões da Europa ociden-

A Itália, que já tinha estreitos laços com Bizâncio, sobretudo entre os séculos VI e VIII, quando Ravena desempenha o papel de capital imperial (bizantina) no Ocidente, até ser tomada pelos Lombardos, a maior parte da península esteve sob o controle bizantino e viu as influências culturais e artísticas prosseguirem, apesar das mutações políticas ocorridas. A persistência da cultura bizantina explica, em considerável medida, a preferência dos expatriados bizantinos por se radicarem na Itália[1365] – e, não por acaso, será a Itália o ponto de partida do assim chamado 'primeiro renascimento', com repercussão, nos séculos seguintes, sobre todo o conjunto da Europa ocidental.[1366]

Acompanhando o desenvolvimento dos espaços públicos das cidades se produz, igualmente, o renascimento paralelo do direito romano. A idade comunal traz rupturas progressivas:[1367] de um lado, o caráter público de certos espaços e de certos equipamentos é reafirmado e, de outro, o renascimento paralelo do direito romano favorece esse movimento e traz quadro jurídico no qual possa operar.[1368]

tal. Dentre outros, monges, artesãos, defensores do culto dos ícones, desejosos de manter a sua liberdade de pintarem ícones, deixam a terra natal e se estabelecem sobretudo na Itália. A respeito, v., Kurt WEITZMANN, Manolis CHATZIDAKIS, Svetozac RADOJCIC, **Icons** (New York: Alpine, 1980); Paul Johannes MULLER (Einleitung, Auswahl und Legenden von), **Byzantinische Ikonen** (© 1977, Genebra: Weber, 1978); Alice BANK (réalisation et textes), **L'art byzantin** – dans les Musées de l'Union soviétique (présentation de Youri KIRILLINE, trad. de Vladimir MAXIMOV, Leningrado: Ed. d'art Aurore, 1977).

1365 M. YAMAGI e outros (op. cit., ed. inglesa 1978, p. 140): "In the second half of the 9th century, the Byzantine monks settled chiefly in the Southern part of the Italian peninsula, occupying the area which had once been a colony of the Ancient Greeks. This medieval Greek colonization received political support from the Macedonian dynasty, who saw it as a means of establishing a foothold in Italy and regaining control of the country. The process continued for some two hundred years, during which churches were built in a number of different places. These combined the tradition of Byzantine church architecture with local stylistic features, and some interesting examples are still found in Calabria and elsewhere."

1366 É imensa a bibliografia sobre a matéria. Ver por exemplo: Elisabeth CROUZET-PAVAN, **Renaissances italiennes** – 1380-1500 (Paris: A. Michel, 2007); Erwin PANOFSKY, **La Renaissance et ses avant-courriers dans l'art d'Occident** (orig. publ. **Renaissance et renaissances in Western art**, 1960, trad. Laure MEYER, Paris: Flammarion-Champs, 2008).

1367 Francesco GUICCIARDINI (1483-1540), **Storia d'Italia** (a cura di Silvana Seidel MENCHI, saggio intr. di Felix GILBERT, Torino: Einaudi, 2008, 3 vols.); Indro MONTANELLI e Roberto GERVASO, **L'Italia dei Comuni** – Il Medioevo dal 1000 al 1250 (Premessa di Sergio ROMANO, orig. publ. 1966, Milano: Rizzoli, ed. aggiornata, 2010).

1368 Elisabeth CROUZET-PAVAN, **Les villes vivantes** – Italie XIIIe-XVe siècle (Paris: Fayard, 2009, part III – La ville en chantiers, cap. VI – La cité communale en quête d'elle-même:

Mesmo quando o sul da Itália volta ao controle de mãos italianas, os bizantinos não desistem de ampliar a influência sobre outras áreas da Europa ocidental, mas as suas atividades tomam, antes, a forma de atividades econômicas do que, propriamente, de 'colonização'. O comércio se ordena como grande empreendimento público-privado a partir de Veneza e outras cidades italianas e, depois, expande-se para outras regiões, sempre regido pelos tradicionalmente astutos meios dos comerciantes bizantinos.

As interações entre política, comércio, cultura e sociedade repercutem no direito internacional e na construção das relações internacionais daquele tempo histórico e contexto cultural. Como, aliás, permanecem.

No século XI, a cultura bizantina foi, entusiasticamente, adotada por Veneza e por outras regiões da Itália.[1369] O alto padrão das artes e ofícios italianos teve inspiração inicial nos correspondentes bizantinos, tanto por meio de artistas e artesãos que para lá se deslocaram, como, também, por meio de produtos trazidos e comerciados, a partir da Itália, e embora de modo menos tangível, também em outras áreas da Europa ocidental.

Não menor impacto tiveram os bizantinos sobre o conjunto da cultura europeia. A tradição filosófica e literária do mundo grego antigo volta ao Ocidente por mãos bizantinas.[1370]

les acteurs, p. 114-129, cit. p. 128 e tb. cap. VII – La cité communale en quête d'elle-même: la fabrique des espaces publics, p. 131-159, cit. p. 141): "Il apparaît que se réalisent au cours du XIIe siècle des évolutions sensibles au plan matériel et idéologique. Un cadre juridique et des instruments d'intervention sont établis." Ocorre clara afirmação da identidade do organismo comunal, sobretudo a partir da paz de Constança, "tandis que le recours au droit se géneralise dans la vie citadine".

1369 M. YAMAGI e outros (op. cit., ed. inglesa 1978, p. 140): "Compared to Italy, the influence of Byzantine culture on the rest of Western Europe was less tangible and is therefore less easily recognized. [...] One may suppose it to have been strong in Germany, where OTTO II married a Byzantine princess, THEOPHANO in the year 927."

1370 Personagem marcante desse diálogo entre esses dois mundo, o cardeal BESSARION – alto dignatário da igreja ortodoxa de Constantinopla, transformado em cardeal da Cúria romana. A respeito, Henri VAST, **Le cardinal Bessarion (1403-1472) étude sur la chrétienté de la Renaissance** – vers le milieu du XVe siècle (Paris: Hachette, 1878) b/c o já citado volume de Basile TATAKIS, **La philosophie byzantine** (no conjunto da obra de E. BRÉHIER, **Histoire de la philosophie**, Paris: PUF, 1949).

Esse movimento de Bizâncio para a Europa ocidental será acentuado pela queda de Bizâncio, em 1453, quando da derrubada do que restava do Império romano do Oriente pelos muçulmanos e a consequente fuga de letrados e transporte de manuscritos clássicos gregos para o Ocidente. Mas, tal fluxo já ocorria há séculos, mesmo antes desse marco, habitualmente apontado como fim da Idade média, e ponto de inflexão em favor da ascensão cultural do mundo ocidental, com enormes repercussões sobre o conjunto da Europa e, a partir desta, no mundo (ocidental), o ingresso nas eras moderna e contemporânea.

Além de aportes diretos nas artes figurativas e nas técnicas de esmalte e do trabalho em metal, relevante contribuição bizantina foi servir de ponte, ao lado dos comentadores árabes, para a transmissão do legado da Antiguidade clássica para o Ocidente medieval. O pensamento ocidental, notadamente em áreas como a filosofia, mostra essa influência da época.[1371]

Outras oportunidades para contato entre os mundos europeu ocidental e bizantino serão dadas pelas sucessivas Cruzadas,[1372] que começam no século XI. Isso se deu, especialmente, com a quarta Cruzada, um século mais tarde, quando as tropas ocidentais, em lugar de se dirigirem para a

[1371] Dentre numerosas fontes, v. os já referidos estudos de Étienne Gilson, **L'esprit de la philosophie médievale** (Gifford Lectures/ Université d'Aberdeen, Paris: Vrin, deuxième éd. revue / troisième tirage, 1978), E. Gilson, **La philosophie au moyen âge** (Paris: Payot, 1976, 2 tomos). Ver tb. Sylvie Denoix et Hélène Renel (dir. de), **Atlas des mondes musulmans médiévaux** (Paris: CNRS Éd., 2022), esp. Jean-Charles Ducène, Yann Dejugnat et Emmanuelle Tixier Du Mesnil, *Représentations de soi et de l'autre* (in S. Denoix et H. Renel (dir. de), **Atlas des mondes musulmans médiévaux**, 2022, chap. 1, p. 13-43); Eduardo Manzano Moreno, **Historia de las sociedades musulmanas en la Edad média** (Madri: Sintesis, 1992), b/c o instigante ensaio de Joscelyn Godwin, **The Pagan Dream of the Renaissance** (Londres: Thames & Hudson, 2002).

[1372] Sobre a 'transformação' do cristianismo de sua mensagem original de não-violência e de pacifismo, até a criação do monge-soldado e a afirmação da igreja militante, e a conclamação às cruzadas, em contraposição à concepção guerreira, presente desde o início do islamismo, ver **Tratado** (tomo IV – **Direito internacional no tempo medieval**, cap. 11 – tratadistas da guerra: Balthazar Ayala e Pierino Belli, e seus primeiros três itens: 11.1 – cristianizar a guerra?, 11.2 – guerra justa e guerra santa: entre *jihad* e as cruzadas e 11.3 – herança antiga e medieval na concepção moderna da guerra, b/c, acima, cap. 1 – direito internacional: modelos históricos e culturais).

Terra Santa, voltam-se contra, atacam, tomam e saqueiam Constantinopla – e a mantém sob ocupação pelos 'cruzados', entre 1204 e 1261.[1373]

Somados às dissensões internas, os golpes recebidos dos 'irmãos cristãos' do Ocidente certamente contribuíram para o enfraquecimento e a posterior derrocada do império bizantino, no início da segunda metade do século XV, quando este é tomado pelos muçulmanos. Desaba o Império romano do oriente; termina uma outra era.

A concepção de império passa adiante, acompanhando a fé cristã ortodoxa, porquanto mesmo depois da queda de Bizâncio, a ideia de império universal, mais uma vez, renova-se e permanece. Esta concepção passará de Bizâncio, pelas mãos e segundo a tradição da Igreja ortodoxa, àquela que se autodenominava Santa Rússia dos Czares, tendo Moscou como a 'terceira Roma', e permanecerá, ao menos como ideia, até a

[1373] Nenhuma justificação é possível para esse ataque contra Constantinopla, exceto para se apossar das riquezas da cidade. Ver: I. Djuric, **Le crépuscule de Byzance** (Paris: Maisonneuve et Larose, 1996); A. Ducellier, **Les Byzantins**: histoire et culture (Paris: Seuil, © 1988, impr. 2002); ___ , **Le drame de Byzance**: idéal et échec d'une société chrétienne (Paris: Hachette – littératures, 1997); A. Ducellier et M. Balard (dir. de), **Constantinople 1054-1261** (Paris: Autrement, 1996); B. Flusin, **La civilisation byzantine** (Paris: PUF – Que sais-je?, 2006); Sir Galahad, **Byzance** (trad. J. Chifelle-Astier, Paris: Payot, 1937); J. Heers, **Chute et mort de Constantinople** (1204-1453) (Paris: Perrin, © 2005, impr. 2008); M. Kaplan, **Pourquoi Byzance ?** – Un empire de onze siècles (Paris: Gallimard, 2016); D. Nicol, **Les derniers siècles de Byzance 1261-1453** (do original **The last centuries of Byzantium, 1261-1453**, © 1972, trad. Hughes Defrance, Paris: Tallandier – coll. Texto, 2008); J. J. Norwich, **Histoire de Byzance** 330-1453 (orig. publ. **A short History of Byzantium** © 1988, trad. Dominique Peters, Paris: Perrin, 2009); H. Pirenne, **Mahomet et Charlemagne** (1936, suivi de B. Lyon, *Le débat historique sur la fin du monde antique et le début du moyen âge*; A. Guillou, *Byzance et la genèse de l'europe occidentale*; F. Gabrieli, *Effets et influences de l'Islam sur l'europe occidentale*; H. Steuer, *De Théodoric le grand à Charlemagne*, trad. de Hélène Seyrès, Milano: Jaca Book, © 1986, 1ère éd. française 1987); S. Runciman, **História das Cruzadas** (orig. publ. **A History of the Crusades** © 1951, trad. Cristiana de Assis Serra, Rio de Janeiro: Imago, 2002, 3 vols.: I. **A primeira cruzada e a fundação do reino de Jerusalém**; II. **Cruzadas do século XII**; III. **O reino de Acre e as últimas cruzadas**); ___ , **A teocracia bizantina** (orig. publ. **The Byzantine Theocracy**, © 1977, trad. Heloisa T. Gomes, Rio de Janeiro: Zahar, 1978); M. de Taube, **L'apport de Byzance au développement du droit international occidental** (Rcadi, 1939, t. 67, p. 233-340); S. Yerasimos, **Constantinople** – de Byzance à Istanbul (© 2000, Paris: Éd. Place des Victoires, 2010).

extinção do regime pela revolução (1917).[1374] Ademais, parece ressurgir na Federação russa pós-soviética.

As pretensões 'imperiais' russas tem, assim, conexão – e esta pode ser considerada mais ou menos direta, ou fictícia, conforme o ponto de vista adotado – a partir de Roma e de Bizâncio, para apresentar Moscou como a terceira Roma. Em quadro como este, o encadeamento no tempo é vital para a compreensão dos fenômenos e para a explicação da recorrência dos modelos, como, notoriamente, ocorre em relação à noção de império.

Esse mesmo 'modelo', de certo modo não imitado e não imitável, é conservado, especialmente, na Itália, apesar do fracionamento desta em seis unidades, dentre as quais o ducado de Roma, como embrião abortado, ou miniatura do império. Isso se dá enquanto a Espanha se parte em três, a Gália em oito, a Germânia em quatro, os reinos anglo-saxões na Heptarquia, em número de sete, como tautologicamente indica o nome, bem como os reinos célticos em quatro, sem falar dos principados episcopais, como Clermont, Órleans, Auxerre e outros, que se multiplicam.

A ideia de império, levada ao seu paroxismo conceitual, enseja, pelo fracionamento ocorrido, o surgimento dos estados, que serão o parâmetro de ordenação das relações internacionais nos séculos seguintes,

1374 A respeito v. tb. **Tratado** (tomo XVII – **Direito internacional no tempo do colonialismo**, cap. 11 – a colonização russa), b/c, dentre considerável bibliografia disponível: B. de Montclos et al., **Impérial Saint Pétersbourg de Pierre le Grand à Catherine II** (Milão: Skira / Mônaco: Grimaldi Fórum, 2004); J. Bruhat, **História da U.R.S.S.** (trad. Geraldo Gerson de Souza, São Paulo: Difel, 2a. ed., 1966); Hélène Carrère d'Encausse, **Russie, la transition manquée (Nicolas II, Lenine, Unité proletarienne et diversité nationale** (Paris: Fayard, 2005); Anatole Leroy-Beaulieu, **L'empire des Tsars et les Russes** (1ère éd. 1881-1882, éd. présentée par Marc Raeff, Paris: R. Laffont, 1990); Anna Politkvoskaya, **La Russia di Putin** (© 2004, trad. Claudia Zinghetti, Milão: Adelphi Ed., 1a. ed., 2005, 7ª ed., 2009); Nicholas V. Riasanovsky e Mark D. Steinberg, **A History of Russia** (Oxford: Univ. Press, 7th. ed., 2005); Olivier Rolin, **En Russie** (Paris: Seuil, 1997); B. Rybakov, **Early centuries of Russian History** (translated from the Russian by John Weir, Moscou: Progress Publishers, 1965); Robert Service, **A History of modern Russia** – from Nicholas II to Putin (orig. publ. 1997, Londres: Penguin, "published with revisions under the current title", 2003); Anthony-Emil N. Tachiaos, **Cirillo e Metodio** – le radici cristiane della cultura slava (orig. publ. **Cyril and Methodius of Thessalonica** – the acculturation of the Slavs © 2001, ed. italiana a cura di Marcello Garzaniti, Milão: Jaca Book, 2005); Evgueni V. Tarlé, **La guerre du nord** (trad. du russe par Jean Champenois, Moscou: Edtrl. Progresso, © 1966, 2 vols.); Michael Thumann, **La puissance russe: un puzzle à reconstituer?** (do original **Das Lied von der russischen Erde** © 2002, trad. Jean-Marie Argeles, Paris: Alvik, © 2002, impr. 2003).

antes que se lhe agregue a condição do estado-nação que, por sua vez, acarreta complicações adicionais.

Apesar da crise do modelo e do fracionamento político, a dominação conceitual romana do espaço continua, em diversas escalas, dos seus quadros institucionais. A *civitas* perdura, ao menos enquanto ideal.

Isso se verifica até mesmo como base física, sobre a qual a continuidade da civilização é construída, materialmente e como alocação de espaço físico.[1375] Ao mesmo tempo, reconhece-se ser a herança dessa identidade antes histórica que geográfica.[1376] Como afirma V. GREGOTTI: "o território pertence tenuemente à natureza e muitíssimo à história".[1377] Ao exame deste, contraponham-se as considerações de Nikolaus PEVSNER.[1378]

Os meios empregados por Roma, assinalava Th. MOMMSEN,[1379] para assegurar e aumentar a sua dominação no Norte, "e dizer como as grandes massas de povos que se mostravam sem cessar de um lado e de outro, além da cortina de montanhas, começavam a lembrar rudemente ao mundo romano e grego, que errava em atribuir-se a dominação exclusiva da terra".[1380]

A remissão a Roma se repete, direta ou indiretamente, ao menos até 1806. Nesta data se dá a abolição formal do 'império', após as conquistas

1375 Aponta Vittorio GREGOTTI, **Identità e crisi dell'architettura europea** (Turim: Einaudi, 1999, cap. quarto 'trasmigrazioni', p. 51-59, cit. p. 51) cerca de 30% das cidades da Espanha, da França e da Itália seguem até hoje o traçado das cidades romanas das quais se originaram: "la continuità nel tempo e nello spazio delle localizzazioni del reticolo urbano (circa il 30 per cento delle città in Francia, Italia e Spagna risalgono all'età romana, o in quel tempo sono state rifondate)."

1376 V. GREGOTTI (op. cit., 1999, p. 29): "la tesi che la sua identità sia di natura storica piutosto che geografica".

1377 V. GREGOTTI (op. cit., 1999, p. 160): "il territorio appartiene debolmente alla natura e moltissimo alla storia."

1378 Mostra o impacto da matriz romana, de influência grega, para o conjunto da arquitetura ocidental Nikolaus PEVSNER, em seu **Panorama da arquitetura ocidental** (do original **An outline of European architecture** © 1943, trad. José Teixeira COELHO Neto e Silvana GARCIA, rev. Luís L. RIVERA, Mônica STAHEL, Roberto de OLIVEIRA, São Paulo: Martins Fontes, 2ª ed., 2002, esp. cap. I – Crepúsculo e aurora: do século IV ao século X, p. 5-43).

1379 Theodor MOMMSEN, **História de Roma** (do original **Römische Geschichte**, publicada de 1854 a 1885, excertos, trad. de Antonio OLINTO, estudo introdutório de Jerôme CARCOPINO, Rio de Janeiro: Opera Mundi, 1973). No quinto volume (1885) de sua grande obra, MOMMSEN diz que a fantasia não é somente mãe de toda poesia, mas também de toda história.

1380 Th. MOMMSEN, **História de Roma** (ed. cit., 1973, p. 180).

de NAPOLEÃO, ao menos em relação ao Império Austro-húngaro, sob a égide dos HABSBURGOS.[1381]

E, como anseio vago, em outros quadrantes, repete-se, como na configuração de *Império* brasileiro (1822-1889). Talvez ecoando algo da concepção de Antonio VIEIRA, com sua **História do futuro**? (1718, ed. 2005) ao projetar o que ainda estaria por vir:

> havia de se acabar seu mando, seu poder, seu império, sua soberania, como verdadeiramente se acabou a dos Assírios pela sucessão dos Persas, dos Persas pela sucessão dos Gregos, e a dos Gregos pela sucessão dos Romanos, e se acabará também a dos Romanos pela sucessão do Quinto Império.[1382]

De certa forma, a ideia do poder central de inspiração romana pode-se dizer se tenha ainda prolongado até 1917, no caso da "terceira Roma", no Império Russo, sob a égide dos ROMANOVS. Não por acaso, Marc SEMENOFF, na sua **História da Rússia** (1924),[1383] inseria o subtítulo "estudo comparado entre o Oriente e o Ocidente". A Rússia tem elementos de ambos.[1384]

Como observava Henri PIRENNE (1971),[1385] na Idade média, a Rússia meridional "estava colocada entre dois domínios de civilização superior: a Leste, além do mar Cáspio, se estendia o califado de Bagdá, ao sul, o

[1381] Tim BLANNING, **The Pursuit of Glory: Europe 1648-1815** (London: Penguin, © 2007, impr. 2008) a propósito: "the Holy Roman Empire" – in 1806 – "was finally laid to rest" observa (p. 656): "nine years were to pass before FRANCIS II abdicated as Holy Roman Emperor, and became FRANCIS I Emperor of Austria, but with Campo Formio the death-knell of the 1,000 year old Holy Roman Empire had tolled."

[1382] Antonio VIEIRA, S.J., **História do futuro – livro anteprimeiro. Prolegômeno a toda a história do futuro, em que se declara o fim e se provam os fundamentos dela. Matéria, verdade e utilidade da história do futuro** (ed. original, Lisboa: Oficina de Antonio Pedroso Galram, 1718, organizador José Carlos Brandi ALEIXO, Brasília: Ed. UnB, 2005, p. 385-386).

[1383] Marc SEMENOFF, **Histoire de Russie (Étude comparée entre l'Orient et l'Occident)** (préface de Louis RÉAU, ancien Directeur de l'Institut français de Petrograd, Paris: La renaissance du livre, 1924).

[1384] V. tb. Nicholas V. RIASANIKOVSKY e Mark D. STEINBERG, **A Hisory of Russia** (New York / Oxford: Oxford U.P., 7th. ed., 2005); A. SAKHAROV, **Mon pays et le monde** (© 1973, trad. du russe par Paul DEYFAT, Paris: Seuil, 1975).

[1385] Henri PIRENNE, **Les villes du Moyen Âge** (Paris: PUF, 1971).

mar Negro banhava as costas do Império bizantino e conduzia em direção a Constantinopla".[1386] A importância do comércio que mantinham tanto com o império muçulmano, como com o império grego, é atestada pelo número extraordinário de moedas árabes e bizantinas descobertas na Rússia.[1387]

A noção de império romano universal se conserva, não obstante os avatares da segunda metade do século VII,[1388] e se propaga, no tempo e no espaço. Universal ou regional, a concepção de Roma estará sempre presente, ao longo dos séculos.

O ideal, ou a 'nostalgia', do império romano, mesmo quando este se mostra inviável como anseio generalizado, atuará de modo pontual ou setorial, neste ou naquele segmento, da política ao direito, da arquitetura às artes plásticas, mas não deixará de estar presente.[1389] Do *Império* de NAPOLEÃO ao *Império* brasileiro, ao curto *Império* de MAXIMILIANO, no México, temos, ainda no século XIX, três exemplos de tais transformações e renovações, mesmo em contextos pouco prováveis.

Em escala verdadeiramente imperial, sobretudo na era vitoriana, o *Império* britânico se põe, com ampla repercussão, sobre vários continentes ao longo do século XIX e início do XX.[1390] Alguns exemplos aber-

1386 H. PIRENNE (op. cit., 1971, p. 38): les barbares éprouverent tout de suite le rayonnement de ces deux puissants foyers.

1387 H. PIRENNE (op. cit., 1971, p. 39): qui y marquent comme un pointillé d'or la direction des voies commerciales. (...) Les renseignements des voyageurs juifs ou arabes et d'écrivains byzantins complètent heureusement les données des fouilles archéologiques.

1388 V. tb. Etienne GILSON, **La philosophie au Moyen Âge** (Paris: Payot, 1976) mostra como a Renascença carolíngia representa mudança do padrão civilizacional do Ocidente. Curiosamente, o que poderia não ter passado de fenômeno de interesse local, a herança da cultura romana e da língua latina, conservada na Inglaterra, volta ao continente, e se espalha por iniciativa de CARLOS MAGNO, que manda buscar em Roma e nas Ilhas britânicas sábios versados na língua e na cultura para desenvolverem trabalho didático e de ensinamento comparável, segundo GILSON, ao dos professores estrangeiros, que atuam como *visitng scholars* em nossos tempos.

1389 Michel ROUCHE, **Les racines de l'Europe: les sociétés du haut moyen** âge **568-888** (Paris: Fayard, 2003, esp. cap. i, les conceptions des sociétés, p. 9-25, cit. p. 13), no exarcato de Ravena, os cidadãos se dizem romanos e se recusam a ser considerados gregos. O termo *Romagna*, de *Romania*, aparece no século viii, na crônica de AGNELLUS: "Or, c'est à Ravenne que continuera, sans jamais s'éteindre, l'école municipale romaine, qui relancera le droit romain au xi. Siècle".

1390 Dentre outros, v. a respeito, Niall FERGUSON, **Império:** como os britânicos fizeram o mundo moderno (do original **Empire** © 2003, trad. Marcelo Musa CAVALLAR I, São Paulo:

rantes do presente século XXI poderiam ser, ainda, enumerados – como a Rússia de V. PUTIN!

O reinado de FREDERICO II HOHENSTAUFEN (1194-1250) será marcado pela busca da retomada do conceito e do modelo de *imperium romanum*.[1391] Este, desde o início, esforça-se por somente fazer entrar em seus planos o que pudesse servir ao império romano, como todo, e somente as necessidades do império, no seu todo, da qual a Germânia, por importante que fosse, constituía somente uma parte.[1392]

Durante esses anos, passados na Alemanha, FREDERICO II se apropria, de modo instintivo, de tudo o que era imediatamente útil ao *imperium romanum*, e do que, na Alemanha, tinha dimensão mundial, de tudo o que tivesse peso e importância não somente no interior das fronteiras alemãs, mas no conjunto do mundo romano. Não eram as particularidades alemãs que interessavam a FREDERICO, mas o que tinha ela de universal.[1393]

De tal maneira, os alemães do século XIII "se consideravam herdeiros do império romano".[1394] Em toda a extensão do então existente

Planeta, 2010); Paul KENNEDY, **Ascensão e queda das grandes potências** (do original **The rise and fall of the great powers** © 1988, trad. Waltensir DUTRA, Rio de Janeiro: Campus, 1989).

1391 Olaf B. RADER, **Friedrich II.** – Der Sizilianer auf dem Kaiserthron: eine Biographie (orig. publ. 2010, Munique: C. H. Beck, 4. durchgesehene Auflage, 2012, Erster Teil – Herrschaften, cap. 4 – der Kaiser, p. 116-151); Ernst KANTOROWICZ, **L'empereur Frédéric II** (do original **Kaiser Friedrich der Zweite**, © 1927, trad. Albert KOHN, Paris: Gallimard – Quarto, 2000, **Kantorowicz oeuvres**, p. 9-641).

1392 Segundo analisava E. KANTOROWICZ (op. cit., 1927, ed. cit., 2000, p. 75) toda a política interior alemã de FREDERICO II pautou-se por essa diretriz, no sentido de certa passividade, em relação às exigências e as concessões às reclamações dos príncipes alemães, em realidade porque ele levava em conta os interesses do conjunto do império: "Par lá, FRÉDERIC II voulait en effet s'assurer l'intérêt, d'ailleurs bien réduit, que les princes manifestaient en géneral pour le vaste Empire romain, il entendait se les attacher et canaliser vers le grand tout au moins une partie de leurs forces."

1393 E. KANTOROWICZ (op. cit., 1927, ed. cit., 2000, p. 76-77) considera não existia, ainda, naquele tempo, um 'espírito alemão', mas "espírito romano que dava as feições aos alemães": "Ce n'était pas la tradition allemande qui unissait les payx nordiques et les assimilait les uns aux autres, mais le style et la culture romains."

1394 E. KANTOROWICZ (op. cit., 1927, ed. cit., 2000, loc. cit.): "Si donc FRÉDERIC II cherchait en Allemagne, tout ce qui à ses yeux, avait un caractère 'romain' au sens de l'Empire et de l'Église, c'était précisément parce que cette 'romanité' représentait à l'époque ce que le caractère national avait de plus profond."

imperium romanum, o alemão encontrava o que considerava característico de sua terra e de seu tempo. Essa 'pretensão imperial' explicaria, não somente o surgimento da grande arquitetura do século XIII, da grande estatuária alemã – alguma coisa surpreendente e excitante para o espírito como as estátuas dos *cavaleiros* de Bamberg e de Magdeburgo – mas, também, o interesse e as tentativas de tradução dos autores romanos em alemão, dentre as múltiplas manifestações de "germanização do patrimônio espiritual romano".[1395]

São, assim, múltiplas as manifestações desse mais curioso dos fenômenos, essa "germanidade impregnada de espírito romano".[1396] Esta se cristaliza em torno da concepção *imperial*, transposta de Roma para a Germânia e se manifesta em tantos e tão diversificados campos, com muitas repercussões, em vários campos, ao longo dos séculos.

Foi, ainda, na época de FREDERICO II, que o direito romano faz a sua aparição na Alemanha, no campo secular, e essa foi "talvez a marca mais durável deixada pelo espírito romano na Germânia".[1397] Com grande impacto sobre o desenvolvimento do direito alemão nos séculos seguintes e, a partir deste, sobre vários outros sistemas jurídicos nacionais, inclusive o antigo Código civil brasileiro, de C. BEVILÁQUA.

As raízes dos modelos futuros, não somente para uso interno da Europa, mas, igualmente, nos seus desdobramentos em outros conti-

[1395] Nesse sentido, refere KANTOROWICZ (op. cit., 1927, ed. cit., 2000, p. 78) as traduções, já no período carolíngio, em médio alto-alemão, do poeta VIRGÍLIO, por NOTKER, ou a tradução de OVÍDIO, devida a ALBERT VON HALBERSTADT, teve continuadores no século do humanismo, o que mostra, na Alemanha de então, mesmo em meios que ignoravam o latim, o interesse pela Antiguidade começava a ser despertado, e devemos em relação a isso pensar sobretudo nos clérigos de classe feudal.

[1396] E. KANTOROWICZ (op. cit., 1927, ed. cit., 2000, loc. cit.).

[1397] Nesse sentido, v. **Tratado** (tomo V – **Direito internacional no tempo de Francisco de Vitória**, cap. 12 – *jus gentium, jus comune, jus europaeum*: entre a teoria e a prática'). Na esteira dessa iniciativa se inscrevem todos os desdobramentos dos estudos romanísticos nas universidades alemãs, nos séculos futuros, sem os quais não poderiam ser entendidos os *Pandectistas*, ou a magistral contribuição de Friedrich Carl von SAVIGNY, com seu **Sistema do direito romano atual**, cujo volume VIII se insere no universo mais amplo, que engloba a tradução e a publicação de obras clássicas do direito internacional. Assim se faz o elo entre o direito romano antigo, a sua retomada nos estudos laicos, da Alemanha medieval até a época romântica, e o aporte do direito romano para o direito internacional, por meio da obra de SAVIGNY. Ver Friedrich Carl von SAVIGNY, **Sistema do direito romano atual** vol. VIII, do original **System des heutigen römischen Rechts** (trad. Ciro MIORANZA, apres. Arno DAL RI Jr., introdução de Erik JAYME, Ijuí: Ed. Unijuí, 2004).

nentes, como nas Américas, têm suas origens nesse mundo que se forma a partir do final da Antiguidade, período este crucial – embora tantas vezes tratado de modo incipiente – para a compreensão não somente do passado, mas do mundo presente.

Como ilustram, desde clássicos como Edward GIBBON e Ferdinand GREGOROVIUS,[1398] até contribuições recentes,[1399] percebe-se antes transformação progressiva do que ruptura, na transição entre a Antiguidade e o mundo medieval, e essa transição pode ser muito longa e estender-se durante séculos, dependendo do modelo que se adote para a caracterização da passagem de uma fase para a outra. A discussão dos critérios e elementos norteadores pode tornar-se fim em si mesma, mas não é o que, aqui, nos interessa.

Em boa medida, cabe referir, mas não adentrar tais controvérsias históricas. O que aqui interessa é a caracterização de determinado modelo de civilização – *imperial* – e considerar em que medida esse modelo pode ser receptivo à ideia de coordenação de relações internacionais e de inserção em sistema institucional e normativo internacional.[1400]

[1398] Edward GIBBON, **Declínio e queda do império romano** (do orig. **Decline and fall of the Roman Empire** ed. abreviada, org. e intr. Dero A. SAUNDERS, pref. Charles A. ROBINSON Jr., trad. e notas suplementares José Paulo PAES, São Paulo: Companhia das Letras, 2005); Ferdinand GREGOROVIUS, **Geschichte der Stadt Rom im Mittelalter** – vom V. bis XVI. Jahrhundert (orig. publ. em oito volumes, de 1859 a 1878), ed. italiana **Storia della città di Roma nel medioevo** (intr. Waldemar KAMPF, trad. Andrea CASALEGNO, Torino: G. Einaudi, 1973, reimpr. 2011, 3 vols).

[1399] Averil CAMERON, **Il tardo impero romano** (do original **The later Roman Empire**, Londres: Fontana Press, 1993, trad. italiana a cura di Elio LO CASCIO, Bolonha: Il Mulino, 1995); Gherardo GNOLI e Giulia SFAMENI GASPARRO (a cura di), **Potere e religione** nel mondo indo-mediterraneo tra ellenismo e tarda-antochità ("Atti dell'Incontro di studio della Società Italiana di Storia delle Religioni, Roma, 28-29 ottobre 2004", Roma: Isiao – Istituto Italiano per l'Africa e l'Oriente, 2009); Alexandre GRANDAZZI, **Urbs** – Histoire de la ville de Rome, des origines à la mort d'Auguste (Paris: Perrin, 2017); Michel ROUCHE, **Les racines de l'Europe: les sociétés du haut moyen âge 568-888** (Paris: Fayard, 2003); Julia M. H. SMITH, **L'Europa dopo Roma** – una nuova storia culturale 500-1000 (do original **Europe after Rome – a new cultural History 500-1000**, Oxford: Univ. Press, 2005, trad. Giovanni ARGANESE, Bolonha: Il Mulino, 2008); Bryan WARD-PERKINS, **La caduta di Roma e la fine della civiltà** (do original **The Fall of Rome and the end of civilization**, Oxford: Univ. Press, 2005, trad. Mario CARPITELLA, Roma/Bari: Laterza, 2008).

[1400] V. tb. a sequência da matéria no **Tratado** (tomo V – **Direito internacional no tempo de Francisco de Vitória**, item 12.2. conceito jurídico de império: II – da Idade média à era moderna).

Diversamente do que ocorre em relação aos estados de direito contemporâneo e, no âmbito interno de considerável parte destes - nos quais se respeitam os assim chamados direitos fundamentais, garantias individuais, direitos políticos e direitos sociais -, nas relações entre os estados, no âmbito internacional, pode-se dizer, comparativamente falando, estarmos em época muito anterior e ser muito mais baixo o padrão de legalidade e de proteção de direitos fundamentais. Pode ser feito paralelo entre a evolução dos sistemas nacionais e a do sistema institucional e normativo internacional.

Estimava Maarten Bos, na sua instigante "metodologia do direito internacional" (1984), estarmos, no plano internacional, em situação comparável ao que ocorria na Europa, em torno do ano 500 A.D., na altura e contexto em que o então *homo liber* começa o percurso de cerca de mil anos, até atingir a condição do cidadão nos estados de bem estar social.[1401]

O contexto histórico do estado no mundo atual pode ser equiparado a cópia surpreendentemente fiel da condição do *homo liber*, há mais de mil e quinhentos anos. Essa constatação se impõe, no sentido de termos clareza quanto a ser a sociedade internacional consideravelmente mais 'primitiva', no sentido de politicamente menos estruturada e organizada que a maioria dos estados atualmente existentes.[1402]

A determinação da posição histórica do estado permite reconhecer o estado como fenômeno de poder. Este se manifesta, pode-se dizer, antes, e, sobretudo, na ordem interna ou nacional - que, em considerável medida, escapa às considerações do direito internacional - mas, também, na ordem externa ou internacional. Esta concepção - o estado - dialoga com a concepção clássica do império e deste absorve elementos, ao mesmo tempo em que pretende pautar-se pela racionalidade voltada para a consecução do interesse público.[1403]

1401 Maarten Bos, **A methodology of international law** (Amsterdam - New York - Oxford: North Holland, 1984, cit. p. 19): "the historical background of the State in international relations is one totally different from the historical background of the citizen in, say, the modern welfare state." V., tb., Maarten Bos, *"Old Germanic Law analogies in International Law, or: the state as **homo liber**"* (Netherlands International Law Review, 1978, p. 51-62).

1402 Maarten Bos (op. cit., 1984, *passim*).

1403 Em sua tese de livre-docência em ciência política, **Strukturwandel der Öffentlichkeit** - Untersuchungen zu einer Kategorie der bürgerlichen Gesellschaft, originalmente publi-

A construção de modelos de 'estado' retoma a questão dos 'impérios', por vezes de modo recorrente. Ainda o Brasil, logo após aceder à independência, dado o fato de que se fizera a 'eleição' do modelo, põe à frente do novo país o filho do rei do Portugal, designado como "*imperador* constitucional e defensor perpétuo do Brasil".

A configuração '*imperial*' do Brasil se deu durante fase crucial da consolidação de sua identidade nacional (1822-1889). Esse período constitui legado de caráter estruturante para a identidade nacional brasileira, muito embora em relação ao mesmo se ponham, igualmente, controvérsias. Estas serão deixadas de lado, porquanto não constituem o objeto da análise aqui desenvolvida, por mais que me seja caro o tema.[1404]

O que neste passo interessa reportar é o dado de se tratar de experiência única nas Américas. E, esta, até hoje, mostra-se, ao lado da língua (portuguesa), em relação ao conjunto dos vizinhos de língua hispânica, como dados que nos distinguem dos demais países do continente.

O *Império* brasileiro marcou não somente a formação do Brasil como, também, constitui elemento até hoje reportado nas análises das relações entre o país e os demais na América do Sul. E, mesmo mais adiante, porquanto o *império*, conduzido pelo filho do rei de Portugal, foi o modelo que tornou possível a conservação da unidade territorial, por meio da criação de espaço *imperial* e de consolidação da unidade nacional e, progressivamente, de uma identidade, ou da ideia desta, a partir do estado que se formou e do qual se fez a construção progressiva de sociedade brasileira e de uma história nacional.

O *império* brasileiro foi *estado* antes de ser *povo*; foi construção política antes de ser realidade social. Plasmou facetas que, até hoje, ajudam-nos a nos definirmos e nos percebermos como nação e como povo, como sociedade e como estado nacionais.

Foi, ademais, *império* não pautado por *imperialismo*. Em que pesem certas imputações de seus vizinhos, foi o *Império* brasileiro à guerra, mas

cada em 1962 (Berlin: Neuwied, 5. Auflage, 1971), Jürgen HABERMAS descreve como um vasto processo social, que leva à formação da moderna sociedade de massa (*Massengesellschaft*), pela interação entre os meios de comunicação social, a política, a burocracia, e a economia.

1404 V. Heinrich HANDELMANN (1827-1891), **História do Brasil** (trad. Lúcia Furquim LAHMAYER, rev. Bertoldo KLINGER, anotada por Basílio MAGALHÃES e Odilon Nogueira de MATOS, intr. Odilon N. de MATOS, Belo Horizonte: Itatiaia / São Paulo: Edusp, 4ª ed., 1982, 2 vols.); v. tb. Miguel Augusto Gonçalves de SOUZA, **O descobrimento e a colonização portuguesa no Brasil** (Belo Horizonte: Itatiaia, 2000).

defensiva, e primou pela solução pacífica de controvérsias territoriais, segundo os ditames do direito internacional.[1405]

Depois da destruição dos impérios autóctones – incas, maias e astecas – outra menção a império no continente americano se deu no México. Mas, nunca funcionou adequadamente: começa com AGUSTIN I, um oficial militar – Agustin ITURBIDE – que se autoproclama 'rei', no início da década de 1820, e dura poucos meses. Depois de quatro décadas (com o trono vazio e sucessivos governos não-monárquicos), o 'segundo império' termina desastrosamente – depois de apenas três anos com MAXIMILIANO – quando o 'imperador' implantado no México por NAPOLEÃO III foi fuzilado por um destacamento de mexicanos revoltados contra a influência e governo estrangeiro em seu país. Em abril de 1864, MAXIMILIANO tinha assinado um tratado secreto com os franceses, fazendo do México virtualmente uma colônia da França, que manteriam tropas francesas em território mexicano até 1870.

Não cabe, assim, fazer paralelo de trasladação de *império,* na efêmera e malfadada experiência de MAXIMILIANO[1406] para o México, no século XIX.[1407] Além de causar o fuzilamento desse imperador,[1408] desencadeou

[1405] Cfr. **Direito internacional dos espaços** (2009, esp. cap. XXVII, 'território brasileiro e direito internacional', p. 699-755 e cap. XXVIII, 'fases da formação do território brasileiro: algumas lições de direito internacional', p. 756-776).

[1406] Uma grave preocupação, em torno da qual flutuava um novo sonho, ocupava o espírito do imperador. No México, este se deixou envolver em aventura perigosa, tendo como objetivo final a constituição de um império mexicano, em favor do arquiduque MAXIMILIANO da Áustria. A Inglaterra e a Espanha, sentindo o perigo dessa empreitada, se retiraram e a França sozinha assumiu o encargo. Quais eram os projetos, as visões, as intenções do imperador? A respeito, ver Gabriel HANOTAUX, **Histoire politique** de 1804 à 1926 (in **Histoire de la nation française**, quinze volumes, sous la dir. de G. HANOTAUX, Paris: Société de l'histoire nationale / Libr. Plon; t. III. *Histoire politique*: vol. premier (des origines à 1515) par P. IMBART DE LA TOUR, 1920; t. IV. *Histoire politique*: 2e vol (de 1515 à 1804) par Louis MADELIN, 1924; t. V. *Histoire politique*: vol 3e (de 1804 à 1926), par G. HANOTAUX, 1929; cit. t. V, 1929, chap. premier – *Issue napoléonienne de la révolution,* p. 1-36, cit. p. 1).

[1407] René PINON, **Histoire diplomatique** 1515 à 1928 (in **Histoire de la nation française**, quinze volumes, sous la dir. de G. HANOTAUX, Paris: Société de l'histoire nationale / Libr. Plon; t. IX, chap. IX – *La France après les traités de Vienne,* p. 431-534).

[1408] Foi um dos grandes erros do reinado. Sem dúvida, os interesse franceses no México eram importantes; mas enviar uma expedição francesa em país limítrofe dos Estados Unidos, era colocar-se em oposição direta a estes, enfrentar a doutrina de MONROE e acabar de isolar a França. Cfr. R. PINON, **Histoire diplomatique** 1515 à 1928 (in **Histoire de la nation française**, quinze volumes, sous la dir. de G. HANOTAUX, Paris: Société de l'histoire natio-

conflito armado no México, que causou cerca de 300.000 mortos[1409] e consideráveis estragos, além de sérios dissabores à França.[1410]

nale / Libr. Plon; t. IX, chap. IX, item IV – *la politique de* Napoléon *III*, cit. p. 514): "L'entreprise commence en 1861, en collaboration avec l'Angleterre et l'Espagne, qui se hâtent de se dérober. À l'origine, on aperçoit s'agiter un personnage qui, neuf ans plus tard, sera l'artisan de cette candidature d'un Hohenzollern au trône d'Espagne, d'où sortit la guerre franco-allemande, le général Prim. Le rapprochement est troublant; un bon connaisseur des affaires américaines, Philippe Bunau-Varilla, dans un discours prononcé à New York, le 11 janvier 1919, conclu que Napoléon III, en cette affaire, fut entraîné par un agent de Bismarck; les faits corroborent cette hypothèse".

1409 Depois desse breve interregno imperial, as duradouras ditaduras de Benito Juárez e de Porfírio Diaz deixaram suas marcas na história e na sociedade do México. Todavia ausente em 1847, quando a guerra com os EUA acarreta perda de mais de 2 milhões de quilômetros quadrados de território mexicano, a consolidação da identidade nacional mexicana é duradouro legado da luta contra os franceses, embora tenha causado cerca de 300 mil mortos, em razão da intervenção francesa, além de consideráveis danos causados à já então precária infraestrutura do país e interrupção dos fluxos de comércio e desorganização do mercado. A respeito, v. P. B. Casella, *The Latin American context around 1870* (in ed. by Catherine Kessedjian, em preparação, 2023); P. Chaunu, **Histoire de l'Amérique latine** (Paris: PUF – Que sais-je ? vol. 361, 1949, tb. ed. bras., **História da América latina** (trad. M. U. Rodrigues, São Paulo: Difel, 1976); B. R. Hammett, **A Concise History of Mexico** (orig. publ. 1999, Cambridge: Univ. Press, 2nd ed. 2006, reprinted 2007); J. Lambert, **América Latina** – estruturas sociais e instituições políticas (orig. publ. **Amérique latine – structures socials et institutions politiques**, trad. L. L. de Oliveira e A. O. Aguiar, São Paulo, Edusp / Nacional, 2ª ed., 1979); G. Pendle, **A History of Latin America** (orig. publ. 1963, London, Penguin, 1990); P. L. Russell, **The History of Mexico** – from Pre-Conquest to the Present (New York and London, Routledge, 2010); E. Williamson, **The Penguin History of Latin America** (orig. publ. 1992, London, Penguin, 2nd ed., 2009).

1410 As consequências da expedição do México foram desastrosas. O imperador da Áustria ficou indignado com o fim trágico de seu irmão, o arquiduque Maximiliano. Os Estados Unidos se recusaram a reconhecer Maximiliano como imperador; o secretário de estado, Seward, assim que a paz foi restabelecida entre o norte e o sul, envia um memorando a Napoleão III, que pouco diferia de um *ultimatum*, para exigir a retirada das tropas francesas, o que foi logo a seguir decidido. Cf. R. Pinon, **Histoire diplomatique** 1515 à 1928 (in **Histoire de la nation française**, quinze volumes, sous la dir. de G. Hanotaux, Paris: Société de l'histoire nationale / Libr. Plon; t. IX, chap. IX, item IV – *la politique de* Napoléon *III*, p. 431-534, cit. p. 514) comentava: "En 1870, après nos défaites, les griefs américains étaient encore si vivaces que le président Grant envoya au Congrès un message qui s'adressait indirectement à la cour de Prusse et la félicitait de son triomphe. Victor Hugo, dans **l'Année terrible**, se plaint d'une pareille attitude. L'expédition du Mexique, aggravé par la coïncidence d'une insurrection en Algérie, eut d'autres résultats déplorables; si elle n'absorba pas un grand nombre d'hommes, elle désorganisa les cadres de l'armée, les arsenaux, la mobilisation et le budget, au moment décisif où la France avait besoin de ses forces intactes".

Deixando de lado a pretensão hegemônica, a interação pode e deve se dar quando ocorra quadro de fragmentação e de multiplicidade de interlocutores que componham determinado sistema. Ante a impossibilidade física de imposição de determinada vontade nacional sobre as demais, tratar-se-á de construir 'consenso' ou sistema de coordenação.

Não existe corte temporal entre estes. Poder-se-ia tender a dizer que os modelos hegemônicos seriam herança do passado, não mais cabíveis no mundo presente. Mas, não é preciso ir longe para constatar a recorrência destes e a permanência de pretensão hegemônica, mesmo quando esta se mostra palmarmente inapta para a ordenação do mundo complexo e fragmentado, no qual vivemos.[1411]

O propósito central está presente e se encontra expresso, desde o advento de tais elementos precursores de direito internacional, quer se trate de base convencional ou consuetudinária. O direito internacional consuetudinário, já se esboça na época, e conterá, em toda parte, como direito internacional geral *de facto*, regras a respeito:

a) da inviolabilidade de arautos e mensageiros;
b) da obrigatoriedade, se não mais, da santidade dos tratados (*pacta sunt servanda*),[1412] incluindo a boa-fé (*bona fides*)[1413] na interpretação[1414] e aplicação destes;[1415]

[1411] Nas considerações introdutórias da presente parte I – direito das gentes no mundo antigo.
[1412] J. B. Whitton, **La règle 'pacta sunt servanda'** (Rcadi, 1934, t. 49, p. 147-276).
[1413] Como refere Pierre Grimal, **A civilização romana** (do original **La civilisation romaine** (c) 1984, trad. Isabel St. Aubyn, Lisboa: Edições 70, Lda., 2009, p. 76) a *fides* foi divinizada pelos romanos, e tinha templo a ela dedicado, no Capitólio, ao lado do templo de *Jupiter Optimus et Maximus*: "É o garante da boa-fé e da benevolência mútua em toda a vida social. Usa oficialmente o título de *Fides Populi Romani* (a boa fé do povo romano), e tal como o deus vizinho *Terminus*, garante a conservação das demarcações (fronteiras da cidade, limites dos campos, e tudo o que se deve manter para que seja salvaguardada a ordem das coisas)."
[1414] Teresa Negreiros, **Fundamentos para uma interpretação constitucional do princípio da boa-fé** (prefácio M. C. B. de Moraes, Rio: Renovar / biblioteca de teses, 1998), 'introdução', p. 1-23, cit. p. 1-2): "A boa-fé é uma noção jurídica tão antiga quanto obscura. Tais características parecem justificar-se reciprocamente. Com efeito, a ancestralidade da boa-fé – cujas origens já se delineiam na tradição jurídica romana – pode ser associada à ancestralidade do próprio direito, como forma de organização social, na medida em que a ideia de uma conduta leal e confiável – substrato da boa-fé – integra a essência do direito, sua dupla fundamentação de viabilizar a justiça e a segurança das relações intersubjetivas. A conexão assim vislumbrada, entre a ideia de direito e o conteúdo ético evocado pela boa-fé implica, numa perspectiva de assimilações mútuas, que a conceituação desta reflita a conceituação daquele. Sob esse aspecto, portanto, as tantas dificuldades em conceituar a boa-fé – chamada,

c) regras sobre o estatuto jurídico dos estrangeiros e estas, na medida em que se intensificam os intercâmbios, resultam em regras a respeito de comércio internacional, asilo[1416] e relações familiares (*commercium et connubium*); e

d) regras sobre sanções de direito internacional e, especialmente, em matéria de guerra e conflitos armados.[1417]

Registros históricos mostram a existência de regras que podem ser caracterizadas como contendo as características básicas do que se veio chamar de direito internacional.[1418]. Entendo, assim, ser cabível falar em sistema de direito internacional na Antiguidade,[1419] não obstante o fato de inexistirem. à época, *estados* propriamente ditos, com pretensões

também por isso, de *'une mer sans rivages'* – revelam apenas um pequeno córrego que aflui ao grande oceano, pressuposto pela eterna questão acerca do que seja o conteúdo (mínimo) do direito"; tb. Simone David-Constant, *La bonne foi: une mer sans rivages* (in **Bonne foi** – Actes du colloque organisé le 30 mars par la Conférence libre du jeune barreau de Liège, A.S.B.L., Liège: Éditions du jeune barreau de Liège, 1990, p. 7).

1415 Robert Kolb, **La bonne foi en droit international public: contribution à l'étude des principes généraux du droit** (Paris: PUF / publ. IUHEI, 2000); Elizabeth Zoller, **La bonne foi en droit international public** (Paris: Pedone, 1977); Suzanne Bastid, *Mutations politiques et traités: le cas de la Chine* (in **La communauté internationale: Mélanges offerts à Charles Rousseau**, Paris: Pedone, 1974, p. 1-15, cit. p. 15): La notion de continuité de l'état ne s'adapte pas à tous les problèmes issus, pour les traités, des mutations politiques.

1416 F. Reale, **Le droit d'asile** (Rcadi, 1938, t. 63, p. 469-602); Adherbal Meira Mattos, **Direito internacional público** (Rio de Janeiro: Renovar, 2ª ed., 2002, cap. 14 – direito de asilo, com distinção entre 'asilo político' e 'asilo diplomático', p. 285-295); Accioly – Nascimento e Silva – Casella, **Manual** (2021, 25ª ed., item 3.10.3.3.1 – asilo diplomático, p. 381-382, e 5.2.4 – direito de asilo, p. 481-485).

1417 A respeito, v. tb. **Tratado** (tomo IV – **Direito internacional no tempo medieval**, cap. 11 – tratadistas da guerra: Balthazar Ayala e Pierino Belli).

1418 Stephan Verosta (op. cit., 1952, Introduction, p. 491): "There is no doubt that from the earliest periods of international relations between sovereign political units such a body of rules of a general law of nations can be traced showing all the basic characteristics of international law."

1419 Nesse sentido, em lugar de controvérsias infrutíferas a respeito do marco temporal inicial da disciplina, pode-se ter a consciência de ser o direito internacional, como toda obra humana, se faz *no* tempo e é produto *do* tempo (história) e meio (cultura) no qual se cria e se desenvolve, em perspectiva pós-moderna, e mais abrangente. A respeito, ver **Fundamentos** (2008, esp. item V – direito internacional e duração, p. 485-487 e VI – direito, história e cultura, p. 489-615) e **Tratado** (tomo XX – **Direito internacional, história e cultura**, cap. 1 – direito internacional no tempo e seu papel na história).

concomitantes à *soberania* e à *igualdade* jurídica. Ademais, não se pode deixar de apontar a continuidade em relevantes *elementos precursores* de direito internacional, como de relações internacionais, claramente presentes desde o mundo antigo.[1420]

O reconhecimento da existência de elementos de direito internacional se justifica ante o quadro, vigente entre 1500 e 1200 a.C., quando monarcas do Oriente próximo – tais como o faraó egípcio RAMSES II e o rei dos Hititas, HATTUSILI II, em 1279 a.C. – tinham desenvolvido não somente sistema político de equilíbrio de poder,[1421] mas, também, corpo de normas substantivas de direito internacional, que pode ser reconstituído a partir de tratados celebrados e conservados em arquivos e monumentos.[1422]

As grandes migrações de povos indo-europeus da Ásia central e Rússia meridional, abrangendo hititas, filisteus, gregos, indianos e iranianos, suplantam o sistema mesopotâmico e levam à organização dos povos iranianos em grande império persa, que estabelece sistemas de contatos e relações com as cidades-estado gregas, como também com o sistema de estados indianos e o 'sistema sinocêntrico' do império chinês.[1423]

Séculos seguintes mostram a formação de grandes impérios e a consolidação de laços entre estes e outros poderes periféricos, por meio de vínculos formais – tratados – ou informais, como a prestação de tributo. Não menos interessantes as interações entre estes grandes conjuntos.

[1420] Nesse sentido, tratados nas considerações preliminares do presente título I – elementos precursores de direito internacional na Antiguidade.

[1421] Paradoxalmente, o mesmo equilíbrio de poder, na mesma região, faz falta, desde que os pólos de tensão e risco para a paz e a segurança internacionais, cuidadosamente mantidos e explorados, desde os mandatos do tempo da Sociedade das Nações foram conservados. A construção do equilíbrio entre sistemas políticos internos e as relações internacionais não de hoje constituem questão central de sistema institucional e normativo internacional. Como se considera, nos tomos seguintes.

[1422] Stephan VEROSTA (op. cit., 1952, p. 494 s.): "among these treaties, the convention of peace and alliance between RAMSES II and HATTUSILI II of 1279 b.C. is particularly important; it is written in Accadian, the language of diplomacy and international instruments of that period."

[1423] Ver, a seguir, cap. 4 – o império persa; cap. 5 – cidades-estado gregas e mundo helenístico; cap. 7 – entre as civilizações do continente asiático, e seus itens 7.1 – Índia e 7.2 – China.

Na Roma antiga, no curso de sua longa história, existe espécie de descompasso entre *império* e *imperialismo,* na sua dupla acepção:[1424] quanto ao primeiro, o *imperialismo,* apresentou-se como vontade aquisitiva, precedendo o *império* conceitualmente, mas configurando-o de fato. Uma vez constituído o império, o *imperialismo* consistiu, substancialmente, no *modo de gestão,* por meio da paz no interior. Este comporta a guerra somente com os externos, tanto que, não por acaso, paz (*pax*) e vitória (*victoria*) estão entre as legendas monetárias mais difundidas na era imperial.

Este pode ser um modo de ver a questão.[1425] Se puder traçar-se linha divisória clara entre *império* e *imperialismo,* este último se caracterizaria como 'as práticas de um império'. Nesse sentido, afirma DOYLE:

> relação formal ou informal, por meio da qual um estado controla a efetiva soberania política de outra sociedade política. Isso pode ser conseguido por meio do uso da força, pela colaboração política, por meio de dependência econômica, social ou cultural. *Imperialismo* é simplesmente o processo ou política de manutenção de um império.[1426]

Na assim chamada era imperial romana, cabe distinguir fases, dadas as consideráveis diferenças entre estas: na primeira fase da era imperial, a Julio-claudiana, é trabalhada a justificação do poder e, conjuntamente, as modalidades de exercício da sucessão deste. Nesta fase, TIBÉRIO e,

[1424] Antonio BALDINI, **L'Impero romano e la sua fine** (Bolonha: Il Mulino, 2008, p. 46): "in tutta la storia romana c'è una sorta di chiasmo tra impero e imperialismo, nel suo duplice significato: da prima l'imperialismo si è esplicitato come volontà acquisitiva, precedendo l'impero concettualmente, ma configurandolo di fatto; costituito l'impero, imperialismo è consistito sostanzialmente nel modo della gestione per via di pace all'interno che comporta la guerra solo con gli esterni, tanto che non a caso *pax* e *victoria* sono tra le legende monetali più diffuse nell'età imperiale."

[1425] Como se passa a considerar nos referidos quatro capítulos seguintes, considerando, respectivamente o império persa, as cidades-estado gregas e o mundo helenístico, na formação e no desenvolvimento de Roma, e entre as civilizações do continente asiático, e seus itens sobre a Índia e a China antigas.

[1426] Michael W. DOYLE, **Empires** (Ithaca, NY: Cornell Univ. Press, 1986, cit. p. 45): "a relationship, formal or informal, in which one state controls the effective political sovereignty of another political society. It can be achieved by force, by political collaboration, by economic, social or cultural dependence. Imperialism is simply the process or policy of maintaining an empire."

em parte, Claudio, estão próximos do modelo de Augusto; a seguir, com Calígula e Nero, assiste-se ao início da influência de fatores religiosos – por conseguinte, afastando-se do modelo de poder civil – como, também, nas primeiras manifestações da importância do elemento militar, na escolha do príncipe, a forçar o Senado a fazer determinada designação. Na fase seguinte, sob a dinastia flaviana, mostra-se a tendência ao *absolutismo*, que se apresenta como repressiva em relação a qualquer concepção do poder diversa.

A civilidade (*civilitas*) como elemento caracterizador e manifestação comportamental do príncipe (*princeps*), como o primeiro dirigente de comunidade universal, afirma-se na sucessiva era antonina, como a terceira fase da evolução imperial romana. Sua estrutura administrativa se salda com a substancial paz interna, que não consente aquelas aberrações, cujos primeiros indícios se mostram na fase seguinte, no período dos Severos.

A dinastia dos Severos, depois de alcançar o poder, diverge do padrão tradicional e os ideais por este expressos, quando o poder se inclina para os estratos inferiores da população.[1427] Justamente, os 'estratos inferiores' eram os que forneciam a maior parte dos soldados ao exército, motivo pelo qual também se fala em "monarquia militar" dos Severos, com alusão explícita ao aumento de características militares no exercício do poder, sob aquela dinastia.

A crise do conceito jurídico de império se faz acompanhar por aquela que é definida como "a crise do século III" onde tomar-se sempre como base o dado restrito da concepção do poder, configuraria fase de transição do principado ao dominado: de fato, depois de 235 d.C., o império entra em crise profunda também do ponto de vista institucional. A definição do período, que se estende até 284 d.C., como "anarquia militar", indica, com clareza, onde se encontravam os verdadeiros fundamentos do poder.[1428]

Curiosa simultaneidade, mais uma vez, há de ser notada entre os dois maiores impérios daquele tempo. Nessa mesma época, depois do flores-

[1427] A. Baldini (op. cit., 2008, p. 47): "a dimostrazione si usa citare la cosidetta *costitutio antoniniana*, atto di conferimento della cittadinanza romana a tutti i liberi dell'impero."

[1428] Segundo A. Baldini (op. cit., 2008, loc. cit.) "si accompagna a quella che è definita la crise del III secolo, in cui sempre dalla visuale ristretta della concezione del potere, si avrebbe una fase di transizione dal principato al dominato."

cimento da dinastia Han, a partir de 220 d. C., a China se encontra dividida e em crise, até que se consolide outra dinastia e se inaugure outro período de prosperidade e expansão. Como ocorria no Império romano, nessa mesma altura. No curso do terceiro século d.C., entre era clássica e baixo império, ou Antiguidade tardia,[1429] não somente foi posto a prova o instituto imperial, mas o próprio império, nas suas estruturas e superestrutura.

Daí em diante, as forças romanas se mostraram insuficientes para manter todas as fronteiras do império e repelir os ataques simultâneos, em várias frentes. Estas, assim, tiveram de cooptar ou até mesmo pagar os 'bárbaros' para obter destes a prestação de serviços de guarda de fronteiras, ao mesmo tempo em que se mantinham os soldos dos exércitos romanos: estes se tornaram árbitros do poder, podendo nomear imperadores os seus próprios comandantes, de modo a acentuar, substancialmente, o caráter militar do poder imperial.

Aos altos custos, há que somar os danos econômicos resultantes das invasões e dos saques, quando os detentores de reservas, ao acumularem o ouro, que sumia de circulação, agravavam o contexto de crise e de descontentamento popular. Todos esses elementos, por sua vez, levavam ao acirramento de tais nomeações imperiais executadas *manu militare*.

As populações consideradas bárbaras[1430] eram as assim chamadas *gentes externae* – os germanos, a leste do Reno; enquanto a oeste do mesmo rio, as populações germânicas tinham sido submetidas a fortes influências celtas e de romanização, nas regiões romanas da *Germânia superior* e *Germânia inferior*. Estas populações tinham, há tempos, superado a fase 'bárbara', como descreve TÁCITO:[1431]

[1429] M. MAZZA, **Lotte sociali e restaurazione autoritaria nel III secolo d.C.** (Roma/Bari: Laterza, 1973). Na linha da escola marxista, MAZZA vê na crise do terceiro século a explosão das contradições, ínsitas no modelo de produção, baseado na escravidão, que expõe as substanciais fraquezas de colosso com pés de barro, e o esaurimento de tal modelo.

[1430] Alessandro BARBERO, **Barbari: immigrati, profughi, deportati nell'impero romano** (Roma/Bari: Laterza, 2006), também em trad. francesa, **Barbares: immigrés, réfugiés et déportés dans l'empire romain** (Paris: Tallandier, 2009); v. tb. Tzvetan TODOROV, **La peur des barbares: au-delà du choc des civilisations** (Paris: Robert Laffont, 2008).

[1431] P. CORNELIUS TACITUS (ca. 55-120 A.D.), provavelmente originário do sul da Gália, foi cônsul em 97 A.D. Homem político, orador e historiador, escreveu sobre a Germânia (reunidas no volume CORNELIUS TACITUS, **Agricola** (transl. by M. HUTTON, rev. by R. M. OGILVIE) – **Germania** (transl. by M. HUTTON, rev. by E. M. WARMINGTON) – **Dialogus** (transl.

> A Germânia, como um todo, é separada das Gálias, dos Rétios e dos Panônios, pelos rios Reno e Danúbio; dos Sármatas e dos Dácios, pelo mútuo medo e por montanhas – *metu aut montibus separatur*; o resto é circundado pelo oceano, com penínsulas e ilhas, em amplos espaços, cujos povos e reis recentemente se nos tornaram conhecidos; para os quais, a guerra abriu as cortinas – *nuper cognitis quibusdam gentibus ac regibus, quos bellum aperuit.*[1432]

O historiador Tácito faz vivos retratos de dois importantes grupos étnicos àquela altura, *gentes externas* do Império – sobretudo em duas de suas obras: ao traçar a biografia de seu sogro **Agrícola**, descreve as populações autóctones em relação à construção da presença romana nas ilhas britânicas, bem como o desenvolve, igualmente, em relação aos povos germânicos, na vívida, porém selvagem, descrição contida na sua obra **Germânia**, em que aconsta: "quanto aos Germanos, eu suporia serem estes autóctones, com pouca mescla com recém chegados de outras raças ou alianças – *Ipsos Germanos indigenas crediderim minimeque aliarum gentium adventibus et hospitiis mixtos*".[1433]

by W. Peterson, rev. by M. Winterbottom, edição bilingue, Cambridge Ma.: Harvard U.P., LCL 35, Tacitus I, 1st publ. 1914, reprinted 2006). No **Dialogus** (o **Diálogo sobre a oratória**, de data de composição incerta), bem como dos **Anais**, nos quais relata a história romana (de 14 até 69 A.D., ou seja os imperadores Tibério, Gaio, Cláudio e Nero, 'publicado' entre 115 e 120 A.D., dos quais se conservaram os livros I a IV, parte do livro V, todo o livro VI, parte do livro XI, os livros XII até XV, e parte do XVI) e da **História** (abrangendo o período de 69 a 96 A.D., provavelmente composto do ano 105 em diante, originalmente consistente em pelo menos doze livros, dos quais parte considerável, livros I a IV e parte do livro V foi conservada). Veja-se a edição de Tacitus, **Histories** (edição bilingue, with an English translation by Clifford H. Moore, Cambridge Ma. / London: Harvard U.P., LCL 111, Tacitus II, 1st publ., 1925, reprinted 2006); Tacitus, **Annals** (edição bilingue, with an English translation by John Jackson, Cambridge Ma. / London: Harvard U.P., LCL 312, Tacitus IV, 1st publ., 1937, reprinted 2006; LCL 322, Tacitus V, 1st publ., 1937, reprinted 1999).

1432 Tácito, **Germania** (ed. cit., 2006, *De origine et situ Germanorum*, 1).

1433 Tácito, **Germania** (ed. cit., 2006, *De origine et situ Germanorum*, 2) indagava, na mesma passagem: além dos perigos do terrível e ignoto mar, quem deixaria a Ásia, a África ou a Itália, em busca da Germânia, com suas terras informes, seu rude clima, nem agradável para olhar, nem para viver, exceto se for a pátria? – *quis porro, praeter periculum horridi et ignoti maris, Asia aut Africa aut Italia relicta Germaniam peteret, informem terris, asperam caelo, tristem cultu aspetuque, nisi si patris sit?.*

Tácito traz importante descrição da geografia, antropologia, instituições e vida social das populações germânicas, tais como conhecidas à época em que começam a avançar sobre o império romano. Estas, provavelmente empurradas, por sua vez, por outras populações, mais setentrionais, reuniam-se em federações bastante organizadas, tinham começado a pressionar, com força crescente, os limites do império, imiscuindo-se em território e no âmbito cultural e organizacional e, logo a seguir, também no âmbito político do Império.

A noção de império não somente é polissêmica (pode revestir-se de muitos sentidos), como, também, polimórfica (pode revestir-se de muitas formas). Império é, também, questão de ponto de vista, no sentido de que sua avaliação dependerá de inclusão e de exclusão: pode e será visto de modos distintos, conforme se esteja dentro ou fora do contexto *imperial*.

Esta é noção simultaneamente geográfica (quem está dentro e quem está fora; quem defende e quem ataca o império), como temporal (este se constrói como modelo no tempo, expõe-se como conjunto de manifestações externas, tais como instituições e modelos de gestão, por meio de pessoas, e se exprime em edificações, estradas e infraestrutura, que trazem a marca do império) e sobretudo cultural (este se faz como modelo mental e social, estabelece-se como conjunto de atitudes e de convicções, sociais e individuais).

O propósito do presente item foi mostrar quanto a 'tentação hegemônica' se mostra, ao longo da história, nefasta para a possibilidade de edificação de sistemas coordenados de interação, sob a égide das – futuramente assim chamadas – relações internacionais.[1434] Uma concepção (hegemonista) tende a excluir a busca da interação (em contexto de relações internacionais, propriamente ditas). Uma sobrepujará e dará lugar à outra, conforme as necessidades e as possibilidades.

A instauração de um ou de outro modelo não se faz em função de escolhas teóricas ou conceituais, mas decorrerá de contextos fáticos nos quais se possa pretender afirmar quer a força hegemônica, quer a necessidade e a conveniência da coordenação entre sistemas políticos, forçados a mais ou menos intensa convivência. A recorrência da alternância entre modelos

[1434] Stephan Verosta, **International Law in Europe and Western Asia between 100 and 650 A.D.** (Rcadi, 1952, t. 80, p.485-620).

de força e modelos de coordenação não data de nossos tempos, nem tenderá a ter modo de ser 'solucionada' a curto ou médio prazo.

Alguns exemplos notáveis da Antiguidade serão, a seguir, destacados.[1435] Logicamente, estas considerações não são e nem poderiam pretender ser exaustivas, mas se revestem de caráter esquemático e se destinam a ilustrar alguns paradigmas da Antiguidade, úteis para a compreensão do surgimento de elementos precursores de direito internacional. Tem estes casos, a seguir considerados, papel relevante na formação de sistemas, com repercussões entre si, como, também, pelos desdobramentos que se projetam sobre épocas posteriores.

De modo bastante aproximativo, porém, útil para o propósito antes aqui enunciado, poder-se-ia apontar, como grande marco, para breve exame, nos capítulos seguintes, dos seiscentos anos entre 400 a.C. até 200 d.C., como o período marcado por grandes conjuntos *imperiais* – com as ressalvas já formuladas ao uso 'genérico do termo, para designar realidades distintas, no espaço e no tempo – com menções específicas à Grécia e a Roma, ao Império persa e a Índia, bem como a China.[1436]

Foram estas, em suma, não somente fases cruciais para a consolidação dessas respectivas identidades e trajetórias, em suas esferas de atuação direta e de projeção de influência, bem como, aqui, particularmente, interessam-nos as interações que entre estes grandes conjuntos se estabeleceram. Estas seriam indícios de 'relações internacionais', das quais restaram traços do que, depois, viria a ser denominado 'direito internacional', embora o uso de ambos os termos seja igualmente aproximativo, dado tratar-se de realidades distintas daquelas ocorridas desde o início da era moderna[1437] até nossos tempos.

O império persa (capítulo 4), sem ser nem o primeiro nem o último dentre os grandes impérios da Antiguidade ilustra, paradigmaticamente, situação do que hoje se chamaria de conglomerado 'internacional' ou 'multinacional', em termos de convivência institucionalmente organizada

[1435] Nos quatro capítulos seguintes.

[1436] Cf. se considera nos caps. 4 a 7.

[1437] Nesse sentido, se pode contrapor ao quadro adiante descrito, na parte II, 'dos precursores ao direito internacional como sistema'. Cfr., especificamente, o cap. XIII, 'estado como sujeito de direito internacional – a contribuição de MAQUIAVEL e BODIN'.

entre povos e pelo esboço de sistema de relações internacionais. O Irã foi aproximado do Mediterrâneo pelo universalismo helenista.[1438]

Este vasto conjunto é brevemente apresentado, antes de se examinar (no capítulo 5, seguinte) o legado das cidades-estado gregas e do mundo helenístico deixado ao direito internacional. A transição das cidades-estado gregas para o helenismo, desencadeado pelas conquistas e instaurações institucionais de ALEXANDRE, de vocação universalista, representou importante contribuição para a Antiguidade tardia. Não somente pelos reinos helenísticos, como, também, pelo Império romano.

Nessa fase histórica, combinam-se o processo de 'helenização' e, depois, de 'romanização' das civilizações na região do Oriente próximo, ao mesmo tempo em que se dá a orientalização da civilização clássica ocidental[1439] – no que se poderia chamar de processo de globalização *avant la lettre*, com diálogo entre culturas, línguas e religiões por meio do comércio e de volumes importantes de intercâmbio de produtos entre a Índia e o Ocidente mediterrâneo, passando pelas rotas comerciais do Oriente Médio. Ocorre a criação de verdadeiro comércio internacional,

[1438] Feliz expressão utilizada pelos organizadores Gherardo GNOLI e Giulia SFAMENI GASPARRO (a cura di), **Potere e religione** nel mondo indo-mediterraneo tra ellenismo e tarda-antochità ("Atti dell'Incontro di studio della Società Italiana di Storia delle Religioni, Roma, 28-29 ottobre 2004", Roma: ISIAO – Istituto Italiano per l'Africa e l'Oriente, 2009), para designar o conjunto das transformações ocorridas na fase de transição do mundo antigo: "Da Roma all'Egito, dalla Grécia all'Iran, avvicinato al Mediterrâneo dall'universalismo ellenista".

[1439] Ver Henri STIERLIN, **Les cités du désert: Pétra, Palmyre, Hatra** (Fribourg, Suisse: Office du livre, 1987, 'Introduction', p. 7-15, cit. p. 7 e 9): "Entre le Moyen Orient et l'Occident il existe en fait à l'époque gréco-romaine une zone tampon où prospérèrent quelques villes au destin fascinant. Cités caravanières et centres religieux réunissant des populations que se vouaient au négoce international, ces agglomérations s'édifièrent dans les déserts situés aux confins des grands foyers de culture, d'une part, le monde héllenistique et romain, et de l'autre, l'empire des Parthes et des Sassanides. Car dans l'Antiquité les Grecs et les Romains ont toujours trouvé en face d'eux – depuis les guerres médiques – le pouvoir de la Perse qui s'opposait à leur expansion vers l'est. Les deux puissances s'affronteront durant un ample millénaire dans ce champ clos qu'est le Proche-Orient. Et c'est à mi-chemin entre ces afversaires irréductibles que s'épanouirent les centres du commerce international. (...) La notion de désert, dans ces zones. est donc rélative. (...) En règle générale, pourtant, la limite désertique se situe à une distance d'environ 100 a 120 Km à l'intérieur des terres. Les déserts forment une barrière impressionante s'interposant entre les hommes et les civilisations. C'est précisement l'existence de cet obstacle quasiment infranchissable qui a canalisé les relations commerciales entre l'Orient et l'Occident sur quelques voies principales".

com vastos entrepostos, nos quais se cruzam produtos trocados entre Ocidente e Oriente,[1440] o que, como referido, teve forte impacto sobre o equilíbrio das finanças romanas.

Ao mesmo tempo, assim se criam inovações, combinações, simbioses e sínteses entre 'Ocidente' e 'Oriente', nessas regiões, em seus respectivos contextos históricos. Por isso, afirmava Políbio, que "a história do mundo passou a formar um todo orgânico".[1441] O que se fez, com impacto, também, sobre os modelos institucionais de vida social, como sobre os modelos jurídicos de regulação de tais relações comerciais e, como diríamos hoje, de relações internacionais, propriamente ditas.

Estes dois capítulos sobre o império persa (capítulo 4) e sobre as cidades-estado gregas e o mundo helenístico (capítulo 5), serão seguidos, por sua vez, de breve exame do direito internacional na formação e no desenvolvimento de Roma (no capítulo 6) e, a seguir, na Índia e na China antiga (no capítulo 7).

[1440] H. Stierlin (op. cit., 1987, p. 10) fala em quatro grandes rotas comerciais, que atravessavam a região, na Antiguidade: a 1ª é a via que atravessava o maciço de Comagena, da Armênia meridional e do Curdistão, ligava Antioquia, Cyrrhus, Edessa, Nisibis e Nínive (ou mais ao sul, passando por Hatra e Assur, rumo à Mesopotâmia), e depois prossegue, passando por Arbeles, Ecbátana e Antioquia de Margiana, rumo aos desertos do Tarim, que dão acesso à China; a 2ª um pouco mais ao sul, mas com travessia de 360 Km de deserto, passando por Emeso, com escala em Palmira, para chegar a Dura-Europos, no curso do Eufrates e descer pot Selêucia do Tigre, até o porto de Charax, no Golfo Pérsico, de onde partia a navegação de cabotagem, com destino à Índia; a 3ª na altura de Gerasa (Djerash) a trilha que partia de Cesareia e fazia a travessia de mais de 700 Km de deserto, com raros pontos de água, pelo vale do Ouadi Hauran, para chegar à Babilônia; e, por fim, a 4ª na altura de Petra, a partir de Gaza e de Rhinocolura, a trilha passava por cerca de 1500 Km nos desertos do norte da Arábia, por Djouf (Adumatum) e Saphta, para chegar a Gera (atual Dahran), na costa sul do Golfo Pérsico, onde vinham aportar os navios, provenientes da Índia.

[1441] Polybe, **Histoire** (texte traduit, présenté et annoté par Denis Roussel, Paris: Gallimard – Pléiade, 1970, préface, livre premier, p. 1-5, cit. p. 3).

CAPÍTULO 4
O IMPÉRIO PERSA

O império persa é um conglomerado pluriétnico: nasceu da incorporação de reinos inteiros, anteriormente estabilizados e com profundas raízes tradicionais. Assim, prescindindo do problema semântico, é propriamente em volta da tensão constante, ou da relação de força entre o 'Grande rei' e os 'reis' provinciais – reis-vassalos, sátrapas, régulos e tiranos de cidades autônomas, chefes de organismos tribais, sacerdotes supremos e dirigentes de santuários e comunidades templares, etc., ou seja, entre o poder central e os poderes deslocados na periferia – que se organiza toda a história, interna e externa, do império persa.

D. Asheri (2006)[1442]

A Grécia é um grande erro. À Pérsia; é preciso voltar à Pérsia.

A. Breton (1957)[1443]

1442 David Asheri, **O estado persa** – ideologia e instituições no Império aquemênida (do original **The Persian State** curso ministrado em julho de 1991, na *Scuola Superiore di Studi Storici* da Universidade da República di San Marino, trad. Paulo Butti de LIMA, São Paulo: Perspectiva, 2006, cit. p. 41), prossegue, na mesma passagem, para mostrar como esse conjunto se reflete: a sucessão ao trono, as crises dinásticas, a devolução dos poderes, as tendências centrífugas, o autonomismo, as rebeliões de sátrapas, etc. É, em definitivo, o atrito entre centro e periferia que caracteriza a estrutura e a evolução deste conglomerado gigantesco de povos, línguas, religiões e civilizações e que constitui o seu calcanhar de Aquiles. Na falta de homogeneidade linguística e cultural, a única força capaz de conter este conglomerado é o poder central: se este abandona a presa, as forças centrífugas desagregadoras tomam imediatamente a dianteira.

1443 André Breton avec Gérard Legrand, **L'art magique** (ed. original 1957, Paris: Ed. Phébus, 1991); v. tb. David Asheri, **Fra ellenismo e iranismo** – Studi sulla società e cultura di

> Relações jurídicas internacionais, estendendo-se além do mundo grego, existiram nos séculos V e IV a.C. com o Império persa dos Aquemênidas, e no Ocidente, com Cartago, as cidades-estado etruscas e a antiga República romana. Nesse contexto, é notável que a teoria proibia, tanto a gregos quanto a persas, de estabelecerem relações jurídicas mútuas em bases igualitárias: os gregos, por conta de seus porta-vozes literários, tanto filósofos, quanto dramaturgos, não mais estarem prontos, ao menos a partir das guerras persas, a considerarem os bárbaros (não-gregos) como sujeitos jurídicos de igual condição; e os persas, porque suas doutrinas políticas somente distinguiam entre povos já dominados e outros ainda por serem dominados, e assim não reconheciam quaisquer comunidades, além de suas próprias fronteiras, com os quais pudessem tratar como iguais. Em ambos os casos, na prática efetiva do direito internacional, em geral, essas restrições eram facilmente deixadas de lado. O número de tratados e de alianças de paz, celebrados entre gregos e não gregos, é considerável.
>
> W. PREISER (1984, ed. 2012)[1444]

Ao se falar em "império persa"[1445] cabe, no propósito deste capítulo, desde já, apontar precisões histórico-geográficas que delimitem, no tempo, sobretudo entre os séculos VIII a.C. e VII d.C., assim como, no espaço, o vasto e complexo universo dessa parte do mundo de maior diversidade étnica e de grande riqueza histórica. Acredita-se que uma primeira onda de protoindo-iranianos tenha chegado muito cedo ao ex-

Xanthos nell'età achemenide (Bologna: Patron Ed., 1983) retoma e discute a frase de André BRETON.

1444 Wolfgang PREISER, *History of international law, Ancient times to 1648* ("This article was last updated in December 1984", in **Encyclopedia of Public International Law**, 2012, vol. IV, p. 869-896, cit. § 9) concluía a passagem: "The treaty establishing the Second Athenian League in 377 BCE went so far as to invite both Hellenes and barbarians to join the League".

1445 O povo ao qual se passa a referir com 'persa' era pequena tribo instalada em território localizado entre o Golfo pérsico e os desertos centrais do Irã, chamados na Antiguidade, *persi* ou *fars*, do qual a tribo deriva o seu nome. Formam, durante longo tempo, parte do Império da Média, aos quais pagavam tributo. Por volta de 550 a. C., o líder persa CIRO, chefe do clã aquemênida da tribo Pasárgada, subleva-se contra os Medos, derrota o rei ASTIAGES, e funde os dois povos em único reino. Como se vê, brevemente, no presente capítulo.

tremo sudoeste do Irã – de grande força propulsiva devido às suas características militares e tecnológicas.

Considera-se provável que, entre 1300 e 900 a.C., tenha ocorrido uma iranização linguística do planalto, com marginalização progressiva do nível pré-indo-europeu: "uma série de unidades etnolinguísticas, que podemos definir como 'nações'"[1446] – cada qual formada por tribos e entidades menores, com organização que reflete a estrutura produtiva e de povoamento e que envolve vários níveis de liderança política – dentre as quais, as principais são: os medos nas encostas dos Zagros setentrionais; os persas na região do antigo país de Anshan; os hircânios e partas ao leste do mar Cáspio; os bactrianos e sogdianos ao norte de Hindukush; e os ários, drangianos, aracósios, no Irã central. Ainda que "um quadro completo só será possível no período aquemênida, quando DARIO I organiza as satrapias imperiais",[1447] quase todos os nomes dessas nações já aparecem em textos anteriores (em particular assírios), ou em tradições orais (em especial, gregas) que se referem à era pré-aquemênida.[1448]

Em meados do século IX, os assírios – conforme textos de SALMANASSAR III – entram em contato, na região dos Zagros, com os povos da segunda 'onda', particularmente, os iranianos, já separados do elemento indiano, que tomou outros rumos, dentre os quais, também, os medos. LIVERANI pontua que "quando a documentação escrita permite identificar povos e estruturas estatais, a distribuição dos povos iranianos torna-se mais clara".[1449]

É importante essa remissão aos grupos étnicos que compuseram os sucessivos núcleos de diferentes fases do império. Sob a denominação abrangente de "império persa" compreendem-se, sucessivamente, os períodos de hegemonia dos medos (ca. 728 a 550 a.C.) aos aquemênidas (de 551 a 331 a.C.), passando pelo período helenístico, com ALEXANDRE e os selêucidas (331 a 129 a.C.), depois pelos partas arsácidas (de ca. 250

[1446] Mario LIVERANI, **Antigo Oriente** – História, sociedade e economia (orig. publ. **Antico Oriente** – Storia, società, economia, 2009, trad. José E. ROCHA, São Paulo: Edusp, 2016, reimpressão 2020, cap. XXXII – Os Medos e a unificação persa, p. 737-757, item I – os povos iranianos: das migrações ao período assírio, p. 737-741).

[1447] M. LIVERANI, **Antigo Oriente** (ed. 2020, loc. cit.).

[1448] M. LIVERANI, **Antigo Oriente** (ed. 2020, loc. cit.).

[1449] M. LIVERANI, **Antigo Oriente** (ed. 2020, loc. cit.).

a.C. até 226 d.C.) e os sassânidas (226 a 651 d.C.), derrubados pela conquista árabe muçulmana.[1450]

A história da Pérsia (ou Irã) é vasta e complexa:[1451] não somente ela se estende por diversos milênios – sete mil anos de arte e de história– como, também, reveste-se de numerosas facetas admiráveis, tanto nos acontecimentos, quanto na história cultural.[1452]

Cabe, assim, circunscrever o conjunto do que pode ser denominado 'persa', no tempo e no espaço,[1453] em relação ao direito internacional no tempo antigo. Pode-se falar no surgimento de primeira fase do "império persa", a partir da derrubada do império assírio, com a queda de Nínive,

[1450] Ver, a seguir, no tomo 3B, os efeitos das guerras e 'interações' dos persas, pelo ponto de vista do mundo grego e com o Império romano, no cap. 5 – sobre as cidades-estado gregas e o mundo helenístico, e no cap. 6 – na formação e no desenvolvimento de Roma, bem como no **Tratado** (tomo IV – **Direito internacional no tempo medieval**, cap. 8 – a longa transição do mundo antigo ao medieval). Foi considerável o impacto da conquista muçulmana – que, em pouco tempo, destrói completamente o império persa e, ao longo de séculos, abala o Império romano do Oriente e, por meio dos antigos mercenários turcos, que se tornam senhores, terminará por derrubar o remanescente do Império e tomar Bizâncio em 1453.

[1451] Em período que pode ser situado antes de 700 a.C., os persas deixam a região de Parsua e descem rumo ao sul, para se instalarem em Parsumash, a sudeste da atual Shushtar, região que fazia parte dos antigos domínios elamitas.

[1452] Yves PORTER, **Les Iraniens** – Histoire d'un peuple (orig. publ. 2006, Paris: A. Colin, 2007, Avant-propos, p. V-VI) lembra que a **Cambridge History of Iran** conta cinco volumes, redigidos pelos maiores especialistas de cada disciplina, e a **Encyclopaedia Iranica** dedica dedica um fascículo inteiro somente ao artigo 'água' (âb), de tal modo que se pode "medir a amplitude e a dificuldade da tarefa que consiste em 'resumir', em algumas centenas de páginas, uma história tão rica"; cabe mencionar a revista **Abstracta Iranica**, publicada pelo Institut Françaís de Recherche en Iran – IFRI, que anualmente resenha as publicações sobre o Irã, em todas as áreas de pesquisa – site web: abstractairanica.revues.org); v. tb. Pierre BRIANT, **Histoire de l'empire perse** (Paris: Fayard, 1996).

[1453] Comentava Arnaldo MOMIGLIANO, **As raízes clássicas da historiografia moderna** (orig. publ. **The classical foundations of modern historiography**, 1990, trad. Maria Beatriz BORBA FLORENZANO, Bauru: Edusc, 2004, cap. 1 – a historiografia persa, a historiografia grega, a historiografia judaica, p. 21-51, cit. p. 25): "O que percebemos claramente nas inscrições históricas persas é uma sociedade centralizada na figura do rei, uma visão altamente aristocrática, uma ênfase na lealdade, acompanhada por uma violência correspondente, no tocante a intrigas e paixões. Por outro lado, vimos que para um persa fatos são fatos. O persa antigo, com a sua estrutura sintática e seu sistema verbal claro não era um instrumento de todo inadequado para a prosa histórica. Se dermos um desconto para a monotonia das fórmulas e a estreiteza do tema, poderemos perceber que há aqui um estilo histórico em formação."

em 606 a. C. Este dá lugar ao império da Média, do qual emerge, algumas décadas mais tarde, o império persa aquemênida, e que passa por várias mutações – helenística, parta arsácida e sassânida –, até sua derrocada pelos muçulmanos.

Apenas com CIAXARES os medos possuem um chefe unitário. Inicialmente, passa ele por uma invasão dos Citas, mas, depois os vence, marcando o fim de seu domínio.

Em 614, após a destruição das muralhas de Assur, CIAXARES faz uma aliança com NABOPOLASSAR, rei da Babilônia e, dois anos depois, seus aliados destroem Nínive, pondo fim ao império assírio. "Essa importante façanha garante a CIAXARES ampliar suas alianças e seu raio de ação, até chocar-se com o reino da Lídia em uma batalha que acontece por ocasião de um eclipse (datado em 585)".[1454] E prossegue o autor esclarecendo que:

> A natureza da organização política assumida por CIAXARES foi interpretada pela historiografia grega seguindo o modelo do posterior império aquemênida, como o elo de uma cadeia de impérios (Assíria, Média, Pérsia, e depois ALEXANDRE e Roma), portanto como um grande império territorial que se estende da Bactriana à Anatólia central. O modelo indicado para a Média, pelos textos assírios e pela arqueologia parece mais adequado, ou seja, CIAXARES pode ser considerado um chefe carismático, que tinha conquistado seu prestígio durante suas lutas contra a Assíria, aliado a povos pouco estáveis.[1455]

ASTIAGES, filho e sucessor de CIAXARES, lidera um sistema de alianças matrimoniais, militares e comerciais entre a Média, a Babilônia, a Lídia, a Cilícia e o Egito, que se traduz num período de trinta anos de paz no Oriente próximo. Contudo, "sobre ASTIAGES pode-se dizer o

[1454] M. LIVERANI, **Antigo Oriente** (ed. 2020, cap. XXXII – Os Medos e a unificação persa, p. 737-757, item 2 – o reino da Média: formação e expansão, p. 741-746).

[1455] M. LIVERANI, **Antigo Oriente** (ed. 2020, cit. p. 745) completa a passagem: A existência de um 'império' da Média também é negada pela arqueologia: as cidadelas dos Zagros centrais, que tinham sido florescentes centros político-econômicos no período assírio, entram em crise no final do século VII, encerram as suas relações comerciais e são ocupadas por invasores como se a queda do império tivesse envolvido também as suas áreas periféricas (dando-lhes um golpe mortal) fazendo-as retroceder à sua fase tribal, eliminando suas relações comerciais e militares com um poderoso vizinho.

mesmo que foi dito sobre o reino CIAXARES, isto é, que sua organização estatal dificilmente pode ser definida como 'império'"[1456] por dois motivos:

> – primeiro, porque os territórios sob seu controle não incluem as regiões de grande concentração demográfica e urbana – Mesopotâmia, Egito e planície do Indo – o reino da Média envolve territórios bastante 'esvaziados' do ponto de vista demográfico (ou povoado de oásis) e ricos de recursos que tinham tradicionalmente se identificado mais com a periferia externa dos impérios que com um império propriamente dito;
> – segundo, porque há uma baixa coesão interna da estrutura política, e que a hegemonia dos medos se baseia em relações pessoais entre os chefes das várias nações, sem a presença de um sistema tributário e de um governo provincial: as tradições políticas dos medos não tinham condições de dar suporte a uma estrutura imperial.[1457]

Depois de submeter tribos e chefes vizinhos, CIRO II faz aliança com o rei NABONIDO, da Babilônia, – porque este pretenderia retomar Haran, ocupada pelo império da Média. Sabedor dessa aliança, ASTIAGES, da Média, convoca CIRO a Ecbatana, mas o neto se recusa a aceitar essa convocação. Daí se segue o conflito aberto – entre 'medos' e 'persas' – dominado por duas batalhas, sendo que da segunda, em 550 a.C., resulta a derrota de ASTIAGES.

O império da Média deposto por CIRO II – cognominado "o grande", para o distinguir de outros dirigentes posteriores com o mesmo nome – que, no espaço de poucos anos, entre 553 e 550 a. C., rebelou-se contra a hegemonia dos medos e assumiu o controle, trouxe considerável mutação na estrutura interna e na atuação externa do 'império': embora o poder mude de mãos, ao menos em parte a administração permanece com os funcionários medos, secundados por persas.[1458] Cabe observar, aqui, excerto de LIVERANI:

[1456] Mario LIVERANI, **Antigo Oriente** (ed. 2020, cit. p. 746).

[1457] Mario LIVERANI, **Antigo Oriente** (ed. 2020, cit. p. 746): Apesar de serem destacados combatentes (e possuidores de tradições específicas a esse propósito), os medos não parecem interessados em defender uma estratégia imperial. As poucas décadas que marcam sua hegemonia no Oriente próximo são caracterizadas por uma profunda instabilidade.

[1458] Y. PORTER, **Les Iraniens** (ed. 2007, p. 40-41): Le roi mède capturé, CYRUS le traite avec égard; non seulement il épargne la capitale mède, Ecbatane, mais il la choisit comme capi-

> Os persas tinham uma tradição muito mais sólida. O Elam (de Susa a Anshan), com sua história de intervenções militares e políticas no coração da planície mesopotâmica, e com suas experiências de controle federativo das comarcas montanhesas. Utilizando-se das experiências políticas e organizacionais do Elam e atrelando-as ao novo ímpeto militar e ideológico das ações iranianas, CIRO inaugura uma nova fase da história do Antigo Oriente Próximo.[1459]

A queda do império da Média dá lugar à instauração do, assim chamado, império persa aquemênida. Deste ficaram vários registros históricos, em fontes antigas, não somente gregas mas, inclusive, no antigo Testamento, em ISAÍAS:[1460] – *destructa Babylone, Israel salvabitur* – [1461] e, também, no Livro de ESTER.[1462]

tale du royaume unifié des Perses et des Mèdes. Fait significatif: il y transporte les archives royales (...)

[1459] Mario LIVERANI, **Antigo Oriente** (ed. 2020, cit. p. 746).

[1460] ISAÍAS 44, 26-28: ... porque confirmo a palavra do meu servo e asseguro o êxito do conselho dos meus mensageiros (...) que digo a CIRO: 'meu pastor'. Ele cumprirá toda a minha vontade, dizendo a Jerusalém: 'Tu serás reconstruída', e ao templo: 'Tu serás restabelecido'." cfr. **Bíblia** de Jerusalém (nova edição revista, São Paulo: Paulinas, 1987, p. 1434).

[1461] ISAÍAS 43, 14: Por vossa causa enviei alguém à Babilônia e mandei por abaixo todos os seus ferrolhos. Os caldeus mudarão seus gritos em lamentações. cfr. **Bíblia** de Jerusalém (nova edição revista, São Paulo: Paulinas, 1987, p. 1430).

[1462] Bem como em passagens do **Livro de Ester**, citadas no capítulo precedente. Antes da rebelião de CIRO, os Medos tinham expandido os seus domínios para o oeste, na Anatólia, onde entraram em conflito com o reino da Lídia. Em 585 a. C., os dois reinos celebram tratado de paz e de fronteiras, fixada no rio Hális, na Anatólia. Em 547 a. C., o rei da Lídia, CRESO atravessa o Hális e invade a Capadócia. Depois de batalhas inconclusivas, o rei CRESO se retira para Sárdis. Mas CIRO persegue até lá os exércitos de CRESO, e depois de quatorze dias de lutas, toma a cidade de assalto e captura o inimigo. Garantido o controle da Lídia, CIRO envia dois generais, MAZARES e HARPAGO, à conquista das cidades da Jônia, Caria, Lícia e Frigia, enquanto aquele se preparava para atacar a Babilônia, a Bactriana, os Sacas e o Egito. Em 539 a. C., CIRO entra na Babilônia, e se torna o líder de extenso império, reinando sobre bloco de povos desde o Crescente fértil até as fronteiras do Egito. Sobre a entrada de CIRO em Babilônia, ver ISAÍAS (cap. 45) "um estado de paz foi imposto à cidade" e também ESDRAS (cap. 1) segundo o qual CIRO declara "O Senhor, deus do céu, deu-me todos os reinos da terra". Em 538 a. C., CIRO promulga decreto pelo qual autoriza os judeus, exilados na Babilônia, desde NABUCODONOSOR, a retornarem à pátria, o que leva ISAÍAS a denominá-lo "o ungido do Senhor". À imagem e semelhança de tantos posteriores, CIRO se proclama monarca de todo o mundo conhecido: "Sou Ciro, rei do mundo, grande rei, rei legítimo, rei da Babilônia, rei da Suméria e de Akkad, rei das quatro orlas da terra, rei das religiões do

A coexistência pacífica entre medos e babilônios, lídios e egípcios foi interrompida por iniciativa de uma 'nação' iraniana que não se conformava com seu papel secundário – subordinado à hegemonia dos medos –, o que já tinha sido tentado algumas vezes no período da queda do império assírio.[1463]

Deixo de lado as controvérsias a respeito da identidade ou diversidade étnica entre medos e persas para enfatizar que existe certa continuidade e expansão do 'império' – com a absorção do reino da Média,[1464] pelo império persa aquemênida, em rápida substituição da hegemonia, conforme aponta LIVERANI:[1465]

> As nações e reis que tinham reconhecido até então a hegemonia de ASTIAGES, transferem esse reconhecimento para CIRO. Inicialmente, a vitória de CIRO parece identificar-se apenas com uma mudança de hierarquia no âmbito de uma grande estrutura política muito livre e receptiva em relação às autonomias e dinastias locais.[1466]

A situação muda rapidamente. Em relação à organização interna, enquanto a Média tinha, historicamente, um interior com muitas tribos, a Pérsia, por sua vez, podia usufruir da experiência e das estruturas estatais do Elam. Quanto às relações externas, CIRO, de um lado, herda os

mundo". Aos olhos dos contemporâneos gregos, estas pretensões persas configurariam o que séculos posteriores denominaram 'imperialismo'.

1463 Mario LIVERANI, **Antigo Oriente** (ed. 2020, cit. p. 747): "Os persas tinham substituído os elamitas na região de Anshan (a Pérsida clássica, atual Fars), e já há algumas gerações uma casa ligada ao clã dos aquemênidas reinava ali com o título de rei de Anshan (de característica arcaica, mas referindo-se agora a um reino da Pérsia), emparentada e subordinada à casa real da Média."

1464 Mario LIVERANI, **Antigo Oriente** (ed. 2020, cit. p. 753-754): "A tradição clássica (e em parte a moderna) tende a considerar que a formação política de CIAXARES e ASTIAGES segue o modelo de CIRO, e a falar de um verdadeiro 'império' dos medos. Todavia, a breve duração da hegemonia meda, o declínio e o vazio documentário que a distingue, torna mais provável uma interpretação mais redutiva do reino da Média, baseada em modelos anteriores e não posteriores."

1465 Pouco depois da tomada de Babilônia por NABONIDO, o rei da Pérsia, CIRO II – neto de CIRO I, contemporâneo de NABOPOLASSAR – rebelou-se contra ASTIAGES, enfrentou-o em duas batalhas, o venceu com facilidade, devido à escassa fidelidade das tropas e dos aliados dos medos, levando à captura de ASTIAGES (que é poupado), e a conquista de Ecbatana, que passa a ser capital do novo império.

1466 Mario LIVERANI, **Antigo Oriente** (ed. 2020, cit. p. 747).

vínculos criados por ASTIAGES, no âmbito da confederação iraniana e, por outro, denuncia as alianças estabelecidas no exterior, pondo fim a trinta anos de paz e de coexistência.

O império persa aquemênida conquista vastas extensões de território e, rumo ao Ocidente, em 547 a.C., CIRO ataca a Lídia, atravessando o rio Halys. Depois de uma batalha de resultado incerto, o rei lídio CRESO, habituado a outras regras de guerra,[1467] acreditando que o embate tinha sido suspenso, volta para Sardes e libera suas tropas. No entanto, CIRO persegue CRESO, assedia e conquista Sardes e estende a sua dominação sobre a Lídia, bem como às cidades gregas do litoral da Ásia menor.[1468]

Deposto CRESO, na Lídia permanece um governador persa para completar a submissão da região. Por sua vez, a Cilícia, já rodeada pelos territórios de CIRO, também começa a fazer parte do Império, ainda que talvez nunca tenha sido vencida militarmente, conseguindo garantir uma posição privilegiada.

As cidades gregas da Jônia e das costas do mar Negro, até então subordinadas ao rei da Lídia – com a exceção de Mileto – se recusam a reconhecer CIRO. A resposta persa não tarda. As cidades são todas tomadas, quer pela força das armas, quer pela força do "ouro persa"[1469] e tornam-se duas satrapias: a Jônia é integrada à Lídia e o litoral do mar Negro forma a satrapia "daqueles do mar". Depois de conquistada

[1467] "The Persians, with a system based on imperial conscription, applied in all the satrapies, could raise an army of around 300,000 men. These men were divided into divisions, each dressed in their own distinctive colour, with troops marching in sashes of red, blue, yellow and purple. The Persians also maintained an extensive network of informal combatants as spies" observa Alexander GILLESPIE, **A History of the laws of war**, vol. 1 – The customs and laws of war with regards to combatants and captives (Oxford and Portland, Oregon: Hart Publ., 2011, cit. p. 15); vol. 2 – The customs and laws of war with regards to civilians in times of conflict (Oxford and Portland, Oregon: Hart Publ., 2011); vol. 3 – The customs and laws of war with regards to arms control (Oxford and Portland, Oregon: Hart Publ., 2011).

[1468] HERÓDOTO, **História** (ed. cit., I.6, 20-21): "Tanto quanto sabemos, esse CRESO foi o primeiro bárbaro a subjugar alguns helenos e lhes impor tributos, além de conquistar a amizade de outros (os iônios estão no primeiro caso, juntamente com os eólios e os dórios da Ásia, e os lacedemônios estão no último). Antes do reinado de CRESO todos os helenos eram livres."

[1469] P. JOUGUET, **L'impérialisme macédonien et l'héllenisation de l'Orient** (Paris: Albin Michel – coll. L'évolution de l'humanité, vol. 15, 1937, Introduction, p. 1-9. cit. p. 4): "Les descendants du grand DARIUS se contentaient de cette 'hégémonie par la corruption'."

a totalidade da Ásia menor, CIRO se voltaria para as suas fronteiras orientais.[1470] LIVERANI afirma que:

> As conquistas de CIRO, apesar de grandiosas em termos de expansão espacial e de concentração no tempo, deram-se com um pequeno uso de força militar. À sua fama de conquistador soma-se (na tradição dos autores gregos) a de generosidade e moderação: os reis vencidos foram poupados, as cidades conquistadas não foram destruídas, as divindades e os cultos locais foram mantidos e até adotados pelo próprio CIRO. Há uma tentativa de desfrutar de uma atmosfera de pacificação que tinha caracterizado o acordo medo-babilônio, ainda que agora se apresente uma clara estratégia imperialista, expansionista e centralizadora.[1471]

CIRO inaugura uma nova fase da história do antigo Oriente próximo. Os anos seguintes (545-539 a.C,) foram dedicados aos flancos 'externos' do Império. CIRO submete a Hircânia e a Pártia, antes ligadas ao império da Média – e, para as governar, nomeia sátrapa HISTASPES, futuro pai de DARIO, que logo aparece na história imperial persa.

Avança CIRO para o leste e toma, sucessivamente, a Drangiana, a Aracósia, a Margiana e a Bactriana. Atravessa o rio Oxus, penetra na Transoxiana até o rio Iaxarte (atual Syr-Darya), configurando, assim, o limite nordeste do seu império.[1472]

Algumas nações tinham sido anexadas automaticamente com a vitória sobre ASTIAGES, mas a situação política no Nordeste estava muito incerta e exigiu intervenção decisiva para deixar claro que o "rei dos reis" doravante era persa e não mais medo e, também, que o tipo de relação com o poder central se tornara muito mais rigoroso.

Após a submissão da Bactriana, no nordeste do império – indo além da anterior hegemonia dos medos – seguiu-se a conquista das regiões de Gandara e Aracosia. Com isso, os domínios de CIRO chegam às imediações da planície do Indo.

[1470] Yves PORTER, **Les Iraniens** (ed. 2007, 2 – Les Achéménides, 550-330 av. J.-C., p. 37-62, cit. p. 41).

[1471] Mario LIVERANI, **Antigo Oriente** (ed. 2020, cit. p. 748).

[1472] Yves PORTER, **Les Iraniens** (ed. 2007, 2 – Les Achéménides, 550-330 av. J.-C., p. 37-62, cit. p. 41-42).

A etapa seguinte foi a conquista da Babilônia, em 539 a.C., que assegurou a CIRO os territórios mesopotâmicos e sírio-palestinos, enquanto a região norte-arábica reconquistou sua autonomia.[1473] As conquistas de CIRO serão ampliadas por seus sucessores.

Ainda durante o reinado, é preparada a campanha do Egito, conduzida por seu filho, CAMBISES.[1474] Considerado despótico e com propensão à loucura, CAMBISES reina de 529 a 522 a. C., conquista o Egito e Chipre, para lá estendendo os domínios do império persa. Diversas cidades gregas da Líbia, dentre as quais Cirene e Barka, anunciam a sua submissão; a região da Cirenaica também passa a integrar o império. Sobre o tema, dispõe PORTER que:

> O império aquemênida, fundado por CIRO, ampliado por CAMBISES e consolidado por DARIO I, é por vezes descrito como uma junção heteróclita de nações, como refletem as criações artísticas – produzidas por artistas e artesãos, provenientes de todas as províncias do império: a síntese, alcançada nos palácios de Persépolis e de Susa nada tem de colagem improvisada de elementos disparatados. Ao contrário, essas criações refletem a integração de múltiplas nações em uma grande ideia: o império![1475]

A construção do império persa aquemênida – multiétnico e multipolar – permite paralelo com os palácios aquemênidas, em Pasárgada e, depois, em Persépolis, construídos com materiais que chegam de todas as partes do mundo deles conhecido, por artesãos provenientes também de muitas partes do império:

> cada povo contribui com o que tem de mais expressivo, e que melhor o caracteriza, mas cuja utilização em sua totalidade só se dá quando, somado às contribuições de outros povos, permite a construção do núcleo central do mundo. É a partir desse núcleo que se difundem em todo o mundo a segurança, o respeito pela lei, a harmonia com o mundo divino, enfim, a civilização.[1476]

[1473] Mario LIVERANI, **Antigo Oriente** (ed. 2020, cit. p. 747-748).

[1474] Y. PORTER, **Les Iraniens** (ed. 2007, Cambyse, p. 43-44).

[1475] Y. PORTER, **Les Iraniens** (ed. 2007, chap. 2 – Les Achéménides, 550-330 av. J.-C., p. 37-62, Bilan, cit. p. 62).

[1476] Em sentido semelhante, M. LIVERANI, **Antigo Oriente** (ed. 2020, cit. p. 749): Mestres e artesãos provindos da Mesopotâmia e do Egito, e das distantes Lídia e Jônia, construíram complexos palacianos como expressão do império universal e de seus vários componentes.

DARIO, que sucede a CAMBISES, reina de 521 até 486 a.C. e consolida o império persa aquemênida. Conscientes de reinar sobre um mosaico de povos, os monarcas aquemênidas conseguem o que nenhuma potência tinha até então alcançado: um império multirracial, com uma profusão de línguas e de cultos, onde cada parte anualmente paga o seu tributo. A extensão ampliada do império, multiplicada por cinco ou dez vezes, exige uma nova dosagem entre unificação e fragmentação.[1477]

Nas duas últimas décadas do século VI, o império persa anexou a Trácia (Skudra) e as ilhas do mar Egeu (Yauna), mas não conseguiu derrotar a Grécia.[1478] Na ampliação do domínio sobre o Egito, o império persa teve êxito na anexação da Líbia (Put) e da Núbia (Kush), bem como parte da planície do Indo (Hindush) e, enfim, dos citas (Saka), ao norte do território iraniano, provavelmente até o rio Iaxartes e o mar de Aral. Em suma, os cinquenta anos de conquistas realizadas pelos reis persas de CIRO a DARIO marcam uma "considerável ampliação do cenário político do Oriente próximo".[1479]

DARIO fez descrever os seus feitos – em grande 'relatório de gestão', como se diria hoje, tal como fez constar na inscrição trilíngue na pedra de Behistun, uma das fontes para conhecer a situação do império aquemênida na época – e exerce "despotismo benévolo" sobre as províncias do império. A seguir, ainda tenta estender as fronteiras, através da Trácia, para o território dos Citas em 512 a. C.

"O império persa, sob os Aquemênidas, constitui sem dúvida o primeiro império 'mundial' (qualificativo exagerado utilizado por certos historiadores para descrever o caráter amplamente supranacional do império aquemênida) na história da humanidade".[1480] Mas, ocorre

[1477] Mario LIVERANI, **Antigo Oriente** (ed. 2020, cit. p. 749): "Se, por um lado, CIRO ainda muito ligado ao apoio recebido da Média, parece conceder muitos privilégios às autonomias locais, DARIO possui uma visão centralizadora e sistemática."

[1478] Ver, a respeito, o cap. 5 – as cidades-estado gregas e o mundo helenístico, seguinte.

[1479] M. LIVERANI, **Antigo Oriente** (ed. 2020, cit. p. 748): "Não faltaram as revoltas internas, inicialmente nos países centrais (Elam, Babilônia, Média) e em seguida nos países mais distantes (Egito, Chipre, Jônia). Também houve alguns insucessos e tornou-se difícil controlar certas populações (sobretudo nômades) marginais, como os árabes, os citas e os montanheses do Cáucaso."

[1480] Y. PORTER, **Les Iraniens** (ed. 2007, chap. 2 – Les Achéménides, 550-330 av. J.-C., p. 37-62, cit. p. 37).

mudança significativa, em relação aos predecessores – babilônios, assírios e mesmo os medas:

> O império persa unifica regiões que nos séculos (e nos milênios) precedentes tinham constituído diferentes polos de desenvolvimento socioeconômico e de agregação política, ligadas entre si por relações comerciais, diplomáticas e militares, mas tão distintas que poderíamos acompanhar separadamente a história de cada uma delas – o que a partir da segunda metade do século VI não se torna mais possível. Ao polo da grande Mesopotâmia (considerado aqui como o central), somam-se os polos do vale do Nilo, do Egeu, da planície do Indo, da Ásia central e outros mais próximos, como o sul arábico e o etiópico e do Mediterrâneo central.[1481]

No interior desse 'império universal' multipolar, os antigos contrastes são redimensionados. O centro político do mundo (ou do império) passa a ser uma região antes periférica – e adquire essa centralidade, precisamente, porque vários polos de agregação, vários 'centros do mundo', tinham sido englobados em um único mundo mais amplo, cujo centro de gravidade se situava na interseção de muitos deles. Mesmo se no centro geométrico do império ainda se mantinham tribos montanhesas que o poder central não conseguia submeter – "o que evidencia que 'centro' e 'periferia' são pontos de vista ligados à organização política e ao fluxo de bens, mas não posições objetivas dentro do espaço geográfico".[1482] E, "dentre as antigas ideologias imperiais, o império persa continuou a utilizar a centrípeta dos recursos e a centrífuga dos serviços éticos e políticos".[1483]

A partir do reino de XERXES, alega-se que haveria já certa decadência do império. Há, contudo, evidência da continuidade e da utilidade do modelo: logo após a conquista, ALEXANDRE mantém o sistema de satrapias, ainda em vigor ao tempo de DARIO III – sinal de que esse sistema se mantivera terrivelmente eficaz. O título tipicamente aquemênida de "rei dos reis" também é mantido para si, por ALEXANDRE. Nos dois séculos seguintes, seus sucessores – os selêucidas – terão dificuldade em

[1481] M. LIVERANI, **Antigo Oriente** (ed. 2020, cit. p. 748 e a seguir p. 749).
[1482] M. LIVERANI, **Antigo Oriente** (ed. 2020, cit. p. 749).
[1483] M. LIVERANI, **Antigo Oriente** (ed. 2020, loc. cit.).

manter essa herança: "razão pela qual, certas correntes da historiografia qualificam ALEXANDRE como o 'último dos aquemênidas'".[1484]

Durante cinquenta anos, ISÓCRATES defende e propaga, com talento e constância, a ideia de aliança entre os 'estados' (*politeias*) gregos para a revanche contra os bárbaros e a aquisição de grandes territórios a colonizar na Ásia. Proclama, incansavelmente, que os laços de sangue e de cultura impunham aos helenos o 'dever' de se unirem e que a superioridade de sua civilização legitimava qualquer tentativa de estabelecer sua dominação sobre os 'bárbaros'.[1485]

Nos movimentados séculos que se seguem às conquistas de ALEXANDRE, a história da Pérsia se vê, sistematicamente, implicada nos conflitos, que ultrapassam as suas fronteiras atuais. Enquanto organizam internamente o reino selêucida – que pode ser, talvez, visto como 'império' – mas, logo, sua supremacia nessa área do Oriente será confrontada por duas outras potências: os partas, a leste, e Roma, a oeste. Este cenário complexo, que se estende por séculos, não se reduz a uma confrontação simplista entre 'mundos',[1486] nem, tampouco, entre 'Ocidente' e 'Oriente'.[1487]

Outro dado relevante do período selêucida é, ao menos durante algum tempo, o desaparecimento de concepção 'nacional' persa, em razão da helenização trazida pelos conquistadores e mantida pelas gerações seguintes dos soberanos selêucidas. Mesmo se esta permanece bastante

[1484] Ver cap. 5, seguinte. Cf. Y. PORTER, **Les Iraniens** (ed. 2007, cit. p. 62).

[1485] Georges MATHIEU, **Les idées politiques d'Isocrate** (Paris: Les belles lettres – coll. d'études anciennes: Antiquité grecque, vol. 30, 1925) – disponível on line: Uniersidade de Michigan, 4 jan. 2007 / tb. Gallica – BnF; P. JOUGUET, **L'impérialisme macédonien et l'hellenisation de l'Orient** (1937, Introduction, p. 1-9. cit. p. 5) "La faiblesse de l'empire perse, révélée par l'expédition des Dix-mille et la révolte des satrapes, sous le règne d'ARTAXERXES II, donnait l'espérance d'un succès certain."

[1486] Anthony PAGDEN, **Mundos em guerra** – 2500 anos de conflito entre o Ocidente e o Oriente (do original **Worlds at war** – The Long Struggle between East and West, © 2008, trad. Miguel MATA, Lisboa: Ed. 70, 2009).

[1487] Considera Y. PORTER, **Les Iraniens** (ed. 2007, chap. 3 – Des successeurs d'Alexandre au royaume des Parthes, p. 65-83, cit. p. 65) que, pelo fato desses conflitos se estenderem por séculos, os historiadores por vezes tendem a simplificar os dados com fórmulas impactantes: assim, depois de terem os aquemênidas dominado uma boa parte do mundo grego – período que alguns qualificam de 'leste contra o oeste' – assiste-se, primeiro com ALEXANDRE e seus sucessores imediatos, depois com a ascensão do poder de Roma, a um retorno do 'oeste contra o leste'. "Cabe notar aqui o caráter um tanto simplista dessas oposições geoculturais".

superficial, em certas áreas, foi notável no caso do reino greco-bactriano – bem como sob os primeiros soberanos partas.

A caracterização dessa fase, como de outros períodos, complica-se pela ausência de fontes autóctones: a quase totalidade de relatos históricos provém de autores gregos e romanos, com a complementação de algumas fontes armênias ou siríacas.

É preciso avançar até o reinado de VOLOGÉS I, entre 51 e 78 d.C., para ver surgirem os primeiros indícios de renovação cultural 'iraniana'. Sem esquecer a ameaça das tribos nômades do Norte, de diversas origens, que tornam ainda mais complexo e instável o tabuleiro geopolítico. Como no caso dos kushans, grupo étnico cita, que derruba o reino grego da Bactriana e as tribos turcas, dentre as quais os hunos brancos ou heftalitas que, depois de varrerem os kushans, permanecerão como ameaça de longo prazo contra a Pérsia dos partas e dos sassânidas.

Os sucessores de ALEXANDRE, depois da morte deste, em 323, e de PERDICAS, em 321 a.C. – a quem fora atribuído o governo do Oriente, enquanto ANTIPATROS governaria o Ocidente – foi feita uma primeira partilha entre os sucessores, ANTIPATROS, SELÊUCOS e ANTIGONOS MONOPHTALMOS. Após a batalha de Ipsos, em 301, ANTIGONOS é morto em combate e o império passa a ser dividido entre SELÊUCOS, na Ásia, CASSANDRO, na Macedônia, LISÍMACO, na Trácia e Mísia e PTOLOMEU, no Egito.

O antigo oficial do exército macedônio assume o nome real de SELÊUCOS NIKATOR e reina de, aproximadamente, 311 até 280 a.C. – "provavelmente o único sucessor de ALEXANDRE a compartilhar a ideia do conquistador de unir os povos helenísticos e iranianos" – [1488] desde a tomada de Susa à frente de um corpo de cavaleiros persas, oriundos da nobreza, conta com dezenas de milhares de guerreiros. Casado com uma princesa persa, APAMÉIA, tinha sido nomeado sátrapa da Babilônia. Também foi fundador de novas cidades, como a nova capital, Selêucia sobre o Tigre, ao norte de Babilônia, e Antioquia do Oronte, sendo as duas cidades ligadas por uma 'estrada real'. Embora o Egito e parte da Ásia menor tenham saído de seu controle, ele conservou boa parte do território aquemênida. Na fronteira oriental, negociou com o rei india-

[1488] Y. PORTER, **Les Iraniens** (ed. 2007, chap. 3 – Des successeurs d'Alexandre au royaume des Parthes, p. 65-83, cit. p. 67 e seguintes).

no CHANDRAGUPTA, a quem cedeu alguns territórios em troca de elefantes de guerra.

Nas mãos de seu sucessor, ANTÍOCO I, que reinou de 280 a 261 a.C., cede a unidade territorial. Nessa altura, provavelmente, a Pérsida já se tornara relativamente independente.

Durante o reinado de SELÊUCO II KALLINIKOS, de 246 a 226 a.C., a Bactriana que, desde 246, quando morreu seu antecessor, ANTÍOCO II THEOS, mostrava veleidades de independência, separa-se do império, por volta de 239 a.C.; seguida, no ano seguinte, pela Pártia e pela Hircânia. SELÊUCOS II tenta retomar as províncias orientais dos partas, mas a eclosão de revolta em Antioquia o obriga a retornar para a Síria. Ocupado com a defesa das fronteiras ocidentais, completam-se as secessões dessas províncias, e o 'império' selêucida, doravante, limitar-se-ia à Média, a leste, e ao Taurus, a oeste.

Na Bactriana, o sátrapa da província, DIODORO e outros gregos, vindos com ALEXANDRE, tinham conseguido formar um 'estado' relativamente sólido, com elementos locais e focado na defesa contra as incursões nômades. A fusão intercultural, que se mostra no plano artístico pela arte greco-búdica ou greco-bactriana, opera em clima propício às trocas comerciais, sendo a Bactriana o cruzamento de rotas de comércio, provenientes da Sibéria e Rússia meridional para a China e a Índia e unindo o Extremo Oriente e o Ocidente.

A linhagem de DIODORO foi sucedida pela de EUTIDEMO, que funda nova dinastia. Seu filho, DEMÉTRIO, reina de 200 a 190 a.C. e está, possivelmente, na origem da fundação de Termez, às margens do Oxus (atualmente no Uzbekistão).[1489]

O império aquemênida, sucedido pelos impérios selêucida, por sua vez, será sucedido pelo império parta arsácida e sassânida e se manterá independente até o século VII, quando ocorre a derrocada e absorção dos persas no mundo muçulmano.

A absorção dos persas pelo mundo muçulmano se dá, de modo quase total, a partir do século X. Mas, aí passam a ocorrer sínteses sociais e culturais e transformações políticas que preservam a identidade cultural

[1489] Y. PORTER, **Les Iraniens** (ed. 2007, chap. 3 – Des successeurs d'Alexandre au royaume des Parthes, p. 65-83, cit. p. 68 e seguintes): le nom serait une transformation de celui du fondateur.

persa – como a adoção do alfabeto árabe para a escrita do neo-persa, a partir do século IX – e isso, mesmo em meio ao conjunto mais vasto do Islã, em sua fase áurea de expansão.[1490]

O mundo persa, assim – desde a consolidação do império aquemênida, no século VI a. C., até, ao menos, meados do século VII d.C., com o fim do império sassânida –, representa caso de convivência de línguas e de culturas diversas, sob hegemonia persa. Por vezes, com fortes componentes de outras línguas e culturas, em meio a estas várias correntes, como foi o amplo uso, no início, da língua acadiana, depois do aramaico e, mais adiante, do grego como indispensável *língua franca* de comunicação entre os muitos povos, línguas e culturas que compunham esse vasto império.[1491]

Não se podem desconsiderar os desdobramentos do período helenístico,[1492] com a projeção da língua e cultura gregas sobre a Pérsia e, a partir desta, sobre parcela importante Ásia central até as fronteiras da Índia,[1493] com a criação de sínteses culturais e sincretismos artísticos,

[1490] Maurice LOMBARD, **L'Islam dans sa première grandeur (VIIIe-XIIe siècle)** (orig. publ. 1971, préf. de Hichem DJAÏT, Paris: Flammarion / Champs, impr. 1980).

[1491] Situação que leva à reflexão de Luc de CLAPIERS, marquês de VAUVENARGUES (1715-1742), no *Discurso sobre o caráter dos diferentes séculos* (em primorosa tradução de Mario LARANJEIRA, in VAUVENARGUES, **Das leis do espírito: florilégio filosófico**, São Paulo: Martins Fontes, 1998, p. 89-99, seguido das *Reflexões sobre o caráter dos diferentes séculos*, p. 101-109, cit. p. 101): "Arcamos sob o peso de tantas ideias, como aqueles estados que sucumbem por excesso de conquistas e em que a opulência introduz novos vícios e desordens mais terríveis".

[1492] Como se examina no cap. 5, seguinte. Quadro apresentado por Pierre BRIANT, Professor titular da cadeira de história e civilização do mundo aquemênida e do império de Alexandre, no Collège de France, no estudo *L'Asie mineure en transition* (no volume **La transition entre l'empire achéménide et les royanumes héllenistiques** "actes du colloque organisé par le Collège de France par la 'Chaire d'histoire et civilisation du monde achéménide et de l'empire d'Alexandre' et le 'Réseau international d'études et de recherches achéménides' 22-23 novembre 2004, sous la direction de Pierre BRIANT et Francis JOANNÈS" Paris: Ed. de Boccard, 2006, p. 309-351).

[1493] Romila THAPAR, **A History of India** – vol. one (orig. publ. 1966, London: Penguin, 1990, chap. 6 – The rise of the mercantile community, p. 109-135, cit. p. 118-119) aponta elementos da longa associação do norte da Índia com a cultura helenística, que se manifesta em vários campos: "The borrowing of words, largely of a technical kind, on both sides was an obvious result of this exchange. The impact is also seen in the revolution of Buddhism and its manifestation in art. Buddhism must have been popular with the Greeks because it provided easier access to Indian society than did the caste-determined attitude of Brahmanism. The Greeks continued to use Greek in addition to the local Indian language, since inscriptions of Greek occur on coins in the north-west."

como exprime visual e intelectualmente a arte de Gandara[1494] e prepara as adaptações ocorridas, no contexto persa, para essa cultura realmente internacional na Antiguidade. Essa síntese cultural de grande originalidade se fez, também, no plano das ideias, ao menos até a interrupção de tal ciclo, que decorre da progressiva implantação, nos séculos VII a X, da presença islâmica,[1495] cujo predomínio não se fez sem concessões em relação à base persa, mas norteado por conceito diverso de 'universalidade'.

A dinastia samânida, que governa o Irã oriental e a Ásia central, de 892 até 999, na corte de Bokhara, permite a criação de uma nova cultura islâmica persa.[1496] Mais recentemente, embora continue a ser parte integrante do mundo muçulmano xiita, a tradição persa prossegue com especificidades.

A chegada das dinastias turcas – gaznávidas e seljukidas – provocou profundos transtornos no Oriente muçulmano, promovendo um islã sunita militante, conjugado com o início das cruzadas e a turcificação da Anatólia: "esses recém-chegados na esfera do poder muçulmano outorgam-se o título de sultão e se fazem acompanhar no exercício do poder, por vizires persas".[1497] A dinastia gaznávida, depois de breve conquista do Khorasan, volta-se para o subcontinente indiano – e o reinado de MAHMUD de Ghazni marca seu apogeu, com a extensão máxima do território e uma corte prestigiosa, que atrai sábios e poetas. PORTER afirma que:

> O período dos grandes seljukidas é considerado período propício, tanto no plano da extensão territorial como no domínio cultural. Mas, o edifício do poder seljukida, erigido sobre bases tribais e clânicas, sucumbe

[1494] Mario BUSSAGLI, **L'art du Gandhara** (1984, trad. de l'italien par Béatrice ARNAL, Paris: Librairie générale française, 1996); v. tb. Bérénice GEOFFROY-SCHNEITER, **Gandhara: La rencontre d'Apollon et de Bouddha / mémoire de l'Afghanistan** (Paris: Assouline, 2001).

[1495] Fazlur RAHMAN, **O Islamismo** (do original **Islam** © 1966, trad. J. Teixeira de AGUIAR, Lisboa: Arcádia, 1970); v. tb. Eduardo MANZANO Moreno, em seu estudo sobre a **Historia de las sociedades musulmanas en la Edad média** (Madri: Sintesis, 1992).

[1496] A interação entre a antiga herança persa e o Islã leva, a partir do persa médio, à formação da língua neopersa, escrita com caracteres árabes, a partir do século IX. Nesta língua se faz a síntese, que conduzirá à expressão de grandes poetas e escritores, como HAFIZ, SA'DI, Omar KHAYAM e tantos outros, desde então.

[1497] Y. PORTER, **Les Iraniens** (ed. 2007, chap. 7 – L'hégémonie turque (XIe-XIIe siècles), p. 151-166).

a estas: varridos pelos Quarazm-shás os seljukidas sobrevivem, durante algum tempo, na Anatólia. Mas, uma nova ameaça logo viria do Oriente – os mongóis.[1498]

Nesse longo e complexo caminho, não menos considerável impacto tiveram as invasões mongóis, de 1220 a 1258. Diversamente do quadro habitualmente apresentado de desastre, destruição e massacres – no qual cidades inteiras, como Samarcanda, Nishapur e Reyy foram literalmente riscadas do mapa – costuma ser menos lembrado que a invasão mongol também trouxe benefícios, abrindo uma era de prosperidade para o Irã. Nesse período, as trocas comerciais foram volumosas e rentáveis.[1499]

Depois da queda de Bagdá e do período de invasões, primeiro com Gengis Khan e depois seus sucessores, o Irã retoma uma certa prosperidade. Centros regionais como Tabriz e Bagdá se reerguerão com certa rapidez.

A identidade nacional basicamente se conserva, até a derrubada do regime dos pahlavis e a instauração da república islâmica, em 1979.

A dinastia dos kajars, derrubada em 1924, dera lugar à instauração do regime dos Pahlavis, pai Reza Khan (1924-1941) e seu filho, Muhammad Reza Xá (1941-1979). Este regime, por sua vez, é destronado pela Revolução islâmica, liderada por Ruhollah Khomeini, em 1979. Após a morte de seu fundador e mentor, prossegue até nossos dias, sob forte conotação fundamentalista,[1500] tendo passado pela controvertida presidência de M. Ahmadinejad e a igualmente controversa presidência de Ibrahim Raisi.

A delimitação temporal, espacial e cultural da identidade persa é extensa e complexa. Assim, por exemplo, a configuração linguística, que enseja falar em "Grande Irã", incluirá toda a área onde se falaram as línguas iranianas, desde os tempos históricos até os nossos, onde se pode caracterizar a cultura como predominantemente "iraniana". Aí se incluiriam, assim, partes da Transcaucásia, com algumas especificidades, a

1498 Y. Porter, **Les Iraniens** (ed. 2007, chap. 7, Bilan, cit. p. 166).

1499 Y. Porter, **Les Iraniens** (ed. 2007, chap. 8 – De Chengiz Khân à Timour Lang, p. 167-180).

1500 Onde a oposição política chega a ser reprimida com a aplicação da pena capital pode-se falar em fundamentalismo, e este se manifesta tanto no campo político como religioso. Ilustração gráfica deste contexto, v. Marjane Satrapi, **Persépolis** – completo (© 2000, 2001, 2002 e 2003, trad. Paulo Werneck, São Paulo: Companhia das Letras, 2007).

Ásia central,[1501] bem como o noroeste da Índia,[1502] a Mesopotâmia[1503] e o planalto, inclusive, os atuais estados do Afeganistão e do Irã.

Para dar dimensão das extensões temporais e geográficas do império,[1504] deve-se ter em mente[1505] que a capital do Império sassânida, Ctesifon, nas imediações da atual Bagdá, era considerada, pelos próprios Sassânidas, como parte integrante do *Eranshashr* – ou 'território nacional' iraniano – enquanto áreas próximas do Oceano Índico, hoje incluídas nos limites políticos do Irã, somente viriam a ser consideradas parte do território persa depois dos Sassânidas. De acordo com Frye: "não podemos ignorar as áreas onde a sua cultura [do Irã] foi predominante,

1501 A respeito, v. os já referidos François Widemann, **Les successeurs d'Alexandre en Asie centrale et leur héritage culturel**: essai (Paris: Riveneuve, 'seconde édition, revue et corrigée', © 2009, impressão 2010). bem como Johann Gustav Droysen, **Geschichte Alexanders des Grossen von Macedonien** (Berlin: G. Fincke, 1833), **Geschichte des Hellenismus I. Theil: Geschichte der Nachfolger Alexanders** (Hamburgo: F. A. Perthes, 1836) e **Geschichte des Hellenismus II. Theil: Geschichte der Bildung des hellenistischen Staatensystemes** (Hamburgo: F. A. Perthes, 1843), tradução francesa, **Histoire de l'hellenisme** (version intégrale, trad. de l'allemand sous la direction de Auguste Bouché-Leclercq, préface, note sur la traduction et bibliographie Pascal Payen, Grenoble: Ed. Jerôme Millon, 2005, 2 vols.).

1502 V. tb. adiante, no cap. 7, os itens sobre a Índia e a China antiga, b/c Bernard de Give, **Les rapports de l'Inde et de l'Occident**: des origines au règne d'Asoka (Paris: Les Indes savantes, 2005); Rosa Maria Cimino (edited by), **Ancient Rome and India: Commercial and cultural contacts between the Roman world and India** (New Delhi: Istituto Italiano per il medio ed estremo Oriente, Roma / Italian Embassy Cultural Centre, New Delhi, 1994); Romila Thapar, **A History of India** (Londres: Penguin, lst. publ, 1966, reprinted 1990); Percival Spear, **A History of India** (volume two: from the sixteenth century to the twentieth century, 1st. publ, 1965, New Delhi: Penguin Books India, reprinted with Epilogue, 1970, reprinted with revisions, 1973 and 1978, reprinted 1990).

1503 Francis Joannès, *La Babylonie méridionale: continuité, déclin ou rupture?* (no volume **La transition entre l'empire achéménide et les royanumes héllenistiques** "actes du colloque organisé par le Collège de France par la 'Chaire d'histoire et civilisation du monde achéménide et de l'empire d'Alexandre' et le 'Réseau international d'études et de recherches achéménides' 22-23 novembre 2004, sous la direction de Pierre Briant et Francis Joannès" Paris: Ed. de Boccard, 2006, p. 101-135, cit. p. 101-102) fala a respeito da "transição entre Aquemênidas e Seleucidas, centrada no período que assiste à chegada de Alexandre à Babilônia e depois as lutas entre os Diadócos, até a instauração do reino seleucida".

1504 V. tb. cap. 3 – civilizações antigas entre hegemonia e relações internacionais.

1505 Richard N. Frye, **A herança persa** (do original **The heritage of Persia**, trad. Anabela e Carlos Alberto Nunes, Lisboa: Arcádia, 1972); Richard N. Frye, **The History of Ancient Iran** (Munique: Beck, 1984); Pierre Briant, **Histoire de l'empire perse: de Cyrus à Alexandre** (Paris: Fayard, 1996).

especialmente na Ásia central e no noroeste da Índia. Na realidade essas regiões constituem parte da sua história".[1506]

Desse vasto e complexo espaço, ao longo de muitos séculos de história, busca-se dar alguma notícia, sobretudo sob o ponto de vista do direito e das relações internacionais. Logicamente, esse conjunto tão vasto, durante tantos séculos, não se regeu somente por relações de força, mas, também, contou com elementos de acordo e de organização de convivência, seja por meio de relações do que, aproximativamente, poder-se-ia denominar 'vassalagem' – transpondo, com reparos, termo do contexto medieval europeu, para realidade distinta – como, também, relações internacionais propriamente ditas, por meio de sistema de tratados e celebração de alianças, como se deu, durante séculos, entre o Império romano do Oriente e o império dos partas, assim como entre cada um destes com seus reinos satélites e estados-tampão, entre as duas grandes potências 'ocidentais' daquele tempo.

Ao longo de séculos, Roma e os persas – partas arsácidas e sassânidas – alternaram períodos nos quais se guerrearam e outros nos quais fizeram alianças. Depois de conflitos armados, celebraram tréguas e tratados de paz, dita perpétua que, contudo, duraria poucos anos, antes de voltarem ao uso das armas e de intrigas, inclusive à utilização sistemática de espiões, uns contra os outros, bem como insuflando povos, como os hunos, a atacarem o oponente. Não por acaso, os romanos consideravam os persas como "inimigos hereditários".

No século VI d. C., o historiador e jurista PROCÓPIO dedica os dois primeiros livros das **Guerras de Justiniano** ao relato das guerras contra os persas.[1507] Começa seu relato – ecoando HERÓDOTO e TUCÍDIDES – falando de si mesmo na terceira pessoa:

> PROCÓPIO de Cesaréia colocou por escrito as guerras que JUSTINIANO, imperador dos romanos, conduziu contra os bárbaros do leste e do

[1506] R. N. FRYE (op. cit., ed. cit., 1972, p. 14): "O termo 'Pérsia' usar-se-á para designar o atual país ou essa mesma área na Antiguidade, correspondendo-lhe a província *Persis* ou *Fars*". P. BRIANT (op. cit., 1996, p. 9). As inscrições persas falam apenas da terra (*bumi*) e dos povos (*dahyu* ou *dayhava*) do grande rei.

[1507] PROCOPE DE CÉSARÈE (ca. 500-565 d.C.), **Guerres de Justinien** (Livres I et II) **Les guerres contre les perses** (trad. Janick AUBERGER, notes par Geoffrey GREATREX, Paris: Les belles lettres, 2022)

> oeste, retraçando o modo como cada uma se desenrolou, para que o tempo transcorrido não as possa reduzir a nada, fazer esquecer, nem mesmo empalidecer os feitos excepcionais, cuja memória, pensa ele, seria capital, sobretudo para a geração atual, mas também para as futuras, se um dia a ocasião viesse a colocar os homens em situação semelhante. Pois aqueles, que são suscetíveis de fazer a guerra ou de tomar parte em outros tipos de lutas, o relato desta história muito semelhante poderá ser de real utilidade, mostrando como evoluíram então, para seus predecessores, as peripécias de uma confrontação do mesmo calibre, sugerindo assim qual rumo os eventos provavelmente terão, ao menos para os mais avisados.[1508]

É, em suma, impensável não reconhecer a extensão e a complexidade das relações que se travaram entre estas civilizações antigas e continuar a repetir frases feitas, destituídas de sentido, a respeito da inocorrência de qualquer manifestação assimilável ou sequer comparável ao direito internacional. Da mesma forma, impensável pretender desconhecer a intensa ocorrência de relações políticas entre soberanos e impérios na Antiguidade, com a celebração de tratados e acordos propriamente internacionais – como hoje se denominam as relações internacionais.

No contexto do império persa aquemênida, quando das invasões de CIRO, comandadas por HÁRPAGOS, enquanto foram submetidas as demais cidades jônicas, Mileto não foi atacada porque seus habitantes "trocaram juramentos com o próprio CIRO e viviam tranquilos", conforme registra HERÓDOTO[1509] ao referir as conquistas persas na costa oriental do Mediterrâneo: "menos os milésios – os únicos com os quais CIRO havia concluído um tratado, nas mesmas condições oferecidas aos lídios".[1510]

Muitos séculos mais tarde, o mesmo PROCÓPIO ressaltaria o papel desempenhado por tratados e instrumentos legais na convivência internacional: "sem nenhum tratado, nos vemos em uma guerra sem fim; e uma guerra sem fim priva, para sempre, da sua humanidade, aqueles que a

1508 PROCÓPIO, **Guerras contra os persas** (ed. 2022, I.1.1-2, p. 3).

1509 HERÓDOTO, **História** (trad. do grego, intr. e notas de Mário da Gama KURY, Brasília: Ed UnB, © 1985, 2ª. ed., 1988, I.169, p. 73), tb. utilizada a edição HÉRODOTE, **Oeuvres complètes** (intr. Jacqueline de ROMILLY, texte présenté, traduit et annoté par André BARGUET, Paris: Gallimard – Pleiade, © 1964, impr. 1982).

1510 HERÓDOTO (ed. cit., I.141, p. 65).

isso se consagram".[1511] O direito internacional é um aporte civilizacional para modelar a convivência pacífica entre coletividades humanas.

Esses dados – como a celebração de tratados – se verificam ao longo de vários milênios de história, desde a Antiguidade até nossos dias. Constituem o que viria a ser chamado, em séculos e contextos posteriores, direito internacional e relações internacionais. Mas, inegavelmente, está presente em seus conceitos de expressão de acordo e estabelecimento de obrigações recíprocas entre potências da Antiguidade.

Não por acaso, como mencionado, o historiador grego HERÓDOTO (ca. 484-425 a. C.) foi considerado, por CÍCERO, como o "pai da história".[1512] Por PLUTARCO, porém,[1513] foi cognominado o 'pai da mentira'.[1514] O que mostra, claramente, que não vêm de hoje[1515] as controvérsias sobre a metodologia da história.[1516]

Essa questão se mostra particularmente relevante na relação entre gregos e persas, assim como, depois, na relação entre romanos e persas: a questão da imparcialidade dos relatos históricos em relação a povos e indivíduos considerados 'oponentes' ou 'inimigos'. Tampouco se pode

[1511] PROCÓPIO, **Guerras contra os persas** (ed. 2022, II.10.10-15, p. 143-144).

[1512] CICÉRON (106-43 av. J.-C.) faz esta afirmação: "*Herodotum patrem historiae*" em seu tratado **Sobre as leis** (CICERO, **De Legibus**, ed. bilingue, with an English translation by Clinton Walker KEYES, Cambridge, Ma. / London: Harvard Univ. Press, LCL 213, CICERO vol. XVI, © 1926, reprinted 2006, p. 287-519, cit. I.I.5, p. 300-301).

[1513] PLUTARCO, *De Herodoti malignitate* (original grego, ΠΕΡΙ ΤΗΣ ΗΡΟΔΟΤΟΥ ΚΑΚΟΗΘΕΙΑΣ, with an English translation by Lionel PEARSON and F. H. SANDBACH, Cambridge, Ma. / London: Harvard UP, LCL 426, Plutarch **Moralia** vol. XI, © 1965, reprinted 2006, p. 1-129); PLUTARCO, **Da malícia de Heródoto** (ed. bilingue, estudo, trad. e notas de Maria Aparecida de Oliveira SILVA, São Paulo: Edusp – Fapesp, 2013).

[1514] Como apontei, PLUTARCO desenvolve ensaio ético, não de crítica histórica, sobre o que considera a alegada malignidade (κακοηθειας) do primeiro historiador. V. tb. J. A. S. EVANS, *Father of History or Father of lies? The reputation of HERODOTUS* (Classical Journal, 1968, vol. 64, p. 11-17); Rosalind THOMAS, **Herodotus in context: ethnography, science and the art of persuasion** (Cambridge: Univ. Press, 2002).

[1515] Como referido, o termo – κακοηθειας – usado por PLUTARCO (45-120 AD), a respeito de HERÓDOTO (ca. 480 – ca. 425 a.C.) exprime a ação de caráter vicioso, e constitui imputação grave, de delito que abrange não somente malícia, duplicidade, como a intenção deliberada de apresentar a pior interpretação possível das ações dos outros, além de insinceridade e falsificação deliberada de fatos.

[1516] TUCÍDIDES, **História da guerra do Peloponeso** (trad. do grego, intr. e notas, Mário da Gama KURY, Brasília: Ed. UnB, © 1982, 3ª ed., 1987, livro II, 54): "as lembranças dos homens se adaptam às suas vicissitudes."

negligenciar a advertência quanto a necessidade de controlar a qualidade das fontes, como já apontava TUCÍDIDES.[1517]

Justamente, HERÓDOTO, seria o ponto de partida de distinção, que permanece, até hoje, entre 'Ocidente' e 'Oriente', entre 'nós', no caso, dele, para designar os gregos, em relação a 'eles', os persas ou, em geral, os orientais ou 'asiáticos' e os 'bárbaros'[1518] como aqueles cuja língua nos parece incompreensível (e, por extensão, cujos valores e sistema de ordenação da vida não compartilhamos e que, como estranhos, são rejeitados).

A barreira cultural se poria entre esses dois mundos ou entre duas visões do mundo desde o século V a. C. Ao mesmo tempo, não podemos esquecer que a descoberta da inscrição de Behistun – ou seja, uma fonte oficial persa – confirma a posição de HERÓDOTO como o testemunho mais confiável que temos a respeito dos negócios persas.[1519]

De modo equivalente, seu quase contemporâneo, uma geração mais jovem, o também genial historiador TUCÍDIDES (ca. 460 – ca. 400 a.C.) refere, em muitas passagens, "quando o Bárbaro marchou contra a Hélade".[1520] Esse dado passa a ser marcante no 'inconsciente coletivo' grego – ao menos até que se dê a reversão do quadro, com as conquistas de ALEXANDRE, no século seguinte, e o esforço deste em forjar nova síntese civilizacional e novos padrões de convivência entre povos, línguas, culturas e religiões. O que, infelizmente, pouco foi mantido pelas gerações seguintes, depois desse breve, porém, marcante experimento.[1521]

[1517] TUCÍDIDES (I.20): "Os homens, na verdade, aceitam uns dos outros relatos de segunda mão dos eventos passados, negligenciando pô-los à prova, ainda que tais eventos se relacionem com sua própria terra". E conclui a passagem (I.20): "A tal ponto chega a aversão de certos homens pela pesquisa meticulosa da verdade, e tão grande é a predisposição para valer-se apenas do que está ao alcance da mão."

[1518] HERÓDOTO (II.158): "os egípcios chamam de bárbaros todos os povos que não falam a sua língua".

[1519] O imperador DARIO fez descrever os seus feitos – um grande 'relatório de gestão', se diria hoje – em inscrição trilingue na pedra de Behistun. E esta é uma das fontes para conhecer a situação do império aquemênida na época. Como registra HERÓDOTO (III.160), e lembra A. MOMIGLIANO, **As raízes clássicas da historiografia moderna** (ed. 2004, cit. p. 26-27): "Mesmo em Atenas, HERÓDOTO foi capaz de encontrar um refugiado aristocrata persa, ZÓPIROS, filho de Megabizos, e de conversar com ele em grego sobre a Pérsia".

[1520] Por exemplo, TUCÍDIDES (ed. cit., livro III, 62).

[1521] V. tb. o seguinte cap. 5 – as cidades-estado gregas e o mundo helenístico.

A linha divisória, em considerável medida, mantém-se. No século XVI, a respeito da percepção europeia do 'novo mundo' e da necessidade de percepção do outro, apontava MONTAIGNE, nos **Ensaios**,[1522] o risco de considerar 'bárbaro' tudo o que é diverso de nós e que difere de nossos hábitos: "cada um chama 'barbárie' ao que não se pratica em sua terra".[1523]

Devemos ter consciência de tais barreiras culturais e históricas – ou, simplesmente, preconceitos – como dados a serem suplantados, porquanto o Irã permite compreender a continuidade em meio à diversidade, na interação entre persas e tantos outros povos, lições de violência e de imperialismo, mas, também, de convivência internacionalmente organizada, da possibilidade de diálogo e de construção de pontes entre 'Ocidente' e o Oriente próximo e deste, por sua vez, abrangendo o contexto da Ásia central e desta para o Extremo Oriente. Embora não, talvez, de maneira tão esquemática como costuma ser apresentado.[1524]

Esta terminologia – Ocidente e Oriente –, aliás, já se pauta pela distorção colocada a partir da perspectiva ocidental, criada pelos ingleses, no século XIX, ao tempo da máxima extensão de seu império,[1525] refle-

[1522] Michel de MONTAIGNE, **Essais** (in **Oeuvres complètes**, textes établis par Albert THIBAUDET et Maurce RAT, introduction et notes par Maurice RAT, Paris: Gallimard / Pléiade, (c) 1962, impr. 1992, livre premier, chap. XXXI – des cannibales, p. 200-213, cit., p. 200): "J'ay eu long temps avec moy un homme qui avoit demeuré dix ou douze ans en cet autre monde qui a esté découvert en nostre siècle, en l'endroit où VILEGAIGNON print terre, qu'il surnomma la France Antarctique. Cette descouverte d'un païs infini semble estre de consideration. Je ne sçay si je me puis respondre qu'il ne s'en face à l'advenir quelqu'autre, tant de personnages plus grands que nous ayans esté trompez en cette-cy. J'ay peur que nous avons les yeux plus grands que le ventre, et plus de curiosité que nous n'avons de capacité. Nous embrassons tout, mais nous n'étreignons que du vent".

[1523] MONTAIGNE, **Essais** (I.XXXI, p. 203).

[1524] Anthony PAGDEN, **Mundos em guerra** – 2500 anos de conflito entre o Ocidente e o Oriente (do original **Worlds at war** – The Long Struggle between East and West © 2008, trad. Miguel MATA, Lisboa: Ed. 70, 2009).

[1525] Embora nem sempre acompanhe as conclusões a que chega o autor, veja-se Niall FERGUSON, **Império** (do original **Empire** © 2003, trad. Marcelo Musa CAVALLARI, São Paulo: Planeta, 2010), a respeito de "como os britânicos fizeram o mundo moderno", bem como Henri WESSELING, **Les empires coloniaux européens 1815-1919** (do original holandês **Europa's koloniale eeuw: De koliniale rijken in de negentiende eeuw, 1815-1919** © 2003, trad. Patrick GRILLI, Paris: Gallimard – Folio – Histoire – inédit, 2009), para mostrar algumas das distorções decorrentes da adoção da perspectiva colonial europeia em relação ao 'resto' do mundo, veja-se ainda o magistral estudo de Edward W. SAID, **Orientalism** (© 1978, Londres: Penguin, 1985).

tindo a visão inglesa do mundo e da ordenação que os britânicos pretenderam imprimir a este.

Logicamente, esta divisão (Oriente médio – Ásia central – Extremo oriente) não faz qualquer sentido para os próprios povos da Ásia. Exprime o olhar ocidental e a visão destes povos em relação ao resto do mundo. Ademais, negligencia toda uma rede de relações internacionais e sistema internacional entre a China – que se autodenominava o 'Império do meio' – e esses 'estrangeiros', que se aproximavam dos modelos correspondentes de ordem internacional, que se desenvolveram no 'Oriente próximo' e no 'Ocidente'.[1526]

Esta divisão, inclusive, por vezes, pode acarretar graves distorções de percepção.[1527] Que se refletirão em correspondentes distorções de comportamento. E estas podem, ainda, exprimir-se quer no trato entre pessoas, como nas relações internacionais – com consequências as mais variadas.

Em sua **História**, especialmente nos livros I e III,[1528] HERÓDOTO oferece ao público grego do seu tempo, curioso, mas não muito informado,

[1526] Ver, no tomo 3 B, cap. 7, sobre a Índia e a China antigas; v. tb. as críticas ao modelo 'ocidentocêntrico' e as distorções que este acarreta na percepção do mundo, em Yasuaki ONUMA, **International Law in a Transcivilizational World** (Cambridge: Univ. Press, 2017); ONUMA, **Le droit international et le Japon** – Une vision transcivilisationnelle du monde (préface de Mireille DELMAS-MARTY, présentation Fréderic MEGRET, Paris: Pedone, 2016); ONUMA (edited by), **A normative approach to war**: peace, war and justice in Hugo Grotius (Oxford: Clarendon Press, 1993); ONUMA, **A Transcivilizational Perspective on International Law** (RCADI, 2009, vol. 342; tb. publ. Haia: Pocketbooks of the Hague Academy of International Law, 2010) tb. na ed. brasileira, **Direito internacional em perspectiva transcivilizacional** – Questionamento da estrutura cognitiva predominante no emergente mundo multipolar e multicivilizacional do século XXI (trad. Alan CARVALHO e outros, org. da trad. Masato NINOMIYA e Paulo B. CASELLA, Belo Horizonte: Arraes, 2017).

[1527] De Edward SAID, além de seu 'clássico' ensaio sobre o **Orientalism** (orignalmente publicado New York: Pantheon Books, 1978, tb. Londres: Penguin, 1985) – ou seja, a percepção ocidental do 'Oriente', que nao se coaduna com a percepção dos próprios orientais – vejam-se, também: **Humanismo e crítica democrática** (do original **Humanism and democratic criticism**, © 2004, trad. Rosaura EICHENBERG, São Paulo: Cia. das Letras, 2007); **Fora do lugar: memórias** (do original **Out of place – a Memoir**, © 1999, trad. José Geraldo COUTO, São Paulo: Cia. das Letras, 2004); **Reflexões sobre o exílio e outros ensaios** (do original **Reflections on exile and other essays** © 2001, trad. Pedro Maia SOARES, São Paulo: Cia. das Letras, 2003); **Cultura e política** (org. Emir SADER, trad. Luiz Bernardo PERICÁS, São Paulo: Boitempo, 2003, reimpressão 2007).

[1528] HERÓDOTO, **História** (trad. do grego, intr. e notas de Mário da Gama KURY, Brasília: Ed UnB, © 1985, 2ª. ed., 1988), v. tb. HÉRODOTE, **Oeuvres complètes** (intr. Jacqueline de

o quadro da formação e expansão do império aquemênida. O autor fala a respeito de si mesmo na terceira pessoa:

> os resultados das investigações de HERÓDOTO DE HALICARNASSO são apresentados aqui, para que a memória dos acontecimentos não se apague entre os homens com o passar do tempo, e para que feitos maravilhosos e admiráveis dos helenos e dos bárbaros não deixem de ser lembrados, inclusive as razões pelas quais eles se guerrearam.[1529]

Descreve, assim, HERÓDOTO, os 'bárbaros'. Com relação ao "estado persa", depois das guerras contra os aquemênidas, a atitude dos gregos não poderia ser imparcial.[1530]

Sem esquecer tal reparo, em HERÓDOTO, vem a narração de fatos relativos ao poder dinástico, bem como a análise étnico-geográfica dos extensos territórios dominados pelos persas e observações concretas a respeito das formas de exercício de poder, naquele vasto império, governado pelos soberanos aquemênidas de seu tempo. Procurava HERÓDOTO a resposta para a pergunta: por que estes dois povos – gregos e persas – apesar de suas semelhanças, digladiavam-se?

HERÓDOTO cresceu em meio à hostilidade entre gregos e persas e sente as consequências desta. A sua cidade natal, Halicarnasso – atualmente Bodrum, na Turquia – era cidade grega, mas, na altura do seu nascimento e durante toda a juventude, quando lá viveu HERÓDOTO, esteve sob domínio persa. Assim, seu testemunho, embora relevante, está longe de ser 'imparcial' – e esta é lição a se ter presente para considerar o legado do pai da história! E, sem esquecer a importância do relato de HERÓDOTO para o conhecimento do império persa, talvez, não seja totalmente desmerecida a atribuição de 'pai da mentira'.

Em 499 a.C. as cidades jônicas, na costa da Ásia, revoltam-se contra o jugo persa. As forças de Mileto têm a primazia na condução do conflito. Em 494 a.C., a frota grega foi praticamente arrasada pelos persas em

ROMILLY, texte présenté, traduir et annoté par André BARGUET, Paris: Gallimard – Pleiade, © 1964, impr. 1982).

1529 HERÓDOTO (ed. cit., 1988, livro I, 'Clio', n. 1, p. 19).

1530 Não esqueçamos que o próprio HERÓDOTO DE HALICARNASSO era natural da costa oriental do Mediterrâneo, na atual cidade de Bodrum, hoje parte do território da Turquia. A região se achava submetida ao domínio persa, naquela altura.

Ladé. Mileto, depois de assediada, é conquistada e ocupada pelas tropas de DARIO. A seguir, Trácia, bem como a ilha de Tassos e a Macedônia são submetidas pelos persas.[1531]

Em 490 a. C., foi, exatamente, o ano em que o 'grande rei' persa, DARIO I, realiza a primeira tentativa, em larga escala, de uma potência não-europeia, para subjugar a Europa. O movimento pendular da história oscila, à época, nesse sentido. Mais adiante, será o inverso.[1532]

Nascido em Halicarnasso como súdito persa, mas culturalmente grego, HERÓDOTO vive entre esses dois mundos, aparentemente em paz, mas nem sempre à vontade um com o outro. Ele queria compreender como a inimizade relativa entre dois povos se transformara em ódio. Em busca da resposta, dedica a sua vida e as suas energias criativas à narração da história das lutas entre a Ásia e a Europa, que viria a ser designada por "guerras pérsicas", série de conflitos que dura de 490 até 479 a.C.

Expressão do que gostaríamos de chamar 'consciência ocidental', HERÓDOTO é um dos primeiros escritores a verem os seres humanos como responsáveis por suas ações. Como observado:

> Tal como a guerra de Tróia, as guerras pérsicas foram lutas titânicas entre a Europa e a Ásia. Mas foram conflitos históricos e não mitológicos, e as suas consequências foram tão precisas quanto as suas origens. HERÓDOTO falou com muitos dos combatentes enquanto reunia o material para o que chamava simplesmente os seus 'inquéritos', as suas *Histórias*, e nutria, evidentemente, uma grande simpatia, por todos eles, independentemente das suas origens. Embora nunca tenha aprendido persa, ele afirma estar na posse de informações cuja proveniência só poderia ser de fontes persas, e a sua perspectiva dos persas, embora se conforme ocasionalmente com o posterior estereótipo preconceituoso grego do 'oriental', é mais flexível do que a maioria dos autores subsequentes.[1533]

[1531] Esse precedente será lembrado ao tempo das conquistas macedônias do império persa, por ALEXANDRE, cento e sessenta anos mais tarde.

[1532] Notoriamente exacerbado durante a expansão colonial europeia em outros continentes, cf. **Tratado** (tomos XIV a XVII – **Direito internacional no tempo do colonialismo**).

[1533] Anthony PAGDEN, **Mundos em guerra** – 2500 anos de conflito entre o Ocidente e o Oriente (do original **Worlds at war** – The Long Struggle between East and West © 2008, trad. Miguel MATA, Lisboa: Ed. 70, 2009, cit. p. 27 e 28): "a sua visão é necessariamente grega, e porque o seu relato é o único que temos das guerras, foi a sua visão que, durante séculos, moldou a nossa compreensão do que aconteceu e por quê. A arqueologia moderna propor-

Em suma, HERÓDOTO se preocupa em mostrar que o divisor de águas entre os gregos e os persas, ou os 'asiáticos' e os 'europeus' – para usar termos surgidos em tempos posteriores –, é algo mais profundo do que meras diferenças políticas. É uma visão do mundo, é a afirmação do que é ser humano e viver como tal.[1534]

A partir de meados do século VI a.C. até a tomada de Persépolis, a capital persa, por ALEXANDRE, em 330 a.C., a história grega se desenvolve à sombra do império persa. Como também se faziam aportes do Egito, como a civilização mais desenvolvida, embora, ao tempo de HERÓDOTO, já decadente, aos olhos da Grécia.[1535]

Pelos padrões da Antiguidade, a ascensão aquemênida foi relativamente rápida e a sua existência relativamente breve. Mudou, também, o mundo dito 'ocidental', por conta da interação belicosa com os gregos. Mas, também, repercutiu extensamente a leste do império persa, em relação à Ásia central. E, mantendo rotas de comércio com a Índia e com a China, além de mercadorias, também ocorre circulação de ideias e de conhecimentos técnicos.

Ontem e hoje, são sempre questões de percepção do ser humano em relação ao seu próximo.[1536] Assim, o boticário e navegador português

cionou-nos um relato por vezes muito diferente da ascensão dos Aquemênidas – a dinastia que reinava sobre o que hoje designamos império persa – e do tipo de sociedade que governaram."

1534 A. PAGDEN (op. cit., ed. 2009, p. 29): "Embora as cidades da Grécia, e num sentido mais lato, da 'Europa', possuíssem personalidades muito diferentes, tivessem ocasionalmente criado sociedades muito diferentes, e estivessem dispostas a traírem-se umas às outras quando lhes convinha, não deixaram de partilhar os elementos comuns dessa visão. Todas sabiam distinguir entre liberdade e escravatura, e todas estavam empenhadas, em termos gerais, naquilo que hoje identificaríamos como uma visão individualista da humanidade."

1535 HERÓDOTO dedica todo o livro II – "Euterpe", ao relato de histórias do Egito e menciona várias vezes ter conversado com sacerdotes egípcios, a respeito dos deuses, dos templos e dos reis do Egito antigo. Menciona HERÓDOTO (II.3-4): "Não desejo relatar agora as histórias ouvidas por mim a respeito dos deuses, à exceção apenas dos nomes de suas divindades, pois sustento que o conhecimento de todos os homens a esse respeito é o mesmo. Mencionarei a propósito destes assuntos somente o que for compelido a dizer no curso de minha investigação. / Mas em relação às coisas humanas eles dizem unanimemente o seguinte: os egípcios foram os primeiros entre todos os homens a descobrir o ciclo do ano e a dividir em doze períodos o curso das estações."

1536 Como se considera no **Tratado** (tomo XX – **Direito internacional, história e cultura**, introdução e cap. 1 – Direito internacional no tempo e seu papel na história); v. tb.

Tomé PIRES, na sua **Suma oriental** (1512-1515), tecia várias considerações sobre a Pérsia:

> São os persianos homens de cavalo, armados de todas as armas de formosas guarnições, de espadas bem obradas. São homens de nossa cor, e corpo e feições, e sem dúvida são os que as carapuças trazem – o barrete frígio? homens que mais parecem de nossas partes que doutras.[1537]

São os olhos de português quinhentista a respeito do grande império persa. Contemplado à luz dos interesses do seu tempo e do seu meio. Prossegue LOUREIRO:

> Esta província da Pérsia é a mais nobre e mais honrada e mais antiga de toda a Ásia. Houve sempre nela monarcas e grandes senhores. Esta subjugou sempre muitas províncias. Notórios são os que tiveram esse império, a saber: NABUCODONOSOR, seu filho TIRO, e DARIO, e OSUERO e XERXES e outros. Nessa terra houve o grande ALEXANDRE grandes vencimentos. Não é quase estéril e montanhosa, como alguns historiadores contam e antes abunda em todos os deleites, e homens domésticos com toda a cortesia e vestidos, e sem o feito das armas magnânimos e esforçados. São monteiros e caçadores de todas as aves. Há terras de Xiraz até o âmago de toda a Pérsia, e abundante em trigo, cevada, vinho, carnes, frutas, não carece de nozes, castanhas, figos, como em nossa terra.[1538]

Na história, assim como no direito internacional, é questão de grande relevância compreender o outro e seu modo de ver o mundo. É preciso evitar preconceitos – pré-conceito – que podem comprometer a nossa visão da história ou do direito internacional e lembrar o grande panorama, estruturado ao longo de milênios pela Pérsia.[1539]

Philip BAGBY, **Culture and History** – Prolegomena to the comparative study of civilizations (Berkeley: Univ. of California Press, 1959).

1537 Rui Manuel LOUREIRO, **O manuscrito de Lisboa da 'Suma oriental' de Tomé PIRES:** contribuição para uma edição crítica ("palavras introdutórias pelo prof. Juan GIL", Macau: Instituto português do Oriente, 1996"transcrição do manuscrito", p. 57-146, cit. p. 66).

1538 R. M. LOUREIRO (ed. cit., da **Suma oriental** de Tomé PIRES, 1996, cit. p. 67).

1539 Amir Mehdi BADI, **Les grecs et les barbares I. Une erreur de l'Histoire** (1963, Paris: Geuthner, 3e éd., 1990); ___ , **Les grecs et les barbares II. Deux mondes complémentaires** (1966, Paris: Geuthner, 2e éd., 1990); ___ , **Les grecs et les barbares III. Suse contre**

Dificilmente outro país sofre tanto, nesse sentido, como a Pérsia – ou a outra denominação antiga, retomada atualmente, o Irã. E, esses preconceitos não se desenvolveram somente entre gregos e romanos, ou na era moderna. Insuflados pelos Estados Unidos, acirram-se a partir da revolução islâmica de 1979, mas remontam à visão da Grécia clássica a respeito do mundo persa antigo (aquemênida), prossegue e é reforçada com a propaganda de guerra sobre os "inimigos hereditários", durante os séculos de confrontação do império romano com os persas (partas arsácidas e sassânidas),

Apesar dos choques e das oposições, as intrigas e os conflitos sangrentos, esses mundos teriam sido muito mais próximos do que se diz, e muito menos hostis do que se pensa. Caberia mostrar, contrariamente às ideias preconcebidas (*les idées reçues*), que esses dois mundos, essencialmente diferentes pelos costumes, pelas línguas e pelo espírito (*différents de moeurs, de langage et d'esprit*) foram antes complementares que contrários. Como ressalta Badi:

> Quem conhece verdadeiramente a história da Grécia deve saber que Atenas, Esparta e Tebas foram mais frequentemente solidárias com os Partas e com Susa do que entre elas. Deve saber que o famoso ódio, tanto alardeado, e tantas vezes mencionado, da Grécia pelo grande rei e o seu império foi, na verdade menos, muito menos efetivo e real do que o ódio, implacável e desastroso, que levantou sem cessar e impiedosamente, uns contra os outros, as cidades e os povos da Hélade.[1540]

A tese de Badi é clara:

> Deve também, sobretudo, saber, que lá onde e também pelo tempo em que o interesse, a ambição ou a perfídia de alguns não os levantou contra os persas, os gregos da Jônia e os habitantes das ilhas gregas viveram

Athènes (1968, Paris: Geuthner, 2e éd., 1990); ___ , **Les grecs et les barbares IV. Salamine et Platées** (Lausanne: Payot, 1975); ___ , **Les Grecs et les barbares V. La paix du Roi** (Paris: Paul Geuthner, 1984); ___ , **Les Grecs et les barbares VI. D'Alexandre à Mithridate** (Paris: Paul Geuthner, 1990).

1540 A. Badi, **Les grecs et les barbares II. Deux mondes complémentaires** (1966, ed. cit., 1990, avant-propos, p. 7-10, cit. p. 7-8): "les conquêtes macédoniennes et les guerres d'Alexandre, loin d'assurer le triomphe de l'un de ces mondes sur l'autre, les ruinèrent l'un et l'autre".

> mais felizes e mesmo mais livres e mais respeitados, em suas pessoas e seus bens, sob os chefes (*les maîtres*) que lhes enviara Susa, que sob os libertadores (*les libérateurs*) que vieram de Esparta, de Atenas e de outras localidades. Mas, é preciso dizer que estes são verdadeiros *paradoxos*, cuja verdade somente se mostra, uma vez que nos libertemos, com sinceridade, de quaisquer juízos preconcebidos (*parti pris*), e que se saiba resistir ao encanto inebriante das fábulas e historietas de HERÓDOTO e de CTÉSIAS, e ao domínio dos vazios refrãos da retórica de ISÓCRATES – esse excelente fraseador, mas pobre testemunha, que viveu a guerra do Peloponeso, a paz de Nícias, a destruição do exército ateniense diante de Siracusa, a aliança de Esparta com a Pérsia, Aigospotamos e Cnídia, a capitulação de Atenas e a paz de Antalcidas, Leuctros e Mantineia, a paz de Filocrates e o desastre de Queroneia, sem nada compreender das lições da História.[1541]

A infelicidade, segundo BADI, resultaria do fato que, mesmo se ISÓCRATES nada tenha entendido nem aprendido com as lições da História, seus discursos, contudo, permaneceram e estes deformaram profundamente a verdade histórica, e afirma o autor:

> Há mais de dois mil anos, os historiadores conhecem, discutem e julgam a história das relações do império aquemênida com o mundo helênico, com muito pequenas variações (à *très peu de chose près*), quase exclusivamente segundo as fontes gregas, segundo os relatos tendenciosos e as lendas aberrantes de CTÉSIAS e de HERÓDOTO, uns e outros deformados e desnaturados pelos fáceis sofismas da retórica de ISÓCRATES.[1542]

Com base em tais relatos, considerados parciais, "julgam e condenam os homens de Susa, ao tempo de ALEXANDRE".[1543] E, com fundamento "nessas mesmas lendas, e somente se fiando nos discursos dos oradores atenienses".[1544] Como ensina TUCÍDIDES, "em razão da jactância desses

1541 A. BADI (op. cit., 1966, ed. cit., 1990, cit. p. 8-9).
1542 A. BADI (op. cit., 1966, ed. cit., 1990, loc. cit.).
1543 A. BADI (op. cit., 1966, ed. cit., 1990, loc. cit.).
1544 A. BADI (op. cit., 1966, ed. cit., 1990, loc. cit.).

homens, que engrossam tudo o que lhes diz respeito",[1545] os gregos tinham aprendido a não mais acreditar:

> Não entendo os longos discursos dos atenienses, pois embora elogiando-se muito eles em parte alguma negam estar maltratando nossos aliados e o Peloponeso. Se, todavia, eles se conduziram bem contra os persas em tempos passados, agora agem mal em relação a nós, merecem uma dupla punição, porque de bons que foram, se tornaram maus.[1546]

Os distorcidos retratos deixados em discursos e relatos, pelos gregos antigos, a respeito dos persas, teriam, assim, feito parte de 'estratégia de guerra'. Inclusive 'inflacionando' os números e a enorme variedade da composição étnica dos diferentes corpos dos exércitos persas, tudo isso para tornar mais impressionantes as vitórias sobre estes, alcançadas pelas tropas gregas. Segundo BADI:

> faz tempo que os historiadores sabem todas essas coisas; mas, apesar de tudo, ainda hoje, para escrever a história da Pérsia antiga e glorificar a 'helenização do mundo antigo', em decorrência das conquistas de ALEXANDRE, referem-se tranquilamente os relatos igualmente fantásticos como os das formigas do tamanho de raposas.[1547]

Como em qualquer estratégia de guerra, denegria-se o inimigo para deixar o melhor ângulo para os conterrâneos. Cuidava-se de como seriam uns e outros vistos pelos contemporâneos – pelos pósteros.

[1545] TUCÍDIDES, **História da guerra do Peloponeso** (trad. do grego, intr. e notas, Mário da Gama KURY, Brasília: Ed. UnB, © 1982, 3ª ed., 1987, cit. I.86, p. 54-55).

[1546] TUCÍDIDES, **História da guerra do Peloponeso** (trad. do grego, intr. e notas, Mário da Gama KURY, Brasília: Ed. UnB, © 1982, 3ª ed., 1987, cit. I.86, p. 54-55).

[1547] A. BADI (op. cit., 1966, ed. cit., 1990, p. 9-10): Il y a vingt-cinq siècles que les hommes savent que le Grec ancien est 'vain et hypérbolique', menteur même et de mauvaise foi; il y a bien longtemps qu'ils savent que celui qui a laissé de XERXÈS – qui fut très certainement un homme hors série et un organisateur remarquable – l'image d'un misérable despote, incapable, couard, dépravé et sans entrailles, une image dans laquelle les historiens ont pris l'habitude de reconnaître le portrait type du souverain achéménide, est ce même HÉRODOTE qui écrivit dans ses **Histoires** [III.102]: 'dans cette région déserte et dans ces sables [de l'Inde] il y a des fourmis de moins grande taille que des chiens, *mais plus grandes que des renards*, on en peut voir en effet à la résidence du roi des Perses'.

Não se pode esquecer, contudo, o enorme papel desempenhado pelas fontes gregas – e, também, as fontes bíblicas – para o conhecimento a respeito do império persa. A diferença é que as fontes bíblicas são, em geral, favoráveis aos persas aquemênidas, que permitiram o retorno a Israel de dezenas de milhares de famílias judias, depois de forçadas ao exilio da Babilônia, pelos conquistadores assírios.

A evidência de contato entre os historiadores gregos e o mundo persa é fácil de ser assinalada: "o florescimento da historiografia grega está relacionado de perto à ascensão dos estudos geográficos"[1548]. Ademais:

- SCYLAX de Carianda, o primeiro grego a escrever a respeito de suas explorações geográficas, viajou pelo golfo Pérsico e outras regiões, à custa e por ordem do rei DARIO, em torno de 500 a.C.;[1549]
- HECATEU de Mileto, geógrafo e genealogista, escreveu sobre os persas – "ele nutriu interesse por genealogias orientais e comparava a evidência grega com a não-grega" – e como súdito do império persa, na época de sua grandeza, ele viajou extensamente;
- HERÓDOTO, quando nasceu em Halicarnasso, era um súdito persa. Ele não nutria grande simpatia pela rebelião jônica, apesar de ter plena consciência do significado da vitória grega sobre o império persa. "Ainda que nunca tivesse estado na Pérsia propriamente dita e não falasse qualquer língua estrangeira, suas histórias são repletas de presumíveis tradições persas. Estas chegaram a ele em segunda mão e distorcidas": mas não podemos perder de vista que a descoberta da inscrição de Behistun confirma a posição que HERÓDOTO conquistou de ser o testemunho mais confiável que possuímos a respeito dos negócios persas;[1550] e além dele,

[1548] Arnaldo MOMIGLIANO (1908-1987), **As raízes clássicas da historiografia moderna** (orig. publ. **The classical foundations of modern historiography**, 1990, trad. Maria Beatriz BORBA FLORENZANO, Bauru: Edusc, 2004, cap. 1 – a historiografia persa, a historiografia grega, a historiografia judaica, p. 21-51, cit. p. 26-27).

[1549] Como registra HERÓDOTO (IV.44). Arnaldo MOMIGLIANO (1908-1987), **As raízes clássicas da historiografia moderna** (orig. publ. **The classical foundations of modern historiography**, 1990, trad. Maria Beatriz BORBA FLORENZANO, Bauru: Edusc, 2004, cap. 1 – a historiografia persa, a historiografia grega, a historiografia judaica, p. 21-51, cit. p. 26-27).

[1550] A. MOMIGLIANO, **As raízes clássicas da historiografia moderna** (ed. 2004, cit. p. 26-27): "Mesmo em Atenas, HERÓDOTO foi capaz de encontrar um refugiado aristocrata persa, ZÓPIROS, filho de Megabizos, e de conversar com ele em grego sobre a Pérsia" – como registra HERÓDOTO (III.160).

– tantos outros autores do século V a.C., tais como DIONÍSIO de Mileto, HELÂNICO de Mitilene e CÂRON de Lâmpsaco, que coletaram as tradições persas em lugares onde a familiaridade com os costumes e com as gentes persas devem ter sido bastante fáceis e comuns. Sua existência prova, ao menos, a preocupação constante dos primeiros historiadores gregos com a história persa – fato que não deve surpreender-nos.[1551]

Nesse sentido, também cabe observar:

A história fatual do império persa só pode ser substancialmente escrita a partir de fontes gregas contemporâneas e derivadas. A contribuição das fontes orientais para esse fim é marginal e circunscrita a acontecimentos particulares (por exemplo as batalhas de DARIO em 522/521 a.C., enumeradas na inscrição em pedra de Behistun) ou a fatos regionais de determinadas províncias (por exemplo, o Egito nos dossiers em papiro, a Mesopotâmia nas crônicas babilônicas, a Judeia nos textos bíblicos). As fontes gregas têm, logicamente, as suas limitações de informação e perspectiva. Os seus interesses raramente vão além da parte ocidental do império, com o resultado de que a Ásia menor, a Fenícia, o Egito, mostram-se privilegiados de forma desproporcional em relação à parte oriental.[1552]

A escrita da história, especificamente, e o conhecimento da verdade, em geral, dependem da qualidade e da confiabilidade das fontes. E isso,

[1551] A. MOMIGLIANO, **As raízes clássicas da historiografia moderna** (ed. 2004, cit. p. 27).

[1552] David ASHERI (1925-2000), **O estado persa** – ideologia e instituições no Império aquemênida (do original **The Persian State** curso ministrado em julho de 1991, na *Scuola Superiore di Studi Storici* da Universidade da República di San Marino, trad. Paulo Butti de LIMA, São Paulo: Perspectiva, 2006, cit. p. 30-31): "HERÓDOTO talvez soubesse o cário, mas certamente não o persa ou o aramaico, nem podia ler escritas cuneiformes ou hieroglíficas. Portanto, dependia completamente do que lhe contavam, cada vez, os seus informantes, que, na melhor das hipóteses, eram guias ou intérpretes bilíngues e honestos. Os gregos que viajavam no Oriente a negócios ou em missões diplomáticas, mesmo se residiam por muito tempo na corte do grande rei, ou de um sátrapa, ou permaneciam de maneira estável, como exilados políticos, na Ásia menor ou em outros lugares, tinham os seus preconceitos culturais que obstruíam a compreensão profunda das civilizações orientais, e contentavam-se com as interpretações gregas das mesmas. Eles, além do mais, levavam consigo as suas ideologias políticas, sobre o regime ideal, sobre a boa monarquia, sobre a virtude militar, sobre a corrupção dos costumes, ideologias que logicamente condicionavam as avaliações pessoais do passado histórico e do presente político e administrativo do império".

como se vê, desde o mundo antigo, pode acarretar distorções em nosso modo de ver e de compreender a realidade. Apesar de todos os progressos tecnológicos alcançados, hoje, vemo-nos diante das distorções sistematicamente praticadas da verdade – chamadas de *fake news*!

Apesar dos reparos que possam ser feitos – no tocante à imparcialidade –, precisamos de fontes gregas para conhecer a história da Pérsia antiga. E estas podem ser ideologicamente ou materialmente condicionadas, mas nos são, contudo, necessárias. Segundo ASHERI:

> é sempre possível recuperar um substrato de informações fidedignas nos escritos gregos de história persa (*Persiká*). Muitos nomes e dados fatuais referidos nas **Histórias** de HERÓDOTO parecem aceitáveis sem reserva, especialmente quando encontram confirmação, mesmo se aproximada, nas fontes persas: que se pense na genealogia dos Aquemênidas, na história da crise de 522 a.C., nos nomes dos conspiradores contra o Mago, nos catálogos das satrapias, dos tributos e dos contingentes militares, na descrição da 'estrada real' ou do esquema cronológico do período aquemênida, de CIRO até XERXES, substancialmente preciso e universalmente admitido até hoje nos estudos modernos.[1553]

Um poeta e dramaturgo, como ÉSQUILO (ca. 525-456 a.C.), poderia sentir-se livre para traçar a figura idealizada de DARIO na sua peça teatral intitulada **Os persas** (472 a.C.), em contraposição didática à figura de XERXES. [1554] Mas, como historiador, HERÓDOTO não dispunha dc tal

[1553] D. ASHERI (op. cit., 2006, p. 31): "Mas, por outro lado, as figuras dos reis persas em HERÓDOTO parecem personificações de tipos ideais – o rei pai, o tirano cruel, o sábio administrador, o imperador arrogante – que devem muito mais às tradições literárias e político-moralizadoras gregas do que às informações orais recolhidas no Oriente ou que remontam a documentos autênticos."

[1554] ÉSQUILO, **Os persas** (edição bilíngue, ESCHYLE, vol. I, **Les suppliantes – Les perses – Les sept contre Thèbes – Promethée enchaîné**, "texte établi et traduit par" Paul MAZON, Paris: Les Belles Lettres, 1ere. éd., 1920 ; 2e. éd., 1931, 13e tirage revu et completé, 1995, p. 53-99), v. tb. ed. ÉSQUILO, **Os persas** (trad. do grego, introdução e notas Mário da Gama KURY, © 1992, in **Tragédia grega**, vol. IV, Rio de Janeiro: Jorge Zahar, 5ª ed., 2004). M. Gama KURY observa (introdução, p. 19-21): "*Os persas* apresentam a singularidade de serem a única tragédia grega subsistente, baseada em um acontecimento histórico – a guerra entre os gregos e os persas. Outra singularidade é que ÉSQUILO participou da guerra como combatente naquele conflito decisivo para a sorte da civilização ocidental, no primeiro quarto do século V a.C."

liberdade: o grande rei Dario, tal como nos apresenta, é uma figura muito mais complexa, ainda que igualmente mesclada de realidade e de imaginação.

O mais antigo chefe deste povo em armas
foi Medos; sucedendo-o seu nobre filho
consolidou-lhe a obra – no segundo rei
a sã razão prevaleceu sobre as paixões.
O rei seguinte – Ciro, herói favorecido
invariavelmente pela boa sorte –,
subindo ao trono de seus dignos precursores
assegurou a paz entre os povos irmãos;
depois de conquistar a Lídia e toda a Frígia,
conseguir dominar também a Jônia inteira.
Os céus não lhe foram hostis, ele era sábio.[1555]

Não se pode esquecer se tratar de "propaganda de guerra",[1556] onde, apesar de se fazer tender as virtudes para o lado grego e os vícios para os 'bárbaros' – os não gregos –, não deixa de haver certa grandeza no modo como os persas são retratados. A guerra psicológica não é novidade da era contemporânea. Embora somente seja situado a partir do século XIX, o nacionalismo[1557] não precisou esperar até a era moderna para ser inventado!

[1555] Ésquilo, **Os persas** (trad. M. Gama Kury, ed. cit., vv. 1014-1024, e a seguir vv. 1034--1038) o fantasma de Dario prossegue: "Desde que a boa sorte me favoreceu / e me elevou à condição de rei da Pérsia, / eu mesmo empreendi campanhas sucessivas / à frente de muitos exércitos; jamais, / porém causei à minha pátria tais desastres."

[1556] Insurge-se e vocifera ao apontar as distorções da propaganda grega contra os persas Amir Mehdi Badi, no seu **Les grecs et les barbares IV. Salamine et Platées** (Lausanne: Payot, 1975, cit. p. 942): "Vers 472, alors qu'Eschyle écrivait ces vers, la puissance perse était intacte, et elle le restera longtemps encore."

[1557] A respeito, veja-se Pierre Birnbaum, **La tentation nationaliste** (Paris: Textuel, 2022); Eric J. Hobsbawm, **Nações e nacionalismo desde 1780** – programa, mito e realidade (orig, publ. **Naations and Nationalism since 1780** – Programme, myth, reality, 1990, trad. Maria Cecília Paoli e Anna Maria Quirino, São Paulo: Paz e Terra, 5ª ed., 2008); b/c o conjunto dos ensaios reunidos no volume **Nationalismes en perspective** (sous la direction de Gil Delannoi et Pierre-André Taguieff, Paris: Berg International Eds., 2001).

Outro historiador grego, PAUSÂNIAS, que escreveu na segunda metade do século II da era cristã, assinala[1558] que o túmulo de ÉSQUILO trazia menção à participação deste último nas guerras contra os persas, mas nada a respeito das tragédias que ele escrevera, conforme o seguinte excerto:

> o templo da Glória foi construído em ação de graças pela vitória sobre os Persas, que tinham aportado em Maratona. Esta é a vitória da qual, segundo acredito, os atenienses mais tinham orgulho. ÉSQUILO que tinha alcançado tão grande reputação, pelas obras poéticas que escreveu como pela participação que tivera nas batalhas navais de Artemísia e de Salamina registrou, ante a perspectiva da morte próxima, nada mais que isso, e simplesmente escreveu seu nome, o nome de seu pai, e o nome de sua cidade natal, e acrescentou que este tinha testemunhas de seu valor na luta em Maratona, com os Persas que lá tinham aportado.[1559]

Na história da civilização, o reino de DARIO permanece, ainda hoje, digno de memória, não tanto pela sua contribuição para a expansão territorial do império – que, no fim das contas, não foi espetacular – mas por sua admirável obra construtiva: a reorganização administrativa e fiscal do império; a fundação de Persépolis; a construção dos palácios

[1558] PAUSÂNIAS, **Hellados periegesis / Description of Greece** (edição bilíngue, with an English translation by W. H. S. JONES, Cambridge Ma. / London: Harvard U. P., LCL, vol. I, Books I-II, 1st. publ, 1918, reprinted 1992; vol. II, Books III-IV, por W. H. S. JONES e H. A. ORMEROD, 1st. publ., 1926, reprinted 1993; vol. III, Books VI-VIII(1-21), 1st publ., 1933, reprinted 1988; vol. IV., Books VIII(22)-X, 1st. publ. 1935, reprinted 1995; vol. V, 'illustrations and index', ed. by R. E. WYCHERLEY, 1st. publ., 1935, reprinted with revisions, 1995). PAUSÂNIAS era grego natural da Lídia, na Ásia menor, do século II, e deixou descrição da Grécia, em dez livros, como guia topográfico, com o qual se faz *tour* da Ática, do Peloponeso e da Grécia central, recheado de relatos históricos, com menções a eventos de seu tempo e de tempos antigos, bem como digressões sobre fatos e maravilhas da natureza. Seu principal interesse eram os monumentos artísticos e arquitetônicos. A precisão do relato deste pode ser aferida pelos remanescentes que chegaram até nosso tempo.

[1559] PAUSÂNIAS (I.xiv.5, ed. cit., vol. I, p. 74-77). Serve como indício da importância destas guerras para a consolidação da identidade nacional e da liberdade da antiga Grécia. Tb. Albin LESKY, **Geschichte der griechischen Literatur** (Berna e Munique: Francke, © 1957-58, 3ª ed. rev. e ampliada, 1971, esp. V., Die Hohe Zeit der griechischen Polis, p. 279-716, cit. p. 279) observa o papel formador que teve ÉSQUILO nesse período: "Die ist die Zeit, die AYSCHILOS formte."

reais em Persépolis, Susa e outros lugares; a vasta e excepcional produção epigráfica, nunca igualada pelos seus sucessores; a reforma da escrita cuneiforme, para adaptá-la à língua persa; a introdução e difusão da moeda; a reforma da ordem judiciária; e as explorações geográficas – desde o rio Indo e a circum-navegação da península arábica, no Oriente, até as águas do golfo de Tarento, no Ocidente – que lhe valeram o julgamento de HERÓDOTO segundo o qual "a maior parte da Ásia foi descoberta por DARIO".

De acordo com HÉRODOTO: "Naturalmente, essas contribuições não devem ser consideradas isoladamente umas das outras; elas são elementos conexos e interdependentes de uma política expansionista e comercial coerente".[1560] Aí, conta-se, também, a reabertura do canal de Suez, através da ligação do braço pelúsio do delta do Nilo ao Mar Vermelho.[1561]

Projeto que remontava ao faraó SESOSTRIS, por sua posição estratégica, situado entre três continentes e dois mares[1562] – o Mediterrâneo e o Mar Vermelho – a presença de um canal, no istmo de Suez, desde a Antiguidade, permitia a irrigação e o fornecimento de água potável nessa região árida e representava, igualmente, uma dimensão comercial e política:[1563] "por sua posição, a região sempre constituiu um eixo

1560 HERÓDOTO (ed. cit., 1988, livro IV. 'Melpomene', IV.44): "Devemos a DARIO as descobertas mais importantes sobre a Ásia" e prossegue, na mesma passagem: "DARIO subjugou os indianos e passou a usar aquele mar."

1561 Como se examina no **Tratado** (tomos XIV a XVII – **Direito internacional no tempo do colonialismo**, cap. 1 – a colonização britânica, item 1.4 – Egito e Sudão); v. tb. Gilles GAUTHIER et Claude MOLLARD (dir. de), **L'épopée du canal de Suez** – ouvrage conçu à l'occasion de l'exposition "L'épopée du canal de Suez – des pharaons au XXIe siècle" présentée à l'Institut du Monde arabe à Paris du 28 mars au 5 août 2018 et de l'exposition "Marseille et l'épopée du canal de Suez" présentée au Musée d'Histoire de Marseille du 19 octobre 2018 au 31 mars 2019, Paris: Gallimard, 2018).

1562 Ghislaine ALLEAUME, *L'isthme de Suez: entre deux mers et trois continents* (in **L'épopée du canal de Suez**, 2018, p. 28-31, cit. p. 28): "Précocement mise en oeuvre dans les trois provinces du delta oriental, la politique hydro-agricole de l'état contribue ainsi à l'intégration de la marche orientale de l'Égypte dans un territoire que l'on commence à penser comme national."

1563 Christiane ZIEGLER, Le canal des pharaons de l'Antiquité au Moyen âge: aux origines du canal de Suez? (in **L'épopée du canal de Suez**, 2018, p. 20-25, cit. p. 23): "Le but du canal antique était de faciliter les relations entre les côtes de la mer Rouge et la vallée du Nil, un objectif très différent des projets ultérieurs, dont l'oeuvre de Ferdinand DE LESSEPS est l'aboutissement. Le canal antique semble avoir fonctionné jusqu'au VIIe siècle de notre ère. Il reçut de multiples appellations: canal des pharaons, canal de Trajan, canal des

estratégico[1564] – passagem entre o Egito e o Levante, ponte entre a África e a Ásia".[1565]

A última tentativa de expansionismo persa aquemênida foi a obra incompleta de XERXES (486-465 a.C.), filho de DARIO, mas, "logo o fogo se apagou":[1566] o Egito consegue subtrair-se ao domínio persa por, aproximadamente, cinco anos, entre 486-482 a.C.; a Babilônia se revolta, em 484 e em 482; no Ocidente, todas as conquistas de DARIO na Europa são abandonadas e o império perde o controle do Egeu, de toda a costa ocidental da Ásia menor, bem como de boa parte de sua costa meridional e da área grega de Chipre.

croyants. La date de sa création et son fonctionnement donnent encore lieu à de multiples interrogations: qui fut l'initiateur du projet? À quelles fins était-il utilisé ? Était-il navigable tout au long de l'année? Si nous nous fondons sur les auteurs anciens, les travaux se seraient déroulés en plusieurs étapes". Desde o faraó SESOSTRIS III, passando pelo imperador persa DARIO, renovado por PTOLOMEU II Filadelfo, e mais tarde pelo califa AMR, depois deste ter conquistado o Egito, no ano de 643 AD. A partir daí, embora continuasse intenso o fluxo comercial entre a África, o Oriente e o Ocidente, e o istmo de Suez fosse da mesma maneira um dos seus centros vitais, o transporte somente passou a ser feito por via terrestre: "L'environnement politique et économique avait changé avec la montée de nouvelles puissances. Infestée de pirates 'barbaresques', la Méditerranée devenait inaccessible aux européens, à l'exception des ports du Levant. Il faudrait encore plusieurs centaines d'années avant de rêver à un autre projet: relier les deux mers par un canal nord-sud à travers l'isthme de Suez."

1564 C. ZIEGLER, *Le canal des pharaons de l'Antiquité au Moyen âge: aux origines du canal de Suez?* (in **L'épopée du canal de Suez**, 2018, p. 20-25, cit. p. 21): "À l'origine les transports s'y faisaient par voie terrestre. Des centaines d'installations dans le delta oriental et le long de la côte méditerranéenne attestent des relations entre l'Égypte et le Levant dès le IVe millénaire av. J.-C."

1565 *O pensamento de SESOSTRIS acaba de ser retomado por Ferdinand De LESSEPS e completado com a ousadia que comportam os poderosos meios da ciência moderna* – entusiasmava-se Théophile GAUTIER, por ocasião da Exposição universal de 1867, na qual um pavilhão foi consagrado à abertura do canal no istmo de Suez. De fato, já no tempo dos faraós, o istmo de Suez era percorrido por um canal, que desaguava no mar Vermelho; alguns autores da Antiguidade clássica atribuíam a paternidade a SESOSTRIS, um faraó mítico. Ver C. ZIEGLER, *Le canal des pharaons de l'Antiquité au Moyen âge: aux origines du canal de Suez?* (in **L'épopée du canal de Suez**, 2018, p. 20-25, cit. p. 20): "Son tracé est relativement bien connu grâce aux descriptions littéraires et aux vestiges archéologiques. Il faut cependant garder en mémoire que la topographie et l'hydrographie de la région se modifièrent considérablement au cours des millénaires."

1566 D. ASHERI (op. cit., 2006, loc. cit.).

Este é o resultado – apodado "certo e definitivo" – [1567] da expedição de XERXES na Grécia em 480-479 a.C. As Guerras persas (*tá medikά*) foram imortalizadas por HERÓDOTO com as grandes batalhas terrestres, em Termópilas e Plateia, e as batalhas navais de Artemísio, Salamina e Mícale[1568] e, dez anos mais tarde, a batalha de Eurimedonte (*Eurymedon*) em 468 a.C.

No que diz respeito a XENOFONTE (427-354 a.C.), pode-se, em geral, considerar que os detalhes informativos de topografia e história militar, recolhidos durante as campanhas de CIRO, o Jovem, e de AGESILAU, na Ásia menor, para a composição da **Anabase**[1569] e das **Helênicas**, são confiáveis. Mas, a figura idealizada de CIRO, o Grande, na **Ciropedia,** é um complexo de elementos didáticos, modelados nas figuras históricas de CIRO, o Jovem – em suma, AGESILAU se mostra excessivamente embebido de teorias monárquicas gregas.[1570]

Com relação a CTÉSIAS DE CNIDO, apesar de duramente criticado,[1571] considera-se passível de ser utilizado com alguns reparos: os fragmentos dos **Persiká**, de CTÉSIAS DE CNIDO são, em geral, utilizáveis como fonte mais ou menos fidedigna, somente para o fim do século V e início do século IV a.C.[1572]

Com a "Paz do rei", de 387-386 a.C., a hegemonia persa na Ásia menor ocidental é formalmente reconhecida por Esparta. Assim, o

[1567] D. ASHERI (op. cit., 2006, p. 28).

[1568] Veja-se o inteiro volume de A. BADI, **Les grecs et les barbares IV. Salamine et Platées** (Lausanne: Payot, 1975). A tônica é dada desde a epígrafe: "On n'offense jamais plus les hommes, disait MONTESQUIEU, que lorsqu'on choque leurs cérémonies et leurs usages. Or ce sont les croyances qui font les cérémonies et les usages, et ce livre aura à combattre, hélas, trop de croyances fausses et injustes".

[1569] SENOFONTE, **Anabasi** (a cura di Valério MANFREDI, Milano: Rusconi, 1980).

[1570] Comenta D. ASHERI (op. cit., 2006, p. 32): "É preciso considerar que a **Ciropedia** não é nem quer ser um livro de história, e que, portanto, não deve ser usado como fonte de informações históricas, senão em casos extremamente excepcionais, e quando existe uma confirmação segura de outras fontes."

[1571] Parte do "encanto inebriante das fábulas e historietas de HERÓDOTO e de CTÉSIAS", cf. repudia A. BADI (op. cit., 1966, ed. cit., 1990, cit. p. 8-9).

[1572] D. ASHERI (op. cit., 2006, p. 32): "O passado persa mais remoto é, nesta obra [de CTÉSIAS DE CNIDO], uma mistura de despropósitos grosseiros, falsificações intencionais, polêmicas ou tendenciosas, e fantasias, útil eventualmente para conhecer a personalidade singular deste médico-historiador-agente diplomático e o perfil intelectual do público de leitores gregos, junto aos quais a obra de CTÉSIAS obteve um sucesso inegável."

Grande rei persa torna-se, de fato, o árbitro das questões políticas entre as cidades-estado gregas, mas "isto é mais um sintoma da desunião grega do que do poder persa".[1573]

No Oriente, fracassam as tentativas de Ataxerxes de recuperar a área dos cadúsios, e Egito, sendo que parte da Fenícia se torna, praticamente, autônoma. Mais tarde, Ataxerxes III Ocos (358-343 a.C.) consegue retomar o controle da Fenícia e reconquistar o Egito, por aquilo que foi um último decênio de dominação aquemênida.

O último século e meio de história aquemênida, em conclusão, é período de retiradas, evacuações e reconquistas difíceis – processos de política e atividade militar nas fronteiras do império combinam-se com as crises internas, sintoma ainda mais sério de enfraquecimento e impotência do governo central. Sucedem-se revoltas de sátrapas, secessões regionais, tentativas de conquistar o trono com mão armada – como na revolta de Pissutne, em 416 a.C. Ocorre a "anábase" de Ciro, o Jovem, em 401; as revoltas gerais de sátrapas, nos anos sessenta-cinquenta do século IV a.C., as crises dinásticas, as intrigas de corte e regicídios – com os sucessivos assassínios de Xerxes, em 465 a.C., e de Ataxerxes III, em 338 a.C.[1574]

O último Dario III Codomano (336-330 a.C.) perde todas as províncias ocidentais – Ásia menor, Transeufrates, Egito, Mesopotâmia – no decorrer de três anos, e outras tantas grandes batalhas (Grânico, Isso e Gaugamela). O imperador é assassinado por nobres de seu próprio séquito, nas proximidades de Raga (não longe da atual Teerã).

Persépolis, Susa, Pasárgada e Ecbátana caem nas mãos de Alexandre Magno, com todos os seus tesouros. As províncias ocidentais, da Partia ao Indo e a Bactriana cairão nas mãos do conquistador macedônio antes da morte deste, na Babilônia, em 323 a.C. Sobre o tema, Asheri afirma que:

> Com o assassínio de Dario III, no verão de 330 a.C., o império aquemênida sai de cena. Sobrevivem simples indivíduos de linhagem aquemênida, a serviço dos novos conquistadores. Sobrevive a lembrança da

[1573] D. Asheri (op. cit., 2006, p. 29).

[1574] D. Asheri (op. cit., 2006, p. 29-30).

grande monarquia na lenda irânica e na historiografia grega. Entra em cena a Quarta Monarquia universal.[1575]

Os historiadores da era alexandrina, reportados por autores romanos, como DIODORO, também PLUTARCO[1576] e QUINTO CÚRCIO[1577] são importantes para o período final da história aquemênida. Isso se dá, também, com ARRIANO, que escreve sobre ALEXANDRE no segundo século d. C.[1578] Mesmo que possa parecer pouco confiável essa transmissão, na medida em que se faz o uso de dados sobre as monarquias helenísticas para reconstruir ou conjeturar sobre eventuais precedentes aquemênidas, configura-se prática, frequentemente justificada e com muita leviandade, com base no pressuposto genérico da continuidade institucional e cultural na história humana.[1579]

Depois do período predominantemente grego do reino selêucida, ARSACES, chefe da tribo dos partas, originária da região do Khorasan, no

[1575] D. ASHERI (op. cit., 2006, p. 30).

[1576] PLUTARCO (ca. 46-120 d.C.), **Vidas paralelas** (trad. do grego de Gilson César CARDOSO, intr. e notas de Paulo Matos PEIXOTO, São Paulo: Paumape, 1981, 5 vols.); tb. edição PLUTARCH, **The lives of the noble Grecians and Romans** (translated by John DRYDEN, rev. by Arthur Hugg CLOUGH, originalmente publicada em 1864, reprinted New York: The Modern Library, s/d).

[1577] QUINTE-CURCE, **Histoire d'Alexandre** (préface de Claude MOSSÉ, trad. nouvelle d'Annette FLOBERT, Paris: Gallimard Folio classique 4499, 2007). Na época de CLAUDIO e talvez VESPASIANO, QUINTUS CURTIUS RUFUS escreveu, em latim, uma história de ALEXANDRE, em dez livros, dos quais os dois primeiros se perderam. O autor é bom contador de histórias e sabe tirar proveito de incidentes emocionantes ou divertidos das expedições na Ásia, mas parece ter pouco senso crítico, ou compreensão do papel de ALEXANDRE na história da humanidade. Como observa Paul HARVEY, **Classical literature** (Oxford: UP, © 1937, reprinted 1990, p. 127): "It is with the romantic side of his career that he is concerned".

[1578] FLAVIUS ARRIANUS (ca. 95-175 d.C.), historiador grego e pensador filosófico, originário de Nicomédia, na Bitínia, foi cidadão romano e ateniense, exerceu o cargo de governador da província romana da Capadócia, de 132 até 137, e repeliu a tentativa de invasão dos Álanos, em 134 AD. Aposentado, retirou-se para Atenas, onde foi arconte em 148-149 AD e depois para a sua cidade natal. Sua obra **Anabase de Alexandre** em sete livros é o melhor relato que ficou sobre a vida adulta de seu biografado. V. ed. ARRIAN, **Anabasis of Alexander** seguida de **Indica** (edição em grego, with an English translation by P. A. BRUNT, Cambridge, Ma. / London: Harvard UP, LCL 269, © 1933, reprinted 2000).

[1579] D. ASHERI (op. cit., 2006, p. 32): "Em conclusão, as fontes gregas de época Aquemênida devem ser usadas, antes de mais nada, para conhecer as interpretações gregas de argumentos persas, interpretações que não são obrigatoriamente sempre errôneas, mas que devem ser tomadas pelo que são, na consciência de suas inevitáveis limitações."

nordeste do Irã, funda, em 247 a.C., a dinastia que leva seu nome e dura cerca de meio milênio. ARSACES toma, também, a Hircânia, a leste do mar Cáspio e inaugura nova fase do império.

A dinastia arsácida governa a Pérsia até ser destronada em 226 d.C. Os partas tiveram de lutar constantemente, entre as ambições de Roma, a oeste, e a expansão do Kuchan, a leste.[1580]

A instauração da dinastia parta arsácida marca a reação contra os ocupantes 'estrangeiros' – os selêucidas, sucessores de ALEXANDRE. Mas, a própria dinastia parta é percebida, por parte importante da população iraniana, como carente de legitimidade para ocupar o trono do rei dos reis, ainda que esta se mantenha no poder durante quatro séculos.

A origem dos partas é, ainda, objeto de controvérsias. Permanecem indagações: seriam povo parente dos persas ou nômades cuja movimentação acompanha os deslocamentos dos citas?

Seus sucessores, MITRIDATES I, que reina de 171 até 138 a.C., e MITRIDATES II, que por sua vez, reina de 123 até sua morte, em 87 ou 86 a.C., fazem dos partas uma das grandes potências da época. Estendem seus domínios por todo o Irã, e, também, sobre a Mesopotâmia, a partir de 140 a. C., conquistados dos selêucidas.[1581]

Por volta de 115 a.C., a figura mais admirável da linhagem parta, MITRIDATES II, recebe uma embaixada do imperador da China, com quem é celebrado um tratado, graças ao qual poderá transitar mais livremente o comércio entre as duas potências.[1582]

1580 Yves PORTER, **Les Iraniens** (orig. publ. 2006, Paris: A. Colin, 2007, chap. 3 – Des successeurs d'Alexandre au royaume des Parthes, p. 65-83, Bilan, p. 83): "sous cette dynastie, la langue moyen-perse (pahlavi-arsacide) reprend une certaine vigueur, ce qui semblerait paradoxal pour un royaume qui n'aurait aucune légitimité territoriale."

1581 Henri STIERLIN, **Les cités du désert: Pétra, Palmyre, Hatra** (Fribourg, Suisse: Office du livre, 1987, cap. VII – Hatra, cité libre entre Tigre et Euphrate, p. 183-208, cit. p. 189) ressalta o dado de "caractère des souverains parthes, héritiers à la fois des souverains achéménides et des rois héllenistiques".

1582 Em contexto de crise profunda, com o leste invadido por tribos nômades e o oeste mergulhando na revolta e na secessão, aparece a figura de MITRIDATES II, "provavelmente a mais admirável da linhagem parta" – avalia Y. PORTER, **Les Iraniens** (ed. 2007, chap. 3 – Des successeurs d'Alexandre au royaume des Parthes, p. 65-83, cit. p. 72): "Non seulement il réussit à rétablir l'ordre dans les provinces occidentales, mais il porte également ses armes à l'encontre des Sakas, auxquels il enlève successivement Marv, Hérat, puis le Séistan. Le barrage parthe n'endingue pourtant pas la déferlante scythe, qui balaye les restes du royaume gréco-bactrien."

Nas questões entre partas e romanos com relação à Armênia, a narrativa muda conforme o lado pelo qual seja relatada.[1583] Desde sua instalação nos confins orientais da Pérsia, os partas tinham se expandido até alcançarem o Eufrates, durante o reinado de MITRIDATES II. Com algumas oscilações e muitas idas e vindas, o Eufrates se manterá como divisão entre as zonas de influência entre romanos e partas, assim como, depois, entre romanos e sassânidas.

Atacando a Armênia,[1584] o parta exige, como garantia do tratado de paz, levar como refém o herdeiro da coroa, o futuro TIGRAN II, filho de TIGRAN I (122-95 a.C.). Este último acabara de suceder seu irmão, ARTWAZD, mostrando-se mais aguerrido que seu irmão mais velho na defesa da independência do reino.

Enquanto os partas anexavam a Média e a Babilônia, TIGRAN II atinge a idade adulta e a sua maturidade em uma corte estrangeira. Ele tinha 45 anos, em 95 a.C., quando sucedeu a seu pai. Para poder voltar à sua pátria, teve de jurar lealdade ao arsácida MITRIDATES e ceder-lhe a região dos "Setenta vales", nos confins da Média.[1585]

TIGRAN II foi coroado rei da Armênia em 94 a.C. Nessa altura, o rei do Ponto MITRIDATES VI EUPATOR[1586] propõe a aliança a TIGRAN II e

[1583] Para Y. PORTER, **Les Iraniens** (ed. 2007, cit. p. 72), nas questões da Armênia, a figura de MITRIDATES II alcança dimensão de árbitro internacional: ele coloca como cabeça desse reino um de seus protegidos, TIGRAN. Pouco depois de aceder ao trono da Armênia, TIGRAN faz aliança com MITRIDATES VI EUPATOR, rei do Ponto, cuja potência se forma entre 112 e 93 a.C., reinando sobre o conjunto da Ásia menor e mesmo algumas regiões da Grécia europeia. MITRIDATES II se abstém de intervir nessa aliança. Por sua vez, Annie et Jean-Pierre MAHÉ, **Histoire de l'Arménie** – des origines à nos jours (Paris: Perrin, 2012, chap. 2 – Monarchies 331 av. J.-C. – 6 av. J.-C., p. 37-64, cit. p. 49-50) apresentam a situação de maneira substancialmente diversa, do ponto de vista armênio. Ainda distinto o ponto de vista dos romanos, como registraram diversos autores antigos.

[1584] JUSTINO, **Epitoma** XLII, 2, 3-6.

[1585] Annie et Jean-Pierre MAHÉ, **Histoire de l'Arménie** – des origines à nos jours (Paris: Perrin, 2012, chap. 2 – Monarchies 331 av. J.-C. – 6 av. J.-C., p. 37-64, cit. p. 49): À peine couronné en 94, il arrache la Sophène au roi ARTANÈS. Quant à l'Arménie mineure, elle avait été conquise, quelques années plus tôt, par MITHRIDATE VI EUPATOR, le roi du Pont, qui y avait construit de redoutables forteresses, où il conservait ses trésors. Il avait aussi annexé la Cappadoce toute proche, mais Rome avait rétabli l'indépendance du royaume au bénéfice d'ARIOBARZANE en 95.

[1586] MITRIDATES VI, chamado "Eupator Dionísio", também conhecido como MITRIDATES, "o grande", foi rei do Ponto, na Anatólia, de 120 até sua morte em 63 a.C. Consolidou seu poder e estendeu seu reino sobre considerável extensão da Ásia menor e certas regiões da

lhe oferece em casamento sua filha, CLEÓPATRA, conseguindo, assim, o apoio armênio para retomar a Capadócia: o país conquistado seria anexado pelo rei do Ponto, mas os armênios poderiam tomar todos os despojos de guerra, incluindo bens, homens e animais.[1587] Esse entendimento não contava com a determinação de Roma.

Destronado duas vezes seguidas pelas forças armeno-pônticas, entre 93 e 89 a.C., ARIOBARZANO foi restabelecido no trono, por três vezes, pelos exércitos romanos. Nessa última, os romanos também restabeleceram no trono NICOMEDES, rei da Bitínia, que MITRIDATES II tinha

Grécia europeia. Deixa ecos que se prolongam: **Mitridates, rei do Ponto**, é tema e título de tragédia em cinco atos, escrita em versos alexandrinos por Jean RACINE, originalmente publicada em 1673. O mesmo **Mitridate, re di Ponto**, é também uma ópera séria (K. 87) de Wolfgang A. MOZART, com libretto em italiano de Vittorio Amadeo CIGNA-SANTI. A música foi composta por MOZART durante excursão pela Itália, em 1770, e a estréia ocorreu no Teatro Regio Ducal, em 26 de dezembro de 1770. Seu contemporâneo e opositor, o romano Lucio SILLA será o personagem título de outra ópera de MOZART, "Dramma per musica in tre atti" (K. 135), com libretto de Giovanni de GAMERRA e modificações feitas por Pietro METASTASIO. Diversamente de outras suas obras, **Lucio Silla** é considerada a 'Cinderela dentre as óperas de Mozart': também encomendada pelo Teatro Ducal de Milão, foi composta no período de seis semanas, quando MOZART sequer completara 17 anos, e a obra, estreada em 26 de dezembro de 1772, no mesmo teatro, virtualmente não tinha voltado a ser apresentada nos palcos de ópera, sendo pouco considerada por vários biógrafos de MOZART e mal avaliada mesmo por Alfred EINSTEIN, como "no conjunto, bastante infeliz e uma obra desigual". Ver: Gottfried KRAUS, *An operatic masterpiece of unusual character* (in **The Philips complete Mozart Edition**, in cooperation with the International Foundation Mozarteum, Salzburg and the Neue Mozart-Ausgabe, ed. by D. BERKE, W. PLATH, W. REHM, Kassel, Basel, London, New York: Bärenreiter Verlag, vol. 32, © 1975, p. 25-80); Alfred EINSTEIN, **Greatness in Music** (orig. publ. **Größe in die Musik**, © 1941, trad. César SAERCHINGER, New York: Da Capo, 1976); Anthony BURGESS, **On Mozart** – A Paean for Wolfgang (New York: Ticknor & Fields, 1991); Marcia DAVENPORT, **Mozart** (orig. publ. 1932, New York: Avon Books, 1979); Norbert ELIAS, **Mozart – Zur Soziologie eines Genies** (hrsg. Michael SCHRÖTER, Frankfurt: Suhrkamp, 1991); Wolfgang HILDESHEIMER, **Mozart** (orig. publ. 1977, trad. Ariel BIGNAMI, Buenos Aires: Javier Vergara, 1982); Felix HUCH, **Mozart** (orig. publ. 1957, Bergisch Gladbach: Bastei Lübbe, 1980); Kurt PAHLEN, **W. A. Mozart** – sein Leben und seine Zeit (orig. publ. 1985, Herrsching: Manfred Pawlak, Lizenzausgabe 1991); Stanley SADIE (ed.), *[Johann Chrysostom] Wolfgang Amadeus Mozart* (in **The New Grove Dictionary of Music and Musicians**, in twenty volumes, London: Macmillan, 1980, vol 12, p. 680-752).

[1587] JUSTINO, **Epitoma** XXXVIII, 3. Ver tb. PLUTARCO, **Lucullus**, 21.7 e ESTRABÃO, XI, 14,15.

expulsado de seu reino. "Nenhuma dessas intervenções era gratuita; estava em jogo o controle das riquezas da Ásia menor".[1588]

Ao tentarem ocupar a Armênia e a Síria, os partas entraram em contato com o mundo romano. MITRIDATES II envia, então, emissários aos comandantes romanos que tinham chegado às margens do Eufrates com seus exércitos, para lhes propor uma aliança, mas SILLA trata essa embaixada com tão pouca consideração, que leva os partas a decidirem se aliarem à coalizão do Ponto.[1589] Ter desprezado a aliança dos partas se mostraria um enorme erro de avaliação – pelas constantes guerras e graves derrotas que os romanos tiveram de enfrentar, infligidas por partas e, depois, pelos sassânidas, durante séculos que se sucederam.

Depois de vários choques com Roma, em 92 a.C., SILLA, pró-pretor da Cilícia e governador da Capadócia, assina tratado com o rei MITRIDATES II. Ali, foi, naquele momento, fixada a fronteira, no rio Eufrates,[1590] entre as zonas de influência das duas potências. Mas, ainda muito sangue correria para defender a região nos séculos seguintes.

Por sua vez, o rei armênio TIGRAN II soube tirar partido de suas duas campanhas na Capadócia. Além dos despojos de guerra, que lhe trouxeram riquezas e escravos, que serviriam às suas ambições imperiais, nessa passagem, em 93 a.C., também anexou a região de Melitene. Assegurada a sua retaguarda no lado ocidental, a aliança com o rei do Ponto lhe permitiu concentrar seus esforços contra os partas.

Do lado parta, MITRIDATES II tentou, em 92 a.C., convencer SILLA a atacar a Armênia, mas o projeto não teve andamento. Enfraquecido

[1588] A. et J.-P. MAHÉ, **Histoire de l'Arménie** (2012, cit. p. 49-50): C'est pourquoi ce revers coûta cher à MITHRIDATE: NICOMÈDE et ARIOBARZANE se remboursèrent en pillant les états pontiques des sommes qu'ils avaient dû verser à Rome pour prix de leur restauration. Ces exactions préludèrent à la première guerre mithridatique (88-84), qui éclata au moment d'une insurrection antiromane en Asie Mineure et en Grèce.

[1589] Y. PORTER, **Les Iraniens** (ed. 2007, cit. p. 72-73) comenta ter MITRIDATES II enviado 'embaixada' aos generais romanos, que tinham chegado com seu exército até as margens do Eufrates.

[1590] H. STIERLIN (op. cit., 1987, loc. cit.): "Tout maîtres qu'ils sont de la Perse, les rois parthes se qualifient de 'philhellènes' – comme certains roitelets arabes de Palestine et de Nabatène – peut-être pour mieux faire pièce à l'avance de Rome en Orient". Por sua vez, Y. PORTER, **Les Iraniens** (ed. 2007) justifica de maneira diversa a utilização desse apanágio, como a intenção de se mostrarem mais próximos e identificados com seus súditos de origem grega.

pela secessão do sátrapa de Babilônia, o arsácida morre em 87 ou 86 a.C. Depois de sua morte, o domínio parta entra em fase de decadência, que se estende por cerca de três décadas.[1591]

Imediatamente, TIGRAN II retoma o controle da região dos "Setenta vales", que tinha sido obrigado a ceder a MITRIDATES II, em 95 a.C. Depois de retomar o controle dessa região, TIGRAN II prossegue na marcha contra Ecbatana, residência de verão dos soberanos partas e incendeia a cidadela de Adrapana, nas imediações da capital.

Diante de tais avanços, forçados a fazer a paz, os arsácidas lhe cederam, com o título de "rei dos reis", sua supremacia sobre os estados da Média-Atropatena e do norte da Mesopotâmia. TIGRAN consolidou seu poder mediante o casamento com uma das filhas do rei da Média-Atropatena.[1592]

TIGRAN impôs sua suserania aos vizinhos meridionais da Armênia: "organizando essa diversidade, o conquistador certamente almejava fazer evoluir seu império rumo a maior coesão e unidade".[1593] Mas, esse modo de governar, que reforçava o prestígio do soberano, dificilmente poderia ser transposto para a Armênia e as regiões do sul e do sudeste, onde os dinastas locais se consideravam os 'senhores naturais' de seus domínios.[1594]

1591 Notável o contraste nas avaliações entre Y. PORTER, **Les Iraniens** (ed. 2007, esp. – L'Arménie, jouet de Rome et des Parthes, p. 73-75), descrevendo a Armênia como um "brinquedo entre Roma e os partas", enquanto A. et J.-P. MAHÉ, **Histoire de l'Arménie** (2012, esp. – Création de l'empire arménien, p. 50-51) mostram TIGRAN II à frente de potência emergente na região, ainda que efêmera: "Comme les autres empires qui l'avaient précédé, achéménide, séleucide et parthe, les états de TIGRANE réunissaient des peuples très divers, parlant plus d'une quinzaine de langues différentes, sans histoire commune et de civilisations disparates. Une telle diversité ne pouvait s'accomoder d'une structure politique uniforme".

1592 Segundo registram ESTRABÃO, XI, 14,15; JUSTINO, **Epitoma**, XL, 1-3; DION CASSIUS, 36, 14; A. et J.-P. MAHÉ, **Histoire de l'Arménie** (2012, cit. p. 50-51): Il atteignit ainsi les frontières des Séleucides, qui ne possédaient plus que la Syrie, la Phénicie et la Cylicie. Leur empire agonisait, dévoré par les luttes dynastiques. Après la mort, en 84, de PHILIPPE Ier et de son rival ANTIOCHUS XII, l'un et l'autre prétendants au trône, l'élite des cités marchandes, épuisée par les guerres civiles, résolut de se placer sous la protection d'un roi étranger. Les uns penchaient pour MITHRIDATE VI EUPATOR, le roi du Pont, d'autres pour PTOLOMÉE, le roi d'Égypte. Mais, tandis que MITHRIDATE était en guerre contre Rome, PTOLOMÉE descendait d'une dynastie qui n'avait cessé d'attaquer la Syrie. C'est pourquoi on sollicita plutôt TIGRANE, dont les récentes victoires faisaient le protecteur naturel de toute la région.

1593 J.-P. MAHÉ, **Histoire de l'Arménie** (2012, cit. p. 51-52).

1594 Na Adiabênia, na Mygdônia e na Osrhoena. Cfr. A. et J.-P. MAHÉ, **Histoire de l'Arménie** (2012, cit. p. 51-52): "La culture héllenique de ces villes peuplées d'étrangers ne péné-

PHRAATE III, que reinou entre 70 e 57 a.C., aceita celebrar tratado com LUCULLUS que garantia a neutralidade dos partas, enquanto Roma lutava contra o Ponto e a Armênia: desse modo, enquanto LUCULLUS se vê em dificuldades, em sua guerra contra a coalizão do Ponto, PHRAATE não aproveita a ocasião para invadir a Síria.

Algum tempo depois, POMPEU viola o tratado e ocupa as províncias ocidentais partas. Em 57 a.C., PHRAATE é assassinado e os romanos se empenham, com vultosas quantias de prata, em fazer nomear MITRIDATES III como seu sucessor legítimo.

Nesse meio tempo, o triúmviro Licinius CRASSUS torna-se o procônsul da Síria. Este, na batalha de Carrhae, em 53 a.C., ataca os partas e sofre terrível derrota:

> a batalha de Carrhae, na qual se mostrou a superioridade da cavalaria parta, ao mesmo tempo pesada com seus guerreiros (*cataphractaires*) e leve, com seus arqueiros, obrigou Roma a introduzir a cavalaria em seu exército, como já tinha a tanto obrigado os assírios, a seu tempo.[1595]

Com essa vitória sobre os romanos, os partas adquirem imenso prestígio junto às populações semíticas: a revanche dos cavaleiros partas é mencionada, no livro do **Apocalipse,** de São JOÃO, que os chama de "cavaleiros com couraças de fogo, ancorados às margens do Eufrates",[1596] para deitar por terra a besta romana.

Em 40 a.C., ORODES e PACORUS – instigados pelo romano LABIENUS, que passara para o lado dos partas – conduzem exércitos partas em duas frentes: rumo ao norte, LABIENUS ocupa grande parte da Ásia menor e lá permanece durante um ano e meio, até ser capturado e morto,

trait pas la population arménienne. Très attachées à leurs domaines, les élites aristocratiques se tenaient à l'écart, moins soucieuses de l'empire que de la coutume ancestrale et de leurs prérrogatives héréditaires."

1595 A legendária cupidez de CRASSUS seria a explicação para a tentativa de conquistar a Pérsia. Y. PORTER, **Les Iraniens** (ed. 2007, p. 73): La défaite romane est totale. CRASSUS et son fils y trouvent la mort; fait prisonnier, CRASSUS aurait été tué en se faisant verses de l'or fondu dans la bouche 'pour apaiser sa cupidité'. Les aigles, étendards des légions romaines, sont transportés en trophées dans les temples parthes et des prisonniers sont exilés dans l'oasis de Marv, où beaucoup feront souche.

1596 SÃO JOÃO, **Livro do Apocalipse**, Capítulo 9, versículo 17.

quando ocorre a reconquista pelos romanos; e, rumo ao sul, PACORUS conquista a Síria e a Palestina, de onde expulsa o rei HERODES, que substitui por um príncipe nacional. Boa parte do Oriente romano é, então, conquistada.[1597]

Depois do fracasso de ANTONIO, com imenso exército, no Cáucaso, AUGUSTO tenta uma reaproximação com PHRAATE IV. O novo rei que assumira o trono depois de assassinar o pai – e este, não somente devolve simbolicamente as águias romanas, capturadas depois da derrota de CRASSUS, como envia seus filhos a Roma, a fim de protegê-los de tentativas de atentado contra a vida deles. Sobre o tema, PORTER esclarece:

> Por parte de Roma, não se trata de gesto apenas diplomático: visa assegurar a continuidade e a segurança de comércio internacional entre a Europa e a Ásia cujos rendimentos são potencialmente enormes. Simultaneamente, Roma tenta proteger suas retaguardas, criando estados-tampão – como é o caso do pequeno reino de Palmira.
> A Armênia, por sua vez, também desempenhará esse papel e, do ponto de vista diplomático, essa situação de estado cliente parece convir tanto a Roma como aos partas. De resto, o acordo entre Roma e os partas sobre a Armênia parece se fazer em clima de alta insegurança: alternadamente, as duas partes nomeiam reis que, logo a seguir, são destronados e substituídos por candidato do outro lado.[1598]

Os partas serão constantemente enfrentados pelos romanos: isso se repete, depois de ANTONIO, com TRAJANO, com LUCIUS VERUS e com SÉTIMO SEVERO. No século III d.C., depois da queda dos partas arsáci-

1597 Y. PORTER, **Les Iraniens** (ed. 2007, p. 74). A ocupação da Síria continua até 38 a.C., mas os partas não conseguem repelir os reforços romanos. PACORUS é morto, e os romanos se vingam das populações locais, pelo apoio por vezes entusiasmado, demonstrado em relação aos partas. O rei de Jerusalém é executado. HERODES é restaurado e as províncias são submetidas a pesados tributos.

1598 Y. PORTER, **Les Iraniens** (ed. 2007, p. 75). Por sua vez, PHRAATE IV também é assassinado por seu filho, PHRAATACE, que sobe ao trono como PHRAATE V, e sua ascensão real é garantida por Roma, com a condição de abrir mão do protetorado sobre a Armênia. Mas o jovem rei é destronado, por uma revolta da aristocracia parta, que pede a AUGUSTO enviar de Roma VONONÉS I, um dos filhos de PHRAATE IV. Contudo, logo depois de subir ao trono, esse príncipe de educação romana é muito mal visto, tanto pela aristocracia, como pelo povo. Destronado, refugia-se na Síria, onde é assassinado no ano 10 d.C.

das, instalam-se os sassânidas, que, não obstante certas rupturas, governarão por mais de quatro séculos (de 226 a 651 d.C.).

No curso desses séculos, a dinastia sassânida se põe como rival de Roma, em confrontações quase permanentes que levarão ao esgotamento de ambos os lados. Esse recíproco enfraquecimento com certeza contribui para a fulgurante chegada de outro oponente – e leva à conquista islâmica, no século VII, que aniquila os sassânidas e levará a ulteriores conflitos com o Império romano do Oriente, até a derrocada deste, pelos turcos otomanos, em 1453.

Muitas confrontações ainda ocorrerão, nos séculos seguintes, entre os romanos e a dinastia persa dos sassânidas. Com idas e vindas, essas relações levam ao desenvolvimento de um sistema de acordos internacionais entre as duas potências.

Na **Historia Augusta**,[1599] o autor – que escreveu por volta de 395 A.D. –, a respeito do imperador ADRIANO, logo depois deste subir ao trono imperial, em 11 de agosto de 117 A.D., reporta:

> ao assumir o poder imperial, ADRIANO imediatamente retomou a política dos primeiros imperadores, devotando a sua atenção à manutenção da paz mundial – *per orbem terrarum paci operam impendit* – pois as nações que TRAJANO havia conquistado começaram a revoltar-se.[1600]

Depois de referir vários outros povos, conquistados e mantidos integrados ao conjunto romano, o autor da **História Augusta** refere a situação dos partas, em relação aos quais pondera ter ADRIANO abandonado todas as conquistas a leste do Eufrates e do Tigre,[1601] seguindo, como ele costumava dizer, o exemplo de CATÃO, que instava no sentido de que, se os Macedônios não podiam ser dominados e assim mantidos, deveriam ser declarados livres e independentes.

[1599] HISTORIA AUGUSTA (no original **Vitae Diversorum Principum et Tyranorum a Divo Hadriano usque ad Numerianum Diversis Composit**, with an English translation by David MAGIE, Cambridge, Ma. / London: Harvard U.P., em 3 vols., I. HADRIAN to CLODIUS ALBINUS, LCL 139, first publ., 1921, reprinted 2000, II. CARACALLA to MAXIMUS and BALBINUS, LCL 140 first publ., 1924, reprinted 2000, III. The two VALERIANS to CARUS, CARINUS, NUMERIAN, LCL 263, first publ., 1932, reprinted 1998).

[1600] HISTORIA AUGUSTA (ed. cit., HADRIAN IV.10 – V.4).

[1601] HISTÓRIA AUGUSTA (ed. cit., HADRIAN IV.10 – V.4): "quare omnia trans Euphratem ac tigrim relinquit."

Mais adiante, Herodiano, na sua **História do império romano depois de Marco Aurélio**,[1602] relata que no décimo ano do reinado de Severo Alexandre,

> chegam de repente mensagens dos governadores da Síria e da Mesopotâmia, que referiam ter Ataxerxes, rei dos persas, tendo derrotado os partas, tirara destes o domínio do Oriente, e derrotara e matara Artaban, que antes tivera o título de grande rei e portara a dúplice coroa. Tinha este, além disso, submetido todos os povos bárbaros confinantes, e os tinha sujeitado aos pagamentos de tributos. Mas, não contente com isso, não aceitava o Tigre como limite, e tendo-o atravessado, ingressara em território romano.
> Fazia tremer a Mesopotâmia, ameaçava a Síria, afirmava mesmo que todo o continente, contraposto à Europa, delimitado pelo Egeu e pela Propôntide, e chamado Ásia, no seu conjunto, era patrimônio hereditário da sua dinastia e queria reconquistá-lo para o domínio persa, invocando como argumento para justificar-se o fato de que Ciro, o grande, o primeiro a fazer passar dos Medas para os Persas, até Dario, o último rei da Pérsia, cujo trono tinha sido abatido por Alexandre da Macedônia, era toda a Ásia, estendendo-se até a Jônia e a Caria, e esta tinha sido governada por sátrapas persas, e este assim tinha o direito de reivindicar para os persas o inteiro domínio, que durante tempos a estes tinha pertencido.[1603]

[1602] Erodiano, **Storia dell'Impero romano dopo Marco Aurelio** (testo e versione a cura di F. Cassola, Firenze: Sansoni, 1967), tb. a edição bilingue, Herodian, **History of the Empire** (with an English translation by C. R. Whittaker, Cambridge, Ma. / London: Harvard U. P. / LCL 454, Herodian I, first publ. 1969, reprinted 2002; LCL 455, Herodian II, first publ., 1970, reprinted s/d).

[1603] Erodiano, **Storia dell'Impero romano dopo Marco Aurelio** (ed. Cassola, 1967, livro 6, 2.1-2); Herodian, **History of the Empire** (ed. Whittaker, 1970, livro VI, 1.9-2.1): "in his tenth year unexpected letters came from the governor of Syria and Mesopotamia with information that Artaxerxes, king of the Persians, had defeated the Parthians, broken up their Eastern kingdom and killed Artabanus, the previous great king who wore the double crown. He had also gained control over the neighbouring barbarians and reduced them to tributary status. He was causing unrest by refusing to be contained by the river Tigris and was crossing the bank which was the boundary of the Roman empire. Mesopotamia was being overrun and Syria threatened. Believing that the entire mainland facing Europe contained by the Aegean Sea and the Propontis Gulf (the whole of what is called Asia) – Ασιαν τε πασαν καλουμενην προγονικον – belonged to him by ancestral right, he was

Estabelecia-se, assim, nas terras da Pérsia, no lugar da dinastia dos Partas, outra linhagem – a dinastia sassânida – fortemente revanchista e nada pacifista. Estes se imporão pela força e, depois de três sucessivas batalhas, ARDACHIR derrota o último soberano parta, ARTABAN IV, em Susiana, no ano 224.[1604] Dois anos mais tarde, ARDACHIR se faz coroar rei do Irã, com a pretensão de retomar o passado aquemênida, e inaugura a nova dinastia sassânida.

Depois de vinte anos de lutas, tanto no interior, quanto nas fronteiras do seu império, por volta de 241, ARDACHIR parece ter abandonado o poder a seu filho SAPOR I, este já estava associado a coroa. Deixa a seu sucessor "um exército aguerrido, uma administração operando em novas bases, mas conservando instituições partas, embora mais centralizadas".[1605]

SAPOR se dirige ao Oriente para enfrentar a dinastia kushan. Esta constituía entrave ao comércio com a Índia e a China – do qual tirava grandes lucros. E constituía ameaça constante na fronteira oriental. Os exércitos de SAPOR conquistam e ocupam Peshawar – a capital de inverno dos kushans, ocupam o vale do Indo, atravessam o Hindu Kush e invadem a Bactriana, antes de prosseguir para a Transoxiana, onde conquistam Samarcanda e Tashkent. Deposta a dinastia kushan, esta é substituída por outra linhagem, que reconhece a suserania de SAPOR e da dinastia sassânida.

Esta, durante séculos, manterá dura oposição, inclusive em relação ao Império romano do Oriente (Bizâncio). Até ser a dinastia sassânida, por sua vez, derrubada pelos árabes muçulmanos.[1606]

intending to recover it for the Persian empire. He alleged that from the rule of CYRUS, who first transferred the kingdom from the Medes to the Persians, up to DARIUS, the last of the Persian kings, whose kingdom ALEXANDER of Macedon had destroyed, the whole country as far as Ionia and Caria had been under the government of Persian satraps. So it was his right to restore and reunite the whole empire as it had once been."

1604 Depois de ARTABAN IV ser morto na batalha de Susiana, em 224 d.C., "le corps du roi parthe fut écorché et sa peau exposée en trophée dans le temple d'Ardachir-Khurra" – lembra Y. PORTER, **Les Iraniens** (ed. 2007, chap. 4 – L'empire des sassanides, p. 85-116, cit. p. 86).

1605 Y. PORTER, **Les Iraniens** (ed. 2007, p. 87)

1606 Entre 634 e 650 d.C., a conquista islâmica (*fath*) ocorre em várias etapas, das quais as primeiras foram fulgurantes: Síria, Iraque, oeste do Irã e Egito são conquistados dos impérios bizantino e sassânida. A seguir, avançariam pelo Magreb, inicialmente com alguma dificuldade de implantação permanente. A partir do final do século VII, são definitivamente

A dinastia sassânida pretendia ter laços históricos com a dinastia aquemênida, e reivindicava como herança os territórios que estes tinham controlado no passado. Referida pretensão sobre tais territórios negligenciava o fato de que estes, há séculos, tinham passado para o controle dos romanos.

Depois de garantir a 'pacificação' da fronteira oriental do seu império, SAPOR se volta para o Ocidente, em série de campanhas, a oeste do Eufrates – ultrapassa, assim, a linha divisória dos interesses romanos – invade a Síria e conquista a cidade de Antioquia. Sucessivas batalhas oporão sassânidas e romanos: mas a ocupação de Antioquia não dura; e logo, é retomada pelos romanos, depois da retirada dos sassânidas. Quinze anos depois, SAPOR volta à Síria e captura diversas cidades, dentre as quais, mais uma vez, Antioquia.

A região foi palco de uma série de guerras, das quais o episódio mais tristemente famoso para os romanos foi a captura e morte do imperador VALERIANO em Edessa. Além de fazer prisioneiros cerca de sessenta mil legionários romanos, enviados em exílio para a Susiana, estes se fixam na região e participam de grandes obras, como a construção de pontes e barragens, algumas das quais subsistem até hoje, em Dezful e em Shushtar.

Antes de ser executado, VALERIANO foi humilhado pelo rei dos persas, SAPOR, que usou o destronado imperador romano como estribo para montar no seu cavalo, durante o tempo em que o manteve prisioneiro.[1607] Inscrições deixadas em pedra,[1608] por ordem de SAPOR, falam de três campanhas contra os romanos:

conquistados, no oeste, o Magreb e Al-Andaluz (em 710 d.C.) e a leste, o Khorasan, a Transoxiana e a região do Sind (em 711 d.C.), no noroeste da Índia. Ver Sylvie DENOIX et Hélène RENEL (dir. de), **Atlas des mondes musulmans médiévaux** (Paris: CNRS Éd., 2022, Les conquêtes islamiques, p. 56-57).

1607 Isso, como observa A. BALDINI, **L'impero romano e la sua fine** (Bolonha: Il Mulino, 2008, cit. p. 49), se e na medida em que se puder seguir a tradição cristã, profundamente hostil a VALERIANO, por ter este perseguido os cristãos, mas, cumpre notar, também entre os pagãos se manteve registro de tal humilhação, de resto representada em relevos rupestres, que celebravam a **Res Gestae Divi Sapori** – como SAPOR teria batido VALERIANO.

1608 Os relevos em pedra, figuram o cativo imperador VALERIANO, ao lado do rei SAPOR. Estes são reproduzidos no livro de Richard FRYE, **A herança persa** (ed. port., 1972, p. 280-281), que comenta: "A captura de VALERIANO foi um acontecimento sem paralelo na história, e SAPOR fez que o mundo o conhecesse através das suas inscrições e baixo-relevos em

– a primeira ocorreu no princípio do reinado, em 243-244 d.C., quando GORDIANO marchou contra SAPOR, sendo derrotado e morto. FELIPE, o árabe, sucedeu-lhe como imperador romano, negociando a paz;
– a segunda campanha, provavelmente iniciada em 253 e que pode se ter estendido até 256 d.C., resultou na destruição de um exército romano de sessenta mil homens, após o que os persas devastaram a Síria e a Capadócia, novamente capturando Antioquia às margens do rio Orontes e muitas outras cidades;
– na terceira campanha, em 259-260 d. C., o imperador VALERIANO foi derrotado e capturado, depois do que SAPOR invadiu de novo a Síria e a Anatólia oriental.

Os reflexos de tais campanhas não foram somente militares.[1609] As conquistas de SAPOR lhe conferiram imenso prestígio por ter derrotado os imperadores de Roma e, também, devem ter modificado a configuração das terras fronteiriças romano-iranianas, com o consequente fim de certos caminhos e rotas comerciais.

Também os romanos para isso contribuíram. O imperador AURELIANO conquistou e destruiu Palmira, em 272 d. C., ao tempo da rainha ZENÓBIA.[1610]

Depois da morte de SAPOR, nesse mesmo ano de 272, diversos sucessores passam pelo trono com reinados breves – e escassamente documentados –, como seus filhos, HORMOZD I e BAHRAN I. Quatro anos depois, em 276 d.C., BAHRAN II chega ao poder e, durante seu reinado, de 276 a 293 d.C., novo conflito eclode com Roma, simultaneamente a revoltas nas províncias orientais do império sassânida.

rodas feitos em Mishapur e em Naqsh-i-Rustan." Dentre os capturados por SAPOR, contavam-se o bispo de Antioquia e outros, que podem ter sido a base originária das comunidades cristãs no Irã.

1609 R. FRYE (op. cit., ed., port., 1972, p. 281) observa: "SAPOR não só saiu vitorioso frente aos romanos, como no Norte, na Transcaucásia e possivelmente no Oriente. De acordo com [a inscrição em pedra de] KZ do Império sassânida faziam parte 'Turan, Makuran, Paradan, Índia e o Kathanshahr até Pashkibur e Kash, Sogd e Sash'." Embora haja controvérsias sobre a exata tradução de tais denominações, abrangeria o vale do rio Indo e parte do antigo império Kushan, decadente, à época de SAPOR, e do qual este, além de substituir a dinastia reinante, por outra que lhe presta suzerania, pode também ter ocupado parte daqueles territórios.

1610 Violaine VANOYEKE, **Zénobie, l'héritière de Cléopâtre** (Paris: Michel Lafon, 2002).

O próprio irmão do rei e, então, vice-rei do Sistan, fomenta a revolta, com o fim de tomar o poder e se alia aos kushans. Para poder ter as mãos livres, na frente oriental, BAHRAN II, então, celebra a paz com Roma, conferindo-lhe o controle da Armênia e do norte da Mesopotâmia.

O reino de BAHRAN III dura somente alguns meses, em 293 d.C., antes de ser destronado por NARSAI, um dos filhos mais novos de SAPOR I. São retomadas as guerras com Roma, mas, desta vez, com resultados desastrosos para os sassânidas: os exércitos de DIOCLECIANO não somente conquistam territórios na região oeste do império sassânida, como, também, capturam toda a família imperial.

A paz, celebrada entre romanos e persas sassânidas, em 297 d.C., priva estes últimos do controle sobre a Armênia menor, a leste do rio Tigre. Enfraquecido pelas guerras na frente ocidental, NARSAI continua a lutar contra os kushans, no lado oriental do seu império.

HORMOZD II, filho de NARSAI, casa-se com uma princesa kushan como forma de vincular as duas coroas. Mas seu reinado é breve (303-309 d.C.).[1611] Mais um interregno de alguns meses, com ADARNASAI, antes deste deixar o trono para uma criança – o futuro SAPOR II – cujo reinado, de extrema longevidade, estende-se por 70 anos.

Além de combater os kushans e ampliar seus territórios no leste do império, na antiga Bactriana, somando às conquistas territoriais uma expansão cultural rumo à Ásia central, na Sogdiana, estendendo-se em direção ao Turquestão chinês, estabelecem-se também com a China. Logo depois da 'pacificação' do lado oriental, o jovem SAPOR II (310 a 379 d.C.) retoma as guerras contra Roma.[1612] Mas, logo é obrigado a se voltar, novamente, para as províncias orientais.

[1611] Após a morte de HORMOZD II, em 309, este é sucedido por ADARNASAI, por alguns meses somente. Cfr. Y. PORTER, **Les Iraniens** (ed. 2007, cit. p. 89).

[1612] Novo elemento nas guerras entre sassânidas e romanos, é o cristianismo, a partir da conversão de CONSTANTINO, em 313 d.C. – a respeito da qual permanecem controvérsias. Mas, os cristãos do Irã passam a sofrer perseguição no império sassânida, por instigação do clero zoroastriano e, quando não são massacrados, passam a buscar refúgio em territórios controlados pelos romanos. A implantação do cristianismo na Armênia leva a cisão em dois partidos: um favorável ao imperador de Bizâncio, enquanto o outro se mantém vinculado ao Irã. E ainda, uma dissidência cristã – o nestorianismo – considerado herético pelos ortodoxos busca refúgio em território iraniano; e a partir de lá se espalha pela Ásia central e chega a alcançar a China. V. tb. Y. PORTER, **Les Iraniens** (ed. 2007, cit. p. 89-90).

Depois de várias batalhas no lado oriental, SAPOR alcança arranjo institucional com elementos de federação, cedendo territórios e transformando certos domínios em principados vassalos, que se comprometem a fornecer tropas para a luta contra Roma. Em 359 d.C., SAPOR II conquista Amida, na Armênia.

A resposta romana, conduzida pelo imperador JULIANO, cognominado o Apóstata, marcha rumo a Ctesifon. Mas, em meio a uma batalha, é morto o imperador em 363 d.C.

Novamente a paz entre romanos e sassânidas é celebrada. Agora, com o imperador JOVIANO (363-364) e SAPOR II. A Armênia passa ao controle sassânida, ocupada militarmente e governada por *marzban*, alinhado com a coroa persa. Além disso, concordam as partes em assegurar a segurança das rotas caucasianas, a fim de as garantir contra os ataques das tribos nômades.

Outro elemento eclode, quando pareciam acalmadas as tensões entre romanos e sassânidas: as tribos árabes passam a pressionar as fronteiras. Depois de submeter, mediante força militar, alguns grupos, SAPOR II instaura relações amistosas com a dinastia árabe dos Lakhmidas, que se instalam em Hira, a oeste do Eufrates, estendendo sua influência até o golfo Pérsico.

Passam estes a ser uma espécie de estado-tampão entre as duas potências. Por sua vez, os romanos apoiam outra dinastia árabe, os Gassanidas, que mantêm relação de conflito quase permanente com os Lakhmidas.

Nesse conjunto, que teve séculos de duração, alternando convivência e confrontação entre o Império romano do Oriente (ou bizantino) e os persas – primeiro os partas arsácidas (de 247 a.C. a 246 d.C.) e depois os sassânidas (a partir do século III até a derrocada no século VII), mostra-se o papel relevante desse sistema de direito internacional da época, entre as duas potências.[1613] Evidência de quanto pode ser descabido pretender negar a ocorrência de sistemas de relações internacionais e de direito internacional na Antiguidade.

[1613] Stephan VEROSTA, **International Law in Europe and Western Asia between 100 and 650 A.D.** (RCADI, 1952, t. 80, p.485-620, Introduction, p. 491): "There is no doubt that from the earliest periods of international relations between sovereign political units such a body of rules of a general law of nations can be traced showing all the basic characteristics of international law."

Depois da tomada e destruição de Palmira, os "romanos do Oriente" (ou bizantinos) e os sassânidas mantiveram um sistema de estados-tampões fronteiriços e limites entre os seus dois impérios que, periodicamente, envolviam-se em guerra um com o outro.[1614] O Império romano do Oriente se viu obrigado a sucessivas guerras defensivas contra os persas, "inimigos hereditários" dos romanos, entre 528-532 e, novamente, entre 540-561 A.D.[1615]

Depois de período de pujança e de expansão, com Chosroes I (de 531 a 579 d.C.), Hormozd IV (de 579 a 590 d.C.) e Chosroes II (590 a 628 d.C.), o Irã se torna, nos últimos anos do império, mais fragmentado do que era até então: "os ideais do passado não correspondiam às realidades do presente".[1616] Em relação ao vizinho, "se o império bizantino, depois de Justiniano, servir como termo de comparação, podemos afirmar que as condições econômicas estavam longe de ser boas no fim da época sassânida".[1617]

No século VI d.C., extenso e detalhado relato das **guerras contra os persas**, escrito por Procópio, foi conservado e constitui fonte relevante para o conhecimento do período.[1618] Deixa lições que permanecem válidas: "aqueles que rompem a paz, não são os que primeiro tomam em armas, mas os que se põem a tramar contra os seus vizinhos, em tempos

1614 R. Frye (op. cit., ed., port., 1972, loc. cit.).

1615 Como descreve Procópio (cerca de 500-565 A.D.), que acompanhou as tropas, comandadas pelo general Belisário, nas guerras contra os persas sassânidas. Ver Procope de Cesarée, **Guerres de Justinien** livres I-II – **Les guerres contre les perses** (trad. Janick Auberger, notes de Geoffrey Greatrex, Paris: Les belles lettres, 2022); livres III-IV – **Les guerres contre les Vandales** (trad. et commenté par Denis Roques, préface de Philippe Muray, Paris: Les belles lettres, 2e tirage, 2004); livres V-VIII – **Histoire des Goths** (texte trad. par Denis Roques, présenté, révisé et annoté par Janick Auberger, Paris: Les belles lettres, 2015, 2 tomos).

1616 R. Frye (op. cit., ed., port., 1972, p. 307-308).

1617 R. Frye (op. cit., ed., port., 1972, loc. cit.).

1618 Procope de Cesarée (ca. 500-565 d.C.), **Guerres de Justinien** livres I-II – **Les guerres contre les perses** (trad. Janick Auberger, notes de Geoffrey Greatrex, Paris: Les belles lettres, 2022); livres III-IV – **Les guerres contre les Vandales** (trad. et commenté par Denis Roques, préface de Philippe Muray, Paris: Les belles lettres, 2e tirage, 2004); livres V-VIII – **Histoire des Goths** (texte trad. par Denis Roques, présenté, révisé et annoté par Janick Auberger, Paris: Les belles lettres, 2015, 2 tomos).

de paz".[1619] E, também, condena a desumanidade na condução da guerra: "é ímpio pisotear os prisioneiros".[1620]

Procópio lembra que "a guerra se ganha geralmente mediante boas decisões"[1621] e ressalta a necessidade de adaptar a guerra às novas tecnologias, em lugar de, simplesmente, rememorar o distante passado, como a nostalgia em relação aos legendários "arqueiros de Homero", esquecendo as ações que os beligerantes romanos e persas tiveram de sofrer e de cumprir, nas guerras deles contemporâneas, e destaca que:

> Existe quem não tenha qualquer interesse [pelo que agora ocorre] e que veneram e admiram o tempo antigo, sem nada conceder às novas tecnologias. Mas isso absolutamente não impede que, durante estas [atuais] guerras, explorações excepcionais e dignas de memória tenham sido alcançadas.[1622]

Nas guerras entre romanos e persas, Procópio segue a tradição dos historiadores gregos[1623] em assinalar, detalhadamente, as crueldades persas, o fato de mentirem reiteradamente e de não respeitarem os compromissos assumidos,[1624] bem como a ingratidão, considerada habitual.[1625]

[1619] E prosseguia Procópio (ed. cit., 2022, II.3.50 e a seguir II.3.51-52): "Os erros recaem sobre aquele que cometeu tal delito, mesmo quando o sucesso lhe escapa. Pois não são aqueles que fornecem os pretextos à guerra, mas aqueles que se defendem, contra aqueles que fornecem esses pretextos, que sempre triunfam sobre seus inimigos. A luta, para nós, não será, de fato, verdadeiramente uma questão de força."

[1620] Procópio (ed. cit., 2022, II.9.6).

[1621] Procópio (ed. cit., 2022, II.16.7).

[1622] Procópio (ed. cit., 2022, I.1.16).

[1623] Procópio (ed. cit., 2015, VIII.1.12-13) considera "as questões das quais me pareceu necessário tomar a medida, sem por isso trazer as histórias fabulosas ou as antigas tradições, que correm a respeito, nem dizer tampouco, em qual local do Ponto Euxino (=mar Negro), Prometeu, segundo os poetas, foi acorrentado. Pois entendo, que entre a história e o mito existe diferença considerável, mas eu relatarei, com escrupulosa exatidão, todas as denominações e, com certeza, todos os fatos que, em nossos tempos, se relacionam exatamente com cada um desses setores".

[1624] Procópio (ed. cit., 2022, I.4.1 – a respeito do rei Peroz: "ele renegou seus compromissos" – o que é reiterado em I.4.9; o mesmo em relação ao rei Chosroes: "sem nenhuma consideração pelos tratados ou acordos que renegava", em II.5.17; 9.7; 11.4; 11.27, e outras passagens, chegando a se comportar de maneira infantil, fraudando uma corrida de cavalos, para não perder, em II.11.35): "quando foi feito o que ele tinha ordenado, Khosrau e a facção dos verdes tiveram assim a aparência de triunfar".

[1625] Procópio (ed. cit., 2022, I.6.17 e outras passagens, b/c a ingratidão de Kavadh, em I.11.36).

Assinala Procópio serem os persas, muitas vezes, vencidos pela inteligência de seus inimigos, apesar de, por vezes, assinalar a ousadia deles[1626] e seus expedientes bélicos.[1627] Mas, se os persas somente conhecem a força e a violência, seus oponentes sabem ser ardilosos estrategistas: com certeza, os romanos são campeões nessa matéria, e Procópio recorda Políbio e Amiano Marcelino.

Em menor grau, outros 'bárbaros' exibiam vícios equivalentes. Os Nobatai e os Blemyes somente reconheciam a força: "porque não existe outro modo de assegurar a lealdade desses bárbaros em relação aos romanos, exceto pelo medo que inspiram os soldados que os mantêm contidos".[1628] Um líder 'bárbaro', por ele visto positivamente é Alamundaros, o chefe dos sarracenos.[1629]

Procópio condena as condições, nas quais Justiniano 'compra' uma trégua de cinco anos com os persas:

> Em Bizâncio, Isdigusnas, embaixador de Chosroes tinha passado muito tempo em negociações sobre a paz com o imperador Justiniano. Depois de muitas discussões, por vezes duras, eles chegaram a acordo sobre uma trégua de cinco anos, entre os dois impérios, para as relações mútuas e, de maneira franca e confiante, enviar e receber embaixadores, durante esse período, para solucionar suas controvérsias sobre a Lázica e os sarracenos. Foi acordado que os persas deveriam receber, por essa trégua, durante cinco anos, duas mil libras de ouro, e para os precedentes dezoito meses, transcorridos desde a precedente trégua até a presente, até o momento em que as partes se tivessem reciprocamente enviado embaixadores, mais seiscentas libras. Pois era nessas condições, sustentaram os persas, que estes tinham aceitado o início das negociações, relativas ao tratado.[1630]

1626 Procópio (ed. cit., 2022, II.30.15-17).

1627 Procópio (ed. cit., 2015, VIII.12.19-27).

1628 Procópio (ed. cit., 2022, I.19.33).

1629 Procópio (ed. cit., 2022, II.17. 40): "Alamundaros tinha muita inteligência e grande experiência militar, totalmente leal em relação aos persas, e muito enérgico, um homem que, no espaço de quarenta anos, tinha posto de joelhos os romanos".

1630 Procópio (ed. cit., 2015, VIII.15.1-3 e a seguir VIII.15.4-7) comenta que o embaixador persa queria levar consigo, ao partir de Bizâncio, todo o ouro em questão; mas o imperador somente consentia em pagar quatrocentas libras por ano, "para evitar, naturalmente, que Chosroes se sentisse autorizado a transgredir as cláusulas do tratado; a seguir, pondera "te-

Além destas guerras formais entre duas grandes potências, também se faziam presentes, nessa mesma época, os hunos e outros povos nômades, cujas incursões causavam enormes estragos a ambas as potências. Ademais, tanto Roma quanto os sassânidas, por vezes, usavam os hunos para atacar o inimigo, mantendo-se, ao menos formalmente, neutros em relação a essas invasões bárbaras.[1631] Procópio descreve os hunos heftalitas, ou 'hunos brancos', de forma semelhante à descrição que, cerca de um milênio antes, Heródoto fizera a respeito dos citas.[1632]

Nessa fase final, antes da derrocada pelos muçulmanos, o império sassânida, de língua persa, cujos súditos professavam diversas religiões – budismo, cristianismo, judaísmo, mazdeísmo e zoroastrismo – tinha sua capital em Ctesifon e se estendia do leste da Síria até a Sogdiana e, ao sul, até a Arábia meridional. Em 620 d.C., os sassânidas conquistam parte da Anatólia, a Síria e o Egito – mas estes territórios, como dito, são reconquistados pelo imperador Heráclio.[1633]

Pode dizer-se que eram os generais e os principais chefes religiosos e da burocracia, mais do que o rei, que governavam o império sassânida. O império sassânida mostrava sinais de decadência e de enfraquecimento, imediatamente antes de cair em poder dos árabes. [1634] Como ocorre, séculos mais tarde, com a queda do Império romano do Oriente, em 1453.

rem depois os romanos decidido entregar aos persas a totalidade do ouro combinado, para evitar parecer que lhes faziam o pagamento de tributo anual; pois geralmente, e mesmo na maioria dos casos, em matéria de vergonha, é a intenção, e não a ação, que inspira a vergonha entre os humanos."

1631 A ruptura da 'Paz eterna', pelos persas, não teria sido imotivada, porque o imperador Justiniano teria incitado os hunos a atacar os persas, como expõe Procópio (ed. cit., 2022, II.1, 14-15 e tb. Procópio, **História secreta**, XI.12).

1632 Procópio (ed. cit., 2022, I.3.1-7 e outras passagens).

1633 Dividida na Antiguidade em reinos rivais, a península arábica, às vésperas do Islam, foi mais ou menos unificada pelo clã Himyarita, e alternou vassalagem, ora ao reino etíope do Négus, ora como aliada aos bizantinos, na parte ocidental da península, ou ainda com dominação persa sassânida no nordeste da península – vassalagem dos Lakmidas e do leste da península. Cfr. Sylvie Denoix et Hélène Renel (dir. de), **Atlas des mondes musulmans médiévaux** (Paris: CNRS Éd., 2022, Les entités politiques de l'Antiquité tardive, p. 48-49): L'Arabie préislamique était peuplée de sédentaires dans les villes et les campagnes, et de nomades dans le désert. Si les cultes polythéistes sont attestés, les religions monothéistes étaient bien présentes: zoroastrisme, christianisme et, surtout, judaïsme.

1634 R. Frye (op. cit., ed., port., 1972, p. 309, e a seguir, p. 313) a respeito do Irã, imediatamente antes da conquista muçulmana: "O último século do regime sassânida assistiu ao

Ter consciência da interdependência não suscita, necessariamente, incremento da cooperação, e a história tem disso muitos exemplos. Os sassânidas e o Império romano do Oriente, em lugar de se manterem como "inimigos hereditários" – e se enfraquecerem mutuamente, durante séculos de alternância de confrontações militares, tréguas e tratados de paz – teriam podido cooperar e lutar, juntos, para fazer face ao avanço do Islã, no século VII. Mas, isso não ocorreu: suas diferenças permaneceram intocadas. E, ambos, em diferentes momentos, seriam atropelados pelo avanço islâmico.[1635]

Por volta de 611 d.C., os sassânidas são completamente derrotados pelos beduínos, na batalha de Dhu Qar, entre as futuras cidades de Kufa e Wasit. Depois do advento do Islã, não desaparece essa identidade, apesar de ser-lhe imprimida a nova fé e serão, aos poucos, afastados os não alinhados com esta.

A partir de 634 d.C., a conquista árabe muçulmana abala parte considerável do mundo da Antiguidade tardia, por vezes de modo muito rápido e com impacto de muitos séculos.[1636] O Oriente muçulmano – ou seja, os antigos territórios sassânida (Mesopotâmia e Irã), bem como bizantinos (Síria e Egito) – se comporta como berço de uma civilização de síntese que se estenderá, a seguir, ao conjunto dos territórios islâmicos: do lado oriental, rumo à Ásia central; do lado ocidental, rumo ao norte da África (*Ifriqiya*, na Tunísia e leste da Argélia), no 'extremo ocidente (*Maghrib-al-Aqsa*, a região dos berberes, a Espanha e a Sicília): "daí para a parte oriental desse mundo, os antigos territórios bizantinos e sassânidas, um movimento de continuidade, mas reforçado, um flores-

crescimento do cristianismo monofisita, principalmente à custa dos nestorianos. (...) o cristianismo cresceu de tal forma que há quem seja de opinião que ele destronaria o zoroastrismo se o Islam não tivesse surgido."

1635 Ver a respeito **Tratado** (tomo XX – **Direito internacional, história e cultura**, cap. 5 – Desafios e desenvolvimentos do direito internacional no contexto pós-moderno, item 5.3 – interdependência e cooperação), com remissão ao secular conflito entre sassânidas e o Império romano do Oriente e a falta de visão estratégica que teria permitido a formação de alianças, entre ambos, para combater inimigos externos a ambos: antes, os hunos e outros povos da Ásia central; depois, os árabes muçulmanos.

1636 S. Denoix et H. Renel (dir. de), **Atlas des mondes musulmans médiévaux** (ed. 2022, Les entités politiques de l'Antiquité tardive, p. 48-49).

cimento, e para a parte ocidental, uma verdadeira renovação"[1637] – teria sido suscitada pela conquista muçulmana.

Essa síntese, entre os legados sassânida e bizantino, impulsionada pela conquista muçulmana, teria levado a desenvolvimentos civilizatórios inovadores, que repercutem em outras civilizações. Graças à conquista muçulmana, o Ocidente retoma o contato com as civilizações orientais e, através delas, com os grandes movimentos mundiais de comércio e de cultura. Enquanto as invasões bárbaras dos séculos IV e V tinham acarretado a regressão econômica do Ocidente merovíngio e, depois, carolíngio, a criação do novo império islâmico acarreta, para esse mesmo Ocidente, um surpreendente desenvolvimento.[1638]

No início, mais que de conversões, tratava-se de cobrar tributo dos conquistados: há provas, nas fontes árabes, que muitos *dihqans* e chefes persas aceitaram o Islã, mas, no decorrer de longo período, visto que não havia necessidade imediata de conversões na época da conquista. Primeiro os árabes fizeram tratados individuais com cada cidade ou distrito, governados pelos 'notáveis' respectivos ou pelos senhores feudais, sendo a palavra de ordem tributo e não conversão.[1639]

No século VIII, quando fugitivos iranianos que se recusavam a submeter-se ao islamismo, e conservavam a sua confissão zoroastriana ou mazdeísta, foram expulsos pela invasão árabe, estes pediram asilo ao rei SHILAHARA JAI, que dominava o oeste da Índia. Este, inicialmente,

[1637] Maurice LOMBARD, **L'Islam dans sa première grandeur (VIIIe-XIIe siècle)** (préf. de Hichem DJAÏT, Paris: Flammarion / Champs, © 1971, impr. 1980).

[1638] Contrariamente à célebre tese de Henri PIRENNE, afirma Maurice LOMBARD (op. cit., 1980, p. 19-20): "Si les invasions germaniques ont précipité le déclin de l'Occident, les invasions musulmanes ont provoqué la relance de sa civilisation. Bref, le problème posé en Occident à propos de l'arrivée des barbares, de la continuité ou de la régression économique, doit être tranché, dans le cas de la conquête arabe st sur l'ensemble du domaine musulman, par l'affirmation non seulement de toute absence de coupure, mais plus encore, d'un prodigieux éssor."

[1639] R. FRYE (op. cit., ed., port., 1972, p. 317): "O desaparecimento dos escalões superiores do estado e da igreja sassânida deixou, contudo, um vazio, que os conquistadores árabes só lentamente preencheram. (...) os persas foram se apercebendo cada vez melhor de que o caminho para o progresso residia na cooperação com os conquistadores árabes, o que estimulou certamente as conversões ao islamismo, especialmente entre os *dihqans*, embora sobretudo por motivos políticos."

recusou acolher o contingente estrangeiro em seus domínios.[1640] Depois, o rei acedeu, mas este contingente, radicado em território indiano, nunca se integrou na maioria, sendo, até hoje, designados pelo nome de *parsis*, ou seja, persas.[1641]

Cabe fazer distinção entre a parte central do núcleo primitivo, a Pérsia (ou Irã, propriamente dito) – ou seja, os atuais Irã e o Afeganistão –, e o assim chamado Irã exterior (*L'Iran extérieur*), termo de uso corrente em língua francesa e, também, na historiografia em língua inglesa. É evidente haver certa fluidez em tais limites e essa imprecisão decorre das diferenças entre critérios culturais e fronteiras políticas.[1642]

Mesmo depois da conquista árabe e da progressiva implantação da fé muçulmana em território iraniano, é relevante lembrar a importância do legado do império persa e a considerável extensão na qual este influenciou a configuração do estado e o funcionamento das instituições do califado Omíada, entre 660 e 750 d. C. Assim como, depois deste, também influenciou profundamente o califado Abássida, de 750 até 1258 d.C. – antes deste ser derrocado pela invasão mongol.

1640 Jean-Claude Carrière, Índia (do original **Inde: dictionnaire amoureux** © 2001, trad. Claudia Fares, São Paulo: Ediouro, 2ª ed., 2009, p. 343-345): "Diz a lenda que um velho sábio, conselheiro dos recém-chegados, pediu ao rei uma xícara cheia de leite e um pedaço de açúcar. Assim foi feito. O homem mergulhou o pedaço de açúcar no leite e disse ao rei: – Seremos dentro do teu povo como este açúcar dentro do leite." Observa Carrière (op. cit., ed. cit., loc. cit.) "os séculos acabaram por desmentir essa bela história de imigração. Esses fugitivos (...) permanecem até hoje fiéis a sua fé (...) formam na região de Mumbai-Bombaim, uma comunidade pouco numerosa (menos de cem mil habitantes), mas extremamente solidária e próspera".

1641 Mais a leste, o norte do subcontinente indiano tinha sido dominado, até o século VI d.C., pela dinastia Gupta, tendo como capitais, primeiro Pataliputra e depois Ujjain, tendo como religiões o brahmanismo e o budismo, e utilizavam o sânscrito como língua literária. Ver S. Denoix et H. Renel (dir. de), **Atlas des mondes musulmans médiévaux** (ed. 2022, Les entités politiques de l'Antiquité tardive, p. 48-49).

1642 Sobre a distinção entre 'limite' e 'fronteira', v. **Tratado** (tomo 1 – **Direito internacional dos espaços**, cap. 5 – demarcação e delimitação do território no direito internacional). Como observam S. Denoix et H. Renel (dir. de), **Atlas des mondes musulmans médiévaux** (ed. 2022, Langues et phénomènes linguistiques à la veille de la conquête islamique (VIe siècle) – Langues de chacellerie, langues savantes et langues liturgiques, p. 50-51): "Dans le monde sassanide, le moyen perse dont l'écriture, le pehlevi, dérive de l'alphabet araméen, est une langue indo-européenne descendant du vieux perse; c'était la langue de la religion zoroastrienne et celle de l'administration sassanide."

Os árabes não tinham tradição de grande império. Assim, toda a máquina oficial para o gerenciamento da administração pública, e muitos dos elementos por estes adotados, como a divisão de competências, no equivalente a ministérios (*diwans*), fazem parte da herança persa sassânida. Pontua FRYE que "a estrutura tributária e a ordem social locais permaneceram, exceto no que se refere à nova classe estrangeira de guerreiros, frequentemente estabelecidos nas cidades da Pérsia, como guarnições".[1643]

Os árabes muçulmanos conquistaram somente algumas províncias do império bizantino, mas conquistaram a *totalidade* do império sassânida, com *todas* as suas tradições imperiais. Os conquistadores árabes muçulmanos absorvem, assim, esse legado persa sassânida: "ao mesmo tempo que muitos *dihqans* se tornaram muçulmanos, preservaram muitas tradições e a literatura épica da Pérsia".[1644] Depois da conquista árabe muçulmana, o mundo iraniano se torna, durante cerca de dois séculos, uma província a mais no imenso império do califa.

A revolução abássida, que sucede ao califado omíada, em 750 d.C., não somente põe fim à influência das tribos árabes, como, também, à divisão dos muçulmanos entre árabes e os seus clientes. Os abássidas criaram condições propícias para a alteração da cultura islâmica, que a tornaram mais 'internacional' do que uma fé e muito além de um modo de vida estritamente árabes.

No século IX, começa, no califado abássida, um progressivo enfraquecimento do poder central, em favor dos emires, que governam as províncias. Grandes famílias dominam essas esferas de poder e, progressivamente, colocam-se como principados autônomos. PORTER destaca que:

> No mundo iraniano, essa renovação geopolítica se faz acompanhar do renascimento da língua persa, como veículo cultural, que se exprime primeiro na poesia, e depois na prosa. Cabe notar que a literatura cientí-

1643 R. FRYE (op. cit., ed., port., 1972, p. 317).

1644 R. FRYE (op. cit., ed., port., 1972, p. 319, e a seguir, p. 329): "O neopersa representou uma nova tradição criada por persas muçulmanos versados em árabe, mas com um profundo amor à sua própria língua falada. A língua neopersa, escrita em alfabeto árabe, foi criada no século IX, no Irã oriental e veio a desenvolver-se em Bokhara, capital da dinastia samânida."

fica continua dominada pelo árabe, como língua veicular que permite ao saber muçulmano circular desde o Atlântico até os confins da Índia.[1645]

Esteve, assim, em jogo, determinar se a nova sociedade islâmica se tornaria uma "reencarnação da antiga cultura perso-aramaica, na qual os elementos árabes e islâmicos seriam absorvidos, ou uma cultura na qual as contribuições perso-aramaicas se subordinariam à tradição árabe e aos valores islâmicos". No caso persa, não havia qualquer dúvida de que deveria prevalecer o primeiro ponto de vista, enquanto as regiões de língua árabe do califado prefeririam a segunda hipótese.[1646]

O desenvolvimento da língua neopersa, no século X, e o declínio do árabe clássico, por volta dessa mesma altura, são sinal da divisão do mundo islâmico nestes dois sentidos. Na altura em que o Islã se tornava religião e cultura 'internacional', os persas desenvolveram a sua própria língua e tradição islâmicas e, por muito estranho que o fato seja, desempenharam o papel predominante, tanto na internacionalização do árabe como, claro está, no renascimento persa: "na época dos abássidas, a questão que se debatia não era o Islã ou Irã, mas sim um Islã internacional, com fortes influências persas, ou um pequeno Islã árabe".[1647]

Em considerável extensão da Ásia central,[1648] o modelo persa prevaleceu como modo de organização política, com série de pequenas cidades-estado, com cortes e modos de vida muito semelhantes aos da sociedade retratada na épica nacional iraniana.[1649] Da mesma forma,

1645 Yves Porter, **Les Iraniens** (2007, II Partie, chap. 6 – L'éclatement de l'empire (IXe-XIe s.), item – La société iranienne aux premiers siècles de l'Islam, p. 145-149, Bilan, p. 149): L'éclatement du pouvoir central n'empêche pas, dans une majorité des cas, de reconnaître dans le calife le chef spirituel de la communauté musulmane.

1646 R. Frye (op. cit., ed., port., 1972, p. 317).

1647 R. Frye (op. cit., ed., port., 1972, p. 320).

1648 Mesmo se este vasto conjunto mostra flutuações consideráveis. Como observam tb. Svetlana Gorshenina et Claude Rapin, **De Kaboul à Samarcande** – Les archéologues en Asie centrale (Paris: Gallimard, 2001, cit. p. 14): "Entre l'Orient et l'Occident, l'Asie centrale occupe une position ambivalente: ses limites ont toujours été fluctuantes, non seulement dans la réalité mais aussi dans les approches scientifiques qui, selon les écoles, ont choisi pour se développer un plan tantôt géographique, tantôt politique."

1649 R. Frye (op. cit., ed., port., 1972, p. 321-322): "Na Ásia central, nas pequenas cortes dos principados, a sociedade feudal, cavalheiresca, continuava a existir, e talvez até a florescer, como no passado. O Irã oriental era então o refúgio das velhas tradições, que forneceu a base para Firdossi e o seu **Shahname**. / Na conquista dos pequenos estados da Ásia central,

o comércio do Oriente médio com a China tinha grande importância para muitos mercadores da Ásia central, sobretudo sogdianos e heftalitas, que desejavam grandemente uma política cooperadora e liberal, por parte do califa.[1650]

A progressiva introdução de mercenários turcos, primeiro na corte samânida (entre 874 e 999 d.C.), como, depois, também, nos exércitos califais, provocará profundos abalos no mundo islâmico: "esses chefes militares turcos, por sua vez, não tardarão a tomar o poder, e pelo caminho, aniquilam tanto as dinastias iranianas quanto o poder dos árabes do Oriente muçulmano".[1651]

Os dados apresentados servem para evidenciar a ocorrência de mecanismos das relações internacionais, com institutos e sistemas do que hoje se chamaria direito internacional presentes e de uso reiterado no mundo antigo. Desse modo, mostra-se totalmente inadequado pretender – como se dá, entre aqueles que repetem as mesmas conclusões apressadas de outros manuais, sem se deterem no exame da história – inexistirem elementos de direito internacional entre as grandes civilizações da Antiguidade. O que é sobejamente demonstrado nas relações internacionais entre os impérios persa e romano.[1652]

A ocorrência de direito internacional e relações 'internacionais' – como convivência organizada entre unidades políticas independentes – se verifica em considerável extensão nas várias fases do império persa, mesmo antes de se chegar ao contexto 'ocidental'. Inexoravelmente, ocorre certo grau de etnocentrismo, porquanto, mais próximo de nós, como legado pela Grécia e Roma antigas, onde tais dados se acentuam, desenvolvem-se, e institucionalizam-se. É a herança, na qual os autores do direito internacional moderno buscaram diretamente os conceitos basilares da disciplina.[1653]

os árabes utilizaram a técnica de divide et impera, entre os vários príncipes, tal como nas relações com os aliados sogdiano-turcos."

1650 R. Frye (op. cit., ed., port., 1972, p. 323): "a Ásia central era a fronteira do mundo islâmico".

1651 Y. Porter, **Les Iraniens** (2007, II Partie, chap. 6 – L'éclatement de l'empire (IXe-XIe s.), Bilan, p. 149). V. tb. **Tratado** (tomos XIV a XVII – **Direito internacional no tempo do colonialismo**, cap. 12 – a colonização otomana).

1652 Ver tb., adiante, o cap. 6 – na formação e no desenvolvimento de Roma.

1653 Como se examina no **Tratado** (tomos IV a XIII).

Antes de deixar este breve e esquemático exame do direito internacional na Antiguidade, ainda se deverá contrapor breve exame da Índia e da China antigas.

Depois deste breve exame do vasto e complexo império persa – sucessivamente dos medos aos aquemênidas, ao período helenístico e, depois, aos partas arsácidas e aos sassânidas –, pode-se passar às contemporâneas cidades estado gregas e ao mundo helenístico, em breve exame da contribuição destes para o direito internacional (cap. 5). E o encadeamento com o seguinte, sobre a formação e o desenvolvimento de Roma (cap. 6)[1654].

[1654] No seguinte tomo 3 B do Tratado.